CADERNO DE ESTUDOS

Sociologia

NELSON DACIO TOMAZI
Licenciado em Ciências Sociais pela Universidade Federal do Paraná.
Mestre em História pela Universidade Estadual Paulista de Assis (SP).
Doutor em História pela Universidade Federal do Paraná.
Professor de Sociologia na Universidade Estadual de Londrina (PR) e na Universidade Federal do Paraná.

MARCO ANTONIO ROSSI
Licenciado em Ciências Sociais pela Universidade Estadual de Londrina (PR).
Especialista em Sociologia pela Universidade Estadual de Londrina (PR).
Mestre em História pela Universidade Estadual de Londrina (PR).
Professor de Metodologia de Ensino de Sociologia na Universidade Estadual de Londrina (PR).
Pesquisador assistente da Stiftung Walter Benjamin (Frankfurt, Alemanha).

VOLUME ÚNICO

Direção geral: Guilherme Luz
Direção editorial: Luiz Tonolli e Renata Mascarenhas
Gestão de projeto editorial: Viviane Carpegiani
Gestão e coordenação de área: Wagner Nicaretta (ger.) e Brunna Paulussi (coord.)
Edição: Marina Nobre e Tami Buzaite
Gerência de produção editorial: Ricardo de Gan Braga
Planejamento e controle de produção: Paula Godo, Roseli Said e Marcos Toledo
Revisão: Hélia de Jesus Gonsaga (ger.), Kátia Scaff Marques (coord.), Rosângela Muricy (coord.), Cesar G. Sacramento, Claudia Virgilio e Luís M. Boa Nova
Arte: Daniela Amaral (ger.), Claudio Faustino (coord.), Felipe Consales (edição de arte)
Diagramação: ArteAção
Iconografia: Sílvio Kligin (ger.), Denise Durand Kremer (coord.), Daniel Cymbalista (pesquisa iconográfica)
Licenciamento de conteúdos de terceiros: Thiago Fontana (coord.), Luciana Sposito (licenciamento de textos), Erika Ramires, Luciana Pedrosa Bierbauer, Luciana Cardoso e Claudia Rodrigues (analistas adm.)
Tratamento de imagem: Cesar Wolf e Fernanda Crevin
Design: Gláucia Correa Koller (ger.), Erika Yamauchi Asato e Filipe Dias (proj. gráfico), Adilson Casarotti (capa)
Composição de capa: Adilson Casarotti
Foto de capa: fuyu liu/Shutterstock, dotshock/Shutterstock

Todos os direitos reservados por Saraiva Educação S.A.
Avenida das Nações Unidas, 7221, 1º andar, Setor A – Espaço 2 – Pinheiros – SP – CEP 05425-902
SAC 0800 011 7875
www.editorasaraiva.com.br

2024
Código da obra CL 800873
CAE 627987 (AL) / 627988 (PR)
OP:256519
3ª edição
10ª impressão

Impressão e acabamento: EGB Editora Gráfica Bernardi Ltda.

Uma publicação SOMOS EDUCAÇÃO

Apresentação

Caro estudante,

Este material foi elaborado especialmente para você, estudante do Ensino Médio que está se preparando para ingressar no Ensino Superior.

Além de todos os recursos do Conecte LIVE, como material digital integrado ao livro didático, banco de questões, acervo de simulados e trilhas de aprendizagem, você tem à sua disposição este Caderno de Estudos, que lhe ajudará a se qualificar para as provas do Enem e de diversos vestibulares brasileiros.

O material foi estruturado para que você consiga utilizá-lo autonomamente, em seus estudos individuais além do horário escolar, ou sob orientação de seu professor, que poderá lhe sugerir atividades complementares às dos livros.

O Caderno de Estudos traz uma revisão completa dos conteúdos correspondentes às unidades trabalhadas no livro didático, atividades de aplicação imediata dos conceitos abordados e grande seleção de questões de provas oficiais que abordam esses temas.

Há, ainda, um material complementar de Revisão. Quando terminar de se dedicar aos conteúdos destinados ao Ensino Médio, você poderá se planejar para uma retomada final! Revisões estruturadas de todos os conteúdos desse ciclo são acompanhadas de simulados, propostos para que você os resolva como se realmente estivesse participando de uma prova oficial de vestibular ou Enem, de maneira que consiga fazer um bom uso do seu tempo.

Desejamos que seus estudos corram bem e que você tenha sucesso **Rumo ao Ensino Superior**!

Equipe Conecte LIVE!

Conheça este Caderno de Estudos

❱❱ Reveja o que aprendeu

Nesta seção, os principais conceitos de cada tópico de conteúdo do livro são apresentados de maneira resumida, para que você tenha a oportunidade de, sempre que desejar, retomar aprendizagens que vem construindo ao longo do Ensino Médio.

Aplique o que aprendeu ❰❰

Depois de retomar os conceitos no **Reveja o que aprendeu**, é o momento de aplicar esses conceitos resolvendo atividades. Nesta seção há uma seleção de atividades estilo Enem para você resolver.

Ao final da seção, registre a quantidade de acertos que você teve nas atividades de múltipla escolha, em relação ao total de atividades desse tipo. Se o seu desempenho estiver aquém de suas expectativas, verifique em quais páginas do Livro do Aluno os conceitos são trabalhados e procure retomá-los, individualmente ou em grupos de estudos, dedicando mais tempo para se aprofundar neles.

❱❱ Rumo ao Ensino Superior

Esta seção apresenta uma seleção de atividades que envolvem conteúdos estudados ao longo do Ensino Médio. Você encontrará questões do Enem e de diferentes vestibulares do Brasil.

Sumário

☒ Já revi este conteúdo   ☒ Já apliquei este conteúdo

Unidade 1
Sociedade dos indivíduos: socialização e identidade 6
　Reveja o que aprendeu 6
　Aplique o que aprendeu 11

Unidade 2
Trabalho e produção da vida em sociedade 16
　Reveja o que aprendeu 16
　Aplique o que aprendeu 21

Unidade 3
Desigualdades e vida social 26
　Reveja o que aprendeu 26
　Aplique o que aprendeu 31

Unidade 4
Poder, política e Estado 36
　Reveja o que aprendeu 36
　Aplique o que aprendeu 42

Unidade 5
Direitos, cidadania e movimentos sociais 47
　Reveja o que aprendeu 47
　Aplique o que aprendeu 54

Unidade 6
Mudança e transformação social 59
　Reveja o que aprendeu 59
　Aplique o que aprendeu 65

Unidade 7
Cultura: unidade e diversidade cultural 71
　Reveja o que aprendeu 71
　Aplique o que aprendeu 76

Unidade 8
Ideologia e indústria cultural 81
　Reveja o que aprendeu 81
　Aplique o que aprendeu 87

Unidade 9
Religiões e religiosidades 93
　Reveja o que aprendeu 93
　Aplique o que aprendeu 100

Rumo ao Ensino Superior 105
Respostas 140
Siglas dos vestibulares 144

UNIDADE 1

Sociedade dos indivíduos: socialização e identidade

Aprofunde seus conhecimentos sobre **indivíduo** e **sociedade** consultando as páginas 14 a 45 do Livro do Aluno.

Reveja o que aprendeu

Objetivos de aprendizagem

- Identificar uma questão social.
- Compreender o processo de socialização.
- Identificar os pontos centrais da análise de alguns dos principais sociólogos a respeito da relação entre indivíduo e sociedade.
- Reconhecer os elementos que constituem e moldam a identidade.

CONCEITOS-CHAVE

- Valores, normas, costumes e práticas sociais
- Contexto social
- Questões individuais e questões sociais

A noção de indivíduo ganhou relevância no Ocidente apenas a partir do século XVIII. Nas sociedades tribais (indígenas), nas da Antiguidade (grega e romana) e nas da Europa medieval, apesar das diferenças entre os indivíduos, não se dissociava a pessoa de seu grupo.

Ao afirmarem que ao indivíduo era permitido relacionar-se diretamente com Deus, os participantes da Reforma Protestante contribuíram para consolidar a ideia de que o ser humano, individualmente, desfrutava de certa autonomia e liberdade para decidir sobre sua vida.

Mais tarde, no século XVIII, com o desenvolvimento do capitalismo e do pensamento liberal, a ideia de indivíduo e de individualismo firmou-se definitivamente, e a felicidade humana e individual tornou-se o centro das atenções.

Quando um ser humano nasce, já encontra prontos valores, normas, costumes e práticas sociais. Desde o nascimento, já está preso às relações sociais que foram estabelecidas no passado e àquelas que se estruturam e são incorporadas no decorrer de sua vida. Assim, o indivíduo está condicionado por decisões e escolhas que ocorrem fora de seu alcance, em outros níveis da sociedade. A vida desse indivíduo, portanto, possui vários níveis de dependência em relação ao contexto social mais amplo.

Portanto, é fundamental entender que o individual – o que é de cada um – e o comum – o que é compartilhado por todos – não estão separados: formam uma relação que se constitui com base nas reações às situações enfrentadas no dia a dia. Sendo assim, a decisão tomada por um indivíduo tem relação com a de outras pessoas e com decisões que já foram tomadas anteriormente.

Chamamos de **questões sociais** algumas situações que afetam o cotidiano individual, mas não dizem respeito somente à vida pessoal, e sim estão ligadas à estrutura de uma ou de várias sociedades – ou seja, elas não dizem respeito apenas à escala individual.

Nesse caso, a busca de soluções passa por uma análise mais profunda da estrutura econômica e política da sociedade. Aqui fica claro que tomar uma decisão é algo individual e social ao mesmo tempo. É impossível separar esses planos.

Como nos tornamos parte de uma sociedade

A sociologia chama de **socialização** o processo pelo qual os indivíduos formam a sociedade e são formados por ela, que consiste na interiorização de normas e valores da sociedade em que se vive.

Quando faz parte de uma sociedade, um indivíduo se insere em grupos e instituições que se entrecruzam. A multiplicidade e heterogeneidade de grupos dos quais participa cria uma complexa rede de relações que, de tão múltipla, torna-se individual.

Ao nascer, o indivíduo chega a um mundo que já está pronto e com o qual passa a ter uma relação de total estranheza. Nesse mundo está a sociedade, que possui normas sociais que lhe dão unidade e oferecem sentido. Nesse momento ainda não se reconhece como indivíduo, pois não domina os códigos sociais; é o "bebê", um ser genérico.

À medida que cresce, a criança percebe que existem outras coisas a seu redor: o berço, o chão, os objetos que compõem o ambiente em que vive. Há também pessoas, como os pais, irmãos, tios, com as quais vai ter de se relacionar, e outros indivíduos que são chamados de amigos ou colegas. Com o tempo, aprende que alguns dias são diferentes dos outros, e que em cada ocasião ela faz diferentes atividades e convive com pessoas diferentes. A criança adquire também a ideia de diferenciação espacial, entendendo que há diferenças entre sua casa, seu bairro e outros lugares. Ela descobre, enfim, que há coisas que pode e coisas que não pode fazer, além de ir aprendendo e interiorizando significados e ideias.

Esse processo de conviver com a família, com os vizinhos, de frequentar a escola, de ver televisão, de passear e de conhecer novos lugares, coisas e pessoas, compõe um universo cheio de faces no qual a criança vai se socializando. Esse universo possui normas, valores e costumes do grupo, das classes e da sociedade à qual pertence que compõem modos de vida específicos.

A experiência de nascer e se socializar pode ser radicalmente diferente de um país, estado ou cidade para o outro, de uma família para outra, de um período histórico para outro. Essas diferenças promovem formas diversas de socialização. Portanto, ao tratar das diferenças, é preciso relacioná-las ao contexto histórico. Na segunda metade do século XX, por exemplo, houve avanços tecnológicos nos setores de comunicação e informação, aumento da produção industrial e do consumo e crescimento das populações urbanas, o que desencadeou grandes transformações no mundo inteiro. Em alguns lugares, mudanças políticas e econômicas levaram à deterioração das condições de vida e da organização social. Nascer e viver nesses lugares, que muitas vezes passam por situações calamitosas como guerra e fome, é completamente diferente de viver em locais com paz e tranquilidade.

> **CONCEITOS-CHAVE**
> - Socialização
> - Contexto histórico
> - Espaço público e espaço privado

O espaço público e o espaço privado

O processo de socialização também pode ser entendido levando-se em consideração que ele se dá em duas esferas: a **pública** e a **privada**. Sendo assim, podemos dizer que há normalmente um processo de socialização formal, conduzido por instituições, como escola, igreja, Estado, e um processo mais informal e abrangente, que ocorre inicialmente na família, na vizinhança, nos grupos de amigos e pela exposição aos meios de comunicação.

O processo mais informal tem como ponto de partida o espaço privado das relações de intimidade e afeto. Nesse espaço, se aprendem as normas e regras de convivência e também a lidar com a diferença e a diversidade. Como muitos afirmam, é o espaço onde se educam as pessoas.

Já o processo mais formal se dá nos espaços públicos de socialização, que são os outros lugares que o indivíduo frequenta. Neles, as relações são diferentes e variáveis, pois há convivência com pessoas muitas vezes desconhecidas. Nesses espaços, não é possível fazer muitas das coisas que em casa são permitidas. Por isso, no processo de socialização também se aprende a observar as normas próprias de cada situação.

Tanto no espaço público quanto no privado participam do processo os meios de comunicação, que também são meios de socialização bastante eficazes e persuasivos.

Karl Marx (1818-1883): os indivíduos e as classes sociais

Para Karl Marx, o ser humano deve ser analisado de acordo com a sociedade na qual está inserido e com as condições em que vive – ou, em outras palavras, com o contexto social em que produz e reproduz sua existência. Aquilo que o ser humano produz no espaço é o que o diferencia dos outros animais. Ao produzir as condições materiais de existência, o ser humano elabora sua consciência, seu modo de conceber o mundo, isto é, as explicações, as leis, a moral e a religião em uma sociedade.

A investigação de Karl Marx a respeito da relação entre indivíduo e sociedade é focada principalmente na origem e no desenvolvimento do capitalismo e na **luta entre as classes sociais**.

Para o autor, na sociedade capitalista, baseada no trabalho assalariado, os trabalhadores perderam o domínio sobre sua vida: deixaram de trabalhar para si e passaram a vender sua força de trabalho.

Existe uma identificação entre os indivíduos trabalhadores que se unem para questionar a realidade de exploração. Para entender a sociedade capitalista, de acordo com Marx, a análise deve partir das relações estabelecidas entre as classes que compõem essa sociedade, especialmente os antagonismos, as contradições e os conflitos entre elas.

PRINCIPAIS CONCEITOS DE MARX

- Sociedade capitalista
- Classes sociais
- Luta de classes

[A sociedade burguesa moderna] Não fez mais do que estabelecer novas classes, novas condições de opressão, novas formas de luta em lugar das que existiram no passado.

MARX, Karl; ENGELS, Friedrich. *Manifesto comunista*. São Paulo: Boitempo, 1998. p. 40-41.

Émile Durkheim (1858-1917): as instituições e o indivíduo

Para Durkheim, a sociedade sempre tem predominância sobre os indivíduos, dispondo de certas regras, costumes e leis que asseguram sua continuidade. Essas normas e leis independem do indivíduo e pairam sobre todos, formando uma consciência coletiva que dá o sentido de integração entre os membros da sociedade. Essa consciência coletiva se solidifica em instituições, que são a base da sociedade e que correspondem, para Durkheim, a todo comportamento e crença instituídos por uma coletividade.

A predominância da sociedade está na herança transmitida, por intermédio da educação, às gerações futuras. Essa herança são os costumes, as normas e os valores que nossos pais e antepassados nos legaram. Condicionado e controlado pelas instituições, cada membro de uma sociedade sabe como deve agir para não desestabilizar a vida comunitária; sabe também que, se não agir da forma estabelecida, será repreendido ou punido, dependendo da falta cometida.

De acordo com Durkheim, para que um fenômeno social seja considerado um **fato social** é necessário que seja:

- coercitivo, isto é, que se imponha aos indivíduos, para que eles aceitem as normas da sociedade;
- exterior aos indivíduos, ou seja, que exista antes deles e não seja fruto das consciências individuais;
- geral, isto é, que atinja todos os indivíduos que fazem parte de uma sociedade.

PRINCIPAIS CONCEITOS DE DURKHEIM

- Instituições sociais
- Consciência coletiva
- Fatos sociais

Max Weber (1864-1920): o indivíduo e a ação social

O alemão Max Weber teve como preocupação central compreender o indivíduo e suas ações. Por que as pessoas tomam determinadas decisões? Quais são as razões de seus atos? Segundo o autor, a sociedade é o conjunto das ações dos indivíduos relacionando-se reciprocamente, portanto deve ser compreendida a partir do indivíduo e de suas motivações.

Para isso, o principal conceito a ser aplicado é o de **ação social**, entendida como o ato de se comunicar, de se relacionar, orientado pelas ações dos outros. A palavra outros, no caso, pode significar tanto um indivíduo como vários, indeterminados e até desconhecidos.

Weber agrupou as ações sociais em quatro tipos: a) ação tradicional, um tipo de ação que se adota quase automaticamente, reagindo a estímulos habituais; b) ação afetiva, que tem o sentido vinculado aos sentimentos e estados emocionais de qualquer ordem na busca da satisfação de desejos; c) ação racional com relação a valores, que se fundamenta em convicções e valores – o indivíduo age de acordo com aquilo que acredita, independentemente das possíveis consequências; d) ação racional com relação a fins, fundamentada num cálculo no qual se procura estabelecer os objetivos racionalmente avaliados e perseguidos e os meios para alcançá-los.

PRINCIPAL CONCEITO DE WEBER

- Ação social (ação tradicional, ação afetiva, ação racional com relação a valores e ação racional com relação a fins)

A ação social (incluindo a tolerância ou omissão) orienta-se pelas ações de outros, que podem ser passadas, presentes ou esperadas como futuras (vingança por ataques anteriores, réplica a ataques presentes, medidas de defesa diante de ataques futuros).

WEBER, Max. Ação social e relação social. Apud: FORACCHI, Marialice M.; MARTINS, José de Souza. *Sociologia e sociedade*: leituras de introdução à Sociologia. Rio de Janeiro/São Paulo: Livros Técnicos e Científicos, 1977. p. 139.

Norbert Elias (1897-1990)

De acordo com Norbert Elias, é comum separar indivíduo e sociedade, já que parece impossível existirem, ao mesmo tempo, bem-estar e felicidade individual e uma sociedade livre de conflitos. Mas, se é comum pensar nessas coisas como distintas e separadas, para Elias é somente nas relações e por meio delas que os indivíduos adquirem características humanas, como falar, pensar e amar.

Para questionar melhor essa dicotomia, Elias criou o conceito de **configuração** (ou figuração) – que é como ele denomina a teia de relações de indivíduos interdependentes que estão ligados de diversas maneiras e em vários níveis, pelos quais perpassam relações de poder. De acordo com o autor, para compreender a relação indivíduo/sociedade deve-se pensar sobre as ideias de relações e funções que compõem essa teia – com maior atenção para a dependência entre as pessoas. Esse conceito pode ser aplicado tanto a pequenos grupos como a sociedades inteiras, constituído de pessoas que se relacionam.

PRINCIPAL CONCEITO DE ELIAS

- Configuração

[...] as oportunidades entre as quais a pessoa assim se vê forçada a optar não são, em si mesmas, criadas por essa pessoa. São prescritas e limitadas pela estrutura específica de sua sociedade e pela natureza das funções que as pessoas exercem dentro dela. E, seja qual for a oportunidade que ela aproveite, seu ato se entremeará com os de outras pessoas [...].

ELIAS, Norbert. *A sociedade dos indivíduos*. Rio de Janeiro: Jorge Zahar, 1994. p. 48.

Pierre Bourdieu (1930-2002)

Para Bourdieu, o **habitus** se apresenta como social e individual ao mesmo tempo, referindo-se tanto a um grupo como a uma classe e, obrigatoriamente, também ao indivíduo. A questão fundamental para ele é mostrar a articulação entre as condições de existência do indivíduo e suas formas de ação e percepção, dentro ou fora dos grupos.

De acordo com o autor, o *habitus* é estruturado por meio das instituições de socialização dos agentes (a família e a escola, principalmente). Esse é o *habitus* mais duradouro e, portanto, o *habitus* primário. O secundário surge à medida que o indivíduo se relaciona com pessoas de realidades distintas – indissociável do primário. Assim vai construindo um *habitus* individual conforme agrega experiências continuamente.

O conceito de *habitus* em Elias e Bourdieu

Bourdieu retomou o conceito de *habitus* de Elias. Ambos expressavam a mesma preocupação ao utilizá-lo: ligar teoricamente indivíduo e sociedade. A diferença está apenas na forma de propor a questão. Elias descreveu o conceito de *habitus* como uma segunda natureza, ou melhor, um saber social incorporado pelo indivíduo em sociedade. Ele afirmou que o destino de uma nação, ao longo dos séculos, fica sedimentado no *habitus* de seus membros.

A construção social das identidades

Todas as identidades são construídas socialmente e são fruto da cultura e da linguagem de determinada experiência coletiva. Quando alguém nasce, encontra um mundo repleto de regras e exigências que só mais tarde compreenderá. As identidades não são tão simples de definir, uma vez que envolvem inúmeros aspectos da experiência humana e da vida coletiva. As identidades muitas vezes se moldam a relações de poder, e dessa forma se estabelece uma classificação e uma divisão, uma hierarquia de pessoas e grupos em uma sociedade.

Também deve-se levar em conta a relação entre **identidade** e **diferença**. Aparentemente, são elementos contrastantes, mas realidade são indissociáveis, posto que a identidade NÓS é sempre decorrente da identidade dos que são diferentes, os OUTROS. Uma identidade é o que é sempre em relação às outras, padronizadas, de um modo ou de outro, pelas determinações da vida coletiva, na história.

Pode-se falar, por exemplo, de identidade cultural-nacional.

O trabalho, ou profissão, é também uma forma de identidade muito expressiva da atualidade.

Além da família, do trabalho e da nacionalidade, é possível ser identificado por gênero, etnia, religião, participação política, classe social, etc.

Aplique o que aprendeu

Questões

1.

Podemos entender a Sociologia como uma das manifestações do pensamento moderno. A evolução do pensamento científico, que vinha se constituindo desde Copérnico, passa a cobrir, com a Sociologia, uma nova área do conhecimento ainda não incorporada ao saber científico, ou seja, o mundo social.

MARTINS, Carlos Benedito. *O que é sociologia*. 38. ed. São Paulo: Brasiliense, 1994. (Coleção Primeiros Passos).

O texto torna possível deduzir que a Sociologia é

a) estudada desde Copérnico.
b) ignorada pela Ciência.
c) produto de experimento científico.
d) disputada entre campos científicos.
e) constituída a partir do mundo moderno.

2.

Como evitar notícias falsas na internet, principalmente nas redes sociais?

Segundo o sociólogo e cientista político Antônio Flávio Testa, o impacto negativo destes boatos e falsas afirmações sobre uma pessoa é muito grande, e nenhuma lei conseguirá reverter isso, então o melhor é se antecipar em vez de se dedicar ao rastreamento na rede. Ele afirma também que muita gente não entende as mensagens recebidas, mas deve usar o bom senso para que evite as manipulações.

Disponível em: <http://radios.ebc.com.br/revista-brasil/2018/03/sociologo-recomenda-bom-senso-contra-fake-news>. Acesso em: 25 abr. 2018.

A partir do texto é possível identificar o papel do sociólogo como

a) agente de discursos facciosos sobre assuntos sociais.
b) profissional que faz análise de questões sociais.
c) indivíduo responsável por promover opiniões controversas.
d) especialista em designar as regras sociais a serem seguidas.
e) comunicólogo apto para desenvolver narrativas jornalísticas.

3.

A sociologia surgiu, na primeira metade do século XIX, sob o impacto da Revolução Industrial e da Revolução Francesa. As transformações econômicas, políticas e culturais suscitadas por esses acontecimentos criaram a impressão generalizada de que a Europa vivia o alvorecer de uma nova sociedade.

Disponível em: <https://blogdaboitempo.com.br/2012/11/23/apontamentos-sobre-o-nascimento-da-sociologia/>. Acesso em: 22 abr. 2018.

A partir do texto pode-se dizer que o surgimento da Sociologia no século XIX deve-se

a) à necessidade pungente de análise social daquele contexto.
b) à pluralidade de saberes científicos sobre a sociedade nesta época.
c) à determinação da fundação desta disciplina por partidos políticos.
d) à demanda por visibilidade de diversos grupos sociais subalternizados.
e) à noção de que os problemas sociais seriam causados pela Ciência.

4.

Protagonistas ativos na difusão de tais serviços no âmbito local, os sociólogos conseguiram legitimar algumas das ferramentas e enfoques próprios da sua disciplina como um insumo relevante na definição das orientações e estratégias de um conjunto variado de atores e instituições: grandes empresas de consumo de massa, bancos, meios de comunicação, órgãos estatais, partidos e organizações políticas, entre outros.

BLOIS, J. P. Os sociólogos e a pesquisa de mercado e opinião pública na Argentina. *Sociol. Antropol.* 2015, v. 5, n. 1, p. 183-206. (adaptado)

O sociólogo pode ser identificado a partir do texto como

a) operador da construção de opinião pública.
b) perito social apto a atuar em diversas esferas.
c) responsável pelo bem-estar social de empresas.
d) ativista atuante que pauta grupos marginalizados.
e) administrador focado em conciliar as diferentes classes.

5.

O indivíduo racional na modernidade surge com a tentativa de livrar o homem da submissão vindoura e traz a reivindicação da liberdade e da felicidade como conquistas humanas ligadas a um sujeito autônomo que, por ação intencional, pode superar as condições existentes e buscar uma vida melhor. O ideário burguês sustenta que os homens, independentemente de sua origem ou posição social, são iguais e partilham todos os direitos, o que respalda uma nova exigência de felicidade. Cada sujeito deve tomar em suas próprias mãos o provimento da sua existência e a satisfação de suas exigências.

CHAVES, J. de C. *A liberdade e a felicidade do indivíduo na racionalidade do trabalho no capitalismo tardio*: a(im)possibilidade administrada, 2007. Tese de Doutorado.

Segundo o texto a felicidade moderna pode ser considerada

a) arranjo social de equidade entre indivíduos.
b) construção social ligada ao capitalismo.
c) garantia dos direitos básicos à coletividade.
d) ideário burguês direcionado à classe dominante.
e) ordenação democrática do bem-estar social.

6.

Cabe aos atores sociais, mediante sua capacidade de agência, a participação no processo de construção social da realidade, a partir de condicionantes estruturais que não apenas constrangem, mas também possibilitam a ação social, na medida em que são criados pelos próprios atores sociais por meio do compartilhamento intersubjetivo de interpretações.

SILVA, C. L. M. da; FONSECA, V. S.; CRUBELLATE, J. M. Estrutura, agência e interpretação: elementos para uma abordagem recursiva do processo de institucionalização. RAC – *Revista de Administração Contemporânea*, 2005.

O texto analisa a agência humana como

a) uma ação produzida socialmente.

b) resultado da influência religiosa.

c) um meio de conformar-se à alienação.

d) fruto da autonomia total dos indivíduos.

e) um elemento inevitavelmente subversivo.

7.

A criança não estabelece as condições iniciais de sua existência, elas são um **a priori**. Assim, até mesmo a unicidade e a originalidade de cada um só existem em relação a condições previamente estabelecidas, e que as determinam. Nestes termos, a socialização é um acontecimento que exige, sempre, mediadores entre o mundo físico e social e a criança. Porque são eles, os adultos encarregados de educá-la, que estabelecem as condições iniciais de vida da criança (o **a priori** infantil). E é na relação com eles que ela, a criança, faz a sua aprendizagem de ser social.

GOMES, J. V. Família e socialização. *Psicologia USP*, São Paulo, v. 3, n. 1-2, p. 93-105, 1992.

O texto indica que as relações sociais

a) corrompem os aspectos individuais.

b) constituem a formação dos indivíduos.

c) tolhem os hábitos naturais dos indivíduos.

d) respeitam os traços de autonomia individuais.

e) têm um papel inconclusivo na formação individual.

8.

A história não é mais do que a sucessão das diferentes gerações, cada uma delas explorando os materiais, os capitais e as forças produtivas que lhes foram transmitidas pelas gerações precedentes; por este motivo, cada geração continua, por um lado, o modo de atividade que lhe foi transmitido, mas em circunstâncias radicalmente transformadas e, por outro, modifica as antigas circunstâncias dedicando-se a uma atividade radicalmente diferente.

MARX, K.; ENGELS, F. *A ideologia alemã*. São Paulo: Martins Fontes, 2002.

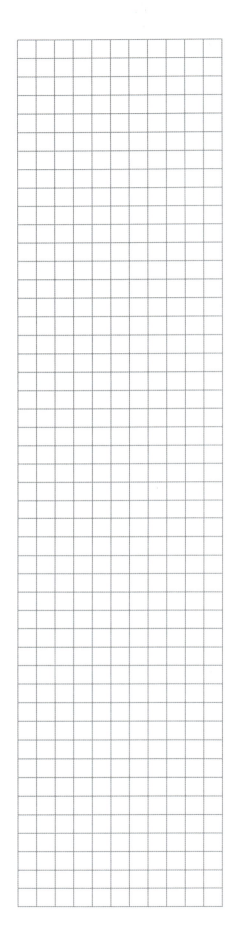

As transformações ao longo da História apresentadas no texto podem ser analisadas como

a) inovações nas relações humanas inéditas em consideração às gerações anteriores.
b) mudanças que não interferem no estado de exploração constante.
c) reformas para uma sociedade mais evoluída.
d) rompimentos com a história passada da sociedade.
e) percalços para a produção da estagnação social.

9.

Fato social é toda a maneira de fazer, fixada ou não, suscetível de exercer sobre o indivíduo uma coerção exterior: ou então, que é geral no âmbito de uma dada sociedade tendo, ao mesmo tempo, uma existência própria, independente das suas manifestações individuais.

DURKHEIM, Émile. *As regras do método sociológico.* São Paulo: Martin Claret, 2007.

Entre as palavras abaixo, a que caracteriza melhor o fato social segundo Émile Durkheim é

a) coletivo.
b) essencial.
c) eventual.
d) flexível.
e) particular.

10.

Encontramo-nos em um período de transição no qual as relações entre pais e filhos mais antigas, estritamente autoritárias, e outras mais recentes, mais igualitárias, coexistem e ambas as formas, frequentemente, encontram-se misturadas dentro das mesmas famílias. A transição de uma relação pais-filhos mais autoritária para uma mais igualitária gera, pois, para ambos os grupos, uma série de problemas específicos e, em geral, uma considerável insegurança.

ELIAS, Norbert. A civilização dos pais. *Sociedade e estado.* Brasília, v. 27, n. 3, p. 469-493, dez. 2012.

Sobre as inseguranças nas relações entre pais e filhos pode-se identificar que

a) decorrem de hierarquizações frouxas.
b) derivam da falta de um padrão rígido.
c) embaraçam a noção de indivíduo.
d) procedem do abandono das regras sociais.
e) tornam a instituição familiar opressora.

11.

[O *habitus* seria] entendido como um sistema de disposições duráveis e transponíveis que, integrando todas as experiências passadas, funciona a cada momento como uma *matriz de percepções, de apreciações e de ações*, e torna possível a realização de tarefas infinitamente diferenciadas, graças às transferências analógicas de esquemas permitindo resolver os problemas de mesma forma e graças às correções incessantes dos resultados obtidos, dialeticamente produzidos por estes resultados.

BOURDIEU, P. Apud DA SILVA, A. A. L. A teoria da prática de Pierre Bourdieu: entre estruturalismo e fenomenologia. *Kínesis – Revista de Estudos dos Pós-Graduandos em Filosofia*, v. 8, n. 18, 2016. (adaptado)

O conceito de *habitus* pode ser analisado a partir do texto como uma

a) função cultural de mobilidade social.
b) escolha individual de modos de ação.
c) experiência da vivência pessoal isolada.
d) herança social que se reconstrói na ação.
e) ferramenta de transformação da sociedade.

No mundo contemporâneo as identidades – representações do sujeito ou do grupo social ao qual se julga pertencer – são múltiplas e flexíveis, construindo-se no jogo político da diferença. É nesse contexto que emergem, nos mais diversos lugares do mundo, movimentos étnicos, raciais, regionais, religiosos, que reconstroem identidades pretensamente originárias e enraizadas no tempo, representadas como homogêneas e localizadas em um território definido. É nesse contexto que devemos pensar as identidades (étnicas, culturais, sociais, religiosas), que podem estar "dentro" ou "fora", ou ainda nos "interstícios" dos limites culturais e fronteiras políticas, assim como as "retóricas identitárias" produzidas pelos grupos.

RODRIGUES, C. I.; CAVALCANTI, J. S. B. Entre fronteiras: Identidades e culturas na modernidade. Revista ANTHROPOLÓGICAS, v. 21(2), 2010.

O texto apresenta a construção das identidades sendo

a) falsas.
b) determinantes.
c) inexistentes.
d) naturais.
e) relacionais.

TOTAL DE ACERTOS ____/12

UNIDADE 2

Trabalho e produção da vida em sociedade

Aprofunde seus conhecimentos sobre **trabalho** e **sociedade** consultando as páginas 46 a 87 do Livro do Aluno.

Reveja o que aprendeu

Objetivos de aprendizagem

- Compreender o modo de produção das sociedades anteriores ao capitalismo.
- Compreender o processo de criação da força de trabalho assalariada no capitalismo.
- Analisar o pensamento de Karl Marx e Émile Durkheim sobre a divisão do trabalho.
- Discutir as atuais condições do mundo do trabalho.
- Reconhecer os antecedentes que acarretaram as atuais condições de trabalho no Brasil.

Nas sociedades atuais, a produção de cada bem ou mercadoria envolve uma complexa rede de trabalho e de trabalhadores, além de equipamentos de tecnologia. Mesmo a mais simples das mercadorias envolve um processo complexo de produção até que chegue ao consumidor. A alta complexidade das tarefas relacionadas à produção é uma característica das sociedades ocidentais da atualidade. Entretanto, outros tipos de sociedade, do presente e do passado, apresentam características bem diversas.

As sociedades tribais, por exemplo, não são estruturadas pela atividade que nas sociedades modernas se denomina **trabalho** – nessas organizações sociais não há um *mundo do trabalho* como o conhecemos. As atividades relacionadas à obtenção do que necessitam para se manter estão integradas a todas as esferas da vida social e são geralmente organizadas por sexo e por idade. Ao contrário do que supõem algumas análises eurocêntricas, essas sociedades não devem ser tomadas como economias de subsistência com técnicas rudimentares. A diferença do modo como se dedicam ao trabalho se dá pelas razões a seguir.

Em primeiro lugar, a maneira como se relacionam com a natureza. Para os integrantes das sociedades tribais, a terra, além de ser o espaço onde vivem, tem valor cultural: é o meio que lhes provê aquilo de que necessitam para se alimentar, para curar doenças e realizar rituais. A segunda razão relaciona-se ao fato de que a estrutura das sociedades tribais e o modo como seus membros produzem e reproduzem sua existência não se baseiam na necessidade de acumular bens ou alimentos, que estão sempre à disposição.

Na Europa antiga e medieval o trabalho também não era o principal núcleo orientador das relações sociais. Estas se definiam principalmente pela hereditariedade, pela religião, pela honra, pela lealdade e pela posição em relação às questões públicas.

Nas antigas sociedades grega e romana, era a mão de obra escravizada que garantia a produção suficiente para suprir as necessidades da população. Os escravizados nessas sociedades eram basicamente prisioneiros das conquistas e das guerras.

Com o fim das guerras de conquista nas quais os romanos se envolveram, o número de escravizados diminuiu. Os grandes proprietários de terras (latifundiários), que até então utilizavam o **trabalho escravo**, passaram a admitir trabalhadores livres como colonos. No regime do **colonato**, os trabalhadores recebiam um lote de terra, devendo cultivá-la e entregar parte da produção ao proprietário.

Com o passar do tempo, o colonato passou por transformações que foram configurando um novo regime de trabalho: a **servidão**. Além de cultivar as terras a ele cedidas pelo senhor feudal, o servo era obrigado a trabalhar nas terras do senhor, bem como na construção e manutenção de estradas e pontes. Essa obrigação se chamava corveia.

Nas cidades, a **produção artesanal** tinha uma organização rígida baseada nas corporações de ofício. Os artesãos e pequenos produtores trabalhavam, muitas vezes, na própria casa. Eles tinham suas ferramentas e seus instrumentos e, além disso, produziam ou obtinham, por meio de troca, as matérias-primas para produzir o que necessitavam. Eram, pois, senhores das condições necessárias para sobreviver e de seu tempo, pois decidiam quando trabalhar ou descansar.

Pouco a pouco, a situação se modificou: houve a separação entre a moradia e o local de trabalho, o trabalhador foi separado de seus instrumentos e, por fim, ele perdeu a possibilidade de obter a própria matéria-prima. Os comerciantes e industriais que haviam acumulado riquezas passaram a financiar, organizar e coordenar a produção de mercadorias, definindo o que produzir, em que quantidade e em quanto tempo.

Para a realização das atividades, o trabalhador passou a receber um salário, e desse modo o **trabalho** transformou-se em **mercadoria** (força de trabalho) que podia ser vendida e comprada, como qualquer outra. Além disso, o tempo e o local de trabalho eram definidos por quem lhes pagava o salário. Todo o conhecimento que o trabalhador usava para produzir suas peças foi dispensado, ou seja, sua destreza manual foi transposta para as máquinas e progressivamente substituída por elas.

Não foi fácil submeter os trabalhadores às longas jornadas de trabalho e aos rígidos horários, pois a maior parte da população que foi para as cidades trabalhava anteriormente no campo, onde o ritmo da natureza definia quanto e quando trabalhar. Para isso foi necessário que muitos setores colaborassem para impor esse novo modo de vida: as igrejas cristãs passaram a condenar a preguiça, de modo que não trabalhar passou a ser visto como pecado; os governantes passaram a criar uma série de leis e decretos que puniam quem não trabalhasse; os empresários desenvolveram uma disciplina rígida no local de trabalho e, por fim, as escolas passaram a ensinar às crianças a ideia de que o trabalho era fundamental para a sociedade.

CONCEITOS-CHAVE
- Mundo do trabalho
- Escravidão
- Servidão
- Colonato
- Artesanato
- Trabalho assalariado

As transformações ocorridas no processo produtivo envolveram a mudança na concepção de trabalho – de atividade penosa para atividade que dignifica o ser humano. Isso aconteceu porque, não sendo mais possível contar com o serviço compulsório, foi preciso convencer as pessoas de que trabalhar para os outros era bom.

Karl Marx e a divisão social do trabalho

Para Karl Marx (1818-1883), a **divisão do trabalho** é característica de todas as sociedades conhecidas. De acordo com ele, conforme os humanos buscam atender a suas necessidades, estabelecem relações de trabalho e maneiras de dividir as atividades. Nas sociedades em que a produção aumentou e ultrapassou o necessário para atender às exigências da população – gerando o que chamamos excedente de produção – estabeleceu-se uma divisão entre aqueles que produziam diretamente e aqueles que cuidavam do excedente.

Com o desenvolvimento da produção a divisão do trabalho foi sofrendo uma série de mudanças. A partir da Revolução Industrial, consolidou-se a divisão entre os proprietários dos meios de produção (os capitalistas) e aqueles que possuíam apenas sua força de trabalho. Para assegurar o aumento da produtividade, as tarefas foram subdivididas e intensificadas, promovendo-se assim a fragmentação do ser humano no ambiente de trabalho. Por se resumir a tarefas repetitivas, o trabalho tornou-se uma atividade estressante e nociva aos trabalhadores. A divisão do trabalho criou uma oposição entre duas classes sociais. Para Marx, portanto, quando se fala em divisão do trabalho na sociedade capitalista, reporta-se às formas de propriedade, à distribuição da renda entre os indivíduos e à formação das classes sociais.

Um conceito marxista fundamental para entender a exploração do trabalhador pelo capitalista é o de **mais-valia**: a diferença entre o que o trabalhador produz e o valor do salário que ele recebe. O trabalhador, em algumas horas diárias, produz o referente ao valor de seu salário total; as horas restantes, nas quais ele continua produzindo, são apropriadas pelo capitalista. Isso significa que, diariamente, o empregado trabalha algumas horas para o dono da empresa sem receber pelo que produz.

PRINCIPAIS CONCEITOS DE MARX

- Divisão social do trabalho
- Mais-valia

Émile Durkheim: a divisão do trabalho social e a solidariedade

Émile Durkheim (1858-1917) analisa as relações de trabalho na sociedade moderna de forma diferente da de Marx. Para ele, a crescente especialização do trabalho, promovida pela produção industrial moderna, trouxe uma nova forma de solidariedade, não de conflito.

Para Durkheim, há duas formas de **solidariedade**: a **mecânica** e a **orgânica**. A mecânica é mais comum em sociedades menos complexas, nas quais cada um realiza quase todas as tarefas de que necessita para viver e as pessoas são unidas não por dependerem do trabalho umas das outras, mas por um conjunto de crenças, tradições e costumes em comum. Já a orgânica é fruto da diversidade: os indivíduos são unidos pela interdependência das funções sociais que ocorre em virtude da divisão do trabalho social. Com base nessa visão, a interdependência provocada pela crescente divisão do trabalho cria solidariedade, pois faz a sociedade funcionar e lhe dá coesão.

Portanto, para Durkheim, se a divisão do trabalho não produzir solidariedade, é porque as relações entre os diversos setores da sociedade não estão devidamente regulamentadas pelas instituições existentes. A ausência de instituições e normas integradoras que permitiriam que a solidariedade dos diversos setores da sociedade se expressasse é o que faz surgirem conflitos. Essa ausência é o que Durkheim chama de **anomia**.

PRINCIPAIS CONCEITOS DE DURKHEIM

- Solidariedade orgânica
- Solidariedade mecânica
- Anomia

Fordismo-taylorismo: uma nova forma de organização do trabalho

No século XX, o aperfeiçoamento contínuo dos sistemas produtivos deu origem a uma nova forma de organização do trabalho que se tornou conhecida como fordismo, devido às mudanças que Henry Ford (1863-1947) implantou em sua fábrica de automóveis para gerar produção em larga escala. Outras mudanças são atribuídas à proposta, feita por Frederick Taylor (1865-1915), de se aplicar princípios científicos na organização do trabalho, buscando maior racionalização do processo produtivo.

Com as mudanças propostas por Taylor e introduzidas por Ford em sua fábrica, as expressões fordismo e taylorismo passaram a ser usadas para identificar o mesmo processo:

aumento da produtividade com o uso mais racional possível das horas trabalhadas, por meio da introdução da **linha de montagem** e **mecanização** de parte das atividades e do **controle** do comportamento dos trabalhadores.

Entraram em vigor também outras formas de trabalho mais organizadas, com a utilização de tecnologias avançadas, nas quais a automação e a flexibilização geram o que vem sendo chamado de reestruturação produtiva. Um exemplo é o **toyotismo** – que nasceu na fábrica da Toyota, no Japão –, cuja produção tem como principais características:

1. ser vinculada à demanda;
2. ser variada e bastante heterogênea;
3. fundamentar-se no trabalho operário em equipe, com multivariedade de funções;
4. o princípio do *just-in-time*, que é um sistema que visa garantir o melhor aproveitamento possível do tempo de produção, evitando que se forme um estoque.

O geógrafo britânico David Harvey (1935-) descreveu a fase posterior à década de 1970 como uma época pós-fordista ou de acumulação flexível. A flexibilização nas formas de trabalhar ocorre com a automação e a consequente eliminação do controle manual por parte do trabalhador. Com esse processo, deixa de existir um trabalhador específico para cada tarefa específica. O trabalhador deve estar disponível para adaptar-se a diversas funções. A flexibilização nas formas de trabalho ocorre quando os empregadores substituem o emprego regular por outras formas, como o trabalho doméstico e familiar, autônomo, temporário, terceirizado, etc. Isso provoca alta rotatividade da força de trabalho, o que diminui o nível de especialização e a ação e organização dos sindicatos na defesa dos direitos trabalhistas.

Essas mudanças também estão levando a uma situação em que o trabalho e a previdência já não significam mais segurança, o que causa terríveis transtornos sociais e individuais. Os principais aspectos dessa nova situação são a desestabilização dos empregos estáveis, a precariedade do trabalho, o *deficit* de postos de trabalho e as altas exigências de qualificação do trabalhador para um emprego. Diante dessas situações, há indivíduos que não conseguem se integrar à sociedade, desqualificando-se também do ponto de vista cívico e político. Ocorre uma perda expressiva da identidade, já que o trabalho é uma espécie de passaporte para o indivíduo fazer parte da sociedade.

Desenvolveu-se também um novo tipo de sujeito no mundo do trabalho: jovens com escolaridade superior (precária e conquistada em instituições universitárias de pouca credibilidade ou enraizamento social) e pobres na acepção convencional, isto é, objetivamente inseridos em estatutos salariais precários.

CONCEITOS-CHAVE

- Fordismo-taylorismo
- Toyotismo
- Precarização do trabalho
- Flexibilização

No passado: trabalho escravo

O trabalho escravo foi a forma de trabalho mais duradoura na história do Brasil. Ele predominou no país por mais de 350 anos, o que significa que convivemos com a liberdade formal de trabalho há pouco mais de 130 anos. Por isso a análise dessa forma de trabalho merece destaque.

Nas primeiras décadas após a chegada dos portugueses, as principais atividades econômicas realizadas foram a extração e o comércio do pau-brasil. Os habitantes nativos, que, num primeiro momento, colaboraram em troca de alguns produtos, passaram a ser escravizados à medida que a exploração colonial se ampliou.

Os indígenas, no entanto, opuseram resistência, o que levou os portugueses a procurar mão de obra em outro local. Isso deu origem à utilização do trabalho de africanos escravizados. Essa utilização pode ser explicada tanto pela demanda de mão de obra criada pela implantação da indústria açucareira quanto pelos lucros advindos do próprio tráfico de escravos. Os escravizados de origem africana lutaram contra o cativeiro, participando ativamente do processo de desestruturação do escravismo no Brasil.

No entanto, a escravidão só foi abolida no país no final do século XIX e, ainda assim, não chegou a extinguir o trabalho escravo. Esse tipo de trabalho ainda existe, mas em novo formato.

Hoje: o trabalho análogo à escravidão

O trabalho análogo ao trabalho escravo é caracterizado no código penal brasileiro pelos seguintes elementos: condições degradantes de trabalho (ou seja, incompatíveis com a dignidade humana e que representem risco à saúde e à vida do trabalhador); jornada exaustiva; trabalho forçado (em que a pessoa é mantida no trabalho por meio de fraudes, ameaça, entre outros fatores) e servidão por dívida.

Condições de trabalho consideradas análogas à escravidão ocorrem no meio rural e também urbano. Nas cidades encontramos trabalhadores nessa condição principalmente em empresas de confecção de roupas e de construção civil.

Trabalho no campo: da atividade de subsistência ao trabalho mecanizado

O trabalho no campo assume formas bastante variadas, como a agricultura familiar. Em muitos casos, o trabalhador e sua família conseguem obter apenas o necessário para viver precariamente. Em outros, conseguem produzir mais e passam a comercializar a produção excedente.

Outra forma é o contrato de parceria ou arrendamento, em que o parceiro-proprietário cede ao parceiro-produtor o uso da terra, partilhando com este os riscos e os lucros da colheita ou da venda dos animais, no caso da pecuária. Os resultados do trabalho são divididos entre as duas partes de acordo com um contrato estabelecido por eles.

Houve também, a partir da época próxima ao fim da escravidão, o regime chamado de colonato, em que famílias de estrangeiros chegavam ao Brasil e assinavam um contrato com um fazendeiro, o que gerou um regime precursor da servidão por dívida.

Há ainda o trabalho provisório dos chamados boias-frias. São trabalhadores que outrora viviam em fazendas, mas que, dispensados pela mecanização da lavoura ou por mudança de cultura cultivada, passaram a viver nas periferias das cidades do interior do país. Eles são geralmente contratados por um agenciador de mão de obra, que é quem escolhe aqueles, entre os trabalhadores reunidos num determinado lugar, que deverão trabalhar naquele dia. Os boias-frias trabalham em condições precárias, não gozando de direitos de nenhuma espécie: nem legais, nem humanos.

No Brasil, há também muitos trabalhadores que desenvolvem suas atividades no chamado setor informal, o qual, em períodos de crise e recessão, cresce muito. São indivíduos que trabalham em atividades como o comércio ambulante, prestação de serviços pessoais, coleta de materiais recicláveis, etc. Todos esses profissionais colaboram para que a economia funcione, mas as condições de trabalho a que se submetem normalmente são precárias, não garantem direitos trabalhistas nem asseguram permanência na atividade.

CONCEITOS-CHAVE

- Trabalho escravo
- Trabalho análogo à escravidão
- Trabalho no campo
- Setor informal
- Qualificação

Emprego e qualificação

A qualificação do trabalhador para determinados ramos da produção é necessária e cada dia mais exigente. No entanto, a maioria das ocupações requer somente o mínimo de informação, que normalmente o trabalhador consegue adquirir no próprio processo de trabalho.

Muitas pessoas, por terem uma formação inadequada, não conseguem emprego na sua área. Esse é o resultado da formação universitária cada dia mais deficiente, que não garante empregos àqueles que possuem diploma, mas também é um sintoma de que não existe emprego para todos.

Aplique o que aprendeu

Questões

1.

O passo crucial foi o seguinte: trabalho e terra foram transformados em mercadorias, foram tratados como se tivessem sido produzidos para a venda. Evidentemente que, na realidade, não eram mercadorias, uma vez que não eram sequer produzidos (como a terra) ou, quando o eram, não o eram para a venda (como o trabalho). E, no entanto, nunca houve uma ficção tão completamente eficaz como esta. Com a compra e venda livre do trabalho e da terra, o mecanismo do mercado tornava-se aplicável a estes. Havia agora oferta e procura de trabalho; havia oferta e procura de terra. Havia, por conseguinte, um preço de mercado para o uso da força de trabalho, chamado salário, e um preço de mercado para o uso da terra, chamado renda. Ao trabalho e à terra foram agora atribuídos mercados próprios, tal como acontecia com as mercadorias que eram produzidas por seu intermédio.

POLANYI, K. A nossa obsoleta mentalidade mercantil. *Revista Trimestral de História das Ideias*, n.1, p. 9. Porto (Portugal), 1977.

Conforme o texto é possível ponderar que

a) a compra e a venda são formas de gerir o trabalho destituído de valor.

b) a terra e o trabalho passíveis de venda são uma construção sócio-histórica.

c) o mercado e a economia são invenções para regular o valor nato da terra.

d) o preço do trabalho é definido pelos que o realizam.

e) o salário e a renda são maneiras de criar formas de igualdade social.

2.

Ao contrário do que ocorreu nos tempos modernos, a instituição da escravidão na Antiguidade não foi uma forma de obter mão de obra barata nem instrumento de exploração para fins de lucro, mas sim a tentativa de excluir o labor das condições da vida humana. Tudo o que os homens tinham em comum com as outras formas de vida animal era considerado inumano.

ARENDT, Hannah. *A condição humana*. Rio de Janeiro: Vozes, 1994.

A partir do texto pode-se reconhecer que a escravidão

a) é focada na obtenção de vantagem financeira.

b) deve ser compreendida de modos diversos na Modernidade e na Antiguidade.

c) é firmada de maneira estática nas culturas.

d) é igual em qualquer contexto.

e) é baseada em justificativas ontológicas.

3.

Com o declínio do feudalismo a produção agrária baseada no domínio feudal local é substituída pela produção para mercados de escopo nacional e internacional, em termos dos quais não apenas uma variedade indefinida de bens materiais, mas também a força de trabalho humano tornam-se mercadoria. A ordem social emergente da modernidade é capitalista tanto em seu sistema econômico como em suas outras instituições.

GIDDENS, Anthony. *As consequências da modernidade.* São Paulo: Unesp, 1991.

As transformações sociais do capitalismo

a) reformulam as relações sociais.

b) encerram com a produção rural.

c) valorizam as diversas formas de trabalho.

d) criam a diferença social entre as pessoas.

e) tornam as interações humanas igualitárias.

4.

O capitalista pode viver mais tempo sem o trabalhador do que este sem aquele. [A] aliança entre os capitalistas é habitual e produz efeito; [a] dos trabalhadores é proibida e de péssimas consequências para eles. Além disso, o proprietário fundiário e o capitalista podem acrescentar vantagens industriais aos seus rendimentos, [ao passo que] o trabalhador [não pode acrescentar] nem renda fundiária, nem juro do capital ao seu ordenado industrial.

MARX, Karl. *Manuscritos econômico-filosóficos.* São Paulo: Boitempo, 2004.

O texto demonstra que a relação de trabalhador e capitalista ocorre através

a) da divisão dos ganhos da produção.

b) da premissa da dependência do salário.

c) da limitação das instituições patronais.

d) de organizações representativas das classes.

e) de negociações horizontais de renda.

5.

Mas, se a divisão do trabalho produz a solidariedade, não é apenas porque ela faz de cada indivíduo um "trocador", como dizem os economistas; é porque ela cria entre os homens todo um sistema de direitos e deveres que os ligam uns aos outros de maneira duradoura. Do mesmo modo que as similitudes sociais dão origem a um direito e a uma moral que as protegem, a divisão do trabalho dá origem a regras que asseguram o concurso pacífico e regular das funções divididas.

DURKHEIM, Émile. *Da divisão do trabalho social.* 2. ed. São Paulo: Martins Fontes, 2004.

A solidariedade advinda da divisão do trabalho pode ser analisada a partir do texto como

a) causa da redução de direitos individuais.
b) ferramenta de coesão social.
c) um modo de perpetuar o individualismo.
d) método de implodir divisões sociais.
e) uma forma de reduzir o ser humano à classe.

6.

Analisando a imagem, pode-se destacar
a) a segregação entre pessoas em função do sexo.
b) a divisão de tarefas no sistema industrial.
c) a substituição do homem pela máquina.
d) a automatização do processo produtivo.
e) a organização sindical operária.

7.

O *Just-in-Time* é, única e exclusivamente, uma técnica que se utiliza de várias normas e regras para modificar o ambiente produtivo, isto é, uma técnica de gerenciamento, podendo ser aplicada tanto na área de produção como em outras áreas da empresa.

MOTTA, P. C. D. Ambiguidades metodológicas do *just-in-time*. *Organização e sociedade*. Salvador, v. 4, n. 7, p. 129, dez. 1996.

Pode-se identificar o *just-in-time* a partir do texto como
a) ação de privilegiar os cargos de gerência.
b) maneira de intervir no funcionamento do mercado.
c) meio de punir a classe trabalhadora.
d) método de gerenciamento dos trabalhadores.
e) técnica de otimização da produção.

8.

O termo "terceirização", originariamente brasileiro, revela em sua acepção a real intenção do empresariado brasileiro de transferir a "terceiro", no sentido de outro, a posição de empregador na relação empregatícia, com o objetivo claro de redução dos custos de produção, através do afastamento da responsabilidade sobre os encargos e obrigações trabalhistas, e, também, como instrumento apto a viabilizar a rápida substituição de trabalhadores conforme o sobe e desce da demanda.

MORAES, Paulo Ricardo Silva de. Terceirização e precarização do trabalho humano. *Revista do Tribunal Superior do Trabalho*, v. 74, n. 4, p. 158, dez. 2008.

Analisando o texto, uma consequência da terceirização seria

a) a responsabilização sindical pelos trabalhadores.

b) a ruptura com a autorregulação do mercado.

c) a aproximação entre os trabalhadores.

d) a diminuição de direitos trabalhistas.

e) a expansão do papel do Estado.

9.

A flexibilização, definitivamente, não é solução para aumentar os índices de ocupação. Ao contrário, é uma imposição à força de trabalho para que sejam aceitos salários reais mais baixos e em piores condições. É nesse contexto que estão sendo reforçadas as novas ofertas de trabalho, por meio do denominado mercado ilegal, no qual está sendo difundido o trabalho irregular, precário e sem garantias.

VASAPOLLO, L. *O trabalho atípico e a precariedade*. São Paulo: Ed. Expressão Popular, 2005.

O texto demonstra que a flexibilização do trabalho

a) aproxima relações entre empregador e empregado.

b) demonstra a ineficiência das leis de trabalho.

c) desestabiliza os vínculos empregatícios.

d) promove uma valorização do emprego.

e) proporciona oportunidades do mercado formal.

10.

Desde os anos 2000, têm sido veiculados por meios de comunicação, inclusive aqueles pertencentes à grande mídia, casos de trabalho análogo ao escravo no setor de confecções, envolvendo trabalhadores estrangeiros. O estado de São Paulo, especialmente, sua capital, abriga os maiores polos de confecções e lojas atacadistas do país, que são os bairros do Brás e Bom Retiro. Tais trabalhadores, em sua maioria de origem boliviana, são encontrados em oficinas de costura clandestinas, em péssimas condições de trabalho. Em geral, repassam as roupas que costuram a confecções de pequeno porte, que, por sua vez, entregam os produtos confeccionados a grandes empresas, que se intitulam varejistas.

MERCANTE, Carolina Vieira. *A terceirização na indústria de confecções e a reincidência do trabalho análogo ao escravo.* XIV Encontro Nacional da ABET. Campinas, set. 2015.

O texto apresenta

a) uma denúncia da mídia que não pôde ser comprovada.

b) uma forma de assegurar um sustento, mesmo que precário.

c) uma permanência de condições servis de trabalho.

d) uma recusa do mercado em aceitar esse tipo de trabalho.

e) um modo de garantir o lucro mínimo para as empresas.

11.

O aumento generalizado da pobreza no campo pode ser visto como resultado do processo de modernização, pois a expansão da grande propriedade com a mecanização e utilização de agroquímicos diminui a necessidade de mão de obra permanente, ao mesmo tempo em que os trabalhadores volantes (boias-frias) veem sua oferta de trabalho diminuir cada vez mais e acabam se sujeitando a duros turnos no campo por diárias cada vez mais irrisórias.

BALSAN, Rosane. Impactos decorrentes da modernização da agricultura brasileira. *Campo-Território – Revista de Geografia Agrária*, v. 1, n. 2, 2006.

Pode-se relacionar a precariedade do trabalho no campo e a diminuição das ofertas de trabalho com

a) a diminuição na produção agrícola do país.

b) a disponibilidade de inovações para o campo.

c) os altos custos de manutenção das máquinas.

d) os agroquímicos que intoxicam a mão de obra.

e) a progressiva desqualificação desses trabalhadores.

UNIDADE 3

Desigualdades e vida social

Aprofunde seus conhecimentos sobre **estrutura social** consultando as páginas 88 a 128 do Livro do Aluno.

Reveja o que aprendeu

Objetivos de aprendizagem

- Analisar a estratificação social na sociedade capitalista.
- Compreender o que diferencia a estratificação capitalista dos outros sistemas de estratificação.
- Compreender a ideia de mobilidade social, luta de classes, *status* e exclusão social.
- Identificar as diferentes formas de manifestação da desigualdade social no mundo contemporâneo.

A ideia que identifica todos os seres humanos como diferentes e iguais ao mesmo tempo carrega profundas e universais dimensões. Algumas das diferenças que podem ser consideradas expressões da singularidade humana são definidas, disseminadas e articuladas porque há um todo que os aproxima: o gênero humano. Só é possível caracterizar a diferença quando se estabelecem parâmetros iguais.

A diferença, portanto, não tem a ver com a desigualdade. Ela não distancia as pessoas – ao contrário, as aproxima. Já a desigualdade – definida como construção social e consequência perversa da indiferença entre sujeitos que deveriam se respeitar como iguais – maltrata, explora, cria e difunde preconceitos, violência e desumanização. Há quem proclame a desigualdade como natural, incontornável e até útil. É necessário, portanto, analisar com mais rigor o que está por trás desse tipo de juízo.

Todas as sociedades humanas se organizam de alguma maneira, ou seja, criam e desenvolvem uma estrutura social. Uma estrutura social específica é caracterizada pela configuração das relações entre as diversas esferas da vida social – a esfera econômica, a esfera política, a esfera jurídica, entre outras –, relações estas que condicionam a maneira como os indivíduos vivem seu dia a dia. Uma de suas principais características é a estratificação social, ou seja, a maneira como diferentes grupos são classificados em estratos (camadas) sociais.

As sociedades organizadas em castas

O sistema de castas é uma configuração social de que se tem registro em diferentes tempos e lugares. No entanto, é na Índia, ainda hoje, que está a expressão mais estruturada e permanente desse sistema de hierarquização baseado em religião, etnia, cor, hereditariedade e ocupação. Esses elementos definem a organização do poder político e a distribuição da riqueza gerada. Na Índia, esse sistema aparece mesclado a uma estrutura de classes: embora tenha sido legalmente abolido em 1950, ele sobrevive por força da tradição.

O sistema de castas caracteriza-se por relações muito estanques: quem nasce em uma casta nela permanecerá para sempre. Os elementos mais visíveis da imobilidade social são a hereditariedade, a endogamia (casamentos entre membros da mesma casta), as regras relacionadas à alimentação (o preparo dos alimentos e as refeições são restritos aos integrantes da mesma casta) e a proibição do contato físico entre membros das castas inferiores e superiores. Repulsão, hierarquia e especialização hereditária são as palavras-chave para definir o sistema de castas.

As sociedades organizadas por estamentos

O sistema de estamentos ou estados constitui outra forma de estratificação social. A sociedade feudal organizou-se dessa maneira. De acordo com o sociólogo Octavio Ianni (1926-2004), a sociedade estamental é fundamentada nas relações recíprocas e hierárquicas com base na tradição, na linhagem, na vassalagem, na honra e no cavalheirismo. Essas categorias predominam no pensamento e na ação das pessoas, regulando as relações de poder e as relações econômicas. Assim, o que identifica um estamento é o que também o diferencia, ou seja, um conjunto de direitos e deveres, privilégios e obrigações aceitos como naturais e publicamente reconhecidos, mantidos e sustentados pelas autoridades oficiais e também pelos tribunais.

Em uma sociedade estamental, a condição dos indivíduos e dos grupos em relação ao poder e à participação na riqueza produzida pela sociedade não é uma questão somente de fato, mas também de direito. Na sociedade feudal, por exemplo, os indivíduos eram diferenciados desde que nasciam, ou seja, os nobres tinham privilégios e obrigações que em nada se assemelhavam aos direitos e deveres dos camponeses e dos servos. Existia assim um direito desigual para desiguais.

A mobilidade de um estamento para outro era possível, mas muito controlada. A propriedade da terra definia o prestígio, a liberdade e o poder dos indivíduos. O ponto central para explicar a relação entre os estamentos, entretanto, é a reciprocidade. No caso das sociedades do período feudal existia, por exemplo, uma série de obrigações dos servos para com os senhores (trabalho) e dos senhores para com os servos (proteção), ainda que os servos estivessem sempre em situação de inferioridade. Formava-se, nesse sistema, uma rede de obrigações recíprocas e de fidelidade, observando-se uma hierarquia em cujo topo estavam os que dispunham de mais terras e de mais homens armados.

Sociologicamente, utiliza-se o termo classe para explicar a estrutura da sociedade capitalista com base na classificação ou hierarquização dos grupos sociais. Elas expressam, no sentido mais preciso, a forma como as desigualdades se estruturam na sociedade capitalista. Nessa sociedade, a mobilidade social é maior do que nas organizadas em castas e estamentos, porém há barreiras para a ascensão social que não estão escritas nem são declaradas abertamente, mas estão dissimuladas nas formas de convivência social.

O que diferencia, então, a sociedade capitalista das outras? No que se refere à desigualdade, a distinção está na forma como ela se efetiva. Na sociedade capitalista, a desigualdade é algo próprio de sua constituição, ou seja, ela se forma e se desenvolve tendo a exploração como fundamento. A desigualdade não está vinculada apenas ao nascimento; ao contrário, é reproduzida incessantemente, todos os dias. Muitos autores elaboraram explicações para a estratificação e as desigualdades sociais no capitalismo.

A desigualdade é constitutiva da sociedade capitalista

Karl Marx (1818-1883) afirmou que a questão das classes sociais era o centro de sua análise da sociedade capitalista. De acordo com sua abordagem, pode-se afirmar que existem no capitalismo duas classes fundamentais: a **burguesia**, que personifica o capital, e o **proletariado**, que vive do trabalho assalariado.

Afirmar que nas sociedades capitalistas essas duas classes são as fundamentais não significa, contudo, que se pode reduzir a diversidade social a uma polaridade. O processo histórico de constituição das classes e a forma como elas se estruturaram determinaram

> **CONCEITOS-CHAVE**
> - Estratificação
> - Castas
> - Estamentos
> - Classes sociais

o aparecimento de uma série de frações, bem como de classes médias ou intermediárias, que ora apoiam a burguesia, ora se juntam ao proletariado, podendo ainda, em certos momentos, desenvolver lutas particulares.

Para Marx, é necessário analisar historicamente cada sociedade e perceber como as classes se constituíram no processo de produção da vida social. Assim, a questão das desigualdades entre as classes não é algo somente teórico, mas também prático, que se expressa no cotidiano. Por essa razão, Marx sempre analisa a questão das classes sociais com base na relação e nos conflitos entre elas. É o que ele chama de **luta de classes**.

A luta de classes é fundamental no pensamento marxista, pois nela está a chave para se compreender a vida social contemporânea e transformá-la. Por luta de classes entende-se não somente o confronto armado, mas também todos os procedimentos institucionais, políticos, policiais, legais e ilegais que a classe dominante utiliza para manter o *status quo* e o domínio nas esferas de poder e controle da vida econômica.

Max Weber (1864-1920), ao analisar a estratificação social, parte da distinção entre os aspectos **econômico** – relativo à quantidade de riqueza (posses, bens e renda) que as pessoas possuem –, **social** – relativo ao *status* ou ao prestígio que as pessoas ou grupos têm, seja na profissão, seja no estilo de vida – e **político** – relativo à quantidade de poder que as pessoas ou grupos detêm nas relações de dominação em uma sociedade. Com base nessas três dimensões, ele afirma que muitas pessoas podem ter renda e posses, mas não prestígio, *status*, ou posição de dominação.

Weber concebe, assim, hierarquias sociais baseadas em fatores econômicos (as classes), em prestígio e honra (os grupos que gozam de *status*) e em poder político (os grupos de poder).

Há um grupo de sociólogos nos Estados Unidos que declara que há possibilidades de ascensão social que são aproveitadas por alguns indivíduos e por outros não, de acordo com seu talento e sua qualificação. Segundo esses autores – entre eles Kingsley Davis (1908-1997) e Wilbert Moore (1914-1987) –, as desigualdades materiais não são necessariamente negativas: elas podem ser benéficas na medida em que, na busca do interesse pessoal, há sempre inovação e criação de alternativas.

O sociólogo brasileiro José de Souza Martins (1938-) procurou esclarecer a confusão que geralmente ocorre no uso da palavra exclusão. Para ele, essa expressão pode ser entendida com base em duas orientações opostas: uma transformadora e uma conservadora. A primeira se baseia na utilização inadequada da expressão, já que ela é usada para caracterizar a situação dos trabalhadores enquanto classe explorada na sociedade capitalista. No entanto, de acordo com o autor, o trabalhador está incluído no sistema, só que em condições precárias de vida. Já a orientação conservadora é uma proposta conformista: ela se expressa por meio de um discurso que postula a adoção de medidas econômicas e políticas para que todos se integrem à sociedade de consumo, não discutindo a possibilidade de a integração dos excluídos ser feita de forma degradada e precária.

CONCEITOS-CHAVE
- Mobilidade
- Luta de classes
- Prestígio e *status*
- Oportunidades
- Exclusão

A pluralidade das desigualdades

As **desigualdades vitais** são aquelas que se referem diretamente à vida e à morte. A expectativa de vida ao nascer, a taxa de mortalidade infantil, a desnutrição crônica, a provisão de recursos do Estado na área da saúde e o acesso a eles são alguns dos indicadores mais utilizados para comparar e analisar a extensão das desigualdades.

A desnutrição crônica, mais conhecida como fome, é um dos indicadores mais importantes. Para examiná-la, basta considerar a existência de indivíduos que não têm o que comer enquanto, comprovadamente, existem alimentos suficientes no mundo para satisfazer as necessidades de toda a humanidade. De acordo com o sociólogo suíço Jean Ziegler (1934-), as principais causas da fome hoje em dia são: a concentração da produção alimentícia; a utilização desmedida de terras aptas a produzir alimentos destinadas ao plantio de milho e cana-de-açúcar, que por sua vez são voltados para a produção de outros produtos, o que demonstra desprezo por parte dos interesses mercantis em prover alimentos para todos os seres humanos; a produção voltada para a alimentação de animais e, por fim, o reduzido número de proprietários responsáveis pela produção de alimentos – que caracteriza o agronegócio.

As **desigualdades existenciais** se referem aos casos de restrições à liberdade, dificuldades de acesso a direitos, obstáculos ao reconhecimento da cidadania de indivíduos e coletividades, ou seja, aquilo que se esforça por manter e disseminar discriminações, estigmatizações e processos sociais humilhantes.

Essas desigualdades decorrem de muitas situações inerentes à vida social da atualidade, como as novas variantes da escravidão, o preconceito étnico-racial, a discriminação contra mulheres e as inúmeras modalidades de violência dirigidas às populações LGBTI (Lésbicas, *Gays*, Bissexuais, Travestis, Transexuais, Transgêneros e Intersexuais), entre outras.

As **desigualdades de recursos** expõem os desníveis abissais de rendimentos e de riqueza, de escolaridade e de qualificação profissional, de capacidade cognitiva, de posição hierárquica nas organizações e de acesso às tecnologias de informação e ao conhecimento. Analisada sob a perspectiva proposta pelo francês Pierre Bourdieu (1930-2002), as desigualdades de recursos tornam-se visíveis na distribuição desigual de capitais (econômicos, culturais, sociais, simbólicos e políticos) e na estruturação do espaço público e social.

De acordo com a ONG Oxfam (Oxford Committee for Famine Relief – Comitê de Oxford de Combate à Fome), a crescente desigualdade está restringindo a luta contra a pobreza global, que, apesar de fazer parte da agenda mundial de discussões, vem aumentando. Estudos da ONG chegaram a números que evidenciam a concentração de riqueza cada vez maior e provam que o grupo que representa a minoria, 1% mais rico da população mundial, está cada vez mais próximo de controlar a maior parte da riqueza global. Em 2016, a parcela da riqueza mundial acumulada pelo grupo dos mais ricos ultrapassou 50%.

O sociólogo polonês Zigmund Bauman (1925-2017) expôs dimensões que, cruzadas com os dados de concentração de riqueza, geram uma série de outras questões, como a mortalidade infantil, a elevação da criminalidade, o desemprego, as doenças de todos os tipos, o uso crescente de drogas ilegais, a insegurança generalizada, a ansiedade e a depressão, o preconceito indiscriminado e outras tantas questões de tal forma que as desigualdades acarretaram um processo de degradação da sociedade por ela mesma.

CONCEITOS-CHAVE
- Desigualdades vitais
- Desigualdades existenciais
- Desigualdades de recursos

Desigualdades sociais no Brasil

As estatísticas atuais demonstram que, se há algo que caracteriza o Brasil nos últimos anos, é sua condição como um dos países mais desiguais do mundo. Além das desigualdades entre as classes sociais, há outras diferenças – entre homens e mulheres e entre negros e brancos, por exemplo. Essas desigualdades se desenvolveram desde a chegada dos portugueses à América, no século XVI, quando os colonizadores passaram a escravizar os indígenas que habitavam o continente e a empregar violência contra eles e, posteriormente, a sequestrar africanos em sua terra de origem para enfrentarem a escravidão no Brasil.

A desigualdade no Brasil não se traduz só em fome e miséria, mas também em condições precárias de saúde, de habitação, de educação, enfim, em uma situação desumana, particularmente quando se sabe que a sociedade produz bens, serviços e riqueza, mas não os distribui de modo que beneficiem a todos os brasileiros.

A primeira tentativa de explicar a pobreza no Brasil, a partir do final do século XIX, consistiu em relacioná-la à influência do clima e à riqueza das matas e do solo. Afirmava-se que o brasileiro era preguiçoso, indolente, supersticioso e ignorante porque a natureza tudo lhe dava. Outra explicação estava vinculada à questão racial e à mestiçagem: alguns críticos da mestiçagem consideravam que os mestiços não tinham a energia física dos indígenas nem a visão intelectual dos seus ancestrais superiores, representando a falência e a degeneração do ideal nacional.

A partir da década de 1940, a questão das desigualdades sociais foi analisada sob nova perspectiva, que passava pela presença do latifúndio, da monocultura e também do subdesenvolvimento. Dessa perspectiva, a questão sobre a fome e a desnutrição das classes populares era explicada com base no processo que se iniciou com a exploração colonial, marcado por uma estrutura agrária que mantinha os trabalhadores rurais em uma situação de penúria, abandono e ausência de educação. Uma das explicações atribuía ao coronelismo a base de sustentação dessa estrutura.

Algumas abordagens da desigualdade social buscaram desconstruir o mito da democracia racial brasileira, mostrando a situação dos negros no Sudeste e no Sul do Brasil. Esses trabalhos demonstraram que os ex-escravizados foram integrados à sociedade de forma precária, criando-se uma desigualdade constitutiva da situação que seus descendentes vivem até hoje. O sociólogo Florestan Fernandes (1920-1995), por exemplo, afirmou que a desagregação do regime escravocrata, por um lado, protegeu os antigos agentes de trabalho escravo, mas, por outro lado, largou o negro ao seu próprio destino, sem que ele tivesse os devidos meios materiais e morais para viver numa economia competitiva.

A partir da década de 1960, a abordagem da desigualdade passou a dar ênfase à análise das classes sociais existentes no Brasil, ao subdesenvolvimento e ao processo de mudanças econômicas, sociais e políticas. Nas décadas seguintes foram analisadas as novas formas de participação política, principalmente os novos movimentos sociais e o novo sindicalismo.

As desigualdades no Brasil nos últimos 50 anos: renda, cor e gênero

O Brasil figura na lista dos países em que o valor do índice de Gini é superior a 50, e por isso é conhecido internacionalmente como um dos países com maior desigualdade na distribuição de renda do mundo.

O pagamento de impostos está intimamente relacionado com as desigualdades sociais. Para entender como a tributação se liga à desigualdade de renda, ela deve ser abordada por meio de dois aspectos: um deles é o caráter regressivo da carga tributária. Isso significa que quem ganha mais paga menos e quem ganha menos paga proporcionalmente mais ao que ganha. Além disso, há ainda casos de sonegação fiscal, um valor que o governo está deixando de arrecadar. A maior parcela dessa dívida é atribuída a empresas que atuam nos mais influentes segmentos da economia, como indústria, comércio, agronegócio, construção, entre outros.

A questão étnico-racial segue presente no cotidiano do Brasil. Ela se expressa por meio do preconceito e se apresenta em evidências empíricas: os negros na sociedade recebem salários menores e têm pouco acesso a boas condições de habitação, saúde, trabalho e cultura. Um iminente exemplo dessa desigualdade é o Congresso Nacional: apesar de a maioria da população brasileira ser composta de negros e pardos (mais de 50%), conforme o IBGE, a participação política desse grupo é mínima: entre os candidatos eleitos em 2014, 3% se declararam negros e 21%, pardos.

Conforme o último censo do IBGE, de 2010, no Brasil, as mulheres são mais da metade da população e estudam mais do que os homens, mas têm menos chances de obter empregos e recebem salários, em média, 30% mais baixos que os dos homens, mesmo quando exercem as mesmas funções. Além disso, há mais mulheres que homens atuando no setor informal, sem garantias trabalhistas, quase sempre sob intensa precarização. Elas também são sub-representadas na política: representam menos de 50% dos cargos eletivos no Brasil.

CONCEITOS-CHAVE

- Mestiçagem
- Estrutura fundiária
- Índice de Gini
- Carga tributária
- Desigualdade de cor
- Desigualdade de gênero

Aplique o que aprendeu

Questões

1.

Jean-Jacques Rousseau deixa clara que a desigualdade social é um fenômeno gerado pela própria sociedade e não uma condição natural, e mesmo que nenhuma experiência humana tivesse ocorrido sem que existisse a igualdade, tal fato não é razão suficiente para não crer que possa vir a existir.

DUARTE, Natalia de Souza. Política Social: um estudo sobre educação e pobreza. Tese – Pós-Graduação em Política Social da Universidade de Brasília. Brasília: UnB, 2012. (adaptado)

De acordo com o texto, a desigualdade social é uma

a) circunstância artificialmente construída.
b) condição imutável da humanidade.
c) experiência humana ultrapassada.
d) abstração do plano das ideias.
e) instituição da modernidade.

2.

Com o capitalismo e, particularmente, com a revolução industrial capitalista, surgiu o conceito moderno de desenvolvimento econômico, e a ele, imediatamente, se ligou um certo grau de mobilidade social que garantisse aos mais capazes – ou, mais precisamente, a uma parcela dos mais capazes – a motivação para o trabalho produtivo e a possibilidade de ocupar as posições mais importantes da sociedade. Essa mudança não foi radical. O capitalismo, simplesmente, reorganizou e tornou mais flexível o sistema de privilégios, deslocando seu eixo dos fatores tradicionais para os fatores econômicos, deixando claro que desenvolvimento econômico e um certo grau de mobilidade social estão indissoluvelmente ligados.

PEREIRA, Luiz Carlos Bresser. Mobilidade social: uma avaliação comparativa. *Rev. adm. empres.*, São Paulo, v. 13, n. 4, p. 19-20, dez. 1973.

A mobilidade social a partir do capitalismo pode ser compreendia a partir do texto como

a) produtora de justiça social, por romper com a hierarquização social.
b) dependente da capacidade individual de cada sujeito de trabalho.
c) um complexo sistema de aspectos individuais dependente de arranjos sociais.
d) um arranjo flexível que promove a ascensão de indivíduos indicados por outros.
e) um sistema que elimina os privilégios sociais e econômicos de qualquer pessoa.

3.

Uma das grandes dificuldades, principalmente dentro do campo marxista, para lidar com as chamadas novas classes médias, é o fato de seus integrantes não serem proprietários, mas ao mesmo tempo administrarem os negócios, fazerem trabalhos não manuais, supervisionarem os trabalhadores ou possuírem habilidades e *status* que os distinguem dos demais não proprietários.

SCALON, Celi; SALATA, André. Uma nova classe média no Brasil da última década?: o debate a partir da perspectiva sociológica. *Sociedade e estado*, Brasília, v. 27, n. 2, p. 387-407, ago. 2012.

O texto demonstra que a compreensão sobre as novas classes médias

a) escapa à análise social.
b) encerra a questão de classe.
c) cria as regras sociais vigentes.
d) demonstra falta de identidade.
e) aprofunda o debate sociológico.

4.

Em abordagens de natureza sociológica, o capital social é visto como sendo fruto de padrões de longo prazo, historicamente construídos, de associativismo, engajamento cívico e interações extra-familiares, ou seja, como parte da construção sociocultural de uma comunidade.

ALBAGLI, Sarita; MACIEL, Maria Lúcia. Capital social e empreendedorismo local. Disponível em: <http://www.redesist.ie.ufrj.br>. Acesso em: 3 jul. 2018.

O capital social pode ser analisado a partir do texto como

a) construto sociológico focado no indivíduo.
b) conceito para compreensão das relações sociais.
c) termo utilizado para se referir às classes populares.
d) abordagem que mede o dinheiro de origem familiar.
e) maneira de mensurar a capacidade cognitiva individual.

5.

A mestiçagem era vista de forma ambígua: apesar de temida, nela se encontrava a saída controlada e compatível com a representação ordeira que a elite pernambucana possuía de sociedade. Assim, apesar do manejo com os modelos poligenistas de análise, era sempre a aceitação do monogenismo e a ideia de evolução que acabam predominando quando se tratava de pensar a situação local.

SCHWARCZ, Lilia Moritz. *O espetáculo das raças*: cientistas, instituições e questão racial no Brasil (1870-1930). São Paulo: Cia. das Letras, 1993. p. 123.

A partir do texto é correto entender que a questão da mestiçagem foi

a) contestada, pois a existência somente de uma raça era o objetivo final.

b) desambiguada, pois seus objetivos sociais deveriam ser explicitados.
c) intimidada, pois deveria deixar de ser uma prática social comum nas elites.
d) ordenada, pois o Estado teve um papel importante em coibi-la.
e) tolerada, pois era entendida como uma fase para se alcançar a raça desejada.

6.

A diferença de remuneração entre homens e mulheres não é uma questão da qual Hollywood está imune. Um levantamento da *Forbes*, divulgado no ano passado, mostrou que os dez atores com maior rendimento faturaram US$ 488,5 milhões, quase três vezes o total combinado de US$ 172,5 milhões das dez mulheres no topo da lista. Enquanto apenas três atrizes ganharam mais de US$ 20 milhões em 12 meses, 16 atores chegaram à marca.

Disponível em: <www.virgula.com.br/tvecinema/diferenca-de-salarios-entre-homens-e-mulheres-mostra-desigualdade-em-hollywood>. Acesso em: 10 maio 2018.

Pode-se identificar a partir do texto apresentado que a diferença salarial entre homens e mulheres
a) ocasiona negociações sindicais.
b) resulta da falta de esforço individual.
c) independe do *status* social.
d) é indiferente fora do estado de pobreza.
e) decorre das horas trabalhadas por cada um.

7. Sobre o sistema de castas, é correto afirmar que
a) existiu apenas na Índia, antes da Constituição de 1950, e foi responsável pelo fraco processo de desenvolvimento industrial do país no século XX.
b) seu exemplo mais representativo está na Índia, onde a hierarquização se baseia em critérios religiosos, étnicos, hereditários, de cor e de ocupação, entre outros, determinando o papel social dos indivíduos.
c) solidificou-se na Antiguidade clássica, organizando a república romana após a sua expansão em direção ao mar Mediterrâneo.
d) é um sistema rigidamente estruturado, baseado na tradição e caracterizado pela mobilidade social.
e) estabelece uma diferenciação social baseada em critérios econômicos e consciência de classe.

8. A sociedade estamental marcou o mundo medieval na Europa Ocidental, principalmente entre os séculos VII e XII. Sobre o assunto, assinale a única alternativa correta:
a) A sociedade estamental pode ser caracterizada pela forte presença do trabalho escravo, razão de não haver mobilidade social.

b) O estamento é uma organização social baseada em critérios econômicos, contrapondo os que detêm os meios de produção aos que só dispõem de sua força de trabalho.

c) O mundo medieval assistiu à progressiva substituição do feudalismo pelo capitalismo, que introduziu a divisão da sociedade em estamentos.

d) A sociedade estamental admitia a mobilidade social com certa frequência, principalmente porque estava baseada em critérios culturais.

e) O que identifica o estamento é um conjunto de direitos, deveres, privilégios e obrigações que são publicamente reconhecidos e sustentados pelas autoridades oficiais.

9. Observe a tira a seguir e responda à questão.

A tira do cartunista argentino Quino apresenta uma das explicações mais frequentes para a existência da pobreza, essa expressão da desigualdade muito presente nas sociedades capitalistas. Qual é essa explicação? Como ela impede a realização de ações voltadas para a diminuição da pobreza em nossa sociedade?

10. Observe a imagem:

// Casa lotérica em Aparecida de Goiânia, em Goiás, de onde saiu o jogo premiado de 12 de janeiro de 2007.

Responda:

a) O vencedor da Mega-Sena ganhou riqueza. Ganhará com isso prestígio e poder?

___

b) Há elementos na cena retratada que justificam sua opinião?

___

TOTAL DE ACERTOS _____ /10

UNIDADE 4

Poder, política e Estado

Aprofunde seus conhecimentos sobre **Estado moderno** e **democracia** consultando as páginas 129 a 183 do Livro do Aluno.

Reveja o que aprendeu

Objetivos de aprendizagem

- Compreender a formação do Estado moderno e as diversas formas de Estado ocorridas nos últimos séculos.
- Analisar a forma como autores clássicos da Sociologia e outros abordaram a estrutura e o processo de constituição do Estado.
- Identificar as diferentes formas de Estado ocorridas no Brasil desde a independência.
- Reconhecer a dinâmica de funcionamento da democracia no Brasil.

Entende-se que o Estado é o poder político organizado no interior da sociedade civil, por isso é necessário conhecer a sociedade na qual as estruturas de poder atuam e se irradiam. Na sociedade civil se desenvolvem as relações e as lutas sociais, políticas e ideológicas contraditórias.

As primeiras manifestações da organização do Estado moderno apareceram a partir da desintegração do mundo feudal, especialmente por meio de acordos entre grandes senhores de terras que passaram a ter lugar nas estruturas de poder. Esse processo ocorreu na Europa a partir do século XIV e consistiu na centralização, concentração e constituição das forças armadas, da estrutura jurídica, do corpo burocrático responsável pela administração do patrimônio público, do sistema tributário e, por fim, de um sistema de convencimento que leva a maioria da população a aceitar o poder dos governantes e as regras e normas sociais.

O **Estado absolutista** surgiu em Portugal no final do século XIV e teve seu ápice na França, no reinado de Luís XIV (1638-1715). Ele era basicamente caracterizado por uma concentração de poderes que conferia poder absoluto ao Estado. Além de ter controle sobre as atividades econômicas, o Estado absolutista assumia a responsabilidade de centralizar e praticar a justiça, organizar os exércitos profissionais e arrecadar impostos.

O **liberalismo** surgiu como reação ao absolutismo e tinha como valores primordiais o individualismo, a liberdade e a propriedade privada. O papel do Estado liberal deveria ser apenas o de guardião da ordem: não lhe caberia intervir nas relações entre os indivíduos e seus interesses privados, mas manter a segurança para que todos pudessem desenvolver livremente suas atividades. Economicamente, ele se baseia na fórmula *laissez-faire, laissez-passer* (deixai fazer, deixai passar), que consiste na ideia de que as atividades econômicas não devem ser reguladas pelo Estado, mas pela mão invisível do mercado, o que garantiria liberdade para a produção e circulação de mercadorias e, segundo seus defensores, consequentemente levaria ao progresso das empresas e das nações.

As formas de Estado no século XX

Nas primeiras décadas do século XX, esgotado pelas condições sociais e econômicas que o geraram, o Estado liberal começou a se desestruturar e, apesar de não ter deixado de existir, deu lugar ao surgimento de outras formas de organização estatal.

Após a Revolução Russa, iniciada em 1917, buscou-se implantar na Rússia um **Estado socialista**, baseado na propriedade socializada ou coletiva e na planificação e centralização do poder político. Essa forma de Estado ampliou sua abrangência a partir de 1922, com a constituição da União das Repúblicas Socialistas Soviéticas (URSS), da qual chegaram a fazer parte 15 "repúblicas unidas". Esse modelo começou a sofrer dissolução a partir de 1985 com o processo de globalização e os problemas internos.

Com base em uma economia capitalista e mantendo a propriedade privada como um de seus fundamentos, o modelo **fascista** se desenvolveu na Europa entre as décadas de 1920 e 1940 – especialmente na Itália e na Alemanha. Ele se fundamentava principalmente em duas concepções: a ideia de uma comunidade nacional formada por indivíduos que compartilhavam um destino comum, que colocava como inimigos da nação os que não faziam parte dela (como foi o caso dos judeus na Alemanha nazista), e o princípio de autoridade, de acordo com o qual a sociedade devia se estruturar segundo os princípios da ordem e da obediência, o que passou a se reproduzir em todos os domínios da vida social, da família ao Estado.

O **Estado de bem-estar social** surgiu nos países capitalistas que tentavam reconstruir a economia ocidental após a Segunda Guerra Mundial, e possibilitava enfrentar ao mesmo tempo os movimentos de trabalhadores e as necessidades do capital. Ao contrário do Estado liberal, o Estado de bem-estar social tinha como finalidade e característica básica a intervenção estatal nas atividades econômicas, regulando-as e subsidiando-as, visando sempre, pelo menos teoricamente, o bem-estar da maioria da população.

Após a crise do petróleo na década de 1970, o capitalismo se viu diante de vários desafios. Isso levou economistas como Friedrich von Hayek (1899-1922) e Milton Friedman (1912-2006) a atribuírem a crise aos gastos dos Estados com políticas sociais. De acordo com eles, a política social estava comprometendo a liberdade do mercado e até mesmo a liberdade individual, valores básicos do capitalismo. Por causa disso, o bem-estar dos cidadãos deveria ficar por conta deles mesmos: os serviços públicos deveriam ser privatizados e pagos por quem os utilizasse.

Desde a crise financeira de 2008 e suas repercussões, a situação política nos países capitalistas começou a se alterar novamente, uma vez que as bases econômicas fundamentadas no **neoliberalismo** passaram a ser questionadas em várias partes do mundo. Com o crescente poder do sistema financeiro global sobre o poder político dos Estados, as sociedades que adotaram as propostas defendidas pelos neoliberais se defrontam com o desemprego e a diminuição do desenvolvimento econômico e social.

CONCEITOS-CHAVE

- Estado absolutista
- Estado liberal
- Estado soviético
- Estado fascista
- Estado de bem-estar social
- Estado neoliberal

Karl Marx (1818-1883)

Marx não formulou uma teoria específica sobre o Estado e o poder. No entanto, ele identificou a divisão do trabalho e a propriedade privada, geradoras das classes sociais, como a base de seu surgimento. Para ele, o Estado teria nascido para refrear os antagonismos de classes e, por isso, favorecer a classe dominante. Analisando a burocracia estatal, Marx afirma que o Estado pode estar acima da luta de classes, separado da sociedade, como se fosse autônomo. Nesse sentido pode haver um poder que não seja exercido diretamente pela burguesia. Ainda assim, o Estado continua criando as condições necessárias para o desenvolvimento das relações capitalistas, principalmente o trabalho assalariado e a propriedade privada.

Émile Durkheim (1858-1917)

Durkheim entendia que o Estado é fundamental em uma sociedade que fica cada dia maior e mais complexa, devendo estar acima das organizações comunitárias. Sua função seria eminentemente moral, pois deveria realizar e organizar o ideário do indivíduo, além de assegurar-lhe pleno desenvolvimento. E isso seria feito por meio da educação pública voltada para a formação moral sem fins religiosos. De acordo com ele, por meio da democracia a sociedade pode chegar à consciência de si mesma.

Max Weber (1864-1920)

Para Weber, o Estado é uma relação de dominação entre homens mediante a violência, considerada legítima, e uma associação compulsória que organiza essa dominação. Para essa relação existir, é necessário que os dominados obedeçam à autoridade dos detentores do poder e, para ele, as formas de legitimação original são três: a dominação tradicional, a dominação carismática e a dominação legal. Esta última seria o modo típico de atuação dos servidores do Estado.

A ideia de democracia representativa parte da concepção de que o poder tem como base a soberania popular. Essa soberania popular, no entanto, só pode ser viabilizada por meio da representação, uma vez que não seria possível reunir todo o povo para decidir o que se deve fazer num país. A representação política se expressa, então, pelo voto. Muitas vezes, porém, os eleitos não representam de fato o conjunto da população por criarem um espaço elitista de realização da política, completamente avesso ou indiferente aos interesses populares, por motivos variados.

Aspectos institucionais da democracia

A democracia é um tema passível de análise sob muitos ângulos. No entanto, muitos autores concordam que alguns requisitos são imprescindíveis para garantir a efetivação da democracia representativa: ter eleições competitivas, livres e limpas; direito de voto extensivo à maioria da população adulta; proteção e garantia das liberdades civis e dos direitos políticos mediante instituições sólidas e, por fim, controle efetivo das instituições legais e de segurança e repressão – poder Judiciário, Forças Armadas e forças policiais.

Os partidos políticos – a princípio inaceitáveis no âmbito do Estado liberal – surgiram apenas quando alguns setores da sociedade, principalmente os trabalhadores organizados, começaram a lutar por participação na vida política institucional. Tinham como objetivo defender interesses diferentes: de um lado, os que queriam mudar a situação; de outro, os que pretendiam mantê-la.

Revolução democrática

A democracia representativa, nos moldes como vigora atualmente na maioria dos países, limita a expressão da soberania popular. Alguns pensadores consideram que ela se caracteriza justamente pelo dissenso, e o direito de questionar a situação existente, e pela criação contínua de novos direitos. Internacionalmente, ela é considerada o único regime político legítimo, mas nos últimos anos os regimes democráticos vêm traindo a maioria da população, especialmente por causa da corrupção.

Até onde se pode pensar, sem a necessidade de profecias, a alternativa que se apresenta é um aprofundamento da democracia em seu sentido original, ou seja, estruturas que expressem a vontade popular sob o controle desse poder. Isso significa, no mundo de hoje, questionar o poder das grandes corporações aliadas ao capital financeiro sem renunciar às possibilidades democráticas de organização das sociedades em que se vive.

O Estado no Brasil

No período imperial escravista (1822-1889), o Estado brasileiro estruturou-se como uma monarquia constitucional. Tratava-se de um regime de poder absoluto com maquiagem liberal: foram instituídos os poderes executivo, legislativo e judiciário, mas, acima deles, foi instaurado também o poder moderador, exercido pelo imperador. O Brasil foi um dos únicos

CONCEITOS-CHAVE

- Soberania popular
- Democracia representativa
- Partidos políticos

países em que uma Constituição liberal coexistiu com a escravidão, que era tão estrutural para a monarquia brasileira que, assim que foi abolida, a monarquia acabou.

República

A República é a forma de governo em que o bem comum deve prevalecer sobre desejos particulares. São concebíveis repúblicas democráticas e repúblicas autoritárias, com aberturas para várias situações intermediárias. No Brasil, o período republicano é marcado pela oposição imposta pelas classes dominantes à Constituição e ao desenvolvimento do Estado como um poder público.

O Estado oligárquico (1889-1930)

A república no Brasil surgiu de um movimento da cúpula militar, sem a participação da população. O Estado que nasceu com a implantação da República caracterizou-se, principalmente, pela ligação da classe dominante com a cúpula da estrutura militar. O poder federal caracterizava-se pelo domínio das oligarquias regionais, formadas por poderosas famílias, que funcionavam como detentoras do poder porque tinham como base os "coronéis" – os "chefes" do poder local. Desenvolveu-se uma relação de compromisso, que ficou conhecida como **coronelismo**, em que os chefes locais davam apoio incondicional aos candidatos indicados pelos oligarcas nas eleições estaduais e federais e, em troca, tinham verba e plenos poderes para decidir sobre os assuntos locais.

A República varguista (1930-1945)

A chamada República varguista recebeu esse nome porque Getúlio Vargas (1882-1954) se manteve no poder durante todo esse ciclo. O início do período é marcado por um movimento golpista, liderado por Getúlio Vargas, conhecido como "Revolução de 30". O movimento constituiu-se em um grande acordo (conciliação) que envolveu vários grupos e classes: os industriais em ascensão, a burguesia comercial e financeira, as classes médias urbanas, os militares descontentes (movimento tenentista) e parte das oligarquias regionais. A proposta desse governo era industrializar o país mediante o processo de substituição gradual das importações, produzindo aqui o que fosse possível. O Estado atuava como o principal agente investidor na infraestrutura necessária a esse processo.

Esse período foi fortemente marcado por dois aspectos. Em primeiro lugar, a repressão e o convencimento (principalmente durante o Estado Novo): criou-se um aparato repressivo do Estado dirigido a comunistas e demais opositores do regime, de um lado e, de outro, um departamento de imprensa e propaganda que era responsável por projetar a imagem do presidente e por exercer a censura nos meios de comunicação. O outro aspecto era o populismo, que de modo resumido é a prática política fundamentada em uma liderança carismática e um nacionalismo fomentado por forte propaganda, sustentada por uma política de alianças entre várias classes sociais. Nesse sentido, o governo Vargas criou, em 1945, dois partidos nacionais: o PTB (Partido Trabalhista Brasileiro), que deveria ser o porta-voz dos trabalhadores, e o PSD (Partido Social Democrático), porta-voz de parte da burocracia estatal e da burguesia.

República democrática entre ditaduras (1945-1964)

Apesar de Getúlio Vargas ter sido destituído do poder por meio de um golpe, nesse período sua presença e influência continuaram muito vivas. A coligação que o apoiava (PTB e PSD) elegeu todos os presidentes do período, com exceção de Jânio Quadros (1917-1992). Desses presidentes, Juscelino Kubitschek (1902-1976) foi o mais expressivo: seu governo foi politicamente estável, com partidos políticos e instituições do poder exercendo suas atividades livremente. Além disso, foi também um momento de grande desenvolvimento da indústria nacional de bens duráveis, graças à estruturação da tríplice aliança – o Estado, o capital nacional e o capital estrangeiro –, que possibilitou grande desenvolvimento econômico e industrial no Brasil. Seu sucessor, Jânio Quadros, renunciou poucos meses depois de assumir a presidência, por motivações até hoje consideradas obscuras, dando lugar a seu vice, João Goulart (1918-1976). Ministros militares, apoiados por setores conservadores da sociedade brasileira, tentaram desde o início inviabilizar o governo de João Goulart, devido a suas posições políticas comprometidas com o trabalhismo getulista. Seu governo chegou ao fim com um golpe de Estado, que deu início à ditadura civil-militar no Brasil.

A ditadura civil-militar (1964-1985)

A justificativa para o golpe civil-militar em 1964, segundo aqueles que o comandaram, era acabar com a anarquia e a insegurança que levariam o país ao comunismo e deter a inflação, bastante alta. O objetivo não declarado, contudo, era abrir espaço político para maior acumulação capitalista, além de frear os protestos populares e intimidar a organização dos trabalhadores.

Durante a ditadura, os militares nos postos de comando valeram-se da edição de atos institucionais para exercer o poder. Por meio desses atos institucionais instaurava-se uma legislação repressiva, que cassou os direitos civis da população, permitiu a cassação de mandatos parlamentares, limitou os poderes do Judiciário ao suspender o direito de *habeas corpus* em crimes contra a "segurança nacional" e impôs a censura prévia à imprensa e restrições à liberdade de reunião. Nesse período, desenvolveu-se a prática da tortura, tornou-se frequente o desaparecimento e assassinato de ativistas considerados esquerdistas e de pessoas que supostamente conspiravam contra a segurança nacional.

A ditadura chegou ao fim devido a um período de instabilidade econômica e à ascensão da oposição ao regime, quando foram dados os primeiros passos para a "abertura" política do país e teve início uma transição lenta e gradual para a democracia representativa, sob a vigilância dos militares – que ao final do processo concordaram que o governo fosse liderado por um civil, desde que eleito indiretamente pelo Congresso Nacional.

Retorno à democracia

Com o fim da ditadura civil-militar, o Brasil vem mantendo uma estrutura estatal de aspiração democrática, com eleições regulares e livres, ancoradas em instituições que também vêm sobrevivendo ao tempo. Desde 1985, o Brasil vive o mais longo período democrático de sua história. O primeiro governo desse período pode ser chamado de "governo de transição" porque os eleitos eram políticos de confiança dos militares, ou seja, era a garantia de que não haveria revanchismo contra eles. O fato mais marcante desse governo foi a promulgação da atual Constituição brasileira, evento considerado fundamental para o desenvolvimento da democracia estável no Brasil. Os governantes que sucederam ao governo de transição puderam, eleitos pelo voto popular, atuar sem a vigilância das Forças Armadas.

O Estado neoliberal no Brasil

Os governos de Fernando Collor de Melo (1949-), Itamar Franco (1930-2011) e Fernando Henrique Cardoso (1931-) representaram alterações nas estruturas políticas e econômicas características do que se convencionou chamar de Estado neoliberal. Na tentativa de integrar a economia do país à globalização, promoveram a privatização de empresas estatais e a abertura do mercado nacional a produtos estrangeiros. No sistema financeiro, foi permitida a livre atuação dos bancos e o movimento de capitais no mercado interno. Incentivou-se também a fundação de escolas privadas em todos os níveis, mas principalmente no superior.

CONCEITOS-CHAVE
- Estado imperial escravista
- Estado republicano
- Estado oligárquico
- Estado neoliberal
- Coronelismo
- Ditadura civil-militar
- Estado social desenvolvimentista

O Estado social desenvolvimentista

O governo de Luiz Inácio Lula da Silva (1945-) pode ser visto com um forte viés desenvolvimentista e de cunho social, porque ampliaram-se as políticas de redistribuição de renda, visando amenizar a situação precária da maior parte da população brasileira. Foram adotadas medidas como o aumento real do salário mínimo e a criação de empregos estáveis, além de terem sido colocados em prática programas sociais (como o Bolsa Família). Por outro lado, nos governos de Lula, supostamente representativos das forças políticas progressistas, as grandes empresas urbanas e rurais, bem como o setor financeiro, continuaram a ser atendidos em suas mais caras reivindicações. Sua sucessora, Dilma Rousseff (1947-), deu continuidade aos projetos desenvolvidos no governo Lula. Em abril de 2016, após um intenso calendário de disputa pelo protagonismo político entre opositores e apoiadores da presidente Dilma Rousseff, a chefe do poder executivo foi destituída de seu cargo por meio de um *impeachment*. Os intérpretes desse fato se dividem entre os que o consideraram constitucional e os que apontam um golpe contra a democracia brasileira.

A luta por direitos e a participação política

Após a proclamação da República, várias lutas e movimentos em busca de maior participação política foram empreendidos, mas sempre reprimidos, pois a questão dos direitos por muito tempo foi tratada como caso de polícia ou considerada uma mera concessão por parte de quem detinha o poder. Mesmo assim, com o tempo a mobilização fez com que se ampliasse a participação política.

Os partidos políticos no Brasil foram, em sua maioria, representantes dos setores dominantes da economia na sociedade. Até 1930, eram apenas agregados de oligarquias locais e regionais que se organizavam para tirar vantagens do Estado. Os partidos nacionais se formaram só depois da ditadura de Getúlio Vargas. Em 1965, entretanto, com a segunda ditadura civil-militar, todos os partidos foram cassados e foi implantado o bipartidarismo: só poderiam existir a Aliança Renovadora Nacional (Arena) e o Movimento Democrático Brasileiro (MDB). Com o fim do período autoritário e as mudanças econômicas e políticas – principalmente a emergência dos movimentos sociais e a luta pela redemocratização –, desenvolveu-se uma nova estrutura partidária no Brasil. Desde então, surgiram muitos partidos políticos (35 atualmente) – muitos deles, no entanto, se apresentam sem uma definição ideológica clara. Mais do que um canal de participação dos cidadãos, os partidos se tornaram máquinas empresariais em busca de voto.

Reflexões sobre o Estado e a democracia no Brasil

Para esclarecer as relações entre o Estado e a sociedade no Brasil, é importante, em primeiro lugar, examinar a relação entre o que é público e o que é privado. No Brasil essa relação é marcada pela apropriação privada do que é público. Essa apropriação é produzida principalmente pelas seguintes práticas: em primeiro lugar, há o clientelismo, que consiste na troca de favores políticos por benefícios econômicos. Há também o nepotismo – isto é, o emprego ou o favorecimento de parentes em cargos públicos – e a corrupção. A corrupção no Brasil é sistêmica e tem suas raízes em relações políticas, econômicas, sociais e culturais.

Com a ampliação das transformações produtivas e financeiras no mundo, principalmente depois da década de 1980, a questão política no Brasil está cada vez mais dependente das questões financeiras. Isso, junto com as condições já mencionadas, tem gerado uma despolitização crescente, pois a política está esvaziada como instrumento de mediação entre o individual e o coletivo.

CONCEITOS-CHAVE
- Participação política
- Clientelismo
- Nepotismo
- Corrupção
- Despolitização

Aplique o que aprendeu

Questões

Para Max Weber, o Estado, sociologicamente, só se deixa definir pelo meio específico que lhe é peculiar, tal como é peculiar a todo outro agrupamento político, ou seja, o uso da coação física. Em outras palavras, o Estado define-se como a estrutura ou o agrupamento político que reivindica, com êxito, o monopólio do constrangimento físico legítimo.

MALISKA, Marcos Augusto. Max Weber e o Estado racional moderno. *Revista Eletrônica do CEJUR*. v. 1, n. 1, 2006. (adaptado)

Pode-se identificar que para Max Weber o Estado

a) tem poder outorgado por meio da força.
b) agrupa indivíduos pelo uso da violência.
c) utiliza da coação para legitimar o governo.
d) abdica da democracia ao utilizar a coação física.
e) contrapõe o constrangimento físico à racionalidade.

Com o crescimento na escala territorial e populacional, algumas formas de participação política são inerentemente mais limitadas nas democracias representativas modernas do que eram nas cidades-Estado. Apesar do fato de que nas antigas cidades-Estado democráticas não acontecia uma participação total de todos os cidadãos, ali existiam maiores possibilidades teóricas de participação direta.

PEREIRA, Antonio Kevan Brandão. Teoria democrática contemporânea: o conceito de poliarquia na obra de Robert Dahl. In: 38º Encontro Anual da Anpocs. Grupo de Trabalho 39 – *Teoria política e pensamento político brasileiro*: normatividade e história, 2014.

Um dos desafios da democracia nos Estados modernos é

a) a representação das cidades-Estado.
b) a limitação da participação política direta.
c) a diminuição do crescimento populacional.
d) o fim da participação de todos os cidadãos.
e) a continuidade do sistema de votação grego.

3.

Os partidos políticos, outra importante instituição no sistema democrático, também assumem papel minimalista, sendo caracterizados como grupos ou espaços onde os membros que os compõem agem de forma competitiva na disputa pelo poder, conforme normas e regulamentos que lhes são próprios, e que não perseguem o bem estar público, delimitado por princípios comuns.

OLIVEIRA, R. P. C.; DAMASCENO, J. P. T.; ALMEIDA FILHO, M. M.; VILA NOVA, A. P. B. O procedimentalismo na teoria democrática: as visões de Hans Kelsen, Joseph Schumpeter e Anthony Downs. In: XII Semana de Ciências Sociais da UFSCar, São Carlos-SP. Anais XII Semana de Ciências Sociais, 2014. p. 221-248.

Os partidos políticos são identificados no texto como

a) forma de abarcar a pluralidade de ideais.
b) meio de defesa dos interesses da população.
c) espaço de representação direta dos cidadãos.
d) grupos cujos membros não perseguem o bem-estar público.
e) ferramenta para o diálogo nas instâncias de poder.

4.

Assim, busca-se decifrar na Constituição de 1988 um projeto político de desenvolvimento nacional que confira conteúdo e forma a um Capitalista Coletivo Ideal, aqui concebido como um poder/aparelho de Estado social-desenvolvimentista encarregado de construir uma sociedade de bem-estar fundada no pleno emprego e na justiça social, questionando-se qual o papel que pode desempenhar para a construção de um moderno sistema produtivo, que garanta desenvolvimento dos mercados internos com agregação de produção tecnológica avançada, eliminação de vulnerabilidades externas e disparidades internas, inclusão de grandes parcelas subempregadas no sistema formal de trabalho com todos os seus benefícios (trabalhistas e previdenciários), fortalecimento dos laços de coesão social, etc., construindo uma sociedade politicamente soberana e economicamente desenvolvida.

CASTRO, Matheus Felipe de. *Capitalista coletivo ideal*: o Estado e o projeto político de desenvolvimento nacional na Constituição de 1988. Tese de Doutorado, UFSC, 2009.

De acordo com o texto a Constituição de 1988

a) compreende o aumento da produção relacionada aos direitos sociais.
b) distribui o excedente de produção para promoção de justiça social.
c) repassa o investimento externo no Brasil para inclusão social.
d) atrela os direitos humanos às lutas dos movimentos sociais.
e) responsabiliza o mercado pela promoção da igualdade social.

5.

No Brasil, pode dizer-se que só excepcionalmente tivemos um sistema administrativo e um corpo de funcionários puramente dedicados a interesses objetivos e fundados nesses interesses. Ao contrário, é possível acompanhar, ao longo de nossa história, o predomínio constante das vontades particulares que encontram seu ambiente próprio em círculos fechados e pouco acessíveis a uma ordenação impessoal.

HOLANDA, Sergio Buarque de. *Raízes do Brasil*. 18. ed. Rio de Janeiro: José Olympio, 1984.

O texto afirma que a esfera pública no Brasil

a) realiza suas funções de maneira objetiva.
b) utiliza-se de um funcionalismo meritocrático.
c) é entremeado por vontades particulares.
d) visa em suas ações o bem comum.
e) atende aos interesses estatais.

6. Em sua obra *O abolicionismo*, Joaquim Nabuco afirma:

[...] Para nós, a raça negra é um elemento de considerável importância nacional, estreitamente ligada por infinitas relações orgânicas à nossa constituição, parte integrante do povo brasileiro. Por outro lado, a emancipação não significa tão somente o termo da injustiça de que o escravo é mártir, mas também a eliminação simultânea dos dois tipos contrários, e no fundo os mesmos: o escravo e o senhor.

NABUCO, Joaquim. *O abolicionismo*. Disponível em: <www.culturabrasil.pro.br/zip/oabolicionismo.pdf>. Acesso em: 3 jul. 2018.

Em relação à abolição da escravatura no Brasil, é correto afirmar que

a) representou uma perda total da mão de obra dos antigos senhores.
b) possibilitou ao negro liberto a integração no mercado de trabalho e o livre acesso à terra.
c) promoveu a integração do ex-escravo à sociedade, garantindo-lhe os direitos de uma cidadania plena.
d) a diferença entre o processo abolicionista ocorrido nos Estados Unidos da América e o ocorrido no Brasil foi a ausência de preconceito racial em nosso país.
e) após 1888, o negro livre permaneceu à margem de uma sociedade regida pelo branco e continuou sujeito ao preconceito e a novos mecanismos de controle social.

7. A escola pode ser um instrumento importante na redução das desigualdades. Sabemos que no Brasil as pessoas das camadas mais favorecidas podem estudar em escolas particulares, enquanto a maioria dos que têm menos privilégios precisa frequentar a escola pública. Existem diferenças entre as escolas públicas e as particulares no Brasil? Quais são? Se essas diferenças existem, elas afetam a realização do potencial transformador da escola? Por quê?

_____
_____
_____
_____
_____
_____
_____
_____

8. O francês Jaques Bossuet foi um dos maiores defensores do absolutismo político. No seu livro *A política tirada da Sagrada Escritura*, publicado postumamente em 1709, ele defende que todo o poder viria de Deus. Os governantes agiriam como ministros de

Deus e seus representantes na Terra. Consequentemente, o trono real não seria o trono de um homem, mas o trono do próprio Deus. Já James Madison, presidente dos Estados Unidos entre 1809 e 1817 e um dos principais formuladores da Constituição federal estadunidense, entendia que todo o poder político emana do povo.

Considere essas informações e responda às questões:

a) Quais as diferenças básicas entre a concepção de Estado de Bossuet e a de Madison?

_____
_____
_____
_____
_____
_____

b) Qual é a relação entre indivíduo e Estado na concepção de Bossuet e na de Madison?

_____
_____
_____
_____
_____
_____

9. Leia os itens a seguir e identifique o tipo de Estado descrito em cada um.

a) Com forte apelo nacionalista, implantou-se em vários países da Europa durante as primeiras décadas do século XX, distinguindo-se pelos altos gastos em armamento, pela manipulação da mídia visando à construção de símbolos nacionais e por um rigoroso controle político da população. Não se permitia oposição, e a participação política implicava a adesão total ao regime.

_____
_____

b) Predominou na Europa ocidental durante o século XIX, caracterizando-se por não intervir na economia, com o intuito declarado de promover o indivíduo, a liberdade de troca e a propriedade privada. Segundo o filósofo e economista escocês Adam Smith (1723-1790), nesse tipo de organização estatal a economia deveria ser regida pela mão invisível do mercado.

_____
_____
_____

c) Surgiu como resposta à crise econômica de 1929, consolidando-se nas décadas seguintes em decorrência da necessidade de fortes investimentos estatais nos países dizimados pela Segunda Guerra Mundial. São características a regulação estatal da economia e grandes investimentos em obras públicas. Com esse tipo de organização estatal, os direitos sociais, como o direito à educação e à saúde, ganharam relevância nas agendas políticas do século XX.

_____
_____
_____

d) Teve seu auge na França durante o reinado de Luís XIV (1638-1715). Caracterizado principalmente pela defesa dos interesses da nobreza e por um severo controle da sociedade. Essa forma de organização estatal é considerada por alguns historiadores, em razão da pressão que exerceu sobre a população, como um dos fatores responsáveis pela eclosão da Revolução Francesa em 1789.

_____
_____
_____

10. O Estado e a política podem parecer esferas sociais distantes e desconectadas das nossas vidas. Porém, quanto mais aprendemos sobre eles, mais percebemos como são cruciais para tudo aquilo que fazemos. Como o Estado e a política influenciam diretamente a sua vida? Dê um exemplo e explique.

_____
_____
_____
_____
_____
_____
_____
_____

TOTAL DE ACERTOS ____/10

UNIDADE 5
Direitos, cidadania e movimentos sociais

Aprofunde seus conhecimentos sobre as questões relacionadas aos **direitos** consultando as páginas 184 a 235 do Livro do Aluno.

Reveja o que aprendeu

Objetivos de aprendizagem

- Compreender que a cidadania é construída por sujeitos que conhecem seus direitos, consideram-nos importantes e por eles lutam, coletivamente.
- Analisar a relação entre direitos e cidadania na história das sociedades.
- Refletir sobre o estabelecimento dos diferentes tipos de direitos no Brasil.

Os documentos originados da Revolução Francesa (1789) e da independência dos Estados Unidos (1776) são a base da **Declaração Universal dos Direitos Humanos** elaborada pela Organização das Nações Unidas (ONU), criada em 1948. Fortemente influenciada pelas atrocidades cometidas durante a Segunda Guerra Mundial (1939-1945), a Declaração Universal dos Direitos Humanos estendeu a liberdade e a igualdade de direitos sob vários aspectos, inclusive nos campos econômico, social e cultural, a todos os seres humanos. Os direitos humanos estão acima de qualquer poder existente, seja do Estado, seja dos governantes. Em caso de violação, os responsáveis devem ser punidos.

De acordo com o sociólogo inglês Thomas H. Marshall (1893-1981), a questão da **cidadania** só começou a aparecer nos séculos XVII e XVIII, por meio da formulação dos chamados **direitos civis**. Naquele momento, procurava-se garantir a liberdade religiosa e de pensamento, o direito de ir e vir, o direito à propriedade, a liberdade contratual (principalmente na escolha do trabalho), e, finalmente, a justiça, que devia salvaguardar todos os direitos anteriores.

Os **direitos políticos** estão relacionados com a formação do Estado democrático representativo e envolvem os direitos eleitorais – a possibilidade de o cidadão eleger seus representantes e ser eleito para cargos políticos –, o direito de participar de associações políticas, como os partidos e os sindicatos, e o direito de protestar. Considerados desdobramentos dos direitos civis, os direitos políticos começaram a ser reivindicados por movimentos populares já no século XVIII, mas, na maioria dos países, só se efetivaram no século XX, quando os **direitos sociais** também passaram a ser discutidos. Conquistou-se o direito à educação básica, assistência à saúde, programas habitacionais, transporte coletivo, sistema previdenciário, programas de lazer, acesso ao sistema judiciário, etc.

No final do século XX e início do século XXI, consolidaram-se outros direitos relacionados a segmentos e situações sociais específicos – por exemplo, consumidores, idosos, adolescentes, crianças, mulheres, minorias étnicas e homossexuais.

Os direitos civis, políticos e sociais estão assentados no princípio da igualdade, mas não podem ser considerados universais, pois são vistos de modo diferente em cada país e em cada época. Convém lembrar que há uma diversidade muito grande de sociedades que se estruturam de modo diferente e nas quais os valores, os costumes e as regras sociais são distintos daqueles que predominam no Ocidente.

Cidadania hoje

Ser cidadão é ter garantidos todos os direitos civis, políticos e sociais que asseguram a possibilidade de uma vida digna. Esses direitos não foram concedidos pelos dominantes, mas conquistados arduamente durante séculos – e hoje estão incorporados às leis, ao discurso das autoridades e ao imaginário de sonhos e lutas da população. Pode-se portanto afirmar que defender a cidadania é lutar pelos direitos e, portanto, pelo exercício da democracia, que é a constante criação de novos direitos.

Pode-se considerar dois tipos de cidadania: a primeira é a formal, ou seja, aquela assegurada pela Constituição e que garante que todos são iguais perante a lei e possuem a possibilidade de lutar judicialmente por seus direitos. O outro tipo é a cidadania real, ou substantiva, que é a que ocorre de fato no dia a dia. A vida prática revela que, apesar das leis existentes, não há igualdade efetiva entre todos os cidadãos.

Há dois importantes aspectos a serem considerados: o primeiro é que todos os tipos de direitos citados são resultado da ação dos indivíduos na história e foram sendo construídos num processo de ação e reação constante por parte dos grupos sociais existentes. O segundo é que a defesa dos direitos civis, sociais e políticos e também dos direitos humanos convive com sua violação, e por isso há uma luta constante pela sua vigência, travada por meio de ações políticas e de movimentos sociais.

CONCEITOS-CHAVE
- Cidadania
- Direitos humanos
- Direitos civis
- Direitos políticos
- Direitos sociais

Movimentos sociais

Os movimentos sociais propõem sempre o confronto político e podem trabalhar para transformar ou manter determinada situação. Na maioria dos casos, eles têm uma relação com o Estado, seja de oposição, seja de parceria. Eles podem atuar contra ações do poder público consideradas lesivas aos interesses da população, para pressionar o poder público a resolver determinados problemas, em parceria com o poder público para fazer frente às ações de outros grupos ou empresas privadas ou para resolver problemas da comunidade de forma independente do poder público, muitas vezes tomando iniciativas que caberiam ao Estado.

Há também os movimentos cujo objetivo é desenvolver ações que favoreçam a mudança da sociedade com base no princípio fundamental do reconhecimento do outro, do diferente. Por meio desses movimentos, procuram-se disseminar visões de mundo, ideias e valores, como os movimentos étnico-raciais, de sexualidade e gênero, pela paz e contra a violência.

Na sociedade capitalista, a greve é um dos instrumentos mais utilizados pelos trabalhadores para reivindicar, por exemplo, a manutenção dos direitos adquiridos, melhores salários e condições de trabalho mais dignas. A greve pode ser analisada por muitos pontos de vista. Vejamos as análises de três autores clássicos da Sociologia.

Para Karl Marx (1818-1883), em uma greve operária existem sempre três atores sociais: o trabalhador, o empresário capitalista e o Estado. O trabalhador representa a força de trabalho e só tem isso para defender. Assim, sua luta por melhores salários e condições de trabalho o coloca em confronto com o empresário. A greve, para Marx, é a expressão mais visível da luta entre a burguesia e o proletariado. O Estado participa da situação pois não apenas é responsável pela legislação que regula a ação entre trabalho e capital como também age com a força policial para reprimir os trabalhadores em alguns casos.

Émile Durkheim (1858-1917) tem como ponto de partida a ideia de que todo conflito é resultado da inexistência de normas (o que caracteriza a anomia) que regulem as atividades produtivas e a organização das várias categorias profissionais. A desordem (no caso, a greve) é, para ele, um momento especial em uma ordem estabelecida e serve apenas para desintegrar a sociedade.

Para Max Weber (1864-1920), a greve é uma manifestação de poder ou seja, a capacidade de impor a própria vontade. Essa força, visando atuar sobre o comportamento alheio e produzir com ele um sentido na vida coletiva, tem a característica de um poder social, isto é, a imposição de vontade de um grupo a outro grupo ou associação. Além disso, na perspectiva weberiana, a greve envolve também a estrutura burocrática e militar do Estado, seja porque há a presença da polícia (que pode utilizar a violência de modo legítimo), seja porque, por meio de seu sistema judiciário, pode declarar a greve ilegal ou abusiva.

Os movimentos sociais ocorrem nos mais diversos lugares sempre que um grupo de indivíduos considera seus direitos desrespeitados ou se dispõe a lutar pela aquisição de novos direitos. Os movimentos ambiental e feminista podem ser tomados como exemplo disso por possuírem em comum as características de não terem uma coordenação única – pois comportam uma diversidade muito grande de ideias e valores, bem como de atuação e organização – e desenvolvem ações não só em torno de interesses e necessidades, mas também de reconhecimento, visando criar uma nova maneira de viver em sociedade.

O movimento ambientalista

Esse movimento surgiu no século XIX, quando foram percebidos os primeiros sinais de distúrbios ambientais, mas desenvolveu-se lentamente até a década de 1970; desde então, vem crescendo rapidamente. Ele vai do nível local ao global, evidenciando a existência de uma consciência ecológica difundida no mundo todo.

Não é um movimento organizado mundialmente, mas um conjunto de movimentos que desenvolveu uma cultura ambientalista e criou um novo direito: o de viver em um ambiente saudável. Entre os diversos questionamentos e motivações dos movimentos ambientalistas estão a proteção da diversidade da vida na Terra contra a crescente eliminação de formas de vida animal e vegetal, a fiscalização dos processos propiciados pelo avanço científico e tecnológico que possam trazer problemas à humanidade e o controle do uso dos recursos naturais.

O movimento feminista

A discussão moderna sobre a posição da mulher nas diferentes sociedades vem sendo travada desde o século XVIII. No início, a luta das mulheres concentrava-se na organização de movimentos e campanhas pelo direito de votar. Após a década de 1960, surgiu um movimento vigoroso de reivindicação de direitos políticos, civis e sociais, além do questionamento das raízes culturais da desigualdade de gênero.

Os principais temas que se destacam no feminismo atualmente são a crítica à sociedade patriarcal, a igualdade de condições e salários no trabalho, o direito à liberdade do uso do corpo no que se refere à reprodução e contracepção, o questionamento da heterossexualidade como norma e a reivindicação do direito à segurança e à proteção contra a discriminação e a violência de gênero.

CONCEITOS-CHAVE
- Movimentos sociais
- Greve
- Movimento ambiental
- Movimento feminista

Regulamentação de direitos no Brasil

Cem anos depois da independência, os valores de liberdade individual praticamente inexistiam na sociedade escravocrata do Brasil e pouco significavam para a maioria da população. Os direitos civis, como o direito de ir e vir, a inviolabilidade de domicílio e a proteção da integridade física dependiam do poder das oligarquias e coronéis. Algumas conquistas foram sendo lentamente alcançadas a partir do final da década de 1920 por meio da luta dos trabalhadores nas grandes cidades.

Os direitos políticos eram igualmente restritos: o direito ao voto era privilégio de uma minoria composta só por homens e acima de certa renda. Além do mais as eleições eram marcadas pelo voto de cabresto, pois também eram controladas por oligarquias regionais e coronéis.

Os direitos sociais encontravam-se em situação ainda pior: dependiam de irmandades religiosas ou de sociedades de auxílio organizadas por pessoas leigas, com as quais era necessário contribuir para obter auxílio. Na zona rural, a relação do trabalhador com o proprietário era caracterizada nesse aspecto por uma atitude paternalista que encobria a exploração.

Cidadania

Entre 1930 e 1964, o tratamento da questão dos direitos civis e políticos variaram bastante, mas na maior parte do tempo eles foram restritos ou abolidos. Os direitos sociais, embora sob o controle do Estado, avançaram. Nesse aspecto, o fato mais relevante do período é a Consolidação das Leis do Trabalho (CLT), que entrou em vigor no governo de Getúlio Vargas (em 1943) e persiste até hoje, e tinha como objetivo regulamentar as relações de trabalho, inclusive em muitos aspectos reivindicados há décadas pelos trabalhadores.

Durante o governo militar, os direitos civis e políticos básicos foram violados e até suspensos pelos Atos Institucionais. A Constituição de 1988, chamada de Constituição Cidadã, tornou possível pela primeira vez na história do Brasil a vigência de uma legislação democrática que assegurava a plenitude dos direitos civis, políticos e sociais. Nela, os direitos e garantias fundamentais aparecem antes das disposições dos poderes do Estado.

Em termos concretos, observa-se que os direitos civis e políticos foram restritos na maior parte de nossa história, e as propostas de direitos sociais tiveram sempre o sentido de minimizar as condições precárias de vida da população. Só recentemente podemos dizer que a maioria dos direitos clássicos foi estabelecida nas leis do país.

Movimentos sociais brasileiros

Os **movimentos indígenas** são os mais antigos do Brasil. As primeiras lutas indígenas aconteceram contra o colonizador português e as sucessivas tentativas de escravização e tomada de terras. Desde então, o extermínio dos povos indígenas se deu por chacinas e, sobretudo, por epidemias que dizimaram milhares de indivíduos em pouco tempo.

Mesmo que sempre tenha havido leis que garantiam aos indígenas acesso legal às suas terras, elas nunca chegaram a se impor de fato. As terras indígenas continuam sendo alvo de cobiça dos grandes fazendeiros, dos complexos industriais e até do Estado. Atualmente, assassinato de lideranças indígenas é uma realidade em diversos estados. Mesmo assim, eles continuam criando novas formas de luta por meio de intensas reelaborações culturais e políticas.

Os africanos escravizados, assim como os indígenas, não ficaram passivos diante das condições em que viviam. As principais formas de resistência que utilizavam eram a organização de quilombos e as revoltas localizadas, que existiram do século XVII até o fim da escravidão. Durante todo o século XVII, as autoridades portuguesas enviaram expedições para acabar com os quilombos, mas outros voltavam a se organizar, e assim aconteceu em todo o período de escravidão no Brasil.

Apesar de as rebeliões, fugas e organizações de quilombos já existirem no Brasil desde o século XVI, uma articulação social de fato contra a escravidão no país só aconteceu nas últimas décadas do século XIX. O **movimento abolicionista** agregou muitos negros e pardos libertos, além de políticos, intelectuais, poetas e romancistas. Cresceu lentamente, pois sofria a oposição dos grandes proprietários de terras e de escravizados. Os passos para a extinção da escravidão no Brasil começaram em 1850, quando foi proibido o tráfico de escravos e foram até 1888, quando a escravidão deixou de existir oficialmente.

Conforme retratado por Florestan Fernandes (1920-1995), após a escravidão o negro liberto viu-se responsável por sua pessoa e por seus dependentes, embora não dispusesse dos meios materiais e morais para tal. Essa situação fez com que o movimento negro demorasse a se organizar em face da nova realidade, que se desenvolveu a partir da década de 1930. Com a fundação da Frente Negra Brasileira (FNB), em 1931, o movimento se politizou, adotando um discurso nacionalista que destacava o caráter mestiço da população brasileira e desconsiderava os laços históricos e culturais dessa população com a África. Getúlio Vargas (1882-1954) colocou essa organização na ilegalidade.

O **movimento negro** reemergiu com novas características nos últimos anos da década de 1970, com o acúmulo das experiências anteriores e a consciência de que a luta dos negros não deveria estar calcada na ideia de integração social. As novas organizações passaram a priorizar a desmitificação da democracia racial, negando o caráter cordial das relações raciais e afirmando que o racismo está entranhado na sociedade brasileira. A defesa de políticas públicas voltadas para a população negra ganhou espaço, derrubando interesses e privilégios consolidados.

Movimentos sociais rurais

Os movimentos sociais rurais aconteceram depois da Lei de Terras de 1850, pois as questões envolvendo a terra no Brasil, que permanecem ainda hoje, começaram com a promulgação desta lei, que definiu que a partir de então só se poderia adquirir terras através da compra.

Alguns desses movimentos foram chamados de messiânicos, pois eram movimentos sociais de conotação religiosa cujos integrantes acreditavam em um líder carismático, o qual identificavam como "enviado de Deus" (um messias), que os libertaria da opressão, derrotaria as injustiças e instituiria uma nova sociedade e o paraíso na Terra. Em meados do século XX começaram a surgir movimentos que reivindicavam a regularização de posses e a reforma agrária, sendo constantemente reprimidos pela ação das polícias estaduais em conjunto com jagunços financiados pelos grandes proprietários. Ao longo dos últimos anos da ditadura surgiu o Movimento dos Trabalhadores Rurais sem Terra (MST), que, com o apoio de vários setores da sociedade, criticam a estrutura da propriedade da terra no Brasil (predomínio de latifúndios) e as condições de vida dos trabalhadores rurais. Ainda hoje, o MST é o movimento social rural mais atuante no Brasil.

Movimentos sociais urbanos

Os movimentos sociais urbanos no Brasil tiveram início no século XVII. Esses movimentos ocorreram por distintas motivações, empreenderam diferentes formas de luta e abrangência e se opuseram, na maioria das vezes, a questões vinculadas à cobrança ou ao aumento de impostos e ações das companhias de comércio ou das autoridades portuguesas.

Já no século XX, outros movimentos sociais urbanos aconteceram em várias cidades do Brasil. Nas duas maiores cidades do país, Rio de Janeiro e São Paulo, pululavam movimentos pelo rebaixamento dos preços dos alimentos e dos aluguéis. Havia também movimentos que lutavam contra o desemprego, a carestia e a fome. Conforme o país se urbanizou e se desenvolveram os meios de comunicação, começaram a surgir movimentos de abrangência nacional. Mais recentemente, revoltas constantes aconteceram nas cidades brasileiras reivindicando melhoria nos transportes, mais escolas, fim das mortes no trânsito, construção de passarelas sobre rodovias, fim da violência, etc.

Movimentos culturais

Em 1960, no contexto das lutas estudantis lideradas pela UNE (União Nacional dos Estudantes), tiveram início as atividades do Centro Popular de Cultura (CPC), um dos instrumentos de conscientização política dos jovens e estudantes, principalmente. Aliados a grupos artísticos, o CPC procurava romper com o elitismo cultural por meio da arte e da cultura e desenvolver uma estética compromissada com a transformação social.

Outro movimento cultural relevante é o Hip-Hop. Nascido em Nova York no final da década de 1960, trata-se de um movimento de reivindicação de espaço e voz das periferias. No Brasil, o movimento foi adotado, sobretudo, pelos jovens negros e pobres das grandes cidades como forma de discussão e protesto contra o preconceito racial, a miséria e as péssimas condições de vida.

Movimentos ligados ao mundo do trabalho

Os movimentos sociais ligados ao mundo do trabalho tiveram início antes do fim da escravidão. A partir da década de 1870 começaram a surgir as Ligas Operárias em várias partes do Brasil com o objetivo de organizar o processo de resistência dos trabalhadores contra os patrões. Mesmo consideradas ilegais e severamente reprimidas, as greves eram constantes nas principais cidades do país. A repressão aos operários, sempre excessiva, apoiava-se em uma legislação que permitia até a expulsão de trabalhadores imigrantes e a condenação por "delitos ideológicos".

No período de redemocratização após a ditadura, tiveram importante papel os movimentos grevistas realizados na década de 1980 na Grande São Paulo, onde se encontrava o maior parque industrial e portanto o maior número de operários. Os movimentos grevistas continuam a se suceder e ainda são a principal forma de luta dos trabalhadores, inclusive dos servidores públicos.

Movimentos civis e militares

No Brasil, houve movimentos de caráter estritamente militar e outros nos quais os militares tiveram apoio de parcela da população civil. Os envolvidos nesses movimentos se utilizaram de articulações golpistas, intervenções armadas ou ações de resistência e levantes. Todos, no entanto, foram violentamente reprimidos. Entre eles, merece destaque o movimento tenentista, formado por tenentes rebeldes que eram contra as oligarquias políticas regionais e a estrutura de poder que as sustentava.

No âmbito civil, houve, na primeira metade do século XX, dois principais movimentos: a Ação Integralista Brasileira (AIB) ou integralismo, de tendência fascista, e Aliança Nacional Libertadora (ANL) constituída em 1935 como frente popular para combater o fascismo e o imperialismo.

Outros movimentos fundamentais merecem ser apontados. O primeiro é o movimento das mulheres, que ganhou força no início do século XX, visando combater sistemática e eficazmente a escravização clerical, econômica, moral e jurídica, que asfixiavam, degradavam e aviltavam o sexo feminino. No final da década de 1970 e durante a década de 1980, contudo, o movimento se ampliou e se diversificou. O reconhecimento das questões de gênero evidenciou-se na Constituição Federal de 1988, que incorporou propostas apresentadas pelos movimentos feministas relativas aos direitos individuais e sociais das mulheres, e no fomento a políticas públicas voltadas para o enfrentamento e a superação da discriminação e da opressão.

Também merecem destaque os movimentos LGBTI, que têm como preocupação central destacar o caráter imanente da sexualidade e traçar estratégias político-sociais para superar preconceitos, estigmas e intolerância, rompendo com velhos padrões culturais. Atuando com mais força a partir da década de 1970, as duas demandas mais destacadas desses movimentos foram a desvinculação da homossexualidade da condição de doença e o enfrentamento da epidemia do HIV. Mais recentemente, o foco tem sido a luta contra a homofobia e a conquista de direitos civis. Apesar de contarem com o apoio de parte da sociedade, ainda enfrentam grupos contrários a seus avanços, como as bancadas políticas de fundamentalistas religiosos e conservadores.

CONCEITOS-CHAVE

- Movimentos dos povos indígenas
- Movimento abolicionista
- Movimento negro
- Movimentos sociais rurais
- Movimentos sociais urbanos
- Movimentos culturais
- Movimentos ligados ao mundo do trabalho
- Movimentos civis e militares
- Movimentos das mulheres
- Movimentos LGBTI

Movimentos mais recentes: politização e despolitização

Apesar da crescente democratização do país, entre 2003 e 2013 verificou-se uma redução no ritmo das reivindicações dos movimentos sociais. Os movimentos existentes não visam mais alcançar o poder do Estado. Por meio deles, a população organizada participa politicamente sem precisar estar atrelada às estruturas estatais de poder.

Movimentos conservadores

Há movimentos sociais que lutam pela manutenção de condições sociais, políticas e econômicas conservadoras. Esses movimentos se articulam ao propor intervenções militares e até o fechamento do Congresso Nacional. Geralmente, são movimentos contra a ampliação dos direitos e disseminadores de preconceitos e desinformação. Há também a atuação de setores que buscam impedir mudanças na estrutura da propriedade rural e na regulamentação do uso da terra, além de buscarem impedir a demarcação de terras indígenas.

Do vertical ao horizontal

As manifestações urbanas ocorridas em junho de 2013 no Brasil trouxeram alguns aspectos novos em relação aos movimentos anteriores, tanto na formação e articulação quanto no modo de atuação, que passou a ter uma estrutura mais horizontal. Observou-se forte utilização de ferramentas virtuais para a articulação dos movimentos, a falta de vínculo com movimentos sociais preexistentes e a falta de identificação com partidos políticos, além da existência de muitos protagonistas.

Aplique o que aprendeu

Questões

1.

Figura importante no conturbado contexto revolucionário, Olympe de Gouges (1748-1793) era membro da Sociedade das Republicanas Revolucionárias, entidade ligada aos girondinos. Em 1791, ela lançou a Declaração dos direitos da mulher e da cidadã em clara alusão à versão 'masculina' de 1789, documento que se tornou universalmente reconhecido como fundador dos modernos direitos à liberdade e à igualdade. Entretanto, fundamentou a construção concreta e não linear de um modelo de cidadania que adentrou o século seguinte e do qual as mulheres permaneceram por muito tempo excluídas.

BONACCHI; GROPPI. Apud CAMPOI, I. C. O livro "Direitos das mulheres e injustiça dos homens" de Nísia Floresta: literatura, mulheres e o Brasil do século XIX. *Revista História.* v. 30, n. 2, Franca, 2011.

A Declaração dos direitos da mulher e da cidadã indicada no texto demonstra que

a) a Revolução podia cobrir demandas plurais.

b) o direito reconhece o princípio da isonomia.

c) o conceito de igualdade da França revolucionária não abarcava a todos.

d) a modernidade supera desigualdades históricas.

e) a eficácia da associação de mulheres revolucionárias.

2.

A forma como o homem interage com o meio ambiente é uma preocupação latente dos ativistas ambientais há mais de quatro décadas. Dentre os principais agentes que exigem uma nova forma de relação com o meio ambiente e que possuem uma postura firme de atuação e reivindicação por essa pauta, estão as organizações não governamentais e algumas comunidades globais que se organizam virtualmente.

MARONEZE, Mariana Cunha; SALLA, Mariana Fenalti; OLIVEIRA, Rafael Santos de. Ambientalismo.com: a atuação do movimento ambientalista diante as novas mídias digitais – uma análise a partir das campanhas do Greenpeace e Avaaz. *Revista eletrônica do curso de Direito da UFSM,* v. 8, p. 70-81, 2013.

O texto afirma que o movimento ambientalista

a) demonstra limite no diálogo com o público.

b) manifesta seu ativismo em diversos espaços de ação.

c) iniciou sua atuação desde a industrialização.

d) atua no virtual por não se institucionalizar.

e) volta suas ações para a sensibilização de governos.

3.

A partir da segunda metade dos anos 1860, o cenário internacional deixou o Brasil na situação incômoda de candidato a última nação escravista do mundo civilizado. Esse contexto ofereceu modelos de como lidar com a escravidão. Estado e escravistas tiveram de modular discursos e ações em prol da preservação da instituição para não destoar do resto do Ocidente. E a escala global da abolição abriu a possibilidade de circulação de experiências entre abolicionistas de diferentes países. O nascente movimento brasileiro buscou aí exemplos.

ALONSO, Angela. O abolicionismo como movimento social.
Novos Estudos-CEBRAP, n. 100, p. 115-127, 2014.

Pode-se analisar a partir do texto que o movimento abolicionista brasileiro

a) é reconhecido por seu papel vanguardista.
b) foi influenciado por repertórios internacionais.
c) agiu sem se chocar com resistências escravistas.
d) surgiu das demandas locais do interior escravocrata.
e) participou de uma aliança global pela abolição brasileira.

4.

A Constituição Brasileira prevê que o nome étnico dos povos indígenas seja reconhecido nos documentos, mas muitos deles precisam brigar para ter esse direito efetivado. Isso porque anos atrás a orientação era que os indígenas fossem registrados com nomes no português, e para retificar os documentos, é preciso que haja uma decisão da Justiça. Para ajudar quem está em busca da retificação dos documentos, a Defensoria Pública do Pará decidiu prestar apoio jurídico aos indígenas.

Disponível em: <www.sbt.com.br/jornalismo/
sbtbrasil/noticias/100783/Indigenas-ganham-apoio-
para-ter-nome-etnico-registrado-no-Para.html>.
Acesso em: 12 maio 2018.

O uso do nome étnico para os povos indígenas

a) é uma benesse de um Estado benevolente.
b) garante o respeito aos direitos naturais.
c) exige que o Estado cumpra o que está previsto na Constituição.
d) atua como rompimento com a nação brasileira.
e) foi respeitado por estar na Constituição brasileira.

5.

Sobre a educação rural em seu conjunto, há ampla bibliografia: seja tratando da importância do currículo, da adequação do ano letivo à época de plantio e colheita, em contraposição ao ano civil adotado pelo Estado; seja a respeito das experiências localizadas de alfabetização e até mesmo das formas de compreensão de mundo, do trabalhador rural, com suas ideologias, crendices e dificuldades de se manterem na roça.

BEZERRA NETO, L. Avanços e retrocessos na educação rural
no Brasil. 2003. Tese de Doutorado – Faculdade de Educação,
Universidade Estadual de Campinas, Campinas.

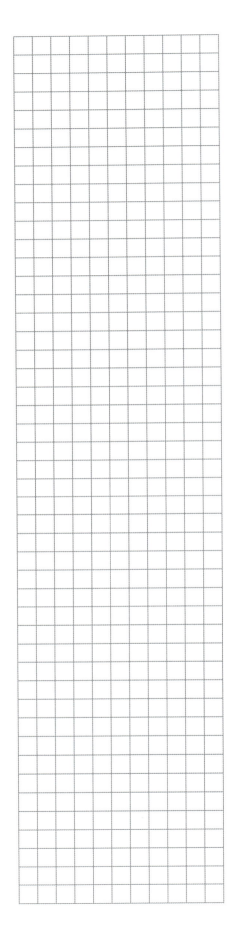

De acordo com o texto a educação rural

a) ocorre dentro das plantações.
b) segrega a população campesina.
c) desenvolve avanços para o campo.
d) corresponde a um modelo universal.
e) deve ser construída a partir de seu contexto.

6.

Foi também em 1922 que surgiu no Brasil o "tenentismo", movimento liderado por jovens oficiais do Exército que propunham mudanças na sociedade brasileira. Além de um papel mais relevante para o Exército, defendiam bandeiras como a reforma agrária, a educação pública obrigatória e o voto secreto. Conhecidos como "tenentes", esses jovens oficiais, ao longo da década de 1920, realizaram rebeliões armadas em vários pontos do país. Uma das mais expressivas foi a que se tornou conhecida como Coluna Prestes. Durante quase dois anos, centenas de "tenentes" marcharam pelo interior do Brasil, pregando a derrubada da República.

PANDOLFI, Dulce Chaves. A Aliança Nacional Libertadora e a Revolta Comunista de 1935. In: *Getúlio Vargas e seu tempo*. Rio de Janeiro: Banco Nacional de Desenvolvimento Econômico e Social, 2004. p. 175.

A partir do texto é possível considerar que o Movimento Tenentista do Brasil

a) propunha pautas conservadoras que manteriam o *status quo*.
b) procurou legitimar suas pautas aproximando-se da população.
c) foi um movimento formado pela elite intelectual brasileira.
d) denunciou o caráter retrógrado das forças armadas.
e) buscou se impor nos centros urbanos brasileiros.

7.

Presentes há mais de cinco anos na Parada LGBT, as integrantes da Mães pela Diversidade, ONG de alcance nacional se coloca como rede de apoio para jovens LGBTs. Formada por mães e pais de jovens homossexuais e transsexuais, a associação também trabalha para garantir pressão popular em assembleias legislativas e em órgãos internacionais de direitos humanos, além de organização de eventos e mediação de grupos virtuais em que pais – e filhos – possam conversar sobre sexualidade.

Disponível em: <https://revistacult.uol.com.br/home/maes-pela-diversidade-lgbtfobia/>. Acesso em: 12 maio 2018. (adaptado)

O grupo Mães pela Diversidade pode ser entendido como um movimento que

a) funda a Parada do Orgulho LGBT.
b) apresenta demandas institucionais.
c) é formado por representantes legislativos.
d) restringe sua ação a acolhimentos individuais.
e) faz sua atuação dirigida para o espaço virtual.

8.

As redes de movimentos sociais se formam pela relação solidária entre os diversos movimentos, situando o discurso na valorização da alteridade e na reciprocidade das trocas. O paradigma das redes sustenta-se na construção de um projeto a partir da diversidade cultural, de uma alternativa comum a partir da diferença dos movimentos.

LUCAS, Doglas Cesar. Os novos movimentos sociais contribuindo para a afirmação democrática do direito e do Estado. Revista *Direito em Debate*, v. 15, n. 25, 2013.

O texto torna possível identificar que os movimentos sociais

a) disputam por poder e destaque entre si.
b) constituem um complexo campo dialógico.
c) adaptam o repertório para se diferenciarem.
d) enfraquecem sua luta para atender a outras.
e) restringem suas demandas às políticas públicas.

9. Em julho de 1917, inspirados em doutrinas anarquistas e comunistas e organizados por sindicatos recentemente criados, trabalhadores urbanos, da indústria e do comércio, iniciaram uma greve na capital paulista que rapidamente refletiu em outros municípios de São Paulo e mesmo em outros estados do Sudeste e do Sul. Reivindicando basicamente melhores condições de trabalho, como salários e jornadas de trabalho mais adequados, os grevistas de 1917 foram duramente reprimidos pela polícia. Exemplo da repressão estatal foi a morte do jovem José Martinez, em 9 de julho de 1917, em consequência de um embate com a cavalaria da polícia em frente à fábrica Mariângela, no bairro do Brás, na capital paulista. Como a greve geral de 1917 no Brasil pode ser analisada à luz da concepção de Estado expressa por Karl Marx?

10. Na maioria dos países ocidentais, a liberdade e a privacidade dos cidadãos são garantidas constitucionalmente. Porém, na prática, os indivíduos são submetidos a poderosos mecanismos de controle.

a) Dê exemplos de alguns dos mecanismos de controle social aos quais os indivíduos estão sujeitos no Brasil atual.

_____
_____
_____
_____
_____
_____
_____
_____
_____
_____
_____
_____
_____
_____

b) Por que se estabelecem mecanismos de controle em organizações sociais baseadas na liberdade?

_____
_____
_____
_____
_____
_____
_____
_____
_____
_____
_____
_____
_____
_____

TOTAL DE ACERTOS ____ /10

UNIDADE 6
Mudança e transformação social

Aprofunde seus conhecimentos sobre importantes **revoluções** da história consultando as páginas 236 a 280 do Livro do Aluno.

Reveja o que aprendeu

Objetivos de aprendizagem

- Analisar as revoluções agrícola e industrial e as atuais transformações tecnológicas, bem como revoluções políticas contemporâneas.
- Compreender o que a Sociologia entende por revolução, além de identificar alguns desses processos ocorridos no mundo nos últimos séculos.
- Compreender como a Sociologia que nasceu no início da Revolução Industrial analisa as razões das transformações sociais, bem como seus impedimentos.
- Identificar os principais processos de mudança social ocorridos no Brasil.

Revolução Agrícola

A Revolução Agrícola foi o período em que a humanidade desenvolveu a agricultura e aprendeu a domesticar animais. Começou no Oriente Médio há 10 mil anos e percorreu o mundo até chegar às Américas 4,5 mil anos atrás, em um processo em que os alimentos coletados para comer passaram a ser plantados e a gerar mais alimento. Complementando, a domesticação de animais eliminou a necessidade de deslocar-se para obter carne, peles e leite.

A agricultura foi difundida por migrações. Grupos humanos, reproduzindo-se e subdividindo-se, migrando para outros locais, foram os agentes desse processo de transmissão de novas formas de viver: a grande revolução agrícola transformou profundamente toda a humanidade.

Revolução Industrial

A Revolução Industrial foi um processo lento de transformação que atingiu todos os setores da vida em sociedade, e na indústria principalmente os setores mineiro, metalúrgico e têxtil. A expansão da produção nesses setores levou à invenção de novas técnicas e máquinas e ao surgimento da fábrica, que permitia a concentração de equipamentos e trabalhadores em um só local. Com a sua grande necessidade de força de trabalho, as fábricas atraíram a população que vivia majoritariamente no campo, provocando um enorme crescimento urbano. Isso modificou as formas de viver e revolucionou as relações sociais, mas a mudança não foi uniforme em todo o mundo: a Inglaterra conheceu esses fenômenos por volta de 1860; o Brasil, em torno de 1930; e a China, no final do século XX.

Paralelamente à Revolução Industrial, houve na Europa uma segunda revolução agrícola, iniciada pela mudança da estrutura de propriedade rural, a introdução de novas tecnologias de cultivo e transporte, permitindo uma relativa abundância e a melhoria gradual da alimentação. Essas mudanças e a diminuição da mortalidade causaram um aumento explosivo da população. O crescimento exigiu um aumento da produção e o processamento industrial de matérias-primas. No século XIX, novas fontes energéticas (petróleo e eletricidade) e novos ramos industriais alteraram profundamente os processos produtivos com novas máquinas e equipamentos, trazendo mudanças nas comunicações, nos transportes e em todas as esferas da vida, inclusive na arte, na literatura e nas ciências.

Transformações contemporâneas

A acelerada inovação tecnológica é o traço mais evidente de novas relações sociais. A união entre a ciência e a tecnologia vincula a maior parte das pesquisas científicas a tecnologias e produtos industriais. A microeletrônica, a engenharia genética e a computação revolucionam a produção e transformam a forma como pessoas e governos se comunicam e se organizam. Na medicina, as novas técnicas terão consequências profundas no tratamento de doenças. Nas fábricas, o uso de robôs já é comum, e em breve estará presente também em tarefas domésticas e de serviços. Na área ambiental, o uso de materiais alternativos e reciclados realiza a máxima de Lavoisier: "Na natureza nada se cria, nada se perde. Tudo se transforma".

As novas tecnologias e inovadores processos científicos podem trazer grandes soluções e reviravoltas nas formas de ser e viver, mas também enormes e imprevisíveis prejuízos e destruições. A maioria dessas mudanças está sendo conduzida por grandes corporações industriais e financeiras, sem nenhum controle por parte dos poderes públicos ou de um processo democrático de tomada de decisões.

CONCEITOS-CHAVE
- Revolução Agrícola
- Revolução Industrial
- Inovação tecnológica

Transformações lentas e graduais

Em algumas sociedades houve mudanças mediadas por acordos, conciliações e reformas, como ocorreu na Inglaterra, no Japão e na Alemanha.

Na Revolução Inglesa, parte dos senhores de terras e comerciantes se insurgiu contra o poder absoluto do rei. Iniciada em 1642, queria limitar esse poder, impedindo que controlasse o comércio e criasse impostos sem a autorização do Parlamento. A monarquia foi derrubada em 1649, proclamando-se a república. Foi restaurada em 1660, mas o rei e os nobres perderam privilégios, dividindo o poder com o Parlamento.

A Inglaterra pode ser vista como modelo de uma transformação lenta e gradual, pois mesmo tendo passado por períodos violentos, manteve a monarquia e um sistema político e jurídico estável por muito tempo. Mas no Japão e na Alemanha também houve mudanças políticas decorrentes de um pacto entre as classes dominantes. No Japão, a chamada Restauração Meiji foi um período de renovações políticas, religiosas e sociais profundas, entre 1868 e 1900. Na Alemanha, entre 1860 e 1871, completou-se o processo de unificação com a coroação de Guilherme I e a instauração de um grande pacto entre os proprietários de terras e as novas classes ascendentes que resultou em reformas que transformaram a Alemanha em um país industrializado e desenvolvido.

Revoluções e movimentos anticoloniais

A Revolução Americana de 1776 teve grande repercussão, sobretudo nos países da América Latina. Também teve muita influência por pregar a liberdade individual como pilar da sociedade. A maioria dos países da América Latina e do Caribe, seguindo o exemplo dos Estados Unidos e sob influência da Revolução Francesa (1789), iniciou processos de independência, do começo do século XIX até cerca de 1820. Os novos países se organizaram como repúblicas e aboliram a escravidão. Só o Brasil manteve a monarquia e a escravidão.

A segunda fase da descolonização deu-se após a Segunda Guerra Mundial (1939-1945), sobretudo na África e na Ásia. Finda a guerra, muitos povos africanos conquistaram a independência, mas as heranças deixadas pelos colonizadores impediram o desenvolvimento e provocaram a continuidade da dependência pelo endividamento. Na Ásia, em alguns países houve lutas; em outros, um acordo com a potência colonial. Em 1947, os ingleses reconheceram a independência indiana, e nessa mesma época também se tornaram independentes o Paquistão e o Sri-Lanka, que depois deu origem a Bangladesh.

Revoluções radicais e populares

A Revolução Francesa de 1789 contra o poder monárquico e os resquícios do feudalismo na França foi um exemplo de luta para várias nações do Ocidente contra os regimes absolutistas e pela eliminação da monarquia. Resultou em uma profunda alteração da estrutura de propriedade rural, abrindo caminho para o surgimento de uma nova sociedade. Contudo, o mais importante foi o fato de os revolucionários terem lutado em nome dos indivíduos de todo o mundo, transformando o movimento em modelo de revoluções posteriores.

Revoluções políticas do século XX

Revolução Mexicana

A Revolução Mexicana começou em 1910, sendo a primeira do século XX. Três grandes grupos participaram dela: os camponeses, cujos líderes mais conhecidos foram Pancho Villa (1878-1923) e Emiliano Zapata (1879-1919); os trabalhadores urbanos, organizados em torno da Casa do Operário Mundial (COM); e a burguesia urbana e rural, liderada por Francisco I. Madero (1873-1913). O movimento estendeu-se até a promulgação da Constituição, em 1917. Foram atendidas várias reivindicações dos camponeses, mas a reforma agrária e a devolução de terras usurpadas não ocorreram. Aos trabalhadores urbanos garantiu-se uma série de novos direitos. As classes dominantes, supostamente em nome da revolução, formaram o Partido Revolucionário Institucional (PRI), que se manteve no poder de 1929 até 2000.

Revolução Russa

A Revolução Russa de 1917 começou com a derrubada do czar, em fevereiro, e culminou com a tomada do poder pelos bolcheviques, em outubro. Teve como base os trabalhadores urbanos e os soldados organizados em conselhos populares conhecidos como sovietes, que deram grande impulso à revolução, mas que perderam força a partir da constituição de uma nova estrutura estatal. Em 1924, com a morte de Lênin, o comando foi assumido por Stálin (1878-1953), que aprofundou a concentração de poder nas mãos do Partido Comunista e eliminou a oposição. A União Soviética desmoronou na década de 1980 e deixou oficialmente de existir em dezembro de 1991. Além da experiência russa, outras revoluções populares de cunho socialista ocorreram no século XX, por exemplo, na China, em 1949; em Cuba, em 1959 e no Vietnã, de 1945 a 1954.

Mobilizações e mudanças no século XXI

Atualmente, os sinais de inquietude se multiplicam, e novos sujeitos políticos surgem por toda parte, inconformados com a mediocridade da vida e dispostos a tudo para abalar o *status quo*, com projetos emancipadores para organizar a produção e a distribuição em bases horizontais e em rede sem as hierarquias e a mercantilização atuais, e experimentando a prática de uma nova democracia ainda em construção. No Brasil, exemplos dessa inquietude social foram as Jornadas de Junho em 2013, e a ocupação de escolas públicas em 2015 e 2016.

O sociólogo espanhol Manuel Castells (1942-) afirma, que em termos tecnológicos, econômicos e culturais já foi feito muito, e muitas transformações ocorreram; e que o período atual é o da eclosão de uma nova era política e institucional.

> **CONCEITOS-CHAVE**
> - Transformações sociais
> - Movimentos anticoloniais
> - Revolução

Mudança social para os clássicos da Sociologia

Auguste Comte (1798-1857)

Comte foi um dos pensadores do século XIX que mais influenciaram o pensamento social posterior. Ocupou-se da relação entre a ordem social e a mudança ou progresso. Para ele, as bases do progresso são a quantidade e a qualidade dos conhecimentos da sociedade, e a humanidade percorreu três estágios de evolução dos conhecimentos: o teológico, o metafísico e o da ciência. Dividia o seu sistema em dois campos, estático (ordem) e dinâmico (progresso), destacando que toda mudança devia ser condicionada pela manutenção da ordem social.

Karl Marx (1818-1883)

Segundo Marx, as mudanças nas relações de produção alteram e condicionam outras mudanças na esfera da vida social (jurídica, política, religiosa, artística ou filosófica). Para ele, o radicalismo de uma revolução está no fato de ela ser feita por quem é maioria na sociedade. Só essa maioria pode representar os interesses de libertação de todos e liderar uma mudança. Além disso, ele observou que as revoluções só são possíveis por meio da violência, a "parteira da História", pois os que detêm o poder jamais abrem mão dele e de seus privilégios pacificamente.

Émile Durkheim (1858-1917)

Segundo Durkheim, as sociedades evoluíram da solidariedade mecânica para a orgânica devido à crescente divisão do trabalho. A solidariedade mecânica tem por base as semelhanças e decorre da adesão total do indivíduo ao grupo; a orgânica baseia-se nas diferenças entre os indivíduos que precisam cooperar entre si e implica o desenvolvimento da divisão social do trabalho. A passagem de um tipo para outro resultou em transformações sociais e levou à estruturação histórica das sociedades modernas. Mas no pensamento de Durkheim há outro fator que poderia ser fonte de mudança, a anomia, que pode gerar conflitos entre o que está estabelecido como padrão de comportamento e a atitude de indivíduos que contestam essas padronizações. Com isso, aspectos tradicionais da convivência e dos costumes são alterados e ressignificados, criando novos padrões e formas de ver e viver.

Max Weber (1864-1920)

Para Weber, a ética protestante foi fundamental para o surgimento do capitalismo, pois propiciou maior acumulação de capital ao valorizar o trabalho e um modo de vida disciplinado, responsável e racional, sem gastos ostentatórios. Além das condições econômicas, determinadas ideias e valores explicariam por que o capitalismo só se desenvolveu no Ocidente. Também analisou a mudança social com base em tipos ideais de ação e de dominação: as sociedades caracterizadas por ação afetiva e dominação tradicional passariam por outras combinações de tipos de ação e de dominação até chegarem a formas sociais com o predomínio da ação racional vinculada a fins e uma dominação legal-burocrática, levando a um aumento da racionalização das ações sociais e da burocratização da dominação. Em uma sociedade administrada por diversos instrumentos de controle, a mudança seria sempre limitada pela ação burocrática.

Outras análises sociológicas da mudança social

Teorias da modernização

Nas teorias da modernização, as sociedades vão de um estágio inicial tradicional para um estágio superior moderno, em um aperfeiçoamento contínuo, e seriam tradicionais ou modernas conforme as características que as identifiquem. O padrão de modernidade é o das sociedades norte-americanas, Canadá e Estados Unidos, e europeias ocidentais, sobretudo França, Inglaterra e Alemanha.

Vários sociólogos utilizaram esquemas parecidos para caracterizar cada tipo de sociedade. Para eles, a mudança social ocorreria quando as sociedades deixassem as características tradicionais e passassem a internalizar as modernas. Assim, desde que os valores tradicionais fossem superados, ocorreria a evolução social modernizante.

Subdesenvolvimento e dependência

Nas décadas de 1960 e 1970, depois de fazer uma análise crítica das teorias da modernização, vários autores buscaram explicar a questão da diferença entre os países por outro ângulo, com base na diversidade histórica de cada sociedade e nas relações econômicas e políticas entre países. Esses autores partiam de uma visão desenvolvida pela Comissão Econômica para a América Latina (Cepal) da ONU, segundo a qual nas relações entre países desenvolvidos e subdesenvolvidos havia uma troca desigual, numa divisão internacional do trabalho em que os países periféricos vendiam aos países centrais cada vez mais produtos primários e matérias-primas em troca da mesma quantidade de produtos industrializados, enriquecendo os que já eram ricos.

Um segundo grupo de sociólogos propôs a chamada Teoria da Dependência, segundo a qual, após a primeira fase de exploração, iniciou-se um movimento que aprofundou a dependência dos países da América Latina, que continuou produzindo os mesmos bens primários para exportação, mas a partir da década de 1960 foi alvo de uma internacionalização da produção industrial nos países periféricos. Essa industrialização dependente resultou da aliança entre os empresários e o Estado nacional. Produtos que antes eram fabricados nos países desenvolvidos começaram a ser produzidos nos países subdesenvolvidos. Assim, além de manter a exploração anterior, os países centrais exploravam diretamente a força de trabalho das nações periféricas.

Um terceiro grupo tenta tratar a diferenciação entre sociedades capitalistas de um modo dialético. Para eles, as sociedades capitalistas não são polos que se excluem, mas se completam. Assim, a história do subdesenvolvimento latino-americano é a mesma da do sistema capitalista mundial. O processo de dependência foi a forma particular assumida pela integração da região ao capitalismo mundial numa situação em que o imperialismo se fazia presente e sufocava as possíveis alternativas de mudança. O conceito de superexploração do trabalho explica o fato de a burguesia nacional dos países periféricos, mesmo após a industrialização, ter-se tornado sócia minoritária do capital transnacional. Para compensar, ela se valeu de mecanismos extraordinários de exploração do trabalho para ampliar a mais-valia extraída do trabalho, realimentando a dependência mesmo com a industrialização interna.

As possibilidades de mudanças no Brasil de hoje estão em dois campos distintos: o primeiro seria um espaço favorável a uma mudança que contemple a autonomia nacional e a ampliação do mercado interno; o segundo levaria ao atrelamento total aos interesses dos grandes conglomerados financeiros e industriais que dominam a maior parte dos países.

CONCEITOS-CHAVE
- Modernização
- Subdesenvolvimento
- Dependência e imperialismo

Mudanças sociais no Brasil

Movimento de 1930-1945

Na década de 1920, os grupos que dominavam a política nacional eram os mesmos desde o império. Dois elementos sinalizavam mudança: uma pequena industrialização nas cidades e um significativo movimento de trabalhadores. Com a crise internacional de 1929, a situação piorou, pois muitas fábricas fecharam e o café deixou de ser exportado. O desemprego cresceu, e houve fome e desamparo do Estado. Foi nesse contexto que ocorreu uma mudança social sem a participação popular, feita com base nos interesses das classes dominantes.

O governo de Getúlio Vargas (1882-1954) procurou construir a infraestrutura necessária ao processo de industrialização que se projetava. Apesar de excluir os trabalhadores como força política, implantou a legislação trabalhista que existe até hoje. A ambiguidade desse movimento fez dele um marco nas mudanças sociais do país.

Ditadura de 1964 a 1985

O golpe civil-militar que derrubou João Goulart foi na verdade uma contrarrevolução. Os militares reprimiram brutalmente todos os movimentos populares e impuseram uma censura férrea aos meios de comunicação. Retiraram uma série de direitos dos trabalhadores e ampliaram muito a presença do capital estrangeiro. No final da ditadura militar, a inflação brasileira era maior que em 1964, havia uma desigualdade social nunca vista e uma dívida externa gigantesca, que deixava o país nas mãos dos grupos financeiros internacionais.

O país se modernizou, ampliando as bases industriais, desenvolvendo uma infraestrutura energética e de transportes e transformou a agricultura. Mas a grande mudança ocorreu no modo de vida da população urbana, com a produção em massa dos mais diversos artigos industriais, como alimentos, roupas, eletrodomésticos e automóveis, coroada pela expansão das comunicações telefônicas e pela presença da televisão, que se estendeu por quase todo o país e criou novos comportamentos e valores.

"Modernização conservadora"

Muitos autores caracterizam a mudança social no Brasil como "modernização conservadora", pois ocorre sempre por meio e sob controle do Estado, ou seja, de cima para baixo. Para quatro pensadores que analisaram a "modernização" no Brasil no período de 1920 a 1940, havia uma ligação entre o passado colonial e a situação de então. O passado colonial precisava desaparecer para que o país saísse do atraso e se abrissem possibilidades de mudança social.

Sérgio Buarque de Holanda (1902-1982) criticou as elites anacrônicas e discutiu a possibilidade da modernização por uma organização social nova e uma democracia efetiva. Oliveira Vianna (1883-1951) atribuiu ao latifúndio e ao poder local dos coronéis a razão do nosso atraso. Para superar essa situação, propunha reformas e um poder central forte, que se oporia às oligarquias locais e regionais, e também garantiria a unidade e o desenvolvimento nacionais. Azevedo Amaral (1881-1942) defendeu uma industrialização que só poderia ser realizada com a presença de um Estado forte e autoritário. Nestor Duarte Guimarães (1902-1970) destacou a visão privatista como um dos traços culturais do país, com um Estado fraco apesar de o governo ser forte. O que havia era o domínio privado do Estado, que sempre ficou nas mãos das grandes oligarquias que usam a estrutura estatal para se beneficiar.

Muitos outros autores se ocuparam das mudanças sociais no Brasil. Florestan Fernandes (1920-1995), um dos mais importantes sociólogos brasileiros, procurou uma explicação sociológica da sociedade brasileira que fosse além da visão tradicional e conciliadora. Para ele, a sociedade de classes do Brasil é incompatível com os direitos humanos, pois resulta em uma democracia restrita, na qual as mudanças só ocorrem em benefício de uma minoria unida a interesses estrangeiros, porque o passado escravista está entranhado nas relações sociais, sobretudo as de trabalho.

Mudanças nos últimos anos

No Brasil persistem velhas práticas, como o clientelismo, o favor, as decisões judiciais parciais e os conchavos políticos, que demonstram que o país não mudou tanto. Nos últimos vinte anos, houve uma mudança econômica substancial devido à ampliação da inserção do Brasil na dinâmica geopolítica internacional. A produção industrial foi modificada com a entrada de novas indústrias e a modernização tecnológica, principalmente via automação. Criou-se uma nova maneira de produzir muito com menos trabalhadores, o que conduziu a uma situação em que a economia continua fundamentada na exploração do trabalho e o país permanece dependente da exportação de produtos agropecuários e de minérios, e grande importador de produtos e insumos industrializados. Como diz o sociólogo Francisco de Oliveira, os meninos nas ruas vendendo balas, doces e quinquilharias não são o exemplo do atraso do país, mas a forma terrível como a modernização aqui se implantou.

CONCEITOS-CHAVE
- Ditadura
- Modernização conservadora

Aplique o que aprendeu

Questões

O "antigo regime" ainda não desapareceu; a nova ordem social está em plena emergência e formação. As lealdades morais e as preferências ideológicas prendem-se, confusas e dramaticamente, a forças sociais vivas, que tentam prolongar o passado ou procuram construir o futuro sem se definirem, plenamente, em torno de alvos coletivos explícitos.

FERNANDES, Florestan. *Mudanças sociais no Brasil*.
São Paulo: Global, 2015.

A partir do texto é possível compreender que as mudanças sociais são

a) constituídas sem a obrigatória consciência de finalidade.
b) elaboradas para o favorecimento das classes dominantes.
c) estruturadas para reforçar a ordem social vigente.
d) indicativas da confusão ideológica entre as massas.
e) pensadas a partir da conciliação social entre as classes.

Segundo o autor J. Paim, a agenda da reforma sanitária ainda não foi esgotada. O Sistema Único de Saúde (SUS) é conquista e parte da luta do movimento sanitário brasileiro. Para o autor, parece impossível que o sistema alcance seus objetivos em uma sociedade como a brasileira, marcada por históricos níveis de desigualdade, pobreza e violência. Por isso, defende a necessidade de revisitar os ideais da Reforma e de ampliar suas bases, a fim de "radicalizar a democracia e lutar pelas mudanças prometidas por seu projeto".

MIRANDA, Gabriella Morais Duarte; MENDES, Antonio da Cruz Gouveia; SILVA, Ana Lucia Andrade da. Desafios das políticas públicas no cenário de transição demográfica e mudanças sociais no Brasil. *Interface-Comunicação, Saúde, Educação*, v. 21, p. 309-320, 2016.

A partir do texto é possível concluir que para estimular mudanças que fortalecem o SUS é preciso

a) instaurar um arrefecimento do movimento sanitário.
b) retomar a implantação da configuração original da reforma sanitária.
c) atualizar seus estatutos frente aos novos desafios.
d) procurar uma integração com os setores privados.
e) estabelecer o combate à involução social.

3.

Com a primeira Revolução Industrial, a técnica assumiria sua autonomia. Já nas máquinas a vapor vemos uma transformação teleológica no papel da técnica, que passava a ser intermediador ativo entre as intenções do homem e a concretização de suas obras. Com o uso da energia a vapor, foi possível a construção de grandes máquinas que interpretavam os movimentos das mãos dos tecelões através de alavancas e barras de ferro. Os operadores dessas máquinas podiam não ter conhecimento algum da antiga arte da tecelagem. Essas máquinas traziam em si conhecimento dos padrões de conduta da arte que dispensava que seus operadores o tivessem.

DUARTE, Fábio. *Arquitetura e tecnologias de informação: da revolução industrial à revolução digital.* Campinas: Editora Unicamp, 1999.

É possível afirmar que a partir da Revolução Industrial

a) a necessidade de gerência da fábrica se tornou dispensável.
b) o domínio da arte tornou-se desnecessário.
c) ocorreu o nascimento do conhecimento técnico.
d) iniciou-se a centralidade do saber especializado.
e) assegurou-se a autonomia da mão de obra.

4.

A compreensão de uma ação inovadora, como no caso das pesquisas com células-tronco, e sua ingerência sobre o espaço social demanda uma reflexão sobre as redes de relações sociais que permitem a sua incorporação em uma determinada realidade. Esta realidade é formada pelo encontro de culturas paralelas que convivem em uma mesma sociedade, mas que não se comunicam necessariamente. É através desse encontro que se torna possível estabelecer um debate público fundamentado na ideia de participação dos diferentes segmentos da sociedade e comunicação entre eles.

SANDALOWSKI, Mari Cleise. Novas tecnologias terapêuticas e a Lei de Biossegurança: a polarização do debate público sobre células-tronco embrionárias no Brasil. *Revista Eletrônica de Comunicação, informação & inovação em saúde*, v. 8, n. 3, 2014.

O texto permite ponderar que diante de uma questão controversa

a) a ação inovadora deve ser abandonada provisoriamente.
b) a sociedade não produz opiniões sobre o tema.
c) o convívio da sociedade torna-se impraticável.
d) é necessário o debate público.
e) o encontro entre culturas prejudica o debate.

5.

Umberto Melotti, na obra *Revoluzione e Società*, desenvolve uma tipologia de Golpes de Estado. Dentre os três modelos teorizados (BANDIERA, 2009, p. 72), deparamo-nos com (1) o golpe de estado revolucionário, cujo objetivo passa por transformar a estrutura econômica e social; (2) o golpe de estado reformista, que visa promover determinadas mudanças políticas, embora não pretendendo alterar os fundamentos da Sociedade; por fim, (3) o golpe de estado governamental, visando o reforço do poder político, já consolidado pelos seus detentores.

RAMALHO, Tiago. A Comuna de Paris de 1871. *Em Debate*, p. 161-177, 2016. (adaptado)

Com base nas distinções entre golpes de Estado apresentadas no texto, é possível identificar

a) a preponderância do papel da população.

b) a diferença entre revolução e reforma.

c) o objetivo de manutenção da ordem.

d) a ameaça às estruturas econômicas.

e) o efeito democrático que possuem.

Esse gosto pela tradição revolucionária é responsável pela meditação de Hanna Arendt sobre o tema dos descaminhos revoluconários e, consequentemente, sobre a necessidade de diferenciar a liberação das necessidades materiais da liberdade. A liberdade exige instituições jurídicas e políticas apropriadas, inclusive um judiciário independente e uma universidade livre, que não são produto da violência.

ARENDT, Hannah. *Homens em tempos sombrios*.
São Paulo: Companhia das Letras, 2008. Prefácio.

A partir do texto, é possível dizer que a teoria de Hannah Arendt

a) define-se a partir da noção de tutela do Estado nas instituições.

b) limita-se a refletir sobre os modos de se elaborar a revolução.

c) postula-se como porta-voz das revoluções verdadeiras.

d) analisa os efeitos dos processos revolucionários.

e) pretende-se neutra ao avaliar o cunho de diferentes revoluções.

Para alcançar o objetivo de modernização na Era Meiji, no Japão foram contratados mais de 3 mil conselheiros estrangeiros e foram enviados estudantes japoneses para estudar nesses países para aprenderem as novas técnicas e para a aplicação de uma estrutura para a produção semelhante à ocidental. [...] Devido à proliferação de ideias de liberdade e democracia, o Estado decide ele mesmo implementar uma Constituição para que pudesse controlá-la melhor. Assim em 1889, o império japonês passa a ter uma Constituição que só em partes adota esses princípios, criando na verdade um "disfarce" democrático para um governo autoritário.

CRÉ, Kamilla G. C.; SARRAFF, Luiza R. B.; LACERDA, Natália F. C.
O Japão na Era Meiji: quando o distante se torna próximo.
Núcleo de Estudos Contemporâneos da Universidade Federal Fluminense. v. 3, 2013.

Sobre a modernização do Japão, é possível perceber

a) a autonomia do empresariado em encabeçar o movimento.

b) a coexistência de aspectos conservadores e progressistas.

c) a valorização da cultura nipônica e a exaltação dos símbolos nacionais.

d) o receio da aproximação com o Ocidente e suas influências.

e) a resistência do Estado em se adequar ao contexto.

8.

O tema da independência na América espanhola tem sido consagrado como objeto de múltiplas interpretações. O consenso só existe na visão da independência como momento da quebra da dominação política exercida pela metrópole e do nascimento dos Estados Nacionais. De resto, o tema é atravessado por paixões político-ideológicas, tanto da parte daqueles que defendiam uma perspectiva oficialista e ufanista, que no século XIX elegeram os "heróis" [...], como da parte de uma historiografia crítica, que [...] entendeu a independência como um movimento destituído de significativa relevância, pois não teria propiciado a ruptura das grandes estruturas que continuariam a manter a dependência do continente.

VASCONCELLOS, Camilo de Mello.
As representações das lutas de independência no México na ótica do muralismo: Diego Rivera e Juan O'Gorman. *Revista de História*, n. 153, 2005.

Sobre as independências americanas é possível destacar

a) a falta de neutralidade na análise das independências.

b) a preponderância das classes populares nos processos.

c) o caráter controverso de seus resultados.

d) o efeito emancipatório e democrático que tiveram.

e) o reconhecimento da conciliação com as metrópoles.

9.

Entre 1º de Maio de 1974 e 30 de Junho de 1975, ocorreu um período intenso no processo que viria a definir os que seriam "os donos do poder" no Cabo Verde independente. Com efeito, este curto período, que medeia entre a Revolução dos Cravos em Portugal (a 25 de Abril de 1974), o seu impacto em Cabo Verde (1º de Maio de 1974) e o processo negocial com o novo governo português, visando à constituição de um governo provisório, à realização de eleições parlamentares e à declaração formal da independência, foi de intenso confronto entre várias agremiações políticas cabo-verdianas, algumas delas emergentes que, na luta política, propunham e pugnavam por projetos políticos e de sociedade diversos e antagônicos.

FURTADO, Cláudio Alves. Cabo Verde e as quatro décadas de independência: dissonâncias, múltiplos discursos, reverberações e lutas por imposições de sentido à sua história recente. *Estudos Ibero-Americanos*, v. 42, n. 3, p. 855-887, 2016.

É possível entrever por meio do texto que a Independência de Cabo Verde foi

a) encabeçada pelas elites portuguesas atuantes na região.

b) inviabilizada por conta da falta de estrutura democrática.

c) negociada entre diferentes forças políticas.

d) possível por meio da unidade política no país.

e) viabilizada pela liberalidade política portuguesa.

10.

A Sociologia não nasce no nada. Surge em um dado momento da história do Mundo Moderno. Mais precisamente, em meados do século XIX, quando ele está em franco desenvolvimento, realizando-se. Essa é uma época em que já se revelam mais abertamente as forças sociais, as configurações de vida, as originalidades e os impasses da sociedade civil, urbano-industrial, burguesa ou capitalista.

IANNI, Octavio. A Sociologia e o mundo moderno.
Tempo Social, São Paulo, v. 1, n. 1, p. 7-27, 1989.

O texto indica que o advento da Sociologia

a) ocorre para tecer críticas à burguesia.

b) responde a pedido dos trabalhadores.

c) surge como espaço de proselitismo.

d) aparece para poder substituir a psicologia.

e) está relacionado a novas dinâmicas sociais.

11.

De agora em diante, ao contrário, todas as especulações reais, convenientemente sistematizadas, sem cessar concorrerão a constituir, tanto quanto possível, para a universal preponderância da moral, posto que o ponto de vista social virá a ser necessariamente o vínculo científico e o regulador lógico de todos os outros aspectos positivos.

COMTE, A. *Curso de filosofia positiva*. São Paulo: Abril Cultural, 1978.

De acordo com o texto, para Auguste Comte a ciência teria uma função de

a) criar regras.

b) ordenar o social.

c) regular a política.

d) pacificar revoltas.

e) disseminar opinião.

12.

A consciência de classe, para Karl Marx, é o elo que permite a passagem da classe "em si", agrupamento com interesses objetivos e latentes, à classe "para si", grupo de poder que tende a organizar-se para o conflito ou luta política com interesses objetivos claros e declarados. Contudo, a consciência de classe não surge espontaneamente a partir de uma situação de classe. A classe tomou consciência de si mesma, de seus interesses e de sua missão histórica, como um grupo de ação política com efetivo papel nas lutas sociais ao contribuir para as mudanças sociais e para o desenvolvimento da sociedade.

TINEU, Rogerio. Ensaio sobre a Teoria das Classes Sociais
em Marx, Weber e Bourdieu. *Aurora. Revista de Arte,
Mídia e Política*, v. 10, n. 29, p. 89-107, out. 2017.

O conceito de classe "para si" de Karl Marx pode ser entendido como

a) um conflito ocorrido dentro da própria classe.
b) um movimento objetivo de transformação da ordem.
c) um dever do Estado democrático de direito.
d) uma conscientização da classe burguesa.
e) uma maneira de iludir o proletariado.

13.

Anomia, na primeira elaboração do conceito, é o que permite diagnosticar os conflitos, antagonismos e crises da sociedade moderna como anormais e excepcionais, muito embora, no limite da "plasticidade" da sociedade, e graças à própria "força das coisas", prometam tender espontaneamente à normalidade. Anomia designa as perturbações que afetam uma etapa da maturação do organismo social na linha de uma evolução, ainda não encerrada.

FERNANDES, Heloísa Rodrigues. Um século à espera de regras. Tempo Social; Rev. Sociol. USP, São Paulo, v. 8, n. 1, p. 71-83, maio de 1996.

O conceito de anomia pode ser identificado no texto como estado de

a) desordem social.
b) troca de governos.
c) intervenção política.
d) mobilização cultural.
e) colaboração coletiva.

14.

De fato: essa ideia singular, hoje tão comum e corrente e na verdade tão pouco autoevidente, da profissão como dever, de uma obrigação que o indivíduo deve sentir, e sente, com respeito ao conteúdo de sua atividade "profissional", seja ela qual for, pouco importa se isso aparece à percepção espontânea como pura valorização de uma força de trabalho ou então de propriedades e bens (de um "capital") — é essa ideia que é característica da "ética social" da cultura capitalista e em certo sentido tem para ela uma significação constitutiva.

WEBER, Max. A ética protestante e o "espírito" do capitalismo. São Paulo: Companhia das Letras, 2004.

Para o sociólogo Max Weber, a profissão pode ser entendida como uma noção

a) relacionada ao reconhecimento dos trabalhadores.
b) que corresponde a um sistema político-econômico.
c) utilizada para demonstrar a desigualdade social.
d) construída a partir da evolução da civilização.
e) sociológica que atravessa a história humana.

TOTAL DE ACERTOS ___/14

UNIDADE 7

Cultura: unidade e diversidade cultural

Aprofunde seus conhecimentos sobre a **pluralidade cultural** consultando as páginas 281 a 309 do Livro do Aluno.

Reveja o que aprendeu

Objetivos de aprendizagem

- Conhecer algumas definições elaboradas pelas ciências sociais para o termo cultura.
- Compreender os conceitos de etnocentrismo e de preconceito.
- Compreender os elementos que fazem com que seja tão difícil formular uma única definição de cultura brasileira.

O próprio emprego da palavra cultura é objeto de estudo das ciências sociais. O pensador francês Felix Guattarri (1930-1992) estudou e reuniu os significados da cultura em três grupos. Os três tipos estão presentes em nosso dia a dia, marcando sempre uma diferença entre indivíduos, seja no sentido elitista, seja no sentido de identificação com algum grupo específico.

O primeiro, que o autor chamou de **cultura-valor**, é o sentido mais antigo do termo: aquele que expressa a ideia de cultivar o espírito, e que por isso permite estabelecer a diferença entre quem tem cultura e quem não tem – ou seja, o indivíduo culto do inculto. A ideia de cultura-valor alimenta a posição presunçosa de quem considera a cultura um privilégio de poucos e funciona como um instrumento de hierarquização.

O segundo significado foi chamado pelo autor de **cultura-alma coletiva**, e é sinônimo do que se chama de civilização. Ele expressa a ideia de que todas as pessoas, grupos e povos têm cultura e identidade cultural, e por isso presta-se aos mais diversos usos por aqueles que querem atribuir um sentido para a ação dos grupos aos quais pertencem, com a intenção de caracterizá-los ou identificá-los. Nessa acepção, ela também cumpre o papel de aproximar ou distanciar as culturas, abrindo brechas para comparações que podem levar a distorções e preconceitos, como é o caso da divisão que separa civilizados e bárbaros.

O terceiro sentido da palavra é o de **cultura-mercadoria**, que corresponde à cultura de massa. Ela serve para descrever objetos culturais que se transformam em bens de consumo, geralmente disponíveis para serem comprados no mercado, importando muito menos a sua qualidade do que seu potencial de venda e expansão.

Antropologicamente falando...

Por ter sido amplamente discutido e utilizado por estudiosos da antropologia desde o século XIX, o conceito de cultura com frequência é vinculado a essa área do conhecimento. Portanto, são retomadas aqui as definições de cultura elaboradas por alguns antropólogos.

Uma das primeiras definições foi a elaborada pelo inglês Edward Burnett Tylor (1932--1917), segundo a qual cultura é o conjunto complexo de conhecimentos, crenças, arte, moral e direito, além de costumes e hábitos adquiridos pelos indivíduos de uma determinada sociedade. Para ele, a diversidade cultural que se observa entre os povos contemporâneos reflete os diferentes estágios evolutivos de cada sociedade, variando do mais primitivo ao mais desenvolvido.

O alemão Franz Boas (1858-1942) ofereceu um contraponto a essa visão, defendendo que cada cultura é única e deve ser analisada de modo aprofundado e particular, não sendo possível, portanto, falar em uma cultura, mas sim em várias. Outra definição foi aquela oferecida por Bronislaw Malinowski (1884-1942), que concebia as culturas como sistemas funcionais e equilibrados, formados por elementos interdependentes que lhes davam características próprias. As estadunidenses Ruth Benedict (1887-1948) e Margareth Mead (1901-1978) investigaram as relações entre cultura e personalidade. A primeira elaborou tipos de padrões culturais com base na concepção de que há homogeneidade e coerência em cada cultura. A segunda, com base em uma investigação a respeito de como os indivíduos recebiam os elementos da cultura e a maneira como isso formava a personalidade deles, especialmente entre os gêneros feminino e masculino, buscou demonstrar que essa diferenciação está muito menos vinculada a características biológicas do que à maneira como a cultura define a educação das crianças em cada sociedade.

Podemos ainda destacar a teoria elaborada pelo belga Claude Lévi-Strauss (1908-2009), que definiu que a cultura deve ser considerada um conjunto de sistemas simbólicos, entre os quais se incluem a linguagem, as regras matrimoniais, a arte, a ciência, a religião e as normas econômicas, e que esses sistemas se relacionam e influenciam a realidade social e física das diferentes sociedades. Orientado pela noção de que a cultura é algo que diferencia o ser humano do animal, Lévi-Strauss analisou o que era comum e constante em todas sociedades, ou seja, as regras universais e os elementos indispensáveis à vida social – entre os quais o mais importante era a proibição do incesto.

> **CONCEITO-CHAVE**
> - As diversas acepções de cultura

Por fim, há ainda os antropólogos estadunidenses Clifford James Geertz (1926-2006) e Marshall Sahlins (1930-), que afirmaram que cada cultura pode ser definida como um sistema de signos e significados criado por um grupo social. Assim, conhecer as culturas significaria interpretar símbolos, mitos e ritos.

O pensador britânico Terry Eagleton (1943-) afirma, em seu livro *A ideia de cultura*, que é um grande desafio encontrar uma explicação para a cultura que não seja excessivamente ampla e, ao mesmo tempo, refute interpretações muito reducionistas de um conceito tão rico e decisivo para o entendimento da vida em sociedade.

Raymond Williams (1921-1988), um crítico galês bastante lembrado no livro de Eagleton, apontou em sua obra *Cultura e sociedade* quatro definições complementares do conceito de cultura. A primeira delas seria relativa à disposição mental de cada indivíduo, ou seja, diria respeito às escolhas que cada um faz diante do que aparece como possibilidade ou desejo no que diz respeito aos diferentes tipos de expressões culturais (preferência musical, modo de se vestir, etc.). A segunda definição refere-se ao desenvolvimento intelectual de toda a sociedade, seus níveis de conhecimento, integração com outras comunidades, o uso que faz da técnica e dos saberes acumulados e preservados no tempo. É o que define a caracterização cultural de um povo. O terceiro fragmento do conceito, para o autor, trata da produção das artes, que, na pluralidade de suas manifestações, expressam a vida comunitária por meio da tentativa de materializar sonhos, angústias, alegria e olhares sobre a história. Por fim, Williams sugere uma quarta significação, de acordo com a qual a cultura é o modo de vida integral do grupo social, reunindo as instituições de governo e relacionamentos cotidianos, a organização do trabalho e da família e as variadas formas de comunicação e interações entre os diferentes membros e coletivos da comunidade.

Raymond Williams incorpora à sua concepção de cultura, portanto, praticamente todas as manifestações da vida social – das predileções individuais às instituições sociais –, que na sua visão não existem separadamente, mas sim compõem um mosaico de riquezas e complexidades.

Se, de um lado, a Cultura (com C maiúsculo) se orienta para o universal, para o que é comum, as culturas (com c minúsculo e no plural), de outro, garantem a riqueza que está contida na diferença, sugerindo que haja aproximações e trocas de impressões, criações e valores. A Cultura tem a pretensão de ser única e de se tornar um modelo de civilização e progresso. As culturas, por sua vez, apresentam um contraponto a essa ideia e devem ser entendidas como distintas em sua origem e, principalmente, em sua finalidade.

Trocas culturais e culturas híbridas

No mundo globalizado, o cotidiano é invadido por situações e informações provenientes dos mais diversos lugares. Diante disso, Néstor García Canclini (1939-), em seu livro *Culturas híbridas*, aborda as seguintes questões: podemos afirmar que há uma cultura "pura"? Até que ponto chegou o processo de mundialização da cultura?

Canclini observa que, até o século XVIII, as relações culturais ocorriam entre os grupos próximos, familiares e vizinhos, com poucos contatos externos. Os padrões culturais resultavam de tradições e os valores nacionais eram quase uma abstração, pois praticamente não havia a consciência de uma escala tão ampla. Já no século XIX e no início do século XX, cresceu a possibilidade de trocas culturais, pois houve um grande avanço nos meios de transporte e de comunicação. As pessoas passaram a ter contato com contextos e culturas diferentes. É nesses termos que a ideia de *Cultura* foi se rendendo à força das culturas, ao mesmo tempo singulares e diversas, apropriando-se de seus conteúdos e dando a elas novos formatos, novas finalidades.

CONCEITOS-CHAVE
- A Cultura
- As culturas
- Culturas híbridas

Etnocentrismo

Diante do fato de que Cultura e culturas não param de se movimentar e encontrar sínteses de diversidade cada vez mais ricas, somos levados a pensar na multiplicidade humana e, consequentemente, na **alteridade**. Muitas vezes, no entanto, o que se observa é uma grande dificuldade na aceitação das diversidades em uma sociedade ou entre sociedades diferentes, pois os seres humanos tendem a tomar seu grupo ou sociedade como medida para avaliar os demais. Em outras palavras, há grupos ou sociedades que se consideram superiores e enxergam com desprezo e desdém os outros, tidos como estranhos ou estrangeiros. Para designar essa tendência, o sociólogo estadunidense William Graham Sumner (1840-1910) criou em 1906 o termo **etnocentrismo**.

De acordo com o antropólogo brasileiro Everardo Rocha (1951-), o etnocentrismo é um fenômeno no qual se misturam elementos intelectuais e racionais com elementos emocionais e afetivos. No plano intelectual, o etnocentrismo está presente na dificuldade de encarar a diferença e, no plano afetivo, nos sentimentos de estranheza, medo, hostilidade, etc.

O etnocentrismo é um dos responsáveis pela geração de preconceito e discriminação – cultural, religioso, étnico e político –, assumindo diferentes expressões no decorrer da história. Manifesta-se, também, em tempos de globalização desenfreada, na ideia de que a cultura ocidental é superior a outras e os povos de culturas diferentes devem assumi-la, modificando suas crenças, normas e valores. Nesse sentido, ele pode acarretar exclusão e violência, contribuindo para tornar difíceis os pactos de convivência e prosperidade entre indivíduos e grupos sociais.

Os preconceitos

A palavra preconceito já diz muito sobre si mesma: é algo "pré", ou seja, que se estabelece antes de as coisas de fato acontecerem. Trata-se, pois, de um juízo precoce ou, no mínimo, precipitado sobre pessoas e eventos. O preconceito é, na verdade, a vitória implacável de uma ideia de cultura sobre todas as outras. Há quem pense que existam etnias, valores, sentimentos, leis e comportamentos superiores; estes, por se julgarem melhores, reivindicam o direito de comunicar ao mundo a inferioridade de tudo que não lhes seja complementar ou semelhante. Seus desdobramentos mais nítidos, que podem ser observados em várias situações históricas, como a escravidão e os regimes de segregação racial, são o ódio e, no limite, a prática de anulação, o extermínio.

Ele também produz estigmas, exclusão e impõe obstáculos que separam as pessoas que são vítimas de preconceito – como os negros, os pobres, as mulheres e os homossexuais – de uma vida digna. De maneiras distintas, sutis ou escancaradas, o preconceito se volta contra a diversidade cultural, as culturas no plural. Por ser algo preconcebido, não se abre para discussões ou debates. O indivíduo que pratica o preconceito, por meio de palavras ou ações, está convencido de suas posições, segundo ele, de superioridade, e não se permite ver os sentidos daquilo que o outro é e faz. Nota-se, em todas as dimensões do preconceito, a ausência de política no seu sentido mais democrático.

Outra expressão do preconceito é a xenofobia – nome dado ao ódio a estrangeiros – que vem fortalecendo, na Europa, discursos políticos extremados de aversão a pobres, estrangeiros e populações culturalmente distintas, como as de origem muçulmana. Nessas condições, a crise econômica, o desemprego e a instabilidade, no que se refere aos padrões de qualidade de vida do europeu, acirram ódios e parecem legitimar o apoio a causas radicais, notadamente aquelas que responsabilizam as diferenças culturais por todos os males e geram modelos de sociabilidade incapazes de prover o presente e se comprometer com um futuro próspero.

Uma forma bastante evidente de etnocentrismo mesclado com preconceito é a separação entre cultura popular e erudita, com a atribuição de maior valor à segunda, que é mais identificada com as elites. Essa visão está relacionada com a divisão da sociedade em classes, ou seja, é resultado e manifestação das diferenças sociais. A cultura erudita abrangeria expressões artísticas clássicas e mais aproximadas com padrões europeus. Esses produtos culturais, como qualquer mercadoria, podem ser comprados e, em alguns casos, até deixados como herança. Já a chamada cultura popular corresponde à manifestação genuína de um povo e encontra expressão nos mitos e contos, danças, música e artesanato. Nesse universo, quem cria é o povo, nas condições possíveis.

Para examinar criticamente essa diferenciação, vale refletir sobre o termo cultura, agora segundo a análise do pensador brasileiro Alfredo Bosi (1936-). De acordo com Bosi, não há no grego uma palavra específica para designar cultura, mas há um termo que se aproxima desse conceito: *paideia*, que significa "aquilo que se ensina à criança"; "aquilo que deve ser trabalhado na criança até que ela se torne adulta". A palavra cultura vem do latim e designa "o ato de cultivar a terra", "de cuidar do que se planta". O termo está assim vinculado ao ato de trabalhar, a uma determinada ação, seja a de ensinar uma criança, seja a de cuidar de uma plantação. E é por essa razão que um produto cultural gerado pelo trabalho se chama obra, que vem de *opus*, palavra que também tem origem latina, derivada do verbo operar. Para Bosi, a cultura é algo que se faz, e não apenas um produto que se adquire. Daí, não há sentido comparar cultura popular com cultura erudita. Ao afirmarmos que "ter cultura" significa ser superior e "não ter cultura" significa ser inferior, utilizamos a condição de posse de cultura como elemento para diferenciação social e imposição de uma superioridade que não existe.

A pluralidade da cultura brasileira

Na América portuguesa, no século XVI, as culturas indígenas e africanas, apesar da presença marcante, não eram reconhecidas pelos colonizadores e se expressavam à margem da sociedade que se constituía sob o domínio lusitano. Tal sociedade tinha como principal referência a cultura europeia. No entanto, se o colonizador e, depois, imigrantes de distintas origens forneceram elementos essenciais para a construção de uma cultura difusa, esta não pode ser compreendida sem suas raízes indígenas e africanas, que impregnaram o cotidiano brasileiro, influenciando todas as formas da cultura.

CONCEITOS-CHAVE
- Alteridade
- Etnocentrismo
- Preconceito
- Xenofobia
- Cultura popular e erudita

Na música brasileira, por exemplo, encontramos uma variedade imensa de ritmos, que são puros ou misturados, cópias ou (re)elaborações constantes, invenções e inovações, com os mais diversos instrumentos, sejam eles extremamente simples e artesanais, sejam sofisticados e eletrônicos. Ainda no caso da música, e lembrando que a cultura é o resultado de um trabalho (é uma obra), pode-se observar que o trabalho cultural brasileiro é desenvolvido tanto por iletrados, sem nenhuma formação musical erudita, como por músicos com formação clássica, conhecidos ou anônimos. A produção musical brasileira tem traços de origem marcadamente africana, indígena, sertaneja e europeia (sem classificar o que é mais ou menos importante, simples ou complexo). Ela é fruto do trabalho de milhares de pessoas ao longo de muito tempo. Podemos observar que mesmo entre ritmos notoriamente brasileiros, como o maxixe, o chorinho, o frevo ou o samba, não encontramos nenhum que seja "puramente brasileiro", pois as influências recebidas são as mais variadas possíveis, desde a música medieval até a contemporânea.

Fora as músicas, as danças, a arte plumária e a cerâmica dos povos indígenas, que podem ser consideradas genuínas, as demais manifestações culturais são fusões, hibridações, criações de uma vasta e longa herança de muitas culturas. Talvez seja essa a característica que podemos chamar de "brasileira".

O antropólogo Darcy Ribeiro (1922-1997), em seu livro *O povo brasileiro*, lançado em 1995, dividiu o país em cinco grandes macrorregiões (cabocla, crioula, sertaneja, sulista e caipira). Para ele, essa divisão é o resultado dos sucessivos e intermináveis cruzamentos das três principais matrizes étnicas que constituíram a cultura nacional: a branca, a indígena e a africana.

Da chegada dos primeiros colonizadores, no século XVI, ao Brasil contemporâneo, a cultura que aqui se fez e se desenvolveu é marcada por fusões, sobreposições, substituições e "fazimentos" – para usar um termo recorrente na escrita de Darcy Ribeiro – de toda sorte, reunindo elementos da vida negra, da vida indígena e da vida europeia quase sempre de modo conflituoso e difícil, com inegável prejuízo àqueles que faziam parte das camadas mais baixas da hierarquia social. A miscigenação entre as diferentes etnias e as trocas simbólicas e materiais entre elas tornaram o Brasil um país **pluriétnico** e **multicultural** por excelência. O preconceito que aqui insiste em se fazer gigante e violento só se explica pela negação e pela total incompreensão da trajetória do povo brasileiro como uma cultura-nação erguida sobre o sangue de milhões de negros africanos e indígenas sul-americanos.

Diante dessa realidade, mesmo o otimismo de muitos intérpretes do Brasil, como Darcy Ribeiro e Antonio Candido (1918-2017), para citar dois dos mais destacados, não chegava a torná-los cegos diante de um país que se fez sobre muitas tensões e manifestações de perseguição, exploração e retaliação. É impossível obstruir o fato de que a cultura brasileira, tão vasta, profunda e diversa, não se fez de modo aberto e democrático, dando vez e voz a todos os indivíduos e grupos sociais. O que aqui se verifica ainda hoje são as tentativas ininterruptas da indústria cultural de massificar tudo que cheire a oportunidades de lucro, de um lado, e os variados infortúnios do preconceito lançado contra toda expressão artística e cultural que seja nascida das periferias e das classes sociais subalternas, de outro.

A cultura brasileira, portanto, é antropofágica por natureza: apropria-se do estrangeiro, degusta, absorve e recria com outras roupagens e linguagens. Há muito de Macunaíma, célebre e imortal personagem do romance homônimo de Mário de Andrade (1893-1945), na vida cultural dos brasileiros, ou seja, na fusão entre a preguiça e o heroísmo, coisas novas são postas no mundo diariamente, como palavras, receitas gastronômicas, estilo de vestir, cantar, escrever e narrar a vida. A mestiçagem da pele e da alma, como tanto enfatizava Darcy Ribeiro, não criou somente um ser esteticamente diferente; criou também – e muito mais – um espírito humano radicalmente inédito, fruto de todas as culturas que por aqui se apresentaram e continuam sendo remodeladas, ressignificadas e preenchidas de tesouro crítico.

CONCEITOS-CHAVE
- Culturas indígena e africana
- Miscigenação
- País pluriétnico e multicultural
- Cultura antropofágica

Aplique o que aprendeu

Questões

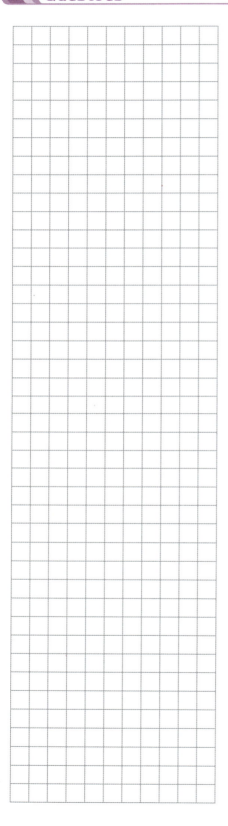

1.

O conceito de cultura é profundamente reacionário. É uma maneira de separar atividades semióticas (atividades de orientação no mundo social e cósmico) em esferas às quais os homens são remetidos. Tais atividades, assim isoladas, são padronizadas, instituídas potencialmente ou realmente e capitalizadas para o modo de semiotização dominante – ou seja, simplesmente cortadas de suas realidades políticas.

GUATTARI, F.; ROLNIK, S. *Micropolítica* – cartografias do desejo. Petrópolis: Vozes, 1986.

O texto explora a cultura no seu viés

a) vanguardista.

b) consciente.

c) politizado.

d) alienado.

e) fútil.

2.

A expressão de um povo é a ponte para a imersão em sua realidade. Não é a toa que as manifestações genuinamente alagoanas são as mais apreciadas por turistas. A demanda se deve à carga de identidade cultural que tais expressões carregam. Em Alagoas, há inúmeras pessoas que se dedicam à manifestação da legitimidade cultural. Elas se revelam por meio da arte, o que torna a identidade do povo acessível e, muitas vezes, palpável.

Disponível em: <http://gazetaweb.globo.com/portal/especial.php?c=53439>. Acesso em: 19 maio 2018.

Com base no texto a cultura pode ser entendida como

a) uso da identidade para obtenção de lucro.

b) categoria que padroniza comportamentos.

c) carga identitária presente em bens materiais.

d) expressão legitimada dos artistas consagrados.

e) culto ao regionalismo em manifestações abstratas.

3.

Tenho procurado mostrar como o nativo realmente vê o cenário de suas ações, descrever suas impressões e sensações relativas a esses lugares, de forma como as pude perceber em seu folclore, em suas conversas na aldeia e em seu comportamento ao atravessar esses locais.

MALINOWSKI, Bronislaw. *Argonautas do Pacífico Ocidental*. São Paulo: Abril, 1978.

O texto apresentado na questão retrata o primeiro antropólogo a descrever o método etnográfico. A partir dessa leitura pode-se compreender que a etnografia seria um modo de

a) impor a cultura ocidental.

b) transformar-se em nativo.

c) ajudar os povos primitivos.

d) compreender outras culturas.

e) hierarquizar diferentes sociedades.

4.

Eu compartilhava a crença geral da nossa sociedade de que havia um temperamento ligado ao sexo natural que no máximo poderia ser destorcido ou afastado da expressão normal. Nem de leve eu suspeitava que os temperamentos que reputamos naturais a um sexo pudessem, ao invés, ser meras variações do temperamento humano a que os membros de um ou ambos os sexos pudessem, com maior ou menor sucesso no caso de indivíduos diferentes, ser aproximados através da educação.

MEAD, Margaret. *Sexo e temperamento*.
São Paulo: Perspectiva, 1988.

O texto indica que o sexo seria

a) construído pela natureza.

b) relativo à individualidade.

c) relacionado ao meio social.

d) próprio da sociedade ocidental.

e) definido por diretrizes educacionais.

5.

O desejo de entender o significado de uma cultura como uma totalidade nos leva a considerar descrições de comportamento padronizado apenas como um recurso que acarreta outros problemas. Devemos compreender o indivíduo vivendo na sua cultura e a cultura vivida por indivíduos.

BENEDICT, Ruth. Apresentação. In: *Padrões de Cultura*.
Lisboa: Livros do Brasil, 2005. (Col. Vida e Cultura, 58)

O texto indica que, para compreender a cultura, deve ser feita uma investigação que

a) compreenda cada individualidade.

b) determine regras a serem cumpridas.

c) abarque os indivíduos e seu contexto.

d) reflita sobre melhorias para a sociedade.

e) considere as exceções comportamentais.

6.

Foi certamente um erro supor que valores ou obras de arte poderiam ser adequadamente estudados sem referência à sociedade particular dentro da qual eles foram expressos, mas é igualmente um erro supor que a explicação social é determinante, ou que os valores e obras são meros subprodutos.

WILLIAMS, R. The long revolution. Peterborough: Ont. Broadview Press, 2001. p. 1-119. Apud AZEVEDO, F. P. *Marxismo, comunicação e cultura* – Raymond Williams e o materialismo cultural. Tese – USP, São Paulo, 2014.

O texto demonstra que, para uma análise social, deve-se

a) valorizar a superioridade da produção artística.

b) criar um modelo explicativo rígido da realidade.

c) estudar cada particularidade dos artefatos culturais.

d) considerar o valor cultural de todos seus elementos.

e) criar cisões para desenvolver análises mais complexas.

7.

Fãs brasilienses se reúnem mais ou menos a cada mês para celebrar um interesse em comum: o amor pelo *k-pop* – gênero musical de música *pop* coreana. Pode parecer estranho que jovens da capital do Brasil curtam tanto a música coreana, porém, Brasília está inserida num contexto maior. Com diversas bandas de garotas e garotos, o estilo viralizou por meio das redes sociais no mundo todo. São milhões de citações e visualizações na internet.

Disponível em: <www.metropoles.com/entretenimento/musica/fenomeno-mundial-k-pop-faz-muito-sucesso-entre-fas-brasilienses>. Acesso em: 20 maio 2018.

Pode-se compreender que o *k-pop*, apresentado no texto, seria

a) um fenômeno da globalização.

b) uma consequência da imigração.

c) uma revolução na indústria cultural.

d) um influenciador da cultura brasileira.

e) um advento de uma cultura hermética.

8.

Com a chegada da Idade Moderna, os europeus, buscando revelar o horizonte desconhecido, começaram as grandes navegações e a exploração do "novo mundo". A civilização europeia, ao chegar à África, passou a pregar a superioridade do seu modo de vida, devido a seus bens intelectuais, julgando possuir capacidade crítica e autoconsciência de valores como justiça, igualdade e liberdade.

GUEDES, Gilberto Gomes; GUEDES, Thiago Araújo. O etnocentrismo e a construção do racismo. *Outras palavras*, v. 10, n. 1, 2014.

Pode-se compreender como um valor que norteou as grandes navegações

a) a admiração pelas sociedades africanas.

b) o etnocentrismo da sociedade europeia.

c) a aspiração de relações recíprocas.

d) o aprendizado com outras culturas.

e) o espírito aventureiro ocidental.

9.

A presença de grupos socioculturais diversos nos cenários públicos, tanto no âmbito internacional como no Brasil, tem provocado tensões, conflitos, diálogos e negociações orientadas à construção de políticas públicas que focalizem estas questões. Em cada contexto esta problemática adquire uma configuração específica, articulada com as diversas construções históricas e políticoculturais de cada realidade. A afirmação das diferenças – étnicas, de gênero, orientação sexual, religiosas, entre outras – se manifesta de modos plurais, assumindo diversas expressões e linguagens. As problemáticas são múltiplas, visibilizadas especialmente pelos movimentos sociais que denunciam injustiças, desigualdades e discriminações, reivindicando igualdade de acesso a bens e serviços e reconhecimento político e cultural.

CANDAU, Vera Maria. Diferenças culturais, interculturalidade e educação em direitos humanos. *Educação & Sociedade*, v. 33, n. 118, p. 235-250, 2012.

As diferenças socioculturais, quando atreladas ao espaço público, implicam

a) abalo da estrutura democrática do Estado.

b) concretização da igualdade entre os indivíduos.

c) requisição de privilégios para determinados grupos.

d) favorecimento de grupos de maior importância social.

e) demandas políticas de conciliação das divergências.

10.

Na África do Sul, o regime de segregação racial começou ainda sob a colonização e se configurou como uma das piores experiências políticas da humanidade. Em 1948, o *apartheid* se transformou em princípio da Constituição nacional e durante a década de 60 intensificou a separação territorial e de direitos civis entre brancos e negros.

TELES, Edson. Entre justiça e violência: estado de exceção nas democracias do Brasil e da África do Sul. In: *O que resta da ditadura*: a exceção brasileira. São Paulo: Boitempo, 2010.

O *apartheid* na África do Sul configurou um regime de

a) aplicação de ideias discriminatórias.

b) integração do Estado sul-africano.

c) determinação de ordem religiosa.

d) ampliação do acesso a direitos.

e) ação de natureza econômica.

11.

Entre 2013 e 2014, o fenômeno conhecido como rolezinho ganhou ampla visibilidade nacional e internacional. Trata-se de adolescentes das periferias urbanas que se reúnem em grande número para passear, namorar e cantar *funk* nos *shopping centers* de suas cidades. O evento causou apreensão nos

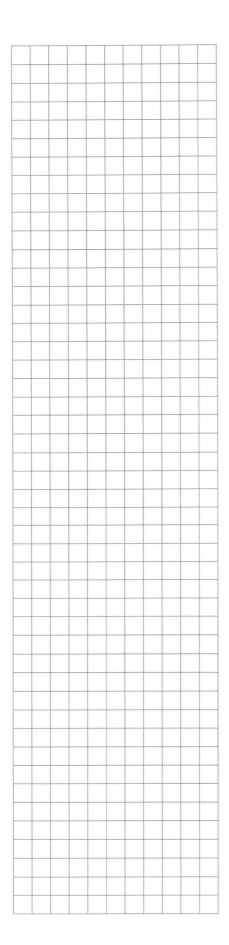

frequentadores e, consequentemente, fez com que alguns proprietários dos estabelecimentos conseguissem o direito na justiça de proibir a realização dos rolezinhos, barrando o acesso dos jovens. Desde então, emergiu um amplo debate sobre a ferida aberta da segregação racial e social na sociedade brasileira, uma vez que a maioria desses jovens é composta por negros e pobres.

PINHEIRO-MACHADO, Rosana; SCALCO, Lucia Mury. Rolezinhos: marcas, consumo e segregação no Brasil. *Revista Estudos Culturais*, v. 1, n. 1, 2014. (adaptado)

A recepção do rolezinho por parte da população brasileira demonstra

a) a requisição por justiça social.

b) a ascensão das classes populares.

c) a segmentação social dos espaços.

d) a adequação dos jovens de periferia.

e) a democratização do espaço público.

UNIDADE 8
Ideologia e indústria cultural

Aprofunde seus conhecimentos sobre **ideologia** consultando as páginas 310 a 341 do Livro do Aluno.

Reveja o que aprendeu

Objetivos de aprendizagem

- Compreender como se desenvolveu o conceito de ideologia e como ela se faz presente na vida cotidiana.
- Conhecer os conceitos elaborados por alguns pensadores para explicar os mecanismos que contribuem para a difusão de ideologias.
- Identificar as mudanças que o surgimento da internet provocou na cultura e nas relações sociais atuais.

A Sociologia pode analisar o tema ideologia de várias formas, mas o essencial é revelar os fundamentos sobre os quais se elabora o conhecimento da realidade. Ao mesmo tempo, cabe desvendar uma série de processos sociais que orientam e condicionam determinadas visões de mundo, trazendo à tona discussões sobre personagens e episódios do cotidiano que nem sempre correspondem à realidade.

A ideologia é um conceito típico das modernas sociedades ocidentais. Uma das primeiras noções próximas a esse conceito foi elaborada pelo filósofo Francis Bacon (1561-1626) em seu livro *Novum organum* (1620), no qual ele declarava que, até aquele momento, o entendimento da verdade estava obscurecido por ídolos, ou seja, por ideias erradas e irracionais. O termo ideologia foi utilizado pela primeira vez pelo francês Destutt de Tracy (1754-1836) em seu livro *Elementos de ideologia* (1801), com o sentido de ciência da gênese das ideias. Tracy procurou elaborar, em pleno período iluminista – quando se atribuía muito crédito à força da razão –, uma explicação para os fenômenos sensíveis que interferem na formação das ideias. Outro sentido foi atribuído ao termo por Napoleão Bonaparte (1768-1821), o de ideia falsa ou ilusão, uma tenebrosa metafísica à qual deviam ser atribuídos os males da França.

Foram Karl Marx (1818-1888) e Friedrich Engels (1820-1895), contudo, que formularam a noção mais definitiva de ideologia. Na obra *A ideologia alemã* eles se referiram a ela como um sistema de representações e de ideias que correspondem a formas de consciência que as pessoas têm em uma época, que sempre correspondem às ideias da classe dominante, pois quem controla a produção e a distribuição de bens materiais também regula e controla a produção e a distribuição dos bens intelectuais. Trata-se, portanto, de uma realidade manipulada pela burguesia, que procura camuflar as contradições fundamentadas na exploração e nas desigualdades sociais, próprias de uma sociedade de classes.

Émile Durkheim (1858-1917) abordou o tema ao discutir a questão da objetividade científica. Para o autor, o cientista deveria deixar de lado suas pré-noções – ideias pré-científicas e as impressões subjetivas – para ser o mais preciso possível.

O sociólogo húngaro Karl Mannheim (1893-1947) talvez seja o pensador, depois de Marx, que mais tenha influenciado a discussão sobre ideologia. No livro *Ideologia e utopia* (1929), ele conceitua duas formas de ideologia: a particular, que corresponde à ocultação consciente e inconsciente da realidade que provoca enganos, e a ideologia total, que é a visão de mundo (cosmovisão) de uma classe social ou de uma época – nesse caso, não há ocultamento ou engano, mas apenas a reprodução das ideias próprias de uma classe ou ideias gerais que permeiam a sociedade. A ideologia, portanto, expressaria sempre o pensamento das classes dominantes. Por outro lado, ele chama de utopia o pensamento das classes oprimidas que buscam transformação.

A ideologia no cotidiano

No cotidiano, nas relações com as outras pessoas, exprimimos por meio de ações, palavras e sentimentos uma série de elementos ideológicos. A lógica que estrutura a sociedade capitalista é a da mercadoria, ou seja, a da mercantilização de todas as relações. A expressão da ideologia nessa sociedade pressupõe a elaboração de um discurso homogêneo, que não leva em conta a história e destaca categorias genéricas, passando, em cada caso, uma ideia de unidade, de uniformidade. Entre outras coisas, ela contribui para manter a ideia de que na sociedade capitalista se vive em uma comunidade sem muitos conflitos e contradições. Ficam obscurecidas as diferenças sociais, econômicas e culturais, bem como se apagam os conflitos entre os vários grupos e classes, enfatizando-se uma unidade que não existe.

Talvez a maior de todas as expressões ideológicas encontradas no cotidiano seja a ideia de que o conhecimento científico é uma verdade inquestionável. Da busca do sentido da vida às possibilidades de sucesso, a ciência é vista como solução para todos os problemas, males e enigmas. Ora, nada está mais distante do conhecimento científico do que a ideia de verdade absoluta e a pretensão de explicar todas as coisas. A ciência nasceu e se desenvolveu questionando as explicações dadas a situações e fenômenos, e continua se desenvolvendo com base no questionamento dos próprios resultados. Além do mais, quando analisado da perspectiva de um pensamento hegemônico ocidental, o conhecimento científico adquire um caráter colonialista, transformando-se em um paradigma que nega outras formas de explicar e conhecer o mundo, desqualificando outras culturas e saberes tidos como inferiores e exóticos.

CONCEITO-CHAVE
- Ideologia

A indústria cultural e a difusão de ideologias

O conceito de indústria cultural foi criado pelos pensadores Theodor Adorno (1903-1969) e Max Horkheimer (1895-1973), quando escreveram o texto "A indústria cultural: o esclarecimento como mistificação das massas", parte da obra *Dialética do esclarecimento*. Nele, afirmaram que esse conceito permitia explicar o fenômeno da exploração comercial e a banalização da cultura. Adorno e Horkheimer utilizam "indústria cultural" no lugar de "cultura de massa", pois esta daria a ideia de que há uma cultura que surge espontaneamente das próprias massas, quando o que ocorre é um processo ao contrário: o consumidor não é o sujeito que determina o que se produz, mas o seu objeto, aquele que simplesmente consome o que é produzido.

A preocupação básica de Adorno e Horkheimer era a emergência de empresas interessadas na produção em massa de bens culturais como se fossem mercadorias visando exclusivamente o consumo, tendo como fundamentos a lucratividade e a adesão incondicional ao sistema dominante.

A relação entre cultura e ideologia também foi analisada pelo pensador italiano Antonio Gramsci (1891-1937), com base no conceito de hegemonia. Por hegemonia pode-se entender o processo pelo qual uma classe dominante consegue que seu projeto de sociedade e de dominação seja aceito pelos dominados, por meio do que o autor chamou de aparelhos privados de hegemonia, que são instituições no interior do Estado ou fora dele.

Além do poder coercitivo e policial, para se tornar hegemônica depende de um consenso, que é desenvolvido mediante um sistema de ideias muito bem elaborado por intelectuais a serviço do poder, para convencer a maioria das pessoas. Por esse processo, cria-se uma "cultura dominante efetiva", que deve penetrar no senso comum de um povo. Por outro lado, é possível haver um processo de contra-hegemonia, desenvolvido por intelectuais orgânicos vinculados à classe trabalhadora.

O sociólogo franco-argelino Pierre Bourdieu (1930-2002) também se dedicou a identificar formas culturais que impõem e fazem que se aceite como normal um conjunto de regras não escritas nem ditas. Ele usa a palavra grega *doxa* (que significa "opinião") para designar esse tipo de prática que faz com que o poder apareça como algo absolutamente natural. Bourdieu afirma que é pela cultura que os dominantes garantem o controle simbólico (ideológico), desenvolvendo uma prática cuja finalidade é manter o distanciamento entre as classes sociais, separando os "cultos" dos "incultos".

Já Michel Foucault (1926-1984), autor de *Vigiar e punir*, considerava que não existe um único poder central e irradiador de pressões violentas e deformadoras da consciência. O que há são redes de influência que levam discursos e ações de um lado a outro, configurando inúmeras "microfísicas de poder", conceito de Foucault que expressa as relações de dominação nos mais singelos e aparentemente triviais níveis da vida. De acordo com ele, técnicas de disciplinamento do corpo e da alma definiriam uma forma de ser "normal", fato que acaba por desestimular consciências rebeldes e ações efetivamente transformadoras.

A indústria cultural e a vida cotidiana

De todos os meios de comunicação que compõem a indústria cultural, a televisão é o mais forte agente de informações e de entretenimento, embora pesquisas recentes já demonstrem que ela pode ser desbancada pela internet na massificação da informação. Levando-se em conta que o acesso à rede mundial de computadores se amplia diariamente, alterando a maneira como as pessoas se informam sobre a realidade, poderia se declarar que a análise de Adorno e Horkheimer, desenvolvida em 1947, está ultrapassada ou que ela mantém seu poder de explicação?

Observando que o que mudou foram as tecnologias dos meios de comunicação, as formas de mistificação que adotam e a apresentação da embalagem dos produtos, podemos afirmar que o conceito de indústria cultural conserva o mesmo poder de explicação. Os produtos culturais aparecem com invólucros cada vez mais esplendorosos, pois a cada dia são maiores as exigências para prender a atenção dos indivíduos. Por meio de propaganda intensa as empresas criam desejos artificiais e temporários, com a implícita necessidade de consumir mercadorias que logo serão substituídas por outras, mais "modernas" e rentáveis.

Em seu livro *Homo videns: televisão e pós-pensamento* (2001), o cientista social italiano Giovanni Sartori (1924-2017) reflete sobre esse meio de comunicação. Retomando a história das comunicações, ele destaca o fato de que as civilizações se desenvolveram quando a transmissão de conhecimento passou da forma oral para a escrita. Após a invenção da imprensa (em 1440), ocorreu o grande salto tecnológico que permitiu a muitas pessoas o acesso à cultura escrita. No século XIX foram então inventados o rádio, o telégrafo e o telefone, que facilitaram a comunicação entre pessoas a grandes distâncias. A televisão, nascida em meados do século XX, como o próprio nome indica (tele-visão = "ver de longe"), trouxe à cena um elemento completamente novo, em que o ato de ver tem preponderância sobre o de ouvir. A voz fica subordinada às imagens, que contam mais do que as palavras.

Se o que torna o ser humano diferente dos outros animais é a capacidade de abstração, a televisão, para Sartori, "[...] inverte o progredir do sensível para o inteligível, virando-o em um piscar de olhos [...] para um retorno ao puro ver. Na realidade, a televisão produz imagens e apaga os conceitos; mas desse modo atrofia a nossa capacidade de abstração e com ela toda a nossa capacidade de compreender".

CONCEITOS-CHAVE
- Indústria cultural
- Poder
- Controle simbólico
- Microfísicas do poder
- Meios de comunicação
- Propaganda

A internet e as novas formas de sociabilidade

A internet originou-se de um projeto militar desenvolvido nos Estados Unidos, na década de 1960. Naquele período, durante a Guerra Fria, questionava-se como as autoridades estadunidenses poderiam comunicar-se caso houvesse uma guerra nuclear, pois toda a rede de comunicações poderia ser destruída e haveria necessidade de uma rede em que a informação circularia sem um centro de decisão. Assim nasceu um sistema no qual as informações são geradas em muitos pontos e não ficam armazenadas em um único lugar.

Na década seguinte, esse modelo foi utilizado para colocar em contato pesquisadores de diferentes universidades. A partir daí se desenvolveu uma forma de comunicação sem um poder centralizador, o que permitiu que uma nova era, de descentralização do processo de produção e distribuição da informação, fosse iniciada. É possível, então, que a internet seja considerada um dos meios de comunicação mais democráticos, já que amplia o acesso a informações variadas e pouco controladas. E não só isso: a rede mundial de computadores também contribui para a popularização de imagens, sons, vídeos, textos e documentos.

Leitura, escrita e recursos digitais

É verdade que a internet favorece os hábitos de leitura e escrita. Por força da quantidade imensurável de conteúdo disponível na rede, é impossível se desviar da necessidade do contato com letras, palavras e sentenças. A questão, contudo, é outra: que tipo de leitor a internet privilegia e incentiva?

Os jovens do século XXI, imersos numa cultura muito virtual e pouco literária, estimulados pela "pressa" e pelo pragmatismo leem e escrevem sempre de modo sucinto, "comendo" frases inteiras e abreviando tudo. Trata-se, portanto, de uma comunicação que se insere mal em contextos mais abrangentes, em espaços ocupados por pessoas que não pertencem aos seus grupos de relacionamento.

As grandes transformações provocadas pela internet, contudo, afetam também o modo como a sociedade se organiza e divide aquilo que elabora e constrói coletivamente. Um exemplo desse fato é a febre dos *smartphones*. Os jovens, principalmente, tornaram seus aparelhos celulares – dispositivos móveis com recursos capazes de fotografar, tocar músicas e acessar a internet – uma extensão do corpo. Em toda parte, vivem presos a esses aparelhos que dissolvem relações sociais e criam um paradoxo: ficam ligadas às pessoas mais afastadas e um tanto indiferentes às pessoas mais próximas. Por meio de *sites* ou aplicativos ocorrem interações e trocas de arquivos e informações, ações que reúnem famílias, amigos e até desconhecidos com algum interesse em comum, além de veículos de comunicação, empresas, autoridades e celebridades que criam suas próprias páginas pessoais e contam com a adesão de seguidores e curtidores.

Depois de vinte anos de expansão da internet, aparecem as primeiras análises sobre a relação dos dispositivos móveis e as relações sociais. Essas críticas apontam a necessidade de que pessoas passem a se comunicar também *offline* e retomem o compartilhamento de tantas coisas pessoalmente, despertando o olhar para o outro, fortalecendo o interesse pelo convívio e a curiosidade em relação a ideias e práticas diferentes.

Por outro lado, a internet permite pensar a democratização efetiva das opiniões e a abertura da comunicação de massa para vozes antes silenciadas. As redes sociais, os *blogs* e os canais de informação que podem ser criados gratuitamente por qualquer pessoa surgem como oportunidade de tornar mais livre a circulação de ideias, fazendo-a menos rígida, menos controlada. É nesse sentido que, aliada a projetos educacionais de qualidade que visem o crescimento dos educandos e bens culturais que elevem a capacidade de discernimento dos indivíduos, a internet pode vir a ser um instrumento indispensável para a promoção dos direitos dos cidadãos.

Nesses termos, o uso das redes sociais, embora apresente episódios muito interessantes de exercício coletivo da cidadania e posicionamento crítico por parte de muitos usuários, ainda tende a girar em torno de temas privados ou que circulam nos grandes veículos de imprensa. Em essência, uma rápida navegação por perfis aleatórios no Facebook, por exemplo, irá revelar de modo muito evidente aquilo que o sociólogo estadunidense Richard Sennett (1943-) chamou de tirania da intimidade, ou seja, a predisposição de milhões de indivíduos em tornar público aquilo que deveria ficar no espaço privado e doméstico da vida.

CONCEITOS-CHAVE
- Transformações provocadas pela internet
- Dissolução das relações pessoais
- Democratização

Indústria cultural no Brasil

O Brasil é um terreno fértil para a expansão da indústria cultural. Além da ampla e rica diversidade das formas de ser e viver, o país tem episódios muito interessantes sobre a chegada e a permanência dos meios de comunicação social em sua história. O rádio, o cinema e a TV, cada um a seu modo e de diferentes maneiras, conquistaram os brasileiros e passaram a fazer parte do seu dia a dia. Os grupos de comunicação que apostaram na informação por sons e imagens em movimento obtiveram poder econômico e, principalmente, político, ajudando a definir os passos que seriam dados pelo país no curso do século XX. Com meios de comunicação conquistando uma audiência cada vez maior e mais fiel, penetração publicitária insistente e agressiva e uma cultura nacional sempre "ajustável" aos interesses do mercado, todas as formas de expressão cultural e artística no Brasil se tornaram alvo da indústria cultural.

A TV alterou radicalmente os modos de vida e as relações entre os indivíduos e os produtos da economia capitalista, graças a uma inserção cotidiana cada vez maior da publicidade. Além disso, visões de mundo são moldadas pelos telejornais que fazem a triagem das informações veiculadas de acordo com os interesses dos proprietários das emissoras enquanto novelas ditam estilos, preferências culturais e concepções de bem e mal.

Até hoje, em todo o território nacional, o Brasil tem na TV o meio difusor principal de ideologias e publicidade de produtos culturais. Numa palavra, é pelo televisor acomodado na maioria das residências que ideias e coisas chegam a um número crescente e expressivo de brasileiros. Tornou-se um hábito para o brasileiro ver TV. Num certo sentido, ela se tornou um membro da família.

Fora dos grandes grupos de comunicação empresarial existem, sim, experiências alternativas, públicas e comunitárias. Coletivos populares e sindicais, além de comunidades periféricas nas metrópoles, criam jornais e rádios para disseminar suas impressões sobre o mundo. Além disso, emissoras públicas de rádio e TV apostam numa programação sem fins comerciais, valorizando produções culturais que não se encaixam no mercado.

Por isso é sempre bom destacar que, apesar do forte impacto que os meios de comunicação exercem sobre as consciências humanas, o público não age de forma passiva diante desse cenário, mas sim constantemente reelabora o que vê e escuta. Também é relevante o fato de que a TV desempenha um papel na reflexão sobre a sociedade contemporânea, discutindo, mesmo que superficialmente, temas controvertidos. No entanto há alguns problemas que não interessam às empresas de telecomunicação, como questões sociais e a desigualdade de classes, e que por isso não são mencionados.

Para melhorar a programação da televisão, algumas possibilidades são criar mecanismos de democratização dos meios de comunicação, a fim de enfrentar o oligopólio que controla as empresas e veículos de massa, dar concessão de canais para centrais sindicais, ONGs e outras instituições de caráter público que possam transmitir informação e cultura com qualidade, pulverizando as transmissões no Brasil.

A internet no Brasil

No Brasil, a internet tem apresentado uma trajetória vertiginosa e ascendente. Com a popularização crescente do acesso a computadores conectados à rede mundial, com velocidades cada vez maiores e conexões mais estáveis, chega a ser estranho constatar que nem sempre foi assim. Se é verdade que hoje é possível manter-se em conexão com o mundo durante as 24 horas do dia, é mais verdade ainda que esse processo, embora relativamente curto em termos históricos, percorreu muitos caminhos e enfrentou várias dificuldades. Além disso, é preciso refletir sobre os fenômenos humanos relacionados com a expansão da internet num país com tantos problemas sociais.

Desde a década de 1980 – quando foi criado na Universidade de São Paulo (USP) um sistema de troca de arquivos e informações entre centros universitários e de pesquisa – o mundo virtual no Brasil tem avançado sem pausas. A era da informática vem modelando o comportamento dos indivíduos e grupos sociais, forjando novas relações e definindo padrões inéditos de convívio. Mais do que uma ferramenta de comunicação, a internet é hoje o palco em que todos os atores sociais encenam sua vida.

Hoje, tudo está disponível e pode ser divulgado e trocado em questão de instantes. O mundo inteiro parece estar ao alcance de um clique ou de um deslizar de dedos. Aparentemente, a internet, no Brasil, está em todas as casas e o acesso a ela é possível a quem se interessar. A realidade, entretanto, é bem diferente, pois a desigualdade social existente na sociedade brasileira se torna visível também nesse processo. No Brasil, as características sociodemográficas da população têm um grande impacto no uso da internet, principalmente se comparada aos outros meios de comunicação. Renda e escolaridade criam um hiato digital entre quem é um cidadão conectado e quem não é. Já os elementos geracionais ou etários mostram que os jovens são os usuários mais intensos das novas mídias.

Como se vê, a questão da internet – sua abrangência e acessibilidade – permanece aberta e não esconde toda a sua complexidade. A internet, como um dos elementos da indústria cultural, pode ser ideológica ou utópica, mas isso dependerá do uso que dela será feito e das exigências cidadãs da sociedade que se quer realmente construir.

Aplique o que aprendeu

Questões

1.

Um produto ideológico faz parte de uma realidade (natural ou social) como todo corpo físico, instrumento de produção ou produto de consumo; mas, ao contrário destes ele também reflete e refrata uma outra realidade, que lhe é exterior. Tudo que é ideológico possui um significado e remete a algo situado fora de si mesmo.

BAKHTIN, Mikhail. *Marxismo e filosofia da linguagem.* 8. ed. São Paulo: Hucitec, 1997.

De acordo com o texto pode-se indicar o produto ideológico como

a) ferramenta de manipulação.

b) personificação de uma ideia.

c) representação de um sistema.

d) demonstração de autoridade.

e) cópia aculturada da sociedade.

2.

Em todo o campo de significados que constitui a ciência, um dos aspectos comuns diz respeito ao estatuto de qualquer objeto de conhecimento e às alegações relacionadas a respeito da fidelidade de nossas explicações de um "mundo real", não importa quão mediado ele seja para nós e não importa quão complexos e contraditórios sejam esses mundos. Os que têm sido muito ativos como críticos das ciências e de suas alegações ou de ideologias a elas associadas, fugiram das doutrinas de objetividade científica graças, em parte, à suspeita sobre um "objeto" de conhecimento ser uma coisa inerte e passiva. Observações sobre tais objetos podem parecer ou apropriações de um mundo fixo e determinado, reduzido a recurso para os projetos instrumentais das sociedades ocidentais destrutivas, ou ser vistos como máscaras para interesses, comumente interesses dominantes.

HARAWAY, Donna. Saberes localizados: a questão da ciência para o feminismo e o privilégio da perspectiva parcial. *Cadernos Pagu*, n. 5, p. 7-41, 1995.

O texto compreende que a ciência deveria ser analisada como

a) um construto social passível de ser um instrumento de poder.

b) uma maneira de conhecer a verdade sobre o mundo real.

c) um modo mais evoluído de propor explicações para a natureza.

d) uma postura neutra de observação e sistematização de informações.

e) um meio de produzir a democratização das esferas de poder.

As representações expositivas científicas configurar-se-iam arbitrários representacionais, e por meio delas se divulgaria uma informação de caráter orientador moral, cultural e intelectual. A divulgação científica serviria de recurso por meio do qual as forças dominantes forjariam consciências, impedindo o surgimento de novos territórios ideológicos.

LOUREIRO, José Mauro Matheus. Museu de ciência, divulgação científica e hegemonia. *Ciência da Informação*, v. 32, n. 1, p. 88-95, 2003.

O texto compreende que as exposições científicas seriam

a) uma forma de assegurar a autonomia do cientista.

b) uma forma de propagar ideologias dominantes.

c) um meio de promover uma autonomia crítica.

d) uma perspectiva de propiciar o saber neutro.

e) uma maneira de representar a verdade da natureza.

O filme sonoro e a televisão podem criar a ilusão de um mundo que não é o que a nossa consciência espontaneamente pode perceber, mas uma realidade cinematográfica que interessa ao sistema econômico e político no qual se insere a indústria cultural. Pela cultura de massa, o homem é subordinado ao progresso da técnica e esta destrói, fragmenta-o em sua subjetividade para dar lugar a razão instrumental, ou seja, a razão é reduzida a instrumentalidade.

COSTA, A.; PALHETA, A.; MENDES, A. M.; LOUREIRO, A. Indústria cultural: revisando Adorno e Horkheimer. *Movendo Ideias*, v. 8, n. 13, p. 13-22, 2003.

A indústria cultural pode ser analisada através do texto como

a) construtora de subjetivação.

b) estimuladora da consciência humana.

c) fragmentadora da coletividade.

d) promotora de autonomia crítica.

e) questionadora da realidade.

Se fosse intenção da imprensa fazer com que o leitor incorporasse à própria experiência as informações que lhe fornece, não alcançaria seu objetivo. Seu propósito, no entanto, é o oposto, e ela o atinge. Consiste em isolar os acontecimentos do âmbito onde pudessem afetar a experiência do leitor. Os princípios da informação jornalística (novidade, concisão, inteligibilidade, e sobretudo falta de conexão entre uma notícia e outra) contribuem para este resultado do mesmo modo que a paginação e o estilo linguístico.

BENJAMIN, W. *Charles Baudelaire, um lírico no auge do capitalismo*. Tradução de José Martins Barbosa e Hermerson Alves Batista. São Paulo: Brasiliense, 1989.

O texto demonstra que, para persuadir os indivíduos, a imprensa necessita

a) isolar os contextos de suas narrativas.

b) ocultar o discurso de autoridade da mídia.

c) tocar nas experiências pessoais do público.

d) deixar transparecer sua posição ideológica.

e) usar de recursos gráficos atraentes.

O impacto da internet permitiu a criação de redes horizontais de comunicação, cujo crescimento foi acelerado com as mídias digitais móveis, que agregam mobilidade ao estar conectado, um campo marcado pela intertextualidade, onde convivem conteúdos veiculados por variadas mídias que se retroalimentam [...].

BELELI, I. O imperativo das imagens: construção de afinidades nas mídias digitais. *Cad. Pagu* [on-line]. n. 44, p. 91-114, 2015.

Poder estar conectado em movimento torna possível

a) uma difusão contínua das relações.

b) uma estafa mental no leitor.

c) uma maneira de refutar o conteúdo.

d) uma hierarquização das informações.

e) uma limitação a certos tipos de linguagem.

O abrasileiramento das telenovelas, de certo modo, também defendido pelo regime da ditadura militar (quando estes orientavam a produção de novelas "históricas" inspiradas em obras clássicas de nossa literatura), obedece a uma intenção ideológica bastante clara por parte de alguns autores e diretores. Essa intenção vai num sentido praticamente oposto àquele previsto pelos militares que tomaram o poder em março de 1964. Enquanto, para os militares, a telenovela deveria mostrar com ufanismo os bons valores da cultura nacional, para os autores e diretores, a telenovela deveria servir como uma forma de o Brasil se conhecer e se discutir como nação. Intencionalidade essa ainda presente em alguns autores e diretores da ficção televisual brasileira.

MOTTER, Maria Lourdes; MUNGIOLI, Maria Cristina Palma. Gênero teledramatúrgico entre a imposição e a criatividade. *Revista USP*, n. 76, p. 157-165, 2008.

O texto demonstra que as diferentes intenções que guiavam a produção de telenovelas no Brasil no período ditatorial

a) tinham viés ideológico.

b) determinavam a autoimagem do brasileiro.

c) permitiam a livre expressão artística da TV.

d) difundiam os valores ideais da cultura do país.

e) denunciavam os atrasos que vivia o Brasil.

8. No romance intitulado *1984*, o inglês George Orwell (pseudônimo de Eric Arthur Blair) imagina uma Londres sob um regime totalitário identificado como Grande Irmão (ou, no original, Big Brother). Após uma revolução, esse regime de partido único domina o poder e estabelece uma série de mecanismos de controle das pessoas, como o que o escritor chamou de teletela, um dispositivo parecido com uma televisão, instalado obrigatoriamente em todas as residências, pelo qual o Estado não só lançava suas ideias às pessoas como também poderia vigiá-las. Narrada a partir da ótica do personagem Winston Smith, um sujeito comum que trabalha para o governo, a obra de Orwell, lançada originalmente em 1948, é um dos grandes clássicos da literatura do século XX. A seguir, leia uma passagem do livro na qual Winston reflete sobre as condições de vida sob o regime do Grande Irmão, e, então, responda às questões.

Como saber quais daquelas coisas eram mentiras? Talvez fosse verdade que as condições de vida do ser humano médio fossem melhores hoje do que eram antes da Revolução. Os únicos indícios em contrário eram o protesto mudo que você sentia nos ossos, a percepção instintiva de que suas condições de vida eram intoleráveis e de que era impossível que em outros tempos elas não tivessem sido diferentes. Pensou que as únicas características indiscutíveis da vida moderna não eram sua crueldade e falta de segurança, mas simplesmente sua precariedade, sua indignidade, sua indiferença. A vida — era só olhar em torno para constatar — não tinha nada a ver com as mentiras que manavam das teletelas, tampouco com os ideais que o Partido tentava atingir. [...] O ideal definido pelo Partido era uma coisa imensa, terrível e luminosa — um mundo de aço e concreto cheio de máquinas monstruosas e armas aterrorizantes —, uma nação de guerreiros e fanáticos avançando em perfeita sincronia, todos pensando os mesmos pensamentos e bradando os mesmos *slogans*, perpetuamente trabalhando, lutando, triunfando, perseguindo — trezentos milhões de pessoas de rostos iguais. A realidade eram cidades precárias se decompondo, nas quais pessoas subalimentadas se arrastavam de um lado para o outro em seus sapatos furados no interior de casas do século XIX com reformas improvisadas, sempre cheirando a repolho e a banheiros degradados. [...]

ORWELL, George. 1984. São Paulo: Companhia das Letras, 2009. p. 93.

a) Segundo o trecho, o ideal do partido claramente não se realiza nas condições sociais. Portanto, reflita: quem ganha e quem perde com a propagação de ideais que não se manifestam nas condições sociais? Explique sua resposta.

_____
_____
_____
_____
_____

b) É possível afirmar que esse trecho apresenta um exemplo de como a ideologia funciona? Por quê?

___

9. Leia o trecho de uma entrevista concedida pelo escritor Marcelo Coelho ao jornalista Luís Henrique Pellanda. Em seguida, responda à questão.

Gosto de uma frase de Fontenelle, que a propósito da eleição de um colega seu para a Academia Francesa observou: "há chocalhos para todas as idades". A "infantilidade", talvez, mais do que a infância, certamente é eterna, no sentido em que, por exemplo, um adulto se aferra a seus bens, a suas pequenas vitórias, a seus orgulhos; berra e esperneia quando o frustram, por exemplo. Engana-se demais; é crédulo o tempo todo — nesse sentido somos "naturalmente" infantis, sendo que o processo de amadurecimento consiste acima de tudo em controlar/disfarçar essas características, mais do que substituí-las por outras. Isso do ponto de vista mais geral, "antropológico", pelo menos como eu entendo o jeito com que somos. Agora, é claro que a indústria cultural, a sociedade de consumo, etc., agem diretamente sobre essa fraqueza de nós adultos, tornando-nos ainda mais incapazes de superar nossas infantilidades. Uma fábrica de chocalhos, e há muitas por aí, certamente não teria interesse em fazer com que aquela frase de Fontenelle fosse abandonada. Carros, relógios, novidades cinematográficas em 3D, naturalmente tudo isso é programado para ser objeto de desejo e para ser substituído por outro no ano seguinte. De certa maneira, então, os velhos desenhos animados da Disney, os contos infantis, tudo aquilo que líamos e víamos aos seis anos de idade, revelam muito claramente, penso eu, aquilo que somos, lemos, vemos e desejamos aos 36 ou aos 60 anos. A graça do Pato Donald é justamente essa, a meu ver: o adulto infantilizado, vestido de marinheiro, do modo exato com que a indústria cultural gostaria de vê-lo e criá-lo. [...]

PELLANDA, Luís Henrique. *Fábrica de chocalhos*. Rascunho: Curitiba, mar. 2011. p. 12.

Considerando as ideias de Adorno e Horkheimer e as noções de "dominação e controle", interprete o texto e responda: como a indústria cultural contribui para a infantilização dos indivíduos?

_____
_____
_____
_____
_____
_____
_____
_____
_____
_____
_____
_____
_____
_____

10. Em sua opinião, as manifestações culturais e visões dissonantes que vemos se multiplicarem pela internet podem ser consideradas uma forma do que Gramsci chamou de contra-hegemonia?

_____
_____
_____
_____
_____
_____
_____
_____
_____
_____
_____
_____
_____
_____

TOTAL DE ACERTOS ____/10

UNIDADE 9

Religiões e religiosidades

Aprofunde seus conhecimentos sobre a **análise sociológica da religiosidade** consultando as páginas 342 a 391 do Livro do Aluno.

Reveja o que aprendeu

Objetivos de aprendizagem

- Identificar as diferentes formas de religião existentes no mundo e seus processos de gestação e desenvolvimento.
- Compreender as teorias formuladas por importantes sociólogos para explicar a religião e suas implicações.
- Desenvolver um conhecimento geral sobre os movimentos contemporâneos da religião.

As religiões e religiosidades marcam presença em todas as sociedades conhecidas. Elas integram os processos de socialização e são muitos os momentos em que se mostram fundamentais na história. Estão presentes na vida de muitas pessoas, orientando saberes e práticas, inspirando privilégios e afirmando novos direitos.

Origem das religiões e religiosidades

As manifestações religiosas são as mais antigas práticas culturais da humanidade, tendo surgido há aproximadamente 50 mil anos. Três das manifestações religiosas mais antigas de que se tem conhecimento são o animismo, o totemismo e a mitologia.

O **animismo**, considerado a primeira manifestação religiosa entre as sociedades humanas, se baseia na ideia da presença de um espírito em todos os elementos da natureza, que tinham por função controlar os diferentes aspectos do ambiente natural e social. No **totemismo**, formam-se clãs identificados por elementos da natureza, em que todos acreditam estar ligados entre si, na pessoa de um antepassado heroico, ou num animal, ou planta. As **mitologias** podem ser entendidas como narrativas dos tempos passados, referentes a forças da natureza ou de aspectos da condição humana. Esses elementos trazem a marca da divindade e das forças sobrenaturais e, de alguma forma, são matrizes ou fontes de diferentes manifestações religiosas, presentes ainda hoje, institucionalizadas ou não.

Religiões com origem na Índia e na China

Índia: hinduísmo e budismo

O hinduísmo nasceu na Índia há mais de 6 mil anos e é uma das religiões mais antigas do mundo. Engloba uma pluralidade de manifestações fundamentadas em diferentes tradições, caracterizando-se como tradição cultural que abrange modos de viver, princípios éticos e filosóficos. Baseia-se na memória coletiva, transmitida oralmente e registrada em livros – os Vedas. A ênfase dada ao modo correto de viver – o *darma* – tem intensa relação com o sistema de castas que se perpetuou na Índia.

O budismo surgiu como contestação ao hinduísmo, há mais de 2,5 mil anos. Fundado pelo príncipe Sidarta Gautama, o Buda, ele rejeita parte da autoridade dos Vedas, não aceita a hierarquia das castas e não aprova alguns dos rituais hindus. O budismo é uma religião sem divindade, posto que a chave para a libertação seria a pureza mental, e não as súplicas dirigidas a uma divindade externa.

Manifestações ético-religiosas na China: confucionismo e taoismo

Confucionismo é o nome dado ao conjunto de ideias propostas pelo pensador chinês Confúcio (551-479 a.C.). Tem como princípio básico os ensinamentos dos sábios e define a busca por um caminho superior, o Tao. Essa doutrina, que pregava amor e autoridade aos governantes e humildade e obediência aos súditos, vinculava-se diretamente ao poder imperial chinês e permaneceu como doutrina oficial do país até quase meados do século XX.

O taoismo, surgido por volta do século IV a.C., distanciou-se do poder imperial. Seu objetivo é a prática individual com base na tradição espiritual milenar de origem chinesa, no ensinamento filosófico e na prática espiritual da meditação. Os taoistas são politeístas e prestam culto aos ancestrais. Todas as pessoas que atingem a imortalidade tornam-se deuses e são cultuados.

Religiões com origem no Oriente Médio: monoteísmo

A primeira expressão religiosa monoteísta de que se tem notícia teria sido o zoroastrismo, de origem persa. O zoroastrismo teria influenciado o judaísmo, o cristianismo e o islamismo através das concepções sobre a existência de um deus único, bem como de um paraíso e um juízo final, além das ideias de ressureição e a vinda de um messias.

Judaísmo

O judaísmo é uma das mais antigas religiões monoteístas e é o resultado da fusão de mitologias e costumes tribais do Oriente Médio unificados posteriormente sob a ideia de um nacionalismo judaico, ligado à história e tradição do povo hebreu. Os hebreus teriam sido escravizados por faraós do Egito até conseguirem fugir, comandados por Moisés, e peregrinarem pelo deserto até receber um sinal que os informasse que deveriam voltar à "terra prometida" – Canaã, onde hoje se situa a cidade de Jerusalém, território sagrado também para o cristianismo e o islamismo. O judaísmo é a fonte dessas duas outras religiões, que hoje são as duas maiores do mundo.

Cristianismo

O cristianismo é a segunda religião monoteísta, nascida há pouco mais de 2 mil anos, dentro do judaísmo e no contexto da ocupação do Império Romano no Oriente Médio. Segundo a tradição cristã, Jesus ressignificou as práticas exteriores do culto judaico. O que o caracteriza é a crença na trindade divina indissociável: o Pai, o Filho e o Espírito Santo. Seu sistema de crenças e valores foi sendo modificado e gerou um sem-número de interpretações, que, por sua vez, deram origem a diferentes convicções e rituais considerados cristãos, como o catolicismo romano, o catolicismo ortodoxo e o protestantismo.

Islamismo

É a mais nova das religiões monoteístas e surgiu há cerca de 1500 anos, fundada por Maomé onde hoje está localizada a Arábia Saudita. Ele conseguiu criar um sistema religioso e econômico adaptável ao nomadismo do seu povo, até então disperso. Na disseminação de sua religião, Maomé baseava-se principalmente na crença de que o desígnio de Deus (Alá) era levar pouco a pouco, para toda a humanidade, os seus princípios de perfeição.

Diversidade e sincretismos

Além das religiões aqui expostas, o que se vê hoje em dia são inúmeras manifestações religiosas e buscas individuais, em torno das quais muitas vezes se mesclam diversas matrizes religiosas para formar uma religiosidade de caráter não institucional, distante de convenções preestabelecidas e não atreladas aos grandes templos ou a estruturas hierárquicas. Hoje, o exemplo mais ilustrativo dessa dinâmica é a *Nova Era*, caracterizada por uma religiosidade ampla, que mistura crenças e ritos variados, individuais e coletivos, extraídos de diferentes religiões com terapias psicológicas e técnicas de autoajuda.

> **CONCEITOS-CHAVE**
> - Religião
> - Religiosidade
> - Origem das religiões
> - Sincretismo

Religião e Sociologia

Karl Marx (1818-1883): a religião como ópio do povo ou como realidade histórica

Na teoria de Marx, a religião é descrita como forma de organização conservadora. Ela nunca foi o foco de seus estudos, apesar de aparecer em vários de seus escritos. Ao afirmar que "a religião é o ópio do povo", sua pretensão era criticar não a religião em si, mas sim seu papel na alienação, já que funcionava como um amortecedor usado para pacificar os explorados. A referência ao ópio significa que a religião é uma fuga possível da miséria real da vida cotidiana da maioria dos indivíduos. No livro *A ideologia alemã*, a religião é analisada como realidade social e histórica e também como uma das diversas formas de ideologia. Para ele são as relações sociais que explicam a gênese e o desenvolvimento das distintas formas de consciência, entre elas a religião.

Émile Durkheim (1858-1917): a sociedade como divindade

Para Durkheim, a questão da religião é central para a reflexão sobre a natureza dos vínculos sociais e das condições de coesão social. Analisando o totemismo em povos tribais australianos ele tentou explicar, a partir das formas religiosas mais simples, as funções, a origem e a persistência da religião em todas as sociedades, inclusive as modernas. Para ele, as origens do pensamento lógico estariam na religião, que teria sido fonte do sistema de classificação que permitiu a criação de categorias e conceitos, servindo de fundamento ao pensamento científico. A religião também teria como uma de suas funções unificar os indivíduos numa comunidade moral (igreja) e compartilhar um conjunto de crenças que dão forma expressiva a sentimentos que alimentam normas e valores, fundamentais numa sociedade.

Max Weber (1864-1920): a racionalidade e a ética das religiões

Max Weber enfatiza em sua teoria a relação entre os movimentos inspirados na religião e as mudanças sociais. Seu estudo de diversas religiões teve como principal ponto de observação a ética econômica de cada uma. Para ele, as religiões oferecem sentidos e significados para a existência humana, fornecendo segurança para enfrentar os problemas da contingência, da impotência e da escassez.

Em sua obra, o autor destaca o papel do protestantismo no surgimento da modernidade ocidental, com seus valores inerentes de individualismo, liberdade, democracia, progresso, entre outros. O protestantismo promoveu a ética do trabalho como fonte da satisfação pessoal, o que tornou o indivíduo um trabalhador incansável, certo de sua salvação, e desse modo foi a principal responsável pelo sucesso material dos países protestantes que estiveram na vanguarda do desenvolvimento capitalista.

Utilizando elementos das teorias dos três sociólogos citados anteriormente, o austro-americano Peter Berger (1929-2017) elaborou uma análise em que a religião aparece como um dos sistemas fundamentais de estabilidade social, posto que parece se elevar sobre a realidade da vida cotidiana, oferecendo aos adeptos uma ordenação da realidade, dando-lhes sentido e significado e servindo como proteção contra o terror da instabilidade da realidade.

Um tema controverso: ciência e religião

Um tema muito discutido há tempos é a relação entre religião e ciência. A distinção entre elas parece nítida: a primeira exige a crença como fundamento (a fé) e concebe uma "verdade" já estabelecida nos livros sagrados; já a ciência tem por fundamento a crítica, o questionamento, a descrença, a dúvida constante e a observação e verificação de suas descobertas e afirmativas. As "verdades" da ciência são sempre provisórias. Ambas têm propostas diferentes: a religião procura dar sentido à vida e responder a questões existenciais; já a ciência procura explicar os sentidos que os indivíduos conferem à vida (inclusive a própria religião). Narrativas religiosas exigem uma adesão incondicional e não se preocupam com o argumento racional. Do ponto de vista das ciências sociais, essas narrativas religiosas míticas são iguais a tantos outros mitos existentes.

Durkheim, ao discutir a primazia da ciência sobre a religião, afirmava que a religião do ponto de vista explicativo perdia terreno para a ciência, mas como a ciência era incapaz de dar sentido às ações coletivas, as religiões, como forma de orientação da conduta, permaneciam válidas. Já para Weber é necessário deixar claro que ciência e religião não se confundem, pois há um fosso intransponível entre o conhecimento racional e o domínio da crença religiosa.

Diversidade religiosa: respeito e coexistência

Se existem tantas possibilidades de crenças e práticas religiosas, é necessário que exista também liberdade para que cada indivíduo possa filiar-se a qualquer religião ou não se vincular a nenhuma. Se a possibilidade de escolha existe para todos, para a Sociologia, nenhuma das alternativas é melhor ou mais verdadeira que outra e todas devem ser respeitadas. Diante dessa realidade, pode-se discutir a questão do respeito e da coexistência religiosa.

O respeito pela vida religiosa dos outros é o princípio fundamental para a coexistência e para uma sociabilidade que leve em conta os direitos humanos básicos. Mas por que há uma indisposição contra a diversidade religiosa? A resposta a essa questão pode estar baseada naquilo que se convencionou denominar **fundamentalismo religioso**, que é uma forma de interpretar e viver a doutrina ao pé da letra, de forma rigorosa, sem levar em conta o espírito que a norteou e sua inserção na história.

No mundo contemporâneo é possível encontrar vários sistemas que procuram decifrar a realidade, religiosos ou não. Esses sistemas disputam entre si a "melhor" explicação sobre a vida. Instala-se, então, uma verdadeira concorrência pelo conjunto de razões que melhor justifique a vida, gerando entre as alternativas religiosas uma disputa por adeptos que se assemelha à competição no mercado – em que os grupos religiosos buscam atender sempre mais aos desejos de seus membros como se estes fossem consumidores.

Na batalha de busca por adeptos, os meios de comunicação são muito utilizados, com programas de rádio e TV de cunho religioso. Na internet também é possível encontrar informações de todas as religiões e religiosidades do mundo, nos mais variados formatos.

Religião e Estado: relações entre política e religião

As bases da separação entre religião e Estado e o processo de constituição de um Estado laico – ou seja, um Estado cujas instituições mantêm independência em relação às doutrinas religiosas – foram lançadas ainda no século XV, quando teve início uma lenta e gradual separação entre o pensamento religioso, de um lado, e o pensamento político, filosófico e científico, de outro. Este recusava o predomínio e a autoridade de uma verdade revelada, externa ao mundo e considerada absoluta e definitiva.

Após a Revolução Francesa (1789) e com o desenvolvimento do pensamento liberal no Ocidente, desenvolveram-se princípios sobre a relação entre a religião e o Estado, presentes até hoje, que colocavam a religião como parte da vida privada de indivíduos e grupos, e o Estado em uma posição de autonomia e ao mesmo tempo de neutralidade em relação às disputas religiosas. Mas isso não significa que em todos os países tenha ocorrido uma separação tão nítida. Ainda hoje, essa separação se manifesta em diferentes níveis em cada Estado, indo de uma completa autonomia dessas duas esferas em alguns lugares até uma unidade oficialmente formalizada entre as duas, em outros.

Se a separação entre a religião e o Estado não é tão clara quanto se pretende na teoria, a relação efetiva entre as instituições religiosas e seus adeptos e a ação política torna-se mais presente nos dias atuais. Em determinados lugares, práticas religiosas, antes individuais, transformaram-se em práticas sociais e políticas, ocuparam espaços públicos e adentraram as instituições estatais. Nessas localidades houve um deslocamento de fronteiras entre o privado e o público e questões que dizem respeito ao indivíduo, como o direito ao aborto ou os direitos das comunidades LGBTI, entre outras, foram tratadas como assuntos nos quais caberia a intervenção do Estado.

Religiões e religiosidades no Brasil

As religiões nativas ou dos povos indígenas

Apesar dos costumes que a vida moderna urbana impôs às sociedades indígenas, é fato que conseguiram sobreviver às várias tentativas de destruição de seus valores tradicionais. Para se pensar a questão da religião entre os povos indígenas é necessário observar que há uma grande diferença entre a sua cosmologia (visão de mundo) e a ocidental. Para eles não há distinção entre as esferas econômica, religiosa, familiar ou política; são universos muito próximos, quase inseparáveis, aspectos de uma única totalidade. Como consequência, não é possível separar o sagrado do profano, o natural do sobrenatural, pois são meios que se interpenetram e se influenciam reciprocamente. Essa cosmovisão precisa ser entendida de forma integrada como uma visão de si, dos outros seres e do mundo. Elas estão presentes e operantes no cotidiano e em todos os aspectos da vida desses povos. As "religiões" dos povos indígenas não possuem dogmas. Para eles são importantes as tradições orais baseadas em mitos e nas falas dos mais velhos que orientam a conduta individual e comunitária.

Candomblés: as manifestações religiosas de matriz africana negra

No processo de colonização das Américas, parte da cultura africana – seus sistemas de valores e crenças – foi trazida pelos africanos sequestrados e escravizados. Entre eles vieram os bantos, que difundiram o candomblé ao instituírem o rito de Angola. Os sudaneses foram alocados na região açucareira entre os séculos XVII e XIX, quando as perseguições escravistas aos cultos eram menos intensas. Por essa razão, os ritos realizados por esse contingente de escravizados forneceram ao candomblé sua infraestrutura de organização influenciada pelas contribuições dos demais grupos étnicos.

Essas manifestações religiosas estão presentes até hoje na sociedade brasileira. A imposição do catolicismo na época da escravidão não eliminou o culto às divindades africanas, mas sim acrescentou à fé de origem a devoção aos santos católicos, passando por vários processos de sincretismo. O culto aos orixás, divindades das nações africanas, faz parte da liturgia do candomblé e compõe as estratégias de resistência dos negros para recriar ou reinventar a África no Brasil.

Catolicismos

Estudiosos de diferentes posições teóricas encontram múltiplas práticas religiosas no catolicismo convivendo, às vezes, de modo conflituoso. Entre essas práticas, temos o catolicismo oficial, que é o maior setor do catolicismo e segue as regras oriundas do Vaticano. Há também o catolicismo santorial ou popular, disseminado principalmente entre a população mais pobre, marcado por crenças e práticas heterodoxas e informais, com registros de devoções a santos muitas vezes não autorizados pela hierarquia da Igreja.

Também cabe destacar o catolicismo dos adeptos da Teologia da libertação, uma visão religiosa mais politizada, que luta por uma sociedade e uma religião mais próximas dos pobres, enfatizando o engajamento no combate ao sofrimento humano. Por fim, temos o catolicismo carismático, uma tendência leiga, mas ao mesmo tempo incentivada e controlada pela hierarquia da Igreja católica. É uma religiosidade bastante emotiva, incluindo elementos voltados à cura e à solução de problemas pessoais.

Protestantismos

O protestantismo chegou ao Brasil já no período colonial, quando os franceses se estabeleceram no Rio de Janeiro, no século XVI, e os holandeses em Pernambuco, no século XVII. Costuma-se definir as várias vertentes do protestantismo levando-se em conta o momento de chegada de cada uma delas ao Brasil. São elas:

- O protestantismo de imigração, que coincidiu com a vinda da família real, de dom João VI e a abertura dos portos, quando chegaram os anglicanos e os luteranos que se tornaram pequenos colonos.
- O protestantismo missionário, que teve início na segunda metade do século XIX, quando missionários de origem congregacional, metodista, presbiteriana, batista e episcopal fundaram suas igrejas em todo o território nacional.
- O protestantismo pentecostal, que chegou ao Brasil no início do século XX e atingiu basicamente as camadas mais pobres da população.

Pouco a pouco, essas denominações foram se dividindo em muitas outras, dando origem a um verdadeiro mosaico. O neopentecostalismo surgiu no final da década de 1970 e espalhou-se pelas grandes cidades como movimento inovador no campo religioso nacional, assimilando princípios de origem estadunidense norteadores da Teologia da prosperidade, que autoriza os fiéis a buscarem abundância material.

Espiritismo kardecista

O espiritismo foi criado na França e tem como princípios básicos a comunicação entre vivos e mortos e a crença na reencarnação. Hoje, o Brasil é a maior nação espírita do mundo. Uma hipótese para explicar esse fato é a de que aqui havia um terreno favorável para a propagação dessa doutrina, devido à contribuição das religiões africanas e com elas as noções de transe, de incorporação e de reencarnação. Outra hipótese se consagra na premissa de que havia no país uma intelectualidade que desejava se libertar da dominação católica e pretendia manifestar-se religiosamente de novas formas.

Um caso à parte: a umbanda

A umbanda pode ser definida como uma religião tipicamente brasileira, uma vez que é fruto do sincretismo, uma mistura religiosa entre várias crenças e rituais dos indígenas nativos brasileiros, do candomblé de origem africana, do catolicismo e do espiritismo kardecista. A umbanda considera o universo um lugar povoado de entidades espirituais, os guias, que entram em contato com os seres humanos por intermédio de um iniciado, o médium, que os incorpora.

Hostilidade e liberdade religiosa

A hostilidade religiosa no Brasil está presente desde o período colonial, quando a Igreja católica tentava reprimir os cultos de matriz africana e todas as práticas religiosas não católicas. Apesar de terem diminuído bastante desde então, as hostilidades religiosas reemergiram nos últimos anos. A maior parte das hostilidades tem sido dirigida às religiões de matriz africana, especialmente vindas de igrejas neopentecostais, que associam os deuses dessas religiões ao demônio. Os membros das igrejas neopentecostais muitas vezes invadem terreiros com o objetivo quebrar imagens e às vezes até agredir fisicamente os seus adeptos. Esses ataques também ocorrem no espaço da representação política, onde políticos evangélicos se articulam contra as possibilidades de se igualarem os direitos das religiões de matriz africana aos das outras religiões.

Hoje se afirma no Brasil que o Estado é laico, ou seja, governa de modo independente de qualquer confissão religiosa. Mas essa condição só se tornou realidade após o fim da monarquia e com a proclamação da República. A Constituição de 1891 baniu o ensino religioso das escolas públicas, e o Estado não mais sustentava os eclesiásticos.

No entanto, a Constituição de 1934 incorporou medidas favoráveis à Igreja católica. A partir de então, as relações entre Estado e religião tornaram-se separadas na teoria e cooperativas na prática. Hoje há, na cultura política nacional, uma instrumentalização das ações entre religião e política para legitimar e estimular o ativismo político-partidário de grupos religiosos e a ocupação religiosa da esfera pública.

Nos últimos vinte anos, a soma da declaração de crença dos católicos e protestantes e dos espíritas kardecistas gira em torno de 90%. Enquanto isso, aqueles que declararam seguir outras religiões representaram entre 2,2% e 3,2%. Os declarados "sem religião" variaram entre 4,7% e 8,0%.

O Estado laico brasileiro, no entanto, garante a possibilidade de fazer uma opção religiosa respeitando a opção do outro, assim como frequentar essa, aquela ou outra religião ao mesmo tempo. Assim, os indivíduos parecem criar a sua própria moral, o seu próprio conceito de divindade e a sua própria religião. É uma prática comum aceitar diferentes ritos ou práticas dependendo da ocasião, seja para ter boa saúde, seja para curar-se de uma doença, etc. Usa-se tudo o que esteja à mão e possa ajudar a alcançar um determinado objetivo.

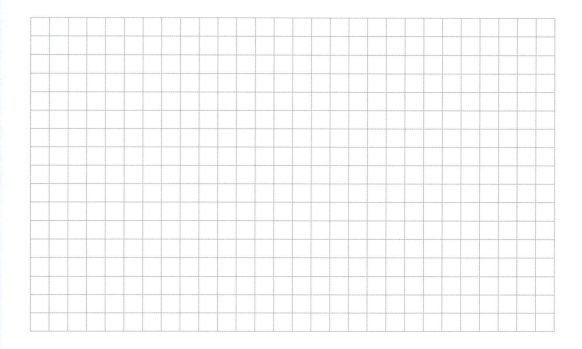

Aplique o que aprendeu

Questões

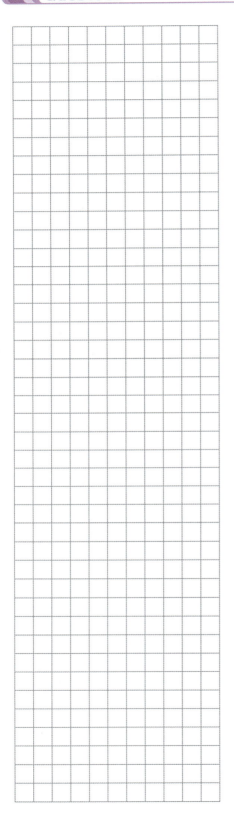

1.

A bruxaria desempenha um papel em todas as atividades da vida do povo Azande, nas regras da moral, na religião, no trabalho, na vida doméstica, na agricultura. Mas percebe-se que a bruxaria está no cerne da organização social, estando sempre em relação com os fenômenos naturais e conhecimentos e técnicas tradicionais. Os Azande permeiam essa relação daquilo que é fenômeno natural e o que é fenômeno sobrenatural.

GONÇALVES, Luiz Davi Vieira; FERREIRA, Maryelle Morais. O homem primitivo e a sua ciência: religião, magia e os fenômenos naturais na Antropologia clássica. *CSOnline – Revista Eletrônica de Ciências Sociais*, n. 19, 2016.

A bruxaria é apontada no texto tendo um papel na sociedade Azande

a) definidor da natureza Azande.

b) diferenciador entre humano e divino.

c) indicador de uma cultura primitiva.

d) limitador da laicidade do Estado.

e) organizador das relações sociais.

2.

Para Karl Marx, a religião só poderia continuar a existir numa situação marcada por uma completa alienação. Caso a alienação desaparecesse, possibilitando uma sociedade livre, sem opressores, (quer fossem eles capitalistas, burocratas ou quaisquer outros em superioridade hierárquica), desapareceria também a religião. Para ele, a religião era a consciência e o sentimento a respeito de si mesmo, naquele homem que ainda não se encontrou, ou que tornou a se perder.

PATRIOTA, Karla Regina Macêna Pereira. Um show destinado às massas: uma reflexão sobre o entretenimento religioso na esfera midiática. *Revista Tomo*, n. 14, p. 181-202, 2009.

Pode-se compreender que a religião para Karl Marx

a) se afasta da questão espiritual.

b) se elimina conforme a evolução social.

c) se fortalece na autoridade do Estado.

d) se impõe nas classes dominantes.

e) se sustenta por líderes religiosos.

3.

No fundo, portanto, não há religiões falsas. Todas são verdadeiras a seu modo: todas correspondem, ainda que de maneiras diferentes, a condições dadas da existência humana. Todas são igualmente religiões correspondentes em gêneros separados. Todas são igualmente religiões, como todos os seres vivos são igualmente vivos, dos mais humildes platídios ao homem. Elas correspondem às mesmas necessidades, desempenham o mesmo papel, dependem das mesmas causas; portanto, podem servir muito bem para manifestar a natureza da vida religiosa e, consequentemente, para resolver o problema que desejamos tratar.

DURKHEIM, E. *As formas elementares de vida religiosa*. São Paulo: Edições Paulinas, 1989.

Segundo Émile Durkheim o aspecto religioso

a) constitui uma religião única universal.

b) cumpre diferentes papéis nas sociedades.

c) pode ser hierarquizado na escala evolutiva.

d) representa suas respectivas sociedades.

e) é um caráter natural da humanidade.

Até onde se estende a influência da mentalidade puritana, sob todas as circunstâncias e isso é muito mais importante que um simples encorajamento ao acúmulo – favoreceu o desenvolvimento da vida econômica racional da burguesia; foi a mais importante e, acima de tudo, a única influência consistente para o desenvolvimento desse tipo de vida. Foi, diríamos, o berço do homem econômico moderno.

WEBER, M. *A ética protestante e o espírito do capitalismo*. São Paulo: Pioneira, 1967.

A análise de Max Weber compreende que o puritanismo

a) catalisou a separação entre capital e religião.

b) determinou a lógica da fraternidade universal.

c) foi essencial para a construção da modernidade.

d) influenciou a liberalização de costumes.

e) liberou o capital do compromisso ético.

A Revolução Francesa fez aparecer pela primeira vez com clareza a ideia de Estado laico, de Estado neutro entre todos os cultos, independente de todos os clérigos, liberado de toda concepção teológica. Apesar das reações, apesar de tantos retornos diretos ao antigo regime, apesar de quase um século de oscilações e de hesitações políticas, o princípio sobreviveu: a grande ideia, a noção fundamental do Estado Laico, quer dizer, a delimitação profunda entre o temporal e o espiritual entrou nos costumes de maneira a não mais sair.

BUISSON, Ferdinand. Nouveau dictionnaire de pédagogie et d'instruction primaire. Paris: Hachette, 1911. Apud DOMINGOS, Marília de F. N. 2008. Escola e laicidade. O modelo francês, Interações – Cultura e Comunidade. V. 3. n. 4. Uberlândia: Universidade Católica, 153-170.

O Estado laico pode ser identificado a partir do texto como

a) cisão entre governo e espiritualidade.

b) maneira de instaurar a religião cívica.

c) meio de coibir cultos na sociedade.

d) modo de propor o ateísmo em massa.

e) produto de revoluções comunistas.

6.

O Estado laico é um modo de pensar que confia o destino da esfera secular dos homens à razão crítica e ao debate e não aos impulsos da fé e às asserções de verdades reveladas. Isto não significa desconsiderar o valor e a relevância de uma fé autêntica, mas atribui à livre consciência do indivíduo a adesão, ou não, a uma religião.

LAFER, Celso. 2007. Estado laico. *O Estado de S. Paulo*, 20 maio, p. 1-2.

De acordo com o texto pode-se identificar que o Estado laico deve

a) abster-se de determinar o lugar da religião.

b) garantir liberdade religiosa.

c) identificar os que têm ou não crenças.

d) promover a descrença na fé.

e) representar em si todas religiões.

7.

Na França, uma Lei sobre a laicidade adotada em 2004 proibiu que os alunos de escolas públicas portassem símbolos religiosos ostensivos. O principal alvo da lei foi o véu islâmico trajado por muitas estudantes muçulmanas, que era visto por alguns como uma forma de opressão contra estas jovens, muitas vezes imposta por suas famílias ou por lideranças religiosas das suas comunidades. Houve, contudo, reações de muitas jovens, que protestaram contra a medida, afirmando que o véu seria uma forma de afirmação pública da sua identidade religiosa e étnica, que estaria sendo discriminada pelo Estado francês.

SARMENTO, Daniel. O crucifixo nos Tribunais e a laicidade do Estado. *Revista Eletrônica PRPE*, v. 5, p. 1-17, 2007.

Pode-se analisar a laicidade do estado francês como

a) sensível à diversidade cultural.

b) defensora da liberdade de culto.

c) direcionada para o cidadão francês.

d) reguladora de manifestações religiosas.

e) afirmadora de princípios democratizantes.

8.

A cristianização das populações nativas brasileiras na chegada da coroa portuguesa implicou oposição ferrenha à figura dos pajés, porta-vozes das tradições culturais indígenas e elo entre as diversas aldeias indígenas. Ao transmitirem aos índios a palavra dos antepassados, os pajés encarnavam a memória e a tradição das tribos, além de corporificarem a resistência indígena na presença dos jesuítas. Travou-se, assim, uma verdadeira luta simbólica entre pajés e jesuítas pela posse da palavra e pelo direito de vida ou de morte. De início, os missionários ocuparam-se em silenciar a fala dos pajés, já que a existência de dois discursos antagônicos que transmitiam mensagens do mundo sobrenatural era inadmissível aos olhos cristãos.

KOK, Glória. Disputas pelo espaço simbólico na América Portuguesa. *Caminhos*, v. 5, n. 2, p. 407-415, 2007.

O texto indica que o processo de cristianização do Brasil colonial

a) compreendeu as diversidades culturais entre os povos.

b) impôs-se perseguindo figuras indígenas proeminentes.

c) constituiu-se por demanda dos próprios indígenas.

d) manteve as memórias e tradições indígenas vivas.

e) fracassou em estabelecer o cristianismo no Brasil.

9.

A religião Umbanda foi o resultado de um processo religioso altamente sincrético e contínuo, que veio se formando no Brasil, desde o final do século XVI, com a chegada dos primeiros escravos negros, que na sua grande maioria pertenciam ao tronco linguístico banto. O sincretismo presente nas bases estruturais da Umbanda foi determinante para o seu processo de consolidação e legitimação, desde o seu nascedouro em 1908, até os dias atuais. A Umbanda utilizou a partir de 1920, de um sincretismo religioso intencional, atribuindo uma maior ou menor ênfase e valor a determinados elementos sincréticos presentes em sua estrutura, visando procurar moldar-se às transformações socioculturais, políticas, econômicas e religiosas, que ocorreram nesse período compreendido de 1908 a 2000.

COSTA, Hulda Silva Cedro da. Umbanda, uma religião sincrética e brasileira. – 2013. 175 f.; Tese (Doutorado) – Pontifícia Universidade Católica de Goiás, Programa de Pós-Graduação *Stricto Sensu* em Ciências da Religião, 2013.

A umbanda pode ser entendida pelo texto como

a) fundada pelo Estado brasileiro.

b) produto da cultura portuguesa.

c) limitada à população escravizada.

d) resposta a uma demanda cultural.

e) construída nos moldes tradicionais.

10.

Há algumas décadas desenha-se no país um contexto de pluralidade de religiões em que a prática dos adeptos tem sido mais transitiva e menos fiel a sistemas únicos, como se esta fosse mais alargada do que o conjunto de ideias e ritos confessado por uma só instituição religiosa. É certo que as fronteiras entre eles nunca foram tão rígidas assim, mas sua mutabilidade se acentuou mais recentemente. Criaram-se assim novas zonas religiosas "híbridas" tais como o neopentecostalismo, a Renovação Carismática Católica e o movimento da Nova Era, entre outros.

ALMEIDA, Ronaldo de. Religião na metrópole paulista.
Revista Brasileira de Ciências Sociais, 2000.

O pluralismo religioso no Brasil demonstra

a) o recrudescimento do Estado teocrático.
b) a expressão da complexidade cultural.
c) a consolidação das ideias tradicionais.
d) a fidelidade às instituições clássicas.
e) o abandono das relações sagradas.

Rumo ao Ensino Superior

1. (Unioeste-PR)

"I. Burgueses e proletários. A história de todas as sociedades até hoje existente é a história das lutas de classes. Homem livre e escravo, patrício e plebeu, senhor feudal e servo, mestre de corporação e companheiro, em resumo, opressores e oprimidos, em constante oposição, têm vivido numa guerra ininterrupta, ora franca, ora disfarçada; uma guerra que terminou sempre ou por uma transformação revolucionária da sociedade inteira, ou pela destruição das classes em conflito"

(MARX, Karl. ENGELS, Friedrich. *Manifesto Comunista*. São Paulo: Boitempo, 2010, p. 40).

Assinale a alternativa CORRETA: para Karl Marx (1818-1883) como se originam as classes sociais?

a) As classes sociais se originam da divisão entre governantes e governados.

b) As classes sociais se originam da divisão entre os sexos.

c) As classes sociais se originam da divisão entre as gerações.

d) As classes sociais se originam da divisão do trabalho.

e) As classes sociais se originam da divisão das riquezas.

2. (Enem Libras)

Para a Organização das Nações Unidas para a Educação, a Ciência e a Cultura (Unesco), é importante promover e proteger monumentos, sítios históricos e paisagens culturais. Mas não só de aspectos físicos se constitui a cultura de um povo. As tradições, o folclore, os saberes, as línguas, as festas e diversos outros aspectos e manifestações devem ser levados em consideração. Os afro-brasileiros contribuíram e ainda contribuem fortemente na formação do patrimônio imaterial do Brasil, que concentra o segundo contingente de população negra do mundo, ficando atrás apenas da Nigéria.

MENEZES, S. *A força da cultura negra*: Iphan reconhece manifestações como patrimônio imaterial. Disponível em: <www.ipea.gov.br>. Acesso em: 29 set. 2015.

Considerando a abordagem do texto, os bens imateriais enfatizam a importância das representações culturais para a

a) construção da identidade nacional.

b) elaboração do sentimento religioso.

c) dicotomia do conhecimento prático.

d) reprodução do trabalho coletivo.

e) reprodução do saber tradicional.

3. (Interbits)

O Brasil, por sua vez, é um país fortemente estratificado: a desigualdade sempre foi a marca da nossa sociedade. Somos um misto de sociedade de "castas" com meritocracia. O indivíduo pode, por esforço e talento próprios, mudar de casta sem reencarnar – mas a posição relativa das "castas" há de ser mantida.

RUMO AO ENSINO SUPERIOR 105

Durante o governo Lula essa estrutura começou a se alterar e, aparentemente, gerou grande mal-estar: os ricos estavam se tornando mais ricos e os pobres, menos pobres. Por seu turno, as camadas médias tradicionais olhavam para a frente e viam os ricos se distanciarem; olhavam para trás e viam os pobres se aproximarem. Sua posição relativa se alterou desfavoravelmente. Se os rendimentos dessas camadas médias não perderam poder de compra medido em bens materiais, perderam-no quando medido em serviços.

HADDAD, Fernando. Vivi na pele o que aprendi nos livros. Um encontro com o patrimonialismo brasileiro. *Piauí*. Edição 129. Jun. 2017. Disponível em: <http://piaui.folha.uol.com.br/materia/vivi-na-pele-o-que-aprendi-nos-livros/>. Acesso em: 7 jun. 2017.

A partir do trecho anterior, responda:

a) O que diferencia a estratificação por classe social da estratificação por castas?

_____
_____
_____

b) Por que o autor considera que o modelo de castas explica melhor a sociedade brasileira que o modelo de classes sociais?

_____
_____
_____

4. (Uerj)

Os jogos olímpicos mundiais, desde sua criação em finais do século XIX, revelam particularidades tanto nacionais quanto internacionais relacionadas aos locais onde ocorrem.

Observe os cartazes de divulgação abaixo.

Berlim, 1936

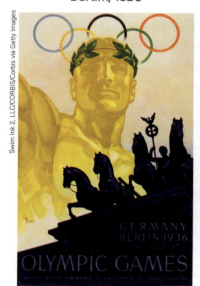

Tóquio, 1964

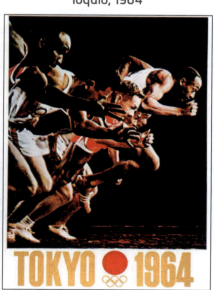

A partir da análise desses cartazes, pode-se concluir que as olimpíadas de Berlim, em 1936, e de Tóquio, em 1964, enfatizaram, respectivamente, as seguintes ideias:

a) defesa do militarismo – hierarquização dos povos
b) culto do arianismo – valorização das diferenças raciais
c) hegemonia da cultura ocidental – unificação dos países
d) exaltação do patriotismo – evidência da igualdade social

5. (Enem PPL)

Nossas vidas são dominadas não só pelas inutilidades de nossos contemporâneos, como também pelas de homens que já morreram há várias gerações. Além disso, cada inutilidade ganha credibilidade e reverência com cada década passada desde sua promulgação. Isso significa que cada situação social em que nos encontramos não só é definida por nossos contemporâneos, como ainda predefinida por nossos predecessores. Esse fato é expresso no aforismo segundo o qual os mortos são mais poderosos que os vivos.

BERGER, P. *Perspectivas sociológicas*: uma visão humanística. Petrópolis: Vozes, 1986 (adaptado).

Segundo a perspectiva apresentada no texto, os indivíduos de diferentes gerações convivem, numa mesma sociedade, com tradições que

a) permanecem como determinações da organização social.
b) promovem o esquecimento dos costumes.
c) configuram a superação de valores.
d) sobrevivem como heranças sociais.
e) atuam como aptidões instintivas.

6. (Unisc-RS)

Carole Vance no texto *Antropologia (Re)descobre a Sexualidade* afirma que as abordagens construtivistas: [...] partilham a necessidade de problematizar os termos e o campo de estudos — no mínimo, todas as abordagens adotam a visão de que atos sexuais fisicamente idênticos podem ter importância social e significado subjetivo variáveis, dependendo de como são definidos e compreendidos em diferentes culturas e períodos históricos. Assim como um ato sexual não traz em si um significado social universal, a relação entre atos sexuais e significados sexuais também não é fixa, o que torna sua transposição a partir da época e do local do observador um grande risco. Na verdade, as culturas geram categorias, esquemas e rótulos diferentes para estruturar as experiências sexuais e afetivas. Essas construções não só influenciam a subjetividade e o comportamento individual, mas também organizam e dão significado à experiência sexual coletiva através, por exemplo, do impacto das identidades, definições, ideologias e regulações sexuais.

VANCE, Carole. A Antropologia (Re)descobre a Sexualidade. *Revista Physis*, Rio de Janeiro, v. 5, n. 1, 1995, p. 7-32.

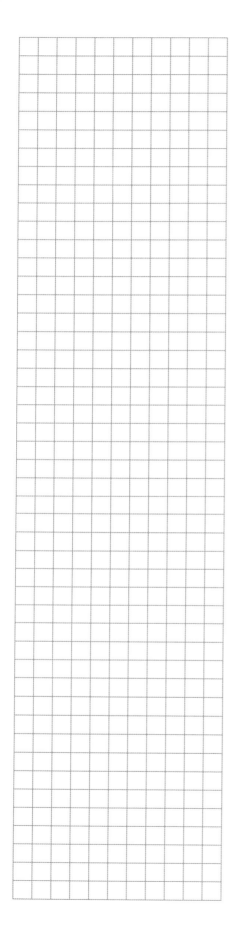

Com base no trecho leia as afirmativas a seguir:

I. As definições de sexualidade são extensivas a toda a história e a todas as culturas porque os significados atribuídos à sexualidade são fixos e universais.

II. A existência de atos sexuais idênticos indica que o peso da cultura na influência dos comportamentos e das subjetividades é limitado porque há algo inato que condiciona a organização da expressão da sexualidade.

III. Os significados sobre a sexualidade variam em contextos históricos e culturais, pois os grupos sociais produzem categorias, esquemas e rótulos diferentes para estruturar as experiências sexuais e afetivas.

Assinale a alternativa correta.

a) Somente a afirmativa III está correta.
b) Somente as afirmativas I e II estão corretas.
c) Somente as afirmativas I e III estão corretas.
d) Somente as afirmativas II e III estão corretas.
e) Todas as afirmativas estão corretas.

7. (Unioeste-PR)

O ensaio "Indústria Cultural: o esclarecimento como mistificação das massas", de Theodor W. Adorno e Max Horkheimer, publicado originalmente em 1947, é considerado um dos textos essenciais do século XX que explicam o fenômeno da cultura de massa e da indústria do entretenimento. É uma das várias contribuições para o pensamento contemporâneo do Instituto de Pesquisa Social fundado na década de 1920, em Frankfurt, na Alemanha. Um ponto decisivo para a compreensão do conceito de "Indústria Cultural" é a questão da autonomia do artista em relação ao mercado.

Assim, sobre o conceito de "Indústria Cultural" é CORRETO afirmar.

a) A arte não se confunde com mercadoria, e não necessita da mídia e nem de campanhas publicitárias para ser divulgada para o público.
b) Não há uniformização artística, pois, toda cultura de massa se caracteriza por criações complexas e diversidade cultural.
c) A cultura é independente em relação aos mecanismos de reprodução material da sociedade.
d) A obra de arte se identifica com a lógica de reprodução cultural e econômica da sociedade.
e) Um pressuposto básico é que a arte nunca se transforma em artigo de consumo.

8. (UEM-PR)

Aconteceu em Palmas, no Tocantins, entre os dias 23 de outubro e 01 de novembro de 2015, a primeira edição dos Jogos Mundiais dos Povos Indígenas, que reuniu cerca de dois mil atletas de diferentes etnias e de mais de 20 países. Considerando esse evento e conhecimentos sobre a temática do etnocentrismo, relativismo e diversidade cultural, assinale a(s) alternativa(s) **correta(s)**.

01) A organização dos jogos como um evento mundial evidencia a descaracterização das práticas tradicionais indígenas, uma vez que não faz parte dessas culturas o encontro com diferentes etnias.

02) Todo jogo, indígena ou não, ao estabelecer regras entre o que é permitido ou proibido num processo de interação social, constitui-se como um sistema simbólico e cultural.

04) Os jogos são práticas culturais que também se expressam por meio de técnicas corporais, ou seja, são construções coletivas manifestadas nas expressões, nos gestos e nas habilidades do corpo humano.

08) Eventos como esse incentivam as populações indígenas a superarem sua condição primitiva original e migrarem rumo a formas civilizadas de socialização, como o esporte e a competição, por exemplo.

16) Partindo do princípio de que é possível, a qualquer grupo humano, assimilar e reinventar formas culturais produzidas por outras sociedades, pode-se considerar que os Jogos Mundiais dos Povos Indígenas não têm para seus participantes significados idênticos aos que genericamente são atribuídos por nossa sociedade à Copa do Mundo ou às Olimpíadas. Aliás, a Copa do Mundo, por exemplo, não têm o mesmo significado para brasileiros, ingleses, coreanos ou sul-africanos.

9. (UFPR)

Leia o texto abaixo:

[...] O quilombo aparecia onde quer que a escravidão surgisse. Não era simples manifestação tópica. Muitas vezes, surpreende pela capacidade de organização, pela resistência que oferece; destruído parcialmente dezenas de vezes e novamente aparecendo, em outros locais, plantando a sua roça, constituindo suas casas, reorganizando a sua vida social e estabelecendo novos sistemas de defesa. O quilombo não foi, portanto, apenas um fenômeno esporádico. Constituía-se em fato normal dentro da sociedade escravista. Era reação organizada de combate a uma forma de trabalho contra a qual se voltava o próprio sujeito que a sustentava.

MOURA, Clóvis. *Rebeliões da Senzala*. Editora Conquista, Rio de Janeiro, 1972, p. 87.

A respeito da história dos quilombos no Brasil, considere as seguintes afirmativas:

1. Foi uma forma de organização dos escravos libertos, que não encontraram lugar na sociedade brasileira pós-abolição.
2. O quilombo marcou sua presença durante todo o período escravista, existindo praticamente em toda a extensão do território nacional.
3. Sua estrutura social respondia a uma lógica particularmente militar, que visava desestabilizar a estrutura social dos senhores de escravos.
4. A quilombolagem se constituiu na unidade básica de resistência, fruto das contradições estruturais do sistema escravista, e sua dinâmica refletia a negação desse sistema.

Assinale a alternativa correta.

a) Somente as afirmativas 1 e 4 são verdadeiras.
b) Somente as afirmativas 1 e 3 são verdadeiras.
c) Somente as afirmativas 2 e 4 são verdadeiras.
d) Somente as afirmativas 1, 2 e 3 são verdadeiras.
e) Somente as afirmativas 2, 3 e 4 são verdadeiras.

10. (UFG-GO)

Leia o texto e analise a figura a seguir.

Em 1991, a renda média das brasileiras correspondia a 63% do rendimento masculino. Em 2000, chegou a 71%. As conquistas comprovam dedicação, mas também necessidade. As pesquisas revelam que quase 30% delas apresentam em seus currículos mais de dez anos de escolaridade, contra 20% dos profissionais masculinos.

PROBST, Elisiana Renata. "A evolução da mulher no mercado de trabalho". Revista do Instituto Catarinense de Pós-Graduação. Disponível em: <www.icpg.com.br>. Acesso em: 4 abr. 2014.

Disponível em: <www.facebook.com/MarchadasvadiasGo?ref=stre-am8hc_location=timeline>. Acesso em: 4 abr. 2014.

Tendo em vista o texto e o implícito no discurso iconográfico, percebe-se

a) as diferenças na valorização da força de trabalho entre os gêneros e a ampliação das demandas das mulheres na luta pelo reconhecimento social.

b) a queda da taxa de fecundidade, elevando a renda feminina, e os tabus da adequação a padrões de beleza vigentes.

c) a alteração do perfil das trabalhadoras que se tornam mais velhas, casadas e mães e a participação das mulheres no movimento feminista.

d) a classificação do trabalho doméstico contabilizado como atividade econômica e a continuidade de modelos familiares tradicionais.

e) as diferenças da jornada de trabalho entre os gêneros e a influência da mídia estabelecendo um padrão de corpo feminino.

11. (Uncisal)

O homem enquanto espécie e a própria humanidade têm na vida em sociedade uma necessidade vital. Em meio a contatos e processos, os indivíduos se aproximam ou se afastam constituindo diferentes formas de associação que atribuem *status* e papéis aos seus membros, forjando uma ampla rede mantida por mecanismos de sustentação social eficientes.

As opções trazem afirmações verdadeiras em relação aos agrupamentos, processos e mecanismos de sustentação social, exceto:

a) em uma realidade marcada pela diversidade, fenômenos sociais como o *bullying* e a homofobia passaram a ser debatidos intensamente por grande parte da população brasileira.

b) nas sociedades contemporâneas o conflito entre pais e filhos aumentou o grau de complexidade. A partir de uma multiplicidade de valores novos e opostos, o choque de gerações se tornou mais visível e intenso.

c) enquanto grupo social, a escola apresenta a incidência de contatos primários e secundários, sendo classificada como grupo intermediário.

d) o controle da sexualidade feminina, exercido até algum tempo atrás, exemplifica como os valores atuam enquanto mecanismo de sustentação social e dominação de um grupo sobre outro.

e) nas sociedades tribais não há como se definir os papéis sociais e diferenciar o *status* de cada indivíduo. Nelas os mecanismos de sustentação são inexistentes.

12. (UEL-PR) Leia o texto a seguir.

Uma parte considerável dos novos ativistas já compareceu a protestos e a encontros presenciais, mas há muitos que se manifestam exclusivamente na Internet sob a forma de textos, *hashtags* e vídeos. E o volume de informação produzido por eles sinaliza a centralidade que a política assumiu no dia a dia dos brasileiros.

Adaptado de: CIRNE, S. Somos todos ativistas. *Galileu.* abr. 2016, p. 41.

As formas de ativismo *on-line* e *off-line*, no Brasil, demonstram a emergência, na sociedade civil, de novos atores políticos, que se articulam por meio de ações coletivas em rede.

Com base no texto e nos conhecimentos sobre as recentes formas de mobilização dos atores da sociedade civil, assinale a alternativa correta.

a) As ações coletivas em rede podem ser comparadas aos movimentos sindicais brasileiros da década de 1970, por adotarem práticas de organização e de mobilização em defesa da esfera privada contra a opressão estatal.

b) As manifestações políticas organizadas em redes de movimentos caracterizam-se pela participação de diversos grupos e de múltiplos atores imersos na vida cotidiana, com militância parcial e efêmera.

c) O atual ativismo político no Brasil, a exemplo do mundo, mobiliza entidades e organizações ideologicamente unificadas e com práticas comuns no mercado, a fim de obter vantagens coletivas trabalhistas e salariais.

d) O ciberativismo, na contemporaneidade, envolve, como no passado, a mobilização das grandes classes e a afirmação do movimento operário como principal protagonista das transformações socioeconômicas.

e) Os sujeitos dos movimentos favoráveis às políticas neoliberais, na atualidade brasileira, organizam-se em rede para a defesa da intervenção e da regulação da economia e das relações de trabalho, pelo Estado.

13. (FGV-SP)

Sr. Presidente,

A Conectas, em apoio à Aliança pela Água, gostaria de chamar a atenção dos mecanismos deste Conselho para uma grave violação de direitos humanos no Estado de São Paulo, Brasil. A maior e mais rica região metropolitana do país está enfrentando a pior crise hídrica de sua história. Nossos principais reservatórios de água foram quase exauridos, colocando em risco o abastecimento de água de milhões de pessoas. Esta crise sem precedentes é resultado de décadas de políticas equivocadas na gestão e conservação da água. (...) Posturas de negação da existência do problema e falta de transparência tornaram-se marcas registradas da resposta política à crise em São Paulo. (...) Para finalizar, solicitamos que todas as instâncias e mecanismos de Direitos Humanos das Nações Unidas acompanhem de perto esta situação já que, hoje, o direito humano à água potável está seriamente ameaçado. Obrigado.

<small>Declaração Oral, 28ª sessão do Conselho de Direitos Humanos das Nações Unidas, março de 2015, em Genebra, <www.conectas.org>.</small>

Com relação às situações que motivaram essa denúncia, assinale V para a afirmativa verdadeira e F para a falsa.

( ) No Estado de São Paulo, ocorreu um racionamento organizado e transparente, com a instalação de sistemas de captação e campanhas para reúso da água e redução do consumo.

( ) O desmatamento, a ocupação desordenada e a poluição por dejetos industriais e urbanos têm sido as principais causas de degradação das fontes de água do Sistema Cantareira.

( ) Para evitar o colapso total do abastecimento hídrico, o Governo de São Paulo está aumentando a captação e o tratamento de água obtida a partir de fontes poluídas, o que certamente elevará o custo final para o consumidor.

As afirmações são, respectivamente,
a) F - V - F.
b) F - V - V.
c) V - F - F.
d) V - V - F.
e) F - F - V.

14. (UEL-PR)

Leia o texto a seguir.

Com vestidos de noivas e ternos, três casais gays [...] se apresentaram nesta quarta-feira no cartório de registro civil de Montevidéu para uma simulação de casamento, no lançamento de uma campanha em favor do casamento homossexual.

<small>(Folha de São Paulo, 19 maio 2010, Caderno Mundo. Disponível em: <www1.folha.uol.com.br/fsp>. Acesso em: 19 maio 2010.)</small>

Com base no texto e nos conhecimentos sobre os novos movimentos sociais, considere as afirmativas a seguir.

I. Desde a segunda metade do século XX, o Ocidente vivencia a explosão de variados movimentos sociais cujo eixo são as políticas identitárias.

II. Movimentos sociais são expressão de demandas do cotidiano que se transformam em reivindicações coletivas para a ampliação dos direitos de cidadania.

III. O que diferencia o movimento gay em relação ao antigo movimento operário é a negação da instância política enquanto elemento mediador da ação reivindicativa.

IV. Dentre as condições para a existência de movimentos sociais está o respeito aos valores morais tradicionais, como a aceitação da união heterossexual e a negação da homossexual.

Assinale a alternativa correta.

a) Somente as afirmativas I e II são corretas.
b) Somente as afirmativas I e IV são corretas.
c) Somente as afirmativas III e IV são corretas.
d) Somente as afirmativas I, II e III são corretas.
e) Somente as afirmativas II, III e IV são corretas.

15. (UFPR)

Leia o seguinte excerto da intelectual e ativista Angela Davis:

> A prova das forças acumuladas que as mulheres negras forjaram por meio de trabalho, trabalho e mais trabalho pode ser encontrada nas contribuições de muitas líderes importantes que surgiram no interior da comunidade negra. Harriet Tubman, Sojourner Truth, Ida Wells e Rosa Parks não são mulheres negras excepcionais, na medida em que são epítomes da condição da mulher negra. As mulheres negras, entretanto, pagaram um preço alto pelas forças que adquiriram e pela relativa independência de que gozavam. Embora raramente tenham sido "apenas donas de casa", elas sempre realizaram tarefas domésticas.
>
> (DAVIS, Angela. *Mulheres, raça e classe*. São Paulo: Boitempo, 2016, p. 5253-5259 [kindle edition].)

A respeito do movimento dos Direitos Civis nos EUA, considere as seguintes afirmativas:

1. A célebre Marcha sobre Washington para o Trabalho e Liberdade de 1963 foi marcada pela participação importante de mulheres negras com um discurso que privilegiava o papel dos negros em relação aos brancos.
2. A participação feminina nas marchas, boicotes e manifestações de rua que marcaram a década de 1960 nos EUA teve como demanda principal a igualdade de gênero.
3. Rosa Parks aparece no excerto acima graças a duas questões. A primeira, pelo fato de ser uma mulher comum negra, que tinha a sua dupla atribuição de trabalho. A segunda, especificamente por ocupar esse papel é que seu ato de desobediência civil foi mais impactante que o de outras lideranças.
4. A relativa independência das mulheres negras provém de problemas da condição de risco em que viviam seus companheiros homens, uma vez que era muito comum o fato de eles serem encarcerados ou sofrerem outros tipos de violência. Nesse sentido, a independência das mulheres negras nos EUA era sintoma da desigualdade entre negros e brancos.

Assinale a alternativa correta.

a) Somente a afirmativa 3 é verdadeira.
b) Somente as afirmativas 2 e 4 são verdadeiras.
c) Somente as afirmativas 3 e 4 são verdadeiras.
d) Somente as afirmativas 1, 2 e 3 são verdadeiras.
e) As afirmativas 1, 2, 3 e 4 são verdadeiras.

16. (UEL-PR)

De acordo com vários estudos recentes sobre a vivência do racismo, a descoberta da discriminação racial, baseada em alguns aspectos físicos (como a coloração da pele e o cabelo encaracolado, por exemplo), acontece ainda na infância para muitas crianças negras, que primeiro percebem a negritude como algo ruim, a ser escondida. No entanto, desde os anos 1960, vários movimentos sociais, entre eles o movimento negro e os movimentos contraculturais, vêm contestando duramente os padrões impostos socialmente como modelos únicos de beleza, cultura e religiosidade, por exemplo. Em um movimento crescente, que remete a uma luta histórica do povo negro em países de todo o continente americano, aos poucos a negritude tem começado a ser concebida como algo positivo, uma herança a ser cultivada e valorizada.

Entendendo que tanto as estruturas racistas das sociedades quanto os atuais movimentos em prol da valorização da cultura negra são fruto de processos sociais e disputas políticas, responda aos itens a seguir.

a) A despeito das diferenças culturais existentes entre os países do continente americano, o racismo é um elemento presente em todos esses lugares. Por que as sociedades americanas têm um histórico de racismo tão acentuado?

b) Qual o papel dos movimentos negros e das ações afirmativas no combate ao racismo?

_____
_____
_____
_____
_____
_____
_____
_____

17. (Unisinos-RS)

A legislação trabalhista vigente no Brasil, neste início do século XXI, foi construída ao longo de quase 200 anos, dentro e fora do Brasil. Nesse processo, é correto afirmar que

I. a Inglaterra é o berço do movimento sindical e aliou-o à luta por conquistas trabalhistas e direitos políticos. Entre os principais movimentos de trabalhadores ingleses do século XIX, encontram-se o Ludismo, o Cartismo, o Trade Unions;

II. o Tratado de Versalhes garantiu a criação da Organização Internacional de Trabalho (OIT). A OIT formula e aplica normas internacionais – convenções e recomendações. As convenções, uma vez ratificadas por decisão soberana de um país, passam a fazer parte de seu ordenamento jurídico. O Brasil é membro fundador da OIT e participa da Conferência Internacional do Trabalho desde a primeira reunião;

III. no Brasil, as longas lutas por direitos trabalhistas têm, entre seus marcos, as Greves de 1906 e 1917, que foram lideradas pelos movimentos anarquistas e tinham na pauta a luta contra a carestia, as melhorias gerais das condições de trabalho, a jornada de trabalho de 8 horas, o fim do trabalho infantil, as férias remuneradas, a aposentadoria.

IV. as reivindicações dos trabalhadores brasileiros foram reconhecidas pela formulação e implementação da CLT, por decreto do Presidente Getúlio Vargas, em 1943. Os direitos foram ampliados até chegar-se à chamada Constituição Cidadã de 1988, que equiparou a CLT brasileira às dos países mais desenvolvidos socialmente.

Sobre as proposições anteriores, pode-se afirmar que

a) apenas I está correta.
b) apenas IV está correta.
c) apenas I e III estão corretas.
d) apenas II e III estão corretas.
e) I, II, III e IV estão corretas.

18. (Udesc)

Visualize com atenção a imagem do chargista Latuff e analise as proposições.

I. A igualdade de forças entre os dois personagens da imagem está bem demarcada pela enxada na mão da mulher e a arma de fogo apontada pelo jagunço.

II. A presença da balança na mão do atirador representa de que lado a justiça pende diante dos confrontos entre latifundiários e movimentos sociais de luta pela terra.

III. A presença feminina, na charge, faz jus à histórica participação das mulheres nos movimentos sociais de ocupação pela terra.

IV. A justiça está representada com uma venda no olho, indicando sua imparcialidade diante dos problemas de disputas de terra no Brasil; ela atua sempre do lado da legalidade, nesse caso, a favor da concentração de riqueza e de propriedade nas mãos de uns poucos.

V. O chapéu representando o latifúndio simboliza os movimentos sociais que incluíram a questão da terra como pauta de luta.

Assinale a alternativa **correta**.

a) Somente as afirmativas II e III são verdadeiras.
b) Todas as afirmativas são verdadeiras.
c) Somente as afirmativas I e IV são verdadeiras.
d) Somente as afirmativas II, III e V são verdadeiras.
e) Somente as afirmativas I, II e V são verdadeiras.

19. (Unesp-SP)

Nos cartazes pendurados na casa habitável, só havia espaço para teses anarquistas e ambientalistas. Anticapitalistas, os Black Blocs defendem uma genérica "solidariedade humana". Ninguém é considerado traidor se não entrar no quebra-quebra, mas o vandalismo é visto como ato de coragem. Equipamentos como orelhões são quebrados, segundo eles, porque a telefonia é dominada por estrangeiros. Também merecem condenação empreiteiras e multinacionais. Revoltados com a privatização do campo de Libra, incluíram a Petrobrás no rol de suas potenciais vítimas. Dizem que queimam as lixeiras públicas nos protestos porque consideram corruptas as concessionárias do serviço. Alguns rejeitam programas sociais, como Bolsa Família, Mais Médicos e ProUni, pois, segundo eles, mascaram as péssimas condições de vida da população e amortecem a revolta.

(Por dentro da máscara dos Black Blocs. *Época*, 01.11.2013.)

Sob o ponto de vista ideológico, a filiação declaradamente anarquista dos Black Blocs justifica-se pela

a) adesão teórica e prática a doutrinas de natureza nazifascista.
b) defesa de ideais socialistas favoráveis ao poder do Estado.
c) utilização do diálogo como principal instrumento político.
d) defesa dos ideais de liberdade e cidadania da sociedade burguesa.
e) confrontação dirigida a autoridades e instituições privadas e estatais.

20. (Unesp-SP)

Sou imperfeito, logo existo. Sustento que o ser ou é carência ou não é nada. Sustento que uma pessoa com deficiência intelectual é um ser com carências e imperfeições. Sustento que eu, você e ele somos seres com carências e imperfeições. Portanto, concluo que nós, os seres humanos, pelo fato de existir, somos – TODOS – incapazes e capazes intelectualmente. A diferença entre um autista severo e eu é o grau de carência, não a diferença entre o que somos. A "razão alterada" é um tipo de racionalidade diferenciada que considera as pessoas como seres únicos e não categorizados em padrões sociais que agrupam as pessoas por níveis, índices ou coeficientes.

Chema Sánchez Alcón. "Crítica de la razón alterada".
<http://losojosdehipatia.com.es>, 30.10.2016. Adaptado.

De acordo com o texto, "razão alterada" é

a) uma racionalidade tradicional voltada à pesquisa filosófica do ser como entidade metafísica.
b) um conceito científico empregado para legitimar padrões de normalidade com base na biologia.
c) um conceito filosófico destinado a criticar a valorização da diferença no campo intelectual.
d) uma metodologia científica que expressa a diferença entre seres humanos com base no coeficiente intelectual.
e) um tipo de racionalidade contestadora de padrões sociais e dotada de pretensões universalistas.

21. (Unesp-SP)

Se um governo quer reduzir o índice de abortos e o risco para as mulheres em idade reprodutiva, não deveria proibi-los, nem restringir demais os casos em que é permitido. Um estudo publicado em "The Lancet" revela que o índice de abortos é menor nos países com leis mais permissivas, e é maior onde a intervenção é ilegal ou muito limitada. "Aprovar leis restritivas não reduz o índice de abortos", afirma Gilda Sedgh (Instituto Guttmacher, Nova York), líder do estudo, "mas sim aumenta a morte de mulheres". "Condenar, estigmatizar e criminalizar o aborto são estratégias cruéis e falidas", afirma Richard Horton, diretor de "The Lancet". "É preciso investir mais em planejamento familiar", pediu a pesquisadora, que assina o estudo com a Organização Mundial da Saúde (OMS). Os seis autores concluem que "as leis restritivas não estão associadas a taxas menores de abortos". Por exemplo, o sul da África, onde a África do Sul, que o legalizou em 1997, é dominante, tem a taxa mais baixa do continente.

(http://noticias.uol.com.br, 22.01.2012. Adaptado.)

Na reportagem, o tema do aborto é tratado sob um ponto de vista

a) fundamentalista-religioso, defendendo a validade de sua proibição por motivos morais.

b) político-ideológico, assumindo um viés ateu e materialista sobre essa questão.

c) econômico, considerando as despesas estatais na área da saúde pública em todo o mundo.

d) filosófico-feminista, defendendo a autonomia da mulher na relação com o próprio corpo.

e) estatístico, analisando a ineficácia das restrições legais que proíbem o aborto.

22. (Enem PPL)

No primeiro semestre do ano de 2009, o Supremo Tribunal Federal (STF), a mais alta corte judicial brasileira, prolatou decisão referente ao polêmico caso envolvendo a demarcação da reserva indígena Raposa Serra do Sol, onde habitam aproximadamente dezenove mil índios aldeados nas tribos Macuxi, Wapixana, Taurepang, Ingarikó e Paramona – em julgamento paradigmático que estabeleceu uma série de conceitos e diretrizes válidas não só para o caso em questão, mas para todas as reservas indígenas demarcadas ou em processo de demarcação no Brasil.

SALLES, D. J. P. C. Disponível em: <www.ambito-juridico.com.br>.
Acesso em: 30 jul. 2013 (adaptado).

A demarcação de terras indígenas, conforme o texto, evidencia a

a) ampliação da população indígena na região.

b) função do Direito na organização da sociedade.

c) mobilização da sociedade civil pela causa indígena.

d) diminuição do preconceito contra os índios no Brasil.

e) pressão de organismos internacionais em defesa dos índios brasileiros.

23. (UEM-PR)

"Durante os nove meses em que transcorreu o levantamento de dados da pesquisa 'Dar à luz na sombra', a equipe coordenada pela professora Ana Gabriela Braga detectou uma divisão nas opiniões das mulheres encarceradas grávidas ou que têm filhos na prisão. O estudo – que não é quantitativo – deixou claro que parte das detentas desejava manter as crianças no presídio, ao lado da mãe, enquanto outras prefeririam a separação para que os bebês ficassem longe do ambiente da cadeia. O trabalho indicou que entre as duas opções mais frequentes no atual sistema penitenciário brasileiro ambas são vistas como 'menos ruim' (...) 'O problema do exercício dos direitos relacionados à maternidade no sistema prisional não é, na maioria das vezes, criar leis, mas fazer valer as que já existem', diz Ana Gabriela (...). A população carcerária feminina vem crescendo significativamente. Segundo dados da pesquisa, enquanto o aumento do ingresso de homens no sistema prisional entre 2000 e 2012 foi de 130%, o de mulheres foi de 246% (...). Não há estatísticas específicas sobre o número de crianças que estão com suas mães no sistema penal, o que justifica a qualificação de 'população invisível' dada pelas pesquisadoras. O perfil da maioria das mulheres em situação prisional é descrito pelo estudo como 'jovem, de baixa renda, em geral mãe, presa provisória suspeita de crime relacionado ao tráfico de drogas ou contra o patrimônio.'"

FERRARI, M. A maternidade na prisão. *Revista Pesquisa Fapesp*, edição 241, março de 2016, p. 86-88.

Considerando o texto acima e temas relacionados ao preconceito e aos direitos sociais, assinale o que for **correto**.

01) A definição de "população invisível" apresentada pela pesquisadora no texto acima se refere à falta de dados, informações e diagnósticos sobre a presença de crianças no sistema prisional brasileiro.

02) A pena de prisão atinge igualmente, e na mesma proporção, mulheres de todas as classes sociais, de todas as faixas etárias e em decorrência das mais variadas formas de delito.

04) A existência de leis específicas referentes ao cuidado de crianças recém-nascidas de mulheres encarceradas garante, automaticamente, a implementação dos direitos referentes à educação e à saúde dessa população.

08) A pesquisa aponta que a permanência de crianças com suas mães no sistema prisional tende a agravar as condições de desenvolvimento psicossocial de tais crianças e a torná-las, desde seu nascimento, possíveis ameaças à segurança social.

16) Ao classificar a situação de convivência ou de separação de seus filhos ou filhas como "menos ruim", as mães encarceradas indicam a necessidade de as instituições jurídicas e do poder público considerarem a aplicação de penas que não resultem necessariamente no encarceramento dessa população, como, por exemplo, o estabelecimento de prisão familiar.

24. (Enem Libras)

Plebiscito e referendo são consultas ao povo para decidir sobre matéria de relevância para a nação em questões de natureza constitucional, legislativa ou administrativa. A principal distinção entre eles é a de que o plebiscito é convocado previamente à criação do ato legislativo ou administrativo que trate do assunto em pauta, e o referendo é convocado posteriormente, cabendo ao povo ratificar ou rejeitar a proposta. Ambos estão previstos no art. 14 da Constituição Federal.

Plebiscitos e referendos. Disponível em: www.tse.jus.br. Acesso em: 29 jan. 2015 (adaptado).

As formas de consulta popular descritas são exemplos de um tipo de prática política baseada em

a) colégio eleitoral.
b) democracia direta.
c) conselho comunitário.
d) sufrágio representativo.
e) autogestão participativa.

25. (Enem PPL)

Texto I

A Resolução nº 7 do Conselho Nacional de Justiça (CNJ) passou a disciplinar o exercício do nepotismo cruzado, isto é, a troca de parentes entre agentes para que tais parentes sejam contratados diretamente, sem concurso. Exemplificando: o desembargador A nomeia como assessor o filho do desembargador B que, em contrapartida, nomeia o filho deste como seu assessor.

COSTA, W. S. Do nepotismo cruzado: características e pressupostos. *Jusnavigandi*, n. 950, 8 fev. 2006.

Texto II

No Brasil, pode-se dizer que só excepcionalmente tivemos um sistema administrativo e um corpo de funcionários puramente dedicados a interesses objetivos e fundados nesses interesses.

HOLANDA, S. B. *Raízes do Brasil*. Rio de Janeiro: José Olympio, 1993.

A administração pública no Brasil possui raízes históricas marcadas pela

a) valorização do mérito individual.
b) punição dos desvios de conduta.

c) distinção entre o público e o privado.
d) prevalência das vontades particulares.
e) obediência a um ordenamento impessoal.

26. (Unioeste-PR)

Max Weber (1864-1920) afirma que "devemos conceber o Estado contemporâneo como uma comunidade humana que, dentro dos limites de determinado território [...], reivindica o *monopólio do uso legítimo da violência física*"

(Weber, *Ciência e Política*: duas vocações. São Paulo: Cultrix, 2006, p. 56).

Assinale a alternativa CORRETA a respeito do significado da afirmação de Weber.

a) Para Weber, no caso do Estado contemporâneo, apenas seus agentes podem utilizar a violência de modo legítimo dentro dos limites do seu território.
b) O Estado foi sempre o único agente que pode utilizar legalmente a violência com o consentimento dos cidadãos – a violência dos pais contra os filhos, por exemplo, sempre foi ilegal.
c) Atualmente, o Estado é o único agente que utiliza a violência (ameaças, armas de fogo, coação física) como meio de atingir seus fins – assim a segurança de todos os cidadãos está garantida.
d) Outros grupos também podem utilizar a violência como recurso – por exemplo, as empresas privadas de vigilância – independente da autorização legal do Estado.
e) Todos os cidadãos reconhecem como legítima qualquer violência praticada pelos agentes do Estado contemporâneo – por exemplo, quando a polícia usa balas de borracha contra grevistas.

27. (Enem)

A grande maioria dos países ocidentais democráticos adotou o Tribunal Constitucional como mecanismo de controle dos demais poderes. A inclusão dos Tribunais no cenário político implicou alterações no cálculo para a implementação de políticas públicas. O governo, além de negociar seu plano político com o Parlamento, teve que se preocupar em não infringir a Constituição. Essa nova arquitetura institucional propiciou o desenvolvimento de um ambiente político que viabilizou a participação do Judiciário nos processos decisórios.

CARVALHO, E. R. *Revista de Sociologia e Política*, nº 23. nov. 2004 (adaptado).

O texto faz referência a uma importante mudança na dinâmica de funcionamento dos Estados contemporâneos que, no caso brasileiro, teve como consequência a

a) adoção de eleições para a alta magistratura.
b) diminuição das tensões entre os entes federativos.
c) suspensão do princípio geral dos freios e contrapesos.

d) judicialização de questões próprias da esfera legislativa.
e) profissionalização do quadro de funcionários da Justiça.

28. (Enem)

A participação da mulher no processo de decisão política ainda é extremamente limitada em praticamente todos os países, independentemente do regime econômico e social e da estrutura institucional vigente em cada um deles. É fato público e notório, além de empiricamente comprovado, que as mulheres estão em geral sub-representadas nos órgãos do poder, pois a proporção não corresponde jamais ao peso relativo dessa parte da população.

TABAK, F. *Mulheres públicas*: participação política e poder. Rio de Janeiro: Letra Capital, 2002.

No âmbito do Poder Legislativo brasileiro, a tentativa de reverter esse quadro de sub-representação tem envolvido a implementação, pelo Estado, de

a) leis de combate à violência doméstica.
b) cotas de gênero nas candidaturas partidárias.
c) programas de mobilização política nas escolas.
d) propagandas de incentivo ao voto consciente.
e) apoio financeiro às lideranças femininas.

29. (Ifsul-RS)

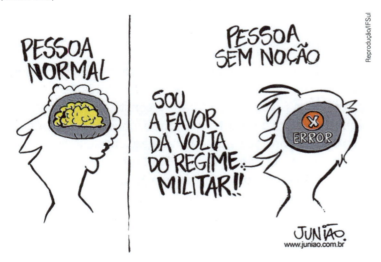

As manifestações públicas que vêm ocorrendo no Brasil nos últimos meses levaram às ruas grupos que defendem a volta do regime militar. Provavelmente, eles não têm conhecimento do Ato Institucional nº 5 (AI 5), instituído nesse período, o qual alterou a vida de milhões de brasileiros ao

a) radicalizar o poder gerado pelo golpe político-militar de abril de 1964, com a anuência e o fortalecimento do Congresso Nacional.
b) aumentar o volume de impostos e a consequente falência de um grande número de pequenas e médias empresas.

c) produzir um elenco de ações arbitrárias de efeitos duradouros, dando poder de exceção aos governantes para punir arbitrariamente os que fossem inimigos do regime.

d) obrigar a transmissão, por todas as emissoras de rádio, do programa "A Voz do Brasil" e do horário eleitoral gratuito no rádio e na TV.

30. (Famerp-SP)

No livro *Investigação sobre a natureza e a causa da riqueza das nações*, publicado em 1776, Adam Smith argumentou que um agente econômico, procurando o lucro, movido pelo seu próprio interesse, acaba favorecendo a sociedade como um todo. Esse ponto de vista é um dos fundamentos

a) do liberalismo, que dispensou a regulamentação da economia pelo Estado.

b) do utilitarismo, que defendeu a produção especializada de objetos de consumo.

c) do corporativismo, que propôs a organização da sociedade em grupos econômicos.

d) do socialismo, que expôs a contradição entre produção e apropriação de riqueza.

e) do mercantilismo, que elaborou princípios de protecionismo econômico.

31. (Enem)

Texto I

Mais de 50 mil refugiados entraram no território húngaro apenas no primeiro semestre de 2015. Budapeste lançou os "trabalhos preparatórios" para a construção de um muro de quatro metros de altura e 175 km ao longo de sua fronteira com a Sérvia, informou o ministro húngaro das Relações Exteriores. "Uma resposta comum da União Europeia a este desafio da imigração é muito demorada, e a Hungria não pode esperar. Temos que agir", justificou o ministro.

Disponível em: www.portugues.rfi.fr. Acesso em: 19 jun. 2015 (adaptado).

Texto II

O Alto Comissariado das Nações Unidas para Refugiados (ACNUR) critica as manifestações de xenofobia adotadas pelo governo da Hungria. O país foi invadido por cartazes nos quais o chefe do executivo insta os imigrantes a respeitarem as leis e a não "roubarem" os empregos dos húngaros. Para o ACNUR, a medida é surpreendente, pois a xenofobia costuma ser instigada por pequenos grupos radicais e não pelo próprio governo do país.

Disponível em: http://pt.euronews.com. Acesso em: 19 jun. 2015 (adaptado).

O posicionamento governamental citado nos textos é criticado pelo ACNUR por ser considerado um caminho para o(a)

a) alteração do regime político.
b) fragilização da supremacia nacional.
c) expansão dos domínios geográficos.
d) cerceamento da liberdade de expressão.
e) fortalecimento das práticas de discriminação.

32. (UFG-GO)

Analise as imagens a seguir.

Figura 1

Figura 2

As pinturas se relacionam a distintas concepções de poder, uma absolutista e outra republicana, expressas nas figuras 1 e 2 ao

Figura 1	Figura 2
a) destacar a cruz no alto da coroa, reforçando a submissão do Estado ao poder religioso.	relacionar o modelo de feminilidade à laicização do Estado, projetando novos costumes.
b) explorar os símbolos monárquicos, caracterizando uma estética barroca.	recorrer à saturação ornamental por meio dos símbolos, apoiando-se na estética neoclássica.
c) associar a figura feminina à autoridade, instituindo a rainha como mãe do Estado-nação.	utilizar a personagem feminina como representação da liberdade, expondo a emancipação das mulheres.
d) ostentar as joias da Coroa, expressando a ascensão econômica da aristocracia feudal.	eleger um vestuário modesto, estabelecendo correspondência entre República e simplicidade popular.
e) fundir a figura do governante ao Estado, consagrando o poder do soberano.	personificar o regime político em uma figura anônima, afirmando os princípios da soberania popular.

33. (Unesp-SP)

Texto 1

O professor não se aproveitará da audiência cativa dos estudantes para promover os seus próprios interesses, opiniões ou preferências ideológicas, religiosas, morais, políticas e partidárias. Ao tratar de questões políticas, socioculturais e econômicas, o professor apresentará aos alunos, de forma justa – isto é com a mesma profundidade e seriedade –, as principais versões, teorias, opiniões e perspectivas concorrentes a respeito. O professor respeitará o direito dos pais a que seus filhos recebam a educação moral que esteja de acordo com suas próprias convicções.

www.programaescolasempartido.org. Adaptado.

Texto 2

Ciências sempre incluem controvérsias, mesmo física e química. Se não ensinamos isso também, ensinamos errado. E o mesmo vale para história e sociologia – o professor precisa ensinar Karl Marx, mas também Adam Smith e Émile Durkheim. Mas o conhecimento que precisa ser passado é essencialmente científico – o que não inclui o criacionismo, que é uma teoria religiosa. Com todo respeito, mas família é família, e sociedade é sociedade: a família pode ter crenças de preconceito homofóbico ou contra a mulher, por exemplo, e não se pode deixar que um jovem nunca seja exposto a um ponto de vista diferente desses. Ele tem que ser exposto a outros valores.

Renato Janine Ribeiro. https://educacao.uol.com.br, 21.07.2016. Adaptado.

O confronto entre os dois textos permite concluir corretamente que

a) ambos atribuem a mesma importância à fé religiosa e à ciência como fundamentos educativos.
b) ambos defendem o relativismo no campo dos valores morais, valorizando a aceitação das diferenças.
c) as duas abordagens valorizam a doutrinação ideológica do professor sobre o aluno no campo educativo.
d) o texto 1 assume uma posição moralmente conservadora, enquanto o texto 2 defende uma educação pluralista.
e) o texto 1 é contrário a preconceitos morais, enquanto o texto 2 denuncia o cientificismo na educação.

34. (UEM-PR)

De acordo com Roger Bastide, sociólogo francês radicado no Brasil, para compreender o fenômeno da religião nas sociedades modernas é preciso "partir da observação, tão correta, de Karl Marx de que nossa civilização, longe de destruir os mitos, multiplicou-os."

BASTIDE, R. *O sagrado selvagem e outros ensaios*. São Paulo: Cia. das Letras, 2006, p. 97.

Considerando o trecho citado e o tema da religiosidade, assinale o que for **correto**.

01) A sociologia da religião procura explicar as origens das religiões mundiais e as causas do desaparecimento da religiosidade nas sociedades modernas.
02) As religiões são fenômenos sociais que ativam sistemas simbólicos, sentimentos e práticas relacionadas com o que se considera sagrado em determinada cultura.
04) A verdade religiosa num sistema de crenças é tratada pela sociologia como um ponto de vista possível.
08) Para Weber, mesmo que o capitalismo seja um fenômeno predominantemente econômico, a consolidação de sua forma moderna foi favorecida pela atmosfera religiosa dos séculos XVII a XIX.
16) De acordo com Marx, os princípios de solidariedade e de família propagados pelo Cristianismo tornaram as sociedades industriais do ocidente europeu lugares harmoniosos, inclusivos e justos.

35. (Unesp-SP)

    Nenhum dos filmes que vi, e me divertiram tanto, me ajudou a compreender o labirinto da psicologia humana como os romances de Dostoievski – ou os mecanismos da vida social como os livros de Tolstói e de Balzac, ou os abismos e os pontos altos que podem coexistir no ser humano, como me ensinaram as sagas literárias de um Thomas Mann, um Faulkner, um Kafka, um Joyce ou um Proust. As ficções apresentadas nas telas são intensas por seu imediatismo e efêmeras por seus resultados. Prendem-nos e nos desencarceram quase de imediato, mas das ficções literárias nos tornamos prisioneiros pela vida toda. Ao menos é o que acontece comigo, porque, sem elas, para o bem ou para o mal, eu não seria como sou, não acreditaria no que acredito nem teria as dúvidas e as certezas que me fazem viver.

Mario Vargas Llosa. "Dinossauros em tempos difíceis". <www.valinor.com.br>.
O Estado de S. Paulo, 1996. Adaptado.

Segundo o autor, sobre cinema e literatura é correto afirmar que

a) a ficção literária é considerada qualitativamente superior devido a seu maior elitismo intelectual.

b) suas diferenças estão relacionadas, sobretudo, às modalidades de público que visam atingir.

c) as obras literárias desencadeiam processos intelectualmente e esteticamente formativos.

d) a escrita literária apresenta maior afinidade com os padrões da sociedade do espetáculo.

e) as duas formas de arte mobilizam processos mentais imediatos e limitados ao entretenimento.

36. (UEG-GO)

Os seres humanos são formados socialmente. A sociologia aborda esse processo de constituição social dos seres humanos com o termo "socialização". Desde Marx e Durkheim, passando pela escola funcionalista até chegar aos sociólogos contemporâneos, esse é um tema fundamental da sociologia, mesmo sem usar esse termo. Alguns sociólogos atribuem um caráter repressivo e coercitivo ao processo de socialização em determinadas épocas e sociedades. A socialização, na sociedade moderna, seria diferente da que ocorre em outras sociedades. A letra da música a seguir apresenta elementos desse processo de socialização moderna.

Pressão social

Plebe Rude

Há uma espada sobre a minha cabeça

É uma pressão social que não quer que

eu me esqueça

Que tenho que estudar

que eu tenho que trabalhar

que tenho que ser alguém

não posso ser ninguém

Há uma espada sobre a minha cabeça

É uma pressão social que não quer que

eu me esqueça

Que a minha vitória é a derrota de alguém

e o meu lucro é a perda de alguém

que eu tenho que competir

que eu tenho que destruir

Há uma espada sobre a minha cabeça

É uma pressão social que não quer que

eu me esqueça

Que eu tenho que conformar

conformar é rebelar

que eu tenho que rebelar

rebelar é conformar

E quem conforma o sistema engole

e quem rebela o sistema come

Disponível em: <www.vagalume.com.br/plebe-rude/pressao-social-original.html>. Acesso em: 16/03/2016

A letra da música apresenta o processo de

a) socialização de grupos subalternos que são altamente competitivos e voltados para o lucro e a vitória competitiva independente de qualquer consideração ética.

b) imposição dos valores dos pequenos comerciantes que precisam de educação escolar e aprendem a ter o lucro como objetivo principal de sua empresa.

c) imposição de elementos da sociabilidade moderna, tais como escolarização e trabalho visando ascender socialmente e vencer a competição social.

d) socialização nos países subdesenvolvidos, nos quais a falta de oportunidades e de riquezas gera uma forte competição social.

e) imposição de uma socialização fundada na racionalização, marcada por uma valoração da razão e dos sentimentos.

37. (Enem)

A fotografia, datada de 1860, é um indício da cultura escravista no Brasil, ao expressar a

a) ambiguidade do trabalho doméstico exercido pela ama de leite, desenvolvendo uma relação de proximidade e subordinação em relação aos senhores.

b) integração dos escravos aos valores das classes médias, cultivando a família como pilar da sociedade imperial.

c) melhoria das condições de vida dos escravos observada pela roupa luxuosa, associando o trabalho doméstico a privilégios para os cativos.

d) esfera da vida privada, centralizando a figura feminina para afirmar o trabalho da mulher na educação letrada dos infantes.

e) distinção étnica entre senhores e escravos, demarcando a convivência entre estratos sociais como meio para superar a mestiçagem.

38. (Enem)

Participei de uma entrevista com o músico Renato Teixeira. Certa hora, alguém pediu para listar as diferenças entre a música sertaneja antiga e a atual. A resposta dele surpreendeu a todos: "Não há diferença alguma. A música caipira sempre foi a mesma. É uma música que espelha a vida do homem no campo, e a música não mente. O que mudou não foi a música, mas a vida no campo". Faz todo sentido: a música caipira de raiz exalava uma solidão, um certo distanciamento do país "moderno". Exigir o mesmo de uma música feita hoje, num interior conectado, globalizado e rico como o que temos, é impossível. Para o bem ou para o mal, a música reflete seu próprio tempo.

BARCINSKI, A. Mudou a música ou mudaram os caipiras? *Folha de São Paulo*, 4 jun. 2012 (adaptado).

A questão cultural indicada no texto ressalta o seguinte aspecto socioeconômico do atual campo brasileiro:

a) Crescimento do sistema de produção extensiva.
b) Expansão de atividades das novas ruralidades.
c) Persistência de relações de trabalho compulsório.
d) Contenção da política de subsídios agrícolas.
e) Fortalecimento do modelo de organização cooperativa.

39. (UFG-GO)

Leia a receita apresentada a seguir.

Tacacá

2 litros de tucupi temperado
4 dentes de alho
4 pimentas de cheiro
4 maços de jambu
½ kg de camarão
½ xícara de goma de mandioca
Sal a gosto
Modo de servir: muito quente, em cuias, temperado com pimenta.

Disponível em: <www.receitastipicas.com/receita/tacaca.html>. Acesso em: 9 set. 2013.

Comer é um ato social, histórico, geográfico, religioso, econômico e cultural. O preparo dos alimentos, a escolha dos ingredientes e a maneira de servir identificam um grupo social e ajudam a estabelecer uma identidade cultural. Essa receita, "Tacacá", comida muito apreciada na culinária paraense, demonstra

a) uma interação cultural, com a incorporação de ingredientes advindos de tradições culinárias distintas.
b) um modo de preparo espontâneo, associado aos padrões culinários da colônia.
c) um modelo ritualista de servir, vinculado ao formalismo religioso africano.
d) um modo de utilizar os ingredientes provenientes do extrativismo, associado ao nomadismo dos quilombos.
e) uma imposição de identidade cultural, pelo uso de produtos cultivados em áreas sertanejas.

40. (UEM-PR)

Considere o texto e assinale a(s) alternativa(s) **correta(s)**.

"Como analisar a cultura popular brasileira quando a cultura internacionalmente popular se faz cada vez mais presente no Brasil? Se o samba e o carnaval podem ser tomados como exemplos máximos da construção a partir dos anos 30 e 40 da cultura nacional-popular, o funk carioca pode ser tomado como um exemplo da cultura internacional-popular. Outras manifestações dessa cultura podem ser o rock, que teve em Brasília um espaço preferencial, ou o axé music da Bahia, o que aponta para uma pluralidade, uma diversidade de expressões artísticas".

OLIVEIRA, Lucia Lippi. Cultura brasileira nesse fim de século. In: D'INCAO, Maria Angela. (org.) *O Brasil não é mais aquele... mudanças sociais após a redemocratização*. São Paulo: Cortes, 2001, p.32.

01) O texto manifesta uma posição contrária à invasão cultural estrangeira no Brasil. Nesse sentido, trata-se de um manifesto de caráter nacionalista, em defesa da cultura puramente brasileira.

02) Ao afirmar que o rock teve em Brasília um "espaço preferencial", o texto faz referência a um movimento de efervescência de grupos musicais de rock que, nos anos 1980, na capital federal, produziu grupos tais como Capital Inicial e Legião Urbana.

04) Ao afirmar que no Brasil há uma pluralidade e uma diversidade de expressões artísticas, a autora faz uma crítica ao predomínio da música sertaneja nos meios de comunicação de massa.

08) O texto expressa uma preocupação em analisar a cultura popular brasileira em um mundo em que até a cultura sofre um processo de internacionalização.

16) A principal crítica do texto à axé music decorre do desaparecimento de outros tipos de manifestações artísticas populares na Bahia.

41. (Uerj)

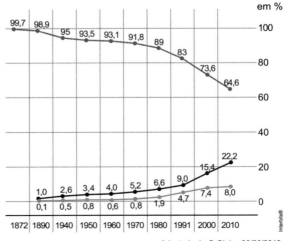

Adaptado de *O Globo*, 30/06/2012.

O censo de 2010 revelou mudanças significativas na escolha de religião pelos brasileiros, como se pode observar no gráfico.

A mudança registrada nos percentuais de evangélicos para o período 1980-2010 se explica principalmente pelo seguinte fator:

a) estímulo à migração de fiéis, institucionalizando a criação de novos templos

b) obrigatoriedade do ensino religioso na educação básica, favorecendo a conversão

c) capacitação de funções de liderança, priorizando a formação superior de pastores

d) ampliação de práticas missionárias, mobilizando os meios de comunicação de massa

42. (UEM-PR)

Nas últimas décadas o chamado fenômeno da globalização econômica e cultural tem gerado uma maior interdependência entre os povos, países e estados nacionais. De acordo com a professora Katia Picanço, com base nos estudos realizados por Robert Kurz, a globalização não significa "... a modernização, mas um aprisionamento do Estado aos interesses das grandes corporações e dos organismos multinacionais. Nesse processo, o Estado vai liberando a fronteira econômica do país para que as empresas estrangeiras se instalem com isenção de taxas – água, luz, impostos – e com a adequação de uma infraestrutura que possibilita a chegada de matérias-primas e o escoamento da produção – via estradas, portos e aeroportos. Aliado a isso, há uma abertura de mercado aos produtos estrangeiros, que passam a competir com os produtos nacionais".

PICANÇO, K. "Globalização". In: *Sociologia – ensino médio*. Curitiba, SEED-PR, 2006, p. 189.

A respeito da globalização da economia mundial, é **correto** afirmar:

01) Na sociedade brasileira das últimas décadas ocorreu um processo histórico contrário à globalização da economia mundial, gerando um desenvolvimento econômico autônomo e independente, sem a participação de empresas, bancos estrangeiros ou a influência de outros Estados estrangeiros nas políticas governamentais.

02) De acordo com as ideias expostas no texto apresentado acima, pode-se afirmar que a globalização é um fenômeno econômico do final do século XX, que atualmente está em decadência.

04) Segundo o texto apresentado, quando ocorre a globalização, os Estados nacionais se colocam a serviço dos interesses econômicos das corporações multinacionais.

08) Para a professora Katia Picanço, as empresas multinacionais se tornaram tão grandes e poderosas que não necessitam mais do acesso às matérias-primas, às fontes de energia e ao mercado consumidor dos países menos desenvolvidos economicamente.

16) A presença e a atuação de inúmeras empresas e bancos estrangeiros no Brasil atual, fornecendo mercadorias e serviços para os consumidores, podem ser consideradas exemplificação de como a sociedade brasileira também foi afetada pela globalização da economia mundial.

43. (Unesp-SP)

A escola que se autointitula a primeira colocada no Exame Nacional do Ensino Médio (Enem) ocupa, ao mesmo tempo, a 1ª e a 569ª posição no *ranking* que a imprensa faz com os resultados do Enem. A escola separou numa sala diferente os alunos que acertavam mais questões em suas provas internas. Trouxe, inclusive, alguns alunos de suas franquias pela Grande São Paulo. E "criou" uma outra escola (abriu outro CNPJ), mesmo estando no mesmo espaço físico. E de lá pra cá esta "outra escola" todo ano é a primeira colocada no Enem. A 569ª posição é a que melhor reflete as condições da escola. O 1º lugar é uma farsa. A primeira colocada no Enem NÃO é uma escola, é uma artimanha jurídica que faz com que os alunos tenham suas notas computadas em duas listas diferentes. Todos estudam no mesmo prédio, com os mesmos professores, com o mesmo material, no mesmo horário, convivendo no mesmo pátio e no mesmo horário de intervalo.

No Brasil todo temos centenas de escolas que trabalham com a regra na mão para tentar parecer que são a melhor e depois divulgar, em suas propagandas, que são a melhor escola do país, do estado, da região, da cidade e, em cidades grandes, como várias capitais, até mesmo que é a melhor escola de um determinado bairro.

Mateus Prado. "Escola campeã do Enem ocupa, ao mesmo tempo, o 1º e o 569º lugar do *ranking*". *O Estado de S.Paulo*, 26.12.2014. Adaptado.

O fato relatado pode ser explicado em função da

a) hegemonia dos critérios instrumentais da empresa capitalista em alguns setores da educação.

b) falência da meritocracia como critério de acesso ao ensino superior na sociedade atual.

c) priorização de aspectos humanísticos, em detrimento da preparação para o mercado de trabalho.

d) resistência dos educadores à transformação da escola em instrumento de reprodução ideológica.

e) separação rigorosa entre os âmbitos da educação e da publicidade na sociedade capitalista.

44. (UPE)

Observe a imagem a seguir:

Baseando-se na imagem, a relação de produção apresentada é conhecida como

a) Capitalista.
b) Socialista.
c) Escravista.
d) Feudalista.
e) Primitivista.

45. (Enem PPL)

Sempre teceremos panos de seda
E nem por isso vestiremos melhor
Seremos sempre pobres e nuas
E teremos sempre fome e sede
Nunca seremos capazes de ganhar tanto
Que possamos ter melhor comida.

CHRÉTIEN DE TROYES. Yvain ou le Chevalier au lion (1177-1181). Apud MACEDO, J. R. A mulher na Idade Média. São Paulo: Contexto, 1992 (adaptado).

O tema do trabalho feminino vem sendo abordado pelos estudos históricos mais recentes. Algumas fontes são importantes para essa abordagem, tal como o poema apresentado, que alude à

a) inserção das mulheres em atividades tradicionalmente masculinas.
b) ambição das mulheres em ocupar lugar preponderante na sociedade.
c) possibilidade de mobilidade social das mulheres na indústria têxtil medieval.
d) exploração das mulheres nas manufaturas têxteis no mundo urbano medieval.
e) servidão feminina como tipo de mão de obra vigente nas tecelagens europeias.

46. (UFPR)

Leia a matéria e em seguida responda à indagação:

Congresso mantém vetos de Dilma ao projeto do Ato Médico

Fernando Diniz

O Congresso Nacional decidiu, em votação nesta terça-feira, manter os quatro vetos da presidente Dilma Rousseff à lei do Ato Médico, que regulamenta a atividade dos médicos. Sancionada no mês passado, a lei sofreu vetos em seus pontos mais polêmicos, entre os quais o artigo que dava aos médicos a exclusividade no diagnóstico e na prescrição terapêutica.

Para justificar o veto, o governo alegou que o texto original do Ato Médico prejudicaria políticas de saúde pública. Seguindo protocolos do Ministério da Saúde, os enfermeiros podem diagnosticar doenças como a hanseníase e a tuberculose, por exemplo.

Psicólogos e nutricionistas contestavam também o trecho do projeto, alegando condições de atestar a saúde de pacientes em aspectos psicológicos e nutricionais. Fisioterapeutas e fonoaudiólogos argumentavam serem responsáveis por diagnósticos funcionais e seus respectivos tratamentos terapêuticos.

Os médicos, por outro lado, afirmam que o diagnóstico e a prescrição terapêutica são atos privativos da categoria, com exceção ao odontólogo, em relação ao "aparelho mastigatório".

Outro veto mantido pelo Congresso foi o que impediu a exclusividade dos médicos na aplicação de injeções e demais procedimentos invasivos na pele com agulhas. O artigo havia sido alvo de críticas de profissionais especializados em acupuntura e até de tatuadores.

O texto original também trazia como privativo do profissional "a direção e chefia de serviços médicos", trecho retirado da redação da lei. Também foram removidos do texto artigos que davam exclusividade aos médicos na realização de coleta de sangue e cateterizações.

<http://noticias.terra.com.br/brasil/politica/congresso-mantem-vetos-de-dilma-ao-projeto-do-ato médico, c0d7e11b680a0410VgnVCM5000009ccceb0aRCRD.html>
Acesso em: 21 de agosto de 2013.

Podemos afirmar que este embate legal sobre o alcance e os limites das atribuições dos médicos está relacionado à complexificação da divisão do trabalho em nossa sociedade? Justifique sua resposta.

47. (Uern)

Assim como no Egito, na Mesopotâmia, a agricultura foi a principal atividade econômica praticada pela população. O Estado era responsável pelas obras hidráulicas necessárias para a sobrevivência da população, bem como pela administração de estoques de alimentação e pela cobrança de impostos (...).

VICENTINO, Claudio. História Geral e do Brasil / Claudio Vicentino, Gianpaolo Dorigo. 1. Ed. São Paulo: Scipione. 2010. p. 60-455.

... a base da economia Inca estava nos Ayllu, espécie de comunidade agrária. Todas as terras do império pertenciam ao Inca, logo, ao Estado. Através da vasta rede de funcionários, essas terras eram doadas aos camponeses para sua sobrevivência. Os membros de cada Ayllu deveriam, em troca, trabalhar nas terras do Estado e dos funcionários, nas obras públicas e pagar impostos.

MORAES, Jose Geraldo Vinci de. 1960. Caminhos das Civilizações – história integrada: Geral e do Brasil. São Paulo: Atual, 1998.

De acordo com o materialismo histórico preconizado por Marx e Engels, o modo de produção que aparece descrito parcialmente nos trechos anteriores é o

a) feudal.
b) asiático.
c) primitivo.
d) escravista.

48. (UPE)

A partir dos anos 1970, o sistema de produção fordista começou a entrar em crise, pois a superprodução gerou uma diminuição acentuada da lucratividade. Como alternativa, surge, no Japão, um novo sistema de trabalho capitalista, que possui como modelo produtivo a flexibilização da produção. Além de reordenar as relações de trabalho, esse novo sistema produtivo permitiu o avanço tecnológico em muitas áreas. A imagem anterior representa um novo tipo de trabalhador exigido por esse sistema de produção capitalista das sociedades modernas.

Sobre as características desse sistema de produção, é CORRETO afirmar que

a) a consequência dessa organização do trabalho permitiu a inserção de taxas de lucro com a superexploração da força de trabalho.

b) o trabalhador é especializado em uma única função, deixando-o limitado a uma atividade repetitiva, sem nenhuma visão global do produto final.

c) o controle de qualidade da produção é feito no final do processo, em um setor específico da fábrica.

d) o salário é uniforme, pois todos os trabalhadores produzem o mesmo produto; ainda assim os prêmios e as bonificações ficam restritos a empresários e capitalistas.

e) o aumento das tecnologias robóticas e de automação nesse processo de produção capitalista possibilitou a ampliação do número de vagas de emprego, criando um mercado de trabalho para profissões e funções cada vez mais específicas.

49. (UFPR)

Leia o fragmento abaixo, escrito por Giddens e Sutton:

A capacidade limitada dos sistemas taylorista e fordista de customizar seus produtos é refletida na famosa frase de Henry Ford sobre o primeiro carro produzido em massa: "As pessoas podem ter o modelo T em qualquer cor – desde que seja preto". [...] Stanley Davis fala da emergência da "customização em massa": as novas tecnologias permitem a produção em grande escala de objetos criados para clientes específicos. [...] Um dos fabricantes que levaram a customização em massa mais adiante é a fábrica de computadores Dell. Os clientes que desejarem comprar um computador do fabricante devem entrar na internet – a empresa não mantém lojas – e navegar pelo website da Dell, onde podem selecionar a mistura de características que quiserem. Depois de feito o pedido, um computador é construído segundo as especificações e enviado – geralmente dentro de alguns dias. De fato, a Dell virou de cabeça para baixo a maneira tradicional de construir um produto: as empresas antes construíam o produto primeiro, e depois se preocupavam em vendê-lo; hoje, os customizadores em massa como a Dell vendem antes e constroem depois. Essa mudança tem consequências importantes para a indústria. A necessidade de manter estoques de peças – um custo importante para os fabricantes – foi dramaticamente reduzida. Além disso, uma proporção cada vez maior da produção é terceirizada. Assim, a transferência rápida de informações entre fabricantes e fornecedores – também facilitada pela tecnologia da internet – é essencial para a implementação da customização em massa.

GIDDENS, Antony; SUTTON, Phillipe W. *Sociologia*. Porto Alegre: Artmed, 2012, p. 336.

O fragmento destaca um aspecto das relações do mundo do trabalho que passou por significativa transformação. Escreva um texto caracterizando esse aspecto. Seu texto deve mencionar qual foi a principal mudança apontada no fragmento acima, destacando o fenômeno que possibilitou a transformação e como essa transformação afetou as relações recentes do trabalho de forma mais ampla.

Respostas

Unidade 1

1. e
2. b
3. a
4. b
5. b
6. a
7. b
8. b
9. a
10. b
11. d
12. e

Unidade 2

1. b
2. b
3. a
4. b
5. b
6. b
7. e
8. d
9. c
10. c
11. b

Unidade 3

1. a
2. c
3. e
4. b
5. e
6. c
7. b
8. e

9. Muitas vezes explica-se a pobreza como decorrência da falta de vontade de trabalhar ou de ascender socialmente. Sendo recorrente, tal explicação obscurece a percepção de que a pobreza está diretamente relacionada à riqueza, ou seja, é um problema social, e não individual. Essa percepção é importante para a realização de ações que objetivem a redução dos problemas relacionados à pobreza.

10. a) Em sua análise da estratificação social, Max Weber distingue três dimensões: a econômica (posses e renda), a social (*status* ou prestígio) e a política (poder). A posição das pessoas nessas três dimensões não é necessariamente equilibrada: pode-se, por exemplo, ter renda e posses, mas não prestígio e poder.

    b) Resposta pessoal.

Unidade 4

1. a
2. b
3. d
4. a
5. c
6. e

7. A educação é vista em nossa sociedade como uma das possibilidades de promoção da ascensão social. Porém, os problemas e as dificuldades enfrentadas pela escola pública no Brasil contribuem para a reprodução da desigualdade. A qualidade do ensino, em muitos casos, não fornece as mesmas condições aos jovens.

8. a) Bossuet procura legitimar o poder por meio de argumentos religiosos, enquanto Madison assenta a legitimação do poder na vontade geral da população.

    b) A principal diferença na concepção da relação entre indivíduo e Estado nas duas formulações é a participação. Enquanto em um Estado monárquico absolutista o indivíduo é um súdito obediente, mero receptor das decisões estatais, no Estado constitucional de direito, ele participa do governo, seja elegendo seus representantes, seja ocupando cargos públicos.

9. a) Estado fascista
   b) Estado liberal
   c) Estado do bem-estar social
   d) Estado absolutista
10. Resposta pessoal.

Unidade 5

1. c
2. b
3. b
4. c
5. e
6. b
7. b
8. b
9. Propõe-se a leitura do fato histórico com base na concepção marxista de Estado. Se o Estado moderno é uma espécie de comitê executivo da burguesia, então a maneira como a república brasileira abafou as greves gerais de 1917 pode ser vista como uma forma de manter a dominação de classe operante no Brasil do começo do século XX.
10. a) São exemplos as leis e a polícia, ou qualquer mecanismo externo que coíbe os indivíduos.
    b) O enunciado da questão expõe uma contradição do Estado democrático de direito para propor uma reflexão sobre o controle social e os limites da democracia em uma sociedade estruturada para atender às necessidades de produção/consumo. O controle existe para regular a sociedade de acordo com interesses determinados.

Unidade 6

1. a
2. b
3. b
4. d
5. b
6. d
7. b
8. c
9. c
10. e
11. b
12. b
13. a
14. b

Unidade 7

1. d
2. c
3. d
4. c
5. c
6. d
7. a
8. b
9. e
10. a
11. c

Unidade 8

1. c
2. a
3. b
4. a
5. a
6. a
7. a
8. a) O item aborda as relações de poder que envolvem as produções ideológicas. Ocultar ou ressignificar características da realidade em favor de sua posição social, em discursos ideológicos, conforma narrativas sobre a sociedade que só têm uma função: manter a realidade tal como ela é. Quem ganha é quem já está ganhando com tal realidade. Obviamente, quem perde é quem acata tal narrativa, perdendo a chance de perceber fidedignamente as pres-

sões de poder nas quais está enredada e, assim, de avistar possibilidades de mudança. Também perde quem não acata tal narrativa, mas que, devido à alienação de quem acata, não consegue mobilizar as forças necessárias para tentar uma transformação.

b) Sim, no sentido da produção de um discurso que sempre altera a realidade em favor de quem o produz. E é exatamente essa a reflexão do personagem principal do livro *1984*.

9. Segundo Adorno e Horkheimer, o pensamento crítico se caracteriza pelo questionamento da realidade, pela produção de perspectivas que escapem do senso comum. Como tal reflexão se manifestará na modernidade, os autores se perguntam se a indústria cultural instiga tão somente o entretenimento advindo com um reforço dos padrões sociais existentes por meio de, por exemplo, filmes e música popular. Desse modo, o indivíduo é infantil na indústria cultural porque não consegue se dissociar das diversões e resignações nas quais o avanço do capitalismo, na esfera do pensamento, resultou. A questão abre espaço também para a reflexão sobre como a indústria capitalista, de modo geral, nos mantém infantilizados, transformando seus produtos (carros, relógios, celulares) em "brinquedinhos" para os adultos.

10. Resposta pessoal. Um ponto importante a considerar é se essas manifestações têm um caráter de movimento organizado de um grupo que pretende enfrentar uma ideologia dominante ou resistir a ela, ou se são apenas manifestações que buscam seu lugar ao lado de outras já existentes, sem pretender "derrubá-las" (o que, nesse último caso, não caracterizaria um processo de contra-hegemonia). É possível também ponderar que na internet há lugar para tudo: manifestações que podem ser caracterizadas como de contra-hegemonia e outras que simplesmente divulgam opiniões e visões diferentes, sem maiores pretensões de transformação social.

Unidade 9

1. e
2. a
3. d
4. c
5. a
6. b
7. d
8. b
9. d
10. b

Rumo ao Ensino Superior

1. d
2. a
3. a) O modelo de classes sociais é aquele em que há mobilidade social: o indivíduo pode sair de uma classe social e adentrar a outra. Em contrapartida, o modelo de castas não permite tal mobilidade.

   b) Ainda que haja mobilidade social (através da meritocracia), na sociedade brasileira o que se espera é que a posição relativa dos indivíduos seja mantida, da mesma forma como o modelo de castas é organizado.

4. b
5. d
6. a
7. d
8. 02 + 04 + 16 = 22
9. c
10. a
11. e
12. b
13. b
14. a
15. c
16. a) O continente americano, ou "Novo Mundo", dependeu, em grande escala, do trabalho escravo que era alimentado pelo lucrativo tráfico negreiro. A colonização das Américas se deu de duas formas: as colônias de exploração, nas quais a mão de obra negra era fundamental, e as colônias de povoamento, que visavam aliviar

conflitos religiosos e populacionais do "Velho Mundo". No entanto, os Estados Unidos da América importaram mão de obra escrava da África para atuar nas fazendas do sul, motivo pelo qual esse país, apesar de ser visto como modelo de ex-colônia de povoamento, possui um histórico de escravidão da população advinda da África. Esse passado comum, que liga África e América via tráfico negreiro, foi responsável pela inclusão de povos africanos na condição de escravos no "Novo Mundo". Nessa condição, até mesmo a humanidade de africanos e afrodescendentes era questionada. Em todo o continente americano, portanto, os negros precisaram (e ainda precisam) lutar por liberdade e por direitos que lhes eram negados, com base na prática racista que advinha de um passado comum. Obviamente, essas lutas ganharam contornos diferentes em contextos distintos; enquanto nos Estados Unidos pode-se falar que houve *apartheid*, no Brasil, a discussão é centralizada no racismo velado e em como vencer a ilusão da existência de uma certa democracia racial.

b) Os movimentos negros têm um papel fundamental no que diz respeito a desvelar as práticas racistas que ainda persistem e são atores políticos importantes para cobrar políticas públicas que tentem valorizar a cultura e a ancestralidade negras, via promoção de ações afirmativas, como, por exemplo, o sistema de cotas nos vestibulares e nos concursos públicos. Além disso, os movimentos negros têm se esforçado para demonstrar que as populações africanas e afrodescendentes foram e são sujeitos de sua própria história, ressaltando personalidades que foram fundamentais para a luta por liberdade e justiça social, como Zumbi dos Palmares e Nelson Mandela.

17.e
18.a
19.e
20.e
21.e
22.b
23.01 + 16 = 17
24.b
25.d
26.a
27.d
28.b
29.c
30.a
31.e
32.e
33.d
34.02 + 04 + 08 = 14
35.c
36.c
37.a
38.b
39.a
40.02 + 08 = 10
41.d
42.04 + 16 = 20
43.a
44.c
45.d

46. Sim. Em uma sociedade com uma alta e complexa divisão do trabalho, como a sociedade capitalista atual, existem diversos embates sobre quem detém o saber necessário para realização de determinadas práticas profissionais. Isso ocorre porque profissionais de uma mesma área podem realizar ou não a mesma função. Podemos perceber tal problemática, sobretudo na área da saúde, tal como demonstra o texto em questão.

47.b

48.a

49. O modo capitalista de produção está em constante alteração. O texto sublinha uma mudança bastante importante, do modelo fordista de produção para o modelo toyotista de produção. Diferentemente do primeiro modelo, em que as indústrias fabricavam todos os produtos da mesma maneira, nesse segundo modelo, as empresas procuram elaborar produtos (e também serviços) customizados ao seu consumidor. Com isso, ela reduz custos de produção e amplia nichos de mercado. Isso só foi possível graças às constantes transformações tecnológicas, com o surgimento da produção terceirizada e mundializada, da robótica e posteriormente da internet e dos estudos de mercado feito por profissionais do *marketing*, do *design* e da publicidade.

Siglas dos vestibulares

Enem
Exame Nacional do Ensino Médio – Ministério da Educação – DF

Enem Libras
Exame Nacional do Ensino Médio em Libras – Ministério da Educação – DF

Enem PPL
Exame Nacional do Ensino Médio para pessoas privadas de liberdade – Ministério da Educação – DF

Famerp-SP
Faculdade de Medicina de São José do Rio Preto – SP

FGV-SP
Fundação Getúlio Vargas – SP

Ifsul-RS
Instituto Federal Sul-Rio-Grandense – RS

PUC-PR
Pontifícia Universidade Católica do Paraná – PR

Udesc
Universidade do Estado de Santa Catarina – SC

UEG-GO
Universidade Estadual de Goiás – GO

UEL-PR
Universidade Estadual de Londrina – PR

UEM-PR
Universidade Estadual de Maringá – PR

Uerj
Universidade do Estado do Rio de Janeiro

Uern
Universidade do Estado do Rio Grande do Norte – RN

UFG-GO
Universidade Federal de Goiás – GO

UFPR
Universidade Federal do Paraná – PR

Uncisal
Universidade Estadual de Ciências da Saúde de Alagoas – AL

Unesp-SP
Universidade Estadual de São Paulo – SP

Unioeste-PR
Universidade Estadual do Oeste do Paraná – PR

Unisc-SC
Universidade de Santa Cruz do Sul – RS

Unisinos-RS
Universidade do Vale do Rio dos Sinos – RS

UPE
Universidade de Pernambuco – PE

Respostas

Simulado 1

1. d
2. b
3. e
4. a
5. e
6. e
7. d
8. a
9. a
10. a
11. e
12. d
13. c
14. d
15. b

Simulado 2

1. a
2. d
3. e
4. e
5. d
6. d
7. d
8. e
9. d
10. b
11. a
12. c
13. c
14. a
15. a

Simulado 3

1. c
2. d
3. c
4. b
5. a
6. d
7. b
8. e
9. b
10. e
11. c
12. b
13. e
14. d
15. d

começo da fábrica, os tecelões ganhavam em média 170$000 réis mensais. Mais tarde não conseguiam ganhar mais do que 90$000 e pelo último rebaixamento, a média era de 75$000! E se a vida fosse barata! Mas as casas que a fábrica aluga, com dois quartos e cozinha, são a 20$000 réis por mês; as outras são de 25$ a 30$000 réis. Quanto aos gêneros de primeira necessidade, em regra custam mais do que em São Paulo.

CARONE, E. Movimento operário no Brasil.
São Paulo: Difel, 1979.

Essas condições de trabalho, próprias de uma sociedade em processo de industrialização como a brasileira do início do século XX, indicam a

a) exploração burguesa.
b) organização dos sindicatos.
c) ausência de especialização.
d) industrialização acelerada.
e) alta de preços.

15. (Enem Libras)

Com o fim da Ditadura, os movimentos populares tiveram maior participação na formulação dos programas governamentais para a reforma urbana. Porém, o direito à moradia só é expresso no corpo da Constituição por meio de emenda, em 2000, que alterou o conteúdo do art. 6º, que trata dos direitos sociais. Na década de 1990 começou a tramitar um projeto de lei que levou mais de dez anos para ser aprovado, tendo como resultado o Estatuto da Cidade. Essa lei instrumentaliza os municípios para a garantia do pleno desenvolvimento das funções sociais e ambientais da cidade e da propriedade.

HOLZ, S.; MONTEIRO, T. V. A. M. Disponível em: <www.sociologia.ufsc.br>. Acesso em: 7 maio 2013 (adaptado).

A aprovação do referido estatuto responde à necessidade de

a) democratização do uso do solo.
b) ampliação de áreas construídas.
c) diversificação do parque nacional.
d) expansão do transporte individual.
e) centralização de recursos financeiros.

11. (Enem PPL)

Uma fábrica na qual os operários fossem, efetiva e integralmente, simples peças de máquinas executando cegamente as ordens da direção pararia em quinze minutos. O capitalismo só pode funcionar com a contribuição constante da atividade propriamente humana de seus subjugados que, ao mesmo tempo, tenta reduzir e desumanizar o mais possível.

CASTORIADIS, C. *A instituição imaginária da sociedade.* Rio de Janeiro: Paz e Terra, 1982.

O texto destaca, além da dinâmica material do capitalismo, a importância da dimensão simbólica da sociedade, que consiste em

a) elaborar significação e valores no mundo para dotá-lo de um sentido que transcende a concretude da vida.
b) estabelecer relações lúdicas entre a vida e a realidade sem a pretensão de transformar o mundo dos homens.
c) atuar sobre a vivência real e modificá-la para estabelecer relações interpessoais baseadas no interesse mútuo.
d) criar discursos destinados a exercer o convencimento sobre audiências, independentemente das posições defendidas.
e) defender a caridade como realização pessoal, por meio de práticas assistenciais, na defesa dos menos favorecidos.

12. (Enem)

Diante de ameaças surgidas com a engenharia genética de alimentos, vários grupos da sociedade civil conceberam o chamado "princípio da precaução". O fundamento desse princípio é: quando uma tecnologia ou produto comporta alguma ameaça à saúde ou ao ambiente, ainda que não se possa avaliar a natureza precisa ou a magnitude do dano que venha a ser causado por eles, deve-se evitá-los ou deixá-los de quarentena para maiores estudos e avaliações antes de sua liberação.

SEVCENKO, N. *A corrida para o século XXI: no loop da montanha-russa.* São Paulo: Cia. das Letras, 2001 (adaptado).

O texto expõe uma tendência representativa do pensamento social contemporâneo, na qual o desenvolvimento de mecanismos de acautelamento ou administração de riscos tem como objetivo

a) priorizar os interesses econômicos em relação aos seres humanos e à natureza.
b) negar a perspectiva científica e suas conquistas por causa de riscos ecológicos.
c) instituir o diálogo público sobre mudanças tecnológicas e suas consequências.
d) combater a introdução de tecnologias para travar o curso das mudanças sociais.
e) romper o equilíbrio entre benefícios e riscos do avanço tecnológico e científico.

13. (Enem)

Quanto mais complicada se tornou a produção industrial, mais numerosos passaram a ser os elementos da indústria que exigiam garantia de fornecimento. Três deles eram de importância fundamental: o trabalho, a terra e o dinheiro. Numa sociedade comercial, esse fornecimento só poderia ser organizado de uma forma: tornando-os disponíveis à compra. Agora eles tinham que ser organizados para a venda no mercado. Isso estava de acordo com a exigência de um sistema de mercado. Sabemos que em um sistema esse, os lucros só podem ser assegurados se se garante a autorregulação por meio de mercados competitivos interdependentes.

POLANYI, K. *A grande transformação: as origens de nossa época.* Rio de Janeiro: Campus, 2000 (adaptado).

A consequência do processo de transformação socioeconômica abordado no texto é a

a) expansão das terras comunais.
b) limitação do mercado como meio de especulação.
c) consolidação da força de trabalho como mercadoria.
d) diminuição do comércio como efeito da industrialização.
e) adequação do dinheiro como elemento padrão das transações.

14. (Enem PPL)

A tecelagem é numa sala com quatro janelas e 150 operários. O salário é por obra. No

9. (Enem)

Texto I

Dezenas de milhares de pessoas compareceram à maior manifestação anti-troika (Comissão Europeia, Banco Central Europeu e FMI) em Atenas contra a austeridade e os cortes de gastos públicos aprovados neste domingo no parlamento grego.

Disponível em: <www.cartamaior.com.br>. Acesso em: 8 nov. 2013.

Texto II

As políticas de austeridade transferem o ônus econômico para as classes trabalhadoras. Para diminuir os prejuízos do capital financeiro, socializam as perdas entre as classes trabalhadoras. O capitalismo não foi capaz de integrar os trabalhadores e ao mesmo tempo protegê-los.

Entrevista com Ruy Braga. Revista IHU online. Disponível em: <www.ihu.unisinos.br>. Acesso em: 8 nov. 2013 (adaptado).

Texto III

O trabalhador fica mais pobre à medida que produz mais riqueza e sua produção cresce em força e extensão. O trabalhador torna-se uma mercadoria ainda mais barata à medida que cria mais bens. Esse fato simplesmente subentende que o objeto produzido pelo trabalho, o seu produto, agora se lhe opõe como um ser estranho, como uma *força independente do produtor*.

MARX, K. Manuscritos econômicos-filosóficos (Primeiro manuscrito). São Paulo: Boitempo Editorial, 2004 (adaptado).

Com base nos textos, a relação entre trabalho e modo de produção capitalista é

a) baseada na desvalorização do trabalho especializado e no aumento da demanda social por novos postos de emprego.

b) fundada no crescimento proporcional entre o número de trabalhadores e o aumento da produção de bens e serviços.

c) estruturada na distribuição equânime de renda e no declínio do capitalismo industrial e tecnocrata.

d) instaurada a partir do fortalecimento da luta de classes e da criação da economia solidária.

e) derivada do aumento da riqueza e da ampliação da exploração do trabalhador.

10. (Enem PPL)

Quando refletimos sobre a questão da justiça, algumas associações são feitas quase intuitivamente, tais como a de equilíbrio entre as partes, princípio de igualdade, distribuição equitativa, mas logo as dificuldades se mostram. Isso porque a nossa sociedade, sendo bastante diversificada, apresenta uma heterogeneidade tanto em termos das diversas culturas que coexistem em um mundo interligado como em relação aos modos de vida e aos valores que surgem no interior de uma mesma sociedade.

CHEDIAK, K. A pluralidade como ideia regulatória: a noção de justiça a partir da filosofia de Lyotard. *Trans/Form/Ação*, n. 1, 2001 (adaptado).

A relação entre justiça e pluralidade, apresentada pela autora, está indicada em:

a) A complexidade da sociedade limita o exercício da justiça e a impede de atuar a favor da diversidade cultural.

b) A diversidade cultural e de valores torna a justiça mais complexa e distante de um parâmetro geral orientador.

c) O papel da justiça refere-se à manutenção de princípios fixos e incondicionais em função da diversidade cultural e de valores.

d) O pressuposto da justiça é fomentar o critério de igualdade a fim de que esse valor torne-se absoluto em todas as sociedades.

e) O aspecto fundamental da justiça é o exercício de dominação e controle, evitando a desintegração de uma sociedade diversificada.

Ilhoria do *status* jurídico, da condição social, do avanço no sentido de uma presença mais efetiva no processo de decisão política. Ao longo de quase todo o século XX, com mais intensidade em algumas décadas do que em outras, as mulheres brasileiras conseguiram obter vitórias expressivas. Algumas vezes, abolindo dispositivos legais discriminatórios, outras conseguindo aprovar novas leis.

TABAK, F. A lei como instrumento de mudança social. In: TABAK, F.; VERUCCI, F. A difícil igualdade: os direitos da mulher como direitos humanos. Rio de Janeiro: Relume Dumará, 1994.

A atuação do movimento social abordado no texto resultou, na década de 1930, em

a) direito de voto.
b) garantia de cotas.
c) acesso ao trabalho.
d) organização partidária.
e) igualdade de oportunidades.

6. (Enem)

Cúpula dos Povos começa como contraponto à Rio+20

Enquanto a conferência oficial no Riocentro, na Barra, é restrita a participantes credenciados, que só entram depois de passar por um forte controle de segurança, a Cúpula dos Povos é aberta ao público, em tendas ao ar livre no Aterro do Flamengo. Ela é aberta também às tribos e discussões mais diversas, em mesas de debate e painéis geridos pelos próprios participantes, buscando promover a mobilização social. Problemas ambientais, econômicos, sociais, políticos e de minorias serão discutidos no evento, afirma uma ativista norte-americana, em alusão ao movimento que ocupou Wall Street, em Nova York, no ano passado.

Disponível em: <www.bbc.co.uk>. Acesso em: 14 ago. 2012.

Uma articulação entre as agendas ambientalistas e a antiglobalização indica a

a) humanização do sistema capitalista financeiro.
b) consolidação do movimento operário internacional.
c) promoção de consenso com as elites políticas locais.

Texto I

Cidadão

Tá vendo aquele edifício, moço?
Ajudei a levantar
Foi um tempo de aflição
Eram quatro condução
Duas pra ir, duas pra voltar
Hoje depois dele pronto
Olho pra cima e fico tonto
Mas me vem um cidadão
E me diz desconfiado
"'Tu tá aí admirado
Ou tá querendo roubar?"
Meu domingo tá perdido
Vou pra casa entristecido
Dá vontade de beber
E pra aumentar meu tédio
Eu nem posso olhar pro prédio
Que eu ajudei a fazer.

BARBOSA, L. In: ZÉ RAMALHO. 20 Super Sucessos. Rio de Janeiro: Sony Music, 1999 (fragmento).

8. (Enem)

A alteração legal no Brasil contemporâneo descrita no texto é resultado do processo de

a) aumento da renda nacional.
b) mobilização do movimento negro.
c) melhoria da infraestrutura escolar.
d) ampliação das disciplinas obrigatórias.
e) politização das universidades públicas.

Diretrizes Curriculares Nacionais para a Educação das Relações Etnicorraciais e para o Ensino de História e Cultura Afro-brasileira e Africana. Brasília: Ministério da Educação, 2005.

7. (Enem)

A demanda da comunidade afro-brasileira por reconhecimento, valorização e afirmação de direitos, no que diz respeito à educação, passou a ser particularmente apoiada com a promulgação da Lei 10.639/2003, que alterou a Lei 9.394/1996, estabelecendo a obrigatoriedade do ensino de história e cultura afro-brasileiras e africanas.

d) constituição de espaços de debates transversais globais.
e) construção das pautas com os partidos políticos socialistas.

Simulado 3

15 questões de Sociologia • **Tempo de resolução: 55 minutos**

1. (Enem PPL)

Falava-se, antes, de autonomia da produção significar que uma empresa, ao assegurar uma produção, buscava também manipular a opinião pela via da publicidade. Nesse caso, o fato gerador do consumo seria a produção. Mas, atualmente, as empresas hegemônicas produzem o consumidor antes mesmo de produzirem os produtos. Um dado essencial do entendimento do consumo é que a produção do consumidor, hoje, precede a produção dos bens e dos serviços.

SANTOS, M. *Por uma outra globalização:* do pensamento único à consciência universal. Rio de Janeiro: Record, 2000 (adaptado).

O tipo de relação entre produção e consumo discutido no texto pressupõe o(a)

a) aumento do poder aquisitivo.
b) estímulo à livre concorrência.
c) criação de novas necessidades.
d) formação de grandes estoques.
e) implantação de linhas de montagem.

2. (Enem PPL)

A eugenia, tal como originalmente concebida, era a aplicação de "boas práticas de melhoramento" ao aprimoramento da espécie humana. Francis Galton foi o primeiro a sugerir com destaque o valor da reprodução humana controlada, considerando-a produtora do aperfeiçoamento da espécie.

ROSE, M. *O espectro de Darwin.* Rio de Janeiro: Ziat, 2000 (adaptado).

Um resultado da aplicação dessa teoria, disseminada a partir da segunda metade do século XIX, foi o(a)

a) aprovação de medidas de inclusão social.
b) adoção de crianças com diferentes características físicas.
c) estabelecimento de legislação que combatia as divisões sociais.
d) prisão e esterilização de pessoas com características consideradas inferiores.
e) desenvolvimento de próteses que possibilitavam a reabilitação de pessoas deficientes.

3. (Enem)

O mercado tende a gerir e regulamentar todas as atividades humanas. Até há pouco, certos campos — cultura, esporte, religião — ficavam fora do seu alcance. Agora, são absorvidos pela esfera do mercado. Os governos confiam cada vez mais nele (abandono dos setores de Estado, privatizações).

RAMONET, I. *Guerras do século XXI:* novos temores e novas ameaças. Petrópolis: Vozes, 2003.

No texto é apresentada uma lógica que constitui uma característica central do seguinte sistema socioeconômico:

a) Socialismo.
b) Feudalismo.
c) Capitalismo.
d) Anarquismo.
e) Comunitarismo.

4. (Enem PPL)

Secult/Governo do Estado da Bahia

A imagem retrata uma prática cultural brasileira cuja raiz histórica está associada à

a) liberdade religiosa.
b) migração forçada.
c) devoção ecumênica.
d) atividade missionária.
e) mobilização política.

5. (Enem PPL)

A experiência do movimento organizado de mulheres no Brasil oferece excelente exemplo de como se pode utilizar a lei em favor da me-

13. (Enem Libras)

A cidade não é apenas reprodução da força de trabalho. Ela é um produto ou, em outras palavras, também um grande negócio, especialmente para os capitais que embolsam, com sua produção e exploração, lucros, juros e rendas. Há uma disputa básica, como um pano de fundo, entre aqueles que querem dela melhores condições de vida e aqueles que visam apenas extrair ganhos.

MARICATO, E. É a questão urbana, estúpido! In: MARICATO, E. et al. Cidades rebeldes: passe livre e as manifestações que tomaram as ruas do Brasil. São Paulo: Boitempo; Carta Maior, 2013.

O texto problematiza o seguinte aspecto referente ao ordenamento das cidades:

a) A instituição do planejamento participativo.
b) A valorização dos interesses coletivos.
c) O fortalecimento da esfera estatal.
d) A expansão dos serviços públicos.
e) O domínio da perspectiva mercadológica.

14. (Enem PPL)

Em um governo que deriva sua legitimidade de eleições livres e regulares, a ativação de uma corrente comunicativa entre a sociedade política e a civil é essencial e constitutiva, não apenas inevitável. As múltiplas fontes de informa-

---

ção e as variadas formas de comunicação e influência que os cidadãos ativam através da mídia, movimentos sociais e partidos políticos dão o tom da representação em uma sociedade democrática.

URBINATI, N. O que torna a representação democrática? Lua Nova, n. 67, 2006.

Esse papel exercido pelos meios de comunicação favorece uma transformação democrática em função do(a)

a) limitação dos gastos públicos.
b) interesse de grupos corporativos.
c) dissolução de conflitos ideológicos.
d) fortalecimento da participação popular.
e) autonomia dos órgãos governamentais.

15. (Enem)

A sociologia ainda não ultrapassou a era das construções e das sínteses filosóficas. Em vez de assumir a tarefa de lançar luz sobre uma parcela restrita do campo social, ela prefere buscar as brilhantes generalidades em que todas as questões são levantadas sem que nenhuma seja expressamente tratada. Não é com exames sumários e por meio de intuições rápidas que se pode chegar a descobrir as leis de uma realidade tão complexa. Sobretudo, generalizações às vezes tão amplas e tão apressadas não são suscetíveis de nenhum tipo de prova.

DURKHEIM, E. O suicídio: estudo de sociologia. São Paulo: Martins Fontes, 2000.

O texto expressa o esforço de Émile Durkheim em construir uma sociologia com base na

a) vinculação com a filosofia como saber unificado.
b) reunião de percepções intuitivas para demonstração.
c) formulação de hipóteses subjetivas sobre a vida social.
d) adesão aos padrões de investigação típicos das ciências naturais.
e) incorporação de um conhecimento alimentado pelo engajamento político.

8. (Enem PPL)

Enquanto persistirem as grandes diferenças sociais e os níveis de exclusão que conhecemos hoje no Brasil, as políticas sociais compensatórias serão indispensáveis.

SACHS, I. Inclusão social pelo trabalho decente. Revista de Estudos Avançados, n. 51, ago. 2004.

As ações referidas são legitimadas por uma concepção de política pública

a) focada no vínculo clientelista.
b) pautada na liberdade de iniciativa.
c) baseada em relações de parentesco.
d) orientada por organizações religiosas.
e) centrada na regulação de oportunidades.

9. (Enem)

Muitos países se caracterizam por terem populações multiétnicas. Com frequência, evoluíram desse modo ao longo de séculos. Outras sociedades se tornaram multiétnicas mais rapidamente, como resultado de políticas incentivando a migração, ou por conta de legados coloniais e imperiais.

GIDDENS, A. Sociologia. Porto Alegre: Penso, 2012 (adaptado).

Do ponto de vista do funcionamento das democracias contemporâneas, o modelo de sociedade descrito demanda, simultaneamente,

a) defesa do patriotismo e rejeição ao hibridismo.
b) universalização de direitos e respeito à diversidade.
c) segregação do território e estímulo ao autogoverno.
d) políticas de compensação e homogeneização do idioma.
e) padronização da cultura e repressão aos particularismos.

10. (Enem PPL)

No Brasil, assim como em vários outros países, os modernos movimentos LGBT representam um desafio às formas de condenação e perseguição social contra desejos e comportamentos sexuais anticonvencionais associados à vergonha, imoralidade, pecado, degeneração, doença. Falar do movimento LGBT implica, portanto, chamar a atenção para a sexualidade como fonte de estigmas, intolerância, opressão.

In: BOTELHO, A.; SCHWARCZ, L. M. Cidadania, um projeto em construção. São Paulo: Claro Enigma, 2012 (adaptado).

O movimento social abordado justifica-se pela defesa do direito de

a) organização sindical.
b) participação partidária.
c) manifestação religiosa.
d) formação profissional.
e) afirmação identitária.

11. (Enem Libras)

Uma área de cerca de 101,7 mil metros quadrados, com um pátio ferroviário e uma série de armazéns de açúcar abandonados pelo poder público. Quem olha de fora vê apenas isso, mas quem conhece a história do Cais José Estelita sabe que o local faz parte da história de Recife, sendo um dos cartões-postais e um dos poucos espaços públicos que restam na capital pernambucana. E é por isso que um grupo está lutando para evitar que as construções sejam demolidas por um consórcio de grandes construtoras para construção de prédios comerciais e residenciais.

BUENO, C. Ocupe Estelita: movimento social e cultural defende marco histórico de Recife. Ciência e Cultura, n. 4, 2014.

A forma de atuação do movimento social relatado evidencia a sua busca pela

a) revitalização econômica do lugar.
b) ampliação do poder de consumo.
c) preservação do patrimônio material.
d) intensificação da geração de empregos.
e) criação de espaços de autossegregação.

12. (Enem)

Sou filho natural de uma negra, africana livre, da Costa da Mina (Nagô de Nação), de nome Luiza Mahin, pagã, que sempre recusou o batismo e a doutrina cristã. Minha mãe era baixa de estatura, magra, bonita, a cor era de um preto retinto e sem lustro, tinha os dentes alvíssimos como a neve, era muito altiva, geniosa,

5. (Enem PPL)

Canto dos lavradores de Goiás

Tem fazenda e fazenda
Que é grande perfeitamente
Sobe serra desce serra
Salta muita água corrente
Sem lavoura e sem ninguém
O dono mora ausente.
Lá só tem cacambeiro
Tira onda de valente
Isso é que é grande barreira
Que está em nossa frente
Tem muita gente sem terra
Tem muita terra sem gente.

MARTINS, J. S. Cativeiro da terra. São Paulo: Ciências Humanas, 1979.

No canto registrado pela cultura popular, a característica do mundo rural brasileiro no século XX destacada é a

a) atuação da bancada ruralista.
b) expansão da fronteira agrícola.
c) valorização da agricultura familiar.
d) manutenção da concentração fundiária.
e) implementação da modernização conservadora.

6. (Enem)

No final do século XIX, as Grandes Sociedades carnavalescas alcançaram ampla popularidade entre os foliões cariocas. Tais sociedades cultivavam um pretensioso objetivo em relação à comemoração carnavalesca em si mesma: com seus desfiles de carros enfeitados pelas principais ruas da cidade, pretendiam abolir o entrudo (brincadeira que consistia em jogar água nos foliões) e outras práticas difundidas entre a população desde os tempos coloniais, substituindo-os por formas de diversão que consideravam mais civilizadas, inspiradas nos carnavais de Veneza. Contudo, ninguém parecia disposto a abrir mão de suas diversões para assistir ao carnaval das sociedades. O entrudo, na visão dos seus animados praticantes, poderia coexistir perfeitamente com os desfiles.

PEREIRA, C. S. Os senhores da alegria: a presença das mulheres nas Grandes Sociedades carnavalescas cariocas em fins do século XIX. In: CUNHA, M. C. P. Carnavais e outras festas: ensaios de história social da cultura. Campinas: Unicamp, Cecult, 2002 (adaptado).

Manifestações culturais como o carnaval também têm sua própria história, sendo constantemente reinventadas ao longo do tempo. A atuação das Grandes Sociedades, descrita no texto, mostra que o carnaval representava um momento em que as

a) distinções sociais eram deixadas de lado em nome da celebração.
b) aspirações cosmopolitas da elite impediam a realização da festa fora dos clubes.
c) liberdades individuais eram extintas pelas regras das autoridades públicas.
d) tradições populares se transformavam em matéria de disputas sociais.
e) perseguições policiais tinham caráter xenófobo por repudiarem tradições estrangeiras.

7. (Enem Libras)

O comércio soube extrair um bom proveito da interatividade própria do meio tecnológico. A possibilidade de se obter um alto desenho do perfil de interesses do usuário, que deverá levar às últimas consequências o princípio da oferta como isca para o desejo consumista, foi o principal deles.

SANTAELLA, L. Culturas e artes do pós-humano: da cultura das mídias à cibercultura. São Paulo: Paulus, 2003 (adaptado).

Do ponto de vista comercial, o avanço das novas tecnologias indicado no texto está associado à

a) atuação dos consumidores como fiscalizadores da produção.
b) exigência de consumidores conscientes de seus direitos.

Declaração dos Direitos do Homem e do Cidadão. Essa Declaração se impôs como necessária para um grupo de revolucionários, por ter sido preparada por uma mudança no plano das ideias e das mentalidades: o iluminismo.

FORTES, L. R. S. O iluminismo e os reis filósofos. São Paulo: Brasiliense, 1981 (adaptado).

Correlacionando temporalidades históricas, o texto apresenta uma concepção de pensamento que tem como uma de suas bases a

a) modernização da educação escolar.
b) atualização da disciplina moral cristã.
c) divulgação de costumes aristocráticos.
d) socialização do conhecimento científico.
e) universalização do princípio da igualdade civil.

Simulado 2

15 questões de Sociologia • **Tempo de resolução: 55 minutos**

1. (Enem)

A linhagem dos primeiros críticos ambientais brasileiros não praticou o elogio laudatório da beleza e da grandeza do meio natural brasileiro. O meio natural foi elogiado por sua riqueza e potencial econômico, sendo sua destruição interpretada como um signo de atraso, ignorância e falta de cuidado.

PÁDUA, J. A. *Um sopro de destruição: pensamento político e crítica ambiental no Brasil escravista (1786-1888)*. Rio de Janeiro: Zahar, 2002 (adaptado).

Descrevendo a posição dos críticos ambientais brasileiros dos séculos XVIII e XIX, o autor demonstra que, via de regra, eles viam o meio natural como

a) ferramenta essencial para o avanço da nação.
b) dádiva divina para o desenvolvimento industrial.
c) paisagem privilegiada para a valorização fundiária.
d) limitação topográfica para a promoção da urbanização.
e) obstáculo climático para o estabelecimento da civilização.

2. (Enem)

Palestinos se agruparam em frente a aparelhos de televisão e telas montadas ao ar livre em Ramalah, na Cisjordânia, para acompanhar o voto da resolução que pedia o reconhecimento da chamada Palestina como um Estado observador não membro da Organização das Nações Unidas (ONU). O objetivo era esperar pelo nascimento, ao menos formal, de um Estado palestino. Depois da aprovação da resolução, centenas de pessoas foram à praça da cidade com bandeiras palestinas, soltaram fogos de artifício, fizeram buzinaços e dançaram pelas ruas. Aprovada com 138 votos dos 193 da Assembleia-Geral, a resolução eleva o status do Estado palestino perante a organização.

Palestinos comemoram elevação de status na ONU com bandeiras e fogos. Disponível em: <http://folha.com>. Acesso em: 4 dez. 2012 (adaptado).

A mencionada resolução da ONU referendou o(a)

a) delimitação institucional das fronteiras territoriais.

3. (Enem)

No período anterior ao golpe militar de 1964, os documentos episcopais indicavam para os bispos que o desenvolvimento econômico e claramente o desenvolvimento capitalista, orientando-se no sentido da justa distribuição da riqueza, resolveria o problema da miséria rural e, consequentemente, suprimiria a possibilidade do proselitismo e da expansão comunista entre os camponeses. Foi nesse sentido que o golpe de Estado, de 31 de março de 1964, foi acolhido pela igreja.

MARTINS, J. S. *A política do Brasil: lúmpen e místico*. São Paulo: Contexto, 2011 (adaptado).

Em que pesem as divergências no interior do clero após a instalação da ditadura civil-militar, o posicionamento mencionado no texto fundamentou-se no entendimento da hierarquia católica de que o(a)

a) luta de classes é estimulada pelo livre mercado.
b) poder oligárquico é limitado pela ação do Exército.
c) doutrina cristã é beneficiada pelo atraso do interior.
d) espaço político é dominado pelo interesse empresarial.
e) manipulação ideológica é favorecida pela privação material.

4. (Enem)

Fala-se muito nos dias de hoje em direitos do homem. Pois bem: foi no século XVIII — em 1789, precisamente — que uma Assembleia Constituinte produziu e proclamou em Paris a

b) aumento da qualidade de vida da população local.
c) implementação do tratado de paz com os israelenses.
d) apoio da comunidade internacional à demanda nacional.
e) equiparação da condição política com a dos demais países.

14. (Enem PPL)

Mediante o Código de Posturas de 1932, o poder público enumera e prevê, para os habitantes de Fortaleza, uma série de proibições condicionadas pela hora: após as 22 horas era vetada a emissão de sons em volume acentuado. O uso de buzinas, sirenes, vitrolas, motores ou qualquer objeto que produzisse barulho seria punido com multa. No início dos anos 1940 o último bonde partia da Praça do Ferreira às 23 horas.

SILVA FILHO, A. L. M. Fortaleza: imagens da cidade. Fortaleza: Museu do Ceará; Secult, 2001 (adaptado).

Como Fortaleza, muitas capitais brasileiras experimentaram, na primeira metade do século XX, um novo tipo de vida urbana, marcado por condutas que evidenciam uma

a) experiência temporal regida pelo tempo orgânico e pessoal.
b) experiência que flexibilizava a obediência ao tempo do relógio.
c) relação de códigos que estimulavam o trânsito de pessoas na cidade.
d) normatização do tempo com vistas à disciplina dos corpos na cidade.
e) cultura urbana capaz de conviver com diferentes experiências temporais.

15. (Enem)

Não nos resta a menor dúvida de que a principal contribuição dos diferentes tipos de movimentos sociais brasileiros nos últimos vinte anos foi no plano da reconstrução do processo de democratização do país. E não se trata apenas da reconstrução do regime político, da retomada da democracia e do fim do Regime Militar. Trata-se da reconstrução ou construção de novos rumos para a cultura do país, do preenchimento de vazios na condução da luta pela redemocratização, constituindo-se como agentes interlocutores que dialogam diretamente com a população e com o Estado.

GOHN, M. G. M. Os sem-terras, ONGs e cidadania. São Paulo: Cortez, 2003 (adaptado).

No processo da redemocratização brasileira, os novos movimentos sociais contribuíram para

a) diminuir a legitimidade dos novos partidos políticos então criados.
b) tornar a democracia um valor social que ultrapassa os momentos eleitorais.
c) difundir a democracia representativa como objetivo fundamental da luta política.
d) ampliar as disputas pela hegemonia das entidades de trabalhadores com os sindicatos.
e) fragmentar as lutas políticas dos diversos atores sociais frente ao Estado.

WEBER, M. A ética protestante e o espírito do capitalismo. São Paulo: Martin Claret, 2001 (adaptado).

O capitalismo moderno, segundo Max Weber, apresenta como característica fundamental a

a) competitividade decorrente da acumulação de capital.
b) implementação da flexibilidade produtiva e comercial.
c) ação calculada e planejada para obter rentabilidade.
d) socialização das condições de produção.
e) mercantilização da força de trabalho.

a busca do lucro, do lucro sempre renovado por meio da empresa permanente, capitalista e racional. Pois assim deve ser: numa ordem completamente capitalista da sociedade, uma empresa individual que não tirasse vantagem das oportunidades de obter lucros estaria condenada à extinção.

SIMULADO 1

11. (Enem PPL)

Figura 1
Princesa Alexandra. Disponível em: www.democraciafashion.com.br. Acesso em: 4 ago. 2012.

Figura 2
Duquesa de Cambridge, Kate Middleton. Disponível em: http://rockandglamour.blogspot.com. Acesso em: 4 ago. 2012.

As figuras indicam mudanças no universo feminino, como a

a) decadência da Monarquia, revelada pela aparição solitária e informal das nobres.
b) redução na escolaridade, simbolizada pela vida dinâmica e sem dedicação à leitura.
c) ampliação do *status*, conferida pela passagem do local rústico para os jardins do palácio.
d) inclusão na política, representada pela diferença entre o espaço privado e o espaço público.
e) valorização do corpo, salientada pelo uso de roupas mais curtas e pela postura mais relaxada.

12. (Enem PPL)

Os movimentos sociais do século XXI, ações coletivas deliberadas que visam à transformação de valores e instituições da sociedade, manifestam-se na e pela internet. O mesmo pode ser dito do movimento ambiental, o movimento das mulheres, vários movimentos pelos direitos humanos, movimentos de identidade étnica, movimentos religiosos, movimentos nacionalistas e dos defensores/proponentes de uma lista infindável de projetos culturais e causas políticas.

CASTELLS, M. A galáxia da internet: reflexões sobre a internet, os negócios e a sociedade. Rio de Janeiro: Jorge Zahar, 2003.

De acordo com o texto, a população engajada em processos políticos pode utilizar a rede mundial de computadores como recurso para mobilização, pois a internet caracteriza-se por

a) diminuir a insegurança do sistema eleitoral.
b) reforçar a possibilidade de maior participação qualificada.
c) garantir o controle das informações geradas nas mobilizações.
d) incrementar o engajamento cívico para além das fronteiras locais.
e) ampliar a participação pela solução da escassez de tempo dos cidadãos.

13. (Enem PPL)

O impulso para o ganho, a perseguição do lucro, do dinheiro, da maior quantidade possível de dinheiro não tem, em si mesma, nada que ver com o capitalismo. Tal impulso existe e sempre existiu. Pode-se dizer que tem sido comum a toda sorte e condição humanas em todos os tempos e em todos os países, sempre que se tenha apresentada a possibilidade objetiva para tanto. O capitalismo, porém, identifica-se com

8. (Enem)

Ottmar Mergenthaler. O invento foi de grande importância por ter significado um novo e fundamental avanço na história das artes gráficas. A linotipia provocou, na verdade, uma revolução porque venceu a lentidão da composição dos textos executada na tipografia tradicional, em que o texto era composto à mão, juntando tipos móveis um por um. Constituía-se, assim, no principal meio de composição tipográfica até 1950. A linotipo, a partir do final do século XIX, passou a produzir impressos a baixo custo, o que levou informação às massas, democratizou a informação. Promoveu uma revolução na educação. Antes da linotipo, os jornais e revistas eram escassos, com poucas páginas e caros. Os livros didáticos também eram caros, pouco acessíveis.

Disponível em: <http://portal.in.gov.br>. Acesso em: 23 fev. 2013 (adaptado).

O texto apresenta um histórico da linotipo, uma máquina tipográfica inventada no século XIX e responsável pela dinamização da imprensa. Em termos sociais, a contribuição da linotipo teve impacto direto na

a) produção vagarosa de materiais didáticos.
b) composição aprimorada de tipos de chumbo.
c) montagem acelerada de textos para impressão.
d) produção acessível de materiais informacionais.
e) impressão dinamizada de imagens em revistas.

Reprodução/Enem 2014

Considerando-se a dinâmica entre tecnologia e organização do trabalho, a representação contida no cartum é caracterizada pelo pessimismo em relação à

9. (Enem)

Mas plantar pra dividir
Não faço mais isso, não.
Eu sou um pobre caboclo.
Ganho a vida na enxada.
O que eu colho é dividido
Com quem não planta nada.
Se assim continuar
vou deixar o meu sertão,
mesmo os olhos cheios d'água
e com dor no coração.
Vou pró Rio carregar massas
pros pedreiros em construção.
Deus até está ajudando:
está chovendo no sertão!
Mas plantar pra dividir,
Não faço mais isso, não.

VALE, J.; AQUINO, J. B. *Sina de caboclo*. São Paulo: Polygram, 1994 (fragmento).

No trecho da canção, composta na década de 1960, retrata-se a insatisfação do trabalhador rural com

a) a distribuição desigual da produção.
b) os financiamentos feitos ao produtor rural.
c) a ausência de escolas técnicas no campo.
d) os empecilhos advindos das secas prolongadas.
e) a precariedade de insumos no trabalho do campo.

10. (Enem)

Estatuto da Frente Negra Brasileira (FNB)

Art. 1º – Fica fundada nesta cidade de São Paulo, para se irradiar por todo o Brasil, a Frente Negra Brasileira, união política e social da Gente Negra Nacional, para a afirmação dos direitos históricos da mesma, em virtude da sua atividade material e moral no passado e para reivindicação de seus direitos sociais e políticos, atuais, na Comunhão Brasileira.

Diário Oficial do Estado de São Paulo, 4 nov. 1931.

Quando foi fechada pela ditadura do Estado Novo, em 1937, a FNB caracterizava-se como uma organização

a) ideia de progresso.
b) concentração do capital.
c) noção de sustentabilidade.
d) organização dos sindicatos.
e) obsolescência dos equipamentos.

Texto II

Para que essas classes com interesses econômicos em conflitos não destruam a si mesmas e à sociedade numa luta estéril, surge a necessidade de um poder que, na aparência, esteja acima da sociedade, que atenue o conflito, mantenha-o dentro dos limites da ordem.

ENGELS, F. In: GALLINO, L. Dicionário de sociologia. São Paulo: Paulus, 2005 (adaptado).

Os textos expressam duas visões sobre a forma como os indivíduos se organizam socialmente. Tais visões apontam, respectivamente, para as concepções:

a) Liberal, em defesa da liberdade e da propriedade privada — Conflituosa, exemplificada pela luta de classes.
b) Heterogênea, favorável à propriedade privada — Consensual, sob o controle de classes com interesses comuns.
c) Igualitária, baseada na filantropia — Complementar, com objetivos comuns unindo classes antagônicas.
d) Compulsória, na qual as pessoas possuem papéis que se complementam — Individualista, na qual as pessoas lutam por seus interesses.
e) Libertária, em defesa da razão humana — Contratória, na qual vigora o estado de natureza.

5. (Enem)

O sociólogo espanhol Manuel Castells sustenta que "a comunicação de valores e a mobilização em torno do sentido são fundamentais. Os movimentos culturais (entendidos como movimentos que têm como objetivo defender ou propor modos próprios de vida e sentido) constroem-se em torno de sistemas de comunicação — essencialmente a internet e os meios de comunicação — porque esta é a principal via que esses movimentos encontram para chegar àquelas pessoas que podem eventualmente partilhar os seus valores, e a partir daqui atuar na consciência da sociedade no seu conjunto".

Disponível em: www.compolitica.org. Acesso em: 2 mar. 2012 (adaptado).

Em 2011, após uma forte mobilização popular via redes sociais, houve a queda do governo de Hosni Mubarak, no Egito. Esse evento ratifica o argumento de que

a) a internet atribui verdadeiros valores culturais aos seus usuários.
b) a consciência das sociedades foi estabelecida com o advento da internet.
c) a revolução tecnológica tem como principal objetivo a deposição de governantes antidemocráticos.
d) os recursos tecnológicos estão a serviço dos opressores e do fortalecimento de suas práticas políticas.
e) os sistemas de comunicação são mecanismos importantes de adesão e compartilhamento de valores sociais.

6. (Enem PPL)

No sistema democrático de Schumpeter, os únicos participantes plenos são os membros de elites políticas em partidos e em instituições públicas. O papel dos cidadãos ordinários é não apenas altamente limitado, mas frequentemente retratado como uma intrusão indesejada no funcionamento tranquilo do processo "público" de tomada de decisões.

HELD, D. Modelos de democracia. Belo Horizonte: Paideia, 1987.

O modelo de sistema democrático apresentado pelo texto pressupõe a

a) consolidação da racionalidade comunicativa.
b) adoção dos institutos do plebiscito e do referendo.
c) condução de debates entre cidadãos iguais e o Estado.
d) substituição da dinâmica representativa pela cívico-participativa.
e) deliberação dos líderes políticos com restrição da participação das massas.

7. (Enem)

Linotipos

O Museu da Imprensa exibe duas linotipos. Trata-se de um tipo de máquina de composição de tipos de chumbo, inventada em 1884 em Baltimore, nos Estados Unidos, pelo alemão

Simulado 1

15 questões de Sociologia • Tempo de resolução: 55 minutos

1. (Enem)

Na imagem, estão representados dois modelos de produção. A possibilidade de uma crise de superprodução é distinta entre eles em função do seguinte fator:

a) Origem da matéria-prima.
b) Qualificação da mão de obra.
c) Velocidade de processamento.
d) Necessidade de armazenamento.
e) Amplitude do mercado consumidor.

2. (Enem)

Própria dos festejos juninos, a quadrilha nasceu como dança aristocrática, oriunda dos salões franceses, depois difundida por toda a Europa. No Brasil, foi introduzida como dança de salão e, por sua vez, apropriada e adaptada pelo gosto popular. Para sua ocorrência, é importante a presença de um mestre "marcante" ou "marcador", pois é quem determina as figurações diversas que os dançadores desenvolvem. Observa-se a constância das seguintes marcações: "Tour", "En avant", "Chez des dames", "Chez des chevalié", "Cestinha de flor", "Balancé", "Caminho da roça", "Olha a chuva", "Garranché", "Passeio", "Coroa de flores", "Coroa de espinhos" etc.

No Rio de Janeiro, em contexto urbano, apresenta transformações: surgem novas figurações, o francês aportuguesado inexiste, o uso de gravações substitui a música ao vivo, além do aspecto de competição, que sustenta os festivais de quadrilha, promovidos por órgãos de turismo.

CASCUDO, L. C. Dicionário do folclore brasileiro. Rio de Janeiro: Melhoramentos, 1976.

As diversas formas de dança são demonstrações da diversidade cultural do nosso país. Entre elas, a quadrilha é considerada uma dança folclórica por possuir como característica principal os atributos divinos e religiosos e, por isso, identificar uma nação ou região.
b) abordar as tradições e costumes de determinados povos ou regiões distintas de uma mesma nação.
c) apresentar cunho artístico e técnicas apuradas, sendo, também, considerada dança-espetáculo.
d) necessitar de vestuário específico para a sua prática, o qual define seu país de origem.
e) acontecer em salões e festas e ser influenciada por diversos gêneros musicais.

3. (Enem)

O cartum faz uma crítica social. A figura desta cada está em oposição às outras e representa a
a) opressão das minorias sociais.
b) carência de recursos tecnológicos.
c) falta de liberdade de expressão.
d) defesa da qualificação profissional.
e) reação ao controle do pensamento coletivo.

4. (Enem)

Texto I

Não é sem razão que o ser humano procura de boa vontade juntar-se em sociedade com outros que estão já unidos, ou pretendem unir-

Unidade 9. Religiões e religiosidades

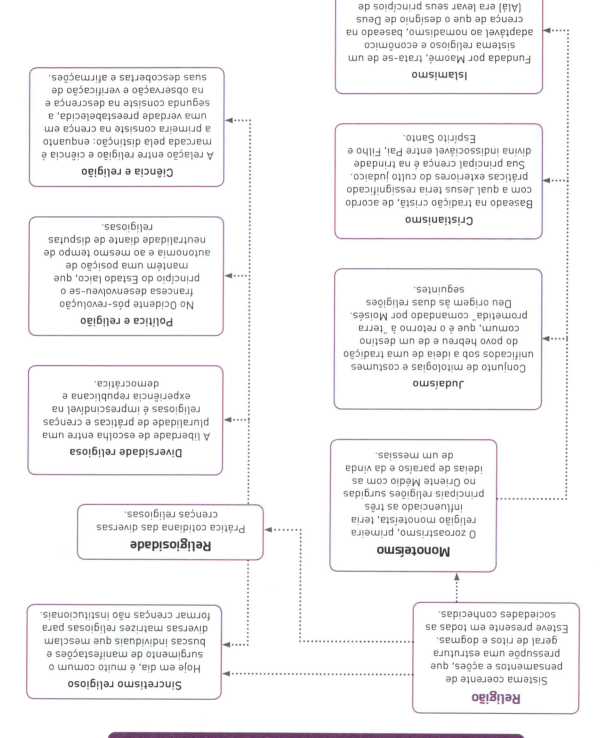

Religião
Sistema coerente de pensamentos e ações, que pressupõe uma estrutura geral de ritos e dogmas. Esteve presente em todas as sociedades conhecidas.

Sincretismo religioso
Hoje em dia, é muito comum o surgimento de manifestações e buscas individuais que mesclam diversas matrizes religiosas para formar crenças não institucionais.

Religiosidade
Prática cotidiana das diversas crenças religiosas.

Diversidade religiosa
A liberdade de escolha entre uma pluralidade de práticas e crenças religiosas é imprescindível na experiência republicana e democrática.

Política e religião
No Ocidente pós-revolução francesa desenvolveu-se o princípio do Estado laico, que mantém uma posição de autonomia e ao mesmo tempo de neutralidade diante de disputas religiosas.

Ciência e religião
A relação entre religião e ciência é marcada pela distinção: enquanto a primeira consiste na crença em uma verdade preestabelecida, a segunda consiste na descrença e na observação e verificação de suas descobertas e afirmações.

Monoteísmo
O zoroastrismo, primeira religião monoteísta, teria influenciado as três principais religiões surgidas no Oriente Médio com as ideias de paraíso e da vinda de um messias.

Judaísmo
Conjunto de mitologias e costumes unificados sob a ideia de uma tradição do povo hebreu e de um destino comum, que é o retorno à "terra prometida" comandado por Moisés. Deu origem às duas religiões seguintes.

Cristianismo
Baseado na tradição cristã, de acordo com a qual Jesus teria ressignificado práticas exteriores do culto judaico. Sua principal crença é na trindade divina indissociável entre Pai, Filho e Espírito Santo.

Islamismo
Fundada por Maomé, trata-se de um sistema religioso e econômico adaptável ao nomadismo, baseado na crença de que o desígnio de Deus (Alá) era levar seus princípios de perfeição para toda a humanidade.

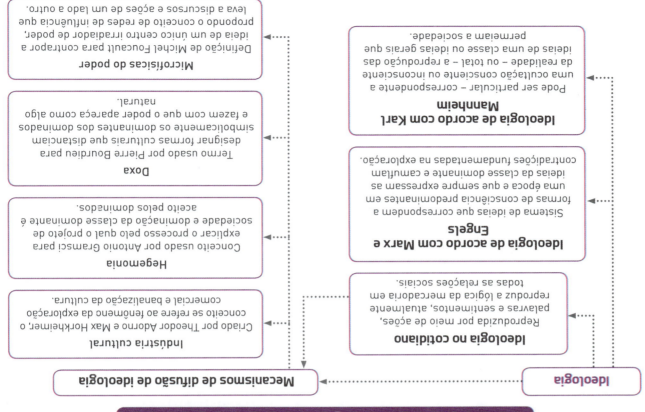

Unidade 8. Ideologia e indústria cultural

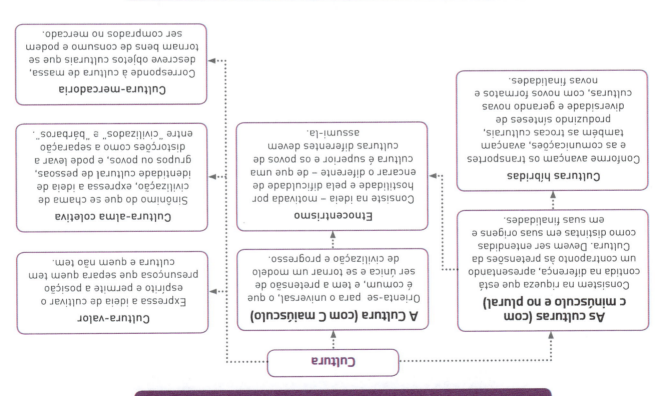

Unidade 7. Cultura: unidade e diversidade cultural

Unidade 6. Mudança e transformação social

Revolução
Transformação radical das estruturas sociais, políticas e econômicas de uma sociedade.

Revoluções políticas
Atingiram determinadas sociedades e, depois, tornaram-se referência para outras mudanças.

Revoluções universais
De caráter universal e multifacetado, afetaram toda a humanidade.

Revolução Americana
Pregava a liberdade individual como pilar da sociedade e teve grande influência nos processos de independência da América Latina e do Caribe.

Revolução Francesa
Movimento ocorrido em 1789 contra o poder monárquico e os resquícios do feudalismo, foi modelo de revoluções posteriores em todo o mundo.

Revolução Mexicana
Iniciada em 1910, reuniu camponeses, liderados por Emiliano Zapata e Pancho Villa, trabalhadores urbanos e a burguesia urbana e rural, resultou em profunda alteração da propriedade rural.

Revolução Russa
Ocorrida em 1917, impulsionada pela ação dos sovietes, culminou na derrubada do czar e na tomada do poder pelos bolcheviques e influenciou uma série de revoluções de cunho socialista ao longo do século XX.

Revolução Agrícola
Teve início no Oriente Médio há cerca de 10 mil anos, quando a humanidade começou a desenvolver a agricultura e a domesticar os animais.

Revolução Industrial
Ocorrida primeiramente na Inglaterra por volta de 1860, consistiu no surgimento da fábrica, que produzia com novas técnicas e concentrava trabalhadores e equipamentos num só lugar.

Unidade 5. Direitos, cidadania e movimentos sociais

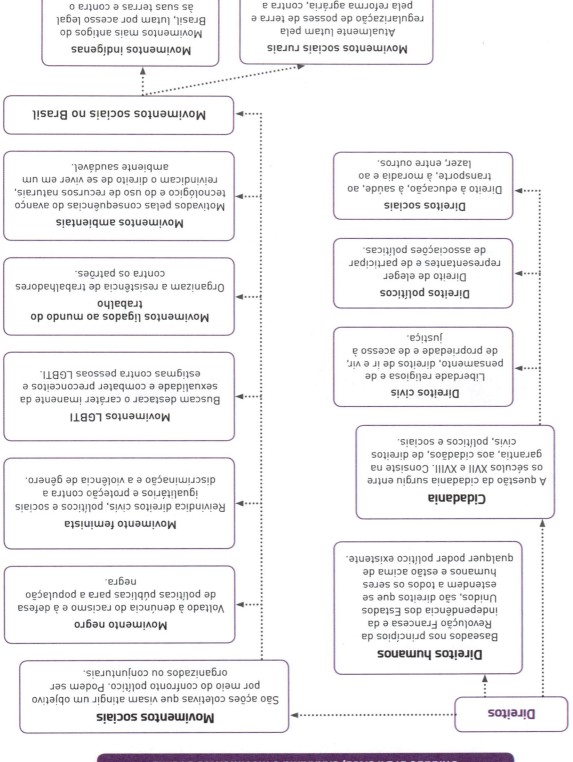

Direitos

Movimentos sociais
São ações coletivas que visam atingir um objetivo por meio do confronto político. Podem ser organizados ou conjunturais.

Movimento negro
Voltado à denúncia do racismo e à defesa de políticas públicas para a população negra.

Movimento feminista
Reivindica direitos civis, políticos e sociais igualitários e proteção contra a discriminação e a violência de gênero.

Movimentos LGBTI
Buscam destacar o caráter imanente da sexualidade e combater preconceitos e estigmas contra pessoas LGBTI.

Movimentos ligados ao mundo do trabalho
Organizam a resistência de trabalhadores contra os patrões.

Movimentos ambientais
Motivados pelas consequências do avanço tecnológico e do uso de recursos naturais, reivindicam o direito de se viver em um ambiente saudável.

Movimentos sociais no Brasil

Movimentos indígenas
Movimentos mais antigos do Brasil, lutam por acesso legal às suas terras e contra o extermínio de povos indígenas.

Movimentos sociais rurais
Atualmente lutam pela regularização de posses de terra e pela reforma agrária, contra a estrutura latifundiária.

Direitos humanos
Baseados nos princípios da Revolução Francesa e da independência dos Estados Unidos, são direitos que se estendem a todos os seres humanos e estão acima de qualquer poder político existente.

Cidadania
A questão da cidadania surgiu entre os séculos XVII e XVIII. Consiste na garantia, aos cidadãos, de direitos civis, políticos e sociais.

Direitos civis
Liberdade religiosa e de pensamento, direitos de ir e vir, de propriedade e de acesso à justiça.

Direitos políticos
Direito de eleger representantes e de participar de associações políticas.

Direitos sociais
Direito à educação, à saúde, ao transporte, à moradia e ao lazer, entre outros.

Unidade 3. Desigualdades e vida social

Estrutura social
Caracterizada pela configuração das relações entre as diversas esferas da vida social.

Estratificação
Maneira como diferentes grupos são classificados em estratos (camadas) sociais.

Desigualdade
Construção social que é consequência da indiferença entre sujeitos que deveriam se respeitar como iguais, gerando violência e preconceito.

Classes
Forma de organização da desigualdade no capitalismo, as classes têm a exploração como fundamento.

Desigualdades vitais
São as desigualdades que dizem respeito à vida e à morte, como expectativa de vida e acesso à alimentação.

Estamentos
Sistema de estratificação em que as pessoas não nascem com os mesmos direitos e a mobilidade social é quase inexistente.

Desigualdades existenciais
Dizem respeito ao acesso aos direitos e à cidadania, incluindo casos de discriminação e estigmatização.

Castas
Sistema de hierarquização baseado em religião, etnia, cor, hereditariedade e ocupação que define o poder político e a distribuição da riqueza.

Desigualdades de recursos
Diz respeito à distribuição desigual de capitais econômicos, culturais, sociais, simbólicos e políticos.

Unidade 4. Poder, política e Estado

Estado moderno
Instituição de governo que centraliza as forças armadas, a estrutura jurídica, o corpo burocrático responsável pela administração do patrimônio público e o sistema tributário.

Democracia
Baseada no princípio da soberania popular, a democracia é viabilizada por meio da representação, que se expressa pelo voto. Hoje, internacionalmente é considerada o único regime político legítimo.

Estado absolutista
Caracterizado por uma concentração de poderes que conferia poder absoluto ao Estado, teve seu ápice no reinado de Luís XIV (França, 1638-1715).

Eleições
Para ser efetiva, a democracia deve ter eleições livres e limpas, com direito de voto extensivo à maior parte possível da população adulta.

Estado liberal
Surgido como reação ao absolutismo, o Estado liberal não deveria intervir nas relações entre indivíduos e em interesses privados, mas apenas manter a segurança e a ordem.

Partidos políticos
Surgiram quando alguns setores da sociedade passaram a lutar para defender interesses diferentes.

Estado soviético
Proposto após a Revolução Russa como um Estado socialista, era baseado na propriedade coletiva e na planificação e centralização do poder político.

Estado fascista
Tendo como base a economia capitalista, o Estado fascista foi fundamentado sobre os princípios do nacionalismo e da autoridade.

O que aprendi no Ensino Médio

Unidade 1. Sociedade dos indivíduos: socialização e identidade

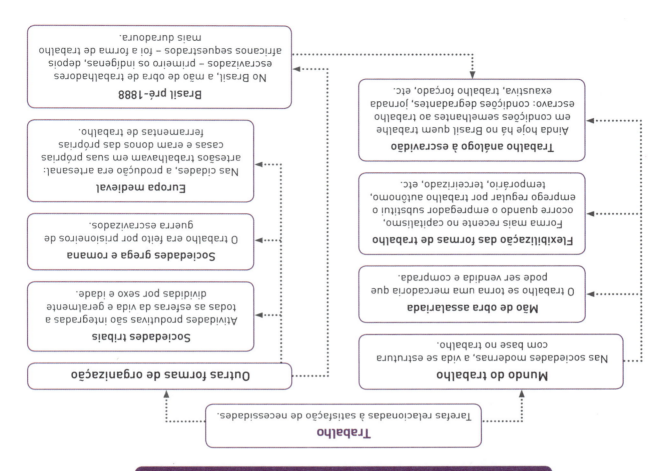

Indivíduo
Conceito indissociável da noção de sociedade. Em outros contextos sociais e históricos, apesar das diferenças naturais entre os indivíduos, não se dissociava a pessoa de seu grupo.

Identidade
Toda identidade é construída socialmente e é fruto de uma cultura.

Questão social
Nas questões sociais, a busca por soluções passa por uma análise mais profunda das estruturas de uma sociedade.

Sociedade

Socialização
A socialização é o processo pelo qual os indivíduos formam a sociedade e são formados por ela. Consiste na interiorização das normas e valores da sociedade na qual se nasce.

Valores, normas, costumes e práticas sociais
Quando um ser humano nasce, já encontra pronta uma estrutura social que tem valores, normas, costumes e práticas estabelecidas. Decisões individuais são também consideradas sociais.

Espaço público e espaço privado
No espaço privado, a socialização é mais informal e as relações são de intimidade e afeto. No espaço público se dá a socialização formal, conduzida por instituições como a escola, a igreja, entre outros.

Unidade 2. Trabalho e produção da vida em sociedade

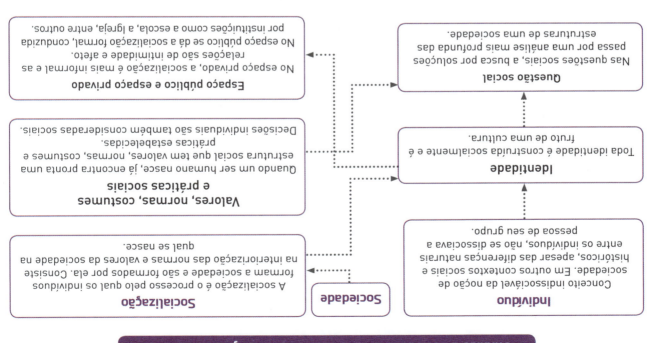

Trabalho
Tarefas relacionadas à satisfação de necessidades.

Outras formas de organização

Sociedades tribais
Atividades produtivas são integradas a todas as esferas da vida e geralmente divididas por sexo e idade.

Sociedades grega e romana
O trabalho era feito por prisioneiros de guerra escravizados.

Europa medieval
Nas cidades, a produção era artesanal: artesãos trabalhavam em suas próprias casas e eram donos das ferramentas de trabalho.

Brasil pré-1888
No Brasil, a mão de obra de trabalhadores escravizados – primeiro os indígenas, depois africanos sequestrados – foi a forma de trabalho mais duradoura.

Mundo do trabalho
Nas sociedades modernas, a vida se estrutura com base no trabalho.

Mão de obra assalariada
O trabalho se torna uma mercadoria que pode ser vendida e comprada.

Flexibilização das formas de trabalho
Forma mais recente no capitalismo, ocorre quando o empregador substitui o emprego regular por trabalho autônomo, temporário, terceirizado, etc.

Trabalho análogo à escravidão
Ainda hoje há no Brasil quem trabalhe em condições semelhantes ao trabalho escravo: condições degradantes, jornada exaustiva, trabalho forçado, etc.

Sumário

O que aprendi no Ensino Médio 4

Simulado 1 10

Simulado 2 15

Simulado 3 19

Respostas 24

Conheça este material de Revisão

O que aprendi no Ensino Médio

Esta é uma oportunidade de recapitular os conceitos estudados em todos os anos do Ensino Médio. Resumos com definições-chave o ajudarão a encontrar informações importantes que você poderá utilizar para realizar os Simulados que propomos em seguida, nos moldes de vestibulares e do Enem.

Simulados

Três simulados são propostos neste material, compostos de uma seleção de questões de vestibulares ou do Enem. Esses simulados serão uma preparação para você, que vai prestar provas de ingresso às universidades.

Você deverá realizar cada simulado em um tempo máximo de 55 minutos. Seguem algumas dicas de como administrar o seu tempo para a resolução dos simulados:

- Faça uma análise geral da prova para planejar o tempo que terá disponível para responder a cada questão.
- Tente gastar cerca de 2 minutos em cada questão. Num primeiro momento, pule as questões de cujas respostas você não tem certeza.
- Após a leitura e a resolução de todas as questões de que você estava seguro sobre a resposta, retorne para o início da prova e verifique aquelas que ficaram sem resposta. Avalie o tempo que ainda lhe resta e tente distribuí-lo para solucionar as questões pendentes.

 VOLUME ÚNICO

 Editora Saraiva

Sociologia

NELSON DACIO TOMAZI
Licenciado em Ciências Sociais pela Universidade Federal do Paraná.
Mestre em História pela Universidade Estadual Paulista de Assis (SP).
Doutor em História pela Universidade Federal do Paraná.
Professor de Sociologia na Universidade Estadual de Londrina (PR) e na Universidade Federal do Paraná.

MARCO ANTONIO ROSSI
Licenciado em Ciências Sociais pela Universidade Estadual de Londrina (PR).
Especialista em Sociologia pela Universidade Estadual de Londrina (PR).
Mestre em História pela Universidade Estadual de Londrina (PR).
Professor de Metodologia de Ensino de Sociologia na Universidade Estadual de Londrina (PR).
Pesquisador assistente da Stiftung Walter Benjamin (Frankfurt, Alemanha).

conecte LIVE

REVISÃO

conecte
LIVE

Sociologia

NELSON DACIO TOMAZI
Licenciado em Ciências Sociais pela Universidade Federal do Paraná.
Mestre em História pela Universidade Estadual Paulista de Assis (SP).
Doutor em História pela Universidade Federal do Paraná.
Professor de Sociologia na Universidade Estadual de Londrina (PR) e na Universidade Federal do Paraná.

MARCO ANTONIO ROSSI
Licenciado em Ciências Sociais pela Universidade Estadual de Londrina (PR).
Especialista em Sociologia pela Universidade Estadual de Londrina (PR).
Mestre em História pela Universidade Estadual de Londrina (PR).
Professor de Metodologia de Ensino de Sociologia na Universidade Estadual de Londrina (PR).
Pesquisador assistente da Stiftung Walter Benjamin (Frankfurt, Alemanha).

VOLUME
ÚNICO

Direção geral: Guilherme Luz
Direção editorial: Luiz Tonolli e Renata Mascarenhas
Gestão de projeto editorial: Viviane Carpegiani
Gestão e coordenação de área: Wagner Nicaretta (ger.) e Brunna Paulussi (coord.)
Edição: Marina Nobre e Elena Judensnaider
Gerência de produção editorial: Ricardo de Gan Braga
Planejamento e controle de produção: Paula Godo, Roseli Said e Marcos Toledo
Revisão: Hélia de Jesus Gonsaga (ger.), Kátia Scaff Marques (coord.), Rosângela Muricy (coord.), Arali Gomes, Carlos Eduardo Sigrist, Cesar G. Sacramento, Claudia Virgílio, Daniela Lima, Diego Carbone, Flavia S. Vênezio, Gabriela M. Andrade, Heloísa Schiavo, Hires Heglan, Luís M. Boa Nova, Luiz Gustavo Bazana, Maura Loria, Patricia Cordeiro, Paula T. de Jesus, Ricardo Miyake e Vanessa P. Santos
Arte: Daniela Amaral (ger.), Claudio Faustino (coord.), Felipe Consales (edição de arte)
Diagramação: Arte Ação
Iconografia: Sílvio Kligin (ger.), Denise Durand Kremer (coord.), Daniel Cymbalista (pesquisa iconográfica)
Licenciamento de conteúdos de terceiros: Thiago Fontana (coord.), Luciana Sposito (licenciamento de textos), Erika Ramires, Luciana Pedrosa Bierbauer, Luciana Cardoso Sousa e Claudia Rodrigues (analistas adm.)
Tratamento de imagem: Cesar Wolf e Fernanda Crevin
Cartografia: Eric Fuzii (coord.) e Robson Rosendo da Rocha (edit. arte)
Design: Gláucia Correa Koller (ger.), Erika Yamauchi Asato e Filipe Dias (proj. gráfico), Adilson Casarotti (capa)
Composição de capa: Adilson Casarotti
Foto de capa: fuyu liu/Shutterstock, dotshock/Shutterstock

Todos os direitos reservados por Saraiva Educação S.A.
Avenida das Nações Unidas, 7221, 1º andar, Setor A –
Espaço 2 – Pinheiros – SP – CEP 05425-902
SAC 0800 011 7875
www.editorasaraiva.com.br

Dados Internacionais de Catalogação na Publicação (CIP)
(Câmara Brasileira do Livro, SP, Brasil)

```
Tomazi, Nelson Dacio
   Sociologia volume único : conecte live / Nelson
Dacio Tomazi, Marco Antonio Rossi. -- 3. ed. --
São Paulo : Saraiva, 2018.

   Suplementado pelo manual do professor.
   Bibliografia.
   ISBN 978-85-472-3411-9 (aluno)
   ISBN 978-85-472-3412-6 (professor)

   1. Sociologia (Ensino médio) I. Rossi, Marco
Antonio. II. Título.

18-16493                              CDD-301
```

Índices para catálogo sistemático:
1. Sociologia : Ensino médio 301
Maria Alice Ferreira - Bibliotecária - CRB - 8/7964

2024

Código da obra CL 800873
CAE 627987 (AL) / 627988 (PR)
OP:256519
3ª edição
10ª impressão

Impressão e acabamento: EGB Editora Gráfica Bernardi Ltda.

Uma publicação

Apresentação

Caros alunos

Neste livro procuramos apresentar o conhecimento sociológico de modo muito específico, buscando ser o mais claro possível para o jovem estudante do Ensino Médio. Em sua elaboração, orientamo-nos por dois preceitos centrais: permitir que vocês, estudantes, compreendam a realidade social como uma totalidade concreta, diversa, conflituosa e contraditória – mas nem por isso fragmentária – e oferecer elementos teóricos e sugestões que possibilitem ao professor incentivar a turma a desenvolver uma reflexão crítica sobre a sociedade.

Para isso, sempre que possível, abordaremos os temas da Sociologia com base na realidade de vocês, isto é, examinando como o trabalho, as classes sociais, a política, o Estado, a cultura e a ideologia se manifestam em seu cotidiano.

Esperamos que, tomando como base as vivências do dia a dia, vocês construam uma visão da realidade econômica, política, social e cultural e apreendam conceitos que possam explicar a realidade. Nosso objetivo com este livro é ajudá-los a desenvolver asas e raízes, imaginação e fundamentos para atuar na construção de uma sociedade diversa, autônoma, emancipada e emancipadora.

Os autores

Conheça seu livro

Seu livro está organizado em nove unidades, cada uma delas com quatro capítulos.

» Abertura de unidade

No início das unidades, uma ou mais imagens, além de um breve texto e algumas atividades, introduzem os temas que serão abordados ao longo de cada unidade.

Abertura de capítulo «

No início de cada capítulo, um breve texto apresenta o assunto que será tratado. Em alguns casos, o texto é precedido por uma imagem representativa do conteúdo em questão.

» Nas palavras de...

Ao longo dos capítulos, há excertos de pensamentos de cientistas sociais conceituados para que se possa ter contato com a teoria original dos autores que fundaram, desenvolveram e ainda contribuem para as Ciências Sociais no Brasil e no mundo.

Cenário

Ao final de cada capítulo, são apresentados um ou dois textos que complementam o tema abordado e levantam questões para discussão, ampliando a análise que foi vista.

Costurando as ideias

Inventário dos temas trabalhados ao longo da unidade, recuperando questões centrais e enfatizando o que se considera essencial para um bom entendimento dos conceitos e problemas apresentados.

Leituras e propostas

Seção subdividida em 4 partes:
Para refletir: textos ou charges que aguçam a curiosidade e levantam outras possibilidades de análise do tema da unidade.
Para pesquisar: indicações de possíveis fontes de pesquisa que permitem a ampliação da percepção dos alunos sobre os principais temas da unidade.
Livros recomendados: indicações de livros que enriquecem a análise sociológica dos temas da unidade.
Sugestões de filmes: indicações de filmes que sistematizam os saberes adquiridos, considerando o cinema a serviço da complexidade do conhecimento.

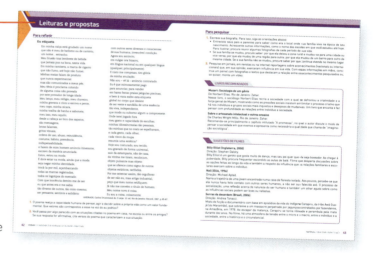

Conexão de saberes

Infográficos ao final das unidades, cujo objetivo é valorizar a imaginação sociológica e, assim, abordar temas interdisciplinares, apreciados por diferentes modalidades do mundo do conhecimento, como a Arte, a Filosofia, a Literatura e a Ciência em todas as suas variações e potencialidades.

Sumário Geral

Parte 1

Introdução 10
Sociologia: conhecendo a sociedade 10
A produção social do conhecimento 11
A pesquisa como fundamento do
conhecimento sociológico 12

Unidade 1 – Sociedade dos indivíduos: socialização e identidade 14

Capítulo 1 – A história, a sociedade e os indivíduos 16
As escolhas humanas, seus limites e repercussões 17
Das questões individuais às questões sociais ... 18
Cenário da sociabilidade cotidiana 20

Capítulo 2 – Socialização: como nos tornamos parte de uma sociedade 21
O que a todos é comum 21
As diferenças no processo de socialização 23
Cenário da socialização contemporânea 25

Capítulo 3 – A Sociologia e a sociedade dos indivíduos 26
Karl Marx, os indivíduos e as classes sociais ... 26
Émile Durkheim, as instituições e o indivíduo ... 28
Max Weber, o indivíduo e a ação social 30
Norbert Elias e Pierre Bourdieu:
a sociedade dos indivíduos 32
Cenário da sociabilidade contemporânea 35

Capítulo 4 – Identidade: quem é o quê? 36
A construção social das identidades 36
Identidades hoje 38
Cenário da socialização e identidade 40
Costurando as ideias 41
Leituras e propostas 42
Conexão de saberes 44

Unidade 2 – Trabalho e produção da vida em sociedade 46

Capítulo 5 – Trabalho e produção nas diferentes sociedades 48
A produção nas sociedades tribais 48
O trabalho na Europa antiga e medieval 49
As bases do trabalho na sociedade moderna 52
Cenários do mundo do trabalho 56

Capítulo 6 – Trabalho e produção na sociedade capitalista 57
Karl Marx e a divisão social do trabalho 57
Émile Durkheim: a divisão do trabalho
social e a solidariedade 60
Fordismo-taylorismo: uma nova forma
de organização do trabalho 62
Cenário do trabalho no capitalismo 65

Capítulo 7 – As transformações recentes no mundo do trabalho 66
Automação e flexibilização do trabalho 67
A precarização das condições de trabalho 67
Cenário do trabalho no mundo de hoje 70

Capítulo 8 – A questão do trabalho no Brasil 71
No passado: o trabalho escravo 71
Hoje: o trabalho análogo à escravidão 72
Trabalho no campo: da atividade de
subsistência ao trabalho mecanizado 74
Trabalho nas cidades 75
A situação do trabalho nos últimos
50 anos 76
O trabalho que não aparece 79
Emprego e qualificação 79
Cenários do trabalho no Brasil 81
Costurando as ideias 83
Leituras e propostas 84
Conexão de saberes 86

Unidade 3 – Desigualdades e vida social 88

Capítulo 9 – Estrutura social e estratificação 90
As sociedades organizadas em castas 91
As sociedades organizadas por estamentos 93
Pobreza: condição de nascença, desgraça, destino... 95
Cenários das desigualdades: castas e estamentos 96

Capítulo 10 – As classes sociais na sociedade capitalista 97
Estratificação e mobilidade 97
A desigualdade é constitutiva da sociedade capitalista 98
Desigualdades de riqueza, prestígio e poder 100
Oportunidades e estratificação 101
Cenário das desigualdades de classes sociais 103

Capítulo 11 – As desigualdades nas sociedades contemporâneas 104
Desigualdades vitais 104
Desigualdades existenciais 106
Desigualdades de recursos 106
Cenário das desigualdades nas sociedades contemporâneas 109

Capítulo 12 – As desigualdades sociais no Brasil 110
As explicações para a desigualdade 111
As desigualdades no Brasil nos últimos 50 anos: renda, cor e gênero 115
Cenário das desigualdades no Brasil 122
Costurando as ideias 123
Leituras e propostas 124
Conexão de saberes 126
Bibliografia 128

Parte 2

Unidade 4 – Poder, política e Estado 130

Capítulo 13 – Poder, Estado moderno e democracia 132
As primeiras formas de Estado 133
As formas de Estado no século XX 135
O Estado no século XXI 139
Cenários do Estado moderno 140

Capítulo 14 – A Sociologia, o poder e a democracia 141
As teorias sociológicas clássicas sobre o Estado 141
Democracia representativa e revolução democrática 146
Aspectos institucionais da democracia 147
Cenário do poder e da democracia 151

Capítulo 15 – Poder, política e Estado no Brasil 152
O Estado imperial escravista (1822-1889) 152
O Estado republicano 153
O Estado oligárquico (1889-1930) 154
A República varguista (1930-1945) 155
República democrática entre ditaduras (1945-1964) 158
A ditadura civil-militar (1964-1985) 161
O Estado brasileiro nos últimos anos: retorno à democracia 164
O Estado neoliberal no Brasil 165
Estado social-desenvolvimentista 166
Cenário do Estado no Brasil 168

Capítulo 16 – Poder e democracia no Brasil 169
A luta por direitos e a participação política 169
Reflexões sobre o Estado e a democracia no Brasil 174
A despolitização e a economia como foco 176
Cenário da política no Brasil 178
Costurando as ideias 179
Leituras e propostas 180
Conexão de saberes 182

Unidade 5 – Direitos, cidadania e movimentos sociais 184

Capítulo 17 – Direitos e cidadania 186
Direitos para todos? 187
Direitos civis, políticos e sociais 189
Cidadania hoje 190
Cenário dos direitos e da cidadania 193

Capítulo 18 – Os movimentos sociais 194
Confrontos e parcerias 194
O recurso da greve 195
Os movimentos sociais contemporâneos 198
Cenário de movimentos sociais 202

Sumário

Capítulo 19 – Direitos e cidadania no Brasil 203
Uma sociedade com direitos para poucos 203
Cidadania hoje no Brasil 206
Cenários dos direitos e da cidadania no Brasil 207

Capítulo 20 – Os movimentos sociais no Brasil 208
Movimentos dos povos indígenas 208
Movimento negro 210
Movimentos sociais rurais 214
Movimentos sociais urbanos 216
Movimentos culturais 218
Movimentos ligados ao mundo do trabalho 220
Movimentos civis e militares 222
Movimentos sociais recentes: politização e despolitização 227
Cenário dos movimentos sociais no Brasil 230
Costurando as ideias 231
Leituras e propostas 232
Conexão de saberes 234

Unidade 6 – Mudança e transformação social 236

Capítulo 21 – Mudanças, revoluções e suas implicações 238
A Revolução Agrícola 238
A Revolução Industrial 240
As transformações contemporâneas 241
Cenário das transformações sociais hoje 243

Capítulo 22 – Transformações sociais e políticas 244
Transformações lentas e graduais 245
Revoluções e movimentos anticoloniais 247
Revoluções radicais e populares 249
Revoluções políticas no século XX 249
E o que vem pela frente? 252
Cenário das mudanças sociais hoje 254

Capítulo 23 – Mudança social e Sociologia 255
A mudança social para os clássicos da Sociologia . 255
Outras análises sociológicas sobre a mudança social 260
Cenário da mudança social nos séculos XIX e XX 265

Capítulo 24 – As mudanças sociais no Brasil 266
Dois movimentos políticos – civil-militares – no Brasil no século XX 267
Mudanças nos últimos anos 271
Cenário da mudança social no Brasil 272
Costurando as ideias 273
Leituras e propostas 274
Conexão de saberes 276
Bibliografia 278

Parte 3

Unidade 7 – Cultura: unidade e diversidade cultural 282

Capítulo 25 – Entendendo a cultura no plural 284
Antropologicamente falando... 285
Cenário da cultura 288

Capítulo 26 – Cultura: a unidade na diversidade 289
Trocas culturais e culturas híbridas 290
Cenário da diversidade cultural 293

Capítulo 27 – Os sentidos do outro 294
O etnocentrismo 294
A cultura é de todos 297
Cenário da diversidade cultural: etnocentrismo e preconceito 299

Capítulo 28 – Unidade e diversidade cultural no Brasil 300
A pluralidade da cultura brasileira 300
Brasil, uma cultura-nação 302
Cenário da cultura brasileira 304
Costurando as ideias 305
Leituras e propostas 306
Conexão de saberes 308

Unidade 8 – Ideologia e indústria cultural 310

Capítulo 29 – A ideologia: usos e atribuições 312
A ideologia no cotidiano 314
Cenário da ideologia 316

Capítulo 30 – A indústria cultural e a difusão de ideologias 317
A indústria cultural e a vida cotidiana 320
Sem saída? 322
Cenário da indústria cultural e da difusão ideológica 324

Capítulo 31 – A internet e as novas formas de sociabilidade 325
A leitura e a escrita digitais 325
Relações sociais por meio de *smartphones* 326
Cenário da realidade virtual 328

Capítulo 32 – Indústria cultural no Brasil 329
A internet no Brasil 334
Cenários dos meios de comunicação 336
Costurando as ideias 337
Leituras e propostas 338
Conexão de saberes 340

Unidade 9 – Religiões e religiosidades 342

Capítulo 33 – A diversidade religiosa no mundo 344
Origem das religiões e religiosidades 344
Religiões com origem na Índia e na China 346
Religiões com origem no Oriente Médio: monoteísmo 349
Diversidade e sincretismos 352
Cenário da diversidade religiosa 353

Capítulo 34 – Religião e Sociologia 354
Karl Marx: a religião como ópio do povo ou como realidade histórica 355
Émile Durkheim: a sociedade como divindade ... 357
Max Weber: a racionalidade e a ética das religiões 359
Um sociólogo contemporâneo e a religião: Peter L. Berger 361
Um tema controverso: ciência e religião 362
Cenário da religião e Sociologia 364

Capítulo 35 – Religiões e religiosidades nas sociedades de hoje 365
Diversidade religiosa: respeito e coexistência ... 365
Religião: mídia e mercado ou mercantilização do sagrado 366
Religião e Estado: política e religião 368
Cenário das religiões e religiosidades hoje 371

Capítulo 36 – Religiões e religiosidades no Brasil 372
As religiões nativas ou dos povos indígenas 372
Candomblés: as manifestações religiosas de matriz africana negra 374
Catolicismos 376
Protestantismos 377
Espiritismo kardecista 378
Existe diversidade religiosa no Brasil? 380
Estado laico, religião e política no Brasil 384
Cenário das crenças no Brasil 385
Costurando as ideias 386
Leituras e propostas 387
Conexão de saberes 390

Apêndice: História da Sociologia 392
Novas formas de pensar a sociedade 392
Desenvolvimento da Sociologia 397
A Sociologia no Brasil 408

Bibliografia 413

Introdução

Sociologia: conhecendo a sociedade

Por que estudar as sociedades humanas? Não basta viver em sociedade? É possível conhecê-las cientificamente? A Sociologia serve para quê? Essas são perguntas que muitos alunos fazem sobre essa disciplina da estrutura curricular do Ensino Médio. Mas as perguntas não param aí.

O que se pode dizer, inicialmente, é que a Sociologia, assim como as demais ciências humanas (História, Ciência Política, Economia, Antropologia, etc.), tem como objetivo compreender e explicar as permanências e as transformações que ocorrem nas sociedades humanas, e até indicar algumas pistas sobre os rumos das mudanças.

Os seres humanos buscam suprir suas necessidades básicas através dos tempos mediante a produção não só de alimentos, moradia e vestuário, mas também de normas, valores, costumes, relações de poder, arte e explicações sobre a vida e sobre as sociedades.

Portanto, viver em sociedade é participar dessa produção. Ao fazê-lo, a história dos indivíduos, dos grupos e das classes sociais é efetivamente produzida. Por isso, a Sociologia tem uma estreita relação com a História. Basta dizer que precisamos de ambas para explicar a existência da própria Sociologia.

Mas qual é o campo de estudo da Sociologia? Ela procura entender os elementos essenciais do funcionamento de uma sociedade e também procura dar respostas (explicações e compreensão) a algumas questões:

- Por que as pessoas vivem, agem e pensam de uma forma e não de outra?
- Por que os relacionamentos entre as pessoas parecem padronizados?
- Por que existem formas diferentes de trabalho ontem e hoje?
- Por que existem tantas desigualdades nas sociedades humanas?
- Por que existem política e relações de poder na sociedade?
- Quais são os direitos humanos e o que significa cidadania?
- Por que existem movimentos sociais com interesses tão diversos?
- Por que as sociedades mudam e não ficam estáticas?
- O que é cultura? Por que existe tanta diversidade cultural?
- Qual é a relação entre cultura e ideologia? Como elas estão presentes nos meios de comunicação de massa?
- Por que existem tantas religiões e qual é a função delas na sociedade e na vida dos indivíduos?

A Sociologia ajuda a entender melhor essas e outras questões que envolvem o cotidiano, percorrendo problemas de caráter individual e coletivo, assim como temas relacionados com as sociedades próximas e distantes. O fundamental da Sociologia, porém, é fornecer conceitos e ferramentas para analisar as questões sociais e individuais de um modo mais sistemático e consistente, indo além do senso comum.

Segundo o sociólogo estadunidense Charles Wright Mills (1916-1962), a Sociologia contribui também para desenvolver a imaginação sociológica, isto é, a capacidade de analisar vivências cotidianas e estabelecer as relações entre elas e as situações mais amplas que condicionam e limitam a vida em sociedade, mas que também, algumas vezes, podem explicar o que acontece com a vida de cada um.

Para o sociólogo franco-argelino Pierre Bourdieu (1930-2002), a Sociologia incomoda muito quando se coloca numa posição crítica, porque, assim como outras ciências humanas, revela aspectos da sociedade que certos indivíduos ou grupos se empenham em ocultar. Se procuram impedir que determinados atos e fenômenos sejam conhecidos do público, de alguma forma o esclarecimento de tais fatos pode perturbar seus interesses ou mesmo concepções, explicações e convicções.

Outra preocupação da Sociologia é formar indivíduos autônomos, que pensam de modo independente. Ela contribui para que o indivíduo analise os conteúdos veiculados pelos meios de comunicação (noticiários, novelas, programas diários, entrevistas – de autoridades, artistas, intelectuais, etc.), perceba o que as mensagens de cada meio ocultam, forme a própria opinião e seja capaz de fazer um julgamento independente dos fatos. Além disso, a Sociologia pode desenvolver no indivíduo a capacidade de formular as próprias perguntas e assim alcançar um conhecimento mais preciso do mundo social. Esse último, aliás, talvez seja o objetivo mais importante a ser alcançado pela Sociologia.

Usando uma metáfora, pode-se dizer que o objetivo da Sociologia é desenvolver a sensibilidade dos indivíduos para que sejam capazes de ver e analisar, ao mesmo tempo, as pequenas árvores e a imensidão da floresta em suas mais íntimas e complexas relações.

A produção social do conhecimento

Todo conhecimento se desenvolve socialmente. Se houver interesse em compreender como pensavam as pessoas de determinada época, é obrigatório saber em que meio social elas viveram, posto que o pensamento de um período da História é criado pelos indivíduos em grupos ou classes, reagindo e respondendo a situações históricas de seu tempo.

Se a questão for compreender por que indivíduos, grupos e classes pensam e se posicionam de determinada forma, por que explicam a sociedade deste ou daquele ponto de vista, será oportuno entender como os membros dessa sociedade se relacionam e se organizam para suprir suas necessidades fundamentais. Essas relações sociais envolvem ideias, normas, valores, costumes e tradições que, reunidos, permitem inferir por que as sociedades podem ser tão diversas entre si. A Sociologia possibilita compreender o processo de criação das diferentes instituições sociais, políticas e econômicas que garantem certa estabilidade social.

Na maioria das sociedades, há indivíduos e grupos que defendem a manutenção da situação existente, o *status quo*, porque atende a seus interesses. Assim, procuram apoiar e desenvolver formas de explicação da realidade que justifiquem a necessidade de conservar a sociedade tal como está. Há, entretanto, pessoas e grupos que querem mudar a situação existente, pois pensam que a sociedade à qual pertencem não é adequada para elas e para os outros. Tais pessoas procuram explicar a realidade social destacando os problemas e as possibilidades de mudança para uma forma de organização que assegure maior igualdade entre indivíduos e grupos.

Aqueles que querem manter a situação existente normalmente são os que detêm o poder na sociedade; aqueles que lutam para mudá-la em geral são os que estão em situação subalterna. Além do conflito nos campos político e econômico, há um conflito de ideias entre os diferentes grupos sociais. Mas as ideias e as formas de conhecimento nunca são radicalmente opostas; elas coincidem em alguns pontos e é isso que mantém aberta a possibilidade de diálogo.

A Sociologia é uma dessas formas de conhecimento, resultado das condições sociais, econômicas e políticas do momento em que surgiu. Ela nasceu em resposta à necessidade de explicar e entender as transformações que ocorreram nas sociedades ocidentais entre os séculos XVI e início do século XIX, decorrentes da emergência e do desenvolvimento da sociedade capitalista.

Durante esse período, a produção que se concentrava no campo passou a se deslocar gradativamente para as cidades, onde começavam a se desenvolver as indústrias. Essa mudança desencadeou importantes transformações no modo de vida das diferentes classes sociais, afetando as relações familiares e de trabalho. Pouco a pouco, normas e valores se estruturaram em novas bases, o que estimulou o desenvolvimento de novas ideias.

Procurando entender essas transformações e mostrar caminhos para a resolução das questões sociais por elas geradas, muitos pensadores escreveram e divulgaram suas teorias sobre a sociedade anterior e a que estava se formando e atravessando um momento de tantas incertezas. Criaram-se assim as bases sobre as quais a Sociologia viria a se desenvolver como ciência específica. Entre os pensadores que propagaram suas ideias de forma mais próxima ao pensamento sociológico, podem ser citados conde de Saint-Simon (1760-1825), Auguste Comte (1798-1857), Karl Marx (1818-1883), entre outros.

Entre o final do século XIX e o início do século XX, os estudiosos que mais influenciariam o posterior desenvolvimento da Sociologia concentravam-se fundamentalmente em três países: França, Alemanha e Estados Unidos.

Na França, vários autores desenvolveram trabalhos sociológicos importantes, como Frédéric Le Play (1806-1882), René Worms (1869-1926) e Gabriel de Tarde (1843-1904). O mais expressivo deles, porém, foi Émile Durkheim (1858-1917), que procurou sistematicamente definir o caráter científico da Sociologia, inaugurando uma corrente que por muito tempo seria hegemônica entre os sociólogos franceses.

Na Alemanha, destacaram-se os estudos sociológicos de Georg Simmel (1858-1918), Ferdinand Tönnies (1855-1936), Werner Sombart (1863-1941), Alfred Weber (1868-1958) e Max Weber (1864-1920), este último o mais conhecido deles pela influência de sua obra.

Nos Estados Unidos, a Sociologia desenvolveu-se desde o final do século XIX e início do XX, principalmente nas universidades de Chicago, Colúmbia e Harvard. Muitos foram os sociólogos que se destacaram, como Robert E. Park (1864-1944) e George H. Mead (1863-1931). (No Apêndice, no final deste livro, há uma exposição mais detalhada sobre a história da Sociologia.)

No decorrer do século XX, a Sociologia tornou-se uma disciplina mundialmente reconhecida. Os sociólogos estão presentes não só nas universidades, mas também nos meios de comunicação, discutindo questões específicas ou gerais que envolvem a vida em sociedade. Os mais destacados, independentemente do país de origem, ministram cursos e conferências em centros universitários de todos os continentes e têm seus livros traduzidos em muitos idiomas.

No Brasil, a Sociologia tem alcançado uma visibilidade muito grande, tanto em universidades e centros de pesquisa quanto em órgãos públicos e privados que necessitam de dados e reflexões sobre as mais diferentes formas de organização social – além, é claro, das intervenções críticas habituais nos meios de comunicação de massa.

A pesquisa como fundamento do conhecimento sociológico

Na vida cotidiana é comum fazer pesquisas antes de adquirir alguma mercadoria, encontrar um endereço ou mesmo quando se buscam informações sobre algum evento ou assunto. O estudo da Sociologia também requer pesquisas. Mas as pesquisas sociológicas, de cunho científico, exigem que procedimentos rigorosos sejam seguidos, o que é dispensável no caso de uma pesquisa corriqueira. Para que sejam consideradas científicas, as pesquisas sociológicas precisam necessariamente obedecer a um roteiro composto de algumas etapas, como: observação inicial, consolidação de um projeto de pesquisa, coleta de dados, análise desses dados e, posteriormente, interpretação dos dados.

Para tanto, mesmo no caso de uma pesquisa escolar, algumas técnicas devem ser usadas para realizar um bom trabalho. Seguem algumas:
- observação atenta e constante;
- pesquisa documental, quando for o caso;
- pesquisas nos meios de comunicação;
- entrevistas nas mais diversas formas;
- uso de estatísticas;
- pesquisa bibliográfica, etc.

O conhecimento sociológico se desenvolveu com base em muitas pesquisas nas quais variadas técnicas foram reunidas. Não nasceu num passe de mágica, não é fruto da mente de iluminados. Sempre foi necessária muita imaginação, mas também muito esforço, isto é, muita transpiração.

Diversos pensadores que desenvolveram conceitos e teorias para explicar e compreender as sociedades em que viviam foram, acima de tudo, grandes pesquisadores. Isso significa afirmar que os autores desenvolveram investigações históricas, documentais e bibliográficas, bem como análises estatísticas; eram atentos observadores da realidade social de seu tempo. Tudo pode ser objeto de pesquisa para a Sociologia, desde os fenômenos mais simples até os mais complexos.

Para esclarecer, vamos dar um exemplo bem brasileiro do significado do rigor científico na Sociologia: o trabalho de Florestan Fernandes (1920-1995), considerado patrono dessa ciência no Brasil, que demonstra a diversidade e as possibilidades da pesquisa sociológica.

Nas décadas de 1940 e 1950, Florestan Fernandes desenvolveu pesquisas com foco nas mudanças sociais no Brasil e em como isso ocorria na cidade de São Paulo. Para tanto, pesquisou o folclore paulistano e as brincadeiras das crianças no bairro do Bom Retiro. O resultado desse trabalho aparece no livro *Folclore e mudança social na cidade de São Paulo*, publicado em 1961.

Nesse período também pesquisou a sociedade tribal brasileira tupinambá, o que resultou em dois livros: *Organização social dos Tupinambá*, de 1948, e *A função social da guerra na sociedade tupinambá*, de 1951.

Em 1959, publicou uma obra teórica fundamental para a compreensão e o ensino da Sociologia: *Fundamentos empíricos da explicação sociológica*, na qual analisa a contribuição metodológica dos autores clássicos. Com a preocupação de explicar questões teóricas e históricas da Sociologia, na década de 1960, escreveu outros livros, frutos de leitura e pesquisa: *Ensaios de Sociologia geral e aplicada* (1960), *Elementos de Sociologia teórica* (1970) e *A Sociologia numa era de revolução social* (1976). Ainda sobre esse tema, publicou *A Sociologia no Brasil* (1977) e *A natureza sociológica da Sociologia* (1980).

A condição do negro na sociedade brasileira foi outro tema abordado, fruto inicialmente de uma pesquisa feita em conjunto com o sociólogo francês Roger Bastide, na década de 1950, que resultou no livro *Brancos e negros em São Paulo* (1958). Nas décadas seguintes retornou a esse tema com os livros *A integração do negro na sociedade de classes* (1965) e *O negro no mundo dos brancos* (1972).

A educação foi também uma das suas preocupações, sobre a qual produziu uma série de artigos e dois livros: *Educação e sociedade no Brasil* (1966) e *A universidade brasileira: reforma ou revolução?* (1975).

Sobre as questões políticas de seu tempo, vinculadas às classes sociais e às possibilidades de mudança social, escreveu nas décadas de 1970 e 1980: *A revolução burguesa no Brasil: ensaio de interpretação sociológica* (1975), *Circuito fechado: quatro ensaios sobre o "poder institucional"* (1976), *Da guerrilha ao socialismo: a revolução cubana* (1979), *Apontamentos sobre a "teoria do autoritarismo"* (1979), *Brasil: em compasso de espera* (1980), *Movimento socialista e partidos políticos* (1980), *Poder e contrapoder na América Latina* (1981) e *A ditadura em questão* (1982).

Aprender a pensar sociologicamente é fazer pesquisas, mesmo pequenas. Ao longo deste livro, serão feitas indicações de temas para pesquisa e espera-se que a integração em sala de aula provoque indagações, indignações e grandes reflexões e que signifique um pontapé inicial para as transformações de que tanto necessita o mundo contemporâneo.

Quando crescer vou ser... sociólogo!

Na colmeia, cada abelha tem uma função. A rainha põe os ovos que irão gerar operárias e zangões. As operárias são comandadas pela rainha e constroem os favos do ninho, fazem sua limpeza e alimentam as larvas. Já os zangões vivem apenas o tempo de fecundar a rainha. Mas como sabemos disso tudo? Não foi uma abelha que contou! Essas informações são descobertas por pesquisadores que vivem observando a natureza. Graças à curiosidade deles é possível saber como diversos animais se organizam e se relacionam, o que comem, qual a função de cada membro dentro do seu grupo... Enfim, muitos pesquisadores estudam a vida animal, mas será que alguém estuda a vida dos homens?

Sim, e esta tarefa cabe ao sociólogo! Ele estuda a sociedade, mais precisamente a sociedade humana, ou seja, um grupo de pessoas que vive no mesmo espaço e segue as mesmas regras. De acordo com sua área de interesse, ele pode analisar a sociedade brasileira ou a de outro país, ou ainda diferentes grupos dentro de uma sociedade: índios, mulheres, crianças, e por aí vai. A cada grupo que estuda, destaca como seus membros se relacionam, quais são suas diferenças, seus problemas, em que acreditam, o que consomem e como se organizam. Conhecer os costumes de cada grupo é o primeiro passo para compreender seu modo de vida e a sociedade humana de maneira geral.

Com esse objetivo, o sociólogo também faz trabalhos de campo, ou seja, vai até onde seu objeto de estudo está. [...]

O que não falta é tema para ser analisado pelo sociólogo. Ele estuda instituições como a escola, a família, a Igreja, o governo e até fenômenos sociais como a pobreza e a violência. A intenção é sempre a mesma: entender o comportamento do homem em sociedade e acompanhar sua transformação com o passar do tempo. Assim como os temas de estudo, os locais de trabalho também variam. [...] Mas depois de entrevistas e pesquisas, como as informações conseguidas pelo sociólogo são utilizadas nesses tais projetos específicos em que ele trabalha?

Para saber, é só prestar atenção em um exemplo prático. Kátia Sento Sé Mello, por exemplo, é professora de Sociologia da Faculdade Hélio Alonso (Facha-RJ), pesquisadora do NECCVU e também participa do projeto de criação de um curso para formar a Guarda Municipal de uma cidade. Neste trabalho, ela entrevistou guardas municipais e autoridades da Secretaria de Segurança Pública para saber o que eles esperavam do curso. O trabalho não parou por aí! Após analisar essas informações e fazer muita pesquisa em livros, foram selecionadas as disciplinas mais importantes a serem ensinadas no curso em questão. Viu só? O conhecimento das pessoas envolvidas teve grande utilidade nesse caso.

Quer ver outro exemplo? Imagine que uma empresa pretende lançar um produto qualquer e contrata um sociólogo. O que ele pode fazer? Ora, se o sociólogo conhece os costumes e os gostos da população local, pode, nesse caso, contribuir para que o produto lançado atenda às necessidades da população.

E será que basta gostar de fazer pesquisas, entrevistar pessoas e – pronto! – temos um sociólogo? Nem sempre. [...] O bom profissional também quer contribuir para a melhoria das condições humanas, é contra a injustiça e trabalha bastante. Kátia Mello também dá sua dica: "Quem pretende ser sociólogo deve acreditar que o conhecimento auxilia a transformação das pessoas".

[...] E a vontade de mudar o mundo, ainda existe? [...] Kátia completa: "Continuo achando que é possível mudar o mundo, mas com esclarecimento". Está dado o recado! Se você sente o mesmo [...], quem sabe não vai ser sociólogo quando crescer?!?

MARTINS, Elisa. *Ciência Hoje das Crianças*. Rio de Janeiro, n. 129, out. 2002.

UNIDADE 1
Sociedade dos indivíduos: socialização e identidade

Centro de Belo Horizonte, próximo à Praça Sete de Setembro. Belo Horizonte, Minas Gerais, 2016.

Um por todos e todos por um

Quem veio antes: o indivíduo ou a sociedade? Essa é uma pergunta que sempre aparece nos momentos em que se procura entender a relação entre os indivíduos e a sociedade. Ora, nenhum dos dois veio antes. Os indivíduos surgem como tais porque passam a viver em grupo e em comunidades, uma vez que somente assim puderam perceber a diferença entre o que eram sozinhos e o que passaram a ser no interior de uma comunidade. São, portanto, indissociáveis.

Os indivíduos são também entes históricos da sociedade, ou seja, recebem influência dos tempos passados e fazem projeções para o futuro.

Desse modo, a maneira de se utilizar determinada língua, o jeito de se vestir ou de se comportar ou a escolha por um estilo de vida é fruto da relação entre o passado, o presente e o futuro.

Os sentimentos são resultado de relações sociais estruturadas no tempo, permanentemente reformuladas e vividas de modos distintos por indivíduos e grupos sociais – ao assumir um modo de vida, um indivíduo ou um grupo assume também sua história, suas mudanças, adaptações e reelaborações no tempo, esteja consciente disso ou não.

Quando se encontra alguém conhecido, age-se de determinada forma; quando alguém estranho é apresentado, cumprimenta-se dando a mão, um abraço e um beijo ou simplesmente uma inclinação de cabeça; enfim, um gesto de cordialidade. Esse tipo de prática, assim como a generosidade e a civilidade, são ações cultivadas na vida em sociedade, na qual o indivíduo vai se educando e se socializando, formando assim parte de seu caráter.

Essas práticas cotidianas são moldadas pelas relações entre indivíduos em uma dada sociedade que molda a existência, independentemente da vontade. Define-se, então, uma identidade que não cessa de se modificar, incorporando contribuições que se desenvolvem na relação com outros indivíduos, grupos e classes sociais. No final, vale a máxima: ninguém é uma ilha perdida e sem conexões.

Todas essas questões e outras mais serão examinadas nesta unidade e neste livro.

CAPÍTULO 1

A história, a sociedade e os indivíduos

Ao analisar as diversas formas de sociedade e o modo como elas se organizaram historicamente, percebe-se que, no Ocidente, apenas a partir do século XVIII a noção de indivíduo ganhou relevância.

Nas sociedades tribais (indígenas), nas da Antiguidade (grega e romana) e nas da Europa medieval, apesar das diferenças naturais entre os indivíduos, não se dissociava a pessoa de seu grupo.

Na Europa ocidental, a ideia de indivíduo começou a ganhar força no século XVI, com a Reforma protestante. Os participantes desse movimento religioso afirmavam que ao indivíduo era permitido relacionar-se diretamente com Deus, sem a necessidade de intermediários institucionais – no caso, padres, bispos, cardeais ou outros sacerdotes da Igreja católica. Isso significava afirmar que o ser humano, individualmente, desfrutava de certa autonomia e liberdade para decidir sobre sua vida.

Mais tarde, no século XVIII, com o desenvolvimento do capitalismo e do pensamento liberal, a ideia de indivíduo e de individualismo firmou-se definitivamente, e a felicidade humana e individual tornou-se o centro das atenções.

Não se tratava, entretanto, da felicidade como um todo, mas de sua expressão material. Importava o fato de o indivíduo ser possuidor de bens, de imóveis, de dinheiro ou apenas de sua capacidade de trabalho. No século XIX essa visão estava estabelecida, e a sociedade capitalista, consolidada.

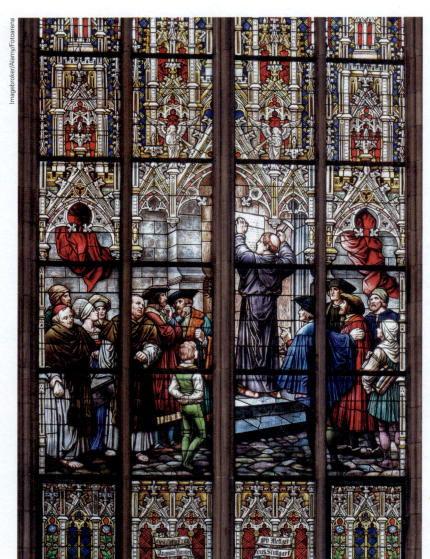

// Vitral da catedral de Speyer, Alemanha, que mostra a representação do momento em que Martinho Lutero afixou as 95 teses na capela de Wittemberg e assim deu início à Reforma protestante. 2009.

As escolhas humanas, seus limites e repercussões

Quando um ser humano nasce, já encontra prontos valores, normas, costumes e práticas sociais. Também encontra uma forma de produção da vida material que se estrutura de acordo com determinados padrões sociais, econômicos e políticos. Muitas vezes, não há como interferir nem como fugir dessas regras já estabelecidas.

A vida em sociedade é possível, portanto, porque seus integrantes falam a mesma língua, são julgados por leis comuns e usam a mesma moeda, além de terem uma história e hábitos comuns, o que lhes dá um sentimento de pertencimento a determinado grupo.

O fundamental é entender que o individual – o que é de cada um – e o comum – o que é compartilhado por todos – não estão separados: formam uma relação que se constitui com base nas reações às situações enfrentadas no dia a dia.

Existem vários níveis de dependência entre a vida de cada indivíduo e o contexto social mais amplo. Em uma eleição, por exemplo, o candidato escolhido para receber o voto está inscrito num partido, que, por sua vez, é organizado de forma previamente determinada pelas leis vigentes naquele momento no país. Ou seja, vota-se em alguém que já foi escolhido pelos membros de um partido, os quais se reuniram para decidir quem deveria ser seu candidato.

Para decidir votar ou não votar em alguém, é possível prestar atenção à propaganda política, conversar com parentes e amigos, participar ou não de comícios ou acompanhar as notícias. Nesse caso, portanto, a decisão tomada pode ter relação com a de outras pessoas, com informações obtidas pelos meios de comunicação, que defendem os interesses de seus proprietários, e também com decisões que já foram tomadas anteriormente, ou seja, as leis que regem os partidos políticos e as eleições. Estas foram determinadas por indivíduos (no caso, deputados e senadores) considerados representantes da sociedade. Mas, muitas vezes, o cidadão não sabe como essas leis foram feitas nem quais são os interesses de quem as fez.

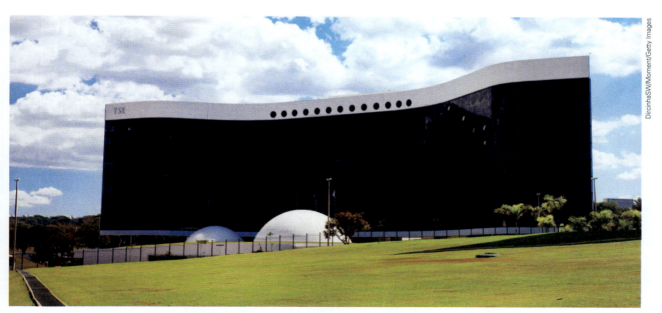

// Edifício do Tribunal Superior Eleitoral (TSE), mais alto órgão da Justiça Eleitoral brasileira, Brasília, DF, 2014.

Assim, o indivíduo está condicionado por decisões e escolhas que ocorrem fora de seu alcance, em outros níveis da sociedade. As decisões em sociedade, no entanto, conduzem a diferentes direções na vida, sendo sempre resultado de escolhas individuais no contexto mais amplo que a todos influencia.

As decisões de um indivíduo podem levá-lo a se destacar em certas situações históricas, construindo o que se costuma classificar como uma trajetória de vida notável. No entanto, ao se considerarem as características individuais e sociais, bem como os aspectos históricos da formação de cada indivíduo, torna-se necessário afirmar que não existem condicionamentos históricos ou sociais que tornam algumas pessoas mais "especiais" que outras, pois a história de uma sociedade é feita por todos os que nela vivem, uns de modo obstinado à procura de seus objetivos, outros com menos intensidade, mas todos procurando resolver as questões que se apresentam em seu cotidiano, conforme seus interesses e seu poder de influir nas situações.

De acordo com Norbert Elias (1897-1990), seguindo Émile Durkheim (1858-1917), a sociedade não é um baile à fantasia, em que cada um pode trocar de máscara ou de traje a qualquer momento. Desde o nascimento, todos estão presos às relações sociais que foram estabelecidas no passado e àquelas que se estruturam e incorporam no decorrer de suas vidas.

Das questões individuais às questões sociais

Chamamos de **questões sociais** algumas situações que não dizem respeito somente à vida pessoal, mas estão ligadas à estrutura de uma ou de várias sociedades. É o caso do desemprego, por exemplo, que afeta milhões de pessoas em diversos grupos sociais, em diferentes sociedades.

De acordo com o sociólogo estadunidense Charles Wright Mills (1916-1962), autor do livro *A imaginação sociológica* (1959), se, em uma cidade de 100 mil habitantes, poucos indivíduos estão sem trabalho, há uma questão individual, que pode

// Fila do pão, Nova York, Estados Unidos, entre 1930 e 1935, uma imagem da depressão financeira mundial desencadeada pela quebra da Bolsa de Valores de Nova York.

ser resolvida tratando as habilidades e potencialidades de cada um. Entretanto, se, em um país com 50 milhões de trabalhadores, 5 milhões ou mais não encontram emprego, a questão passa a ser social e não pode ser resolvida como individual. Nesse caso, a busca de soluções passa por uma análise mais profunda da estrutura econômica e política dessa sociedade.

Há também situações que afetam o cotidiano individual e que são resultado de acontecimentos que atingem muitos países. Podem ser citados três eventos, ocorridos em diferentes momentos da história, que tiveram repercussões em muitas sociedades: a crise de 1929, que levou ao colapso o sistema financeiro mundial; a destruição das Torres Gêmeas, em 2001, em Nova York, que causou insegurança global e alterou de forma definitiva as relações dos Estados Unidos com os outros países e também o dia a dia dos cidadãos estadunidenses; e a crise financeira de 2008, gerada nos Estados Unidos, que teve impactos no cotidiano dos cidadãos de quase todo o mundo.

São numerosos os acontecimentos globais na sociedade mundializada que atingem os indivíduos independentemente de sua vontade. É importante destacar que, tanto em 1929 como em 2001 e em 2008, os eventos mencionados foram consequências de decisões de alguns indivíduos, grupos e instituições. As consequências dessas decisões, entretanto, foram muito além das expectativas dos indivíduos, grupos ou instituições que as tomaram.

Essas situações, além de afetar as relações políticas, econômicas e financeiras de todos os países, atingiram indivíduos em várias partes do mundo, que sofreram com a alta no preço dos alimentos e a perda de seus imóveis e empregos, o que provocou uma situação de enorme vulnerabilidade, já que os vínculos entre as nações se fragilizaram, obrigando-as a adotar rígidos esquemas de segurança.

Esses pontos fazem parte da história da sociedade contemporânea e assumem, muitas vezes, proporções ainda mais amplas. Tomar uma decisão é algo individual e social ao mesmo tempo. É impossível separar esses planos.

// Flagrante de um acontecimento que afetou a história mundial e o cotidiano de milhões de pessoas: ataque às Torres Gêmeas, manhã de 11 de setembro de 2001, Nova York, Estados Unidos.

Cenário da sociabilidade cotidiana

Vizinhos e internautas

Rio de Janeiro – Estudiosos do comportamento humano na vida moderna constatam que um dos males de nossa época é a incomunicabilidade das pessoas. Já foi tempo em que, mesmo nas grandes cidades, nos bairros residenciais, ao cair da tarde era costume os vizinhos se darem boa-noite, levarem as cadeiras de vime para as calçadas e ficar falando da vida, da própria e da dos outros.

A densidade demográfica, os apartamentos, a violência urbana, o rádio e mais tarde a TV ilharam cada indivíduo no casulo doméstico. Moro há 18 anos num prédio da Lagoa; tirante os raros e inevitáveis cumprimentos de praxe no elevador ou na garagem, não falo com eles nem eles comigo. Não sou exceção. Nesse lamentável departamento, sou regra.

Daí que não entendo a pressão que volta e meia me fazem para navegar na Internet. Um dos argumentos que me dão é que posso falar com pessoas na Indonésia, saber como vão as colheitas de arroz na China e como estão os melões na Espanha.

Uma de minhas filhas vangloria-se de ser internauta. Tem amigos na Pensilvânia e arranjou um admirador em Dublin, terra do Joyce, do Bernard Shaw e do Oscar Wilde. Para convencê-la de seus méritos, ele mandou uma foto em cor que foi impressa em alta resolução. É um jovem simpático, de bigode, cara honesta. Pode ser que tenha mandado a foto de um outro.

Lembro a correspondência sentimental das velhas revistas de antanho. Havia sempre a promessa: "Troco fotos na primeira carta". Nunca ouvi dizer que uma dessas trocas tenha tido resultado aproveitável.

Para vencer a incomunicabilidade, acredito que o internauta deva primeiro aprender a se comunicar com o vizinho de porta, de prédio, de rua. Passamos uns pelos outros com o desdém de nosso silêncio, de nossa cara amarrada. Os suicidas se realizam porque, na hora do desespero, falta o vizinho que lhe deseje sinceramente uma boa noite.

CONY, Carlos Heitor. Vizinhos e internautas. *Folha de S.Paulo*. São Paulo, 26 jun. 1997. Opinião, p. A2. Disponível em: <www1.folha.uol.com.br/folha/pensata/cony_20000504.htm>. Acesso em: 5 fev. 2018.

1. No texto, Carlos Heitor Cony menciona mudanças que ocorreram nas cidades nos últimos anos. Cite as mudanças importantes que ocorreram nos últimos anos no lugar onde você mora. Analise-as e verifique se elas alteraram sua maneira de se relacionar com as pessoas em casa, na escola ou em outros lugares públicos.

2. A internet pode nos aproximar de muitas pessoas que com frequência nem conhecemos, mas às vezes parece que nos distancia de quem vive perto de nós. O que você pensa sobre isso?

Por meio da internet, muitas pessoas organizam eventos como o da imagem: uma guerra de travesseiros combinada por jovens em 20 cidades ao redor do mundo. São Paulo, SP, 2013.

William Volcov/Brazil Photo Press/Agência France-Presse

Socialização: como nos tornamos parte de uma sociedade

CAPÍTULO 2

Em toda sociedade, os indivíduos se relacionam levando em conta determinadas normas e, assim, formam um grupo. A Sociologia dispõe de um conceito importante para definir o processo pelo qual os indivíduos formam a sociedade e são formados por ela: o de socialização, ou seja, o processo de interiorização de normas e valores da sociedade em que se vive.

O processo de socialização começa na família, passa pela vizinhança e pela escola, e continua através dos meios de comunicação. Inclui o convívio com os moradores do bairro, o grupo que frequenta o clube ou participa das festas populares, os habitantes da cidade em que se nasce ou vive. A imagem que melhor ilustra esse processo é a de uma imensa rede tecida por relações sociais que vão se entrelaçando e compondo diversas outras relações e estruturas até formar a sociedade.

Cada indivíduo, ao fazer parte de uma sociedade, insere-se em múltiplos grupos e instituições que se entrecruzam, como a família, a escola, os amigos do bairro, etc. Essa multiplicidade e heterogeneidade de grupos dos quais se participa cria uma complexa rede de relações que, de tão múltipla, torna-se individual. Por isso, cada um vive suas próprias experiências, que podem ser semelhantes ou diferentes das experiências das outras pessoas.

O que a todos é comum

Toda sociedade necessita construir ao longo de sua existência determinadas normas sociais que lhe oferecem sentido e dão unidade (e também favorecem a diversidade).

Ao nascer, o indivíduo chega a um mundo que já está pronto e com o qual passa a ter uma relação de total estranheza. A criança vai sentir frio e calor, conforto e desconforto, sorrir e chorar; enfim, vai começar a se relacionar e conviver com o mundo externo. Nos primeiros meses de vida, vai aprender a conhecer seu corpo, seja observando e tocando partes dele, seja se olhando no espelho. Nesse momento ainda não se reconhece como indivíduo, pois não domina os códigos sociais; é o "bebê", um ser genérico.

Com o tempo, a criança percebe que existem outros elementos a seu redor: o berço (quando o tem), o chão (que pode ser de terra batida, de cimento, de tábuas ou de mármore com tapetes) e os objetos que compõem o ambiente em que vive. Percebe que existem também pessoas – pai, mãe, irmãos, tios e avós – com as quais vai ter de se relacionar. Percebe que há outros indivíduos, com nomes como José, Maurício, Solange e Marina, que são chamados de amigos ou colegas. Passa, então, a diferenciar as pessoas da família das demais. À medida que cresce, vai descobrindo que há coisas que pode fazer e coisas que não pode fazer. Posteriormente saberá que isso é determinado por normas, valores e costumes do grupo, das classes e da sociedade à qual pertence.

No processo de conhecimento do mundo, a criança observa que alguns dias são diferentes dos outros. Há dias em que os pais não saem para trabalhar e passam mais tempo em casa. São ocasiões em que ela assiste mais à televisão, vai passear em algum parque ou em outro lugar qualquer. Em alguns desses dias pode ir também a lugares como templos ou igrejas. Nos outros dias da semana vai à escola, onde encontra crianças da mesma idade e também outros adultos.

A criança vai entendendo que, além da casa e do bairro onde vive, existem outros lugares, alguns parecidos com os que já conhecia e outros bem diferentes; alguns próximos e outros distantes; alguns grandes e outros pequenos; alguns luxuosos e outros simples ou miseráveis. Internaliza, assim, a ideia de diferenciação espacial.

// Todos os integrantes de uma sociedade passam pelo processo de socialização. A vida nas cidades também é um processo de socialização. Nas imagens, em sentido horário, cenas do cotidiano em Amsterdã, Holanda (2015); Istambul, Turquia (2014); Lagos, Nigéria (2015); e Niu Jiao Zhai, China (2014).

Ao assistir à televisão, utilizar a internet, ler um livro ou viajar, a criança perceberá que existem cidades enormes e outras bem pequenas, novas e antigas, bem como áreas rurais, com poucas casas, onde podem ser cultivados os alimentos que ela consome. Aos poucos, saberá que cidades, zonas rurais, matas e rios fazem parte do território de um país, que normalmente é dividido em unidades menores (no caso brasileiro, elas são chamadas de estados). Nessa "viagem" do crescimento, a criança aprenderá que há os continentes, os oceanos e os mares, e que tudo isso, com a atmosfera, constitui o planeta Terra, que, por sua vez, está vinculado a um sistema maior, o sistema solar, o qual se integra em uma galáxia.

Esse processo de conviver com a família e com os vizinhos, de frequentar a escola, de ver televisão, de passear e de conhecer novos lugares, coisas e pessoas compõe um universo cheio de faces no qual a criança vai se socializando. Além de coisas e lugares, vai aprendendo e interiorizando palavras, significados e ideias, enfim, os valores e o modo de vida da sociedade da qual faz parte.

As diferenças no processo de socialização

Entender a sociedade significa saber que há muitas diferenças no cotidiano dos indivíduos e que é preciso prestar atenção nelas. A experiência de nascer e ser socializado pode ser radicalmente diferente de um país, estado ou cidade para o outro, de uma família para a outra, de um período histórico para o outro. Essas desigualdades promovem formas diferentes de socialização.

Ao tratar de diferenças, é urgente relacioná-las ao contexto histórico. A socialização dos dias atuais é diferente da dos anos 1950. Naquela época, a maioria da população vivia na zona rural ou em pequenas cidades. As escolas eram pequenas e tinham poucos alunos. A televisão ainda não havia sido popularizada no Brasil e seus programas eram vistos por poucas pessoas. Não havia internet e a telefonia era precária. Ouvir rádio era a principal forma de adquirir conhecimento acerca do que acontecia em outros lugares do país e do mundo. As pessoas se relacionavam quase somente com as que viviam próximas e estabeleciam fortes laços de solidariedade entre si. Escrever cartas era muito comum, pois constituía a forma mais prática de se comunicar a distância.

No decorrer da segunda metade do século XX, os avanços tecnológicos nos setores de comunicação e informação, o aumento da produção industrial e do consumo e o crescimento da população urbana desencadearam grandes transformações no mundo inteiro.

// À esquerda, família reunida em torno da TV, década de 1950. Na época, assistir a programas televisivos era uma grande novidade. A imagem da direita mostra os "orelhões", espécie de cabine que abrigava um telefone público, que se tornaram muito populares já que a telefonia ainda não era acessível a toda a população, década de 1970.

Em alguns casos, alterações econômicas e políticas provocaram a deterioração das condições de vida e da organização social, gerando situações calamitosas. Em vários países do continente africano, milhares de pessoas morreram de fome ou se feriram em guerras internas causadas por conflitos étnicos ou pela luta por emancipação, incentivadas por nações estrangeiras. Na antiga Iugoslávia, no continente europeu, grupos étnicos entraram em conflitos que mesclavam questões políticas, econômicas e culturais e, apoiados ou não por outros países, enfrentaram-se durante muitos anos em uma guerra civil sangrenta. Nascer e viver nessas condições é completamente diferente de viver no mesmo local com paz e estabilidade. A socialização das crianças que vivem em uma situação de "guerra permanente" (quando conseguem sobreviver) é afetada profundamente.

O espaço privado e o espaço público

Mesmo considerando essas diferenças e outras tantas que poderiam ser mencionadas, há normalmente um processo de socialização formal, conduzido por instituições, como escola, Igreja, Estado, e um processo mais informal e abrangente, que acontece inicialmente na família, na vizinhança, nos grupos de amigos e pela exposição aos meios de comunicação.

O ponto de partida é a família, o espaço privado das relações de intimidade e afeto, em que, geralmente, podem ser encontrados compreensão e refúgio, apesar dos conflitos. É o espaço onde se aprendem as normas e regras de convivência e também a lidar com a diferença e a diversidade. Como muitos afirmam, é o espaço onde se educam as pessoas. Os espaços públicos de socialização são todos os outros lugares frequentados pelos indivíduos e seus grupos. Neles, as relações são diferentes e variáveis, pois há a convivência com pessoas que muitas vezes são desconhecidas. Nos espaços públicos não é possível fazer muitas das coisas que em casa são permitidas, e é preciso, então, observar as normas próprias de cada situação. Nos locais de estudo e de atividades religiosas, por exemplo, o silêncio é imperativo; na escola, onde ocorre a chamada educação formal, exige-se a pontualidade nos horários de entrada e saída, e assim por diante.

Há, entretanto, agentes de socialização presentes tanto nos espaços privados como nos públicos: são os meios de comunicação – o cinema, a televisão, o rádio, os jornais, as revistas e os aparelhos conectados à internet. Esses talvez sejam os meios de socialização mais eficazes e persuasivos.

A biblioteca é um espaço público de socialização. Manter o silêncio em um ambiente como esse é uma atitude que mostra respeito com aqueles que buscam concentração e isolamento. Biblioteca na Universidade da Amazônia, em Santarém, Pará, 2017.

Cenário da socialização contemporânea

Os sonhos dos adolescentes

[...]

Ao longo de trinta anos de clínica, encontrei várias gerações de adolescentes (a maioria, mas não todos, de classe média) e, se tivesse que comparar os jovens de hoje com os de dez ou vinte anos atrás, resumiria assim: eles sonham pequeno.

É curioso, pois, pelo exemplo de pais, parentes e vizinhos, os jovens de hoje sabem que sua origem não fecha seu destino: sua vida não tem que acontecer necessariamente no lugar onde nasceram, sua profissão não tem que ser a continuação da de seus pais. Pelo acesso a uma proliferação extraordinária de ficções e informações, eles conhecem uma pluralidade inédita de vidas possíveis.

Apesar disso, em regra, os adolescentes e os pré-adolescentes de hoje têm devaneios sobre seu futuro muito parecidos com a vida da gente: eles sonham com um dia a dia que, para nós, adultos, não é sonho algum, mas o resultado (mais ou menos resignado) de compromissos e frustrações.

Um exemplo. Todos os jovens sabem que Greenpeace é uma ONG que pratica ações duras e aventurosas em defesa do meio ambiente. Alguns acham muito legal assistir, no noticiário, à intrépida abordagem de um baleeiro por um barco inflável de ativistas. Mas, entre eles, não encontro ninguém (nem de 12 ou 13 anos) que sonhe em ser militante do Greenpeace. Os mais entusiastas se propõem a estudar oceanografia ou veterinária, mas é para ser professor, funcionário ou profissional liberal. Eles são "razoáveis": seu sonho é um ajuste entre suas aspirações heroico-ecológicas e as "necessidades" concretas (segurança do emprego, plano de saúde e aposentadoria).

[...]

É possível que, por sua própria presença maciça em nossas telas, as ficções tenham perdido sua função essencial e sejam contempladas não como um repertório arrebatador de vidas possíveis, mas como um caleidoscópio para alegrar os olhos, um simples entretenimento. Os heróis percorrem o mundo matando dragões, defendendo causas e encontrando amores solares, mas eles não nos inspiram: eles nos divertem, enquanto, comportadamente, aspiramos a um churrasco [...] com os amigos.

É também possível (sem contradizer a hipótese anterior) que os adultos não saibam mais sonhar muito além de seu nariz. Ora, a capacidade de os adolescentes inventarem seu futuro depende dos sonhos aos quais nós renunciamos.

Pode ser que, quando eles procuram, nas entrelinhas de nossas falas, as aspirações das quais desistimos, eles se deparem apenas com versões melhoradas da mesma vida acomodada que, mal ou bem, conseguimos arrumar. Cada época tem os adolescentes que merece.

CALLIGARIS, Contardo. Os sonhos dos adolescentes. *Folha de S. Paulo*. São Paulo, 11 jan. 2007. Ilustrada, p. E10. Disponível em: <www1.folha.uol.com.br/fsp/ilustrad/fq1101200718.htm>. Acesso em: 5 fev. 2018.

1. Você acha que o autor tem razão quando afirma que os jovens atualmente só querem um emprego seguro e bem pago, e nada mais? Por quê?

2. De acordo com suas observações, como os jovens costumam reagir às injustiças, à degradação ambiental ou à morte cotidiana de pessoas?

3. Conformismo ou resistência e ação alternativa: que bandeira deve ser levantada? Justifique.

// Estudantes visitam feira de profissões em São Paulo, SP, 2015.

CAPÍTULO 3

A Sociologia e a sociedade dos indivíduos

Entre os estudiosos que se preocuparam em analisar a relação do indivíduo com a sociedade, destacam-se autores clássicos da Sociologia, como Karl Marx (1818-1883), Émile Durkheim (1858-1917) e Max Weber (1864-1920), e outros mais recentes, como Norbert Elias (1897-1990) e Pierre Bourdieu (1930-2002).

Neste capítulo, serão examinadas as diferentes perspectivas adotadas por esses autores para analisar o processo de constituição da sociedade e a maneira como os indivíduos se relacionam.

Karl Marx, os indivíduos e as classes sociais

Para o alemão Karl Marx, o ser humano, além de resultado da evolução biológica da espécie, é um produto histórico em constante mudança, dependendo da sociedade na qual está inserido e das condições em que vive. Assim, os indivíduos devem ser analisados de acordo com o contexto social em que produzem e reproduzem a sua existência.

Nas primeiras sociedades tribais, os seres humanos, segundo Marx, diferenciavam-se dos outros animais não apenas pelas características biológicas, mas também por aquilo que produziam no espaço e na época em que viviam. Coletando alimentos, caçando, defendendo-se e criando instrumentos, eles construíram sua história e sua existência na sociedade.

Ao produzir as condições materiais de existência, o ser humano elabora sua consciência, seu modo de pensar e conceber o mundo, isto é, as explicações, as leis, a moral e a religião em uma sociedade.

É nesse sentido que, para Marx, o modo como os indivíduos em sociedade produzem sua existência condiciona o processo de vida social, política e intelectual, ou seja, o modo como a pessoa vive condiciona o seu modo de pensar. Assim, a sociedade produz o indivíduo e este produz, a um só tempo, a sociedade.

A capacidade de se relacionar em sociedade trabalhando, aprendendo, construindo e inovando é uma característica fundamental do ser humano. Por isso, Marx não analisa um indivíduo genérico, abstrato, mas os indivíduos humanos reais que vivem em uma sociedade situada historicamente. A produção do indivíduo isolado, fora da sociedade, é tão inconcebível quanto o desenvolvimento da linguagem sem indivíduos que vivam juntos e conversem.

Marx analisa, na maioria de seus escritos, a sociedade capitalista, suas bases e seu desenvolvimento, bem como a questão das classes como um dos elementos essenciais desse processo social. É nesse contexto que investiga a relação indivíduo/sociedade, tendo como ponto de partida tanto os estudos sobre as lutas políticas de seu tempo como a busca por entendimento das engrenagens econômicas e humanas que sustentam as formas de exploração e dominação numa realidade cada vez mais complexa.

Constituição das classes

De acordo com Marx, na sociedade capitalista, quando se desenvolveu de modo mais preciso o trabalho assalariado, os trabalhadores perderam o domínio sobre sua vida; deixaram de trabalhar para si e passaram a vender sua força de trabalho, não conseguindo se reconhecer no que fazem e produzem.

É na luta diária para se contrapor a esse tipo de vida desumanizado, no qual sua força de trabalho é reduzida a uma coisa que pode ser vendida, comprada e até descartada que os indivíduos trabalhadores se identificam e se unem para questionar a realidade de exploração, configurando uma classe social.

Ao analisar a sociedade capitalista, Marx trata das relações entre as classes sociais, mas a ideia do indivíduo como ser social continua presente. Isso fica claro quando ele afirma que os seres humanos constroem sua história, mas não da maneira como querem, uma vez que são condicionados por situações anteriores. Para ele, existem fatores sociais, políticos e econômicos que levam os indivíduos e as classes a percorrer determinados caminhos; mas todos têm capacidade de reagir a essas situações e até mesmo de transformá-las e superá-las.

O ponto central da análise que Marx faz da sociedade capitalista está nas relações estabelecidas entre as classes que compõem essa sociedade. Para ele, só é possível entender as relações dos indivíduos com base nos antagonismos, nas contradições e nos conflitos entre as classes sociais, ou seja, na luta de classes que se desenvolve à medida que homens e mulheres procuram satisfazer suas necessidades, sejam elas oriundas do estômago, sejam nascidas da fantasia.

Estivadores do porto de Londres que, em 1889, deram início a uma greve considerada o marco nacional do movimento operário britânico, já que ajudou a chamar a atenção para a questão da pobreza na Inglaterra vitoriana.

NAS PALAVRAS DE \ **MARX e ENGELS**

Burgueses e proletários

A história de todas as sociedades até hoje existentes é a história das lutas de classes.

Homem livre e escravo, patrício e plebeu, senhor feudal e servo, mestre de corporação e companheiro, em resumo, opressores e oprimidos, em constante oposição, têm vivido numa guerra ininterrupta, ora franca, ora disfarçada; uma guerra que terminou sempre ou por uma transformação revolucionária da sociedade inteira, ou pela destruição das duas classes em conflito.

Nas mais remotas épocas da História, verificamos, quase por toda parte, uma completa estruturação da sociedade em classes distintas, uma múltipla gradação das posições sociais. Na Roma antiga encontramos patrícios, cavaleiros, plebeus, escravos; na Idade Média, senhores, vassalos, mestres das corporações, aprendizes, companheiros, servos; e, em cada uma destas classes, outras gradações particulares.

A sociedade burguesa moderna, que brotou das ruínas da sociedade feudal, não aboliu os antagonismos de classe. Não fez mais do que estabelecer novas classes, novas condições de opressão, novas formas de luta em lugar das que existiram no passado.

Entretanto, a nossa época, a época da burguesia, caracteriza-se por ter simplificado os antagonismos de classe. A sociedade divide-se cada vez mais em dois campos opostos, em duas grandes classes em confronto direto: a burguesia e o proletariado. [...]

MARX, Karl; ENGELS, Friedrich. *Manifesto comunista*. São Paulo: Boitempo, 1998. p. 40-41.

Émile Durkheim, as instituições e o indivíduo

Para o fundador da escola francesa de Sociologia, Émile Durkheim, a sociedade sempre tem predominância em relação aos indivíduos, dispondo de certas regras, costumes e leis que asseguram sua continuidade. Essas normas e leis independem do indivíduo e pairam sobre todos, formando uma consciência coletiva que dá o sentido de integração entre os membros da sociedade. Essa consciência coletiva se solidifica em instituições, que são a base da sociedade e que correspondem, para Durkheim, a todo comportamento e crença instituídos por uma coletividade. Ele atribuía tanta importância às instituições que definia a Sociologia como a ciência da gênese e do funcionamento das instituições sociais

A família, a escola, o sistema judiciário e o Estado são exemplos de instituições que congregam os elementos essenciais da sociedade, dando-lhe sustentação e garantindo-lhe a permanência. Para não haver conflito ou desestruturação das instituições e, consequentemente, da sociedade, a transformação dos costumes e normas nunca seria realizada individualmente, mas de maneira lenta, ao longo de gerações.

Para ele, a predominância da sociedade está na herança transmitida, por intermédio da educação, às gerações futuras. Essa herança são os costumes, as normas e os valores que nossos pais e antepassados nos legaram. Condicionado e controlado pelas instituições, cada membro de uma sociedade sabe como deve agir para não desestabilizar a vida comunitária; sabe também que, se não agir da forma estabelecida, será repreendido ou punido, dependendo da falta cometida.

O sistema penal é um bom exemplo dessa prática. Se um indivíduo comete determinado crime, deve ser julgado pela instituição competente – o sistema judiciário –, que aplica a penalidade correspondente. O condenado é retirado da sociedade e encerrado em uma prisão por um determinado período de tempo, onde deve ser reeducado (embora isso não ocorra na maioria das vezes) para ser reintegrado ao convívio social após cumprir sua pena.

Diferentemente de Marx, que vê a contradição e o conflito como elementos essenciais da sociedade, Durkheim enfatiza a necessidade da coesão e da integração para que a sociedade se mantenha. Para ele, o conflito existe basicamente pela anomia, isto é, pela ausência ou insuficiência da normatização das relações sociais, ou por falta de instituições que regulamentem essas relações.

Durkheim considera a socialização um fato social amplo, que dissemina as normas e valores gerais da sociedade – fundamentais para a socialização das crianças – e assegura a difusão de ideias que formam um conjunto homogêneo, fazendo com que a sociedade permaneça integrada e se perpetue no tempo.

De acordo com Durkheim, para que um fenômeno social seja considerado um fato social é necessário que seja:

- coercitivo, isto é, que se imponha aos indivíduos, para que eles aceitem as normas da sociedade;
- exterior aos indivíduos, ou seja, que exista antes deles e não seja fruto das consciências individuais;
- geral, isto é, que atinja todos os indivíduos que fazem parte de uma sociedade.

Durkheim criticava o individualismo exacerbado, isto é, o fato de os indivíduos só pensarem em si, nos seus interesses mais diretos, e não se preocuparem com o outro. Para ele, o individualismo é o maior inimigo para a constituição e a manutenção de uma sociedade e da própria ideia de coletividade. A expansão dos direitos individuais é algo coletivo e a busca do interesse pessoal é individual e, no dizer de Durkheim, individualista. Para o autor de *As regras do método sociológico*, nenhuma sociedade poderia ser construída com base nos interesses privados, isolados e indiferentes.

Desse modo, é interessante diferenciar dois tipos de individualismo: um cuja visão negativa se associa ao egoísmo e à falta de solidariedade nas sociedades de hoje e outro sobre o qual se assenta a "individualidade", ou seja, o desenvolvimento de um indivíduo autônomo, reflexivo e responsável. Durkheim apostava nessa segunda concepção.

NAS PALAVRAS DE DURKHEIM

A sociedade, a educação e os indivíduos

[...] Cada sociedade, considerada num momento determinado do seu desenvolvimento, tem um sistema de educação que se impõe aos indivíduos como uma força geralmente irresistível. É inútil pensarmos que podemos criar os nossos filhos como queremos. Há costumes com os quais temos de nos conformar; se os infringimos, eles vingam-se nos nossos filhos. Estes, uma vez adultos, não se encontrarão em condições de viver no meio dos seus contemporâneos, com os quais não estão em harmonia. Quer tenham sido criados com ideias muito arcaicas ou muito prematuras, não importa; tanto num caso como noutro, não são do seu tempo e, por conseguinte, não estão em condições de vida normal. [...]

Ora, não fomos nós, individualmente, que fizemos os costumes e as ideias que determinam este modelo. São o produto da vida em comum e exprimem as suas necessidades. São até, na maior parte, obra de gerações anteriores. Todo o passado da humanidade contribuiu para fazer este conjunto de máximas que dirigem a educação atual; toda a nossa história lhe deixou traços, e até mesmo a história dos povos que nos precederam. [...] Quando estudamos historicamente a maneira como são formados e desenvolvidos os sistemas de educação, apercebemo-nos que eles dependem da religião, da organização política, do grau de desenvolvimento das ciências, do estado da indústria etc. Se os desligamos de todas estas causas históricas, tornam-se incompreensíveis.

[...]

DURKHEIM, Émile. *Educação e sociologia*. Lisboa: Edições 70, 2001. p. 47-48.

Max Weber, o indivíduo e a ação social

O alemão Max Weber, diferentemente de Durkheim, teve como preocupação central compreender o indivíduo e suas ações. Por que as pessoas tomam determinadas decisões? Quais são as razões para seus atos? Segundo esse autor, a sociedade existe concretamente, mas não é algo externo e preponderante às pessoas, e sim o conjunto das ações dos indivíduos relacionando-se reciprocamente. Assim, Weber, partindo do indivíduo e de suas motivações, pretendeu compreender a sociedade como um todo.

O conceito básico para Weber é o de ação social, entendida como o ato de se comunicar, de se relacionar, orientado pelas ações dos outros. A palavra "outros", no caso, pode significar tanto um indivíduo apenas quanto vários, indeterminados e até desconhecidos. Como o próprio Weber exemplifica, o dinheiro é um elemento de intercâmbio que alguém aceita no processo de troca de qualquer bem ou serviço e que outro indivíduo utiliza porque sua ação está orientada pela expectativa de que outros tantos, conhecidos ou não, estejam dispostos a também aceitá-lo como elemento de troca.

Seguindo esse raciocínio, Weber explica por meio de dois exemplos o que não é uma ação social:

- Quando vários indivíduos estão caminhando na rua e começa a chover, muitos abrem seus guarda-chuvas ao mesmo tempo. Essa ação de cada indivíduo não está orientada pela dos demais, mas sim pela necessidade de proteger-se da chuva. Não é, portanto, uma ação social.
- Quando, numa aglomeração, indivíduos se reúnem por alguma razão, agem influenciados por comportamentos de massa, isto é, fazem determinadas coisas simplesmente porque todos estão fazendo. Essa ação influenciada também não é uma ação social.

Ao analisar o modo como os indivíduos agem e levando em conta a maneira como eles orientam suas ações, Max Weber agrupou as ações sociais em quatro tipos: ação tradicional, ação afetiva, ação racional com relação a valores e ação racional com relação a fins.

// Manifestação de estudantes e professores contra a reorganização escolar defendida pelo governo estadual: uma ação social racional com relação a fins orientada por convicções comuns. São Paulo, SP, 2015.

A **ação tradicional** tem por base a tradição familiar, um costume arraigado. É um tipo de ação que se adota quase automaticamente, reagindo a estímulos habituais ou a tradições deste ou daquele grupo social. A maior parte de nossas ações cotidianas é desse tipo.

A **ação afetiva** tem o sentido vinculado aos sentimentos e estados emocionais de qualquer ordem na busca da satisfação de desejos. Age assim quem afirma: "tudo pelo prazer" ou "o que importa é viver o momento".

A **ação racional com relação a valores** fundamenta-se em convicções e valores (éticos, estéticos, religiosos ou qualquer outro), tais como o dever e a transcendência de uma causa, qualquer que seja seu gênero. O indivíduo age de acordo com aquilo em que acredita, independentemente das possíveis consequências, tendo por fundamento determinados valores que lhe parecem ordenar que realize isso ou aquilo.

A **ação racional com relação a fins** fundamenta-se num cálculo com base no qual se procuram estabelecer os objetivos racionalmente avaliados e perseguidos e os meios para alcançá-los. Nesse tipo de ação, o indivíduo programa, pesa e mede as consequências em relação ao que pretende obter.

Para Weber, essa classificação não engloba todos os tipos de ação social. Ela é composta de tipos conceituais em estado puro, construídos para desenvolver a pesquisa sociológica. Esses "tipos ideais" são ferramentas (construções) teóricas utilizadas pelo sociólogo para analisar a realidade. Os indivíduos, quando agem no cotidiano, mesclam alguns ou vários tipos de ação social.

Como se pode perceber, para Max Weber, ao contrário de Durkheim, as razões para a ação do indivíduo não são algo externo a ele. O indivíduo escolhe condutas e comportamentos, dependendo da cultura e da sociedade em que vive. Assim, as relações sociais consistem na probabilidade de que se aja socialmente com determinado sentido, sempre numa perspectiva de reciprocidade em face dos outros.

NAS PALAVRAS DE WEBER

Sobre a ação social

1. A ação social (incluindo tolerância ou omissão) orienta-se pelas ações de outros, que podem ser passadas, presentes ou esperadas como futuras (vingança por ataques anteriores, réplica a ataques presentes, medidas de defesa diante de ataques futuros). Os "outros" podem ser individualizados e conhecidos ou então uma pluralidade de indivíduos indeterminados e completamente desconhecidos (o "dinheiro", por exemplo, significa um bem – de troca – que o agente admite no comércio porque sua ação está orientada pela expectativa de que outros muitos, embora indeterminados e desconhecidos, estarão dispostos também a aceitá-lo, por sua vez, numa troca futura).

2. Nem toda espécie de ação – incluindo a ação externa – é "social" no sentido aqui sustentado. Não o é, desde logo, a ação exterior quando esta só se orienta pela expectativa de determinadas reações de objetos materiais. A conduta íntima é ação social somente quando está orientada pelas ações de outros. Não o é, por exemplo, a conduta religiosa quando esta não passa de contemplação, oração solitária etc. A atividade econômica (de um indivíduo) somente o é na medida em que leva em consideração a atividade de terceiros. [...] De uma perspectiva material: quando, por exemplo, no "consumo" entra a consideração das futuras necessidades de terceiros, orientando por elas, desta maneira, sua própria poupança. Ou quando na "produção" coloca como fundamento de sua orientação as necessidades futuras de terceiros etc.

3. Nem toda espécie de contato entre os homens é de caráter social; mas somente uma ação, com sentido próprio, dirigida para a ação de outros. Um choque de dois ciclistas, por exemplo, é um simples evento como um fenômeno natural. Por outro lado, haveria ação social na tentativa de os ciclistas se desviarem, ou na briga ou considerações amistosas subsequentes ao choque. [...]

WEBER, Max. Ação social e relação social. Apud: FORACCHI, Marialice M.; MARTINS, José de Souza. *Sociologia e sociedade*: leituras de introdução à Sociologia. Rio de Janeiro/São Paulo: Livros Técnicos e Científicos, 1977. p. 139.

Norbert Elias e Pierre Bourdieu: a sociedade dos indivíduos

Até aqui foram examinadas três diferentes perspectivas de análise da relação entre indivíduo e sociedade. Para Marx, o foco recai sobre os indivíduos inseridos nas classes sociais e as contradições e conflitos entre elas. Para Durkheim, o fundamental é a integração dos indivíduos na sociedade, sendo que esta se superpõe a eles. Para Weber, os indivíduos e o sentido de suas ações são os elementos constitutivos da sociedade. Apesar das perspectivas diferentes, todos buscaram explicar o processo de constituição da sociedade e a maneira como os indivíduos se relacionam, procurando identificar as ações e instituições fundamentais.

Dois autores contemporâneos analisaram a relação entre indivíduo e sociedade procurando integrar esses polos: o sociólogo alemão Norbert Elias e o francês Pierre Bourdieu. A seguir estão alguns dos principais conceitos que ambos construíram.

O conceito de configuração

De acordo com o sociólogo alemão Norbert Elias, é comum separar indivíduo e sociedade, já que parece impossível existirem, ao mesmo tempo, bem-estar e felicidade individual e uma sociedade livre de conflitos. De um lado está o pensamento de que as instituições – família, escola e Estado – devem estar a serviço da felicidade e do bem-estar de todos; de outro, a ideia da unidade social acima da vida individual.

As distinções entre indivíduo e sociedade levam a pensar que se trata de duas coisas separadas, como mesas e cadeiras, tachos e panelas. Ora, para Elias, em seu livro *A sociedade dos indivíduos*, é somente nas relações e por meio delas que os indivíduos adquirem características humanas como falar, pensar e amar. E é importante declarar que só é possível trabalhar, estudar e se divertir em uma sociedade que tenha história, cultura e educação, mas não isoladamente.

Para explicar melhor o que afirma e superar a dicotomia entre indivíduo e sociedade, Elias criou o conceito de configuração (ou figuração). É uma ideia que ajuda a pensar nessa relação de forma dinâmica, como acontece na realidade. Para ele, configuração é a teia de relações de indivíduos interdependentes que estão ligados de diversas maneiras e em vários níveis, pelos quais perpassam relações de poder.

Tomemos um exemplo: se quatro pessoas se sentam em volta de uma mesa para jogar baralho, formam uma configuração, pois o jogo é uma unidade que não pode ser concebida sem os participantes nem as regras. Sozinho, nenhum deles consegue jogar; juntos, cada um tem a própria estratégia para seguir as regras e vencer.

Vamos citar um exemplo mais brasileiro. Em um jogo de futebol, temos outra configuração, ou seja, há um conjunto de "eus", de "eles", de "nós". Um time de futebol é composto de vários "eus" – os jogadores –, cujo objetivo único é disputar com os jogadores do outro time. Há também as regras que devem ser levadas em conta e a presença de um juiz e dos bandeirinhas, que lá estão para marcar as possíveis infrações e representam toda uma estrutura judiciária do futebol. Além disso, há a torcida, que também faz parte do jogo e congrega vários outros indivíduos com interesses diferentes, mas que, nessa configuração, têm como objetivo único torcer pela vitória de seu time.

Assim, durante o jogo há um fluxo contínuo, que só pode ser entendido nesse contexto, nessa configuração. Essa relação acontece entre os jogadores, entre eles e a torcida, entre eles e o técnico, entre os torcedores e entre todos e as regras, os juízes, os bandeirinhas, os técnicos e os gandulas. Fora desse contexto, não há jogo de futebol, apenas indivíduos, que viverão outras configurações, em outros momentos.

No grupo social é assim: não há separação entre indivíduo e sociedade. Tudo deve ser entendido de acordo com o contexto; caso contrário, perdem-se a dinâmica da realidade e o poder de entendimento.

Para compreender a relação indivíduo/sociedade deve-se pensar em termos das ideias de *relações e funções*, pois, para Elias, não se pode compreender uma melodia examinando cada uma de suas notas separadamente, sem relação com as demais, ou uma orquestra a partir de cada instrumento isoladamente.

O conceito de configuração pode ser aplicado a pequenos grupos ou a sociedades inteiras, constituídas de pessoas que se relacionam. Esse conceito chama a atenção para a dependência entre as pessoas. Por isso, Elias utiliza a expressão "sociedade dos indivíduos", realçando a unidade, e não a divisão.

// Jogadores comemorando a vitória sobre a equipe da Argentina que garantiu à Alemanha o título de campeã da Copa do Mundo de 2014, disputada no Brasil. A imagem de alegria reflete o intenso fluxo de relações e expectativas que ocorre durante uma partida – dos jogadores de cada time entre si e com os adversários, as torcidas, os técnicos, o juiz, os bandeirinhas. O significado da vitória só pode ser entendido nessa configuração.

NAS PALAVRAS DE ELIAS

Escolhas e repercussão social

Toda sociedade grande e complexa tem, na verdade, as duas qualidades: é muito firme e muito elástica. Em seu interior, constantemente se abre um espaço para as decisões individuais. Apresentam-se oportunidades que podem ser aproveitadas ou perdidas. Aparecem encruzilhadas em que as pessoas têm de fazer escolhas, e de suas escolhas, conforme sua posição social, pode depender seu destino pessoal imediato, ou o de uma família inteira, ou ainda, em certas situações, de nações inteiras ou de grupos dentro delas.

Pode depender de suas escolhas que a resolução completa das tensões existentes ocorra na geração atual ou somente na seguinte. Delas pode depender a determinação de qual das pessoas ou grupos em confronto, dentro de um sistema particular de tensões, se tornará o executor das transformações para as quais as tensões estão impelindo, e de que lado e em que lugar se localizarão os centros das novas formas de integração rumo às quais se deslocam as mais antigas, em virtude, sempre, de suas tensões.

Mas as oportunidades entre as quais a pessoa assim se vê forçada a optar não são, em si mesmas, criadas por essa pessoa. São prescritas e limitadas pela estrutura específica de sua sociedade e pela natureza das funções que as pessoas exercem dentro dela. E, seja qual for a oportunidade que ela aproveite, seu ato se entremeará com os de outras pessoas; desencadeará outras sequências de ações, cuja direção e resultado provisório não dependerão desse indivíduo, mas da distribuição do poder e da estrutura das tensões em toda essa rede humana móvel.

ELIAS, Norbert. *A sociedade dos indivíduos*. Rio de Janeiro: Jorge Zahar, 1994. p. 48.

O conceito de habitus

Habitus é outro conceito utilizado por Norbert Elias. Além de ser esclarecedor, esse conceito estabelece uma ligação entre o pensamento de Elias e o do francês Pierre Bourdieu. Para Elias, *habitus* é algo como uma segunda natureza, ou melhor, um saber social incorporado pelo indivíduo em sociedade. Ele afirma que o destino de uma nação, ao longo dos séculos, fica sedimentado no *habitus* de seus membros. É algo que muda constante, mas não rapidamente, e, por isso, há equilíbrio entre continuidade e mudança. A preocupação de Pierre Bourdieu, ao retomar o conceito de *habitus*, era a mesma de Elias: ligar teoricamente indivíduo e sociedade. Não há diferença entre o que Elias e Bourdieu pensam em termos gerais; apenas na maneira de propor a questão. Para Bourdieu, o *habitus* se apresenta como social e individual ao mesmo tempo, referindo-se tanto a um grupo quanto a uma classe e, obrigatoriamente, também ao indivíduo.

A questão fundamental para ele é mostrar a articulação entre as condições de existência do indivíduo e suas formas de ação e percepção, dentro ou fora dos grupos. Dessa maneira, seu conceito de *habitus* é o que articula práticas cotidianas – a vida concreta dos indivíduos – com as condições de classe de determinada sociedade, ou seja, a conduta dos indivíduos e as estruturas mais amplas. Fundem-se as condições objetivas com as subjetivas.

Para Bourdieu, o *habitus* é estruturado por meio das instituições de socialização dos agentes (a família e a escola, principalmente), e é aí que a ênfase na análise do *habitus* deve ser colocada, pois são essas primeiras categorias e valores que orientam a prática futura dos indivíduos. Esse seria o *habitus* primário, por isso mais duradouro – mas não congelado no tempo.

À medida que se relaciona com pessoas de realidades distintas, o indivíduo desenvolve um *habitus* secundário, não necessariamente contrário ao anterior, mas indissociável dele. Assim, vai construindo um *habitus* individual conforme agrega experiências continuamente. Isso não significa que será uma pessoa radicalmente diferente da que era antes, pois se modifica sem perder suas marcas de origem, de seu grupo familiar ou da classe na qual nasceu. Os conceitos e valores dos indivíduos (sua subjetividade), segundo Bourdieu, têm uma relação muito intensa com o lugar que ocupam na sociedade. Não há igualdade de posições, pois se vive em uma sociedade desigual.

A Sociologia oferece várias possibilidades teóricas para a análise da relação entre indivíduo e sociedade. Além dos autores aqui apresentados, muitos outros tratam das mesmas questões e propõem alternativas a fim de que se possa escolher a perspectiva mais apropriada para examinar a realidade em que se vive e buscar respostas para as perguntas que se fazem. A diversidade de análises é um dos elementos essenciais do pensamento sociológico.

NAS PALAVRAS DE BOURDIEU

Habitus, o que é isso?

Os *habitus* são princípios geradores de práticas distintas e distintivas – o que o operário come e, sobretudo, sua maneira de comer, o esporte que pratica e sua maneira de praticá-lo, suas opiniões políticas e sua maneira de expressá-las diferem sistematicamente do consumo ou das atividades correspondentes do empresário industrial; mas são também esquemas classificatórios, princípios de classificação, princípios de visão e de divisão e gostos diferentes. Eles estabelecem as diferenças entre o que é bom e mau, entre o bem e o mal, entre o que é distinto e o que é vulgar etc., mas elas não são as mesmas. Assim, por exemplo, o mesmo comportamento ou o mesmo bem pode parecer distinto para um, pretensioso ou ostentatório para outro e vulgar para um terceiro.

BOURDIEU, Pierre. Razões práticas. 4. ed. Campinas: Papirus, 1996. p. 22.

Cenário da sociabilidade contemporânea

Regra e exceção não têm mais regras

// A dispensa de regras e a corrupção em tira de Armandinho, de Alexandre Beck, 2015.

Desde crianças aprendemos que precisamos seguir regras para viver organizadamente em sociedade. No entanto, nos últimos tempos, as regras parecem ter-se tornado exceções e vice-versa. E o mau exemplo vem de quem deveria dar o bom exemplo.

A corrupção que sempre existiu nas estruturas governamentais expôs-se à luz desde o governo Collor. Ela está à nossa vista, e isso gera uma situação de libertinagem social que a psicanalista Maria Rita Kehl muito bem descreveu no artigo "A elite somos nós", publicado no jornal *Folha de S.Paulo* de 15 de janeiro de 2005.

Disse ela que estava andando em uma calçada de Copacabana, no Rio de Janeiro, quando notou dois rapazes da periferia engraxando os sapatos de um turista. Ao terminar o serviço, taxaram o preço em 50 reais. O turista achou muito e deu uma nota de 10 reais. O engraxate olhou bem para o freguês e arrancou da sua carteira uma nota de 50 reais. Assustado, o estrangeiro resolveu "cair fora".

Maria Rita, que observava tudo, não conseguiu deixar de protestar: "Cara, você vai cobrar 50 reais para engraxar os sapatos do gringo?".

O engraxate simplesmente disse: "Se eu quiser, cobro cem, cobro mil, e a senhora não se meta com a gente".

E o outro remendou:

"Vai buscar seu mensalão, madame, que este aqui é o nosso".

Com base nessa experiência, ela concluiu:

"Não é difícil compreender que a bandidagem escancarada entre representantes dos interesses públicos (os políticos) autoriza definitivamente a delinquência no resto da sociedade. O termo mensalão já se tornou sinônimo de patifaria generalizada: "[...] estamos todos à deriva. É a lei do salve-se quem puder [...]".

E, assim, o exemplo que "vem de cima" mostra ao povo que o melhor é "se dar bem", ou, como dizia o comercial antigo de cigarros que deu origem à famosa Lei de Gerson, "é preciso levar vantagem em tudo, certo?". Isso autoriza os indivíduos a fazer o que quiserem: "Se os poderosos fazem, por que eu não posso fazer também?".

1. Neste capítulo examinamos conceitos utilizados por diferentes autores na análise da relação entre o indivíduo e a sociedade: classe social (Marx), consciência coletiva e anomia (Durkheim), ação social (Weber), configuração (Elias), *habitus* (Bourdieu). Qual (quais) desses conceitos poderia(m) ajudar na interpretação do comportamento relatado por Maria Rita Kehl?

CAPÍTULO 4
Identidade: quem é o quê?

Ao discutir a relação indivíduo/sociedade, uma questão que causa inquietação é a seguinte: "Nesta vida, quem é o quê?". Afinal, por que é necessário estudar tanto para entender quem se é? Aparentemente, é simples explicar os acontecimentos que ocorrem em sociedade, mas não é nada fácil entender profundamente quem é o ser humano que partilha com tantos outros a realidade, posto que envolve uma série de fenômenos que definem uns e outros e estão localizados no tempo e no espaço de modo muito abrangente e disperso. A questão, portanto, abrange a compreensão da identidade dos indivíduos e dos grupos que com eles dividem histórias e constroem uma vida juntos.

A construção social das identidades

Todas as identidades são construídas socialmente e são fruto da cultura e da linguagem de determinada experiência coletiva. Quando alguém nasce encontra um mundo repleto de regras e exigências que só mais tarde compreenderá. Logo no início da vida, um espaço familiar e um nome pessoal conferem aos sujeitos a primeira marca de sua identidade.

Em família, o novo membro da sociedade pouco a pouco conhecerá a história de seus antepassados e descobrirá que, de muitos modos, ele nunca estará completamente sozinho. A identidade se configura por meio de várias histórias e recebe influências de diversos povos, diferentes etnias, infinitas expressões culturais.

No Brasil é muito comum encontrar nomes como Pedro, José, Maria, Francisco, Ana – também é comum se deparar com possíveis apelidos, como Pedroca, Zé, Chico, Aninha e inúmeros outros. De onde vêm esses nomes e apelidos? O fato a ressaltar é que eles não são aleatórios, casuais.

Os nomes sempre têm uma história. Família, religiosidade, expressões musicais, preferências artísticas, o mundo da televisão e das celebridades, ídolos, heróis. Tudo inspira pais e mães, avôs e avós, tios e tias, as pessoas encarregadas de atribuir um nome aos novos membros da sociedade. Muitas vezes, os nomes são mesclados, o que cria alcunhas inéditas, estranhas a quem não entende a peculiaridade cultural de cada região do planeta. Os nomes mudam de acordo com a força viva da cultura e também com a complexidade que envolve as relações de parentesco, como a influência dos mais velhos, a inspiração nos padrinhos e as homenagens aos familiares antepassados.

Além do nome, há uma identidade geracional, que caracteriza os indivíduos como crianças, jovens, adultos ou idosos. Essa é uma classificação e, como toda classificação, é social, principalmente se analisada em diferentes sociedades e seus múltiplos exemplos identitários. O que significa ser um adulto ou um(a) tio(a) em diversas sociedades indígenas é bem diferente em comparação com a cultura ocidental globalizada dos grandes centros urbanos. Em muitas culturas (novas e antigas) não existe a ideia de adolescência, uma vez que infância e vida adulta são critérios que apenas separam os sujeitos considerados prontos daqueles julgados inaptos para uma vida autônoma.

Assim, as identidades não são tão simples de definir, uma vez que envolvem inúmeros aspectos da experiência humana e da vida coletiva. É interessante analisar alguns desses ricos aspectos.

As identidades muitas vezes se moldam a relações de poder. As diferenças são binárias, mas um dos polos é sempre o mais importante: o meu é o principal (positivo) e o outro é secundário (negativo). Aí se estabelece uma relação de poder que parte do princípio de que, se é meu, é melhor e verdadeiro; se é dos outros, é pior ou falso. Ao se fazer isso, estabelecem-se uma classificação e uma divisão, uma hierarquia de pessoas e grupos em uma sociedade. Ao se fixar determinada identidade (polo) como o padrão a ser seguido, assume-se uma classificação já hierarquizada socialmente por um grupo ou por uma parcela da sociedade.

Mas há outra questão interessante: a relação entre identidade e diferença. Muitos pensam que há uma ruptura clara entre elas. Afinal, "eles são o que nós não somos" e "nós somos o que eles não são". Aparentemente, identidade e diferença são elementos contrastantes, mas, como se pode observar nas duas expressões acima, elas são indissociáveis, posto que a identidade "NÓS" é sempre decorrente da identidade dos que são diferentes, os "OUTROS". Para exemplificar isso, basta observar que na língua espanhola há um pronome que demonstra muito bem a impossibilidade de pensar essa separação: o pronome *Nós* (português)/*We* (inglês)/*Noi* (italiano)/*Nous* (francês) em espanhol é *NOSOTROS*, ou seja, quando nos referimos a NÓS, os OUTROS são inseparáveis, relacionados, juntos.

// O conceito de alteridade não é permanente: em uma partida de futebol entre dois times brasileiros, há alteridade entre as torcidas rivais; já em uma partida de futebol da equipe nacional contra um time estrangeiro, os torcedores provavelmente se unirão em favor do Brasil, se identificando como torcedores comuns. Torcida do Flamengo em jogo contra o São Paulo, 2018.

O caso da identidade brasileira é muito rico e instigante. Como definir alguém que nasce, cresce e se desenvolve em um país continental, na intersecção conflituosa de povos tribais, europeus, africanos, asiáticos e de várias origens nacionais e em diferentes momentos do tempo histórico? Seria possível identificar "o brasileiro", no singular? Como indicar com fidelidade à diversidade cultural do país um prato típico do Brasil no exterior? Como discorrer sobre a música brasileira e alicerçá-la num estilo único que seria tocado e apreciado do Amapá ao Rio Grande do Sul, abrangendo toda a multiplicidade de ritmos e sons que compõem as histórias musicais e as tantas contribuições dos povos brasileiros (no plural, é claro)? O fato é que "o brasileiro" é *NOSOTROS* em estado bruto, muito embora fale a língua de Camões, não a de Cervantes.

Desse modo, não se pode isolar identidades individuais ou coletivas, já que são constituídas reciprocamente. A identidade individual é sempre integrada à identidade de um grupo e de uma sociedade ao mesmo tempo que envolve invariavelmente a história do indivíduo, do grupo ou da sociedade. Não há "identidades solitárias", constituídas fora da experiência social. Uma identidade é o que é sempre em relação às outras, padronizadas, de um modo ou de outro, pelas determinações da vida coletiva, na história. As identidades coletivas são historicamente constituídas e agem sobre os indivíduos como se fossem uma memória em elaboração permanente.

Identidades hoje

Aparentemente, as identidades nacionais no mundo contemporâneo podem parecer unificadas, mas são fragmentadas, plurais, históricas e vinculadas a uma cultura nacional. Nesse sentido, pode-se mencionar identidades culturais-nacionais nas quais fala-se a mesma língua, estuda-se uma história comum específica, há um sistema educacional homogêneo, etc. É fato que a maioria dos indivíduos se identifica com um Estado-nação, mas existem situações distintas. Há os que mudaram de nacionalidade e os que possuem dupla nacionalidade, e outros que possuíam uma identidade nacional e passaram a ter outra, caso de quem nasceu na antiga Tchecoslováquia (tchecoslovaco) e, depois da desintegração do país, passou a ser tcheco (da República Tcheca) ou eslovaco (da Eslováquia).

Em todos os casos, a identidade é constantemente reafirmada, em nível nacional, por hinos, bandeiras, festas, heróis, etc. É assim que os vínculos com os símbolos são mantidos, constituindo o que se pode chamar de uma "comunidade imaginada" – ou imaginária. Daí pode-se fazer referência a uma tradição, a uma literatura e a um folclore nacionais.

As identidades nacionais parecem, portanto, unificadas por seus símbolos, crenças e práticas comuns. Analisadas mais demoradamente, porém, é possível constatar que são formadas de muitos povos, diversas etnias e incontáveis culturas e tradições, que foram juntadas, em momentos distintos, na tentativa de construção de uma política cultural que levasse a uma unidade identitária. Identidades nacionais são realidades em constante transformação.

Outra forma de identidade muito expressiva da atualidade é relacionada ao trabalho, à profissão. Quando duas pessoas que não se conhecem começam a conversar, a primeira pergunta que costuma ser feita é "O que você faz?" ou "Onde você trabalha?". Há trinta ou quarenta anos, a pergunta inicial dessa conversa provavelmente faria referência à origem do interlocutor: "De onde você é? De que família faz parte?". Isso mostra que a questão do trabalho e da profissão é um referencial que identifica pessoas e grupos. Talvez por isso, quando em situação de desemprego, é comum a sensação de perder um pouco de si, de não se encontrar a si próprio, posto que as referências identitárias passam, necessariamente, pela função que se exerce em um emprego ou trabalho. O desemprego pode levar uma pessoa a sentir-se em um vácuo: sem atividades para fazer e sem identidade.

Além da família, do trabalho e da nacionalidade que definem a identidade, existem outros elementos indicadores de quem se é e como é possível ser identificado. Podem ser lembrados, por exemplo, o gênero, a etnia, a religião, a participação política e a classe social a que se pertence ou se julga pertencer.

Os modelos identitários que circulam são muitos e até se pode escolher o que pensar, ser e mudar, dependendo das novas "ondas" que aparecem cotidianamente. As identidades hoje são atravessadas por informações, práticas e situações que formam e reformam as representações de como se é identificado ou de como os sujeitos e os grupos sociais se identificam. Além disso, existem identificações fundamentadas em práticas de consumo ou em estilos de vida. Há outras assentadas sobre o time de futebol pelo qual se torce ou motivadas por doenças ou limitações físicas, caso do doente renal crônico, do portador de diabetes, dos portadores de deficiência visual, auditiva, motora, etc.

As identidades são, portanto, dependentes dos cenários frequentados por indivíduos, grupos e classes sociais. Nesses cenários, foi estabelecido um sem-número de relações com o outro, aquele que, em essência, lhes é, ao mesmo tempo, diferente e semelhante, disjuntivo e complementar. Assim se define a identidade como mutante e em permanente estado de integração, ontem, hoje e sempre.

Nas manifestações públicas (cívicas) em comemoração a alguma data nacional estão presentes não só a identidade nacional expressa na bandeira, mas também as identidades étnicas expressas nas configurações físicas dos participantes. Desfile de estudantes guaranis-kaiowás em Amambai, Mato Grosso do Sul, 2012.

Cenário da socialização e identidade

Mia Couto: em busca das identidades plurais

Mia Couto, escritor moçambicano, em entrevista a Flora Pereira e Natan de Aquino, do Projeto Afreaka.

Quem é o Mia Couto pessoa?

Eu sou muitos, um dos quais é esse que agora infelizmente ganhou uma certa hegemonia sobre os outros, sobre esta multidão que mora dentro de mim, que é o Mia Couto escritor. Tenho uma empresa onde trabalho como biólogo. E eu também sou muito esse. Sou uma mestiçagem desses vários seres e criaturas que me habitam.

E o Mia Couto escritor?

Provavelmente é este o que me ocupa mais. Exatamente porque ele não pode ser capturado, não pode ser domesticado, configurado. Do Mia Couto escritor, o que me agrada mais é eu poder ser muita gente, poder ser vários, atravessar vidas e nascer em outras criaturas, nos personagens que eu crio.

[...]

Você diz que seus livros buscam identidades, poderia nos contar sobre algumas das que você já encontrou? Quem são elas?

Eu acho que o que a escrita me permitiu, e eu tenho uma grande dívida com ela por isso, é perceber que eu sou todos. Cada um de nós é todos os outros. Quando eu comecei a escrever sobre mulheres, eu tive uma grande dificuldade, porque eu achava que estava a ser falso. Ia perguntar às mulheres como é que elas pensavam, mas depois percebi que estava dentro de mim. Se eu conseguir chegar lá, e fazer essa viagem para o meu lado feminino, para a mulher que eu também sou, aí sim fica verdadeiro. Eu não posso falar sobre uma mulher, eu tenho que escrever como se eu fosse ela. Eu sou essa mulher que eu escrevo. E eu sou esse chinês, sou esse velho, sou essa criança e sou todos os outros que vivem dentro de mim. Quando eu escrevo, não estou só a visitá-los, eu incorporo tudo isso. [...] Não existe uma identidade, mas as pessoas vivem em uma fortaleza: "eu sou assim". E quando alguém diz isso, está dizendo uma grande mentira porque está a criar, a sedimentar uma imagem que os outros criaram dela. As pessoas facilmente, quando se apresentam, dizem "eu sou jornalista", e isso é uma coisa terrível, porque a gente fica capturado nessa única coisa, como se a vida inteira coubesse em um cartão de visita, que diz quem somos nós.

[...]

A África plural muitas vezes vem interpretada erroneamente sobre o nome de África unidade. Mas, acima dessa sensibilidade, o senhor acha que existe uma identidade em comum africana?

Existem algumas identidades que são diversas, mas aquela que eu acho que é mais importante é o sentimento de religiosidade que une essas pessoas: como se concebe Deus, como se concebe o nosso lugar após a morte, como se concebe a própria morte. Essa espiritualidade de fato é uma religião. Não tem nome. Não é reconhecida. Eu acho que o grande elemento de aglutinação é essa coisa do lugar dos mortos, do invisível, a fronteira entre o possível e o impossível.

E isso permeia todas as comunidades?

Sem dúvida. É um chão. Eu nunca entenderei o Brasil se eu não souber nada sobre a religião católica, por exemplo. Mesmo o brasileiro que se afirma ateu foi moldado, foi condicionado em relação à ética, está embrionado disso. Aqui é o mesmo. Imagina se eu não soubesse nada da religião católica, como a maior parte das pessoas que vêm visitar a África não sabe desses valores. Então, eles veem e acham que são umas práticas, umas crenças exóticas, mas não entendem como isso funciona como um sistema de pensamento. E enquanto não tiver essa sensibilidade, nunca vai conseguir ter proximidade com a África porque está a ler o espaço apenas por linhas mais epidérmicas como a política, a história etc. Aquilo que é mais profundo não é tocado.

[...]

Disponível em: <http://outraspalavras.net/posts/mia-couto-em-busca-das-identidades-plurais/>. Acesso em: 20 fev. 2018.

1. Refletindo um pouco sobre os tantos papéis que você assume diariamente – filho(a), estudante, amigo(a), namorado(a) –, tente descrever quantos "sujeitos" você é em cada momento da vida. Eles são muito diferentes entre si?

2. De que maneira as outras pessoas influenciam seu comportamento cotidiano, seu estilo de vida?

3. Normalmente, faz-se referência à África como um continente, mas se fala como se fosse um país apenas, uma unidade. Quais são as Áfricas existentes que você conhece em termos geográficos, históricos e culturais?

Costurando as ideias

O sociólogo franco-argelino Pierre Bourdieu (1930-2002) insistia na tese de que a Sociologia deveria restituir aos homens e mulheres o sentido de suas vidas. No documentário *A Sociologia é um esporte de combate*, filmado entre 1998 e 2001, o diretor Pierre Carles acompanha Bourdieu em suas atividades cotidianas, na sala de aula, nas reuniões de pesquisa, nas ruas e nas intervenções midiáticas, buscando tornar públicas as tarefas do sociólogo, dentre as quais se destaca aquela que prevê não haver separação entre a vida dos indivíduos e as determinações gerais da experiência social.

Assim, muito mais do que um esporte casual ou uma ação espontânea, a Sociologia se converte numa tarefa cotidiana, obstinada, que requer um discurso sempre atualizado e orientado para as necessidades reais dos sujeitos sociais. A Sociologia fala para cada um e para todos ao mesmo tempo; ela almeja colaborar com indivíduos, grupos e classes sociais, em escala e de forma indissociável de sua missão científica de descortinar opressões e apontar opressores. No final das contas, a Sociologia deseja tão somente servir de inspiração para que as personagens da vida possam ter autonomia na construção de suas próprias narrativas históricas.

A Sociologia, portanto, esforça-se por desnaturalizar a vida em sociedade, demonstrando que não há nada de imutável nas experiências humanas compartilhadas. Questões como a da desigualdade social, da corrupção nas relações entre o poder público e o mercado, da precariedade nos serviços de saúde e educação, nada disso é natural ou impossível de mudar. São resultado de uma articulação de esforços políticos, econômicos e socioculturais que privilegiam o interesse privado, o ganho de alguns, a permanência dos privilégios de velhos grupos e classes instalados nas estruturas do poder social. Desmontar essas articulações de interesses privados e de antigos e nocivos privilégios é um dos maiores objetivos do esporte sociológico de combate.

O sociólogo polonês Zygmunt Bauman (1925-2017), famoso pela sua metáfora da modernidade líquida, afirmava que um dos temas mais delicados da sociedade contemporânea é o das identidades, sejam individuais, sejam coletivas. Tudo muda muito rapidamente, tudo exige respostas prontas e acabadas, sem que seja possível dar oportunidade à reflexão ou às ações coletivas e organizadas. Desse modo, as opiniões fluem, respingam, jorram de um lado a outro, sem se cristalizarem, sem se darem conta de sua inconsistência e de sua fragilidade. Por isso, as identidades são vítimas preferenciais dos processos de dominação e desarticulação. Impedir e criminalizar lutas e formas inteligentes de organização coletiva e minar resistências e oferecer as migalhas das mercadorias abundantemente consumidas são as tarefas do tempo líquido que nos banha diariamente.

A Sociologia, bem como as demais ciências sociais – em particular, a Antropologia e a Ciência Política –, está longe de não enfrentar desafios e mais distante ainda de ser uma prática de fácil convencimento em face da opinião mais geral que circula na vida em sociedade. Antes de mais nada, seu papel é o de compreender a experiência social. Se assim bem se realizar, poderá auxiliar também nos processos de transformação da vida humana. Nesse momento, terá conquistado alguns pontos decisivos na prática esportiva a que se candidata com tanta coragem e capacidade de se refazer a toda hora.

Leituras e propostas

Para refletir

Eu etiqueta

Em minha calça está grudado um nome
que não é meu de batismo ou de cartório,
um nome... estranho.
Meu blusão traz lembrete de bebida
que jamais pus na boca, nesta vida.
Em minha camiseta, a marca de cigarro
que não fumo, até hoje não fumei.
Minhas meias falam de produto
que nunca experimentei
mas são comunicados a meus pés.
Meu tênis é proclama colorido
de alguma coisa não provada
por este provador de longa idade.
Meu lenço, meu relógio, meu chaveiro,
minha gravata e cinto e escova e pente,
meu copo, minha xícara,
minha toalha de banho e sabonete,
meu isso, meu aquilo,
desde a cabeça ao bico dos sapatos,
são mensagens,
letras falantes,
gritos visuais,
ordens de uso, abuso, reincidência,
costume, hábito, premência,
indispensabilidade,
e fazem de mim homem anúncio itinerante,
escravo da matéria anunciada.
Estou, estou na moda.
É doce estar na moda, ainda que a moda
seja negar minha identidade,
trocá-la por mil, açambarcando
todas as marcas registradas,
todos os logotipos do mercado.
Com que inocência demito-me de ser
eu que antes era e me sabia
tão diverso de outros, tão mim-mesmo,
ser pensante, sentinte e solidário
com outros seres diversos e conscientes
de sua humana, invencível condição.
Agora sou anúncio,
ora vulgar ora bizarro,
em língua nacional ou em qualquer língua
(qualquer, principalmente).
E nisto me comprazo, tiro glória
de minha anulação.
Não sou – vê lá – anúncio contratado.
Eu é que mimosamente pago
para anunciar, para vender
em bares festas praias pérgulas piscinas,
e bem à vista exibo esta etiqueta
global no corpo que desiste
de ser veste e sandália de uma essência
tão viva, independente,
que moda ou suborno algum a compromete.
Onde terei jogado fora
meu gosto e capacidade de escolher,
minhas idiossincrasias tão pessoais,
tão minhas que no rosto se espelhavam,
e cada gesto, cada olhar,
cada vinco da roupa
resumia uma estética?
Hoje sou costurado, sou tecido,
sou gravado de forma universal,
saio da estamparia, não de casa,
da vitrina me tiram, recolocam,
objeto pulsante mas objeto
que se oferece como signo de outros
objetos estáticos, tarifados.
Por me ostentar assim, tão orgulhoso
de ser não eu, mas artigo industrial,
peço que meu nome retifiquem.
Já não me convém o título de homem.
Meu nome novo é coisa.
Eu sou a coisa, coisamente.

ANDRADE, Carlos Drummond de. *O corpo*. 10. ed. Rio de Janeiro: Record, 1987. p. 85-87.

1. O poema realça a capacidade humana de pensar, agir e decidir sobre a própria vida como um valor fundamental. Que valores são contrapostos a esse na voz do eu poético?

2. Você passa por algo parecido com as situações citadas no poema em casa, na escola ou entre os amigos? Se sua resposta for afirmativa, cite versos do poema que caracterizem a sua situação.

Para pesquisar

1. Escreva sua biografia. Para isso, siga as orientações abaixo:
   - Entreviste seus pais e parentes para saber como era o local onde sua família vivia na época de seu nascimento. Acrescente outras informações, como o nome das escolas em que você estudou até hoje. Para ilustrar, procure reunir algumas fotografias de cada período de sua vida.
   - Se sua família se mudou, procure saber: por que ela deixou a zona rural e mudou-se para uma cidade ou vice-versa; por que ela mudou de uma região para outra; por que ela mudou de um bairro para outro da mesma cidade. Se a sua família não se mudou, procure saber por que continua vivendo no mesmo lugar.
2. Pesquise em jornais, em revistas ou na internet reportagens sobre acontecimentos (nacionais ou internacionais) que, em sua opinião, exerceram influência em sua vida. Com essas informações em mãos, construa um painel com fotografias e textos que destacam a relação entre os acontecimentos pesquisados ou, se quiser, monte um vídeo.

LIVROS RECOMENDADOS

Mozart: Sociologia de um gênio
De Norbert Elias. Rio de Janeiro: Zahar.
Nesse livro, o sociólogo Norbert Elias recria a sociedade com a qual se defrontou a criatividade e a força genial de Mozart, mostrando como as pressões sociais insistem em limitar o processo criativo que há nos indivíduos e grupos sociais mais inquietos e desejosos de mudanças. Um livro que encanta e faz pensar com profundidade as relações entre indivíduo e sociedade.

Sobre o artesanato intelectual e outros ensaios
De Charles Wright Mills. Rio de Janeiro: Zahar.
Recomenda-se principalmente o capítulo intitulado "A promessa", no qual o autor discute o modo de pensar a sociedade em que vivemos e apresenta como necessária a qualidade que chama de "imaginação sociológica".

SUGESTÕES DE FILMES

Billy Elliot (Inglaterra, 2000)
Direção: Stephen Daldry.
Billy Elliot é um garoto que gosta muito de dança, mas seu pai quer que ele seja boxeador. Ao chegar à puberdade, Billy procura frequentar escondido as aulas de balé. Filme que desperta discussões sobre as opções feitas ao longo da vida e também a respeito da influência que as relações familiares e escolares exercem sobre o indivíduo.

Nell (EUA, 1994)
Direção: Michael Apted.
Narra a trajetória de uma jovem encontrada numa casa de floresta isolada. Aos poucos, percebe-se que ela nunca havia feito contato com outros seres humanos, a não ser sua falecida avó. O processo de socialização, uma reflexão acerca da natureza do ser humano e também um olhar agudo sobre como as influências sociais podem ser boas ou nefastas.

Serras da desordem (Brasil, 2006)
Direção: Andrea Tonacci.
Misto de ficção e documentário com base em episódios da vida do indígena Carapiru, da tribo Awá Guajá (do Maranhão), que sobrevive a um massacre perpetrado por jagunços contratados por fazendeiros, na Amazônia, em 1978. Ao escapar da matança, Carapiru se torna nômade e perambula pela mata durante dez anos. No filme, há uma atmosfera de tensão entre o micro e o macro, entre o indivíduo e a sociedade, entre o histórico e o circunstancial.

Conexão de saberes

PLANETA BOLA

O futebol é uma representação interessante da vida em sociedade. Dentro das "quatro linhas" é possível observar várias relações sociais em miniatura, a solidariedade e a competição entre indivíduos e grupos; estratégias para a concretização de objetivos; emoções compartilhadas; uniformização (simbólica ou material) para assemelhar ou distinguir membros de uma equipe, etc. O futebol une os diferentes que se dedicam a torcer por uma equipe. Nesse sentido, os clubes são bastante democráticos. Mas isso não quer dizer que nos momentos de euforia ou de decepção manifestações de preconceito não ocorram. Até nisso o futebol é parecido com o restante da vida social: problemas são camuflados e só se revelam nos períodos de crise e insatisfação. De qualquer maneira, o futebol é um grande espetáculo e espelha a dinâmica das sociedades humanas. Essa incrível semelhança talvez seja a melhor explicação para seu sucesso em quase todo o planeta.

GRAMADO
Você sabia que há tecnologia até no gramado dos estádios? O gramado que foi palco da final da Copa do Mundo de 2014, no Maracanã, teve seu plantio supervisionado por especialistas. Desde a escolha da grama – um tipo resistente a variações bruscas de temperatura, importado dos Estados Unidos – até o sistema de drenagem para garantir o escoamento da água da chuva, para evitar alagamentos, tudo foi cuidadosamente planejado para garantir o melhor cenário possível para os atletas.

CHUTEIRA
As chuteiras também evoluem. As modernas são capazes de manter os pés dos jogadores cada vez mais estáveis. Marcas de esportes estão desenvolvendo chuteiras feitas com malha e pesando apenas 165 gramas. Pouco antes da Copa do Mundo de 2014, as grandes marcas esportivas lançaram modelos de chuteiras de cano alto.

AUDIÊNCIA

A final da Copa do Mundo de 2014, realizada no Brasil, no estádio do Maracanã – com capacidade para mais de 74 mil pessoas –, no Rio de Janeiro, foi vista por mais de 1 bilhão de pessoas no mundo. Essa partida, a decisão entre Alemanha e Argentina, com vitória do time alemão, teve uma audiência equivalente a 13 mil Maracanãs lotados.

O INDIVÍDUO

Um jogador, por melhor que seja, não consegue atuar em campo sozinho. Sem duas equipes, sem a bola, sem as regras não há jogo. O sociólogo Norbert Elias chama essa relação de **configuração**.

TORCIDA

Considerada o 12º jogador, a torcida entra em campo com o time, cantando e estimulando os jogadores. A ela se deve o colorido da grande festa que é uma partida de futebol. Mas a torcida é também o mais crítico dos membros da equipe: dá as costas e vaia quando acredita que o grupo não está dando o melhor de si.

De muitas maneiras, portanto, a torcida é a representação coletiva de cada jogador, de cada momento da história do clube – ela é a razão de ser do espetáculo da bola, uma vez que dá o tom e o ritmo das disputas em campo e no dia a dia dos times.

GLICOGÊNIO

Combinação de moléculas de glicose responsável pelo fornecimento de energia para o organismo humano.
O glicogênio muscular contribui para a contração dos músculos. Para recuperar seus estoques, o corpo humano leva até 72 horas. Essa é a razão de os atletas terem um intervalo usual de três dias entre um jogo e outro.

Montagem fotográfica sobre fotos de: Eugene Onischenko/Shutterstock, Martan/Shutterstock e Celso Pupo/Shutterstock

CAPÍTULO 4 | IDENTIDADE: QUEM É O QUÊ? 45

UNIDADE 2
Trabalho e produção da vida em sociedade

Artesão desenhando em cerâmica marajoara em Belém, Pará, 2015.

O trabalho é fonte da vida

Nas sociedades atuais, a produção de cada bem ou mercadoria envolve uma complexa rede de trabalho e de trabalhadores, além de equipamentos e tecnologia. Um exemplo é um produto que faz parte do dia a dia de grande número de brasileiros: o pãozinho de água e sal.

Os ingredientes básicos para fazer um pãozinho são farinha de trigo, sal, fermento e água. Para que haja farinha, é necessário que alguém plante o trigo e o colha. Além disso, é essencial que haja moinhos para moer o grão, transformando-o em farinha, e comercialização, para que o produto chegue às padarias ou às indústrias que fabricam pães. Já o sal deve ser retirado do mar, processado e embalado. O fermento é produzido em outras empresas por outros trabalhadores, com outras matérias-primas.

A água precisa ser captada, tratada e distribuída, o que exige uma complexa infraestrutura e muitos trabalhadores. São necessários equipamentos, como a máquina para preparar a massa e o forno para assar o pão, fabricados em indústrias que, por sua vez, empregam outros tipos de matérias-primas e outros trabalhadores.

Além do que já foi citado, é fundamental também algum tipo de energia proporcionado pelo fogo, e isso exige madeira ou carvão, ou energia elétrica. Esta é gerada em usinas hidrelétricas ou termelétricas, que, por sua vez, precisam de equipamentos, linhas de transmissão e mais trabalhadores.

Na ponta de todo esse trabalho, estão as padarias, mercadinhos e supermercados, onde o pãozinho finalmente chega ao consumidor.

Se para produzir e vender um simples pão há tantas pessoas envolvidas, direta e indiretamente, pode-se, então, imaginar quanto trabalho é necessário para a fabricação de uma bicicleta, de um celular, de um ônibus ou para a construção de casas, escolas ou grandes edifícios.

Essa complexidade das tarefas relacionadas à produção é uma característica das sociedades ocidentais da atualidade. Outros tipos de sociedade, do presente e do passado, apresentam características bem diversas.

CAPÍTULO 5

Trabalho e produção nas diferentes sociedades

O trabalho envolve a produção de mercadorias e a realização de tarefas que abrangem toda a vida em sociedade, uma vez que cada mercadoria produzida ou cada tarefa realizada servirá de alguma forma para configurar o modo como se organizam os sujeitos e se apresentam as estruturas da experiência coletiva. O trabalho, nesse sentido, expressa cotidianamente a vida e as estratégias de indivíduos, grupos e classes sociais em sua luta pela satisfação de seus objetivos e, principalmente, em torno de uma ideia comum de felicidade.

A produção nas sociedades tribais

As sociedades tribais diferenciam-se umas das outras em muitos aspectos, mas pode-se dizer, em termos gerais, que elas não são estruturadas pela atividade que nas sociedades modernas se denomina trabalho. Nelas todos fazem quase tudo, e as atividades relacionadas à obtenção do que os indivíduos necessitam para se manter – caça, coleta, agricultura e criação – estão associadas aos ritos e mitos, ao sistema de parentesco, às festas e às artes, integrando-se, portanto, a todas as esferas da vida social.

A organização dessas atividades caracteriza-se pela divisão das tarefas por gênero e por idade. Os equipamentos e instrumentos utilizados, comumente considerados pelo olhar estrangeiro muito simples e rudimentares, são eficazes para realizar tais tarefas. Guiados por esse olhar eurocêntrico, vários analistas, durante muito tempo, classificaram as sociedades tribais como de economia de subsistência e de técnica rudimentar, passando a ideia de que elas viveriam em estado de pobreza, o que é um preconceito e também uma manifestação de clara ignorância. Se hoje muitas delas dispõem de áreas restritas, enfrentando difíceis condições de vida, em geral, antes do contato com o chamado "mundo civilizado", a maioria vivia em áreas abundantes em caça, pesca e alimentos de vários outros tipos.

O antropólogo estadunidense Marshall Sahlins (1930-) classifica essas sociedades como "sociedades da abundância" ou "sociedades do lazer", destacando que seus membros não só tinham todas as necessidades materiais e sociais plenamente satisfeitas, como dedicavam um mínimo de horas diárias ao que nós chamamos de trabalho. Os Yanomami, da Amazônia, dedicavam pouco mais de três horas diárias às tarefas relacionadas à produção; os Ache, do Paraguai, cerca de cinco horas, mas não todos os dias; os Kung, do deserto do Kalahari, no sul da África, em média quatro horas por dia.

O fato de dedicar menos tempo a essas tarefas não significava, no entanto, ter uma vida de privações. As sociedades tribais viviam muito bem alimentadas, como indicam numerosos relatos que destacam a vitalidade de seus membros. É claro que tais relatos se referem à experiência de povos que viviam antes do contato com o chamado "mundo civilizado".

Duas explicações, entre outras, podem ser apontadas para o fato de os integrantes das sociedades tribais dedicarem menos tempo do que os cidadãos ditos civilizados às atividades que na cultura urbano-industrial se convencionou designar como trabalho.

A primeira está no modo como se relacionam com a natureza, que é radicalmente diferente da maneira como as sociedades "civilizadas" tratam a terra, a água e o ar. Para os integrantes de sociedades tribais, a terra (Mãe Terra), além de ser o espaço onde vivem, tem valor cultural, pois dá aos humanos seus frutos: a floresta fornece aos caçadores os animais de que necessitam para a sobrevivência e os rios oferecem os peixes que ajudam na alimentação. Esses povos têm profunda intimidade com o meio em que vivem. Sabem como os animais e as plantas crescem e se reproduzem e quais podem ser utilizados para a alimentação, para a cura de doenças ou para a realização de rituais.

A segunda explicação, conforme o antropólogo francês Pierre Clastres (1934--1977), está no fato de que a estrutura das sociedades tribais e o modo como seus membros produzem e reproduzem sua existência não se baseiam na necessidade de acumular bens ou alimentos, que estão sempre à disposição. Os excedentes, principalmente de alimentos oriundos da agricultura, são consumidos em festas e cerimônias.

Integradas ao meio ambiente e a todas as demais atividades, as tarefas relacionadas à produção não compõem, assim, uma esfera específica da vida, ou seja, não há um "mundo do trabalho" nas sociedades tribais.

// Oca em construção na Aldeia Piyulaga da etnia Waurá ou Waujá, Parque Indígena do Xingu, Gaúcha do Norte, Mato Grosso, 2013. As atividades que servem à coletividade – a construção da oca – integram-se a todas as esferas da vida social.

O trabalho na Europa antiga e medieval

Nas sociedades que se desenvolveram na Europa ocidental da Antiguidade até o fim da Idade Média, as concepções de trabalho apresentaram variações, mas poucas alterações. Sempre muito desvalorizado, o trabalho não era o núcleo mais importante para orientar as relações sociais. Estas se definiam principalmente pela hereditariedade, pela religião, pela honra, pela lealdade e pela posição em relação às questões públicas. Eram esses os elementos que permitiam que alguns poucos vivessem do trabalho de muitos outros.

A escravidão na Antiguidade

O termo "trabalho" pode ter nascido do vocábulo latino *tripalium*, que significa "instrumento de tortura", e por muito tempo esteve associado à ideia de atividade penosa e torturante. Nas sociedades grega e romana, era a mão de obra escravizada que garantia a produção suficiente para suprir as necessidades da população. Os escravizados nessas sociedades eram basicamente prisioneiros das conquistas e das guerras. Existiam, entretanto, trabalhadores livres, como os meeiros, os artesãos e os camponeses, que também eram explorados e oprimidos pelos senhores e proprietários.

Na cidade-Estado grega Atenas, os senhores e proprietários integravam a camada dos cidadãos à qual cabia discutir os assuntos da cidade. Para que os cidadãos pudessem se dedicar exclusivamente a essa atividade, o trabalho escravo era fundamental.

Detalhe de representação do trabalho de pavimentação de estradas na Roma antiga, século II d.C.

Labor, trabalho e ação

Os gregos distinguiam a atividade braçal de quem cultiva a terra, a atividade manual do artesão e a atividade do cidadão que discute e procura soluções para os problemas da cidade.

De acordo com a filósofa alemã Hannah Arendt (1906-1975), os gregos classificavam as atividades humanas em três categorias: labor, trabalho e ação.

O labor é o esforço físico voltado para a sobrevivência do corpo, sendo, portanto, uma atividade passiva e submissa ao ritmo da natureza. O exemplo mais claro dessa atividade é o cultivo da terra, pois depende de forças que o ser humano não pode controlar, como o clima e as estações.

O trabalho corresponde ao fazer, ao ato de fabricar, de criar algum produto mediante o uso de um instrumento ou mesmo das próprias mãos. O produto desse trabalho muitas vezes subsiste à vida de quem o fabrica, ou seja, tem um tempo de permanência maior que o de seu produtor. O trabalho do artesão ou do escultor se enquadraria nessa concepção.

A ação é a atividade que tem a palavra como principal instrumento; seu espaço é o da política, da vida pública.

A servidão nas sociedades feudais

No Império Romano, a maioria dos escravizados era constituída de prisioneiros de guerra. Com o fim das guerras de conquista nas quais os romanos se envolveram, o número de escravizados diminuiu. Os grandes proprietários de terras (latifundiários), que até então utilizavam o trabalho escravo, passaram a admitir trabalhadores livres como colonos. No regime do colonato, os trabalhadores recebiam um lote de terra, devendo cultivá-la e entregar parte da produção ao proprietário.

Em razão da instabilidade que caracterizou os séculos anteriores à queda do Império Romano do Ocidente, diversos pequenos proprietários venderam suas terras para os latifundiários e empregaram-se como colonos nas grandes propriedades, em troca de proteção.

Após o fim do Império Romano do Ocidente (476 d.C.), os germânicos estabelecidos na Europa ocidental continuaram a utilizar o regime de colonato para organizar o trabalho dos camponeses em seus domínios. Com o passar do tempo, o colonato passou por transformações que foram configurando um novo regime de trabalho: a servidão. No regime de servidão característico das sociedades feudais, os servos não gozavam de plena liberdade, mas também não eram escravizados. Prevalecia um sistema de deveres do servo para com o senhor e deste para com aquele.

Além de cultivar as terras a ele cedidas pelo senhor feudal, o servo era obrigado a trabalhar nas terras do senhor, bem como na construção e manutenção de estradas e pontes. Essa obrigação se chamava **corveia**. O servo devia também ao senhor a **talha**, uma taxa que se pagava sobre tudo o que se produzia na terra e atingia todas as categorias de trabalhadores do senhorio. Outra obrigação devida pelo servo eram as **banalidades**, pagas pelo uso do moinho, do forno, dos tonéis de cerveja e por, simplesmente, residir no domínio senhorial. Essa obrigação era extensiva aos camponeses livres.

Ao examinar a ilustração que mostra o esquema do uso do solo em um feudo, é possível entender a organização do espaço e do trabalho sob domínio feudal. Nessas sociedades, os servos, os camponeses livres e os aldeões trabalhavam e os senhores feudais e os membros do clero viviam do trabalho deles. A terra era o principal meio de produção, e os trabalhadores tinham direito a usufruir dela e a ocupá-la, mas nunca à propriedade.

Embora o trabalho ligado à terra fosse o preponderante nas sociedades medievais, eram praticadas também atividades artesanais, nas cidades e mesmo dentro das propriedades do senhor feudal, e atividades comerciais.

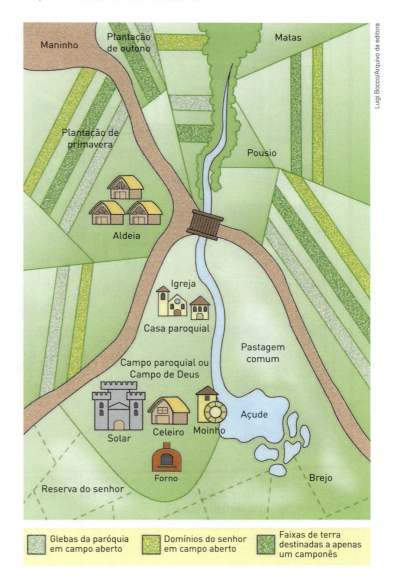

CAPÍTULO 5 | TRABALHO E PRODUÇÃO NAS DIFERENTES SOCIEDADES

Nas cidades, a produção artesanal tinha uma organização rígida baseada nas corporações de ofício. No topo da escala dessas corporações, encontrava-se um mestre, que controlava o trabalho de todos e encarregava-se de pagar os direitos ao rei ou ao senhor feudal e de fazer respeitar todos os compromissos com a corporação. Abaixo dele vinha o oficial, que ocupava uma posição intermediária entre a do aprendiz e a do mestre. Cabia ao oficial fixar a jornada de trabalho e a remuneração, sendo também o responsável por transmitir os ensinamentos do mestre aos aprendizes. O aprendiz, que ficava na base dessa hierarquia, devia ter entre 12 e 15 anos e era subordinado a um só mestre. Seu tempo de aprendizado era predeterminado, bem como os deveres e as sanções a que estava sujeito, conforme o estatuto da corporação.

As bases do trabalho na sociedade moderna

Com o fim do período medieval e a emergência do mercantilismo e do capitalismo, a estrutura de trabalho passou por um longo processo de mudanças. Como a estrutura anterior se desagregou? Como os artesãos e pequenos produtores se transformaram em assalariados?

Os artesãos e pequenos produtores trabalhavam, muitas vezes, na própria casa. Eles tinham suas ferramentas e seus instrumentos e, além disso, produziam ou obtinham, por meio de troca, as matérias-primas para produzir o que necessitavam. Eram, pois, senhores das condições necessárias para sobreviver e também de seu tempo, pois decidiam quando trabalhar ou descansar.

Pouco a pouco, essa situação se modificou. Inicialmente, houve a separação entre a moradia e o local de trabalho; depois, o trabalhador foi separado de seus instrumentos; por fim, ele perdeu a possibilidade de obter a própria matéria-prima. Os comerciantes e industriais que haviam acumulado riquezas passaram a financiar, organizar e coordenar a produção de mercadorias, definindo o que produzir, em que quantidade e em quanto tempo. Afinal, eles é que possuíam o dinheiro para financiar a produção.

Representação do trabalho artesanal de alfaiataria em iluminura integrante do manuscrito *Tacuinum sanitatis*, um livro medieval, século XIV, Biblioteca Nacional da França, Paris.

Essa transformação aconteceu por meio de dois processos de organização do trabalho: o de cooperação simples e o de cooperação avançada (ou manufatura).

No processo de cooperação simples, era mantida a hierarquia da produção artesanal entre o mestre e o aprendiz, e o artesão desenvolvia todo o processo produtivo, do molde ao acabamento. O artesão estava a serviço de quem lhe colocava à disposição a matéria-prima e alguns instrumentos de trabalho, e definia o local e as horas a ser trabalhadas. Esse tipo de organização do trabalho abriu caminho para novas formas de produção, que começaram a se definir como trabalho coletivo para a confecção de mercadorias, o que seria a marca do novo processo produtivo.

No processo de cooperação avançada (ou manufatura), o trabalhador continuava a ser artesão, mas não participava de todo o processo de produção. Houve a consolidação do trabalho coletivo, ou seja, o artesão deixou de ter conhecimento da totalidade do processo produtivo. Cada trabalhador só participava de um passo da produção, por exemplo, de um sapato: um produzia o salto; outro fazia a parte de cima; outro, ainda, confeccionava a sola do sapato; outros uniam as partes separadas. No final, havia um sapato inteiro. O produto tornou-se resultado da atividade de muitos trabalhadores.

Para a realização das atividades, o trabalhador passou a receber um salário, e desse modo o trabalho transformou-se em mercadoria (força de trabalho) que podia ser vendida e comprada, como qualquer outra. Além disso, o tempo e o local de trabalho eram definidos por quem lhe pagava o salário.

Com o tempo, algumas máquinas começaram a transformar ainda mais o cenário e o ambiente de trabalho. Uma nova forma de trabalho foi desenvolvida: a maquinofatura. Com ela, o espaço do trabalho passou a ser a fábrica, pois era lá que estavam as máquinas que "comandavam" o processo de produção. Todo o conhecimento que o trabalhador usava para produzir suas peças foi dispensado, ou seja, sua destreza manual foi transposta para as máquinas e progressivamente substituída por elas.

Essas mudanças no processo produtivo ocorreram lentamente, durante mais de 200 anos, e variaram de país para país. Em muitos casos, todas as formas de trabalho anteriores conviveram com as que foram surgindo posteriormente.

Interior de uma fábrica de velas. Gravura que compõe a *Enciclopédia*, de Denis Diderot e Jean le Rond d'Alembert, 1751-1772. Na passagem de uma forma de organização para outra, o trabalhador perdeu a posse dos instrumentos e o controle dos processos de trabalho.

Mudança na concepção de trabalho

As transformações ocorridas no processo produtivo envolveram a mudança da concepção de trabalho – de atividade penosa para atividade que dignifica o ser humano. Isso aconteceu porque, não sendo mais possível contar com o serviço compulsório, foi preciso convencer as pessoas de que trabalhar para os outros era bom. Enfatizava-se que as novas formas de organização do trabalho beneficiavam a todos e que a situação presente do trabalhador era melhor do que a anterior. Diversos setores da sociedade colaboraram para essa mudança:

- As igrejas cristãs procuraram transmitir a ideia de que o trabalho era um bem divino e quem não trabalhasse não seria abençoado. Não trabalhar passou a ser pecado e equivaler a ter preguiça.

- Os governantes passaram a criar uma série de leis e decretos que puniam quem não trabalhasse. Os desempregados eram considerados vagabundos e podiam ir para a prisão. A polícia era encarregada de prender esses "vagabundos".

- Os empresários desenvolveram uma disciplina rígida no local de trabalho, além de determinar e controlar os horários de entrada e saída dos estabelecimentos. Além disso, havia multas para os que não obedecessem às normas fixadas.

- As escolas passaram às crianças a ideia de que o trabalho era fundamental para a sociedade. Esse conceito era ensinado, por exemplo, nas tarefas e lições e também por meio dos contos infantis. Quem não se lembra, por exemplo, da história da cigarra e da formiga ou da dos três porquinhos? Quem não trabalhava era sempre prejudicado.

Representação da fábula da cigarra e da formiga, de Esopo, em ilustração de J. J. Grandville, criada em 1855. Biblioteca Municipal, Nancy, França. Crianças de várias gerações ouviram e internalizaram a fala da laboriosa formiga em resposta ao pedido de ajuda da cigarra, com a chegada do inverno.

Na vida real, a história era outra. O trabalhador estava livre, quer dizer, não era mais escravo nem servo, mas trabalhava mais horas do que antes.

Evolução das horas de trabalho semanal		
Período	Inglaterra	França
1650-1750	45 a 55 horas	50 a 60 horas
1750-1850	72 a 80 horas	72 a 80 horas
1850-1937	58 a 60 horas	60 a 68 horas

Fonte: CUNHA, Newton. *A felicidade imaginada*: a negação do trabalho e do lazer. São Paulo: Brasiliense, 1987. p. 37.

Max Weber, no livro *História geral da economia*, publicado postumamente em 1923, afirma que esse processo foi necessário para que o capitalismo existisse. O trabalhador era livre apenas legalmente porque, na realidade, via-se forçado a fazer o que lhe impunham, pela necessidade e para não passar fome.

Ainda assim, não foi fácil submeter os trabalhadores às longas jornadas e aos rígidos horários, pois a maioria deles não estava acostumada a isso. A maior parte da população que foi para as cidades trabalhava anteriormente no campo, onde o ritmo da natureza definia quanto e quando trabalhar. A semeadura e a colheita tinham seu tempo certo, de acordo com o clima e a época. Além disso, o mesmo indivíduo desenvolvia várias atividades produtivas; não era especializado em uma só tarefa. Ele podia plantar, colher, construir uma mesa ou um banco e trabalhar num tear.

Em seu livro *Costumes em comum*, o historiador britânico Edward P. Thompson (1924-1993) comenta um costume arraigado em vários países da Europa desde o século XVI até o início do século XX: o de não trabalhar na chamada santa segunda-feira. Essa tradição, diz ele, parece ter sido encontrada nos lugares onde existiam indústrias de pequena escala, em minas e nas manufaturas ou mesmo na indústria pesada.

Não se trabalhava nesse dia por várias razões, mas principalmente porque nos outros dias da semana trabalhava-se de 12 a 18 horas. Havia ainda a dificuldade de desenvolver o trabalho na segunda-feira por causa do abuso de bebidas alcoólicas, comum nos fins de semana. Nas siderúrgicas, estabeleceu-se que as segundas-feiras seriam utilizadas para consertos de máquinas, mas o que prevalecia era o não trabalho, que às vezes se estendia às terças-feiras.

Foram necessários alguns séculos, utilizando os mais variados instrumentos, incluindo multas e prisões, para disciplinar e preparar os operários para o trabalho industrial diário e regular.

NAS PALAVRAS DE WEBER

O recrutamento de trabalhadores

[...]

O recrutamento de trabalhadores para a nova forma de produção, tal como se encontra desenvolvida na Inglaterra, desde o século XVIII, à base da reunião de todos os meios produtivos em mãos do empresário, realizou-se através de meios coercivos bastante violentos, particularmente de caráter indireto. Entre eles, figuram, antes de tudo, a "lei de pobres" e a "lei de aprendizes", da rainha Elizabeth. Tais regulações se fizeram necessárias, dado o grande número de "desocupados" que existia no país, gente que a revolução agrária transformara em deserdados. A expulsão dos pequenos agricultores e a transformação das terras de lavoura em campos de pastagem [...] determinaram que o número de trabalhadores necessário na lavoura se tornasse cada vez menor, dando lugar a que, na cidade, houvesse um excedente de população, que se viu submetido a trabalho coercivo. Quem não se apresentava voluntariamente era conduzido às oficinas públicas dirigidas com severa disciplina. Quem, sem permissão do mestre-artífice, ou empresário, abandonasse seu posto de trabalho, era tratado como vagabundo; nenhum "desocupado" recebia ajuda senão mediante seu ingresso nas oficinas coletivas. Com este procedimento, recrutaram-se os primeiros operários para a fábrica.

Um serviço penoso somava-se a esta disciplina de trabalho. Mas o "poder" da classe abastada era absoluto; apoiava-se na administração, por meio de juízes de paz, que, na falta de uma lei apropriada, distribuíam justiça de acordo com um amontoado de instruções particulares, segundo um arbítrio próprio. Até a segunda metade do século XIX, dispuseram da mão de obra como bem entendiam. [...]

WEBER, Max. *História geral da economia*. São Paulo: Mestre Jou, 1968. p. 273-274.

Cenários do mundo do trabalho

Trabalho e necessidades nas sociedades tribais

Sociedades como estas (tribais) que estamos considerando não têm as nossas razões para trabalhar – se é que entre elas se encontre algo parecido com o que faz o burocrata na repartição ou o operário na fábrica, comandados pelos administradores, pela linha de montagem, pelo relógio de ponto, pelo salário no fim do mês. "Trabalham" para viver, para prover às festas, para presentear. Mas nunca mais que o estritamente necessário: a labuta não é um valor em si, não é algo que tem preço, que se oferece num mercado; não se opõe ao lazer, dele não se separando cronologicamente ("hora de trabalhar, trabalhar"); não acontece em lugar especial, nem se desvincula das demais atividades sociais (parentesco, magia, religião, política, educação...). Sempre que se pareçam com o que chamamos "trabalho", tais atividades são imediatamente detestadas. Aliás, no fundo, no fundo, não o são também entre nós?

De vez em quando se trabalha um pouco mais que o necessário à satisfação do "consumo" regular. Mas com maior frequência, dentro do tempo normal de "trabalho", se produz algo que transborde o necessário. Esta é, em geral, a parte das solenidades, das festas, dos rituais, dos presentes, das destruições ostentatórias, das manifestações políticas, da hospitalidade... e o significado desse algo mais nunca é acumular, investir. Há aí, portanto, uma grande diferença em relação à nossa atitude oficial para com o trabalho. Mas não há, ao mesmo tempo, algo que intimamente invejemos? Algo com coloração de sonho, para nós, que mais ou menos reservadamente trabalhamos de olho na saída, no fim de semana, no feriado prolongado, nas férias, na aposentadoria?

RODRIGUES, José Carlos. *Antropologia e comunicação*: princípios radicais. Rio de Janeiro: Espaço e Tempo, 1989. p. 101.

1. Após a leitura do texto, procure responder às questões que o próprio autor formula.

Trabalho e ócio no mundo greco-romano

[...] Em Atenas, na época clássica, quando os poetas cômicos qualificavam um homem por seu ofício (Eucrates, o comerciante de estopa; Lisicles, o comerciante de carneiros), não era precisamente para honrá-los; só é homem por inteiro quem vive no ócio. Segundo Platão, uma cidade benfeita seria aquela na qual os cidadãos fossem alimentados pelo trabalho rural de seus escravos e deixassem os ofícios para a gentalha: a vida "virtuosa", de um homem de qualidade, deve ser "ociosa" [...]. Para Aristóteles, escravos, camponeses e negociantes não poderiam ter uma vida "feliz", quer dizer, ao mesmo tempo próspera e cheia de nobreza: podem-no somente aqueles que têm os meios de organizar a própria existência e fixar para si mesmos um objetivo ideal. Apenas esses homens ociosos correspondem moralmente ao ideal humano e merecem ser cidadãos por inteiro: "A perfeição do cidadão não qualifica o homem livre, mas só aquele que é isento das tarefas necessárias das quais se incumbem servos, artesãos e operários não especializados; estes últimos não serão cidadãos, se a constituição conceder os cargos públicos à virtude e ao mérito, pois não se pode praticar a virtude levando-se uma vida de operário ou de trabalhador braçal". Aristóteles não quer dizer que um pobre não tenha meios ou oportunidades de praticar certas virtudes, mas, sim, que a pobreza é um defeito, uma espécie de vício. [...]

VEYNE, Paul. O Império Romano. In: _____ (Org.). *Do Império Romano ao ano mil*. São Paulo: Companhia das Letras, 1989. p. 124-125. (História da vida privada, v. 1).

2. Desde a Antiguidade registra-se a divisão entre atividade intelectual e atividade manual. Como essas formas de trabalho são valorizadas hoje?

3. De acordo com suas observações, a concepção de que a pobreza é uma espécie de vício, ou algo que torna as pessoas inferiores, ainda existe? Em que situações ela se manifesta?

Borracheiro trabalhando em Londrina, Paraná, 2016. Atualmente, o trabalho manual ainda é bastante desvalorizado.

Trabalho e produção na sociedade capitalista

CAPÍTULO 6

SSPL/Getty Images

// Gravura publicada no *Illustrated London News* em 1862 que mostra o processo de produção no Reino Unido do algodão cultivado na Índia. Repare que há um supervisor vigiando o trabalho da funcionária. Na visão de Marx, a divisão do trabalho gerou a divisão da sociedade em classes.

Uma das características das sociedades modernas é a crescente divisão do trabalho. Os autores clássicos Karl Marx (1818-1883) e Émile Durkheim (1858-1917) têm visões diferentes sobre essa questão, e o pensamento de ambos marca perspectivas de análise diversas ainda hoje. Assim, é importante conhecer essas duas visões para entender melhor a questão do trabalho na vida social moderna.

Karl Marx e a divisão social do trabalho

Para Karl Marx, a divisão do trabalho é característica de todas as sociedades conhecidas. De acordo com ele, conforme os humanos buscam atender a suas necessidades, estabelecem relações de trabalho e maneiras de dividir as atividades. Por exemplo: nas sociedades tribais que viviam da caça e da coleta, a divisão era feita com base no gênero e na idade; naquelas que desenvolveram a prática da agricultura e o pastoreio, as funções se dividiram entre quem caçava ou pescava e quem plantava ou cuidava dos animais, mantendo muitas vezes a divisão entre gêneros e idade.

Pouco a pouco, em algumas sociedades, a produção aumentou e ultrapassou o necessário para atender às necessidades da população (houve o que chamamos de excedente de produção), registrando-se também uma tendência à sedentarização. Estabeleceu-se, então, uma nova divisão do trabalho: entre aqueles que produziam diretamente e aqueles que cuidavam (administravam) do excedente, que podia ser utilizado em períodos de carência ou ser trocado por bens que a sociedade não produzia. Nascia, assim, a divisão entre o trabalhador direto e o indireto ou entre o que produzia e o que cuidava do excedente.

CAPÍTULO 6 | TRABALHO E PRODUÇÃO NA SOCIEDADE CAPITALISTA 57

Com o desenvolvimento da produção e dos núcleos urbanos, estabeleceu-se ainda a divisão mais ampla entre o trabalho rural (agricultura) e o urbano (comércio, serviços e indústria). Quem vivia nas cidades passou a ser considerado superior ou "melhor" porque não trabalhava a terra. As cidades também passaram a ser o lugar do poder político.

Com a Revolução Industrial, desenvolveu-se a divisão entre os proprietários dos meios de produção (os capitalistas) e os que só possuíam a força de trabalho. No interior das fábricas, entre os submetidos ao capitalista, passou a haver divisão entre quem administrava – o diretor ou gerente (trabalhador intelectual) – e quem executava – o operário (trabalhador braçal).

Para assegurar o aumento da produtividade, as tarefas foram subdivididas e intensificadas, promovendo-se assim a fragmentação do ser humano no ambiente de trabalho. Por se resumir a tarefas repetitivas, o trabalho tornou-se uma atividade estressante e nociva aos trabalhadores.

Divisão do trabalho: uma crítica precursora

Em 1776, quase cem anos antes de Marx elaborar sua crítica, Adam Smith (1723-1790) reconhecia o caráter pernicioso da divisão do trabalho nas fábricas:

Com o avanço da divisão do trabalho, a ocupação da maior parte daqueles que vivem do trabalho, isto é, da maioria da população, acaba restringindo-se a algumas operações extremamente simples, muitas vezes a uma ou duas. Ora, a compreensão da maior parte das pessoas é formada pelas suas ocupações normais. O homem que gasta toda sua vida executando algumas operações simples, cujos efeitos também são, talvez, sempre os mesmos ou mais ou menos os mesmos, não tem nenhuma oportunidade para exercitar sua compreensão ou para exercer seu espírito inventivo no sentido de encontrar meios para eliminar dificuldades que nunca ocorrem. [...] Este tipo de vida corrompe até mesmo sua atividade corporal, tornando-o incapaz de utilizar sua força física com vigor e perseverança em alguma ocupação para a qual foi criado. [...]

SMITH, Adam. *A riqueza das nações*. São Paulo: Abril Cultural, 1983. p. 213-214. Apud: MORAES NETO, Benedito Rodrigues de. Processo de trabalho e eficiência produtiva: Smith, Marx, Taylor e Lênin. *Estudos Econômicos*, v. 39, n. 3, jul.-set. 2009.

A divisão do trabalho criou uma oposição entre duas classes sociais: a detentora dos meios de produção e a possuidora da força de trabalho. Para Marx, portanto, quando se fala em divisão do trabalho na sociedade capitalista, reporta-se às formas de propriedade, à distribuição da renda entre os indivíduos e à formação das classes sociais.

Os conflitos entre os capitalistas e os trabalhadores apareceram a partir do momento em que estes perceberam que trabalhavam muito e estavam cada dia mais miseráveis. Vários tipos de enfrentamento ocorreram ao longo do desenvolvimento do capitalismo, desde o movimento dos destruidores de máquinas, no início do século XIX (conhecido como ludismo) até as greves registradas durante o século XX (voltaremos a esse assunto em unidades mais adiante).

A mais-valia

Um conceito marxista fundamental para entender a exploração do trabalhador pelo capitalista é o de mais-valia: a diferença entre o que o trabalhador produz e o valor do salário que ele recebe.

Para explicar melhor esse conceito, vamos utilizar o exemplo de um operário contratado para trabalhar em uma indústria. Ao assinar o contrato, ele aceita trabalhar, por exemplo, oito horas diárias, ou 40 horas semanais, em troca de determinado salário. O capitalista passa, a partir daí, a ter o direito de utilizar essa força de trabalho no interior da fábrica. O trabalhador, em algumas horas diárias, produz o referente ao valor de seu salário total; as horas restantes, nas quais ele continua produzindo, são apropriadas pelo capitalista. Isso significa que, diariamente, o empregado trabalha algumas horas para o dono da empresa, sem receber pelo que produz. O que ele produz nessas horas a mais constitui a mais-valia, que o proprietário consegue separar para si antes mesmo de vender o produto gerado no processo de trabalho.

No processo de extração de mais-valia, os capitalistas utilizam duas estratégias: aumentam o número de horas trabalhadas mediante a contratação de mais funcionários ou a ampliação das jornadas de trabalho, gerando a mais-valia absoluta; e introduzem diversas tecnologias e equipamentos a fim de aumentar a produção com a mesma quantidade de trabalhadores (ou mediante a redução dessa quantidade), elevando a produtividade do trabalho, mas mantendo o mesmo salário, gerando a mais-valia relativa.

O capitalista reaplica parte do montante de mais-valia apropriado na produção de mercadorias e acumula outra parte. Esse processo é o que Marx chama de acumulação original de capital, ou seja, a acumulação de mais-valia ou de trabalho não pago.

> A Constituição romana definia como proletário a última das seis classes censitárias, composta daqueles que não tinham propriedade alguma ou daqueles que não tinham propriedades suficientes para serem cidadãos com direito a voto e obrigações militares. Sua única capacidade era a de procriar. Reduzidos assim à condição de reprodutores da população, os proletários representavam a classe menos importante da vida social.

NAS PALAVRAS DE MARX

A jornada de trabalho no capitalismo no século XIX

"Que é uma jornada de trabalho?" De quanto é o tempo durante o qual o capital pode consumir a força de trabalho, cujo valor diário ele paga? Por quanto tempo pode ser prolongada a jornada de trabalho além do tempo de trabalho necessário à reprodução dessa mesma força de trabalho? A essas perguntas, viu-se que o capital responde: a jornada de trabalho compreende diariamente as 24 horas completas, depois de descontar as poucas horas de descanso, sem as quais a força de trabalho fica totalmente impossibilitada de realizar novamente sua tarefa. Entende-se por si, desde logo, que o trabalhador, durante toda a sua existência, nada mais é que força de trabalho e que, por isso, todo o seu tempo disponível é por natureza e por direito tempo de trabalho, portanto, pertencente à autovalorização do capital. Tempo para a educação humana, para o desenvolvimento intelectual, para o preenchimento de funções sociais, para o convívio social, para o jogo livre das forças vitais físicas e espirituais, mesmo o tempo livre de domingo – e mesmo no país do sábado santificado – pura futilidade! [...] Em vez de a conservação normal da força de trabalho determinar aqui o limite da jornada de trabalho é, ao contrário, o maior dispêndio possível diário da força de trabalho que determina, por mais penoso e doentiamente violento, o limite do tempo de descanso do trabalhador.

O capital não se importa com a duração de vida da força de trabalho. O que interessa a ele, pura e simplesmente, é um *maximum* de força de trabalho que em uma jornada de trabalho poderá ser feito fluir. [...]

A produção capitalista, que é essencialmente produção de mais-valia, absorção de mais-trabalho, produz, portanto, com o prolongamento da jornada de trabalho não apenas a atrofia da força de trabalho, a qual é roubada de suas condições normais, morais e físicas, de desenvolvimento e atividade. Ela produz a exaustão prematura e o aniquilamento da própria força de trabalho. Ela prolonga o tempo de produção do trabalhador num prazo determinado mediante o encurtamento de seu tempo de vida.

MARX, Karl. *O capital*: crítica da economia política. São Paulo: Abril Cultural, 1983. v. 1. p. 211-212.

Émile Durkheim: a divisão do trabalho social e a solidariedade

Émile Durkheim analisa as relações de trabalho na sociedade moderna de forma diferente da de Marx. Em seu livro *Da divisão do trabalho social*, escrito no final do século XIX, ele procura demonstrar que a crescente especialização do trabalho, promovida pela produção industrial moderna, trouxe uma forma superior de solidariedade, não de conflito.

Para Durkheim, há duas formas de solidariedade: a mecânica e a orgânica. A solidariedade mecânica é mais comum nas sociedades menos complexas, nas quais cada um realiza quase todas as tarefas de que necessita para viver. Nesse caso, o que une as pessoas não é o fato de uma depender do trabalho da outra, mas a aceitação de um conjunto de crenças, tradições e costumes comuns.

Já a solidariedade orgânica é fruto da diversidade entre os indivíduos, e não da identidade das crenças e ações. O que os une é a interdependência das funções sociais, ou seja, a necessidade que uma pessoa tem da outra, em virtude da divisão do trabalho social. É o que exemplificamos no início desta Unidade ao tratar do trabalho e dos trabalhadores envolvidos na produção do pão.

Com base nessa visão, na sociedade moderna, a integração social seria promovida pela divisão crescente do trabalho. E isso é fácil de observar em nosso cotidiano. Embarca-se em um ônibus com motorista e cobrador; compram-se alimentos e roupas produzidos por outros trabalhadores. Também se pode ir ao hospital, ao dentista ou à farmácia quando se tem algum problema de saúde e lá há outras tantas pessoas que trabalham para resolver essas questões. Enfim, é possível citar uma quantidade enorme de situações que tornam os indivíduos dependentes entre si. Durkheim afirma que a interdependência provocada pela crescente divisão do trabalho cria solidariedade, pois faz a sociedade funcionar e lhe dá coesão.

// Cortar a lenha, carregá-la, preparar o fogo e cozinhar. A execução de todas as etapas de uma tarefa mostra uma relação de solidariedade mecânica. Tribo Maasai, grupo étnico Nilotic que ocupa o sul do Quênia e o norte da Tanzânia, 2014.

Segundo esse autor, no final do século XIX e no início do século XX, toda a ebulição resultante da relação entre o capital e o trabalho não passava de uma questão moral. O que fez surgirem tantos conflitos foi a ausência de instituições e normas integradoras (caracterizando a anomia) que permitissem que a solidariedade dos diversos setores da sociedade, nascida da divisão do trabalho, se expressasse e, assim, pusesse fim aos conflitos. Portanto, para Durkheim, se a divisão do trabalho não produzir a solidariedade, é porque as relações entre os diversos setores da sociedade não estão devidamente regulamentadas pelas instituições existentes.

As duas diferentes formas de analisar as relações de trabalho na sociedade moderna capitalista, apresentadas por Marx e Durkheim, acabaram influenciando outras ideias no século XX, quando a situação do trabalho parecia ter mudado. É o que será analisado a seguir.

A caixa de supermercado exerce uma função dentro de uma rede de funções, o que caracteriza uma relação de solidariedade orgânica. Bonito, Mato Grosso do Sul, 2015.

NAS PALAVRAS DE DURKHEIM

A divisão do trabalho social cria a solidariedade

[...]
Bem diverso [da solidariedade mecânica] é o caso da solidariedade produzida pela divisão do trabalho. Enquanto a precedente implica que os indivíduos se assemelham, esta supõe que eles diferem uns dos outros.

A primeira só é possível na medida em que a personalidade individual é absorvida na personalidade coletiva; a segunda só é possível se cada um tiver uma esfera de ação própria, por conseguinte, uma personalidade.

É necessário, pois, que a consciência coletiva deixe descoberta uma parte da consciência individual, para que nela se estabeleçam essas funções especiais que ela não pode regulamentar; e quanto mais essa região é extensa, mais forte é a coesão que resulta dessa solidariedade. De fato, de um lado, cada um depende tanto mais estreitamente da sociedade quanto mais dividido for o trabalho nela e, de outro, a atividade de cada um é tanto mais pessoal quanto mais for especializada. Sem dúvida, por mais circunscrita que seja, ela nunca é completamente original; mesmo no exercício de nossa profissão, conformamo-nos a usos, a práticas que são comuns a nós e a toda a nossa corporação. Mas, mesmo nesse caso, o jugo que sofremos é muito menos pesado do que quando a sociedade inteira pesa sobre nós, e ele proporciona muito mais espaço para o livre jogo de nossa iniciativa. Aqui, pois, a individualidade do todo aumenta ao mesmo tempo que a das partes; a sociedade torna-se mais capaz de se mover em conjunto, ao mesmo tempo em que cada um de seus elementos tem mais movimentos próprios. Essa solidariedade se assemelha à que observamos entre os animais superiores.

De fato, cada órgão aí tem sua fisionomia especial, sua autonomia, e contudo a unidade do organismo é tanto maior quanto mais acentuada essa individuação das partes. Devido a essa analogia, propomos chamar de orgânica a solidariedade devida à divisão do trabalho. [...]

DURKHEIM, Émile. *Da divisão do trabalho social*. 2. ed. São Paulo: Martins Fontes, 1999. p. 108-109.

Fordismo-taylorismo: uma nova forma de organização do trabalho

No século XX, o aperfeiçoamento contínuo dos sistemas produtivos deu origem a uma nova forma de organização do trabalho que se tornou conhecida como fordismo, numa referência ao estadunidense Henry Ford (1863-1947). Foi ele quem, a partir de 1914, implantou em sua fábrica de automóveis um modelo que seria seguido por muitas outras indústrias.

As mudanças introduzidas por Ford visavam à produção em série do Ford modelo T para o consumo em massa. Ele estabeleceu a jornada de oito horas por 5 dólares ao dia, o que, na época, significava renda e tempo de lazer suficientes para o trabalhador suprir todas as suas necessidades básicas e até adquirir um dos automóveis produzidos na empresa. Iniciava-se, assim, o que veio a se chamar de era do consumismo: produção e consumo em larga escala. Esse processo disseminou-se e atingiu quase todos os setores produtivos das sociedades industriais.

Mas isso por si só não explica o fordismo. É apenas um de seus aspectos, o mais aparente. Já no final do século XIX, o também estadunidense Frederick Taylor (1865-1915), em seu livro *Princípios de administração científica*, propunha a aplicação de princípios científicos na organização do trabalho, buscando maior racionalização do processo produtivo.

Com as mudanças propostas por Taylor e introduzidas por Henry Ford em sua fábrica, as expressões "fordismo" e "taylorismo" passaram a ser usadas para identificar o mesmo processo: o aumento de produtividade com o uso mais racional possível das horas trabalhadas, por meio do controle das atividades dos trabalhadores, da divisão e do parcelamento das tarefas, da mecanização de parte das atividades, da introdução da linha de montagem, e de um sistema de recompensas e punições conforme o comportamento dos operários no interior da fábrica.

Em razão dessas medidas, foi criado um setor de especialistas na administração da empresa. A hierarquia, bem como a impessoalidade das normas, foi introduzida no processo produtivo, sempre comandado por administradores treinados para isso. A capacidade e a especialização dos operários tinham valor secundário, pois o essencial eram as tarefas de planejamento e supervisão.

Linha de produção da Ford, década de 1920, Estados Unidos. Produção em série para o consumo em massa.

Essas diretrizes não foram utilizadas apenas no universo capitalista. O modelo fordista-taylorista foi adotado também, com algumas adaptações, na União Soviética, cujo sistema político-econômico era o socialismo, que se propunha ser oposto ao capitalismo e que vigorou na Europa oriental de 1917 a 1991. Vladimir Lênin (1870-1924), líder do governo socialista na União Soviética entre 1922 e 1924, aconselhava a utilização desse modelo como alternativa para elevar a produção industrial soviética.

Com Ford e Taylor, a divisão do trabalho passou pelo planejamento vindo de cima, não levando em conta os operários. Para corrigir isso, Elton Mayo (1880-1949), professor da Universidade de Harvard, nos Estados Unidos, buscou medidas que evitassem o conflito e promovessem o equilíbrio e a colaboração no interior das empresas. Com suas ideias de conciliação, desenvolvidas na Escola de Relações Humanas a partir dos anos 1930, ele procurava revalorizar os grupos de referência dos trabalhadores, principalmente o familiar, evitando assim um desenraizamento dos operários.

A visão de Taylor, a de Ford e, depois, a de Elton Mayo revelam a influência das formulações de Durkheim sobre a consciência coletiva. Durkheim afirmou que há uma consciência coletiva que define as ações individuais, submetendo todos à norma, à regra, à disciplina, à moral e à ordem estabelecidas. Às empresas caberia dar continuidade a isso, definindo claramente o lugar e as atividades de cada um, para que não haja dúvida sobre o que cada membro deve fazer. Se há conflito, diz ele, deve ser minimizado mediante a coesão social, baseada na ideia de consenso, orientada pela existência de uma consciência coletiva que paira acima dos indivíduos na sociedade.

A condição operária na fábrica taylorista

Na minha vida de fábrica, foi uma experiência única. [...] Para mim pessoalmente, veja o que significou o trabalho na fábrica. Mostrou que todos os motivos exteriores (que antes eu julgava interiores) sobre os quais, para mim, se apoiava o sentimento de dignidade, o respeito por mim mesma, em duas ou três semanas ficaram radicalmente arrasados pelo golpe de uma pressão brutal e cotidiana. E não creio que tenham nascido em mim sentimentos de revolta. Não, muito ao contrário. Veio o que era a última coisa do mundo que eu esperava de mim: a docilidade. Uma docilidade de besta de carga resignada. Parecia que eu tinha nascido para esperar, para receber, para executar ordens – que nunca tinha feito senão isso – que nunca mais faria outra coisa. Não tenho orgulho de confessar isso. É a espécie de sofrimento que nenhum operário fala; dói demais, só de pensar.

[...]

Dois fatores condicionam esta escravidão: a rapidez e as ordens. A rapidez: para alcançá-la, é preciso repetir movimento atrás de movimento, numa cadência que, por ser mais rápida que o pensamento, impede o livre curso da reflexão e até do devaneio. Chegando-se à frente da máquina, é preciso matar a alma, oito horas por dia, pensamentos, sentimentos, tudo. [...] As ordens: desde o momento em que se bate o cartão na entrada até aquele em que se bate o cartão na saída, elas podem ser dadas, a qualquer momento, de qualquer teor. E é preciso sempre calar e obedecer. A ordem pode ser difícil ou perigosa de se executar, até inexequível; ou então, dois chefes dando ordens contraditórias; não faz mal: calar-se e dobrar-se. [...] Engolir nossos próprios acessos de enervamento e de mau humor; nenhuma tradução deles em palavras, nem em gestos, pois os gestos estão determinados, minuto a minuto, pelo trabalho. Esta situação faz com que o pensamento se dobre sobre si, se retraia, como a carne se retrai debaixo de um bisturi. Não se pode ser "consciente".

WEIL, Simone. Carta a Albertine Thévenon (1934-5). In: BOSI, Ecléa (Org.). *A condição operária e outros estudos sobre a opressão.* Rio de Janeiro: Paz e Terra, 1979. p. 65.

Em seu livro *Trabalho e capital monopolista: a degradação do trabalho no século XX*, o sociólogo estadunidense Harry Braverman (1920-1976) critica essa visão. Ele afirma que o fordismo-taylorismo foi somente o coroamento e a síntese de várias ideias, que germinaram durante todo o século XIX na Inglaterra e nos Estados Unidos, cujo objetivo era transferir para as mãos das gerências o controle do processo produtivo. Esse modelo tirava do trabalhador o último resquício de domínio sobre o que produzia: a capacidade de operar uma máquina. Agora ele tinha de operá-la do modo como os administradores definiam. Estava concluída a expropriação em todos os níveis da autonomia dos trabalhadores, que ficavam totalmente dependentes dos gerentes e administradores.

A crítica de base marxista a Elton Mayo destaca que as formas de regulamentação da força de trabalho por ele propostas seriam indiretas, pela manipulação do operário por intermédio de especialistas em resolver conflitos. Assim, psicólogos e sociólogos, assistentes sociais e administradores procuravam de várias formas cooptar os trabalhadores para que eles não criassem situações de conflito no interior das empresas. A empresa lhes daria segurança e apoio e, portanto, deveriam trabalhar coesos, como se fizessem parte de uma comunidade de interesses. Talvez a expressão "lá na minha empresa", que ouvimos de muitos trabalhadores, seja um exemplo de quanto essa perspectiva atingiu corações e mentes.

Foi com esses procedimentos que o fordismo-taylorismo se desenvolveu e tornou-se a ideia dominante em todos os tipos de empresa, até mesmo nas comerciais e de serviços. E ficou tão forte na sociedade capitalista que suas concepções acabaram chegando às escolas, às famílias, aos clubes, às igrejas e às instituições estatais; enfim, foram incorporadas em todas as organizações sociais que buscam, de uma forma ou de outra, o controle e a eficiência das pessoas.

Cena do filme *Tempos modernos*, 1936, protagonizado por Charles Chaplin. O personagem principal representa um homem que tenta se adaptar à industrialização e à modernização da sociedade.

Cenário do trabalho no capitalismo

Emprego: o problema é seu

[...] Todos os assalariados de uma empresa, não importa qual seja o seu nível hierárquico, não sabem nunca se serão mantidos ou não no emprego, porque não é a riqueza econômica da empresa que vai impedir que exista redução de efetivo. Vou dar o exemplo [...] da Peugeot e da Citroën [Grupo PSA], que conheço bem, na França.

É uma empresa que está funcionando muito bem. Ela passa seu tempo a despedir as pessoas de maneira regular. Isso é perversão, mas a perversão está ligada à psicologização. O que quero dizer com isso? Poderão permanecer na empresa apenas aqueles que são considerados de excelente *performance*. [...] Isso é psicologização, na medida em que, se alguém não consegue conservar o seu trabalho, fala-se tranquilamente: "mas é sua culpa, você não soube se adaptar, você não soube fazer esforços necessários, você não teve uma alma de vencedor, você não é um herói". [...] Quer dizer: "você é culpado e não a organização da empresa ou da sociedade. A culpa é só sua". Isso culpabiliza as pessoas de modo quase total, pessoas que, além disso, ficam submetidas a um estresse profissional extremamente forte. Então as empresas exigem daqueles que permanecem um devotamento, lealdade e fidelidade, mas ela não dá nada em troca. Ela vai dizer simplesmente: "você tem a chance de continuar, mas talvez você também não permaneça".

[...] Falamos cada vez menos de trabalho e cada vez mais de emprego. Dizemos que uma pessoa tem ou não um emprego. O que quer dizer um emprego? Quer dizer ter uma tarefa a ser feita, com um salário fixo, mesmo que essa remuneração não seja interessante. Vemos então que a noção do trabalho liberador está se partindo em pedaços.

Além disso, constatamos – exatamente por causa da automação e das novas tecnologias – que cada vez temos menos necessidade da maioria das pessoas. O que é bastante curioso aqui, nesse fenômeno que vai ser traduzido por perda de emprego, é a tese de que isso leva a economia capitalista a se comportar melhor. Mas não é verdade.

Ou seja, depois dessa redução de empregos, do uso de tecnologias como a reengenharia e outras do gênero, das técnicas de qualidade total, nas quais não acredito de maneira nenhuma – o crescimento global em todos os países, na realidade, diminuiu.

Sobre a qualidade total, vejo-a como uma inutilidade, pois qualidade total nunca existiu em lugar nenhum. Podemos melhorar a qualidade de um produto, mas qualidade total não existe.

Quando falamos em qualidade, o que estamos querendo dizer? A qualidade da organização geral, a qualidade dos métodos que estamos realizando, a qualidade do produto, a qualidade de vida das pessoas que trabalham, a qualidade de melhor atendimento ao cliente. É tudo isso ao mesmo tempo.

[...]

O que isso provoca em nossa civilização? Diria que provoca o desenvolvimento da perversão social. O que entendo por perversão social se aplica às empresas dominadas por lógicas e estratégias financeiras e industriais e que têm, cada vez mais, tendência a considerar os homens como objetos eminentemente substituíveis, atendo-se apenas aos problemas financeiros.

[...]

Numa situação assim, todos os assalariados, não importa qual seja o seu nível hierárquico, não sabem nunca se serão mantidos ou não no emprego, porque não é a riqueza econômica da empresa que vai impedir que exista redução de efetivo.

[...]

A empresa deveria ser um lugar de aprendizagem, de continuação da socialização. A identidade para cada um de nós tem a ver com nossas consistências e com a relação destas com outros seres humanos. Essa relação está existindo com menor frequência.

Nós não vivemos mais do nosso trabalho, nós sobrevivemos dele, o que é bem diferente. Nós vivemos no efêmero.

Quantas vezes, no Brasil, ouvi essa expressão: "eu não sei o meu futuro" ou "para mim, o futuro é a próxima semana." Ora, quando vivemos sem esse horizonte de temporalidade, como poderemos ter projetos, como poderemos construir nossa vida e nossa existência?

O que está se desenvolvendo é essa angústia generalizada, que vai ocorrer em todos os países do mundo.

ENRIQUEZ, Eugène. Perda de trabalho, perda de identidade. In: NABUCO, Maria Regina; CARVALHO NETO, Antonio. *Relações de trabalho contemporâneas*. Belo Horizonte: IRT, 1999. p. 76-77.

1. Na sua opinião, o emprego é uma questão pessoal ou social? Ou seriam ambas? Fundamente sua resposta.

CAPÍTULO 7

As transformações recentes no mundo do trabalho

Muitas transformações ocorreram na sociedade contemporânea – principalmente depois da década de 1970 – relacionadas com a busca por maior lucratividade nas empresas. Pode-se observar que antigas formas de trabalho estão novamente em vigor: trabalho servil, trabalho análogo ao escravo, trabalho infantil, trabalho por tempo determinado, trabalho remoto (em casa), etc. Além dessas formas de trabalho já bastante conhecidas, há também outras mais organizadas, com a utilização das mais avançadas tecnologias, nas quais a "automação" e a "flexibilização" geram o que vem sendo chamado de reestruturação produtiva. O toyotismo é um dos exemplos.

Características do toyotismo

Em seus traços mais gerais, o toyotismo [...] pode ser entendido como uma forma de organização do trabalho que nasce a partir da fábrica Toyota, no Japão, e que vem se expandindo pelo Ocidente capitalista, tanto nos países avançados quanto naqueles que se encontram subordinados. Suas características básicas (em contraposição ao taylorismo/fordismo) são:

1) sua produção muito vinculada à demanda;
2) ela é variada e bastante heterogênea;
3) fundamenta-se no trabalho operário em equipe, com multivariedade de funções;
4) tem como princípio o *just in time*, o melhor aproveitamento possível do tempo de produção e funciona segundo o sistema de *kanban*, placas ou senhas de comando para reposição de peças e de estoque que, no toyotismo, devem ser mínimos. Enquanto na fábrica fordista cerca de 75% era produzido no seu interior, na fábrica toyotista somente cerca de 25% é produzido no seu interior. Ela horizontaliza o processo produtivo e transfere a "terceiros" grande parte do que anteriormente era produzido dentro dela.

[...]

ANTUNES, Ricardo. Trabalho e precarização numa ordem neoliberal. In: GENTILI, P.; FRIGOTTO, G. *A cidadania negada*: políticas de exclusão na educação e no trabalho. São Paulo: Cortez, 2001. p. 41-42. Disponível em: <http://biblioteca.clacso.edu.ar/clacso/gt/20101010021549/3antunes.pdf>. Acesso em: 2 mar. 2018.

Operários em linha de montagem da fábrica Toyota. Onnaing, França, 2015.

Automação e flexibilização do trabalho

Em seu livro *Condição pós-moderna*, o geógrafo britânico David Harvey (1935-) chamou a fase posterior à década de 1970 de pós-fordista, ou fase da acumulação flexível. Para ele, essa fase se caracterizaria pela flexibilização crescente no mundo do trabalho, que se expressa nas formas de trabalhar e também nos locais de trabalho.

A flexibilização nas formas de trabalhar ocorre com a automação e a consequente eliminação do controle manual por parte do trabalhador. Desse modo, o engenheiro que entende de programação eletrônica, de supervisão ou de análise de sistemas passa a ter uma importância estratégica nas novas instalações industriais.

Com o processo de automação, não existe mais um trabalhador específico para uma tarefa específica. O trabalhador deve estar disponível para adaptar-se a diversas funções. Os que não se adaptam normalmente são despedidos. A nova configuração mundial do trabalho cria, assim, muita incerteza e insegurança; por isso, a situação dos trabalhadores no mundo de hoje é bastante sombria.

A flexibilização nas formas de trabalho ocorre quando os empregadores substituem o emprego regular, sob contrato, sindicalizado, pelo trabalho doméstico e familiar, autônomo, temporário, por hora ou por curto prazo, terceirizado, etc. Isso provoca alta rotatividade da força de trabalho e, consequentemente, baixo nível de especialização e forte retrocesso da ação dos sindicatos na defesa dos direitos trabalhistas.

NAS PALAVRAS DE HARVEY

A acumulação flexível ou pós-fordismo

[...]

A acumulação flexível, como vou chamá-la, é marcada por um confronto direto com a rigidez do fordismo.

[...] Caracteriza-se pelo surgimento de setores de produção inteiramente novos, novas maneiras de fornecimento de serviços financeiros, novos mercados e, sobretudo, taxas altamente intensificadas de inovação comercial, tecnológica e organizacional. A acumulação flexível envolve rápidas mudanças dos padrões do desenvolvimento desigual, tanto entre setores como entre regiões geográficas, criando, por exemplo, um vasto movimento no emprego no chamado "setor de serviços", bem como conjuntos industriais completamente novos em regiões até então subdesenvolvidas [...].

[...] A acumulação flexível foi acompanhada na ponta do consumo, portanto, por uma atenção muito maior às modas fugazes e pela mobilização de todos os artifícios de indução de necessidades e de transformação cultural que isso implica. A estética relativamente estável do modernismo fordista cedeu lugar a todo o fermento, instabilidade e qualidades fugidias de uma estética pós-moderna que celebra a diferença, a efemeridade, o espetáculo, a moda e a mercadificação de formas culturais.

HARVEY, David. *Condição pós-moderna*. São Paulo: Loyola, 1992. p. 140, 148.

A precarização das condições de trabalho

Até pouco tempo atrás, era comum um indivíduo entrar numa empresa, trabalhar anos seguidos e aposentar-se nela. Era o chamado posto fixo de trabalho. Hoje, isso está, pouco a pouco, desaparecendo, conforme explica o sociólogo francês Robert Castel (1933-2013), em seu livro *A metamorfose da questão social: uma crônica do salário*. Ele afirma que essa situação está dando lugar a uma nova sociedade, na qual o trabalho e a previdência já não significam segurança, o que causa transtornos terríveis em termos sociais e individuais. Ele destaca quatro aspectos que estão se generalizando no mundo:

- A desestabilização dos estáveis – As pessoas que têm emprego estão sendo "invalidadas" por vários motivos. Algumas porque são consideradas "velhas" (em torno de 50 anos); outras porque não têm formação adequada para o cargo pretendido.
- A precariedade do trabalho – Há desemprego constante nos últimos anos, e a maioria dos trabalhadores desempregados só encontra postos de trabalho instáveis, de curta duração ou em períodos alternados, sem garantias trabalhistas.
- O *deficit* de lugares – Não há postos de trabalho para todos, nem para os que estão envelhecendo, nem para os jovens que procuram emprego pela primeira vez. Isso sem falar naqueles que estão desempregados há muito tempo, ainda que participem de programas de requalificação.
- A qualificação do emprego – Há tantas exigências para a formação do trabalhador que se cria uma situação sem solução aparente. É o caso dos jovens que não são contratados porque não têm experiência, mas nunca poderão ter experiência se não forem contratados. Pessoas em torno dos 20 anos de idade ficam vagando entre programas de estágio. Há, ainda, jovens que ocupam empregos para os quais não é necessária a qualificação que têm.

// A dificuldade do jovem para entrar no mercado de trabalho em charge de Nani, 2011.

NAS PALAVRAS DE VASAPOLLO

Flexibilização e precariedade do trabalho

[...] A nova condição de trabalho está sempre perdendo mais direitos e garantias sociais. Tudo se converte em precariedade, sem qualquer garantia de continuidade: "O trabalhador preconizado se encontra, ademais, em uma fronteira incerta entre ocupação e não ocupação e também em um não menos incerto reconhecimento jurídico diante das garantias sociais. Flexibilização, desregulação da relação de trabalho, ausência de direitos. Aqui a flexibilização não é riqueza. A flexibilização, por parte do contratante mais frágil, a força de trabalho, é um fator de risco e a ausência de garantias aumenta essa debilidade [...]".

[...]

A flexibilização, definitivamente, não é solução para aumentar os índices de ocupação. Ao contrário, é uma imposição à força de trabalho para que sejam aceitos salários reais mais baixos e em piores condições. É nesse contexto que estão sendo reforçadas as novas ofertas de trabalho, por meio do denominado mercado ilegal, no qual está sendo difundido o trabalho irregular, precário e sem garantias. Com o pós-fordismo e a mundialização econômico-produtiva, o trabalho ilegal vem assumindo dimensões gigantescas, também porque os países industrializados deslocaram suas produções para além dos limites nacionais e, sobretudo, vêm investindo em países nos quais as garantias trabalhistas são mínimas e é alta a especialização do trabalho, conseguindo, assim, custos fundamentalmente mais baixos e aumentando a competitividade [...]. A globalização neoliberal e a internacionalização dos processos produtivos estão acompanhadas da realidade de centenas e centenas de milhões de trabalhadores desempregados e precarizados no mundo inteiro. O sistema fordista nos havia acostumado ao trabalho pleno e de duração indeterminada. Agora, ao contrário, um grande número de trabalhadores tem um contrato de curta duração ou de meio expediente; os novos trabalhadores podem ser alugados por algumas poucas horas ao dia, por cinco dias da semana ou por poucas horas em dois ou três dias da semana.

[...]

VASAPOLLO, Luciano. O trabalho atípico e a precariedade. São Paulo: Expressão Popular, 2005. Apud: ANTUNES, Ricardo. O trabalho, sua nova morfologia e a era da precarização estrutural. Revista *Theomai*, n. 19, 2009. Disponível em: <http://revista-theomai.unq.edu.ar/numero19/ArtAntunes.pdf>. Acesso em: 15 mar. 2018.

Diante dessas situações, há indivíduos que não conseguem se integrar à sociedade, desqualificando-se também do ponto de vista cívico e político. Ocorre uma perda expressiva de identidade, já que o trabalho é uma espécie de "passaporte" para o indivíduo fazer parte da sociedade.

Em decorrência das questões apontadas por Vasapollo, desenvolveu-se recentemente um novo tipo de sujeito no mundo do trabalho, uma camada social situada entre as camadas inferiores na hierarquia dos trabalhadores, a qual está sendo chamada de precariado. O precariado surgiu das transformações recentes no mundo do trabalho e também como desdobramento da crise econômica que se desenrola desde o final do século XX. Abarca principalmente os jovens com escolaridade superior (também precária e conquistada em instituições universitárias de pouca credibilidade ou enraizamento social) e é bem visível em vários países da Europa.

No documentário *Precários inflexíveis* (de Giovanni Alves, Práxis Video, 2012), um jovem trabalhador, precário, português de 26 anos, expõe com clareza o que é participar do precariado:

> "O problema para mim essencial é não conseguir planejar meu futuro. Não consigo ter noção daqui a três meses que é que eu vou estar a fazer; daqui a três meses que dinheiro que eu vou ter no banco; quais são minhas perspectivas de emprego; se posso ou não ter filhos; se posso ou não morar com alguém. Acho que este é o principal problema da precariedade, além dos vínculos laborais precários, dos baixos salários etc.; com eles vem sempre esse futuro que nos estão a tirar e além de todos os outros direitos laborais [...]"

O jovem conclui: "Ser precário é acordar de manhã e não saber se o dia que nos espera vai ser ainda pior que o anterior".

NAS PALAVRAS DE ALVES

Precariado

O precariado é constituído por jovens-adultos altamente escolarizados, desempregados ou possuindo vínculos de trabalho precários. Ele se distingue de outras camadas sociais da classe do proletariado como, por exemplo, a camada dos trabalhadores assalariados "estáveis", em sua maioria organizados em sindicatos ou organizações profissionais e que têm acesso a benefícios e direitos trabalhistas, além de perspectiva de carreira e consumo. O precariado se distingue também da camada social dos trabalhadores assalariados precários de baixa escolaridade e pouca qualificação profissional que caracterizou amplamente o proletariado industrial e de serviços no século XX. Finalmente, podemos dizer que o precariado se distingue também da camada social dos trabalhadores assalariados adultos com mais de 40 anos, com alta qualificação profissional, desempregados ou inseridos em vínculos de trabalho precários.

Desse modo, o precariado possui uma delimitação precisa, isto é, são constituídos por jovens-adultos – na faixa etária dos 20-40 anos – altamente escolarizados e "pobres" na acepção convencional, isto é, objetivamente inseridos em estatutos salariais precários. Portanto, eles são jovens-adultos, cultos e pobres: eis os traços distintivos dos homens e mulheres assalariados que constituem a camada social do precariado. Por serem jovens-adultos altamente escolarizados, eles possuem uma carga de expectativas, aspirações e sonhos de realização profissional e vida plena de sentido.

[...] As novas relações de trabalho que surgem no capitalismo global sob a vigência do trabalho flexível caracterizam-se por formas de contratos sociais precários, modos de remuneração e jornada de trabalho flexíveis que alteram o metabolismo social de homens-e-mulheres-que-trabalham. É o sociometabolismo do trabalho precário de cariz flexível que constitui a natureza da nova camada social do proletariado: o precariado.

ALVES, Giovanni. O enigma do *precariado* e a nova temporalidade histórica do capital – Parte 1. Disponível em: <http://blogdaboitempo/2012/05/14/o-enigma-do-precariado-e-a-nova-temporalidade-historica-do-capital-parte-1/>. Acesso em: 17 mar. 2018.

Cenário do trabalho no mundo de hoje

Robôs e o futuro dos trabalhadores e do emprego

A disseminação cada vez maior dos robôs irá transformar a economia global nos próximos 20 anos, e embora a ascensão dessas "máquinas inteligentes" vá proporcionar uma significativa redução de custos para os negócios, isso também irá aumentar a desigualdade social, já que elas substituirão os seres humanos em diversas atividades e profissões. A previsão consta de um novo relatório, de 300 páginas, elaborado por analistas do banco de investimento Bank of America Merrill Lynch, publicado com exclusividade pelo jornal britânico *The Guardian*.

O estudo procura delinear o impacto do que os analistas classificam como a quarta revolução industrial. "Estamos diante de uma mudança de paradigma que vai transformar a maneira como vivemos e trabalhamos", dizem os autores. "O ritmo de inovação tecnológica disruptiva passou de linear para parabólica nos últimos anos. A penetração dos robôs e o uso da inteligência artificial (IA) atingem todos os setores da indústria, e cada vez mais vêm se tornando parte integrante de nossas vidas cotidianas."

A "revolução dos robôs" pode deixar até 35% de todos os trabalhadores no Reino Unido e 47% nos Estados Unidos sem emprego ao longo dos próximos 20 anos, de acordo com uma pesquisa da Universidade de Oxford citada no relatório, sendo que a extinção dos empregos deve ficar concentrada na parte inferior da escala social.

"A tendência é preocupante, principalmente em mercados como o dos EUA, porque muitos dos empregos criados nos últimos anos são de baixa remuneração, manuais, ou serviços que geralmente são considerados de alto risco, passíveis de serem substituídos por robôs", diz o banco. "Um grande risco da proliferação dos robôs e da inteligência artificial é o potencial de polarização crescente no mercado de trabalho, especialmente nos empregos de baixa remuneração."

[...]

O estudo ressalta que não são apenas empregos pouco qualificados [...] que poderão ser substituídos por robôs. Um relatório do McKinsey Global Institute, de 2013, constata que até US$ 9 trilhões em custos salariais globais podem ser economizados com o uso do conhecimento computacional em tarefas intensivas, como a análise de *ratings* de crédito e aconselhamento financeiro.

Prós e contras

Entusiastas do uso de robôs argumentam que eles podem superar as fraquezas e falhas de trabalhadores. O relatório cita uma pesquisa que mostra que os juízes tendem a ser mais draconianos na fase que antecede o almoço e mais brandos depois da refeição.

Mas os analistas do Bank of America Merrill Lynch apontam que as grandes questões éticas e sociais estarão cada vez mais em voga com a ascensão dos robôs. Eles citam as questões morais sobre o crescente uso de aviões não tripulados nas guerras e até mesmo o surgimento de um grupo de pressão chamado Campaign Against Sex Robots.

Entretanto, Beijia Ma, principal autora do relatório, disse que, ao longo dos últimos 200 anos ou mais, as sociedades acabaram encontrando formas de transformar os avanços tecnológicos em vantagens pessoais. Por isso, ela aconselha as pessoas que temem a ascensão dos robôs a aperfeiçoar suas habilidades. "Isso não deveria ser uma desgraça e tristeza. Uma das maneiras pela qual as pessoas poderiam ajudar a si mesmas é através da educação."

[...]

Proliferação de robôs poderá deixar até 47% dos trabalhadores nos EUA sem emprego. *TI Inside*. Disponível em: <http://tiinside.com.br/tiinside/05/11/2015/ascensao-dos-robos-podera-deixar-ate-47-dos-trabalhadores-nos-eua-sem-emprego>. Acesso em: 13 mar. 2018.

1. O texto é apenas ficção ou uma realidade que se aproxima rapidamente? Fundamente sua resposta.

2. Na sua opinião, a educação formal que você está recebendo permite uma adaptação aos novos tempos?

A questão do trabalho no Brasil

CAPÍTULO 8

Além das questões apresentadas no capítulo anterior sobre as condições de trabalho hoje, quando se analisa a evolução do trabalho no Brasil não se pode esquecer de que ele está relacionado ao papel que o país exerce na história internacional, desde que os portugueses aqui chegaram no século XVI. A partir de então é possível perceber que por aqui foram praticadas todas as formas de trabalho conhecidas, desde o "trabalho" dos povos tribais, o trabalho escravo de indígenas e de negros escravizados africanos, o trabalho livre para a subsistência dos caboclos e posseiros, o sistema do colonato, o trabalho assalariado, o trabalho por conta própria, o trabalho análogo ao escravo encontrado nos dias de hoje e todas as formas de trabalho contemporâneo.

No passado: o trabalho escravo

No Brasil, a análise sobre o trabalho escravo merece destaque por ter sido esta a forma de trabalho mais duradoura no país. Basta lembrar que a "descoberta" do Brasil aconteceu porque os europeus (principalmente portugueses e espanhóis) estavam comprometidos com a expansão marítima e esquadrinhavam os oceanos em busca de novas terras para explorar e de novos produtos para comercializar. Assim, a "descoberta", a produção agrícola para exportação e a escravidão no Brasil estão vinculadas à vinda dos europeus.

Nas primeiras décadas após a chegada dos portugueses ao continente americano, as principais atividades que eles praticaram foram a extração e o comércio do pau-brasil. Para desenvolvê-las, procuraram entrar em entendimento com os habitantes nativos, que, num primeiro momento, colaboraram em troca de alguns produtos. Porém, à medida que a exploração colonial se ampliou, os conflitos passaram a dominar as relações entre portugueses e indígenas.

Os colonizadores partiram, então, para a escravização dos indígenas, que lhes opuseram resistência. Diante dessa resistência e da necessidade de braços para as atividades produtivas, a alternativa dos portugueses foi procurar mão de obra em outro local, no caso o continente africano.

A crescente utilização do trabalho de africanos escravizados na América portuguesa se explica principalmente por dois fatores. O primeiro foi a implantação da indústria açucareira na colônia, principalmente no Nordeste brasileiro. A produção do açúcar, mercadoria de grande aceitação no mercado europeu, exigia muita mão de obra. O segundo eram os lucros advindos do tráfico de escravos. Por meio do empreendimento açucareiro, os portugueses lucravam com o tráfico, com a utilização do trabalho escravo e com a comercialização do açúcar.

Apesar de trabalharem basicamente nas atividades agrícolas, os africanos escravizados executavam várias outras tarefas no campo e na cidade, como estivadores, barqueiros, carpinteiros, barbeiros, sapateiros, alfaiates, ferreiros, marceneiros, vendedores, mestres em artesanato e serviços domésticos. As mulheres também exerciam o trabalho escravo: geralmente trabalhavam como amas de leite, doceiras e vendedoras ambulantes, entre outras atividades.

Durante os séculos XVIII e XIX, com a ascensão da mineração em Minas Gerais e Goiás, milhares de escravos foram trabalhar nas minas de ouro.

Os escravos de origem africana lutaram incessantemente contra o cativeiro e participaram ativamente do processo de desestruturação do escravismo no Brasil (voltaremos a tratar desse assunto na Unidade 5). A escravidão só seria abolida, porém, no final do século XIX.

O trabalho escravo africano predominou no Brasil por mais de 350 anos. Portanto, convivemos com a liberdade formal de trabalho há pouco mais de 130 anos. As marcas desse passado de escravidão continuam presentes em vários aspectos da sociedade brasileira, seja na concepção de trabalho, seja na relação entre negros e brancos. Mas não se pode pensar que o trabalho escravo foi extinto. Atualmente, esse tipo de trabalho ainda existe, mas em novo formato.

Um engenho. Gravura da publicação *Viagens ao Brasil*, de Henry Koster, Londres, 1816. Biblioteca Britânica, Londres, Inglaterra. A produção açucareira se fixou principalmente no Nordeste brasileiro e exigia muita mão de obra.

Hoje: o trabalho análogo à escravidão

Apesar de a escravidão ter sido abolida no Brasil em 1888, ainda é possível encontrar muitos trabalhadores em condições de trabalho bastante semelhantes às do trabalho escravo.

De acordo com o artigo 149 do Código Penal brasileiro, reformulado em 2003 pela Lei 10.803/2003, o que caracteriza o trabalho análogo ao escravo são os seguintes elementos:

- condições degradantes de trabalho (conjunto de fatores incompatíveis com a dignidade humana, caracterizados pela violação de direitos fundamentais e que coloquem em risco a saúde e a vida do trabalhador);
- jornada exaustiva (caso em que o trabalhador é submetido a esforço excessivo ou sobrecarga de trabalho, o que acarreta danos à saúde ou o coloca em risco de morte);
- trabalho forçado (situação que mantém a pessoa no trabalho por meio de fraudes, isolamento geográfico, ameaças e/ou agressões físicas e psicológicas);

- servidão por dívida (circunstância que obriga o trabalhador a contrair ilegalmente um débito e vinculá-lo à dívida).

No livro *Pisando fora da própria sombra: a escravidão por dívida no Brasil contemporâneo*, o antropólogo brasileiro Ricardo Rezende Figueira (1953-) traça um detalhado panorama dessa forma de trabalho nos estados do Pará, Piauí, Mato Grosso e Rondônia. Com base em uma pesquisa minuciosa, Figueira discorre sobre as razões que levam as pessoas a procurar trabalho naqueles estados, o aliciamento pelos empreiteiros com suas promessas, a ação dos fazendeiros e a violência normalmente envolvida nas ações.

De acordo com esse estudo, os trabalhadores são mantidos em cativeiro pelo mecanismo da dívida eterna, isto é, eles são obrigados a comprar tudo de que necessitam nos barracões das fazendas, de tal modo que, ao fim do mês, estão sempre devendo ao proprietário, o que perpetua um processo cumulativo que torna impossível a quitação da dívida. É o que o autor denomina escravidão por dívida.

As formas contemporâneas de escravidão no ambiente de trabalho, que se misturam com o espaço da própria existência não param aí, posto que, no meio urbano, também existem inúmeros casos. No Brasil, grandes e populares lojas de roupas e confecções compram suas mercadorias de empresas que utilizam trabalho análogo ao escravo. São organizações que praticam algumas ou todas as transgressões ao Código Penal brasileiro já apontadas. No meio urbano, as empresas de construção civil estão, hoje, entre as que mais utilizam essa forma de trabalho.

Em cenários como os descritos, vê-se o capital lançando mão de todas as formas de aumentar cada vez mais o lucro, não se importando com as vidas humanas destruídas nesse processo.

// Agente da Polícia Rodoviária Federal em operação do Ministério Público do Trabalho de resgate de 19 trabalhadores rurais mantidos em condição de trabalho análogo à escravidão. Ribeirão do Largo, Bahia, 2017.

Trabalho no campo: da atividade de subsistência ao trabalho mecanizado

Até 1960, o trabalho no campo era a atividade que mais empregava trabalhadores. Atualmente, cerca de 20% dos trabalhadores mantêm-se ligados às atividades rurais.

Muitas são as formas de trabalho no campo. Uma delas é aquela em que o trabalhador trabalha para si, ou seja, ele e sua família possuem uma pequena propriedade e o sustento de todos advém da produção que a família alcança por meio do trabalho na terra. É a chamada agricultura familiar. Em muitos casos, o trabalhador e sua família conseguem obter apenas o necessário para viver precariamente. Em outros, as famílias conseguem produzir mais, passam a comercializar a produção excedente e assim podem ter condições de levar uma vida modesta, sem luxos. Na maioria dos casos, porém, o que se observa é uma vida precária que mal fornece condições de sobrevivência. Por essa razão, muitas vezes, esse trabalho é denominado atividade de subsistência. Apesar das dificuldades, principalmente em um país que privilegia o agronegócio e a produção em larga escala para exportação, é possível perceber algum desenvolvimento da agricultura familiar.

A outra forma de trabalho no campo, muito difundida, é aquela em que o trabalhador não é proprietário da terra e trabalha em regime de parceria ou arrendamento. A parceria rural é a modalidade na qual o parceiro-proprietário cede ao parceiro-produtor o uso da terra, partilhando com este os riscos e os lucros da colheita ou da venda dos animais, no caso da pecuária. O contrato da parceria ou do arrendamento define a partilha do resultado do trabalho e obedece a proporções compatíveis com o que cada um disponibiliza. Assim, o proprietário da terra e/ou também de animais pode fornecer casa e outras benfeitorias e até maquinário; ao parceiro ou arrendatário normalmente compete o próprio trabalho e, muitas vezes, o de sua família. Ao fim de um período pré-combinado entre as partes, dependendo do contrato, o resultado do trabalho pode ser dividido meio a meio, o que corresponde à metade de um todo a cada um. Nesse caso, o trabalhador é chamado de meeiro. Há contratos que preveem dois terços para o proprietário e um terço para o trabalhador. Tudo depende do contrato estabelecido.

Muito comuns nos cenários do trabalho provisório e precário no campo são os trabalhadores boias-frias. Esses trabalhadores receberam essa denominação porque levam a própria refeição – preparada em casa, de madrugada – para ser ingerida no horário do almoço, e a consomem fria, pois não há tempo nem lugar para esquentá-la.

São trabalhadores rurais que outrora viviam em fazendas, com suas famílias, e que foram pouco a pouco sendo dispensados devido à mudança de cultura cultivada, ou por mecanização da lavoura, ou até pela associação dos dois fatores. Esses trabalhadores são arregimentados para trabalhar em diversos tipos de colheita (cana-de-açúcar, café, laranja e algodão, entre outras). Vivem nas periferias das cidades do interior do país, são contratados por um agenciador de mão de obra (conhecido como gato), que é quem escolhe aqueles, entre os trabalhadores reunidos num determinado lugar, que deverão trabalhar naquele dia. Os boias-frias são transportados em caminhões ou ônibus que se apresentam quase sempre em condições bastante deterioradas, deixando de oferecer as mínimas condições de segurança. Quanto ao sistema, não existe a garantia da continuidade do trabalho. Os boias-frias não gozam de direitos de nenhuma espécie: nem legais, nem humanos. A precariedade das condições de vida e de trabalho dos boias-frias é alarmante.

O colonato

Antes do fim da escravidão, mas já sob os efeitos da pressão dos ingleses para que cessasse o tráfico de escravos, os grandes proprietários de terras, principalmente os fazendeiros paulistas, procuraram trazer imigrantes para trabalhar em suas lavouras. A primeira experiência de utilização da força de trabalho legalmente livre e estrangeira foi realizada pelo senador Vergueiro, grande fazendeiro da região oeste de São Paulo que, em 1846, trouxe 364 famílias da Alemanha e da Suíça. Desde então, o sistema de trabalho que utilizava mão de obra estrangeira ficou conhecido como colonato. As famílias que aqui chegavam assinavam um contrato nos seguintes termos: o fazendeiro adiantava uma quantia necessária ao transporte e aos gastos iniciais de instalação e sobrevivência das famílias de colonos. Estes, por sua vez, deveriam plantar e cuidar de um número determinado de pés de café. No final da colheita, seria feita uma divisão com o proprietário. Os colonos eram obrigados a pagar juros pelo adiantamento e não podiam sair da fazenda enquanto não houvessem saldado sua dívida, o que demorava muito, uma vez que o adiantamento era sempre maior que os lucros advindos do café.

Assim se cria o que passou a ser conhecido como "parceria de endividamento" (algo precursor – uma espécie de "avô" – em relação ao que já se denominou neste capítulo "escravidão" ou "servidão por dívida", já que o colono, mesmo trabalhando muito, não conseguia pagar a dívida contraída com o fazendeiro. A dívida, muitas vezes, passava de pai para filho – a responsabilidade dos filhos pelas dívidas dos pais era estabelecida em contrato. Essa forma de trabalho, que inicialmente se baseava na imigração estrangeira, pouco a pouco foi se desenvolvendo também com trabalhadores nacionais.

O sistema de colonato sobreviveu principalmente nas fazendas de café que necessitavam de muita força de trabalho para o plantio e a colheita.

A partir da década de 1960, no meio rural, tornou-se possível também encontrar modalidades do trabalho assalariado, o qual ocorre em algumas atividades agrícolas. Nesse caso, o proprietário rural atua como um empregador urbano formal, com alguma previsibilidade de continuação do trabalho e algum grau de estabilidade no emprego, garantindo – muitas vezes como se fossem um presente, não uma conquista – direitos assegurados em lei.

Trabalho nas cidades

Historicamente, o trabalho assalariado nas cidades começou a crescer com a imigração de trabalhadores estrangeiros no final do século XIX e início do XX. A maioria dos imigrantes foi direcionada para a atividade rural, mas outros se estabeleceram em cidades como São Paulo e Rio de Janeiro, onde trabalhavam nas indústrias incipientes, no pequeno comércio ou como vendedores ambulantes. As condições de vida e trabalho dessas pessoas não eram salutares e o nível de exploração nas fábricas era alto, de tal maneira que os operários trataram de se organizar em associações e sindicatos.

A partir dos primeiros anos do século XX, os trabalhadores urbanos passaram a reivindicar melhores condições de trabalho, diminuição da carga horária semanal, aumentos salariais e estabelecimento de normas para o trabalho de mulheres e crianças, que constituíam grande parcela dos operários e eram ainda mais exploradas do que os homens. Esse ambiente favoreceu o surgimento de movimentos visando ao atendimento dessas reivindicações.

Apoiados por uma pequena mas ativa imprensa operária, que crescia rapidamente, os trabalhadores passaram a organizar movimentos grevistas, que culminaram com a maior greve nacional até então: a de 1917, em São Paulo. No período que vai desde a greve de 1917 até 1930, a questão social, principalmente no que se referia aos trabalhadores, era tratada como assunto policial, já que a legislação trabalhista em vigor era quase inexistente, o que endossava a agressão contínua contra os movimentos operários por parte dos aparelhos repressivos do Estado.

Com o desenvolvimento industrial crescente, as preocupações com o trabalhador rural permaneciam, mas a atenção das autoridades voltou-se para as condições do trabalhador urbano, que determinaram a necessidade da regulamentação das atividades trabalhistas no Brasil. Isso aconteceu pela primeira vez no início da década de 1930, com a ascensão de Getúlio Vargas ao poder.

No período de 1929 até o final da Segunda Guerra Mundial (1945) – período em que as exportações foram fracas e houve forte investimento do Estado em fontes energéticas, em siderurgia e em infraestrutura –, buscou-se a ampliação do processo de industrialização no Brasil, o que significou substancial aumento do número de trabalhadores urbanos.

As transformações ocorridas após esse período mudaram a face do país, mas o passado continuava influenciando, principalmente nas concepções de trabalho. Ainda hoje, ouve-se a expressão "trabalhei como um escravo" ou percebe-se o desprezo pelo trabalho manual e pelas atividades rurais, que lembram um passado do qual a maioria das pessoas quer esquecer.

A situação do trabalho nos últimos 50 anos

A partir da década de 1960, houve um intenso deslocamento da população rural para as cidades, alterando profundamente a situação do trabalho no Brasil. Observe a tabela a seguir.

População brasileira (1960-2020)*					
Década	Pop. total	Pop. urbana	%	Pop. rural	%
1960	70 191 370	31 303 034	44,60	38 888 336	55,40
1970	93 139 037	52 084 984	55,92	41 054 053	44,08
1980	119 002 706	80 436 409	67,59	38 566 297	32,41
1991	146 825 475	110 990 990	75,59	35 834 485	24,41
2000	169 799 170	137 953 959	81,25	31 845 211	18,75
2010	190 732 694	160 925 792	84,36	29 806 902	15,64
2020	220 085 800	191 067 200	86,80	29 018 600	13,20*

Fontes: Instituto Brasileiro de Geografia e Estatística (IBGE); Plano Nacional de Energia, Empresa de Pesquisa Energética (EPE). Disponíveis em: <www.ibge.gov.br>; <www.epe.gov.br>. Acesso em: 18 mar. 2018.

* Projeção conforme Plano Nacional de Energia

A transferência da população para o meio urbano ocorreu de forma concentrada, sobretudo nas capitais, que, ao longo das décadas seguintes, receberam indústrias e investimentos em habitação, além de incentivos às atividades ligadas ao setor terciário da economia (comércio e serviços). Algumas capitais, atualmente, formam grandes aglomerações urbanas, constituindo o que se conhece por áreas metropolitanas. Hoje, as áreas metropolitanas compreendem aproximadamente 450 municípios (no Brasil existem em torno de 5500 municípios). Nelas vivem cerca de 85 milhões de pessoas, ou seja, aproximadamente 45% da população brasileira.

Conforme a Pesquisa Nacional por Amostra de Domicílios (PNAD), em 2008, 92,4 milhões de pessoas estavam ocupadas no Brasil. Destas, apenas 18,4% dedicavam-se à agricultura, como mostra o gráfico a seguir. Observe, no gráfico a seguir, como a população ocupada está distribuída por grupo de atividade.

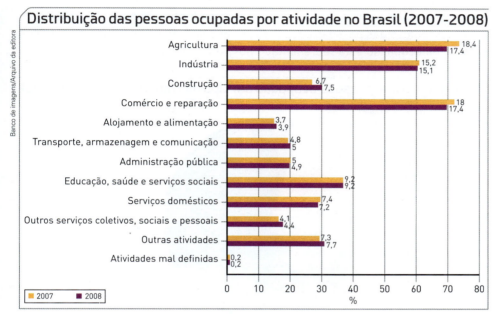

Fonte: Instituto Brasileiro de Geografia e Estatística (IBGE). Diretoria de Pesquisas, Coordenação de Trabalho e Rendimento. Pesquisa Nacional por Amostra de Domicílios 2007-2008. Disponível em: <www.ibge.gov.br/home/estatistica/populacao/trabalhoerendimento/pnad2008/comentarios2008.pdf>. Acesso em: 18 set. 2015.

No gráfico a seguir, evidencia-se a evolução do contingente de ocupados por agrupamentos de atividades no Brasil, nos anos de 2012 e 2013.

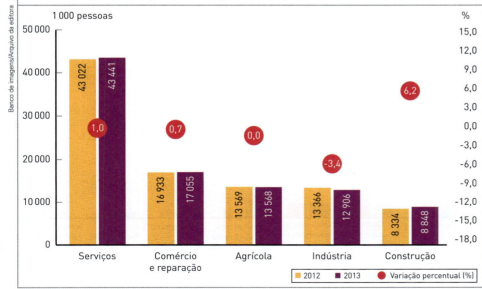

Fonte: Instituto Brasileiro de Geografia e Estatística (IBGE). Diretoria de Pesquisas, Coordenação de Trabalho e Rendimento. Pesquisa Nacional por Amostra de Domicílios 2012-2013. Disponível em: <http://biblioteca.ibge.gov.br/visualizacao/livros/liv94414.pdf>. Acesso em: 18 mar. 2018.

Ao analisar os dados do gráfico anterior, percebe-se que a indústria ocupa menos trabalhadores que a agricultura e muito menos que os demais tipos de serviços. Entretanto, é necessário destacar que muitos dos serviços de hoje só existem porque são decorrentes das demandas e necessidades da indústria, de tal modo que são chamados de *servindústria*. Entre eles podemos destacar não só os serviços de logística, telecomunicações, limpeza, vigilância, alimentação, reparo e manutenção, mas, também, os de pesquisa e desenvolvimento (P&D), *design*, desenvolvimento de projetos, *softwares*, serviços profissionais, marcas e *marketing*, entre outros. A indústria gera uma imensa variedade de serviços – uma contínua demanda agregada – sem a qual não poderia existir.

A distribuição das pessoas ocupadas por tipo de trabalho e de acordo com sua posição na ocupação está representada no gráfico a seguir.

Distribuição das pessoas ocupadas por tipo de trabalho no Brasil (2008)

Fonte: Instituto Brasileiro de Geografia e Estatística (IBGE). Diretoria de Pesquisas, Coordenação de Trabalho e Rendimento. Pesquisa Nacional por Amostra de Domicílios 2007--2008. Disponível em: <www.ibge.gov.br/home/estatistica/populacao/trabalhoerendimento/pnad2008/comentarios2008.pdf>. Acesso em: 20 set. 2015.

Já o gráfico a seguir revela a evolução do tipo de trabalho de acordo com sua posição na ocupação principal no Brasil, nos anos de 2012 e 2013.

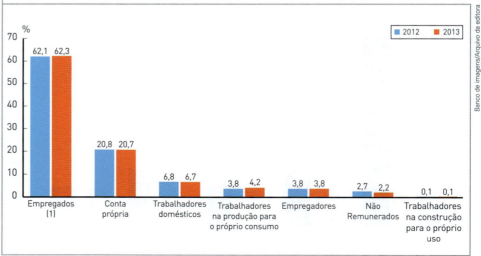

Distribuição percentual das pessoas de 15 anos ou mais de idade, ocupadas na semana de referência, por posição na ocupação no trabalho principal no Brasil (2012-2013)

Fonte: Instituto Brasileiro de Geografia e Estatística (IBGE). Diretoria de Pesquisas, Coordenação de Trabalho e Rendimento. Pesquisa Nacional por Amostra de Domicílios 2013. Disponível em: <http://biblioteca.ibge.gov.br/visualizacao/livros/liv94414.pdf>. Acesso em: 2 mar. 2018.

(1) Não inclui os trabalhadores domésticos.

O trabalho que não aparece

Há no Brasil muitos trabalhadores que desenvolvem suas atividades no chamado setor informal, o qual, em períodos de crise e recessão, cresce muito. Como vimos no gráfico anterior, em 2013 existiam 20,7% de pessoas que trabalhavam por conta própria (19,9 milhões) e outros 6,6% de trabalhadores não remunerados e na produção para o próprio consumo (6,3 milhões).

São indivíduos que trabalham no comércio ambulante, na execução de reparos ou em pequenos consertos, bem como na prestação de serviços pessoais, serviços de entrega (entregadores, *motoboys*), na coleta de materiais recicláveis, entre inúmeras atividades. E há ainda aqueles trabalhadores, frequentemente mulheres, que preparam pães, salgadinhos, bolos e doces no ambiente doméstico e assim buscam alguma renda para sobrevivência ou para complementar a renda familiar. Todos esses profissionais colaboram para que a economia funcione, mas as condições de trabalho a que se submetem normalmente são precárias, não garantem direitos trabalhistas nem asseguram permanência na atividade.

// Vendedor ambulante em Salvador, Bahia, 2015. Um dos exemplos de atividade do chamado setor informal.

Emprego e qualificação

Ouve-se nas conversas informais e se encontra com frequência nos meios de comunicação a afirmação de que só terá emprego quem tiver qualificação. A qualificação em determinados ramos da produção é necessária e cada dia mais exigida, mas para poucos postos de trabalho. A maioria das ocupações requer somente o mínimo de informação, que normalmente o trabalhador consegue adquirir no próprio processo de trabalho.

A elevação do nível de escolaridade não significa necessariamente emprego no mesmo nível e boas condições de trabalho. Por exemplo, quantos graduados em Engenharia ou Arquitetura estão trabalhando como desenhistas? Quantos formados em Medicina são assalariados em hospitais ou prestadores de serviços médicos, enfrentando uma jornada de trabalho excessiva? E os formados em Direito que não conseguem ser aprovados no exame da Ordem dos Advogados do Brasil (OAB)? Muitos, por terem uma formação deficiente, se empregam nos mais diversos ramos de atividade, em geral bastante aquém da função que estão, em tese, habilitados a desenvolver. Resultado da formação universitária cada dia mais deficiente, que não garante empregos àqueles que possuem diploma universitário, seja pela qualificação insuficiente, seja porque não existe emprego para todos.

Há situações exemplares nos dois polos da qualificação:
- Em muitas empresas que prestam serviços de limpeza exige-se formação no Ensino Médio para a atividade de varrição de rua, o que demonstra que não há relação entre o que se faz e a escolarização solicitada, pois não é necessário ter nível médio para isso, mesmo que existam pessoas, com até mais tempo de estudo que, por necessidade, o fazem.
- Jovens doutores (que concluíram ou estão fazendo o doutorado) são demitidos ou não são contratados por universidades particulares porque têm direito a receber salários superiores aos dos professores que possuem o mestrado. Nesse caso, não importa a melhoria da qualidade do ensino, e sim o lucro que as empresas educacionais podem obter.

Por todos os lados, a questão do emprego está intimamente relacionada com a sede de lucro e o objetivo de realizar poucos investimentos em infraestrutura, em pessoal e na qualidade do produto ou serviço oferecido ao público. Evidencia-se, então, uma máxima que, apesar de não ser muito antiga, já é bastante popular: "Maximização dos lucros, minimização dos custos". O problema é quando o trabalhador, um ser humano revestido de direitos e construído historicamente na luta por dignidade, é visto como um simples elemento a mais dos departamentos de custos e materiais das empresas.

A relação entre escolaridade e emprego, em charge de Rubens Kiomura e Carlos Pereira, 1980.

Nota: Mobral foi um curso de alfabetização para jovens e adultos oferecido pelo governo militar; Madureza foi um programa da mesma época que ministrava as disciplinas de Ensino Fundamental e de Ensino Médio.

Cenários do trabalho no Brasil

O trabalho e o jogo

Os brasileiros estão jogando cada vez mais. A prática das apostas ganha novos adeptos a cada dia. O jogo do bicho prospera. O governo federal e os governos estaduais promovem suas diversas loterias. Muita gente faz fila para arriscar a sorte na sena, na quina da loto ou nas numerosas raspadinhas.

O fenômeno está preocupando muitos setores da sociedade. [...]

Mesmo entre os que enxergam os aspectos desagregadores do jogo, entretanto, há muitos espíritos críticos que procuram compreender o que está acontecendo e repelem a tentação autoritária do recurso simplista a medidas de repressão.

As proibições com frequência são dolorosas, traumáticas e inócuas. Em lugar de tentar resolver os problemas prendendo e arrebentando, devemos procurar discernir suas raízes históricas e culturais. [...]

A questão – note-se – não é exclusivamente brasileira: é fácil percebermos que ela tem uma presença marcante na América Latina. O grande escritor argentino Jorge Luis Borges já escreveu uma vez: "Yo soy de un país donde la lotería es parte principal de la realidad". As sociedades do nosso continente nasceram, todas, sob o signo da aventura: os europeus que destruíram as culturas indígenas e importaram negros escravizados apostavam no enriquecimento rápido.

No caso brasileiro, as condições se agravaram enormemente com a modernização autoritária e a sucessão das negociatas. A população tinha a impressão de que as elites haviam transformado a sociedade num imenso cassino. Entre os grandes trambiqueiros do nosso país, quantos foram exemplarmente punidos? E quantos permaneceram (e permanecem) impunes?

Obrigado a dar duro para sobreviver, o trabalhador vem observando esse espetáculo e tentando extrair dele sua lição. A experiência quotidiana e o sufoco do salário arrochado lhe dizem com muita eloquência que no mundo do trabalho quase não há espaço para a esperança. O sonho, expulso pela remuneração aviltante, emigra para o jogo.

A paixão pelo jogo cresce paralelamente à constatação de que o trabalho está caracterizado como ocupação de otário. O que conta, para o trabalhador, não são os discursos em que os políticos e os empresários o cobrem de elogios: é o salário que lhe mostra o que ele realmente vale aos olhos do Estado e do patrão.

O homem do povo, o homem comum, está valendo pouco na nossa sociedade. Quando ele joga no bicho ou na loto, aposta no futebol ou nas corridas de cavalo, é claro que não está contribuindo, concretamente, para superar a situação frustrante para a qual foi empurrado, como vítima, pelos donos do poder político e econômico.

A "fezinha" só pode resolver o problema de um ou outro no meio de muitos milhares. No entanto, o movimento que leva a pessoa a jogar manifesta, também ao lado da ilusão, certo inconformismo diante do vazio do presente. Quem joga, afinal, ainda está mostrando que é capaz de ansiar por um futuro melhor.

Como se pode canalizar esse inconformismo e essa ânsia de um futuro mais bonito para uma ação historicamente mais fecunda do que a febre das apostas? Como mobilizar coletivamente as energias que se dispersam na aventura individualista do jogo?

Creio que a direção política em que deve ser buscada uma resposta democrática para essas indagações passa, necessariamente, por uma enérgica valorização do trabalho – e dos trabalhadores.

KONDER, Leandro. *O trabalho e o jogo*. Disponível em: <www.brasildefato.com.br/node/6016>. Acesso em: 18 mar. 2018.

1. Em que medida a "fezinha" no jogo é uma ilusão e até que ponto ela é uma crítica ao mundo desigual do emprego e da renda?

A pedra de Sísifo e os trabalhadores prejudicados

A semelhança entre os trabalhadores brasileiros e o castigo imposto pelos deuses a Sísifo

O mito grego da pedra do rei grego Sísifo, que Homero narra na *Odisseia*, me veio à memória neste momento de inquietude de milhões de trabalhadores brasileiros aos quais a crise econômica pode privar, mais do que a outros mais favorecidos, de seus direitos trabalhistas.

O rei Sísifo foi condenado pelos deuses a subir uma montanha empurrando uma pesada pedra. Quando chegava ao topo, a pedra escorregava de suas mãos e rolava de novo até o chão. E Sísifo devia carregá-la de volta montanha acima, repetidas vezes, até o infinito.

Uma das interpretações mais conhecidas do mito grego é a do escritor e filósofo francês Albert Camus, que afirma que "não existe castigo mais terrível que o do trabalho inútil e sem esperança".

Os trabalhadores que dependem de um salário para viver e sustentar sua família têm de fazer muitas contas para não cair nas garras do cheque especial ou dos juros estratosféricos do cartão de crédito, têm de fazer cada vez mais malabarismos para terminar o mês sem dívidas.

A classe trabalhadora brasileira suporta uma das maiores cargas tributárias do mundo e recebe muito menos do Estado em benefícios sociais que seus colegas dos países mais desenvolvidos.

[...] É essa sensação de inutilidade de que escrevia Camus que devem sentir milhões de trabalhadores brasileiros cada vez que veem cortados seus direitos, diminuir seu salário e aumentar os preços. Eles nos recordam o castigo que os deuses impuseram a Sísifo.

No Brasil, um país rico e de pessoas criativas, os trabalhadores sentem a angústia do personagem do mito grego de ter de fazer, todo mês, o esforço de subir a montanha com a pedra de seu trabalho até que, por fim, ela escorregue e se vejam outra vez de mãos vazias ou, o que é pior, sujas de dívidas.

Como recordou com ironia o professor de Políticas Públicas da Universidade de Harvard Felipe Campante em um simpósio da Fecomercio em São Paulo, não é verdade que os governos brasileiros são incompetentes. Pelo contrário, segundo ele, existe um campo em que o Brasil se mostra mais desenvolvido que a maioria dos governos do mundo: na arte de impor aos trabalhadores impostos diretos ou indiretos.

O Brasil figura, de fato, entre os países com maior carga tributária do planeta. Com 36,4%, a maior em 30 anos, os brasileiros são hoje os que pagam mais impostos entre os países da América Latina, segundo a OCDE, e estão entre os 14 países mais taxados do mundo.

É cruel que países como os Estados Unidos tenham uma carga tributária de 24,3% ; o Japão, de 28%; a Suíça, de 28%; o Canadá, de 30% e até o México, de 19,7% e o Chile, de 20,8%, e o Brasil ganhe de todos eles com seus 36,4%, que o governo ainda gostaria de aumentar.

Com a diferença de que nesses outros países o Estado oferece aos trabalhadores uma série de serviços públicos e sociais de primeira qualidade do berço até a morte. Pagam, mas recebem. Os brasileiros pagam e recebem serviços que só os mais pobres usam. Disso resulta que uma família de classe média é mais sacrificada no Brasil que em outros países com impostos maiores.

Segundo o Índice de Arrecadação Tributária (IVAT), a carga fiscal brasileira cresceu 164,40% entre 2001 e 2010 e, desde então, não parou de aumentar. No primeiro governo Dilma, aumentou quase 2%.

Os especialistas calculam que um trabalhador brasileiro precisa trabalhar cinco meses para pagar impostos e outros cinco para pagar serviços públicos que deveriam estar a cargo do Estado, como transportes de qualidade, ensino ou saúde. O que sobra para viver?

E enquanto o Brasil é um dos países mais sobrecarregados de impostos, o PIB per capita contrasta com o de outros países.

Em uma lista do PIB de 80 países, o Brasil figura, segundo dados do FMI, entre os três últimos, com menos riqueza pessoal.

Enquanto o PIB brasileiro seria hoje, segundo a cotação do dólar, de pouco mais de 8.000 dólares, o dos Estados Unidos, por exemplo, é de 51.248, o do Canadá, 43.594, o da Alemanha, 39.993, o da França, 35.942 e o do Reino Unido, 51.248.

Até na América Latina, o PIB *per capita* brasileiro é menor que o do Chile (19.475) ou que o do México (15,932) e até menor que o da Venezuela (13.634).

Os números podem parecer frios, mas a realidade dos trabalhadores que sofrem uma das maiores cargas tributárias do mundo, que gozam de um PIB *per capita* menor e sofrem índices de violência que estão entre os maiores do planeta, constitui uma triste realidade.

Não se parecem esses trabalhadores brasileiros com o rei Sísifo, condenado pelos deuses ao trabalho duro e inútil de subir a montanha com uma pedra para, ao final de tanto esforço, ficar de mãos vazias?

Às vezes cruzo na rua com algum desses trabalhadores socialmente mais frágeis, que limpam o que ninguém quer limpar, erguem edifícios pendurados no vazio e na insegurança ou vigiam as noites tristes dos doentes amontoados nos hospitais públicos.

Minha tentação é pensar que estão realizando o castigo dos deuses imposto a Sísifo, mas prefiro ficar com a interpretação do mito grego que fazia Camus, quando escrevia que devemos, apesar de tudo, fazer um esforço para conseguir "ver Sísifo feliz", às voltas com sua pedra montanha acima.

Esses trabalhadores cujos direitos o poder tem a tentação de moer quando aumentam as crises, são, como dizia o escritor francês, "donos de seu destino", orgulhosos do que fazem por vocação ou necessidade.

Sem eles, o mundo, a começar pelo dos privilegiados cuja pedra outros levam montanha acima, seria um deserto ou um inferno.

Eles não merecem ser as cinderelas da crise, os sacrificados, mas sim os mais bem cuidados e protegidos.

ARIAS, Juan. *El País Brasil*. 9 maio 2015. Disponível em: <https://brasil.elpais.com/brasil/2015/05/09/opinion/1431176749_019091.html>. Acesso em: 20 mar. 2018.

2. Quais outras medidas o Estado poderia tomar para economizar e arrecadar mais?

Costurando as ideias

Olhando criticamente para o melhor da tradição clássica do pensamento econômico – de Adam Smith a Stuart Mill –, Karl Marx apontou o trabalho como a fonte de todas as riquezas humanas em sociedade. Não se trata, contudo, somente da riqueza material. A riqueza que o trabalho produz de forma mais generosa é aquela que enobrece o espírito, ou seja, aquela que oferece aos sujeitos um sentido para a vida e a oportunidade de entendimento das tarefas históricas e sociais que há pela frente.

Na sociedade capitalista, no entanto, o trabalho é pouco espirituoso. A concentração de riquezas e poder em poucas mãos, a exploração massiva da mão de obra humana, a destruição do meio ambiente, as raras oportunidades de ganho justo, as disputas de fatias enormes do mercado pelas gigantescas empresas que eliminam a pequena concorrência e destroçam as experiências de famílias e trabalhadores cooperados, tudo isso acaba depondo contra o que se convencionou chamar de "economia livre de mercado".

Não existem, no sentido expresso pelo liberalismo econômico do século XVIII, empresas livres concorrendo em pé de igualdade para conquistar o maior número de consumidores e oferecendo a eles o melhor produto ou serviço pelo menor preço. O que há – isso sim – são conglomerados globalizados em busca de força de trabalho barata e desorganizada, amparados por estados nacionais dispostos a quebrar leis de proteção trabalhista e até infringir sistematicamente os direitos fundamentais dos cidadãos. Tudo isso em troca de empregos instáveis, salários baixos, muita incerteza e ambiente provisional.

O sociólogo Zygmunt Bauman (1925-2017) diria que essas são as características do trabalho nas modernas sociedades líquidas, nas quais nada ganha forma, tudo respinga, goteja, muda e passa a exibir novas configurações antes que seja compreendido de fato.

As crises no mundo do trabalho são sucessivas e acumulam problemas e desafios. Ao lado da precariedade e do empobrecimento dos trabalhadores, com frequência surgem novos e maiores obstáculos, como a automação dos ambientes de trabalho, o desparecimento de carreiras e profissões e, mais recentemente, a terceirização. Máquinas e robôs substituem homens e mulheres nas fábricas em cenários de circulação de mercadorias e serviços; espaços de trabalho ficam cada vez mais vazios e, paradoxalmente, produtivos; novas mercadorias seduzem consumidores endividados, subempregados ou mesmo desempregados; novas configurações nas modalidades de contratação diminuem direitos, sobrecarregam trabalhadores, encurtam a vida útil de seus empregos e projetos para o futuro.

A terceirização – estratégia capitalista de repassar responsabilidades de contratação, fiscalização e pagamento de salários para empresas especializadas que fornecem mão de obra quase sempre temporária a corporações de maior complexidade produtiva e administrativa – já é, aliás, responsável por mais da metade dos empregos formais no planeta, com agudo crescimento nos países mais pobres, onde os direitos trabalhistas desaparecem à proporção que cresce a influência dos megaconglomerados empresariais na economia e nos rumos da vida de cada país, cada continente.

Apesar de disputar espaços e direitos no campo do adversário – o capital feroz, veloz e implacável –, o trabalho seguirá como fonte de riqueza material e espiritual do ser humano. Graças às ferramentas e inovações tecnológicas, ele permite que um mundo inteiramente novo se erga todos os dias, embelezando a paisagem, satisfazendo o ego, promovendo os índices de qualidade de vida. Ao mesmo tempo, o trabalho desenvolve as habilidades reflexivas e interativas dos sujeitos, aprimorando linguagem e comunicação, senso estético e comportamento ético – e é devido a essa partilha de valores e aprendizados que o trabalho garante a organização coletiva e política dos trabalhadores, condição que, no futuro, poderá abrir as portas para que a riqueza de alguns não seja mais reflexo do empobrecimento corrosivo de multidões.

Leituras e propostas

Para refletir

Morte de câimbra

BRASÍLIA – A indústria fabrica mais e mais carros "flex" (a álcool e a gasolina), os usineiros fazem a festa, os preços só sobem, os consumidores se assustam e o governo ameaça intervir. Você não acha que está faltando alguém nessa história?

Todos estão pensando no seu bolso e no seu interesse, mas ninguém se preocupa com a base dessa pirâmide: o cortador de cana – um dos trabalhadores mais explorados do país.

É por isso que a CUT dá um grito e a socióloga Maria Aparecida de Moraes Silva, professora visitante da USP e titular da Unesp, quer saber o que, de toda essa pujança, de todos esses aumentos e de toda essa negociação em torno do "flex", vai sobrar para os cortadores de cana, cujas condições ela acompanha há mais de 30 anos, principalmente na região de Ribeirão Preto (SP).

Esse trabalhador fica a ver navios boa parte do ano e se esfalfa durante a safra (abril a novembro) por migalhas, recebendo de R$ 2,20 a R$ 2,40 por tonelada de cana cortada. E ainda paga o transporte, a pensão, a comida. E manda o que sobra (deve ser mágico) para casa. Sim, porque a maioria é migrante. Deixa a família e desce do norte de Minas e do Nordeste para ganhar a vida – ou a morte.

De meados de 2004 a novembro de 2005, morreram 13 cortadores na região, geralmente homens jovens (o mais velho tinha 55 anos). Há diferentes diagnósticos médicos, e os cortadores têm o seu próprio: "morte de câimbra". Sabe o que é? A partir dos anos 1990, com as máquinas colheitadeiras, o sujeito tem como meta cortar 12 toneladas de cana por dia. Aí, vem a câimbra nos braços, nas pernas e, enfim, no corpo todo. Na verdade, ele morre de estafa. [...]

Espera-se que governo e produtores se entendam para um preço justo ao consumidor. E que, um dia, os trabalhadores também tenham direitos – à voz, à pressão e à própria vida.

CANTANHÊDE, Eliane. Morte de câimbra. *Folha de S.Paulo*. São Paulo, 6 jan. 2006. Opinião, p. A2. Disponível em: <www1.folha.uol.com.br/fsp/opiniao/fz0601200605.htm>. Acesso em: 18 mar. 2018.

1. De acordo com o texto, em troca de um salário ínfimo, os cortadores de cana são obrigados a trabalhar num tal ritmo que chegam a se expor à morte. O que torna possível esse nível de exploração da mão de obra? Procure explicações, da perspectiva tanto do trabalhador quanto do empregador.
2. Os textos que você leu anteriormente podem ajudar a explicar a situação narrada? Justifique.
3. Lembrando-se do exemplo da produção do pão, dado no início desta unidade, descreva a rede de trabalho e de trabalhadores envolvidos na produção de algum objeto presente no seu cotidiano. Aponte, nessa rede, os trabalhadores que possivelmente desenvolvem suas atividades em condições subumanas, como os cortadores de cana.
4. Como o trabalho do cortador de cana está relacionado ao cotidiano de uma pessoa como você?

Para pesquisar

1. Junte-se a alguns colegas e consultem livros, jornais, revistas e *sites* da internet para obter informações sobre a atual situação do trabalho/emprego no Brasil. Com base no material selecionado, façam uma reflexão sobre os seguintes aspectos:
   a) as principais causas do emprego/desemprego no Brasil e os setores mais atingidos;
   b) as carreiras ou áreas profissionais consideradas mais promissoras;
   c) as profissões que os integrantes do grupo pretendem seguir.
2. Junte-se a alguns colegas para entrevistar pessoas acima de 50 anos. Procurem saber as diferenças e semelhanças das possibilidades de trabalho hoje e de quando elas começaram a vida profissional. Além disso, perguntem se elas já ficaram desempregadas, se já trabalharam informalmente e o que motivou essas experiências.
3. Procure na internet textos sobre trabalho escravo no Brasil e, em grupos, construam um painel para ser apresentado para toda a sala, com a orientação do professor.

LIVROS RECOMENDADOS

A corrosão do caráter: consequências pessoais do trabalho no novo capitalismo
De Richard Sennett. São Paulo: Record.
Um livro capital para entender o modo como se articulam a vida pessoal e as transformações mais gerais no mundo do trabalho, enfatizando a precariedade, a incerteza e a velocidade desumana das mudanças provocadas pela tecnologia e as novas práticas de gestão, quase sempre orientadas contra o trabalhador e suas esperanças de realização pessoal e profissional.

Indústria e trabalho no Brasil: limites e desafios
De William Jorge Gerab e Waldemar Rossi. São Paulo: Atual.
De modo didático, os autores analisam a passagem do Brasil rural para o Brasil industrial e as consequências dessa mudança.

Trabalho infantil: o difícil sonho de ser criança
De Cristina Porto e outros. São Paulo: Ática.
Repleto de fotografias e de depoimentos, esse livro apresenta o universo do trabalho infantil de forma clara e objetiva.

SUGESTÕES DE FILMES

Eles não usam black-tie (Brasil, 1981)
Direção: Leon Hirszman.
Em São Paulo, em 1980, o jovem operário Tião e sua namorada Maria decidem se casar. Ao mesmo tempo, eclode um movimento grevista que divide a categoria metalúrgica. Preocupado com o casamento e temendo perder o emprego, Tião fura a greve, entrando em conflito com o pai, um velho militante sindical.

O diabo veste Prada (Estados Unidos, 2006)
Direção: David Frankel.
O filme é a adaptação de um livro, com o mesmo título, escrito por Lauren Weisberger em 2003, e trata da história de uma jornalista recém-formada que consegue emprego como assistente de uma poderosa editora da principal revista de moda dos Estados Unidos: a *Runaway*. Na relação entre a assistente e a editora, são expostas questões, como exigências do "mercado" e uso de tecnologias, e estabelecidas regras, como o que vestir, o que comer, com quem se relacionar, como e quando se dirigir à superior.

Segunda-feira ao sol (Espanha, 2002)
Direção: Fernando León de Aranoa.
O filme está contextualizado após a década de 1980, numa cidade costeira no norte da Espanha. Quando os estaleiros da cidade são fechados, vários trabalhadores ficam desempregados e à mercê de ocupações temporárias. O filme trata do desemprego de longa duração, de ofícios que se tornam obsoletos ou postos de trabalho que são extintos, e das consequências desses fatores na vida de quatro personagens.

Tempos modernos (Estados Unidos, 1936)
Direção: Charles Chaplin.
Este filme é um clássico da comédia satírica. Um trabalhador sofre em uma fábrica estruturada no modelo do fordismo-taylorismo, na qual o cronômetro e a linha de montagem são elementos visíveis. Demitido da fábrica, o protagonista encontra desventuras como guarda-noturno, como garçom-cantor de músicas sem sentido e como presidiário. O filme denuncia as dificuldades enfrentadas pelo trabalhador na década de 1930 nos Estados Unidos e, mais do que isso, na sociedade capitalista.

Conexão de saberes

DERRETIMENTO DAS CALOTAS POLARES
O aumento da temperatura do planeta, provocado principalmente pela emissão de gases poluentes, vem causando o derretimento das calotas polares, fenômeno recente e fortemente vinculado ao aquecimento global.

DERRAMAMENTO DE ÓLEO
Vazamentos de óleo em oceanos são eventos, infelizmente, recorrentes. Em 2010, no Golfo do México, uma explosão em uma plataforma petrolífera matou 11 funcionários; dois dias depois, a plataforma afundou a 80 quilômetros da costa sul dos Estados Unidos e provocou um vazamento que prejudicou a fauna marinha, o turismo e a pesca na região. Esse foi considerado o pior vazamento de petróleo na história dos Estados Unidos.

MUNDO EM DESEQUILÍBRIO

Nas sociedades capitalistas, o exagero nos índices e nas variações da produtividade pressupõe intervenções contínuas e crescentes no meio ambiente, explorando sem muitos critérios matérias-primas e ocupando desordenadamente os espaços disponíveis. Com isso, desmatamento, poluição, contaminação e extinção se tornam palavras corriqueiras. No lugar do cidadão integrado ao planeta surge um consumidor individualista e decidido a fazer de sua vida uma corrida sem fim às mercadorias. Para melhorar a qualidade de vida das pessoas e criar práticas sociais efetivamente sustentáveis, é fundamental que toda a sociedade se envolva nas discussões sobre as mudanças climáticas, a poluição do ar e das águas, a mobilidade urbana e as alternativas ecológicas para uma economia socialmente responsável e equilibrada.

DESMATAMENTOS
Dados oficiais divulgados em 2018 pela Fundação SOS Mata Atlântica e pelo Instituto Nacional de Pesquisas Espaciais (INPE) informam que o desmatamento em 2017 foi o menor já registrado desde os anos 1980, quando começou a ser monitorado e enfrentado sistematicamente. Vale ressaltar, contudo, que a taxa de desmatamento tem sofrido oscilações enormes nos últimos anos. Além disso, a área já desmatada equivale a duas vezes o território da Alemanha.

DESERTIFICAÇÃO
Desde a década de 1950, a China perdeu o equivalente às áreas somadas dos estados de São Paulo, Santa Catarina e Rio de Janeiro para a desertificação. A origem dessa perda está no desmatamento e na exploração excessiva ou inadequada do solo.

POLUIÇÃO DOS RIOS
Fazendas do vale do rio Olifants, na África do Sul, utilizam grandes quantidades de agrotóxicos e sistemas de irrigação que pulverizam água sobre grandes superfícies. Isso provoca uma intensa salinização à medida que a água evapora, deixando para trás nitratos e fosfatos concentrados. O pequeno volume de água que corre de volta dos campos para os rios é altamente contaminado. Esse fato é consequência de anos de uso inadequado da terra e de práticas agrícolas obsoletas.

OS EFEITOS DA POLUIÇÃO NO SER HUMANO
- Irritação nas mucosas do nariz e dos olhos
- Irritação na garganta
- Problemas respiratórios, podendo acarretar enfisema pulmonar e bronquite
- Problemas pulmonares e cardiovasculares
- Desenvolvimento de doenças do coração
- Aumento das chances de desenvolver câncer, principalmente de pulmão
- Alteração nos níveis de hormônios nos homens e na qualidade do sêmen
- Enfraquecimento do sistema imunológico
- A inalação de metais pesados, presentes em áreas de muita circulação de veículos, pode provocar doenças do coração, mal de Parkinson, mal de Alzheimer e distúrbios de ansiedade
- Diminuição da qualidade de vida
- Diminuição da expectativa de vida (em até dois anos)

POLUIÇÃO DO AR
Os gases responsáveis pelo efeito estufa são liberados naturalmente através de incêndios florestais de causas naturais. Anualmente a Austrália enfrenta graves ondas de queimadas provocadas por incêndios florestais.

CAPÍTULO 8 | A QUESTÃO DO TRABALHO NO BRASIL   87

UNIDADE 3
Desigualdades e vida social

Comunidade Paraisópolis, no bairro Morumbi, em São Paulo, 2017.

Diferentes e iguais

A ideia que identifica todos os seres humanos como diferentes e iguais ao mesmo tempo carrega profundas e universais dimensões e está presente em várias máximas de autorias desconhecidas.

Mas, afinal, em que consiste o duplo aspecto da diferença e da igualdade nos indivíduos?

A diferença está na cor da pele, na estatura física, no formato dos olhos, na maior ou menor agilidade corporal, no conjunto de interesses e preferências (relacionadas a música, cinema, literatura, gastronomia, esporte) e nas aptidões e valorações éticas (espiritualidade, racionalidade, relações afetivas, escolhas profissionais, postura diante da vida, das pessoas e do mundo). Essas diferenças – que podem ser consideradas infinitas expressões da singularidade humana – são definidas, disseminadas e articuladas porque há um todo que as aproxima: o gênero humano. Assim, o indivíduo é diferente em relação ao seu semelhante (interessante expressão, não?) exatamente porque é, de muitas maneiras, igual a ele. Só é possível caracterizar a diferença quando se estabelecem parâmetros entre iguais.

A filósofa judia e alemã Hannah Arendt (1906-1975) enfatizava a duplicidade da condição humana: a diferença e a igualdade. Para ela, a diferença permite o desenvolvimento da comunicação e o estabelecimento de um diálogo que permite o aprendizado mútuo; a igualdade é a garantia de que sempre haverá a possibilidade de desenhar um futuro comum, um projeto que sirva às pessoas de todas as gerações. Nesse sentido, a diferença torna rica a uniformidade entre os seres humanos, e a igualdade se manifesta no que é característico das palavras e dos atos de uma concepção de gênero humano cuja missão é construir um espaço de convivência e partilhas.

A desigualdade, portanto, não tem relação com a diferença. A diferença não distancia as pessoas, ao contrário, as aproxima. Já a desigualdade – definida como construção social e consequência perversa da indiferença entre sujeitos que deveriam se respeitar como iguais – maltrata, explora, cria e difunde preconceitos, violência e desumanização. Há quem proclame a desigualdade como natural, incontornável e até útil. Cabe, contudo, analisar com mais rigor o que está por trás desse tipo de juízo. É sobre isso que tratará esta unidade.

CAPÍTULO 9

Estrutura social e estratificação

Todas as sociedades humanas se organizam de alguma maneira, ou seja, criam e desenvolvem uma estrutura social por meio da qual definem os tipos de relações possíveis entre seus membros.

Assim, arranjos históricos, políticos, jurídicos, econômicos, culturais e sociais são montados para que as estruturas sociais ganhem força e solidez e possam oferecer confiabilidade e segurança aos indivíduos, aos grupos e às classes sociais nelas interiorizadas.

Nesse sentido, vale destacar que há uma história que rege toda comunidade e a ela oferece tradições e costumes; há também uma economia, sustentada por um sistema de produção, circulação e troca de produtos, ideias e serviços entre seus membros; existem formas de representação dos interesses materiais e espirituais, ou seja, uma arquitetura política. Para garantir a eficácia dos valores econômicos, das prerrogativas políticas, das formas de associação familiar, de trabalho e muitas outras, bem como o conjunto da produção cultural e de seus diversos significados, ergue-se uma esfera jurídica. Nela há instituições que promovem e defendem leis, aceitando e difundindo práticas e concepções de vida que sejam consideradas por determinada sociedade moralmente justas ou injustas, decentes ou indecentes, louváveis ou reprováveis.

A relação entre essas diversas esferas particulariza cada sociedade e define sua estrutura social, condicionando a maneira como os indivíduos vivem em seu dia a dia. Uma das características da estrutura de uma sociedade, a estratificação social, ou seja, a maneira como os diferentes grupos são classificados em estratos (camadas) sociais, merece uma análise mais atenta.

A estratificação em diferentes sociedades foi analisada pelo sociólogo brasileiro Octavio Ianni (1926-2004) na introdução ao livro *Teorias da estratificação social*. Para ele, ao estudar a estratificação em cada sociedade, é necessário verificar como se organizam:

- as estruturas de apropriação (econômica), isto é, como cada estrato ou camada participa da riqueza gerada pela sociedade;
- as estruturas de dominação (política), isto é, como o poder é exercido e qual é a participação de cada camada ou estrato na sociedade.

É necessário lembrar, entretanto, que a estratificação não é definida apenas por esses fatores. As estruturas de apropriação econômica e de dominação política são atravessadas por outros elementos – como a religião, a etnia, o gênero, a tradição e a cultura –, que, de formas diferentes, influenciam o processo de divisão social do trabalho e o processo de hierarquização social.

Além disso, as estratificações sociais são produzidas historicamente, ou seja, são geradas por situações diversas e se expressam na organização das sociedades em sistemas de castas, de estamentos ou de classes. Conforme declarou Norbert Elias (1897-1990), cada caso precisa ser analisado como uma configuração histórica particular.

Neste capítulo, serão examinados os sistemas de castas e de estamentos; no próximo capítulo, o sistema de classes, característico da sociedade capitalista.

As sociedades organizadas em castas

O sistema de castas é uma configuração social de que se tem registro em diferentes tempos e lugares. Nas sociedades antigas, há vários exemplos da organização em castas (na Grécia e na China antigas, entre outros lugares). Mas é na Índia, ainda hoje, que está a expressão mais estruturada e permanente desse sistema.

O processo de constituição das castas e subcastas na sociedade indiana é muito antigo e se consolidou há aproximadamente 3 mil anos. A hierarquização desse sistema é baseada em religião, etnia, cor, hereditariedade e ocupação. Esses elementos definem a organização do poder político e a distribuição da riqueza gerada pela sociedade. Apesar de na Índia haver hoje uma estrutura de classes, o sistema de castas permanece mesclado a ela, o que representa uma dificuldade a mais para entender essa organização. O sistema sobrevive por força da tradição, pois legalmente foi abolido em 1950.

Pode-se afirmar, em termos genéricos, que existem quatro grandes castas na Índia: a dos brâmanes (casta sacerdotal, superior a todas as outras), a dos xátrias (casta intermediária, formada normalmente por aqueles que, pela tradição, são considerados guerreiros mas que atualmente se encarregam da administração pública), a dos vaixás (casta dos comerciantes, artesãos e camponeses, inferior à dos xátrias) e a dos sudras (casta dos inferiores, na qual se situam aqueles que fazem trabalhos manuais considerados servis). Os párias são os que não pertencem a nenhuma casta e vivem, portanto, fora das regras existentes. Há ainda um sistema de castas regionais que se subdividem em outras tantas subcastas.

O sistema de castas caracteriza-se por relações muito estanques, isto é, quem nasce em uma casta nela permanecerá para sempre. Não há, portanto, mobilidade social nesse sistema. Os elementos mais visíveis da imobilidade social são a hereditariedade, a endogamia (casamentos entre membros da mesma casta), as regras relacionadas à alimentação (o preparo dos alimentos e as refeições são restritos aos integrantes da mesma casta) e a proibição do contato físico entre membros das castas inferiores e superiores. Repulsão, hierarquia e especialização hereditária são as palavras-chave para definir o sistema de castas, de acordo com o sociólogo francês Célestin Bouglé (1870-1940), discípulo de Émile Durkheim (1858-1917).

Mulher exercendo atividade laboral reservada aos párias, as pessoas que não pertencem a nenhuma casta. Madia Pradexe, Índia, 2016.

NAS PALAVRAS DE BOUGLÉ

Castas

[...] a palavra casta parece despertar, de início, a ideia de especialização hereditária. Ninguém, a não ser o filho, pode continuar a profissão do pai; e o filho não pode escolher outra profissão a não ser a do pai. [...] [É] um dever de nascimento. [...]

A palavra casta não faz pensar apenas nos trabalhos hereditariamente divididos, e sim também nos direitos desigualmente repartidos. Quem diz casta não diz apenas monopólio, diz também privilégio. [...] O "estatuto" pessoal de uns e de outros é determinado, por toda a vida, pela categoria do grupo ao qual pertencem. [...]

Quando declaramos que o espírito de casta reina em dada sociedade, queremos dizer que os vários grupos dos quais essa sociedade é composta se repelem, em vez de atrair-se, que cada um desses grupos se dobra sobre si mesmo, se isola, faz quanto pode para impedir seus membros de contrair aliança ou, até, de entrar em relação com os membros dos grupos vizinhos. [...]

Repulsão, hierarquia, especialização hereditária, o espírito de casta reúne essas três tendências. Cumpre retê-las a todas se se quiser chegar a uma definição completa do regime de castas.

// Ritual da casta brâmane de coroação do marajá nº 27, da família real de Mysore, no estado de Karnataka, Índia. Fotografia de 2015.

BOUGLÉ, C. O sistema de castas. In: IANNI, Octavio (Org.). *Teorias da estratificação social*. São Paulo: Nacional, 1973. p. 90-91.

Apesar de toda a rigidez evidente do sistema de castas indiano, é possível perceber alguns rompimentos com as tradições e com as normas vigentes. Um exemplo dessa ruptura é o fato de castas inferiores adotarem costumes, ritos e crenças dos brâmanes, o que cria certa homogeneidade de hábitos entre castas. O rigor das regras também é relativizado pela ocorrência de casamentos entre membros de castas diferentes. Casamentos entre castas são protegidos por lei, mas há ainda muita oposição social, principalmente se envolver um membro dos brâmanes – a casta considerada superior.

A urbanização e a industrialização crescentes e a introdução dos padrões comportamentais do Ocidente têm levado integrantes de diferentes castas a se relacionar. Isso contradiz os padrões mais tradicionais, pois, no sistema capitalista, no qual a Índia está fortemente inserida, a estruturação societária fundamentada em castas só se mantém porque é essencial para a sobrevivência da sociedade indiana como ela é.

A desintegração gradativa do sistema de castas não significa, entretanto, que as normas e os costumes relacionados com a diferenciação em castas tenham desaparecido do cotidiano das pessoas. Isso é confirmado pela existência de programas de cotas de inclusão para as castas consideradas inferiores nas universidades públicas.

As sociedades organizadas por estamentos

O sistema de estamentos ou estados constitui outra forma de estratificação social. A sociedade feudal organizou-se dessa maneira. Na França, por exemplo, no final do século XVIII, às vésperas da revolução havia três estados: a nobreza, o clero e o chamado terceiro estado, que incluía todos os outros membros da sociedade – comerciantes, industriais, trabalhadores urbanos, camponeses, etc.

De acordo com o sociólogo Octavio Ianni, ainda segundo seu livro *Teorias da estratificação social*, a sociedade estamental é fundamentada nas relações recíprocas e hierárquicas com base na tradição, na linhagem, na vassalagem, na honra e no cavalheirismo. Essas categorias predominam no pensamento e na ação das pessoas, regulando as relações de poder e as relações econômicas.

Assim, o que identifica um estamento é o que também o diferencia, ou seja, um conjunto de direitos e deveres, privilégios e obrigações aceitos como naturais e publicamente reconhecidos, mantidos e sustentados pelas autoridades oficiais e também pelos tribunais.

Um exemplo dado pelo sociólogo brasileiro José de Souza Martins (1938-) ilustra bem isso. Em seu livro *A sociedade vista do abismo: novos estudos sobre exclusão, pobreza e classes sociais*, ele declara que durante uma pesquisa no mosteiro de São Bento, na cidade de São Paulo, encontrou um livro da segunda metade do século XVIII, no qual havia dois registros de doações (esmolas): uma feita para um nobre pobre (os nobres podiam tornar-se pobres, mas não perdiam a condição de nobres), que recebeu 320 réis; outra, para um pobre que não era nobre, que recebeu 20 réis. Comenta o sociólogo que "um nobre pobre, na consciência social da época e na realidade das relações sociais, valia dezesseis vezes um pobre que não era nobre [...] porque as necessidades de um nobre pobre eram completamente diferentes das necessidades sociais de um pobre apenas pobre".

Atualmente, se alguém decide fazer uma doação a uma pessoa que está em situação precária, jamais leva em consideração as diferenças sociais de origem do pedinte, pois parte do pressuposto de que elas são puramente econômicas. José de Souza Martins conclui que é basicamente isso o que distingue estamento de classe social.

Em uma sociedade estamental, a condição dos indivíduos e dos grupos em relação ao poder e à participação na riqueza produzida pela sociedade não é uma questão somente de fato, mas também de direito. Na sociedade feudal, por exemplo, os indivíduos eram diferenciados desde que nasciam, ou seja, os nobres tinham privilégios e obrigações que em nada se assemelhavam aos direitos e deveres dos camponeses e dos servos, porque a desigualdade, além de existir de fato, transformara-se em direito. Existia assim um direito desigual para desiguais.

A mobilidade de um estamento para outro era possível, mas muito controlada – alguns chegavam a conseguir títulos de nobreza, o que, no entanto, não significava obter o bem maior, que era a terra. A propriedade da terra definia o prestígio, a liberdade e o poder dos indivíduos. Os que não a possuíam eram dependentes, econômica e politicamente, além de serem considerados socialmente inferiores.

// Caricatura sobre os três estamentos do Antigo Regime: na gravura, um camponês carrega um membro do clero e um nobre. Abaixo da imagem está escrito: "Espera-se que a situação termine logo". Paris, 1789. Autor desconhecido.

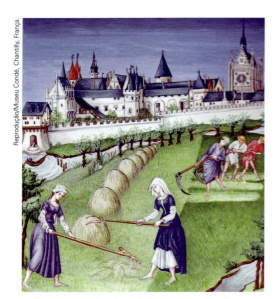

// Representação do trabalho em um feudo em iluminura dos irmãos Limbourg, com camponeses arando e semeando a terra. Museu Condé, Chantilly, França. Repare nos muros: registro de que o servo cuida do trabalho e o senhor, da defesa. Há obrigações recíprocas, mas as condições de vida são desiguais de fato e de direito.

O ponto central para explicar a relação entre os estamentos, entretanto, é a reciprocidade. No caso das sociedades do período feudal, existia uma série de obrigações dos servos para com os senhores (trabalho) e dos senhores para com os servos (proteção), ainda que os servos estivessem sempre em situação de inferioridade.

Entre os proprietários de terras, havia uma relação de outro tipo: um senhor feudal (suserano) exigia serviços militares e outras obrigações dos senhores a ele subordinados (vassalos). Formava-se, então, uma rede de obrigações recíprocas, assim como de fidelidade, observando-se uma hierarquia em cujo topo estavam os que dispunham de mais terras e de mais homens armados. Vale ressaltar, contudo, que prevalecia sempre a desigualdade como um fato considerado natural.

Muitas vezes utilizamos o termo estamento para designar determinada categoria ou atividade profissional que tem regras muito precisas para que se ingresse nela ou para que o indivíduo se desenvolva nela, com um rígido código de honra e de obediência – por exemplo, a categoria dos militares ou a dos médicos. Assim, usar as expressões "estamento militar" ou "estamento médico" significa reconhecer as características que definiam as relações na sociedade estamental.

Sobre os estamentos na sociedade medieval

Os documentos a seguir são excertos de textos escritos no período medieval. O primeiro foi extraído das *Partidas*, uma coletânea de leis, redigida em Castela durante o reinado de Alfonso X (1252-1284), abarcando todo o saber jurídico da época na área do Direito Constitucional, Civil, Mercantil, Penal e Processual. O segundo é de autoria de Adalberon (?-1031), bispo de Laon, então encarregado de organizar a legislação da Igreja na França.

Dos Cavaleiros e das coisas que lhes convêm fazer

Os defensores são um dos três estados por que Deus quis que se mantivesse o mundo: e assim como aqueles que rogam a Deus pelo povo são chamados oradores e os que lavram a terra e fazem aquelas coisas que permitem aos homens viver e manter-se são chamados lavradores, outrossim, os que têm de defender a todos são chamados defensores. Portanto, os antigos fizeram por bem que os homens que fazem tal obra fossem muito escolhidos porque para defender são necessárias três coisas: esforço, honra e poderio.

Partidas. p. II, t. XXI.

A sociedade estamental

A ordem eclesiástica não compõe senão um só corpo. Em troca, a sociedade está dividida em três ordens. Além da já citada, a lei reconhece outras duas condições: a do nobre e a do servo que não são regidas pela mesma lei. Os nobres são os guerreiros, os protetores das igrejas, defendem a todo o povo, aos grandes da mesma forma que aos pequenos e ao mesmo tempo se protegem a eles mesmos. A outra classe é a dos servos, esta raça de desgraçados não possui nada sem sofrimento, fornecem provisões e roupas a todos pois os homens livres não podem valer-se sem eles. Assim, pois, a cidade de Deus que é tomada como una, na realidade é tripla. Alguns rezam, outros lutam e outros trabalham. As três ordens vivem juntas e não podem ser separadas. Os serviços de cada uma dessas ordens permitem os trabalhos das outras e cada uma por sua vez presta apoio às demais. Enquanto esta lei esteve em vigor, o mundo ficou em paz, mas, agora, as leis se debilitam e toda a paz desaparece. Mudam os costumes dos homens e muda também a divisão da sociedade.

ARTOLA, Miguel. *Textos fundamentales para la Historia*. Madrid: Revista de Occidente, 1975. p. 70-71.
Apud: PINSKY, Jayme (Org.). *Modo de produção feudal*. 2. ed. São Paulo: Global, 1982. p. 71.

Pobreza: condição de nascença, desgraça, destino...

A pobreza, que é a expressão mais visível das desigualdades, recebeu ao longo da história diferentes explicações.

No período medieval, o pobre era um personagem complementar ao rico. Não eram critérios econômicos ou sociais que definiam a pobreza, mas a condição de nascença, como afirmava a Igreja católica, que predominava na Europa ocidental. Havia até uma visão positiva da pobreza, pois esta despertava a caridade e a compaixão, e em determinadas circunstâncias os ricos eram considerados "pobres em virtude" e os pobres, "ricos em espiritualidade". De acordo com essa visão cristã de mundo, os ricos tinham a obrigação moral de ajudar os pobres.

Outra explicação paralela, comum no mesmo período, atribuía a pobreza a uma desgraça decorrente das guerras ou de adversidades como doenças ou deformidades físicas.

Isso tudo mudou a partir do século XVI, quando o indivíduo começou a se tornar o centro das atenções. O pobre passou a encarnar uma ambiguidade: representava a pobreza de Cristo e, ao mesmo tempo, um perigo para a sociedade. Sendo uma ameaça social, a solução era disciplina e enquadramento. O Estado "herdou" a função de cuidar dos pobres, antes atribuída aos ricos.

Com o crescimento da produção e do comércio, principalmente na Inglaterra, houve necessidade crescente de mão de obra, e a pobreza e a miséria passaram a ser interpretadas como resultado da preguiça e da indolência de indivíduos que não queriam trabalhar, uma vez que havia muitas oportunidades de emprego. Essa justificativa tinha por finalidade levar as grandes massas a se submeter ao cenário precário da atividade industrial emergente, que incluía jornadas exaustivas e condições insalubres de trabalho.

No final do século XVIII, com o fortalecimento do liberalismo, outra justificativa foi formulada: as pessoas eram responsáveis pelo próprio destino e ninguém era obrigado a empregar ou oferecer assistência aos mais pobres. Muito ao contrário: dizia-se que era necessário manter o medo da fome para que os trabalhadores realizassem bem suas tarefas.

Com base nas teorias do economista e demógrafo britânico Thomas Malthus (1766-1834), segundo as quais a população crescia mais que os meios de subsistência, afirmava-se que a assistência social aos pobres era repudiável, uma vez que os estimularia a ter mais filhos, aumentando assim sua miséria. Posteriormente, apareceram recomendações e orientações de abstinência sexual e casamento tardio para os pobres, pois desse modo teriam menos filhos.

Em meados do século XIX, difundiu-se a ideia de que os trabalhadores eram perigosos por duas razões: eles poderiam não só transmitir doenças porque viviam em condições precárias de saneamento e de saúde, como também se rebelar, promover movimentos sociais e revoluções, questionando os privilégios das outras classes, que possuíam riqueza e poder.

Neste século XXI, o que se percebe é que a crença em todas as explicações anteriores persiste de algum modo nas mais variadas situações, levando a acreditar que a desigualdade é considerada natural e até "útil" para a promoção de ideais como, por exemplo, os de competitividade e de ascensão social por mérito e esforço.

Cenários das desigualdades: castas e estamentos

As castas no Japão

A desigualdade com base nas castas não é uma coisa do passado no Japão, apesar da modernização e da presença de alta tecnologia. Oficializadas durante o período Edo (1600-1868), as castas foram abolidas em 1871. A casta de maior importância era a dos samurais, seguida, em ordem decrescente, pela dos agricultores, pela dos artesãos e pela dos comerciantes.

Havia ainda os párias (os desclassificados) – entre eles, os *hinins*, aqueles que eram considerados "não gente", como mendigos, coveiros, mulheres adúlteras e suicidas fracassados, e os *burakumins*, pessoas encarregadas de matar, limpar e preparar os animais para o consumo.

A classificação social dos *burakumins* tinha motivos religiosos. Um desses motivos provém do xintoísmo, que relaciona morte à sujeira, o outro provém do budismo, que considera indigna a matança de animais. Na soma das duas crenças, quem tivesse o ofício de trabalhar com couro ou carne de animais mortos deveria ser isolado e condenado a uma situação subalterna.

Os descendentes dos *burakumins*, cerca de 3 milhões de pessoas, ainda vivem segregados e dificilmente conseguem empregos que não sejam de lixeiros, limpadores de esgotos ou de ruas. Quando revelam sua ascendência, a vida deles é sempre investigada, seja no pedido de emprego, seja na tentativa de se casar.

O governo japonês criou programas voltados ao combate dessa discriminação; entretanto, isso não se resolve por decreto, pois as questões culturais são mais fortes que os decretos governamentais. Há também, desde 1922, associações de *burakumins*, que procuram lutar contra a segregação, que, de maneira generalizada, está tanto no interior das pequenas vilas quanto nas grandes empresas.

Reestamentalização da sociedade?

Uma indicação de consciência estamental a que me refiro está nos crimes de adolescentes.

[...] A gangue de adolescentes que numa madrugada de abril de 1997 queimou vivo um índio pataxó *hã-hã-hãe* que dormia num banco de um ponto de ônibus, em Brasília, agiu orientada por motivações estamentais. Isso ficou claro quando alegaram ter cometido o crime (bestial, aliás) porque pensaram que se tratava de um mendigo. Isto é, para eles há duas humanidades qualitativamente distintas, uma mais humana (a deles) e outra menos humana (a do mendigo).

Eles invocam, portanto, distinções baseadas na ideia de que as diferenças sociais não são apenas diferenças de riqueza, mas diferenças de qualidade social das pessoas, como era próprio da sociedade estamental.

MARTINS, José de Souza. *A sociedade vista do abismo*: novos estudos sobre exclusão, pobreza e classes sociais. Petrópolis: Vozes, 2002. p. 132.

1. Os dois textos e a imagem abaixo indicam a permanência de aspectos relacionados aos sistemas de castas e de estamentos na sociedade contemporânea. Cite outros contextos, no Brasil, nos quais se observa alguma característica dessas formas de estratificação e desigualdade.

2. Procure notícias sobre situações e outras formas em que castas e estamentos ainda estão presentes no mundo. Como você explica a permanência desses tipos de desigualdade?

Protesto contra a morte de Galdino Jesus dos Santos, líder da tribo Pataxó, morto em 1997 por um grupo de adolescentes que ateou fogo ao corpo do indígena, que dormia em um abrigo de ponto de ônibus em Brasília.

As classes sociais na sociedade capitalista

CAPÍTULO 10

O termo classe costuma ser empregado de muitas maneiras. Diz-se, por exemplo, que "alguém tem classe", "classe política", "classe dos professores", etc. Essas são formas que o senso comum utiliza para caracterizar determinado tipo de comportamento ou para definir certos grupos sociais ou categorias profissionais.

Sociologicamente, utiliza-se o termo para explicar a estrutura da sociedade capitalista com base na classificação ou hierarquização dos grupos sociais. Assim, quando se consideram as profissões, é mais adequado falar em categoria profissional dos professores, advogados, etc.

A Sociologia, ao analisar a sociedade capitalista, identifica que ela é dividida em classes e, como tal, tem uma estrutura histórica particular. Nela está evidente que as relações e estruturas de apropriação (econômica) e dominação (política) definem a estratificação social. Os outros fatores de distinção e diferenciação, como a religião, a honra, a ocupação e a hereditariedade, apesar de existirem, não são tão fortes como nas sociedades organizadas em castas ou em estamentos. As classes sociais expressam, no sentido mais preciso, a forma como as desigualdades se estruturam na sociedade capitalista.

Estratificação e mobilidade

A análise da estratificação de uma sociedade capitalista depende do ponto de vista do pesquisador e do critério utilizado na classificação dos grupos sociais. Entretanto, em diferentes pontos de vista e abordagens, evidencia-se que as sociedades capitalistas caracterizam-se, em grau variável, pelas desigualdades, que podem ser manifestas das seguintes maneiras:

- na apropriação da riqueza, expressa normalmente pela propriedade e pela renda, mas evidente também no consumo de bens;
- na participação nas decisões políticas, manifestando-se pelo maior ou menor poder que indivíduos e grupos têm de decidir, de exercer influência e de deter o poder econômico;
- na apropriação dos bens simbólicos, que se expressa no acesso à educação e aos bens culturais, como museus, teatros, livros, etc.

As questões que envolvem propriedade, renda, consumo, educação formal, poder e conhecimento, vinculadas ou não, definem a forma como as diferentes classes se relacionam na sociedade. As desigualdades nessas sociedades, sejam estas desenvolvidas ou não, são incontestáveis, expressando-se mais agudamente na pobreza e na miséria.

A mobilidade social nas sociedades capitalistas é maior do que nas organizadas em castas ou estamentos, mas não é tão ampla quanto pode parecer. As barreiras para a ascensão social não estão escritas nem são declaradas abertamente, mas estão dissimuladas nas formas de convivência social.

A partir do século XIX, quando os trabalhadores começaram a se organizar e lutar por melhores condições de trabalho e de vida, abandonou-se o discurso de que os pobres deveriam ser deixados à própria sorte e procurou-se difundir a ideia de que todo indivíduo competente pode vencer na vida por meio da meritocracia. A concepção de que o medo da fome incentiva o trabalho foi substituída pelo otimismo da promoção do indivíduo pelo trabalho. Esforçando-se, os trabalhadores qualificados teriam a possibilidade de se converter em capitalistas. A célebre frase, de autoria desconhecida, publicada em 1888 na revista estadunidense *The Nation*, exemplifica bem esse pensamento: "Os capitalistas de hoje foram os trabalhadores de ontem, e os trabalhadores de hoje serão os capitalistas de amanhã".

O que diferencia, então, a sociedade capitalista das outras? No que se refere a desigualdade, a distinção está somente na forma como ela se efetiva. Mas as explicações dadas para as desigualdades podem mudar radicalmente. Como já vimos, nas sociedades divididas em castas ou estamentos, os indivíduos nascem desiguais e vivem dessa forma. Na sociedade capitalista, a desigualdade é algo próprio de sua constituição, ou seja, ela se forma e se desenvolve tendo a exploração como fundamento. A desigualdade não está vinculada apenas ao nascimento; pelo contrário, é reproduzida incessantemente, todos os dias. Entretanto, há um discurso segundo o qual todos têm as mesmas oportunidades, além de poderem prosperar e enriquecer pelo trabalho.

Muito se escreveu sobre a estratificação e as desigualdades sociais na sociedade capitalista. Vamos analisar a seguir as concepções sociológicas de alguns autores para explicar tal fenômeno fundamental nesse tipo de sociedade.

// Em primeiro plano, moradias em bairro pobre; ao fundo, prédios de classe média evidenciam a desigualdade entre ricos e miseráveis em Manila, capital das Filipinas, 2016.

A desigualdade é constitutiva da sociedade capitalista

Como já vimos em capítulos anteriores, Karl Marx (1818-1883) afirmou que a questão das classes sociais era o centro de sua análise da sociedade capitalista. Ele deixou claro que essas sociedades são regidas por relações em que o capital e o trabalho assalariado são dominantes e a propriedade privada é o fundamento e o bem maior a ser preservado. Nesse contexto, pode-se afirmar que existem duas classes fundamentais: a burguesia, que personifica o capital, e o proletariado, que vive do trabalho assalariado. Elas convivem em contínuo conflito de interesses e de visão de mundo.

Afirmar que nas sociedades capitalistas essas duas classes são as fundamentais não significa, contudo, que se pode reduzir a diversidade social a uma polaridade. O processo histórico de constituição das classes e a forma como elas se estruturaram determinaram o aparecimento de uma série de frações, bem como de classes médias ou intermediárias, que ora apoiam a burguesia, ora se juntam ao proletariado, podendo ainda, em certos momentos, desenvolver lutas particulares. Essas classes intermediárias são formadas por pequenos proprietários, pequenos comerciantes, profissionais liberais, gerentes ou supervisores, enfim, toda uma parcela significativa da população que se encontra entre os grandes proprietários e os operários. Não se pode, portanto, estabelecer a posição das classes na sociedade em que estão inseridas com base apenas em seu lugar na produção, mesmo que este seja o fator principal.

Para identificar as classes numa sociedade capitalista é necessário fazer uma análise da constituição histórica dessas classes e do modo como se enfrentaram politicamente, em especial nos momentos mais decisivos. É nesse processo que aparecem e se desvendam as características e os interesses de classe, tanto das fundamentais como das intermediárias.

Portanto, para Marx, não há uma classificação *a priori* das classes em determinada sociedade. Para ele, é necessário analisar historicamente cada sociedade e perceber como as classes se constituíram no processo de produção da vida social. Assim, a questão das desigualdades entre as classes não é algo somente teórico, mas também prático, que se expressa no cotidiano. Por essa razão, Marx sempre analisa a questão das classes sociais com base na relação e nos conflitos entre elas.

NAS PALAVRAS DE MARX

Definindo as classes sociais

No que me diz respeito, nenhum crédito me cabe pela descoberta da existência de classes na sociedade moderna ou da luta entre elas. Muito antes de mim, historiadores burgueses haviam descrito o desenvolvimento histórico da luta de classes, e economistas burgueses, a anatomia econômica das classes. O que fiz de novo foi provar: 1. que a existência de classes somente tem lugar em determinadas fases históricas do desenvolvimento da produção; 2. que a luta de classes necessariamente conduz à ditadura do proletariado; 3. que esta mesma ditadura não constitui senão a transição no sentido da abolição de todas as classes e da sociedade sem classes.

MARX, Karl. Correspondência a J. Weydemeyer em 5 de março de 1872. In: IANNI, Octavio (Org.). *Marx*: Sociologia. São Paulo: Ática, 1979. p. 14.

[...]
De todas as classes que hoje em dia se opõem à burguesia, só o proletariado é uma classe verdadeiramente revolucionária. As outras classes degeneram e perecem com o desenvolvimento da grande indústria; o proletariado, pelo contrário, é seu produto mais autêntico.

As camadas médias – pequenos comerciantes, pequenos fabricantes, artesãos, camponeses – combatem a burguesia porque esta compromete sua existência como camadas médias. Não são, pois, revolucionárias, mas conservadoras; mais ainda, são reacionárias, pois pretendem fazer girar para trás a roda da História. Quando se tornam revolucionárias, isso se dá em consequência de sua iminente passagem para o proletariado; não defendem então seus interesses atuais, mas seus interesses futuros; abandonam seu próprio ponto de vista para se colocar no do proletariado.

MARX, Karl; ENGELS, Friedrich. *Manifesto comunista*. São Paulo: Boitempo, 1998. p. 49.

A atualidade da luta de classes

Para Marx, a melhor forma de entender a luta de classes na sociedade capitalista é observar como se estruturam as classes nela. A luta de classes é fundamental no pensamento marxista, pois nela está a chave para se compreender a vida social contemporânea e transformá-la. Por luta de classes entende-se não somente o confronto armado, mas também todos os procedimentos institucionais, políticos, policiais, legais e ilegais que a classe dominante utiliza para manter o *status quo* e o domínio nas esferas de poder e controle da vida econômica.

O conflito entre as classes manifesta-se no modo de organizar o processo de trabalho e de distribuir diferentemente a riqueza gerada pela sociedade; nas ações dos trabalhadores, do campo e da cidade, orientadas para diminuir a exploração e a dominação; e na formação de movimentos políticos para mudar a sociedade. Mais do que isso, a dinâmica da luta de classes, como afirma o italiano Domenico Losurdo (1941-), hoje se faz presente também na exploração das nações pobres pelas ricas e na dominação da mulher pelo homem – em sentido expresso, a atualidade da luta de classes está intimamente relacionada com as novas formas de fazer política, de reivindicar direitos, de posicionar no cenário público novos cidadãos e suas urgências de visibilidade (movimentos pelos direitos e pela dignidade de negros, homossexuais, mulheres, indígenas, etc.).

Manifestantes protestam contra a morte de um jovem negro em uma ação considerada racista. Nas faixas, frases denunciam a violência policial contra negros. New Jersey, EUA, 2015.

Essas intensas e agora diversificadas lutas vêm se desenvolvendo há mais de 200 anos em muitos países e nas mais variadas situações, posto que há interesses opostos e disputas políticas e de sentido da vida em sociedade orientadas para diferentes fins, em defesa de múltiplas perspectivas, tanto econômicas e políticas quanto culturais e sociais.

Desigualdades de riqueza, prestígio e poder

Max Weber (1864-1920), ao analisar a estratificação social, parte da distinção entre os seguintes aspectos:

- econômico – relativo à quantidade de riqueza (posses, bens e renda) que as pessoas possuem;
- social – relativo ao *status* ou ao prestígio que as pessoas ou grupos têm, seja na profissão, seja no estilo de vida;
- político – relativo à quantidade de poder que as pessoas ou grupos detêm nas relações de dominação em uma sociedade.

Com base nessas três dimensões, Weber afirma que muitas pessoas podem ter renda e posses, mas não prestígio, *status*, ou posição de dominação. Um indivíduo que recebe uma fortuna inesperada, por exemplo, não conquista, necessariamente, prestígio ou poder.

Outras, como alguns cientistas ou intelectuais consagrados, usufruem de certo *status* e prestígio na sociedade, mas não detêm riqueza nem poder.

Cientista chinesa Tu Youyou recebe o prêmio Nobel de Medicina de 2015 das mãos do rei Gustavo da Suécia, em Estocolmo. Youyou foi escolhida por ter descoberto um novo tratamento contra a malária.

Outras pessoas, ainda, aproximam-se do poder, mas não possuem riqueza correspondente à dominação que exercem. Exemplos disso são pessoas ou grupos que se instalam nas estruturas do poder estatal e burocrático e nelas permanecem durante muito tempo, às vezes até obtendo riqueza.

Weber concebe, assim, hierarquias sociais baseadas em fatores econômicos (as classes), em prestígio e honra (os grupos que gozam de *status*) e em poder político (os grupos de poder).

Para ele, classe é todo grupo humano que se encontra em igual situação, isto é, os membros de uma classe têm as mesmas oportunidades de acesso a bens e de posição social e um destino comum. Essas oportunidades são derivadas das possibilidades de dispor de bens e serviços de acordo com determinada ordem econômica.

NAS PALAVRAS DE WEBER

Classes e situação de classe

[...]

Podemos falar de uma "classe" quando: 1) certo número de pessoas têm em comum um componente causal específico em suas oportunidades de vida, e na medida em que 2) esse componente é representado exclusivamente pelos interesses econômicos da posse de bens e oportunidades de renda, e 3) é representado sob as condições de mercado de produtos ou mercado de trabalho. [Esses pontos referem-se à "situação de classe", que podemos expressar mais sucintamente como a oportunidade típica de uma oferta de bens, de condições de vida exteriores e experiências pessoais de vida, e na medida em que essa oportunidade é determinada pelo volume e tipo de poder, ou falta deles, de dispor de bens ou habilidades em benefício de renda de uma determinada ordem econômica. A palavra "classe" refere-se a qualquer grupo de pessoas que se encontrem na mesma situação de classe.]

[...]

WEBER, Max. *Ensaios de Sociologia*. 5. ed. Rio de Janeiro: Zahar, 1982. p. 212.

Max Weber também escreve sobre a luta de classes, mas, diferentemente de Marx, afirma que ela ocorre também no interior de uma mesma classe. Se houver perda de prestígio, de poder ou até de renda no interior de uma classe ou entre classes, poderão ocorrer movimentos de grupos que lutarão para mantê-los e, assim, resistirão às mudanças. Ele não vê a luta de classes como o motor da História, mas como uma das manifestações para a manutenção de poder, renda ou prestígio em uma situação histórica específica. Essa perspectiva permite entender muitos movimentos que aconteceram desde a Antiguidade até hoje.

Oportunidades e estratificação

Há um grupo de autores na Sociologia desenvolvida nos Estados Unidos que caracteriza a sociedade moderna como desigual, mas declara que há possibilidades de ascensão social de acordo com as oportunidades oferecidas aos indivíduos. Segundo essa perspectiva, alguns indivíduos aproveitam as oportunidades e outros não, tendo êxito aqueles que dispõem de mais talento e qualificação.

Para esses autores, entre os quais estão Kingsley Davis (1908-1997) e Wilbert E. Moore (1914-1987), as desigualdades materiais não são necessariamente negativas. Elas podem ser positivas para a sociedade, porque na busca do interesse pessoal há sempre inovação e criação de alternativas e, assim, a sociedade como um todo se beneficia das realizações dos indivíduos. Segundo os autores, o capitalismo só é dinâmico porque é desigual, e todas as políticas que propõem a igualdade de condições levam os indivíduos a não lutar por melhores posições.

NAS PALAVRAS DE DAVIS E MOORE

A necessidade funcional de estratificação

Curiosamente, a principal necessidade funcional que explica a presença universal da estratificação é precisamente a exigência enfrentada por qualquer sociedade de situar e motivar os indivíduos na estrutura social. [...] Um sistema competitivo dá maior importância à motivação para adquirir posições, enquanto um sistema não competitivo dá talvez maior importância à motivação para executar os deveres inerentes às posições, mas em qualquer sistema são exigidos ambos os tipos de motivação. [...]

A desigualdade social é, portanto, um artifício inconscientemente desenvolvido por intermédio do qual as sociedades asseguram que as posições mais importantes sejam criteriosamente preenchidas pelos mais qualificados. Por essa razão, qualquer sociedade, não importa quão simples ou complexa, deve diferenciar as pessoas em termos de prestígio e estima, e deve, portanto, possuir certa soma de desigualdades institucionalizadas.

[...]

Admitindo que a desigualdade possui uma função geral, podem-se especificar os fatores que determinam a ordenação das diferentes posições. Via de regra, as que implicam melhores recompensas, e por esse motivo estão nos mais altos níveis daquela ordenação, são as que: a) têm maior importância para a sociedade e b) exigem maior treinamento ou talento. O primeiro fator diz respeito à função, e sua significação é relativa; o segundo refere-se aos meios e é uma questão de escassez.

DAVIS, Kingsley; MOORE, Wilbert E. Alguns princípios de estratificação. In: BERTELLI, A. R. et al. (Org.). *Estrutura de classes e estratificação social*. Rio de Janeiro: Zahar, 1979. p. 115, 118.

Sobre a ideia de exclusão-inclusão

A expressão "exclusão social" está presente no cotidiano na fala dos mais diferentes indivíduos, em todos os meios de comunicação e com variados sentidos.

José de Souza Martins (1938-), sociólogo brasileiro, procurou esclarecer a confusão por vezes estabelecida no uso dessa expressão. Diz ele que é necessário entender a expressão "exclusão social" com base em duas orientações opostas: uma transformadora e uma conservadora.

A orientação transformadora manifesta-se na utilização inadequada da expressão, por militantes políticos, partidos políticos e até professores universitários, para caracterizar a situação daqueles que estão na condição da classe trabalhadora, como os explorados na sociedade capitalista. Entretanto, isso é questionável, porque o trabalhador está incluído no sistema, só que em condições precárias de vida.

Moradores de rua abrigados embaixo de viaduto em Porto Alegre, Rio Grande do Sul, 2016.

A orientação conservadora se expressa na defesa da ideia de que é necessário adotar medidas econômicas e políticas que permitam integrar os excluídos na sociedade. É um discurso de quem está incluído e postula que todos se integrem à sociedade de consumo, não havendo alternativa melhor. É uma proposta conformista justamente porque aceita as condições existentes como um fato consumado e não discute a possibilidade de a integração dos excluídos ser feita de forma degradada e precária. Seus defensores apenas lamentam a existência dos excluídos e propõem mais desenvolvimento para que todos possam ser beneficiados. Jamais pensam em questionar o caráter histórico e desigual da sociedade.

Cenário das desigualdades de classes sociais

A instabilidade da desigualdade

Este ano [2011] foi caracterizado por uma onda mundial de inquietações e instabilidades sociais e políticas, com participação popular maciça em protestos reais e virtuais: a Primavera Árabe; os tumultos em Londres; os protestos da classe média israelense contra o alto preço da habitação e os efeitos adversos da inflação sobre os padrões de vida; os protestos dos estudantes chilenos; a destruição dos carros de luxo dos "marajás" na Alemanha; o movimento contra a corrupção na Índia; a crescente insatisfação com a corrupção e a desigualdade na China; e agora o movimento "Ocupe Wall Street", em Nova York e em outras cidades dos Estados Unidos.

Embora esses protestos não tenham um tema que os unifique, expressam de diferentes maneiras as sérias preocupações da classe média e da classe trabalhadora mundiais diante de suas perspectivas, em vista da crescente concentração de poder nas mãos das elites econômicas, financeiras e políticas.

[...]

É claro que os problemas que muitas pessoas enfrentam não podem ser reduzidos a um só fator. A desigualdade cada vez maior tem várias causas: o ingresso de 2,3 bilhões de chineses e indianos na força mundial de trabalho (reduz o número de empregos e os salários dos operários de baixa capacitação e dos executivos e de administradores cujas funções sejam exportáveis, nas economias avançadas); mudanças tecnológicas baseadas em diferenciais de capacitação profissional; a emergência inicial de disparidades de renda e riqueza em economias que antes tinham renda baixa e agora apresentam rápido crescimento; e tributação menos progressiva.

As companhias de economias avançadas estão reduzindo seu pessoal, devido à demanda final inadequada, que resulta em excesso de capacidade, e à incerteza quanto à demanda futura.

Mas reduzir o número de funcionários resulta em queda ainda maior na demanda final, porque isso reduz a renda dos trabalhadores e amplia a desigualdade. [...]

O problema não é novo. Karl Marx exagerou em seus argumentos favoráveis ao socialismo, mas estava certo ao alegar que a globalização, o capitalismo financeiro descontrolado e a redistribuição de renda e riqueza do trabalho para o capital poderiam conduzir à autodestruição do capitalismo. Como ele argumentou, o capitalismo sem regulamentação pode resultar em surtos regulares de excesso de capacidade produtiva, consumo insuficiente e crises destrutivas recorrentes, alimentadas por bolhas de crédito e ciclos de expansão e contração nos preços dos ativos.

Qualquer modelo econômico que não considere devidamente a desigualdade terminará por enfrentar uma crise de legitimidade. A menos que os papéis econômicos relativos do mercado e do Estado sejam recolocados em equilíbrio, os protestos de 2011 se tornarão mais severos, e a instabilidade social e política resultante terminará por prejudicar, a longo prazo, o crescimento econômico e o bem-estar social.

ROUBINI, Nouriel. A instabilidade da desigualdade. *Folha de S.Paulo*. São Paulo, 16 out. 2011. Disponível em: <www1.folha.uol.com.br/fsp/mercado/me1610201114.htm>. Acesso em: 22 mar. 2018.

1. Com base no texto, que relação se pode estabelecer entre globalização, capital financeiro e desigualdades sociais? A previsão do autor, ao final do texto, tem se confirmado nos últimos anos? Descreva uma situação que ilustre a sua resposta.

Polícia britânica reprime manifestação contra cortes de gastos públicos em Londres, 2011.

CAPÍTULO 11

As desigualdades nas sociedades contemporâneas

// Crianças aguardam em fila por distribuição de alimentos em Mogadíscio, Somália, 2017.

As desigualdades sociais existem desde a Antiguidade e se expressam de muitas formas. Elas continuam em ascensão no mundo atual, apesar de todas as transformações existentes e do massivo desenvolvimento técnico-científico em todas as áreas do conhecimento.

Ao analisar as desigualdades na sociedade contemporânea globalizada, o sociólogo sueco Göran Therborn (1941-) dá ênfase à pluralidade de desigualdades, identificando três grandes conjuntos: as desigualdades vitais, as existenciais e as de recursos.

Desigualdades vitais

As desigualdades vitais são aquelas que se referem diretamente à vida e à morte. A expectativa de vida ao nascer, a taxa de mortalidade infantil, a desnutrição crônica, a provisão de recursos do Estado na área da saúde e o acesso a eles são alguns dos indicadores mais utilizados para comparar e analisar a extensão das desigualdades.

Para examinar apenas um deles, a desnutrição crônica, mais conhecida como fome, basta considerar a existência de indivíduos que não têm o que comer como aberração inaceitável, já que comprovadamente existem alimentos suficientes no mundo para satisfazer as necessidades de toda a humanidade. Hoje, considerando a produção de alimentos pelo mundo, 12 bilhões de pessoas poderiam ser alimentadas diariamente, de acordo com estudo da Organização das Nações Unidas para Agricultura e Alimentação (FAO). Não há, portanto, escassez de alimentos. A fome só existe porque o acesso aos alimentos é desigual.

Mesmo com os avanços na produção de alimentos, a fome segue sendo uma triste realidade. Na década de 1950, 60 milhões de indivíduos passavam fome; atualmente, há em torno de 800 milhões de famélicos em todo o mundo, boa parte crianças.

Os dados a seguir apontam em que região estão e quantos são aqueles que passam fome no mundo de hoje.

Evolução da distribuição da fome no mundo: número e proporção de pessoas por região (1990-1992 e 2014-2016)

		Número (milhões)		Proporção regional (%)	
A	Regiões desenvolvidas	20	15	2,0	1,8
B	Ásia meridional	291	281	28,8	35,4
C	África subsaariana	176	220	17,4	27,7
D	Ásia oriental	295	145	29,2	18,3
E	Sudeste Asiático	138	61	13,6	7,6
F	América Latina e Caribe	66	34	6,5	4,3
G	Ásia ocidental	8	19	0,8	2,4
H	Norte da África	6	4	0,6	0,5
I	Cáucaso e Ásia central	10	6	0,9	0,7
J	Oceania	1	1	0,1	0,2
	Total	1 011	795*	100	100

1990-1992: 1 bilhão e 11 milhões
2014-2016: 795* milhões (total)

*Inclui dados do Sudão que não estão na cifra da África subsaariana.

O tamanho dos gráficos é proporcional ao número total de pessoas subalimentadas em cada período. Os dados relativos a 2014-2016 são estimativas. Todas as cifras foram arredondadas.

Fonte: *El estado de la inseguridad alimentaria en el mundo*. Organização das Nações Unidas para Agricultura e Alimentação (FAO). Disponível em: <www.fao.org/3/a-i4646s.pdf>. Acesso em: 21 mar. 2018.

Jean Ziegler, sociólogo suíço, ex-relator especial para o Direito à Alimentação das Nações Unidas (ONU), aponta algumas causas da fome nos dias de hoje:

- concentração da produção alimentícia. Cerca de 85% dos alimentos – principalmente trigo, soja e milho – negociados no mundo são controlados por dez empresas. Essa condição permite a essas empresas decidir os preços dos alimentos direta ou indiretamente. Qualquer elevação de preço já é suficiente para dificultar o acesso aos alimentos. O mesmo acontece com os remédios, outro item essencial ao bem-estar e à sobrevivência do gênero humano;

- utilização desmedida de terras aptas a produzir alimentos para o plantio de milho e cana-de-açúcar, voltados à fabricação de outros produtos, caso do álcool que abastece bombas de postos de combustíveis em todo o mundo. Nesses casos, torna-se evidente e irrefutável a ação de desprezo por parte dos interesses mercantis em prover alimentos para todos os seres humanos. Além disso, monoculturas prejudicam o meio ambiente e agridem de modo irreversível o planeta;

- produção voltada para a alimentação de animais. A maior parte da produção de soja destina-se à alimentação de animais que serão abatidos e vendidos em açougues cujos altos preços constituem um impedimento intransponível aos mais pobres;

- reduzido número de proprietários responsáveis pela produção de alimentos. Essa situação condiciona ainda mais a produção de alimentos às políticas de exportação, o que é muito positivo para a economia de um país, mas não contribui para alimentar os que passam fome. A concentração da posse da terra – suavizada por uma expressão muito em voga atualmente, agronegócio – é hoje muito mais do que uma questão econômica ou item relacionado ao direito fundiário. A posse da terra é um instrumento político de dominação e um reforço das desigualdades e da fome.

Desigualdades existenciais

As desigualdades existenciais se referem aos casos de restrições à liberdade, dificuldades de acesso a direitos, obstáculos ao reconhecimento da cidadania de indivíduos e coletividades, ou seja, manifestam-se naquilo que se esforça por manter e disseminar discriminações, estigmatizações e processos sociais humilhantes. Essas desigualdades decorrem de muitas situações características da vida social da atualidade, como as novas variantes da escravidão (em casa, no trabalho, nos latifúndios, no interior de instituições como presídios, quartéis e hospícios), o preconceito étnico-racial, a discriminação contra mulheres e as inúmeras modalidades de violência dirigidas às populações LGBTI (Lésbicas, Gays, Bissexuais, Travestis, Transexuais, Transgêneros e Intersexuais), os sistemas políticos que dificultam a participação efetiva dos indivíduos e das coletividades nos processos decisórios, a absoluta concentração dos meios de comunicação social nas mãos de poucos e poderosos grupos econômicos e empresariais, etc.

Desigualdades de recursos

As desigualdades de recursos são os desníveis abissais de rendimentos e de riqueza, de escolaridade e de qualificação profissional, de estímulo cognitivo, de posição hierárquica nas organizações e de acesso às tecnologias de informação e ao conhecimento. Esse tipo de desigualdade pode ser analisada com base no trabalho de Pierre Bourdieu (1930-2002). Segundo o sociólogo francês, as desigualdades de recursos tornam-se visíveis na distribuição desigual de capitais (econômicos, culturais, sociais, simbólicos e políticos) e na estruturação do espaço público e social.

Ao examinar as desigualdades de renda e de apropriação da riqueza, a ONG britânica Oxfam (Oxford Committee for Famine Relief – Comitê de Oxford de Combate à Fome), em estudo sobre os dados globais de 2014, constata que apenas 80 indivíduos detêm riqueza equivalente à riqueza de metade da população mundial, 3,5 bilhões de pessoas.

Mulher atravessa escombros após incêndio em Porto Príncipe, capital do Haiti, 2018. O país está em uma das mais baixas colocações no mundo quanto ao Índice de Desenvolvimento Humano (IDH).

Os dados, ainda com base no mesmo estudo de 2014, mostram também queda no número de bilionários, o que realça o aumento da desigualdade, já que em 2009 havia 388 bilionários no mundo e, em 2013, 85. Os números evidenciam a concentração de riqueza cada vez maior e provam que o grupo que representa a minoria, 1% mais rico da população mundial, está cada vez mais próximo de controlar a maior parte da riqueza global. Em 2009, o grupo dos mais ricos acumulava 44% da riqueza mundial; em 2014, 48%. Em 2016 a participação dos mais ricos ultrapassou os 50%.

Conforme a Oxfam, a crescente desigualdade está restringindo a luta contra a pobreza global que, apesar de fazer parte da agenda mundial de discussões, vem aumentando. Confirmam esse fato os cálculos da organização que, considerando dados da União Europeia, formada por países em sua maioria desenvolvidos, mostram que em 2011 o número de pessoas pobres já alcançava 120 milhões. A estimativa, caso o ritmo de progressão das desigualdades se mantenha, é que o número de pobres chegue a 145 milhões em 2025.

Tudo isso decorre da deficiência das políticas públicas de emprego, salários, proteção social e serviços universais de educação e saúde qualitativos, mas também é resultado de uma política fiscal que não favorece uma distribuição mais igualitária da renda, taxando excessivamente assalariados e pequenos investidores e permitindo que os muito ricos e os megaconglomerados de capital sejam isentos de pagar impostos proporcionais ao volume concentrado de sua riqueza e de seu poder.

Houve um tempo em que as desigualdades apareceram mais claramente na maioria dos países da Ásia, da África e da América Latina, reconhecidamente mais pobres. Hoje, porém, as desigualdades manifestam-se também em países ricos, como os Estados Unidos da América, que são a sociedade mais rica do planeta, tanto em termos de produção quanto de aquisição individual de renda. Isso traz à tona a desigualdade na apropriação da riqueza produzida e tem efeitos em todos os setores da atividade social.

Em 2014, 1% dos estadunidenses mais ricos controlava 22% da renda do país. A décima parte desse grupo dos mais ricos, 0,1%, era responsável por 11% da renda nacional. E 95% de todos os lucros obtidos no setor financeiro desde 2009 foram para o 1% mais rico.

// Mulher sem-teto em frente a loja na Quinta Avenida, em Nova York, Estados Unidos, 2015. "Sem moradia e grávida! Qualquer coisa ajuda", afirma a placa ao seu lado.

CAPÍTULO 11 | AS DESIGUALDADES NAS SOCIEDADES CONTEMPORÂNEAS

Estatísticas recentes demonstram que, considerando a inflação, o estadunidense típico ganha menos do que ganhava há 45 anos; os que terminaram o Ensino Médio, mas não completaram o Ensino Superior, recebem quase 40% menos do que costumavam ganhar quatro décadas atrás.

Os dados cruzados com as dimensões expostas pelo sociólogo polonês Zygmunt Bauman (1925-2017) geram uma série de outras questões, como a mortalidade infantil, a elevação da criminalidade, o desemprego, as doenças de todos os tipos, o uso crescente de drogas ilegais, a insegurança generalizada, a ansiedade e a depressão, o preconceito indiscriminado e outras tantas questões, de tal forma que as desigualdades acarretaram a corrosão das sociedades ao realizarem um movimento endossistêmico, isto é, a degradação da sociedade por ela mesma. Como se pode perceber, as desigualdades sociais contornam e caracterizam o mundo moderno. Suas consequências são abrasivas, uma vez que até aquelas sociedades que pareciam ter resolvido suas disparidades sociais mais agudas, como as chamadas democracias desenvolvidas europeias, voltam a sofrer dessa chaga, que, para além de toda conceituação, tem sido cada vez mais um elemento identitário das economias de mercado e das comunidades humanas divididas em classes sociais.

As desigualdades sociais geram sensação de insegurança, o que motiva muitas pessoas a proteger suas moradias com cercas e câmeras de segurança.

NAS PALAVRAS DE BAUMAN

Moto-perpétuo da desigualdade

Para compreender o mecanismo do presente, uma mutação em curso [...], é preciso focalizar no 1% mais rico, talvez mesmo no 0,1%. Deixar de fazê-lo significa perder o verdadeiro impacto da mudança, que consiste na degradação das "classes médias" à condição de "precariado".

Essa sugestão é confirmada por todos os estudos, concentrem-se eles no país do próprio pesquisador ou venham de onde quer que seja. Além disso, por outro lado, todos os estudos ainda concordam sobre outro ponto: em quase toda parte do mundo a desigualdade cresce rapidamente, e isso significa que os ricos, em particular os muito ricos, ficam mais ricos, enquanto os pobres, em particular os muito pobres, ficam mais pobres – com toda certeza em termos relativos, mas, número crescente de casos, também em termos absolutos.

Além disso, pessoas que são ricas estão ficando mais ricas apenas porque já são ricas. Pessoas que são pobres estão ficando mais pobres apenas porque já são pobres. Hoje a desigualdade continua a aprofundar-se pela ação de sua própria lógica e de seu *momentum*. Ela não carece de nenhum auxílio ou estímulo a partir de fora – nenhum incentivo, pressão ou choque. A desigualdade social parece agora estar mais perto que nunca de se transformar no primeiro moto-perpétuo da história – o qual os seres humanos, depois de inúmeras tentativas fracassadas, afinal conseguiram inventar e pôr em movimento.

BAUMAN, Zygmunt. *A riqueza de poucos beneficia todos nós?* Rio de Janeiro: Zahar, 2015. p. 18-19.

Cenário das desigualdades nas sociedades contemporâneas

A escola reproduz desigualdades sociais?

[...] Bourdieu observa que a autoridade pedagógica, ou seja, a legitimidade da instituição escolar e da ação pedagógica que nela se exerce, só pode ser garantida na medida em que o caráter arbitrário e socialmente imposto da cultura escolar é dissimulado. Ou seja, apesar de arbitrária e socialmente vinculada a uma classe, a cultura escolar precisaria, para ser legitimada, ser apresentada como uma cultura neutra.

Neste sentido, a autoridade alcançada por uma ação pedagógica, ou melhor, a legitimidade conferida a essa ação e aos conteúdos que ela transmite seria proporcional à sua capacidade de se apresentar como não arbitrária e não vinculada a nenhuma classe social. Bourdieu chamou esse processo de imposição dissimulada de um arbitrário cultural de "violência simbólica".

Uma vez reconhecida como legítima, e como portadora de um discurso não arbitrário e socialmente neutro, a escola passa a poder exercer, segundo Bourdieu, livre de qualquer suspeita, suas funções de reprodução e legitimação das desigualdades sociais. Tratando formalmente de modo igual, em direitos e deveres, quem é diferente, a escola privilegiaria, dissimuladamente, quem, por sua bagagem familiar, já é privilegiado.

Deste modo, [...] há uma correlação entre as desigualdades sociais e escolares. As posições mais elevadas e prestigiadas dentro do sistema de ensino (definidas em termos de disciplinas, cursos, ramos do ensino, estabelecimentos) tendem a ser ocupadas pelos indivíduos pertencentes aos grupos socialmente dominantes. Para ele essa correlação nem é, obviamente, casual nem se explica, exclusivamente, por diferenças objetivas (sobretudo econômicas) de oportunidade de acesso à escola.

Segundo Bourdieu, por mais que se democratize o acesso ao ensino por meio da escola pública e gratuita, continuará existindo uma forte correlação entre as desigualdades sociais, sobretudo culturais, e as desigualdades ou hierarquias internas ao sistema de ensino.

Essa correlação só pode ser explicada quando se considera que a escola dissimuladamente valoriza e exige dos alunos determinadas qualidades que são desigualmente distribuídas entre as classes sociais, notadamente, o capital cultural e certa naturalidade no trato com a cultura e o saber, que apenas aqueles que foram desde a infância socializados na cultura legítima podem ter.

Eis aqui uma concepção do papel da escola que é complexa, mas que não deixa de ser inovadora para a sua época!

CAVALCANTI, José Carlos. *A escola reproduz desigualdades sociais?* Disponível em: <www.creativante.com.br/download/A%20escola%20reproduz%20desigualdades%20sociais.pdf>. Acesso em: 22 mar. 2018.

1. Observe com atenção seu espaço escolar: a sala de aula, os corredores, o pátio. Você percebe algum tipo de desigualdade nesse ambiente? Caso perceba, que tipo de desigualdade você nota?

2. Na escola, você percebe o mesmo tipo de desigualdade vista nas ruas e na sociedade em geral, ou de outro tipo? Justifique.

3. Na sua opinião, a escola é um espaço em que todos são iguais?

// Alunos do Centro Integrado de Educação de Jovens e Adultos assistem à aula em São Paulo, SP, 2014.

CAPÍTULO
12
As desigualdades sociais no Brasil

// Funcionários em linha de montagem de caminhões. São Bernardo do Campo, São Paulo, 1958.

Desde a chegada dos portugueses à América no século XVI, as desigualdades sociais se instalaram, desenvolveram-se e aqui ficaram.

Os habitantes do continente foram vistos pelos europeus como seres diferentes, inferiores e menos capazes. Essa visão preconceituosa justificou a escravização dos indígenas e a violência contra eles empregada pelos colonizadores na conquista territorial. Resistindo e sobrevivendo ao quase extermínio, esses povos até hoje enfrentam o preconceito e lutam contra a discriminação.

Milhares de africanos foram sequestrados e retirados de sua terra de origem para enfrentar condições terríveis de trabalho e de vida no Brasil. A maioria de seus descendentes ainda vive em condições precárias e sofre discriminação e preconceito pelo fato de serem negros.

Da metade do século XIX até o início do século XX, milhares de imigrantes vieram ao Brasil em busca de trabalho e de melhores oportunidades de vida, mas aqui encontraram condições de trabalho quase servis nas fazendas de café e também nas cidades. Em muitos casos, a família inteira trabalhava e não chegava a receber remuneração em dinheiro – recebiam apenas comida, moradia e outros pagamentos em espécie.

À medida que a sociedade brasileira se industrializou e se urbanizou, novos contingentes populacionais foram absorvidos pelo mercado de trabalho nas cidades. Esse processo teve início nos primeiros anos do século XX, acelerando-se na década de 1950, quando se desenvolveu no país um grande esforço de industrialização, trazendo consigo a intensificação da urbanização. Milhares de pessoas foram atraídas para as cidades a fim de se empregar nas indústrias, no comércio, em bancos, na construção civil, etc. Os setores médios, antes constituídos basicamente por militares e funcionários públicos, também se diversificaram e cresceram, reunindo numerosos profissionais liberais e pequenos e médios comerciantes.

Com as transformações que ocorreram na zona urbana e na zona rural (por meio da modernização da agricultura), houve um crescimento vertiginoso das grandes cidades e um esvaziamento progressivo do campo. Como nem toda a força de trabalho foi absorvida pela indústria e pelos setores urbanos, constituiu-se nas cidades uma grande massa de desempregados e de semiocupados, que passaram a viver em condições precárias.

Hoje, com os avanços tecnológicos que exigem o domínio de técnicas por parte dos empregados, essa massa de indivíduos encontra poucas possibilidades de emprego estável, por tratar-se de mão de obra desqualificada. A situação desses indivíduos evidencia as desigualdades criadas pelo processo de desenvolvimento do capitalismo no Brasil, que aparecem na forma de miséria e de pobreza muito presentes em nosso cotidiano.

As estatísticas sobre as desigualdades sociais no Brasil demonstram que a gravidade do problema é tal que, se há algo que caracteriza o Brasil nos últimos anos, é sua condição de um dos países mais desiguais do mundo. Além das desigualdades entre as classes sociais, há outras diferenças – entre homens e mulheres e entre negros e brancos, por exemplo.

Isso não se traduz só em fome e miséria, mas também em condições precárias de saúde, de habitação, de educação, enfim, em uma situação desumana, particularmente quando se sabe que a produção agrícola e industrial e o setor de comércio e serviços têm crescido de maneira expressiva em nosso país, demonstrando que a sociedade produz bens, serviços e riqueza, mas não os distribui de modo que beneficiem a todos os brasileiros.

As explicações para a desigualdade

As desigualdades no Brasil têm sido objeto de estudo de diversos autores e instituições de pesquisa. Do século XIX aos nossos dias, muitas explicações foram formuladas, envolvendo abordagens e temáticas distintas. A seguir, passemos ao exame de algumas delas.

A questão da mestiçagem

Conforme a cientista social brasileira Márcia Anita Sprandel, em seu livro *A pobreza no paraíso tropical*, a primeira tentativa de explicar a pobreza no Brasil, a partir do final do século XIX, consistiu em relacioná-la à influência do clima e à riqueza das matas e do solo. Afirmava-se que o brasileiro era preguiçoso, indolente, supersticioso e ignorante porque a natureza tudo lhe dava: frutos, plantas, solo fértil, etc. No Brasil, era tão fácil obter ou produzir qualquer coisa que não havia necessidade de trabalhar.

Uma segunda explicação estava vinculada à questão racial e à mestiçagem. Vários autores, como Raimundo Nina Rodrigues (1862-1906), Euclides da Cunha (1866-1909), Sílvio Romero (1851-1914) e Capistrano de Abreu (1853-1927), foram críticos ferrenhos da mestiçagem e consideravam que os mestiços não tinham a energia física dos indígenas nem a visão intelectual dos seus ancestrais superiores, representando a falência e a degeneração do ideal nacional.

Dois outros autores daquela época, Joaquim Nabuco (1849-1910) e Manoel Bomfim (1868-1932), faziam análises distintas das dos intelectuais já citados.

Nabuco afirmava que, graças à "raça" negra, havia surgido um povo no Brasil, mas que a escravidão e o latifúndio geravam verdadeiras "colônias penais" no interior, pois os latifundiários eram refratários ao progresso e apenas permitiam que os mestiços vivessem como agregados e dependentes, na miséria e na ignorância.

// Manoel Bomfim em caricatura de Miguel Falcão, publicada na obra *Manoel Bomfim*, de Rebeca Gontijo. Recife, 2010.

Manoel Bomfim, por sua vez, via o sertão nordestino como uma "terra de heróis". Afirmava que as populações do interior tinham muita força, cordialidade e capacidade de atuar coletivamente por meio de técnicas comunitárias de trabalho e pelo uso comum de suas posses.

Esses dois autores, Nabuco e Bomfim, constituem exceções. Como a cientista social brasileira Lilian Moritz Schwarcz (1957-) destaca em seu livro *O espetáculo das raças* (1993), entre 1870 e 1930 a maioria dos cientistas, políticos, juristas e intelectuais desenvolveu teorias racistas e deterministas para explicar os destinos da sociedade brasileira. A pobreza seria sempre um dos elementos essenciais dessa explicação, e uma decorrência da escravidão ou da mestiçagem. As chamadas "classes baixas" eram formadas por indivíduos que, nas cidades, geralmente eram considerados perigosos e, no interior, apáticos, doentes e tristes.

NAS PALAVRAS DE JOAQUIM NABUCO

O mandato da raça negra

[...]

Quem pode dizer que a raça negra não tem direito de protestar perante o mundo e perante a história contra o procedimento do Brasil? A esse direito de acusação, entretanto, ela própria renunciou; ela não apela para o mundo, mas tão somente para a generosidade do país que a escravidão lhe deu por pátria. Não é já tempo que os brasileiros prestem ouvidos a esse apelo?

Em primeiro lugar, a parte da população nacional que descende de escravos é, pelo menos, tão numerosa como a parte que descende exclusivamente de senhores; a raça negra nos deu um povo. Em segundo lugar, o que existe até hoje sobre o vasto território que se chama Brasil foi levantado ou cultivado por aquela raça; ela construiu o nosso país. Há trezentos anos que o africano tem sido o principal instrumento da ocupação e da manutenção do nosso território pelo europeu, e que os seus descendentes se misturam com o nosso povo. Onde ele não chegou ainda, o país apresenta o aspecto com que surpreendeu aos seus primeiros descobridores. Tudo o que significa luta do homem com a natureza, conquista do solo para a habitação e cultura, estradas e edifícios, canaviais e cafezais, a casa do senhor e a senzala dos escravos, igrejas e escolas, alfândegas e correios, telégrafos e caminhos de ferro, academias e hospitais, tudo, absolutamente tudo que existe no país, como resultado do trabalho manual, como emprego de capital, como acumulação de riqueza, não passa de uma doação gratuita da raça que trabalha à que faz trabalhar.

Por esses sacrifícios sem número, por esses sofrimentos, cuja terrível concatenação com o progresso lento do país faz da história do Brasil um dos mais tristes episódios do povoamento da América, a raça negra fundou, para outros, uma pátria que ela pode, com muito mais direito, chamar sua.

[...]

NABUCO, Joaquim. *O abolicionismo*. Brasília: Senado Federal, 2003. p. 39-40. Disponível em: <www.dominiopublico.gov.br/download/texto/sf000054.pdf>. Acesso em: 27 fev. 2018.

Fome e coronelismo

A partir da década de 1940, a questão das desigualdades sociais era analisada sob nova perspectiva, que passava pela presença do latifúndio, da monocultura e também do subdesenvolvimento. Em seus livros *Geografia da fome* e *Geopolítica da fome*, publicados respectivamente em 1946 e 1951, o intelectual Josué de Castro (1908-1973) procurou analisar a questão da desnutrição e da fome das classes populares, explicando-as com base no processo de subdesenvolvimento, o qual gerava desigualdades econômicas e sociais entre os povos que, no passado, tinham sido alvo da exploração colonial no mundo capitalista. O autor defendia a educação e a reforma agrária como elementos essenciais para resolver o problema da fome no Brasil e no mundo.

Victor Nunes Leal (1914-1985), em seu livro *Coronelismo, enxada e voto: o município e o regime representativo no Brasil*, publicado em 1948, apresenta o coronelismo vinculado à grande propriedade rural, principalmente no Nordeste, como a base de sustentação de uma estrutura agrária que mantinha os trabalhadores rurais em uma situação de penúria, abandono e ausência de educação.

NAS PALAVRAS DE JOSUÉ DE CASTRO

A fome no Brasil

[...]

A fome no Brasil, que perdura, apesar dos enormes progressos alcançados em vários setores de nossas atividades, é consequência, antes de tudo, de seu passado histórico, com seus grupos humanos, sempre em luta e quase nunca em harmonia com os quadros naturais. Luta, em certos casos, provocada e por culpa, portanto, da agressividade do meio, que iniciou abertamente as hostilidades, mas, quase sempre, por inabilidade do elemento colonizador, indiferente a tudo que não significasse vantagem direta e imediata para os seus planos de aventura mercantil. Aventura desdobrada, em ciclos sucessivos de economia destrutiva ou, pelo menos, desequilibrante da saúde econômica da nação: o do pau-brasil, o da cana-de-açúcar, o da caça ao índio, o da mineração, o da "lavoura nômade", o do café, o da extração da borracha e, finalmente, o de certo tipo de industrialização artificial, baseada no ficcionismo das barreiras alfandegárias e no regime de inflação. É sempre o mesmo espírito aventureiro se insinuando, impulsionando, mas logo a seguir corrompendo os processos de criação de riqueza no país. [...] É a impaciência nacional do lucro turvando a consciência dos empreendedores e levando-os a matar sempre todas as suas "galinhas de ovos de ouro". Todas as possibilidades de riqueza que a terra trazia em seu bojo.

[...]

CASTRO, Josué de. *Geografia da fome* – o dilema brasileiro: pão ou aço. 3. ed. Rio de Janeiro: Civilização Brasileira, 2003. p. 266-267.

Raça e classes

A relação entre as desigualdades e as questões raciais voltou a ser analisada na década de 1950, numa perspectiva que envolvia a situação dos negros na estrutura social brasileira. São exemplos os trabalhos de Luiz de Aguiar Costa Pinto (1920-2002), que em 1953 publicou *O negro no Rio de Janeiro*, e de Roger Bastide (1898-1974) e Florestan Fernandes (1920-1995), que também em 1953 lançaram o livro *Negros e brancos em São Paulo*. Eles abordaram essa questão do ponto de vista das desigualdades sociais, procurando desconstruir o mito da democracia racial brasileira, visão proposta por Gilberto Freyre (1900-1987) e referendada por Donald Pierson (1900-1995), destacando o tema da raça no contexto das classes sociais.

Acima, garis realizam limpeza de rua em Salvador, Bahia, 2014. Ao lado, juízes e promotores em frente ao Fórum de Maceió, em Alagoas, 2016. As desigualdades nas oportunidades de trabalho são uma das facetas da desigualdade racial no Brasil.

CAPÍTULO 12 | AS DESIGUALDADES SOCIAIS NO BRASIL

Na década de 1960, alguns trabalhos podem ser tomados como exemplos da continuidade dessa discussão. Florestan Fernandes (*A integração do negro na sociedade de classes*, 1965), Octavio Ianni (*As metamorfoses do escravo*, 1961) e Fernando Henrique Cardoso (*Capitalismo e escravidão no Brasil meridional*, 1962) analisaram a situação dos negros no Sudeste e no Sul do Brasil. Com seus trabalhos, demonstraram que os ex-escravizados foram integrados de forma precária, criando-se uma desigualdade constitutiva da situação que seus descendentes vivem até hoje. Desde então, muitos outros autores analisam essa questão, que continua presente em nosso cotidiano.

NAS PALAVRAS DE FLORESTAN

O negro na emergência da sociedade de classes

A desagregação do regime escravocrata e senhorial operou-se, no Brasil, sem que se cercasse a destituição dos antigos agentes de trabalho escravo de assistência e garantias que os protegessem na transição para o sistema de trabalho livre. Os senhores foram eximidos da responsabilidade pela manutenção e segurança dos libertos, sem que o Estado, a Igreja ou outra qualquer instituição assumissem encargos especiais, que tivessem por objeto prepará-los para o novo regime de organização da vida e do trabalho. O liberto viu-se convertido, sumária e abruptamente, em senhor de si mesmo, tornando-se responsável por sua pessoa e por seus dependentes, embora não dispusesse de meios materiais e morais para realizar esta proeza nos quadros de uma economia competitiva.

[...]

Em suma, a sociedade brasileira largou o negro ao seu próprio destino, deitando sobre seus ombros a responsabilidade de reeducar-se e de transformar-se para corresponder aos novos padrões e ideais de homem, criados pelo advento do trabalho livre, do regime republicano e do capitalismo.

[...]

FERNANDES, Florestan. *A integração do negro na sociedade de classes*. 3. ed. São Paulo: Ática, 1978. v. 1. p. 15, 20.

Classes sociais e mudanças sociais

A partir da década de 1960, outras temáticas que envolviam as desigualdades sociais foram abordadas, com ênfase na análise das classes sociais existentes no Brasil. Assim se desenvolveram trabalhos que procuravam entender como ocorreu a formação do empresariado nacional, das classes médias, do operariado industrial e do proletariado rural. Outra tendência foi explicar e compreender como as classes na sociedade brasileira – operariado, classes médias urbanas e burguesia industrial – participavam do processo de mudanças econômicas, sociais e políticas. Essas análises tinham como pano de fundo a discussão sobre o desenvolvimento e o subdesenvolvimento no Brasil e na América Latina.

Nas décadas seguintes (1970 e 1980), a preocupação situou-se muito mais na análise das novas formas de participação política, principalmente dos novos movimentos sociais e do novo sindicalismo. Buscava-se entender como os trabalhadores e deserdados no Brasil organizavam-se para fazer valer seus direitos como cidadãos, mesmo que a maioria ainda estivesse vivendo de forma miserável.

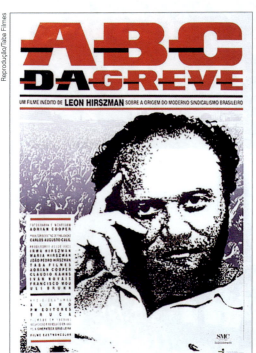

Cartaz de autoria de Ana Luísa Escorel e Antonio Augusto Campos do filme *ABC da greve*, de Leon Hirszman, 1990. O filme cobre o movimento dos metalúrgicos do ABC paulista em luta por melhores salários e condições de vida.

NAS PALAVRAS DE — IANNI

As desigualdades e a questão social

[...]

Há processos estruturais que estão na base das desigualdades e antagonismos que constituem a questão social. Dentre esses processos, alguns podem ser lembrados agora. O desenvolvimento extensivo e intensivo do capitalismo, na cidade e no campo, provoca os mais diversos movimentos de trabalhadores, compreendendo indivíduos, famílias, grupos e amplos contingentes. As migrações internas atravessam os campos e as cidades, as regiões e as nações. Movimentam trabalhadores em busca de terra, trabalho, condições de vida, garantias, direitos. A industrialização e a urbanização expandem-se de modo contínuo, por fluxos e refluxos, ou surtos. Assim como ocorre a metropolização dos maiores centros urbano-industriais, também ocorre a abertura e reabertura das fronteiras.

Os surtos de atividades agrícolas, pecuárias, extrativas, mineradoras e industriais, ao longo das várias repúblicas, assinalam os mais diversos movimentos de populações e negócios, de fatores econômicos ou forças produtivas.

As crescentes diversidades sociais estão acompanhadas de crescentes desigualdades sociais. Criam-se e recriam-se as condições de mobilidade social horizontal e vertical, simultaneamente às desigualdades e aos antagonismos. Esse é o contexto em que o emprego, desemprego, subemprego e pauperismo se tornam realidade cotidiana para muitos trabalhadores. As reivindicações, protestos e greves expressam algo deste contexto. Também os movimentos sociais, sindicatos e partidos revelam dimensões da complexidade crescente do jogo das forças sociais que se expandem com os desenvolvimentos extensivos e intensivos do capitalismo na cidade e no campo.

[...] Aos poucos, a história da sociedade parece movimentada por um vasto contingente de operários agrícolas e urbanos, camponeses, empregados e funcionários. São brancos, mulatos, negros, caboclos, índios, japoneses e outros. Conforme a época e o lugar, a questão social mescla aspectos raciais, regionais e culturais, juntamente com os econômicos e políticos. Isto é, o tecido da questão social mescla desigualdades e antagonismos de significação estrutural. [...]

IANNI, Octavio. *Pensamento social no Brasil.* Bauru: Edusc, 2004. p. 106-107.

As desigualdades no Brasil nos últimos 50 anos: renda, cor e gênero

Nos últimos 50 anos, nas análises sobre as desigualdades no Brasil, foram incluídas preocupações com as questões relacionadas ao emprego e às condições de vida dos trabalhadores e pobres da cidade. Assim, passaram a ter prioridade nas análises os temas: emprego e desemprego, mercado formal e informal de trabalho e estratégias de sobrevivência das famílias de baixa renda. A preocupação era conhecer a deterioração das condições de vida de trabalhadores urbanos e populações periféricas, constatando-se a crescente subordinação do trabalho ao capital, tanto na cidade como no campo. As questões étnico-racial e de gênero ganharam espaço, destacando-se a desigualdade entre negros e brancos e entre homens e mulheres. Mais recentemente, surgiram e se expandiram estudos que buscam averiguar o modo como o preconceito, a violência e a reprodução de conteúdos de intolerância (disfarçados de "opinião" ou de "piada") reforçam a desigualdade com relação a homossexuais, travestis e transexuais, confirmando que as diferenças sociais e econômicas afetam com mais intensidade pessoas de determinada cor, gênero e sexualidade.

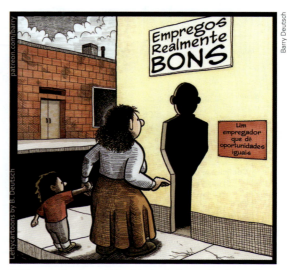

// Charge ilustra a dificuldade de inserção da mulher no mercado de trabalho.

Desigualdade de renda

O Brasil é internacionalmente conhecido como um dos países com maior desigualdade na distribuição de renda do mundo. E essa desigualdade nos acompanha há anos. Segundo o Censo Demográfico de 1960, nessa década os mais ricos constituíam 1% da população brasileira e auferiam da renda nacional o mesmo que os 50% mais pobres: 18,6%.

Aproximadamente 40 anos depois, não houve mudanças significativas. No gráfico a seguir podemos perceber como se comportou a diferença entre os 10% mais ricos e os 60% mais pobres entre 1991 e 2010. Com base no gráfico, podemos constatar que a desigualdade diminuiu, mas continua enorme. Vale ressaltar que nos últimos anos ela tem voltado a crescer.

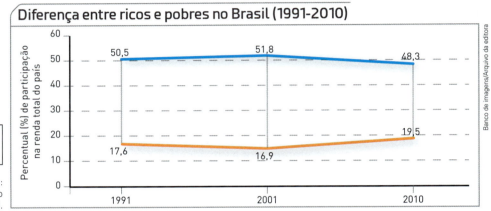

Fonte: Ipeadata. Disponível em: <www.ipeadata.gov.br>. Acesso em: abr. 2018.

O mapa-múndi a seguir usa o índice de Gini para medir o grau de desigualdade na distribuição da renda.

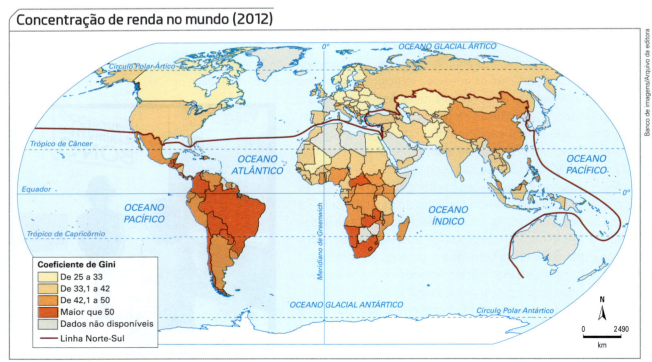

Fonte: Programa das Nações Unidas para o Desenvolvimento (PNUD). *Relatório do Desenvolvimento Humano de 2014*. Disponível em: <www.br.undp.org>. Acesso em: mar. 2018.

> **Índice de Gini**
>
> O índice de Gini é um instrumento criado pelo estatístico italiano Corrado Gini (1884-1965). Os valores variam entre zero e cem – zero corresponde à completa igualdade na renda (todos detêm a mesma renda *per capita*) e cem corresponde à completa desigualdade de renda (um indivíduo ou uma pequena parcela de determinada população detém toda a renda). Portanto, quanto mais perto de cem estiver o índice de Gini de um país, maior a desigualdade social; quanto mais perto de zero, menor a desigualdade.
>
> É fundamental destacar que a desigualdade de renda não esgota a questão das desigualdades sociais; ela é apenas um dos riscos a que se encontra exposta a população pobre. É necessário analisar ainda o acesso da população aos serviços públicos, como educação, saúde, transporte, saneamento, água, lazer e habitação, além das oportunidades de trabalho e garantia de obtenção de alimentos de boa qualidade vendidos a preço justo. Não basta combater a pobreza monetária, posto que é crucial elevar a qualidade, melhorar e universalizar serviços públicos dignos para a população. Do contrário, nos momentos em que a renda diminuir – algo rotineiro nas cíclicas crises da economia capitalista – a gravidade das outras questões só se tornará mais evidente e dramática.

Desigualdades e impostos

O pagamento de impostos está intimamente relacionado com as desigualdades sociais. Existem dois aspectos ligados à tributação que devem ser abordados para que os desdobramentos da desigualdade de renda sejam explicitados. O primeiro aspecto diz respeito àqueles que pagam e quanto pagam de impostos; o segundo aspecto está relacionado àqueles que sonegam impostos no país.

Uma das marcas da elevada concentração de renda e das desigualdades sociais no Brasil é o caráter regressivo da carga tributária. Isso significa que quem ganha mais paga menos e quem ganha menos paga proporcionalmente mais ao que ganha. Assim, os impostos passam a ser um instrumento de concentração de renda.

Os impostos no Brasil estão concentrados em tributos indiretos e cumulativos pouco perceptíveis, já que incidem sobre o consumo de bens e de serviços, havendo baixa tributação sobre a renda e o patrimônio. Nos países mais desenvolvidos, a tributação sobre o patrimônio e a renda corresponde a cerca de 2/3 da arrecadação dos tributos.

Os alimentos são um exemplo muito evidente dos efeitos da tributação sobre o consumo. Ao comprar um alimento no Brasil, chega-se a pagar até 40% de impostos no valor do produto. Para traçar um paralelo, nos principais países da União Europeia a taxação sobre os alimentos é de 5%. Na Inglaterra, essa taxação é zero.

Isso fica claro quando se analisa o Imposto sobre a Renda de Pessoa Física (IRPF). A isenção tributária, que é a desobrigação do pagamento de impostos, privilegia os mais ricos, aqueles que são proprietários de empresas, cujos lucros e dividendos não sofrem tributação. E é justamente dessa parte, dos lucros e dividendos, que o proprietário de empresas obtém a maior parte dos seus rendimentos.

Em 2014, foram entregues 26,5 milhões de declarações de IRPF. Os maiores milionários brasileiros, grupo de apenas 71 440 contribuintes (0,26%), os que estão no topo da pirâmide econômica, declararam faixa de renda superior a 160 salários mínimos mensais. Juntos, eles detêm 29% do patrimônio e 22% da renda nacionais. É como se cada um deles tivesse salário mensal de R$ 341 mil e patrimônio de R$ 17,6 milhões. Apesar de tanta riqueza, o imposto de renda pago por esse grupo representou 5,5% da arrecadação total com IRPF. Para ficar ainda mais claro, apesar de terem recebido R$ 196 bilhões como lucros e dividendos das empresas, parcela isenta de pagamento de impostos, repassaram aos cofres públicos R$ 6,3 bilhões, apenas 3,2% do que arrecadaram. A justificativa para essa isenção é evitar que o lucro, já tributado na empresa, seja novamente taxado quando se converte em renda pessoal, com a distribuição de dividendos.

É correto afirmar que o grupo dos mais ricos paga seus impostos conforme a legislação vigente. Nesse sentido, é importante considerar quem faz essas leis, que são os membros da Câmara dos Deputados e do Senado Federal, em muitos casos representantes do empresariado nacional. É público também que a maioria desses parlamentares foi financiada por grandes grupos empresariais e pelo setor financeiro, cujo objetivo é manter as regras já existentes e assim não elevar a carga tributária daqueles que mais se apropriam da riqueza nacional.

Além do peculiar regime de pagamento de impostos, há ainda casos de sonegação fiscal, ou seja, situações em que o contribuinte burla as regras do Fisco e deixa de pagar os tributos devidos. Conforme dados da Procuradoria-Geral da Fazenda Nacional, a dívida ativa junto à União, que é o valor equivalente ao montante de impostos devido ao país, é de um trilhão e 300 bilhões de reais. Esse valor equivale ao que o governo está deixando de arrecadar. Entre os devedores destacam-se 12 547 empresas que atuam nos mais influentes segmentos da economia: indústria, comércio, finanças, agronegócio, construção, entre outros. Elas representam menos de 1% das empresas do país, mas devem atualmente em torno de R$ 700 bilhões em tributos, cerca de 60% do total da dívida.

Pelas razões expostas, a cobrança de impostos no Brasil configura-se como mais uma forma de enriquecimento daqueles que já são ricos, contribuindo para a manutenção e a ampliação das desigualdades sociais no tocante à renda.

Desigualdade de cor

Desde o século XIX, como vimos, várias foram as alternativas de explicação e compreensão das desigualdades no Brasil. Deixando de lado as explicações sobre o clima, a riqueza do solo e a mestiçagem, embora ainda estejam presentes no senso comum, pode-se dizer que a questão étnico-racial segue presente no cotidiano. Ela se expressa por meio do preconceito e se apresenta em evidências empíricas: os negros na sociedade recebem salários menores e têm pouco acesso a boas condições de habitação, saúde, trabalho e cultura.

O Congresso Nacional é um eminente exemplo da desigualdade étnico-racial vivida no Brasil. Apesar de a maioria da população brasileira ser composta de negros e pardos (mais de 50%), conforme o IBGE, a participação política desse grupo é mínima. Dos 1 627 candidatos eleitos em 2014 que declararam sua cor à Justiça Eleitoral, somente 51 (3%) são negros e 342 pardos (21%), sendo 1 229 (75%) brancos – uma desproporção entre a composição da sociedade e o resultado das urnas.

Para o filósofo Alexandre Braga, diretor de comunicação da União dos Negros pela Igualdade (Unegro), o negro vive um *apartheid* social no país em relação à representação parlamentar. Pesquisas indicam que o número de candidaturas de negros e pardos até alcança níveis próximos ao de sua representação na sociedade, mas esbarram em uma série de problemas na disputa eleitoral, como falta de espaço nos grandes partidos e baixa captação de recursos financeiros para campanhas. Assim, acabam preteridos pelo atual modelo eleitoral, tal como acontece com as mulheres.

O gráfico a seguir, em que está representada a proporção de negros e brancos entre os 10% mais pobres e o 1% mais rico no Brasil no período de 1998 a 2008, revela a grande desigualdade étnico-racial que ainda existe no país. Observe.

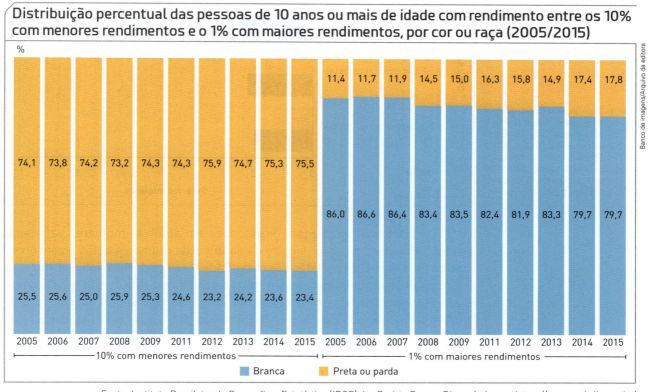

Fonte: Instituto Brasileiro de Geografia e Estatística (IBGE). In: *Revista Exame*. Disponível em: <https://exame.abril.com.br/economia/o-tamanho-da-desigualdade-racial-no-brasil-em-um-grafico/>. Acesso em: 20 mar. 2018.

Desigualdade de gênero

Conforme o último censo do IBGE, de 2010, no Brasil, as mulheres são mais da metade da população e estudam mais do que os homens, mas têm menos chances de obter emprego e recebem salários, em média, 30% mais baixos que os dos homens, mesmo quando exercem as mesmas funções. Além disso, há mais mulheres que homens atuando no setor informal, sem garantias trabalhistas, quase sempre sob intensa precarização.

No que diz respeito à participação política das mulheres, que são a maioria da população brasileira e representam mais de 50% do eleitorado, a situação também é muito desigual. Elas ocupam somente 13% dos cargos eletivos no Brasil. Dos 64 678 escolhidos para exercer mandatos políticos em 2012 e em 2014, apenas 8 499 são mulheres. Em 2014, a participação na Câmara de Deputados era de 51 mulheres (9,9%), enquanto no Senado era de 12 senadoras (13%).

Observe, no gráfico a seguir, a relação entre a média salarial de homens e mulheres conforme o grau de instrução em 2010. Além de receber salários menores e enfrentar piores condições de trabalho que os homens, as mulheres ainda acrescentam, em média, 25 horas semanais à jornada de trabalho ao realizarem tarefas domésticas; os homens gastam apenas dez horas semanais exercendo a mesma atividade.

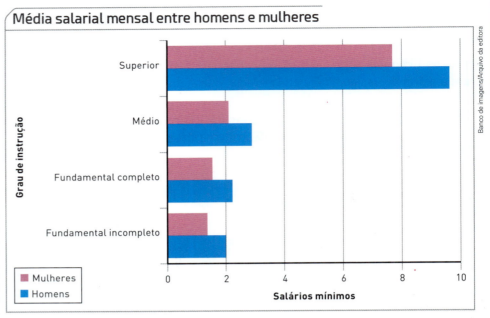

Fonte: Observatório Regional Base de Indicadores de Sustentabilidade (Orbis). Desigualdade de gênero persiste por trás da desigualdade social. Disponível em: <www.orbis.org.br/analise/10/desigualdade-de-genero-persiste-por-tras-da-igualdade-social>. Acesso em: 7 dez. 2015.

Os partidos políticos alegam dificuldades em atrair as mulheres para seus quadros. Porém, o fato não decorre da carência de mulheres aptas a concorrer, mas do modo como os partidos são organizados: seu controle é feito por homens pouco interessados em abrir espaço para as mulheres estruturarem suas campanhas. Além disso, conforme estudo da antiga Secretaria de Políticas para as Mulheres do Governo Federal, que foi integrada ao Ministério da Cidadania, que, por sua vez, foi substituído pelo Ministério da Justiça e Segurança Pública, a baixa participação de mulheres em espaços de poder tem relação com o limitado acesso feminino à esfera pública, além de fatores culturais, como o preconceito de gênero em relação às atividades políticas.

A invisibilidade das desigualdades

De acordo com o sociólogo brasileiro Jessé Souza, a permanência da desigualdade social e de sua invisibilidade no Brasil mostra que a explicação desse fenômeno não se restringe ao fator econômico e deve ser buscada na dimensão histórica. Em sua argumentação, ele destaca que o processo de modernização no Brasil ocorreu apenas do ponto de vista econômico.

Crescemos economicamente de 1930 até 1980, com taxas semelhantes às da China ou da Índia da atualidade. Nesses 50 anos, o Brasil deixou de ser um país pobre e passou a compor o grupo dos países com as dez maiores economias do mundo. Até hoje, entretanto, é um dos países mais desiguais do mundo. Por que isso acontece? Porque há produção e reprodução no Brasil de uma classe de indivíduos (correspondente a um terço da população brasileira) que não tem acesso às oportunidades de trabalho, ao processo educacional e à participação política efetiva.

Para Jessé Souza, os programas sociais implementados no Brasil, como o Bolsa Família, obedecem à lógica do curto prazo. Fundamentam-se na suposição de que a pobreza é um fato fortuito e casual: se receberem uma pequena ajuda econômica, os indivíduos em situação de miséria poderão caminhar com as próprias pernas. No entanto, as desigualdades entre as classes sociais em nossa sociedade se reproduzem há séculos, a despeito das ações de indivíduos e governos.

Com base nos estudos do sociólogo franco-argelino Pierre Bourdieu (1930-2002), Jessé Souza afirma que as condições de pertencimento a uma classe social se transmitem por herança familiar por meio de sinais invisíveis, como o medo e a insegurança transmitidos desde a infância, em famílias pobres, contrapondo-se ao estímulo da coragem e da iniciativa transmitido aos nascidos em ambientes economicamente mais favorecidos.

Essas considerações sugerem que somente com mudanças significativas nos processos políticos, econômicos e culturais será possível notar nas próximas décadas uma alteração profunda das desigualdades sociais presentes hoje no Brasil.

NAS PALAVRAS DE JESSÉ SOUZA

O Estado de todas as culpas

[...]

A dramatização do Estado ineficiente e corrupto serve como fachada para "representar" a política sob a forma simplista, subjetivada e maniqueísta das novelas, enquanto se cala e se esconde acerca das bases de poder real na sociedade. Toda a aparência é de "crítica social", enquanto toda ação efetiva é a da conservação dos privilégios reais. Assim, fala-se do combate aos "coronéis" e às "oligarquias" [...] enquanto escondem-se as reais novas oligarquias responsáveis por abocanhar quase 70% do PIB sob a forma de lucro ou juros reduzindo os salários a pouco mais de 30%. [...] As falsas oposições escondem oposições reais. O falso "charminho crítico" da dramatização do Estado ineficiente e corrupto serve para esconder e desviar a atenção para a luta de classes que cinde o país entre privilegiados que possuem um exército de pessoas para servi-los a baixo preço e dezenas de milhões de excluídos sem nenhuma chance nem esperança de mudança de vida.

Para todo um exército de analistas que se concentram no "teatro" da política [...] falar-se em "luta de classes" é um tabu. Luta de classes é coisa do passado, tem a ver com greves de trabalhadores e sindicatos que estão desaparecendo ou perdendo importância. Essa é a cegueira da política como "espetáculo" pseudocrítico para um público acostumado à informação sem reflexão. A luta de classes só é percebida nas raras vezes em que as classes oprimidas logram alguma forma de reação pública eficaz. Condenam-se ao esquecimento todas as formas naturalizadas e cotidianas do uso e abuso do trabalho barato e não valorizado.

[...] Isso não é "luta de classes"? Apenas porque não há piquetes, polícia e sangue nas ruas? Apenas porque essa dominação é silenciosa e aceita, dentre outras coisas porque também eles, os humilhados e ofendidos, ouvem todo dia que o nosso único mal é a corrupção no Senado ou em algum órgão estatal?

E para as classes média e alta? Não é um verdadeiro presente dos deuses ter privilégios que nem seus consortes europeus ou norte-americanos possuem e ainda poder ter a consciência tranquila de quem sabe que o mal do Brasil está em "outro" lugar, lá bem longe em Brasília, um "outro" abstrato, mau por definição, em relação ao qual podemos nos sentir a "virtude" por excelência? Não se fecha com isso um círculo de ferro onde necessidades sociais e existenciais podem ser manipuladas por uma política e uma mídia conservadora e seu público ávido por autolegitimação e por consciência tranquila?

Para Max Weber [...] os ricos, saudáveis e charmosos, em todas as épocas e em todos os lugares, não querem apenas ser ricos, saudáveis e charmosos. Eles querem saber que têm "direito" a serem ricos, saudáveis e charmosos em oposição aos pobres, doentes e feios. É essa necessidade o verdadeiro fundamento e razão do sucesso da tese da suspeição do Estado entre nós. Ela serve como uma luva para não perceber e naturalizar um cotidiano injusto e ainda transferir qualquer responsabilidade para uma entidade abstrata e longínqua, garantindo boa consciência e aparência de envolvimento crítico na política.

A cortina de fumaça do falso debate acerca da demonização do Estado serve para deslocar a única e verdadeira questão do Brasil moderno: uma desigualdade abissal que separa gente com todos os privilégios, de um lado, de subgente sem nenhuma chance real de uma vida digna desse nome, de outro lado. [...]

SOUZA, Jessé. O Estado de todas as culpas. *O Estado de S. Paulo*, São Paulo, 5 set. 2009. Disponível em: <http://alias.estadao.com.br/noticias/geral,o-estado-de-todas-as-culpas-por-jesse-souza,430094>. Acesso em: 28 fev. 2018.

Cenário das desigualdades no Brasil

A desigualdade entre o mundo rural e o urbano

A crise mundial de 2007-2008 [...] evidenciou a eficácia de uma ferramenta rebaixada nos anos 90: as políticas de combate à fome e à pobreza, que se revelaram um importante amortecedor regional para os solavancos dos mercados globalizados.

O PIB regional *per capita* recuou 3% em média em 2009 e o contingente de pobres e miseráveis cresceu em cerca de nove milhões de pessoas.

No entanto, ao contrário do que ocorreu na década de 90, quando 31 milhões ingressaram na miséria, desta vez o patrimônio regional de avanços acumulados desde 2002 não se destroçou.

Abriu-se assim um espaço de legitimidade para a discussão de novas famílias de políticas sociais, desta vez voltadas à erradicação da pobreza extrema.

No Brasil, a intenção é aprimorar o foco das ações de transferência de renda, associadas à universalização de serviços essenciais e incentivos à emancipação produtiva. Espera-se assim alçar da exclusão 16,2 milhões de brasileiros (8,5% da população) que vivem com menos de R$ 70,00 por mês.

A morfologia da exclusão nos últimos anos indica que o êxito da empreitada brasileira – ou regional – pressupõe, entre outros requisitos, uma extrema habilidade para associar o combate à miséria ao aperfeiçoamento de políticas voltadas para o desenvolvimento da pequena produção agrícola. Vejamos.

A emancipação produtiva de parte dessa população requer habilidosa sofisticação das políticas públicas. Apenas 15,6% da população brasileira vive no campo. É aí, em contrapartida, que se concentram 46% dos homens e mulheres enredados na pobreza extrema – 7,5 milhões de pessoas, ou 25,5% do universo rural. As cidades que abrigam 84,4% dos brasileiros reúnem 53,3% dos miseráveis – 8,6 milhões de pessoas, ou 5,4% do mundo urbano.

Portanto, de cada quatro moradores do campo um vive em condições de pobreza extrema e esse dado ainda envolve certa subestimação. As pequenas cidades que hoje abrigam algo como 11% da população brasileira constituem na verdade uma extensão inseparável do campo em torno do qual gravitam. Um exemplo dessa aderência são os 1 113 municípios do semiárido nordestino, listados como alvo prioritário da erradicação da miséria brasileira até 2014.

Nos anos 90, a cada dez brasileiros, quatro eram miseráveis. Hoje a proporção é de um para dez. O ganho é indiscutível. Mas o desafio ficou maior: erradicar a miséria pressupõe atingir a bastilha da exclusão que no caso do Brasil tem uma intensidade rural (25,5%) cinco vezes superior à urbana (5,4%). [...]

SILVA, José Graziano da. A bastilha da exclusão. *Valor Econômico*. Disponível em: <www.valor.com.br/arquivo/890265/bastilha-da-exclusao>. Acesso em: 28 fev. 2018.

1. Por que, apesar da crescente tecnologia aplicada ao trabalho no campo (com supostos ganhos na qualidade de vida do trabalhador rural), a miséria é tão expressiva no mundo agrário brasileiro?

2. Onde vivem os trabalhadores que migram do campo para a cidade? Em que condições? É possível pensar o desenvolvimento do mundo urbano sem que sejam definidas políticas de reforma agrária, moradia e trabalho no campo? O que você pensa sobre o assunto?

// Moradia em taipa na zona rural de João Câmara, no Rio Grande do Norte, 2015.

Costurando as ideias

As desigualdades entre os seres humanos acompanham o tempo histórico. Da Antiguidade greco-romana ao *shopping* multicolorido da pós-modernidade, indivíduos se sobrepõem por causa das diferenças de etnia, gênero, religião e classe social.

Não há o que não se tenha utilizado para justificar a superioridade de alguns poucos e a inferioridade de multidões cada vez maiores. Foi – e ainda é – em nome dessas pretensas desigualdades, consideradas naturais, que guerras de todos os tipos esmagaram e aniquilaram milhares de culturas, milhões de sujeitos e comunidades, do Extremo Oriente ao cultuado mundo ocidental das liberdades individuais de pensamento e ação.

Muita coisa mudou nas sociedades humanas desde o advento da modernidade, por volta do século XVIII. Surgiram mais novidades fabulosas nas últimas décadas do que no período anterior de toda a História. Exemplos como o cinema, o telefone, a indústria automobilística, a rede mundial de computadores, os satélites e as sondas espaciais e os avanços médicos e farmacêuticos, que evitaram tragédias coletivas e salvaram a humanidade de possível extinção, não deixam dúvidas quanto à evolução vertiginosa da vida em sociedade em tempos recentes.

Simultaneamente, entretanto, a desigualdade também se reestruturou e se voltou para outros cenários e personagens; ganhou feições modernas, "descoladas", apoiadas por discursos aparentemente sofisticados e financiamentos econômicos milionários.

O fato é que a desigualdade persiste como elemento vital de um modelo universal de sociedade que confunde diferença com desigualdade, justificando os dois eventos como idênticos, considerados naturais, mas sempre funcionais ao espírito humano da competitividade e da busca por superação. Na realidade, a defesa da desigualdade como ingrediente essencial da vida humana só faz renovar a velha ideia de sobrevivência dos mais fortes e aptos, conduzindo mais de dois terços da humanidade a algum tipo de humilhação e miséria, no corpo (fome, falta de moradia, doença e agressão física) ou na alma (discriminação, segregação, preconceito e violência simbólica).

É possível e desejável que se aprenda a conviver com as diferenças. É desnecessário e reprovável que se aceite a desigualdade como algo intocável, irreversível e natural. A diferença une e é pedagógica, uma vez que promove afetos e aprendizados. A desigualdade amplia os abismos sociais entre indivíduos, grupos e classes sociais e é ardilosa na renovação de preconceitos e práticas de violência. A boa política – aquela que se faz no dia a dia, ao educar crianças e jovens, ao se conscientizar e reivindicar seus direitos, ao optar pela leitura de um livro, ao agendar idas ao parque ou ao cinema, enfim, ao se relacionar com os outros visando ao aprendizado e ao enriquecimento da vida – é a única saída no combate às desigualdades.

É no convívio real que se descobre a importância generosa de uma sentença encontrada num folheto com a programação de um concerto musical, em Budapeste, na Hungria, em 1956: "Entre diferentes escuta-se a melodia comovente dos indivíduos que se reúnem em condições de verdadeira igualdade: é a orquestra da vida".

Leituras e propostas

Para refletir

Protesto em *shopping* do Rio foi "contra o sistema capitalista"

Um grupo de 130 sem-teto, favelados, estudantes e *punks* inaugurou uma forma inédita de protesto nesta sexta-feira no Rio ao promover uma invasão pacífica do *shopping center* Rio Sul, em Botafogo, na zona sul.

O objetivo, segundo os organizadores, era protestar "contra o sistema capitalista, mostrando o contraste entre o consumo supérfluo e a fome".

O protesto dividiu a opinião de compradores, comerciantes e turistas, surpreendidos pelo contraste entre as vitrines e os corredores de mármore do *shopping* e a aparência simples dos manifestantes.

"Estão nos coagindo utilizando como arma o fator surpresa, fatal para nós que vivemos na tensão da cidade grande", disse Eliomar Marques Lins, 25, que fazia compras com a mulher.

"Não fiquei com medo. O movimento é bom porque a desigualdade aqui é imensa", disse o turista inglês Peter Cook.

Mesmo diante do olhar desconfiado dos lojistas, os sem-teto não se intimidaram: entraram nas lojas, experimentaram roupões de seda e puseram seus filhos para brincar com brinquedos importados.

[...]

A entrada dos manifestantes no *shopping* foi negociada entre o chefe do CPC (Comando de Policiamento da Capital), coronel Fernando Belo, e o líder do MTST (Movimento dos Trabalhadores Sem-Teto), que se identificou como Eric Vermelho. "Não estamos invadindo. Queremos dar um passeio como qualquer família. Se nós construímos os *shoppings*, por que não podemos entrar?", disse Eric.

Apesar da promessa de não violência, a administração do *shopping* reuniu seus seguranças para acompanhar o "passeio" dos militantes, que encenaram *performances* com leitura de poesias, rodas de capoeira e representações teatrais.

[...]

Antes de deixar o *shopping*, obtiveram uma última concessão da administração do estabelecimento, que alugou três ônibus para levá-los de volta à zona oeste da cidade.

DANTAS, Pedro. Protesto em *shopping* do Rio foi "contra o sistema capitalista". *Folha de S.Paulo*. São Paulo, 4 ago. 2009. Cotidiano. Disponível em: <www1.folha.uol.com.br/folha/cotidiano/ult95u6628.shtml>. Acesso em: 28 fev. 2018.

Desiguais na vida e na morte

A morte de Ayrton Senna comoveu o país. O desalento foi geral. Independentemente do "*big carnival*" da mídia, todos perguntavam o que Senna significava para milhões de brasileiros. Por que a perda parecia tão grande? O que ia embora com ele?

Dias depois, uma mulher morreu atropelada na avenida das Américas, Barra da Tijuca, Rio de Janeiro. Ficou estendida na estrada por duas horas. Como um "vira-lata", disse um jornalista horrorizado com a cena! Nesse meio-tempo, os carros passaram por cima do corpo, esmagando-o de tal modo que a identificação só foi possível pelas impressões digitais. Chamava-se Rosilene de Almeida, tinha 38 anos, estava grávida e era empregada doméstica.

Efeito paroxístico do *apartheid* simbólico que fabricamos, pode-se dizer. De um lado, o sucesso, o dinheiro, a excelência profissional, enfim tudo o que a maioria acha que deu certo e deveria ser a cara do Brasil; do outro a desqualificação, o anonimato, a pobreza e a promessa, na barriga, de mais uma vida severina.

O brasileiro quer ser visto como sócio do primeiro clube e não do segundo. Senna era um sonho nacional, a imagem mesma da chamada classe social "vencedora"; Rosilene era "o que só se é quando nada mais se pode ser", e que, portanto, pode deixar de existir sem fazer falta. Luto e tristeza por um; desprezo e indiferença por outro. Duas vidas brasileiras sem denominador comum, exceto a desigualdade que as separava, na vida como na morte.

[...]

A honra que coube a Senna era justa e legitimamente devida. Mas torná-lo um "ideal" de "identidade nacional", como muitos pretenderam, é fazer de sua memória caricatura de nossa incompetência cívica e humana. No nível da cidadania, a excelência é outra. É saber como impedir que outras "Rosilenes" sejam trituradas como lixo no asfalto, pelos possíveis amantes de corridas de automóveis.

É esse o "x" do problema: mostrar que qualquer vida, pobre ou rica, famosa ou anônima, deve ser respeitada como um bem em si. O mais é exploração comercial inescrupulosa da vida e da morte dos melhores e mais honrados.

COSTA, Jurandir Freire. Desiguais na vida e na morte. *Folha de S.Paulo*. São Paulo, 22 maio 1994. Mais!, p. 15. Disponível em: <www1.folha.uol.com.br/fsp/1994/5/22/mais!/26.html>. Acesso em: 28 fev. 2018.

1. Qual relação podemos estabelecer entre os dois textos?

2. Durante os últimos anos, os "rolezinhos" se espalharam pelas cidades brasileiras de grande e médio porte. Por que existem limitações para entrar e circular nos *shopping centers*? Pode-se negar às pessoas o direito de circular pela cidade e pelos *shoppings*? Eles foram construídos apenas para quem pode consumir ou constituem mais um espaço urbano de convivência?

3. Qual é a sua opinião sobre a banalização da vida e da morte, tema do texto "Desiguais na vida e na morte", em especial das pessoas anônimas? Para você a vida de uns vale mais do que a de outros? Ao partir do princípio de que somos todos seres humanos, quais são os critérios para essa diferenciação?

Para pesquisar

1. Junte-se a alguns colegas e faça uma pesquisa em meios de comunicação de como são representados o gênero e a etnia de pessoas ricas e pobres em notícias, revistas, programas de televisão e *sites* da internet.

2. Pesquise situações, em seu dia a dia, em que se expressa a invisibilidade das desigualdades sociais. Registre o que observou e apresente suas conclusões para os colegas e o professor.

LIVROS RECOMENDADOS

A fome no mundo explicada a meu filho.
De Jean Ziegler. Petrópolis: Vozes.
Um pai procura responder às perguntas do filho sobre a fome no mundo. Com linguagem simples, Jean Ziegler analisa as causas políticas, econômicas, sociais e também ecológicas da existência das desigualdades e da fome no mundo.

A riqueza de poucos beneficia todos nós?
De Zygmunt Bauman. Rio de Janeiro: Zahar.
O texto, numa linguagem direta e recheada de dados das mais distintas pesquisas acerca da desigualdade social no mundo, desconstrói alguns mitos do senso comum, como a ideia de que as desigualdades entre humanos é natural e o crescimento econômico traz emprego, renda e melhoria de vida para todos. Um texto elucidativo.

SUGESTÕES DE FILMES

Lixo extraordinário (Brasil, 2011).
Direção: Lucy Walter.
Inspirado na obra do artista plástico Vik Muniz, o documentário explora a vida num lixão da Baixada Fluminense, retratando com sensibilidade a vida de seus habitantes e trabalhadores. O filme foi considerado um luxo absoluto por apontar o drama da desigualdade e, concomitantemente, provar que tudo pode ser diferente. Cada minuto do filme é valioso!

Que horas ela volta? (Brasil, 2015).
Direção: Anna Muylaert.
Que conflitos podem existir entre patrões e empregados numa mansão da cidade grande? Nesse filme de Anna Muylaert são desnudadas algumas velhas hipocrisias sobre o "bom patrão" e a "preocupação" que se possa ter pelos dramas das classes subalternas.

Conexão de saberes

A FOME COMO A MAIOR DAS DESIGUALDADES

O quadro *Os comedores de batata* (1885) é considerado a primeira das grandes obras de Vincent van Gogh. Nele estão representados valores e aspectos do modo de vida de camponeses europeus.
Na década de 1880, quando o quadro foi produzido, a Europa passava por um período de crescimento econômico e de grandes mudanças sociais relacionadas ao avanço da Revolução Industrial, como o aumento nas taxas de nutrição e de natalidade. A situação das famílias camponesas, porém, mudava muito lentamente. Se não havia mais crises de fome, as melhorias nas condições materiais de vida eram pequenas, como mostra este infográfico.

Ao retratar os camponeses, Van Gogh procura valorizar a simplicidade de suas vidas, ainda não corrompidas pela sociedade industrial. São seres de feições duras, rudes, marcadas pelas dificuldades da vida no campo, porém com olhares inocentes e doces.

Em torno da mesa, os camponeses compartilham o fruto da terra e do trabalho, a batata.

No centro da imagem, um lampião fornece toda a luz do ambiente representado – uma casa escura, pequena e simples. Ressaltados pela luz do lampião, os tons terrosos dominam o ambiente e as personagens, como se a vida dos camponeses se confundisse com seu trabalho na terra.

LINHA DO TEMPO

7000 a.C. — A batata é cultivada pelos povos andinos

1565 — Exploradores espanhóis levam a batata para as ilhas Canárias

1570 — A batata chega à Europa e rapidamente se espalha pelo continente

126 | UNIDADE 3 | DESIGUALDADES E VIDA SOCIAL

A figura que segura a xícara expressa com os olhos e o gesto o sentimento de fraternidade que Van Gogh considerava próprio da vida dos camponeses.

Cerca de **25%** da batata produzida no mundo vai para o lixo.

Você sabia que praticamente **33%** dos alimentos produzidos no mundo são desperdiçados? Os alimentos jogados fora seriam suficientes para alimentar **2 bilhões** de pessoas, mais de duas vezes a população mundial que ainda passa fome, cerca de 870 milhões de pessoas.

Vincent van Gogh. Comedores de batata, 1885/akg-images/Album/Fotoarena/Van Gogh Museum, Amsterdã, Holanda

O desperdício de alimentos é o **3º** maior emissor de CO_2 do mundo, o que contribui para o aumento do efeito estufa.

Na Europa, a taxa média de consumo anual de batata, por pessoa, gira em torno de **100 kg**.

OS MAIORES PRODUTORES DE BATATA NO MUNDO

1	🇨🇳	China
2	🇷🇺	Rússia
3	🇮🇳	Índia
4	🇳🇱	Países Baixos
5	🇺🇸	Estados Unidos
6	🇩🇪	Alemanha
7	🇵🇱	Polônia
8	🇧🇾	Belarus
9	🇺🇦	Ucrânia
10	🇫🇷	França

O alimento e a bebida que os camponeses partilham devem restaurá-los de uma jornada de trabalho ou prepará-los para outra. A representação sugere isso porque o alimento retratado, a batata, possui grande valor nutricional, e o líquido servido pela camponesa da direita parece ser café, um poderoso estimulante físico e mental.

Fontes: <http://g1.globo.com/economia/agronegocios/noticia/2015/02/descubra-os-segredos-da-batata.html>; <http://economia.uol.com.br/noticias/efe/2015/01/31/china-o-imperio-do-arroz-se-rende-a-batata.html>; <http://www.bancodealimentos.org.br/alimentacaosustentavel/aproveitamento-integral-dos-alimentos/>. Acesso em: abr. 2018.

 Brasil colonial — Imigrantes portugueses começam a cultivar a batata em hortas familiares

 Séc. XVI — Navegantes levam tubérculos da batata para consumir durante longas viagens. Dessa forma, a batata chega à Índia, à China e ao Japão

 Séc. XVII — A batata chega à América do Norte por meio dos imigrantes irlandeses

Bibliografia

ALVES, Giovanni. O enigma do precariado e a nova temporalidade histórica do capital – Parte 2. Disponível em: <http://blogdaboitempo.com.br/2012/05/14/o-enigma-do-precariado-e-a-nova-temporalidade-historica-do-capital-parte-2/>. Acesso em: 19 jun. 2018.

_____. *Trabalho e cinema:* o mundo do trabalho através do cinema. Londrina: Práxis, 2006-2008. v. 1-2.

ANDRADE, Carlos Drummond de. *O corpo.* 10. ed. Rio de Janeiro: Record, 1987.

ANTUNES, Ricardo (Org.). *Riqueza e miséria do trabalho no Brasil.* São Paulo: Boitempo, 2006.

_____; BRAGA, Ruy (Org.). *Info-proletários:* degradação real do trabalho virtual. São Paulo: Boitempo, 2009.

BAUMAN, Zygmunt. *A riqueza de poucos beneficia todos nós?* Rio de Janeiro: Zahar, 2015.

_____. *Modernidade líquida.* Rio de Janeiro: Zahar, 2001.

BOITO JR., Armando. A (difícil) formação da classe operária. In: GALVÃO, Andréia et al. (Org.). *Marxismo e Ciências Humanas.* São Paulo: Xamã, 2003.

BLOCH, March. *A sociedade feudal.* Lisboa: Edições 70, 2009.

BOSI, Ecléa (Org.). *A condição operária e outros estudos sobre a opressão.* Rio de Janeiro: Paz e Terra, 1979.

_____ (Coord.). *A miséria do mundo.* Petrópolis: Vozes, 1997.

BRAVERMAN, Harry. *Trabalho e capital monopolista:* a degradação do trabalho no século XX. Rio de Janeiro: Zahar, 1987.

CARDOSO, Fernando Henrique. *Capitalismo e escravidão no Brasil meridional:* o negro na sociedade escravocrata do Rio Grande do Sul. 5. ed. ver. Rio de Janeiro: Civilização Brasileira, 2003.

CASTEL, Robert. *As metamorfoses da questão social:* uma crônica do salário. Petrópolis: Vozes, 1998.

_____ et al. (Org.). *Desigualdade e a questão social.* 2. ed. rev. e ampl. São Paulo: Educ, 2000.

CASTRO, Ana Maria de; DIAS, Edmundo F. *Introdução ao pensamento sociológico:* Durkheim/Weber/Parsons. 15. ed. Rio de Janeiro: Centauro, 2001.

CASTRO, Josué de. *Geografia da fome* – o dilema brasileiro: pão ou aço. 3. ed. Rio de Janeiro: Civilização Brasileira, 2003.

DAVIS, Kingsley; MOORE, Wilbert E. Alguns princípios de estratificação. In: BERTELLI, A. R. et al. *Estrutura de classes e estratificação social.* Rio de Janeiro: Zahar, 1979.

DOWBOR, L. *A reprodução social.* Petrópolis: Vozes, 1998.

DUBAR, Claude. *A socialização:* construção das identidades sociais e profissionais. São Paulo: Martins Fontes, 2005.

DURKHEIM, Émile. *Da divisão do trabalho social.* 2. ed. São Paulo: Martins Fontes, 1999.

ELIAS, Norbert. *A sociedade dos indivíduos.* Rio de Janeiro: Jorge Zahar, 1994.

ENRIQUEZ, Eugène. Perda de trabalho, perda de identidade. In: NABUCO, Maria Regina; CARVALHO NETO, Antonio. *Relações de trabalho contemporâneas.* Belo Horizonte: IRT, 1999.

FIGUEIRA, Ricardo Rezende. *Pisando fora da própria sombra:* a escravidão por dívida no Brasil contemporâneo. Rio de Janeiro: Civilização Brasileira, 2004.

HIRANO, Sedi. *Castas, estamentos e classes sociais.* Campinas: Ed. da Unicamp, 2002.

IANNI, Octavio. *As metamorfoses do escravo.* Apogeu e crise da escravatura no Brasil meridional. São Paulo: Difusão Europeia do Livro, 1962.

_____. O mundo do trabalho. In: FREITAS, Marcos Cezar de (Org.). *A reinvenção do futuro.* São Paulo: Cortez, 1996.

_____ (Org.). *Teorias de estratificação social:* leituras de sociologia. São Paulo: Nacional, 1973.

KONDER, Leandro. *O trabalho e o jogo.* Disponível em: <www.brasildefato.com.br/node/6016>. Acesso em: 19 jun. 2018.

KOWARICK, Lúcio. *Trabalho e vadiagem:* a origem do trabalho livre no Brasil. São Paulo: Brasiliense, 1994.

LEAL, Victor Nunes. *Coronelismo, enxada e voto:* o município e o regime representativo no Brasil. 7. ed. São Paulo: Companhia das Letras, 2012.

MARTINS, José de Souza. *A sociedade vista do abismo:* novos estudos sobre exclusão, pobreza e classes sociais. Petrópolis: Vozes, 2002.

MILLS, C. Wright. *A imaginação sociológica.* 2. ed. Rio de Janeiro: Zahar, 1969.

_____. *Sobre o artesanato intelectual e outros ensaios.* Rio de Janeiro: Zahar, 2009.

MORAES NETO, Benedito Rodrigues de. Processo de trabalho e eficiência produtiva: Smith, Marx, Taylor e Lênin. *Estudos Econômicos*, v. 39, n. 3, jul.-set. 2009.

NABUCO, Joaquim. *O abolicionismo.* Brasília: Senado Federal, 2003.

PINHEIRO, Paulo Sérgio; HALL, Michael M. (Org.). *A classe operária no Brasil:* o movimento operário. São Paulo: Alfa-Ômega, 1979. v. 1.

_____. *A classe operária no Brasil:* condições de vida e de trabalho, relações com os empresários e o Estado. São Paulo: Brasiliense, 1981. v. 2.

PINSKY, Jayme (Org.). *Modo de produção feudal.* 2. ed. São Paulo: Global, 1982.

QUINTANEIRO, Tania; BARBOSA, Maria Ligia de O.; OLIVEIRA, Maria Gardênia M. de. *Um toque de clássicos:* Durkheim, Marx e Weber. Belo Horizonte: Ed. da UFMG, 1995.

SCALON, Celi (Org.). *Imagens da desigualdade.* Belo Horizonte: Ed. da UFMG, 2004.

SENNET, Richard. *A corrosão do caráter:* consequências pessoais do trabalho no novo capitalismo. Rio de Janeiro: Record, 1999.

SMITH, Adam. *A riqueza das nações.* São Paulo: Abril Cultural, 1973. (Os Pensadores).

SOUZA, Jessé (Org.). *A invisibilidade da desigualdade brasileira.* Belo Horizonte: Ed. da UFMG, 2006.

_____. *A ralé brasileira:* quem é e como vive. Belo Horizonte: Ed. da UFMG, 2009.

VASAPOLLO, Luciano. *O trabalho atípico e a precariedade.* São Paulo: Expressão Popular, 2005.

VEYNE, Paul. O Império romano. In: _____ (Org.). *Do Império romano ao ano mil.* São Paulo: Companhia das Letras, 1989. (História da vida privada, v. 1).

ZALUAR, A.; ALVITO, M. (Org.). *Um século de favela.* Rio de Janeiro: FGV, 1998.

Sumário

Parte 2

Unidade 4 – Poder, política e Estado 130

Capítulo 13 – Poder, Estado moderno e democracia 132

Capítulo 14 – A Sociologia, o poder e a democracia 141

Capítulo 15 – Poder, política e Estado no Brasil 152

Capítulo 16 – Poder e democracia no Brasil 169

Unidade 5 – Direitos, cidadania e movimentos sociais 184

Capítulo 17 – Direitos e cidadania 186

Capítulo 18 – Os movimentos sociais 194

Capítulo 19 – Direitos e cidadania no Brasil 203

Capítulo 20 – Os movimentos sociais no Brasil 208

Unidade 6 – Mudança e transformação social 236

Capítulo 21 – Mudanças, revoluções e suas implicações 238

Capítulo 22 – Transformações sociais e políticas 244

Capítulo 23 – Mudança social e Sociologia 255

Capítulo 24 – As mudanças sociais no Brasil 266

UNIDADE 4
Poder, política e Estado

Monumento *Os Candangos*, de Bruno Giorgi, na praça dos Três Poderes, em Brasília, DF.

O poder que envolve

Poder, política e Estado estão presentes no cotidiano e não se pode viver sem eles. A ação do Estado tem início antes do nascimento de um indivíduo e só se encerra após um período de tempo depois da sua morte. Alguns exemplos simples bastam para comprovar esse fato.

Quando a criança nasce, providencia-se uma certidão de nascimento. Outro documento importante, que pode ser feito ainda nessa fase, é a carteira de identidade, que inclui o indivíduo em um cadastro nacional e dá a ele um número de Registro Geral (RG).

Com dezesseis anos (voluntariamente) ou aos dezoito anos (obrigatoriamente), o indivíduo solicita a um cartório eleitoral seu título de eleitor. Se for do sexo masculino, terá de se apresentar à junta de serviço militar para alistar-se e receber um documento atestando que está em dia com suas obrigações militares. É possível, também aos dezoito anos, obter a Carteira Nacional de Habilitação (CNH), regulamentada por órgão governamental.

Para trabalhar e ser integrado ao sistema nacional de previdência social, o indivíduo precisará da carteira de trabalho. Há ainda a inscrição na Receita Federal, para obter o número exclusivo que o insere no Cadastro de Pessoas Físicas (CPF).

Caso queira casar-se segundo a lei, para documentar esse ato, será emitida uma certidão de casamento. Se viajar para o exterior, deverá solicitar um passaporte junto à Polícia Federal.

Depois de trabalhar por muitos anos, o indivíduo-contribuinte-cidadão-trabalhador poderá se aposentar. Ao morrer, o Estado exige um atestado de óbito expedido por alguma autoridade médica e por órgãos judiciais competentes. Caso o indivíduo possua patrimônio, deverá ser aberto um inventário que indicará a quem se destinarão seus bens.

Entende-se que o Estado é o poder político organizado no interior da sociedade civil, por isso é necessário conhecer a sociedade na qual as estruturas de poder atuam e se irradiam. Na sociedade civil se desenvolvem as relações e as lutas sociais, políticas e ideológicas contraditórias. É o que será abordado nesta unidade.

CAPÍTULO 13

Poder, Estado moderno e democracia

Diferentes formas de exercer o poder e distintas maneiras de constituição do Estado existiram desde a Antiguidade; basta lembrar as estruturas de poder na China antiga, no Egito dos faraós e na Roma imperial. São objeto de estudo da Sociologia, porém, as formas mais recentes de representação do Estado, principalmente aquelas que vêm se desenvolvendo e se transformando nos últimos três séculos, aproximadamente.

As primeiras manifestações do que viria a ser o Estado moderno surgiram da desintegração do mundo feudal e das relações políticas até então dominantes na Europa. Como já estudado (Unidade 2), no período medieval o poder concentrava-se nas mãos dos senhores feudais, que controlavam a maior parte das terras e toda a sociedade. Esse tipo de domínio foi pouco a pouco sendo minado pelas revoltas sociais dos camponeses, pela recusa ao pagamento das obrigações feudais e pelo crescimento das cidades e do comércio, que apressaram a desagregação dos feudos.

O Estado, todavia, também foi instituído por acordos entre os grandes senhores de terras que, progressivamente, passaram a ter lugar nas novas estruturas de poder. Nessas condições e nesse ambiente, de forma lenta, ocorreu na Europa, a partir do século XIV, um processo de centralização, concentração e constituição:

- das Forças Armadas, o que significou a profissionalização do exército, da marinha e, posteriormente, da aeronáutica;
- da estrutura jurídica, isto é, leis, juízes e tribunais;
- do corpo burocrático, responsável pela administração do patrimônio público, como estradas, portos, educação, saúde, transporte, comunicações e outros tantos setores;
- do sistema tributário, símbolo de poder e, simultaneamente, suporte financeiro essencial para a manutenção das Forças Armadas, da estrutura jurídica e do corpo burocrático;
- de um sistema de convencimento e legitimação que leva a maioria da população, de forma livre ou imposta, a aceitar o poder dos governantes, bem como as regras e normas para toda a sociedade.

Luís XIV, o Rei Sol, em pintura de Hyacinthe Rigaud, 1702. Museu Nacional do Palácio de Versalhes, França. Seu reinado foi um dos mais centralizadores que a Europa já conheceu.

Hyacinthe Rigaud. Luís XIV, rei da França, 1702

132 UNIDADE 4 | PODER, POLÍTICA E ESTADO

As primeiras formas de Estado

A centralização, a concentração e a constituição desses poderes e instituições caracterizam o Estado moderno, que assumiu diferentes formas até hoje, as quais serão analisadas a partir de agora.

O Estado absolutista

Surgido no contexto da expansão do mercantilismo, o Estado absolutista foi implantado inicialmente em Portugal, no final do século XIV, com a Revolução de Avis. Posteriormente, estabeleceu-se em vários lugares da Europa e teve seu ponto alto na França, no reinado de Luís XIV (1638-1715). A concentração de poderes, isto é, o poder absoluto do Estado, é bem expressa na frase atribuída a esse rei: "O Estado sou eu!".

Ao assumir o controle das atividades econômicas, o Estado intervinha na concessão dos monopólios, fixava preços e tarifas, administrava a moeda e os metais preciosos. O acúmulo desses metais era a expressão máxima da riqueza de um país. O Estado absolutista assumia também a responsabilidade de centralizar e praticar a justiça e de cuidar do contingente militar, formando exércitos profissionais. Para financiar essas atividades, foram fixados os impostos gerais.

O matemático, teórico político e filósofo inglês Thomas Hobbes (1588-1679) procurou fundamentar a necessidade de um Estado absoluto. Para ele, as pessoas viviam em luta por causa do egoísmo e da ambição, e a vida em sociedade era muito difícil. Somente um poder superior ao dos indivíduos poderia garantir a segurança de todos. Esse poder deveria ser absoluto, para que ninguém o contestasse, e duradouro, para que não se rompesse o equilíbrio racional necessário a uma convivência também duradoura. Justificava-se assim a continuidade das monarquias baseadas na hereditariedade.

Outro fundamento do absolutismo foi a teoria do direito divino dos reis, elaborada pelo bispo francês Jacques Bossuet (1627-1704). Ele afirmava que os reis eram os representantes de Deus na Terra, e sua autoridade era sagrada, tendo como limites somente os mandamentos divinos, bem definidos pelo catolicismo.

O absolutismo colocou frente a frente os interesses dos estamentos feudais dominantes (a nobreza e o clero) e os da burguesia (comerciantes e industriais), a classe em ascensão naquela época. Tais interesses eram referentes à justiça, à administração do patrimônio público e à administração econômica. Eles nem sempre foram conflitantes, pois parte da classe dos grandes proprietários feudais fez alianças com a burguesia emergente para manter-se no poder.

O Estado liberal

O liberalismo emergiu no século XVIII como reação ao absolutismo, tendo como valores primordiais o individualismo, a liberdade e a propriedade privada. Ganhou projeção como adversário da concentração do poder pelo Estado, principalmente no que dizia respeito às atividades econômicas. Nessa época, os resquícios feudais foram sendo extintos, enquanto o capital industrial se implantava e o trabalho assalariado tornava-se fundamental para o desenvolvimento da indústria.

O Estado liberal apresentava-se como representante da sociedade, tendo o papel de "guardião da ordem": não lhe caberia intervir nas relações entre os indivíduos e seus interesses privados, mas manter a segurança para que todos pudessem desenvolver livremente suas atividades.

O monstro do monopólio, charge de 1884, de autor desconhecido, divulgada nos Estados Unidos. Lançando seus tentáculos em todas as direções, o polvo voraz concentra a riqueza e devasta as concepções liberais.

Em sua esfera de atuação, estavam o trato da coisa pública (*res publica*), o interesse ou bem comum – como os portos, as estradas, os edifícios públicos e posteriormente, até os dias de hoje, a educação e a saúde. Com o Estado liberal, concretizou-se a ideia, concebida no absolutismo, de separação entre o público e o privado.

Politicamente, o Estado liberal fundamenta-se no conceito de soberania popular, que se expressa por meio de eleições regulares. Esse conceito encontra-se nas constituições liberais, como a do Brasil, na qual se lê, no parágrafo único do artigo 1º: "Todo o poder emana do povo, que o exerce por meio de representantes eleitos ou diretamente, nos termos desta Constituição".

Com base nesse princípio, os cidadãos votantes elegem seus representantes, e estes formam o Parlamento (no caso brasileiro, a Câmara dos Deputados e o Senado), que é a instituição central do Estado liberal, a expressão máxima da soberania popular.

De acordo com o pensamento liberal, o Estado não deve intervir nas atividades econômicas. A fórmula *laissez-faire, laissez-passer* ("deixai fazer, deixai passar") expressa bem a concepção de que as atividades econômicas não devem ser reguladas pelo Estado, mas por si mesmas, ou seja, pelo mercado – a mão invisível, de acordo com o economista escocês Adam Smith (1723-1790). A plena liberdade para a produção e a circulação de mercadorias garantiria, conforme o pensamento liberal, o progresso das empresas e das nações, contribuindo até para a paz mundial.

Essas concepções do pensamento liberal começaram a ruir no final do século XIX. A intensa concorrência entre as empresas foi provocando o desaparecimento das pequenas, que faliam ou eram compradas pelas maiores. A partir do final do século XIX, começaram a surgir grandes conglomerados na forma de *holdings* (sistemas que controlavam financeiramente diversas empresas formalmente independentes) e trustes (fusões de empresas do ponto de vista jurídico e econômico).

A concentração ficou tão grande e o capital na mão de tão poucos que a concorrência passou a se desenvolver em outros termos. A "guerra" de mercado entre empresas transformou-se em conflito armado entre países, que buscavam novas fontes de matérias-primas e mercados consumidores. As crises econômicas tornaram-se frequentes e a competição entre as nações ficou ainda maior. Para dar um exemplo, em 1875 somente 10% do território do continente africano estava sob domínio estrangeiro, principalmente europeu. Em 1914 quase toda a África estava ocupada por países não africanos. A eclosão da Primeira Guerra Mundial teve origem nessas disputas entre as nações europeias.

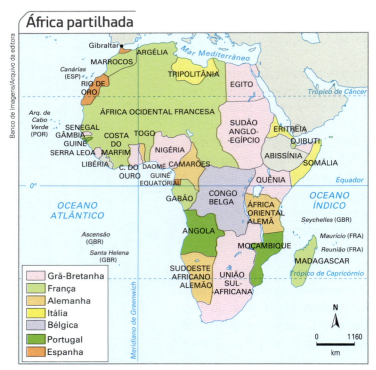

Fonte: ALBUQUERQUE, Manuel M. de; REIS, Arthur C. F.; CARVALHO, Carlos D. de. *Atlas histórico escolar*. Rio de Janeiro: MEC, 1960. p. 138-139.

As formas de Estado no século XX

Nas primeiras décadas do século XX, esgotado pelas condições sociais e econômicas que o geraram, o Estado liberal desestruturava-se, pois os interesses dos vários grupos e classes em diversas sociedades entravam em conflito e já não se observava a estabilidade proposta por aqueles que idealizaram essa forma de Estado. Ele continuou existindo, mas surgiram duas novas formas de organização estatal: o Estado soviético e o Estado fascista. Após a Segunda Guerra, surgiram outras duas variações do Estado liberal: o Estado de bem-estar e o Estado neoliberal. Além dessas formas de Estado, desenvolveram-se ditaduras de todos os tipos, principalmente na África e, na América Latina, algumas ditaduras conviveram com constituições e eleições controladas pelos donos do poder. Hoje se pode afirmar que as ditaduras estão quase extintas e os golpes de Estado são questionados em quase todo o mundo.

O Estado soviético

O Estado socialista soviético decorreu da Revolução Russa, iniciada em 1917. Por meio da implantação de um Estado socialista, procurava-se fazer frente às condições precárias de vida dos trabalhadores, tanto urbanos como rurais. É bom lembrar que as ideias socialistas já estavam presentes na Europa há mais de meio século e se concretizavam naquele momento.

A base econômica dessa forma de Estado era a propriedade socializada ou coletiva. A produção tinha de seguir planos e programas que definiam previamente o quê, como e quanto produzir.

O poder político organizou-se como um Estado planificado e centralizado, cujos órgãos estavam ligados ao Partido Comunista. Só tinham direito à participação política os filiados a esse partido. Quaisquer manifestações políticas contrárias eram reprimidas.

Essa forma de Estado ampliou sua abrangência a partir de 1922, com a constituição da União das Repúblicas Socialistas Soviéticas (URSS), da qual faziam parte inicialmente quatro repúblicas. Em 1956, o Estado soviético continha 15 "repúblicas unidas", que correspondem atualmente aos seguintes países: Rússia, Armênia, Azerbaijão, Belarus, Estônia, Lituânia, Geórgia, Casaquistão, Quirguistão, Letônia, Moldávia, Tadjiquistão, Turcomenistão, Ucrânia e Usbequistão.

Com o processo de globalização e em decorrência de problemas internos, a partir de 1985 a URSS começou a sofrer dissolução. O modelo soviético de Estado começou a ruir nos países que o adotavam. A queda do Muro de Berlim, em 1989, assinalou de modo emblemático o fim do Estado soviético e o questionamento do poder concentrado em um só partido. Mas essa forma de organização estatal continua vigente, com variações, em Cuba, no Vietnã, na China e na Coreia do Norte – com a manutenção de um partido único e a planificação central da economia.

// Cartaz patriótico descreve Josef Stalin como um líder militar. Stalin governou a União Soviética de 1924 a 1953 e transformou o país em uma potência mundial. Durante seu governo, perseguiu severamente os opositores e investiu em educação, saúde, habitação e esporte.

O Estado fascista

Essa forma de Estado foi implantada e se desenvolveu nas décadas de 1920 a 1940, primeiro na Itália, depois na Alemanha e em vários outros países europeus, com pequenas diferenças. A base econômica desse Estado era capitalista, mantendo-se a propriedade privada como um de seus fundamentos.

No Estado fascista, a participação política significava plena adesão ao regime e a seu líder máximo (Benito Mussolini na Itália e Adolf Hitler na Alemanha), ou seja, ninguém podia fazer nenhuma crítica ou oposição ao governo.

As concepções que fundamentaram o fascismo podem ser assim sintetizadas:

- A ideia de uma comunidade nacional – o povo constitui uma grande comunidade de interesses formada por indivíduos que compartilham o mesmo destino. Todos aqueles que não fazem parte dessa comunidade são inimigos da nação, no plano interno e no externo. No caso da Alemanha, onde o nazismo se assentou sobre bases racistas, os grandes inimigos da nação eram os eslavos e os judeus, considerados inferiores aos germânicos. Além destes, os ciganos e os comunistas, porque não tinham pátria ou eram internacionalistas.

- O princípio da autoridade – a sociedade era estruturada segundo os princípios da ordem e da obediência, de acordo com o modelo da hierarquia rígida do exército. A autoridade era reforçada em todos os domínios da vida social: na família, a do pai; na escola, a dos professores; na empresa, a do empresário; no Estado, a do líder máximo. O lema dos jovens fascistas era "crer, obedecer e combater". Nesse sentido, pode-se afirmar que uma das características do fascismo era o uso da violência como instrumento político.

Dado importante a ser destacado é que Benito Mussolini e Adolf Hitler chegaram ao poder por decisões tomadas nos parlamentos da Itália e da Alemanha. Em nenhum dos casos houve golpe de Estado.

Outra informação a ser considerada é que a expansão militar do nazifascismo, principalmente por parte da Alemanha, atingiu vários países europeus e estendeu-se ao norte da África. Esse fato ocasionou a Segunda Guerra Mundial (1939-1945). No fim desse conflito, derrotados os nazifascistas, essa forma de Estado dissolveu-se, apesar de muitas das ideias preconizadas ainda estarem presentes na política contemporânea em todo o mundo, como grupos e movimentos políticos na Europa com clara inspiração nazifascista, por exemplo na Áustria e na Alemanha.

// Benito Mussolini e Adolf Hitler em Munique, Alemanha, 1940.

// O grupo que saiu vitorioso da Segunda Guerra Mundial constituiu dois blocos política e economicamente distintos: o socialista e o capitalista. O bloco socialista, liderado pela União das Repúblicas Socialistas Soviéticas (URSS), incorporou países do leste europeu. Posteriormente, fora da Europa, outros Estados socialistas foram instituídos, como a Coreia do Norte (1948). Na imagem, desfile militar em Pyongyang, na Coreia do Norte, 2015.

O Estado de bem-estar social

Os países capitalistas, após a Segunda Guerra Mundial, tentaram reconstruir a economia ocidental sobre novas bases. Disseminou-se então a forma de organização estatal chamada de Estado de bem-estar social (*Welfare State*) ou, simplesmente, Estado social.

As bases teóricas do Estado de bem-estar social já haviam sido formuladas, em 1936, pelo economista inglês John Maynard Keynes (1883-1946), no livro *Teoria geral do emprego, do juro e da moeda* (1936). Como forma de organização estatal, a teoria começou a ser esboçada quando o governo estadunidense estabeleceu políticas para sair da profunda depressão desencadeada pela crise de 1929.

Esse modelo permitia enfrentar, por um lado, os movimentos de trabalhadores, que exigiam melhores condições de vida, e, por outro, as necessidades do capital, que buscava alternativas para a construção de uma nova ordem econômica mundial diante do bloco socialista. No período posterior à Segunda Guerra Mundial, ele se consolidou nos Estados Unidos da América e em boa parte dos países da Europa.

O Estado de bem-estar social tinha como finalidade e característica básica a intervenção estatal nas atividades econômicas, regulando-as, subsidiando-as, executando grandes investimentos e obras, redistribuindo rendimentos, visando sempre, pelo menos teoricamente, ao bem-estar da maioria da população. A ideia era romper com o centenário princípio do liberalismo, que rejeitava qualquer função intervencionista do Estado.

Com base nesse conceito, propunha-se moradia digna, educação básica pública, assistência à saúde, transporte coletivo, lazer, trabalho, salário e seguro-desemprego, enfim, o mínimo de bem-estar econômico e social. O Estado passou a redimensionar suas prioridades e investir maciçamente para proporcionar tra-

// Pôster incentivando o consumo de bens produzidos internamente. "Dê trabalho. Compre produtos fabricados nos Estados Unidos."

balho e algum rendimento à maior parte da população, a fim de que ela se tornasse consumidora e, assim, possibilitasse a manutenção da produção sempre elevada. Configurou-se o que alguns chamam de "cidadania do consumidor", ou seja, a cidadania entendida como um mecanismo de mercado. No entanto, significava também a preocupação de manter uma população em condições de trabalhar com mais tranquilidade, sem que os empresários se preocupassem com a vida dos trabalhadores e sem que estes, por sua vez, precisassem depender exclusivamente da suposta benevolência dos patrões.

O Estado neoliberal

A partir da década de 1970, após a crise do petróleo, houve nova necessidade de mudança na organização estatal. O capitalismo enfrentava, então, vários desafios. As empresas multinacionais precisavam se expandir; o desemprego crescia nos Estados Unidos da América e nos países europeus; os movimentos grevistas intensificavam-se em quase toda a Europa; aumentava o endividamento dos países em desenvolvimento.

Tendo como referência os economistas Friedrich von Hayek (1899-1992) e Milton Friedman (1912-2006), os analistas atribuíam a crise aos gastos dos Estados com políticas sociais, o que gerava *deficits* orçamentários, mais impostos e, portanto, aumento da inflação. De acordo com a avaliação deles, a política social estava comprometendo a liberdade do mercado e até mesmo a liberdade individual, valores básicos do capitalismo. Por causa disso, o bem-estar dos cidadãos deveria ficar por conta deles mesmos, já que o Estado gastava muito com saúde e educação públicas, previdência e apoio aos desempregados idosos. Ou seja, os serviços públicos deveriam ser privatizados e pagos por quem os utilizasse. Defendia-se assim o Estado mínimo, o que significava voltar ao que propunha o liberalismo antigo, com o mínimo de intervenção estatal na vida das empresas e dos indivíduos. Dessa maneira, nasceu o que se convencionou chamar de Estado neoliberal.

As expressões mais claras da atuação dessa forma de Estado foram os governos de Margaret Thatcher (de 1979 a 1990), na Inglaterra, e de Ronald Reagan (de 1981 a 1991), nos Estados Unidos da América. Mas, mesmo no período desses governos, o Estado não deixou de intervir em vários aspectos, mantendo orçamentos militares altíssimos e muitos gastos para amparar as grandes empresas e o sistema financeiro. Os setores mais atingidos por essa "nova" forma de liberalismo foram os que beneficiavam mais diretamente os trabalhadores e os setores marginalizados da sociedade, como assistência social, habitação, transporte, saúde pública, previdência e direitos trabalhistas, que foram privatizados e extintos, gerando grandes lucros para os empresários.

Os neoliberais enfatizavam as ideias de que era necessário dispor de mais rapidez para tomar decisões no mundo dos negócios e de que o capital privado precisava de mais espaço para crescer. Reforçavam assim os valores e o modo de vida capitalistas, o individualismo como elemento fundamental, a livre iniciativa, o livre mercado, a empresa privada e o poder de consumo como forma de realização pessoal.

Com essas propostas, o que se viu foi a presença cada vez maior das grandes corporações produtivas e financeiras na definição dos atos do Estado, e as questões políticas passaram a ser dominadas pela economia. Além disso, o que era público (portanto, comum a todos) passou a ser determinado pelos interesses privados (por aquilo que era particular).

// Margaret Thatcher durante uma conferência do Partido Conservador britânico, em 1983.

NAS PALAVRAS DE IANNI

O neoliberalismo e o Estado neoliberal

O neoliberalismo compreende a liberação crescente e generalizada das atividades econômicas, compreendendo a produção, distribuição, troca e consumo. Funda-se no reconhecimento da primazia das liberdades relativas às atividades econômicas como pré-requisito e fundamento da organização e funcionamento das mais diversas formas de sociabilidade; compreendendo não só as empresas, corporações e conglomerados, mas também as mais diferentes instituições sociais. "Neo" liberalismo porque se impõe e generaliza em escala mundial, alcançando inclusive os países nos quais se havia experimentado ou continua a experimentar-se o regime socialista ou o planejamento econômico centralizado. Sob o neoliberalismo, reforma-se o Estado [...]. O poder estatal é liberado de todo e qualquer empreendimento econômico ou social que possa interessar ao capital privado nacional e transnacional. Trata-se de criar o "Estado mínimo", que apenas estabelece e fiscaliza as regras do jogo econômico, mas não joga. Tudo isso baseado no pressuposto de que a gestão pública ou estatal de atividades direta e indiretamente econômicas é pouco eficaz, ou simplesmente ineficaz. O que está em causa é a busca de maior e crescente produtividade, competitividade e lucratividade, tendo em conta os mercados nacionais, regionais e mundiais. Daí a impressão de que o mundo se transforma no território de uma vasta e complexa fábrica global, ao mesmo tempo que *shopping center* global e disneylândia global.

IANNI, Octavio. *Capitalismo, violência e terrorismo*. Rio de Janeiro: Civilização Brasileira, 2004. p. 313-314.

O Estado no século XXI

É possível observar várias formas de Estado no mundo contemporâneo. Desde a crise financeira de 2008 e suas repercussões, a situação política nos países capitalistas começou a se alterar novamente, uma vez que as bases econômicas fundamentadas no neoliberalismo passaram a ser questionadas em várias partes do mundo, até mesmo nos Estados Unidos. Com o crescente poder do sistema financeiro global sobre o poder político dos Estados, as sociedades que adotaram as propostas defendidas pelos neoliberais se defrontam com o desemprego e a diminuição do desenvolvimento econômico e social. Entretanto, o Estado foi obrigado a intervir para salvar grandes conglomerados industriais e financeiros, demonstrando claramente quem são os donos do poder e quem são os principais beneficiários dessa política.

O sociólogo polonês Zygmunt Bauman (1925-2017) considerava o atual período como uma fase em que o poder local se vê continuamente enfraquecido diante das decisões econômicas determinadas em nível global, destituindo as sociedades nacionais de autonomia sobre seu próprio destino. Trata-se, portanto, de uma evidente irrelevância da política e da supremacia do econômico.

Há países europeus, no entanto, que ainda mantêm o Estado de bem-estar como forma de organização estatal, por exemplo: Suécia, Noruega, Dinamarca, Islândia e Finlândia. Neles, o bem-estar da maioria da população ainda está acima das demandas dos grandes grupos financeiros e industriais.

Contudo, é o modelo chinês de Estado que tem sido foco de atenção, pois controla todas as esferas da vida política e econômica do país. Trata-se de um Estado centralizado, com pouca abertura à participação política fora dos grupos dirigentes do Partido Comunista. Ao mesmo tempo, vem desenvolvendo uma economia capitalista com grande expansão industrial. A Arábia Saudita é exemplo da monarquia absoluta teocrática, marcada pelo controle familiar do Estado e a sucessão hereditária; a religião dominante é o Islamismo. Os partidos políticos são proibidos e não existem eleições nacionais para cargos políticos. O Alcorão e a Suna (livro sagrado e código de preceitos islâmicos) são declarados como a Constituição do país. A economia saudita é fundamentada na indústria de petróleo.

Cenários do Estado moderno

Estado e liberdade

Depois que nos livrarmos do preconceito de que tudo o que faz o Estado e a sua burocracia é errado, malfeito e contrário à liberdade, e de que tudo o que é feito pelos indivíduos particulares é eficiente e sinônimo de liberdade – poderemos enfrentar adequadamente o verdadeiro problema. Reduzido a uma só frase, o problema consiste em que, em nosso mundo moderno, tudo é político, o Estado está em toda parte e a responsabilidade política acha-se entrelaçada em toda a estrutura da sociedade.

A liberdade consiste não em negar essa interpenetração, mas em definir seus usos legítimos em todas as esferas, demarcando limites e decidindo qual deve ser o caminho da penetração, e, em última análise, em salvaguardar a responsabilidade pública e a participação de todos no controle das decisões.

MANNHEIM, Karl. *Liberdade, poder e planificação democrática.* São Paulo: Mestre Jou, 1972. p. 66.

1. Como o Estado se mostra presente em seu cotidiano? Dê exemplos e reflita: a presença do Estado é necessária nas situações citadas? Por quê?

2. Em sua opinião, a iniciativa privada poderia desenvolver atividades nas áreas de educação, saúde, segurança, transporte e habitação, de modo que todos tivessem acesso a serviços de boa qualidade, sem a presença do Estado? Justifique.

Estado de exceção

Giorgio Agamben (1942-), filósofo italiano, era professor convidado da Universidade de Nova York. Depois do ataque às torres gêmeas do World Trade Center, em Nova York, nos Estados Unidos, em 11 de setembro de 2001, ao voltar de suas férias na Itália, Agamben desistiu de lecionar naquela universidade, porque lhe foram impostas várias condições, no aeroporto, para que entrasse no país: fichamento, coleta de impressões digitais, revista e outras exigências.

Na época, Agamben declarou que não se submeteria às imposições, pois eram procedimentos aplicados a criminosos na prisão, e não a cidadãos livres. Esse fato teve grande repercussão internacional, pois, com sua postura, Agamben questionava o que os países estavam fazendo com cidadãos em todo o mundo.

O filósofo observa que hoje os cidadãos são continuamente controlados e consideram isso normal. Para ele, esse é o primeiro passo para que os regimes democráticos se tornem autoritários, mas mantenham a carapaça de democracia.

Olhe à sua volta e observe: é possível ser filmado em todos os lugares. Há câmeras nas entradas e nos elevadores dos edifícios residenciais e comerciais, nos bancos, nas ruas e também nos corredores das universidades.

Você sabia que somente na Inglaterra foram instalados milhões de câmeras de vigilância e que um habitante de Londres é filmado trezentas vezes por dia? Mas não é só lá. Em Clementina, uma cidade de 6 mil habitantes no interior de São Paulo, foram montadas torres de 25 metros de altura, equipadas com câmeras, para fazer a vigilância da cidade. A justificativa é de que essas câmeras, que capturam imagens a até 2 km, intimidam os bandidos e auxiliam a polícia.

Agamben chama de "Estado de exceção" o tipo de governo dominante na política contemporânea, que transforma o que deveria ser uma medida provisória e excepcional em técnica permanente de governo.

Para Agamben, o Estado de exceção significa simplesmente a suspensão do ordenamento jurídico: a anulação dos direitos civis do cidadão e seu estatuto jurídico como indivíduo. Ele defende ainda a ideia de que o paradigma político do Ocidente não é mais a cidade, mas o campo de concentração. Vistas por essa perspectiva, as práticas de exceção contemporâneas, engendradas por um Estado policial protetor, fazem da política do terror e da insegurança o princípio gestor, estimulando, cada vez mais, a privatização dos espaços e o confinamento no interior deles.

3. Em sua opinião, há medidas eficazes que não se caracterizam pela repressão ou pela invasão da privacidade capazes de prevenir a violência e a ocorrência de ações criminosas? Quais?

// Centro de Operações do Rio: serviço de monitoramento da cidade do Rio de Janeiro, RJ, em 2012.

A Sociologia, o poder e a democracia

CAPÍTULO 14

De acordo com Norbert Elias (1897-1990), no livro *A sociedade dos indivíduos* (1987), há uma tendência nas Ciências Sociais de não considerar o Estado como objeto da Sociologia. Ele afirma que isso vem de uma antiga tradição intelectual que vê o Estado como algo extrassocial ou até oposto à sociedade.

Desde o século XVIII, o termo "sociedade" – ou "sociedade civil" – era usado como contraposição a "Estado", pois havia interesse da classe em ascensão, a burguesia, em acentuar essa separação. Naquela época, essa classe procurava destacar a ideia de que a nobreza detinha o monopólio do poder do Estado.

Essa ideia de separação entre sociedade e Estado predominou por muito tempo e prejudicou a compreensão de que o Estado se estrutura nas questões públicas e sua constituição decorre de um processo histórico.

Neste capítulo, será analisada a forma como os autores clássicos da Sociologia e outros abordaram essa questão.

As teorias sociológicas clássicas sobre o Estado

Karl Marx (1818-1883), Émile Durkheim (1858-1917) e Max Weber (1864-1920), três autores clássicos da Sociologia, tiveram, cada um a seu modo, uma vida política intensa e fizeram reflexões importantes sobre o Estado e a democracia de seu tempo. É importante destacar o que pensavam sobre esses temas.

Karl Marx

Em seus estudos, voltados à análise das relações de produção na sociedade capitalista, Marx não formulou uma teoria específica sobre o Estado e o poder. Num primeiro momento, ele se aproximou da concepção anarquista, definindo o Estado como uma entidade abstrata, contraposta à sociedade, que procurava conciliar os interesses de todos, mas principalmente garantir os daqueles que dominavam economicamente.

No livro *A ideologia alemã*, escrito em 1847 em parceria com Friedrich Engels (1820-1895), Marx identificou a divisão do trabalho e a propriedade privada, geradoras das classes sociais, como a base do surgimento do Estado, que seria a expressão jurídico-política da sociedade burguesa. A organização estatal apenas garantiria as condições gerais da produção capitalista, não interferindo nas relações econômicas.

Em 1848, no *Manifesto comunista*, Marx e Engels afirmaram que os dirigentes do Estado moderno funcionavam como um comitê executivo da classe dominante (a burguesia), ou seja, era a melhor forma de os capitalistas dominarem a sociedade sem aparecerem como os donos do poder.

Barricada erguida pelos integrantes da Comuna de Paris. Constituída na crista de um levante popular, na fase final da guerra franco-prussiana, a Comuna estabeleceu em Paris, na França, o autogoverno dos trabalhadores e o voto universal, aboliu a Guarda Nacional e decretou o congelamento dos preços de produtos de primeira necessidade. O governo revolucionário sobreviveu de março a maio de 1871.

Nos livros escritos entre 1848 e 1852, *As lutas de classe na França* e *O Dezoito Brumário de Luís Bonaparte*, analisando uma situação histórica específica da França, Marx declara que o Estado nasceu para refrear os antagonismos de classe e, por isso, favorecer a classe dominante. Existem momentos, porém, em que a luta de classes é equilibrada e o Estado se apresenta com independência, como se fosse um mediador.

Analisando a burocracia estatal, Marx afirma que o Estado pode estar acima da luta de classes, separado da sociedade, como se fosse autônomo. Nesse sentido, pode haver um poder que não seja exercido diretamente pela burguesia. Ainda assim, o Estado continua criando as condições necessárias para o desenvolvimento das relações capitalistas, principalmente o trabalho assalariado e a propriedade privada, jamais questionada até então.

Para Marx, a democracia representativa, por meio dos parlamentos, foi a forma mais apropriada que o capitalismo criou para transmitir a ideia de que todos os indivíduos são iguais, livres, independentes e autônomos. Essa igualdade, entretanto, é puramente formal. De acordo com ele, a democracia só pode existir independente do Estado e de toda forma de mediação política.

No livro *A guerra civil na França*, escrito em 1871, Marx trata da Comuna de Paris e volta a analisar a questão do Estado sob uma perspectiva que se aproxima da anarquista. O desaparecimento do Estado seria resultante da transferência do poder para os trabalhadores organizados.

NAS PALAVRAS DE MARX E ENGELS

Estado, burguesia e exploração

[...]
Cada etapa da evolução percorrida pela burguesia foi acompanhada de um progresso político correspondente. Classe oprimida pelo despotismo feudal, associação armada e autônoma na comuna, aqui república urbana independente, ali terceiro estado tributário da monarquia; depois, durante o período manufatureiro, contrapeso da nobreza na monarquia feudal ou absoluta, base principal das grandes monarquias, a burguesia, com o estabelecimento da grande indústria e do mercado mundial, conquistou, finalmente, a soberania política exclusiva no Estado representativo moderno. O executivo no Estado moderno não é senão um comitê para gerir os negócios comuns de toda a classe burguesa.

[...]
Onde quer que tenha conquistado o poder, a burguesia destruiu as relações feudais, patriarcais e idílicas. Rasgou todos os complexos e variados laços que prendiam o homem feudal a seus "superiores naturais", para só deixar subsistir, de homem para homem, o laço do frio interesse, as duras exigências do "pagamento à vista". Afogou os fervores sagrados da exaltação religiosa, do entusiasmo cavalheiresco, do sentimentalismo pequeno-burguês nas águas geladas do cálculo egoísta. Fez da dignidade pessoal um simples valor de troca; substituiu as numerosas liberdades, conquistadas duramente, por uma única liberdade sem escrúpulos: a do comércio. Em uma palavra, em lugar da exploração dissimulada por ilusões religiosas e políticas, a burguesia colocou uma exploração aberta, direta, despudorada e brutal.

MARX, Karl; ENGELS, Friedrich. *Manifesto comunista*. São Paulo: Boitempo, 1998. p. 41-42.

Émile Durkheim

Ao analisar a questão da política e do Estado, Durkheim teve como referência fundamental a sociedade francesa de seu tempo. Como sempre esteve preocupado com a integração social, inseriu-a de forma clara na questão. Para ele, o Estado é fundamental em uma sociedade que fica cada dia maior e mais complexa, devendo estar acima das organizações comunitárias.

Durkheim dizia que o Estado concentrava e expressava a vida social. Sua função seria eminentemente moral, pois deveria realizar e organizar o ideário do indivíduo, além de assegurar-lhe pleno desenvolvimento. E isso seria feito por meio da educação pública voltada para a formação moral sem fins religiosos.

Para Durkheim, o Estado não é oposto ao indivíduo. Foi o Estado que emancipou o indivíduo do controle despótico e imediato dos grupos secundários, como a família, a Igreja e as corporações profissionais, dando-lhe um espaço mais amplo para desenvolver sua liberdade. De acordo com ele, portanto, o Estado é uma organização com conteúdo próprio, ou seja, representa os interesses coletivos.

Ao analisar a relação entre o Estado e os indivíduos, segundo Durkheim, é importante saber como os governantes se comunicam com os cidadãos, para que estes acompanhem as ações do governo. A intermediação deve ser feita por canais como os jornais e a escola, ou pelos órgãos secundários que estabelecem a ligação entre governantes e governados, principalmente os grupos profissionais organizados, que são a base da representação política e da organização social.

De acordo com Durkheim, por meio da democracia a sociedade pode chegar à consciência de si mesma. Uma sociedade é mais democrática quando há deliberação, reflexão e espírito crítico na resolução dos assuntos públicos, e menos democrática quando não há autoconsciência, os sentimentos são obscuros e há atos que não podem ser revelados.

Quando se refere aos sistemas eleitorais no livro *Lições de Sociologia*, Durkheim critica os aspectos numéricos do que se entende por democracia. Ao analisar, por exemplo, as eleições de 1893 na França, ele afirma que dos 38 milhões de habitantes no país, apenas 10 milhões eram eleitores. Isso porque as mulheres, as crianças, os adolescentes e outros, como presidiários, eram impedidos de votar por alguma razão. Desses eleitores, votaram em torno de 7 milhões. Os deputados eleitos, ou seja, os vencedores das eleições, somaram 4 592 000 votos, enquanto os que não venceram tiveram 5 930 000 votos, número superior ao dos vencedores. Assim conclui Durkheim: "[...] se nos ativermos às considerações numéricas, será preciso dizer que nunca houve democracia".

// Para Durkheim, a escola é um dos canais por meio do qual o Estado se comunica e exerce controle sobre a sociedade.

NAS PALAVRAS DE DURKHEIM

Estado e interesses coletivos

[...] Como é necessário haver uma palavra para designar o grupo especial de funcionários encarregados de representar essa autoridade, conviremos em reservar para esse uso a palavra Estado. Sem dúvida é muito frequente chamar-se de Estado não o órgão governamental, mas a sociedade política em seu conjunto, o povo governado e seu governo juntos, e nós mesmos empregamos a palavra nesse sentido. Assim, fala-se em Estados europeus, diz-se que a França é um Estado. Porém, como é bom que haja termos especiais para realidades tão diferentes quanto a sociedade e um de seus órgãos, chamaremos mais especialmente de Estado os agentes da autoridade soberana, e de sociedade política o grupo complexo de que o Estado é o órgão eminente. [...]

Eis o que define o Estado. É um grupo de funcionários *sui generis*, no seio do qual se elaboram representações e volições que envolvem a coletividade, embora não sejam obra da coletividade. Não é correto dizer que o Estado encarna a consciência coletiva, pois esta o transborda por todos os lados. É em grande parte difusa; a cada instante há uma infinidade de sentimentos sociais, de estados sociais de todo o tipo de que o Estado só percebe o eco enfraquecido. Ele só é a sede de uma consciência especial, restrita, porém mais elevada, mais clara, que tem de si mesma um sentimento mais vivo. [...] Podemos então dizer em resumo: o Estado é um órgão especial encarregado de elaborar certas representações que valem para a coletividade. Essas representações distinguem-se das outras representações coletivas por seu maior grau de consciência e de reflexão.

[...]

DURKHEIM, Émile. *Lições de Sociologia*. São Paulo: Martins Fontes, 2002. p. 67-71.

Max Weber

Cinquenta anos depois da publicação do *Manifesto comunista* por Marx e Engels, em um momento no qual o capitalismo estava mais sólido e burocratizado, Weber estava preocupado menos com as questões vinculadas ao poder e mais com as relacionadas ao processo de dominação. Ele questionava: como será possível para o indivíduo manter sua independência diante da total burocratização da vida? Esse foi o tema central da sociologia política weberiana.

Se Durkheim tinha como foco a sociedade francesa, Weber manifestava preocupação específica com a estrutura política alemã, mas levava em conta também o sistema político dos Estados Unidos da América e da Inglaterra. De acordo com ele, na Alemanha unificada por Otto von Bismarck (1815-1898), o Estado era fundamentado nos seguintes setores da sociedade: o Exército, os *junkers* (grandes proprietários de terras), os grandes industriais e a elite do serviço público (alta burocracia). Em 1917, escrevendo sobre Bismarck, Weber afirmou que este havia deixado uma nação sem educação e sem vontade política, acostumada a aceitar as decisões do grande líder.

Ao analisar o Estado alemão, Weber afirma que o verdadeiro poder estatal está nas mãos da burocracia militar e civil. Portanto, para ele, o Estado é uma relação de dominação entre homens mediante a violência, considerada legítima, e uma associação compulsória que organiza essa dominação. Para essa relação existir, é necessário que os dominados obedeçam à autoridade dos detentores do poder. Mas o que legitima esse domínio? Para Weber, há três formas de dominação: a tradicional, a carismática e a legal.

- A dominação tradicional é legitimada por costumes, normas e valores tradicionais e pela "orientação habitual para o conformismo", nas palavras de Weber. É exercida pelo patriarca ou pelos príncipes patrimoniais.

- A dominação carismática está fundada na autoridade do carisma pessoal (o "dom da graça"), da confiança na revelação, do heroísmo ou de qualquer qualidade de liderança individual. É exercida por profetas das religiões, líderes militares, heróis revolucionários e líderes de partidos políticos.
- A dominação legal é legitimada por um estatuto da competência funcional e por regras racionalmente estabelecidas. A forma mais visível desse tipo de dominação é a atuação dos "servidores do Estado". Para Max Weber, portanto, o Estado é uma das muitas organizações burocráticas da sociedade, sem conteúdo próprio; a ação de um médico em um hospital, com autoridade legal para definir os procedimentos, também representa a dominação legal.

Repressão policial a manifestantes na Place de la Republique, Paris, França, 2015. Para Weber, essa seria, então, uma expressão do uso legítimo da violência pelo Estado moderno e representaria o exercício da dominação legal.

NAS PALAVRAS DE WEBER

Estado e política

[...] O que é um "Estado"? Sociologicamente, o Estado não pode ser definido em termos de seus fins. Dificilmente haverá qualquer tarefa que uma associação política não tenha tomado em suas mãos, e não há tarefa que se possa dizer que tenha sido sempre, exclusivamente e peculiarmente, das associações designadas como políticas: hoje o Estado, ou, historicamente, as associações que foram predecessoras do Estado moderno. Em última análise, só podemos definir o Estado moderno sociologicamente em termos dos meios específicos peculiares a ele, como peculiares a toda associação política, ou seja, o uso da força física.

"Todo Estado se fundamenta na força", disse Trotski em Brest-Litovsk. Isso é realmente certo. Se não existissem instituições sociais que conhecessem o uso da violência, então o conceito de "Estado" seria eliminado, e surgiria uma situação que poderíamos designar como "anarquia", no sentido específico da palavra. É claro que a força não é certamente o meio normal, nem o único do Estado – ninguém o afirma – mas um meio específico ao Estado. Hoje, as relações entre o Estado e a violência são especialmente íntimas. [...] porém, temos de dizer que o Estado é uma comunidade humana que pretende, com êxito, o monopólio do uso legítimo da força física dentro de um determinado território. [...] Especificamente, no momento presente, o direito de usar a força física é atribuído a outras instituições ou pessoas apenas na medida em que o Estado o permite. O Estado é considerado como a única fonte do "direito" de usar a violência. Daí "política", para nós, significar a participação no poder ou a luta para influir na distribuição de poder, seja entre Estados ou entre grupos dentro de um Estado.

[...]

WEBER, Max. *Ensaios de Sociologia*. 5. ed. Rio de Janeiro: Zahar, 1982. p. 97-98.

Democracia representativa e revolução democrática

A ideia de democracia representativa, como o próprio nome indica, parte desde o início da concepção de que o poder tem como base a soberania popular. O poder é do povo, em seu nome deverá ser exercido e não se encontra mais concentrado nas mãos de um rei, de um imperador ou de um ditador de plantão. A questão é: como fazer a soberania popular se expressar? Ela só pode se viabilizar por meio da representação, uma vez que não seria possível reunir todo o povo para se decidir o que fazer num país. A representação política se expressa, então, pelo voto. Mas quem são os que determinam quem pode votar e quem pode ser votado? São aqueles que fazem as leis, ou seja, os representantes do povo. Muitas vezes, porém, os representantes não representam de fato o conjunto da população por criarem um espaço elitista de realização da política, completamente avesso ou indiferente aos interesses populares, por motivos variados.

Na época do liberalismo clássico (período histórico entre os séculos XVII e XIX), apenas os homens adultos e economicamente independentes tinham instrução e eram considerados capazes de discernimento para tomar decisões políticas. Desse modo, durante muito tempo a representação foi bastante restrita.

Tomemos como exemplo a Inglaterra, a pátria do parlamentarismo e da democracia moderna. Logo após a chamada Revolução Gloriosa (1688), que limitou os poderes do rei e atribuiu ao Parlamento autoridade sobre o governo, somente 2% da população tinha direito a voto. Em 1832, quase 150 anos depois, após uma reforma eleitoral, esse índice subiu para 5%. As mulheres só conquistariam o direito de votar na Inglaterra em 1918 (no Brasil, o voto feminino foi instituído em 1932).

Pode-se entender melhor a "igualdade política" defendida pelo pensamento liberal, base ideológica do sistema capitalista, ao analisar os estudos de grandes pensadores liberais, como Benjamin Constant (1787-1874), Immanuel Kant (1724-1804) e Edmund Burke (1729-1797).

O pensador francês Benjamin Constant afirmava que as pessoas condenadas pela penúria ao trabalho diário e a uma situação de eterna dependência estavam tão mal informadas acerca dos assuntos públicos quanto uma criança e, por isso, não podiam ter direito ao voto. Era indispensável dispor de tempo livre para adquirir os conhecimentos e os critérios justos. Só a propriedade proporcionava esse tempo livre e deixava os indivíduos em condições de exercer os direitos políticos.

O filósofo alemão Immanuel Kant afirmava que, para exercer os direitos políticos, era necessário não ser criança nem mulher. Mas não bastava a condição de homem; era preciso ser senhor de uma propriedade que lhe desse sustento. O dependente, o criado e o operário não podiam ser membros do parlamento e não estavam qualificados para ser cidadãos.

Edmund Burke, pensador inglês de visão conservadora, ao analisar os perigos da Revolução Francesa para a sociedade burguesa, afirmava que somente a elite tinha o grau necessário de racionalidade e de capacidade analítica para compreender o que convinha ao bem comum. Afirmava ainda que a propriedade garantia a liberdade, mas produzia a desigualdade.

// Ilustração publicada em 1911 junto ao encarte da música "A marcha das mulheres", que ficou conhecida como hino do movimento sufragista na Inglaterra.

Essas ideias ainda estão presentes em nossa sociedade. Elas se expressam, por exemplo, nas declarações de que o povo não sabe votar e de que, para ser deputado, senador ou presidente da República, são necessários determinados atributos que, normalmente, só os membros das classes proprietárias possuem, como nível universitário, experiência administrativa, etc. A ação e o discurso contra a presença de trabalhadores, ou daqueles que defendem seus direitos, no Parlamento ou em cargos executivos, são muito antigos e estão presentes na sociedade contemporânea.

Para ampliar o número de pessoas com direito a votar e serem votadas, foram necessárias muitas lutas em todas as sociedades. Isso significa afirmar que o liberalismo somente se tornou democrático, no sentido de se abrir cada vez mais ao exercício popular da soberania política, porque foi forçado a isso.

Aspectos institucionais da democracia

A democracia é um tema passível de análise sob muitos ângulos. Nesse sentido, é importante verificar que alguns autores enfatizam os aspectos institucionais necessários para seu desenvolvimento e manutenção. De acordo com Giovanni Sartori (1924-2017), Robert Dahl (1915-2013), Adam Przeworski (1940-) e Guillermo O'Donnell (1936-2011), entre outros, para haver democracia em um país, é necessário atender a alguns requisitos:

- ter eleições competitivas, livres e limpas para os poderes Legislativo e Executivo;
- oferecer direito de voto, que deve ser extensivo à maioria da população adulta, ou seja, cidadania abrangente no processo de escolha dos candidatos;
- dar proteção e garantia das liberdades civis e dos direitos políticos mediante instituições sólidas, isto é, liberdade de imprensa, de expressão e de organização, além do direito ao *habeas corpus* e outros que compreendem o componente liberal da democracia;
- dispor de controle efetivo das instituições legais e de segurança e repressão – poder Judiciário, Forças Armadas e forças policiais.

Essas condições institucionais garantiriam a efetivação da democracia representativa. Elas podem ser usadas como parâmetros para avaliar o genuíno poder de governança das autoridades eleitas.

Um ano após a polícia ter reprimido manifestações que reivindicavam maior participação popular na política e democracia em Hong Kong, ativistas voltaram a ocupar o centro financeiro da cidade e abriram seus guarda-chuvas, símbolo do movimento. Setembro, 2015.

Os partidos políticos

Muitas pessoas pensam que só se pode fazer política institucional por meio dos partidos políticos, mas no âmbito do Estado liberal, inicialmente, a ideia de partido era inaceitável. Considerava-se que o Parlamento deveria ter unidade de formação e pensamento, não comportando divisões ou "partes" – significado da palavra partido; os partidos são resultado da pressão exercida por quem não tinha acesso ao Parlamento.

Somente quando outros setores da sociedade começaram a lutar por participação na vida política institucional, principalmente os trabalhadores organizados, surgiram os partidos políticos, que tinham como objetivo defender interesses diferentes: de um lado, os que queriam mudar a situação; de outro, os que pretendiam mantê-la.

Entretanto, mesmo havendo as possibilidades de mudança ou de permanência das condições políticas, a democracia representativa se tornou reduzida. Dois pensadores nascidos no século XIX deixaram bem claro como funcionam os partidos e quais as consequências da existência deles. Um deles é o conservador italiano Gaetano Mosca (1858-1941), ao afirmar que o colapso da representatividade do processo eleitoral tem início no momento pré-eleitoral do processo político, ou seja, na dinâmica intrapartidária de definição das candidaturas quando se registra baixa participação da maioria social, pois toda candidatura é sempre consequência de uma minoria organizada que impõe a sua vontade à maioria desorganizada. Para Gaetano Mosca, não são os eleitores que elegem o deputado, e sim o deputado que se faz eleger por seus eleitores.

O outro pensador é Joseph Schumpeter (1883-1950), que, em seu livro *Capitalismo, socialismo e democracia*, demonstra que as elites políticas exercem total controle sobre o regime democrático, pois elas próprias organizam o processo eleitoral, propondo ao eleitorado um estreito leque de opções. Assim, as massas desempenham involuntariamente o papel de selecionar lideranças, todas oriundas da restrita elite política. Para Joseph Schumpeter, a democracia não tem relações com a concretização da vontade geral ou da soberania popular.

Hoje, entretanto, o que se observa em todo o mundo, onde vigora o sistema de representação política fundamentado na existência de partidos políticos, é o descrédito da representatividade dos eleitos e dos partidos pelos quais se elegeram, pois, muitas vezes, os candidatos eleitos assumem posturas divergentes das que haviam defendido nas campanhas eleitorais e das que apresentaram em seus programas de governo.

// Passeata por ocasião do assassinato de Boris Nemtsov, do Partido da República da Rússia, crítico e opositor do regime de Vladimir Putin, então presidente da Rússia, do Partido Rússia Unida. De um lado, um partido que visa mudar a situação; do outro, um partido que se interessa em preservá-la. Moscou, 2015.

NAS PALAVRAS DE SOUSA SANTOS

Capitalismo e democracia

[...]

Ao contrário do que o senso comum dos últimos cinquenta anos nos pode fazer pensar, a relação entre democracia e capitalismo foi sempre uma relação tensa, senão mesmo de contradição.

[...]

O capitalismo só se sente seguro se governado por quem tem capital ou se identifica com as suas "necessidades", enquanto a democracia é idealmente o governo das maiorias que nem têm capital nem razões para se identificar com as "necessidades" do capitalismo, bem pelo contrário. O conflito é, no fundo, um conflito de classes, pois as classes que se identificam com as necessidades do capitalismo (basicamente a burguesia) são minoritárias em relação às classes (classes médias, trabalhadores e classes populares em geral) que têm outros interesses cuja satisfação colide com as necessidades do capitalismo.

Sendo um conflito de classes, afirma-se social e politicamente como um conflito distributivo: por um lado, a pulsão para a acumulação e concentração da riqueza por parte dos capitalistas e, por outro, a reivindicação da redistribuição da riqueza criada em boa parte pelos trabalhadores e suas famílias. A burguesia teve sempre pavor de que as maiorias pobres tomassem o poder e usou o poder político que as revoluções do século XIX lhe concederam para impedir que tal ocorresse. Concebeu a democracia liberal de modo a garantir isso mesmo através de medidas que mudaram no tempo, mas mantiveram o objetivo: restrições ao sufrágio, primazia absoluta do direito de propriedade individual, sistema político e eleitoral com múltiplas válvulas de segurança, repressão violenta de atividade política fora das instituições, corrupção dos políticos, legalização dos *lobbies*.

E sempre que a democracia se mostrou disfuncional, manteve-se aberta a possibilidade do recurso à ditadura, o que aconteceu muitas vezes.

[...]

Não se trata apenas de questionar o futuro da democracia. Trata-se também de questionar a democracia do futuro. A democracia liberal foi historicamente derrotada pelo capitalismo e não me parece que a derrota seja reversível. Portanto não há que ter esperança em que o capitalismo volte a ter medo da democracia liberal, se alguma vez teve. Esta última sobreviverá na medida em que o capitalismo global se puder servir dela. A luta daqueles e daquelas que veem na derrota da democracia liberal a emergência de um mundo repugnantemente injusto e descontroladamente violento tem de centrar-se na busca de uma concepção de democracia mais robusta cuja marca genética seja o anticapitalismo.

[...]

Pode chamar-se revolução democrática ou democracia revolucionária – o nome pouco importa – mas é necessariamente uma democracia pós-liberal, que não aceita ser descaracterizada para se acomodar às exigências do capitalismo. Pelo contrário, assenta em dois princípios: o aprofundamento da democracia só é possível à custa do capitalismo; em caso de conflito entre capitalismo e democracia é a democracia real que deve prevalecer.

SOUSA SANTOS, Boaventura de. *Democracia ou capitalismo*. Disponível em: <http://outraspalavras.net/posts/democracia-ou-capitalismo/>. Acesso em: 1º mar. 2018.

Revolução democrática

A democracia representativa, nos moldes que vigoram atualmente na maioria dos países, limita, como vimos, a expressão da soberania popular. Nesse sentido, Claude Lefort (1924-2010) e Boaventura de Sousa Santos (1940-) propõem uma nova maneira de pensar o que seja de fato a democracia.

O pensador francês Claude Lefort, em seu livro *A invenção democrática* (1983), afirma que é uma aberração considerar a democracia uma criação da burguesia. Para ele, essa classe sempre procurou impedir que o liberalismo se tornasse democrático, restringindo o sufrágio universal e a ampliação de direitos, como os de associação e de greve, e criando outras tantas artimanhas para excluir a maior parte da população da participação nas decisões políticas.

Para Claude Lefort, a democracia é a criação contínua de novos direitos, e não se trata de um sistema político consensual. É justamente a existência do dissenso, o direito e a liberdade de questionar a situação existente, que caracteriza o regime democrático. O consenso leva à ditadura.

O sociólogo português Boaventura de Sousa Santos também propõe outros elementos para analisar a questão da democracia e da representação. Ele afirma que a democracia no mundo contemporâneo oferece duas imagens muito contrastantes. Por um lado, a democracia representativa é considerada internacionalmente o único regime político legítimo. Por outro, existem sinais de que os regimes democráticos, nos últimos vinte anos, traíram as expectativas da maioria da população, principalmente das classes populares. As revelações mais frequentes de corrupção permitem concluir que alguns governantes legitimamente eleitos usam o mandato para enriquecer à custa do povo e dos contribuintes.

Alternativas?

A democracia moderna nasceu com o desenvolvimento do capitalismo (e apesar dele) e teve as mais diversas expressões em diferentes países, assumindo formas de Estado e estruturas de organização social ímpares e historicamente determinadas. Mas a história do século XX mostra que, nas ocasiões em que o poder das classes dominantes parecia ameaçado pelos movimentos populares, a democracia era deixada de lado, como algo que não poderia ser mantido. Assim, veio o fascismo – na Europa, nos anos 1920 e 1930 – e irromperam as ditaduras civil-militares, como as da América Latina, entre os anos 1960 e 1980.

Nas últimas décadas, o mundo sofreu uma série de transformações que propiciaram ao capitalismo um novo padrão de acumulação de capital dominado pelas grandes corporações aliadas ao capital financeiro. O poder político desses grupos e dessas classes aparece, então, como desdobramento de seu poder econômico. Para usar os termos do filósofo alemão Jürgen Habermas (1929-), há uma colonização do "mundo da vida" pelo "mundo do dinheiro".

As grandes corporações, ao articularem poder econômico, controle político e manipulação da informação, tornaram-se assim uma ameaça à democracia e são responsáveis pelo sustento econômico dos meios de comunicação, que raramente divulgam as relações do mundo corporativo com o poder político. Aí percebe-se uma faceta irônica, pois a conta da publicidade utilizada pelas grandes empresas está embutida no preço dos produtos e serviços anunciados e é paga por todos. De certa forma, paga-se pela desinformação.

Há alternativas? Até onde se pode pensar, sem a necessidade de profecias, a alternativa que se apresenta é um aprofundamento da democracia em seu sentido original, ou seja, estruturas que expressem a vontade popular sob o controle desse poder. Isso significa, no mundo de hoje, questionar o poder das grandes corporações aliadas ao capital financeiro sem renunciar às possibilidades democráticas de organização das sociedades em que se vive.

Cenário do poder e da democracia

Um novo conceito de política

Ativismo digital não é mais novidade. Usar a internet para conectar pessoas, divulgar causas e reunir multidões é algo que teve início ainda nos anos 90, quando o Subcomandante Marcos, do Exército Zapatista de Libertação Nacional, usava a internet para espalhar o drama dos índios no sul do México. Ou quando uma multidão se reuniu em Seattle, em novembro de 1999, para protestar contra encontros de cúpula da Organização Mundial do Trabalho. Mas a internet e as mídias digitais só começaram a se popularizar de verdade no início da década passada, por isso esse tipo de organização política ainda estava restrito a militantes mais engajados.

Mas a internet deixou de ser uma rede de *geeks*. Celulares se tornaram o principal meio de comunicação do planeta. Além de fotografar e filmar, ainda se conectam à *web* para divulgar o que foi registrado onde for.

Foi assim que vimos uma série de novos movimentos utilizarem redes sociais e comunicação móvel para furar bloqueios governamentais e sair às ruas. Essa nova organização política – popular, digital e sem lideranças – cresceu principalmente em 2011, quando vimos esse tipo de movimento ganhar as ruas dos países árabes, ir à Europa (primeiro na Espanha, depois em Londres) e finalmente chegar aos Estados Unidos, onde um grupo de ativistas resolveu seguir o exemplo de árabes e europeus e acampar, sem prazo para ir embora, no centro financeiro de Manhattan.

As críticas que fazem ao movimento Occupy Wall Street são as mesmas que fizeram sobre as manifestações no Egito, na Tunísia, na Síria, na Espanha e na Europa. De que são apenas jovens desempregados, que não têm causa definida, nem reivindicação clara ou outra solução para o problema que apontam.

Mas a indignação já deixou de ser localizada em determinada cidade e ontem, dia 15 de outubro (ou 15 O, como escolheram codificar), vários manifestantes em dezenas de cidades do planeta saíram às ruas para protestar contra corporações e governos.

O que está acontecendo, na verdade, é o despertar de uma consciência global. Quando os meios impressos surgiram, foi o alcance de sua distribuição que determinou as fronteiras dos países para, num segundo momento, consolidá-los como nações, um conceito que não tem nem 500 anos de existência. Foi a partir disso que a política moderna, a de representação, surgiu.

Mas à medida que o século 20 foi despertando a consciência de que todos somos parte de um mesmo planeta (graças à iminência de uma guerra nuclear e pela ecologia), aos poucos vem caindo a ficha de que a política de séculos passados se esgotou. E o que estamos vendo, nessas manifestações populares, é o clamor por um novo tipo de política. É só o começo.

MATIAS, Alexandre. É só o começo. *Link Estadão*. São Paulo, 16 out. 2011. Disponível em: <http://link.estadao.com.br/blogs/alexandre-matias/e-so-o-comeco/>. Acesso em: 1º mar. 2018.

1. De seu ponto de vista, qual é o significado dos movimentos políticos mencionados no texto? Eles anunciam uma nova forma de fazer política?

2. No lugar onde você vive, estão surgindo novas formas de participação política? Quais?

// Milhares de pessoas se reúnem em apoio ao partido Podemos na principal praça de Madri, Espanha, 2015. Registro de uma nova organização política: popular e da juventude.

CAPÍTULO 14 | A SOCIOLOGIA, O PODER E A DEMOCRACIA

CAPÍTULO 15

Poder, política e Estado no Brasil

Por mais de 300 anos, enquanto na Europa se constituíam Estados absolutistas e depois liberais, o Brasil permaneceu como colônia de Portugal – portanto, submetido ao Estado português. Assim, durante o período colonial (1500-1822), todas as decisões políticas relacionadas ao Brasil eram tomadas pelo soberano português, que mantinha um Estado absolutista; as autoridades e os moradores da colônia só cumpriam as decisões, ou seja, toda a estrutura de poder na colônia estava ligada diretamente ao rei de Portugal. Isso ficou mais claro quando, em 1808, o príncipe regente de Portugal, Dom João, partiu com a corte para o Brasil, transplantando para cá a forma de Estado vigente em Portugal.

Com a independência, em 1822, instituiu-se no Brasil um Estado monárquico (imperial e escravista) com alguns traços do Estado liberal, mas com uma contradição imensa, que perduraria ainda por 66 anos: a escravidão.

Após a proclamação da República, em 1889, o Estado brasileiro assumiu diferentes feições, caracterizando-se como oligárquico, ditatorial ou liberal, sempre à sombra do poder dos militares, cujas intervenções e golpes foram frequentes. Só a partir da Constituição de 1988, o país passou a conviver com a perspectiva de um Estado democrático duradoura, mas também com uma política econômica neoliberal, sem ter efetivamente passado por um Estado de bem-estar social.

Entretanto, esse passado ficou como um traço cultural do comportamento político brasileiro, que expõe duas faces do mesmo fenômeno: por um lado, questiona-se de diversas formas a atuação estatal, seja qual for o governo presente, e, por outro, quando se necessita de algo, como mais empregos, mais renda, melhores condições de vida, afirma-se que é o governo (Estado) que deve tomar as decisões. De um lado se é contra porque o governo toma decisões; de outro, solicita-se que ele resolva todos os problemas do presente. O governo estaria na raiz de todos os males e seria ao mesmo tempo solução para eles.

O Estado imperial escravista (1822-1889)

O Estado brasileiro nesse período estruturou-se como uma monarquia constitucional com os seguintes poderes: Executivo (Conselho de Estado), Legislativo (Assembleia Geral, composta de Senado e Câmara dos Deputados) e Judiciário (Supremo Tribunal de Justiça).

Havia, no entanto, algo diferente no Brasil monárquico desde o reinado de Dom Pedro I: o poder Moderador, exercido pelo imperador. Esse poder ficava hierarquicamente acima dos outros três, pois o imperador nomeava os integrantes do Conselho de Estado (o Executivo) e do Senado, escolhia os membros do Supremo Tribunal de Justiça, podia dissolver a Câmara dos Deputados e utilizar as Forças Armadas quando achasse conveniente para manter a segurança do Império. Tratava-se de um poder absoluto com uma maquiagem liberal, já que havia uma Constituição em vigor no país. Parecia vigorar um parlamentarismo, mas, de fato, quem exerce o poder era o imperador.

A sustentação política do Império, nesse primeiro período, era assegurada pelos senhores de escravos aliados aos militares e a uma burocracia que mantinha fortes laços com Portugal. Depois da abdicação de Dom Pedro I, com as regências e o governo de Dom Pedro II, os laços da estrutura estatal com Portugal se afrouxaram e a gestão das questões públicas brasileiras adquiriu maior autonomia.

O Brasil e os Estados Unidos da América (EUA), no período entre 1776 e 1888 – independência dos EUA e abolição da escravatura no Brasil –, talvez tenham sido os únicos países do mundo nos quais uma Constituição liberal coexistiu com a escravidão, o que é uma grande contradição, pois as constituições liberais dispõem que todos os indivíduos são iguais perante a lei, e a escravidão é a negação desse princípio. No caso do Brasil, a permanência dessa contradição se explica pelo fato de a escravidão ter sido um dos elementos estruturais da monarquia brasileira, tanto é que, assim que foi abolida, caiu também a monarquia. O liberalismo propagado no Brasil nesse período significava apenas a liquidação dos laços coloniais e não a liberdade para todos. A estrutura produtiva continuava a mesma: escravista e alicerçada na grande propriedade rural.

// Charge de Angelo Agostini, publicada na *Revista Ilustrada* em 1882, ironiza a decadência política do Império. Fundação Biblioteca Nacional, Rio de Janeiro, RJ. Rodolfo Dantas, chefe da oposição, coloca D. Pedro II ao chão, enquanto o mascote (um garoto) da revista e um indígena brasileiro riem da cena, de camarote. O imperador caindo da cadeira representaria a queda do período imperial.

O Estado republicano

A República (*res publica* em latim) é a forma de governo que proclama e defende a supremacia do bem comum sobre qualquer desejo particular. Assim, o bem comum, quando expresso na lei (que deve atingir a todos da mesma forma), implica a responsabilidade daquele que, ao mesmo tempo, faz a lei e deve obedecer a ela.

A democracia, por sua vez, estabelece e define quem tem o poder. As constituições democráticas, inclusive a brasileira, sentenciam: todo o poder emana do povo e em seu nome será exercido.

São concebíveis repúblicas democráticas e repúblicas autoritárias, com aberturas para várias situações intermediárias. O caso brasileiro é emblemático. Ao longo do período republicano, configuraram-se diferentes formas de estruturação estatal, desde o Estado oligárquico (governo de grupos) até o Estado liberal democrático, intercalados por Estados autoritários (ditatoriais).

Uma das características do Estado no Brasil, no período republicano, é que o poder privado das várias classes e segmentos dominantes sempre opôs forte resistência à Constituição e ao desenvolvimento do Estado como um poder público. Nesse sentido, a diferenciação entre o que é público e o que é privado não ficou visível no cotidiano da política, já que os interesses particulares dos dominantes e dos grupos que os apoiaram passaram a ser disseminados como sendo os interesses de todos. O quadro a seguir permite visualizar essa sequência de modelos estatais ao longo do período republicano no país.

Períodos	Formas do Estado
1889-1930	Estado oligárquico – Primeira República
1930-1945	Estado varguista – Ditadura do Estado Novo
1945-1964	República democrática entre ditaduras
1964-1985	Ditadura civil-militar
1985-hoje	República democrática

O Estado oligárquico (1889-1930)

Enquanto na Europa e nos Estados Unidos já havia um desenvolvimento industrial significativo e um Estado liberal-democrático estruturado, o Brasil era um país essencialmente agrário, com um Estado oligárquico que limitava a participação popular ou a reduzia apenas ao ato de votar.

A república no Brasil surgiu de um movimento da cúpula militar, sem a participação da população. Segundo o jornalista republicano Aristide Lobo (1838-1896), em sua coluna *Cartas do Rio*, escrita no dia da proclamação e publicada no *Diário Popular* de 18 de novembro de 1889, "o povo assistiu bestializado, atônito, surpreso, sem conhecer o que significava", ao movimento que derrubou a monarquia.

O Estado que nasceu com a implantação da República no Brasil caracterizou-se, principalmente, pela ligação da classe dominante com a cúpula da estrutura militar. Desde o início da República, a cúpula militar marcou presença na estruturação política nacional e ocupou o posto máximo de comando – a Presidência da República –, além de, nos bastidores, influir nas principais decisões políticas.

O poder federal caracterizava-se pelo domínio das oligarquias regionais, formadas por poderosas famílias, em sua maioria compostas de grandes proprietários rurais, os quais controlavam o poder nos estados. Essas oligarquias funcionavam como detentoras do poder porque tinham como base os "coronéis", os "chefes" do poder local. Com o apoio das oligarquias, os "coronéis" mantinham-se como líderes locais por meio da distribuição de verbas para os municípios administrados por eles. Estabelecia-se assim uma linha direta entre o poder das oligarquias regionais e o poder local: em uma ponta, a oligarquia que sustentava o poder local, por sua vez, situado na outra extremidade.

Charge de Angelo Agostini feita no início da Primeira República (1889-1930), ironizando as práticas eleitorais da época. Não havia mecanismos institucionais que pudessem coibir as fraudes, pois o voto era aberto e não existia uma justiça eleitoral independente.

Victor Nunes Leal (1914-1985), em seu livro *Coronelismo, enxada e voto*, aponta para a essência do "compromisso" entre um oligarca regional e um "coronel". Consistia na seguinte relação: os chefes locais davam apoio incondicional aos candidatos indicados pelos oligarcas nas eleições estaduais e federais e, em troca, tinham plenos poderes para decidir sobre todos os assuntos locais, inclusive nomear parentes e afilhados políticos para cargos da administração estadual e federal em seus municípios.

Desse modo, as oligarquias regionais instalavam-se nos governos estaduais e na instância federal, nas quais faziam valer os seus interesses particulares a despeito dos valores republicanos e democráticos.

Tratava-se de uma forma de poder econômico, social e político expressa pelo proprietário rural, controlador dos meios de produção, dos moradores da zona rural e das pequenas cidades do interior.

A prática político-social das oligarquias e dos "coronéis" mantinha uma articulação local-regional e regional-federal e funcionava para perpetuar o sistema eleitoral e o mandonismo coronelista.

O poder, no entanto, era dividido com uma burguesia urbana, comercial e financeira que também pressionava os órgãos governamentais em busca de benefícios para se estabelecer como força política expressiva – que terá, nos momentos seguintes da história republicana, papel de destaque na vida nacional.

Desse modo, o regime introduzido em 1889 pode ser chamado de republicano, conforme as descrições de exercício do poder expostas? Quem faz a pergunta é o filósofo e político brasileiro Renato Janine Ribeiro. Para ele, a chamada "Primeira República" nunca levou em conta o princípio republicano (busca do bem comum), visto que não havia limites aos desmandos e ao uso da máquina estatal e do dinheiro público pelos oligarcas federais, estaduais e locais. Talvez essa marca de nascença da república no Brasil tenha desmoralizado até o presente a própria ideia de república no país.

Nesse período, após a abolição dos escravos e a promulgação da constituinte de 1891, instalou-se uma nova estrutura legal no país, pois naquele momento todos os indivíduos eram considerados cidadãos e sujeitos de direitos iguais. Ao mesmo tempo, houve a difusão do trabalho assalariado e a implantação progressiva do modo de produção capitalista no Brasil. Estruturou-se também uma burocracia estatal mais estável, com o suporte de Forças Armadas modernizadas e cada vez mais politicamente organizadas.

A República varguista (1930-1945)

A chamada República varguista recebeu esse nome porque Getúlio Vargas (1882-1954) se manteve no poder durante todo esse ciclo. Esse período teve início e fim marcados por golpes de Estado, um para levar Getúlio Vargas ao poder e outro para destituí-lo. Observe mais adiante a cronologia desse período.

O movimento golpista liderado por Getúlio Vargas, conhecido como "Revolução de 30", iniciou o processo de desmonte da estrutura de poder das oligarquias regionais, o que não significa que elas tenham perdido todo o poder.

O que realmente ocorreu é que as oligarquias regionais tiveram de dividir o poder com outros grupos e classes sociais emergentes na sociedade brasileira. Nesse sentido, internamente, a "Revolução de 30" constituiu-se em um grande acordo (conciliação) que envolveu vários grupos e classes sociais:
- os industriais em ascensão;
- a burguesia comercial e financeira ligada à exportação/importação de produtos primários;
- as classes médias urbanas;
- os militares descontentes (movimento tenentista);
- parte das oligarquias regionais (principalmente do Nordeste e do Rio Grande do Sul).

A proposta desse governo, em suas diversas fases, era industrializar o país mediante o processo de substituição gradual das importações, produzindo aqui o que fosse possível. O Estado atuava como o principal agente investidor na infraestrutura necessária a esse processo e, para isso, várias empresas foram criadas, entre elas: a Companhia Siderúrgica Nacional, a Companhia Vale do Rio Doce, a Fábrica Nacional de Motores e a Hidrelétrica do Vale do São Francisco.

Pode-se afirmar que Getúlio Vargas deu início à modernização da estrutura do Estado brasileiro ao criar uma série de órgãos governamentais, como o Instituto Brasileiro de Geografia e Estatística (IBGE), o Conselho Nacional do Petróleo e o Instituto do Açúcar e do Álcool, entre outros. Vargas criou também novos ministérios, como o Ministério do Trabalho, Indústria e Comércio e o Ministério da Educação e Saúde. Esses atos só foram possíveis porque paralelamente foi estabelecida uma burocracia civil e militar, de caráter autoritário (centralizador e nacionalista), com relativa autonomia diante dos setores da sociedade brasileira, mas de tendência favorável aos interesses do empresariado industrial. Afinal, o objetivo era garantir a industrialização do país e, assim, o desenvolvimento nacional. Ou, ao menos, o que se entendia, e até hoje ainda se entende, como desenvolvimento, isto é, a expansão econômica dos negócios e interesses das classes sociais mais abastadas e politicamente mais influentes nos destinos do país.

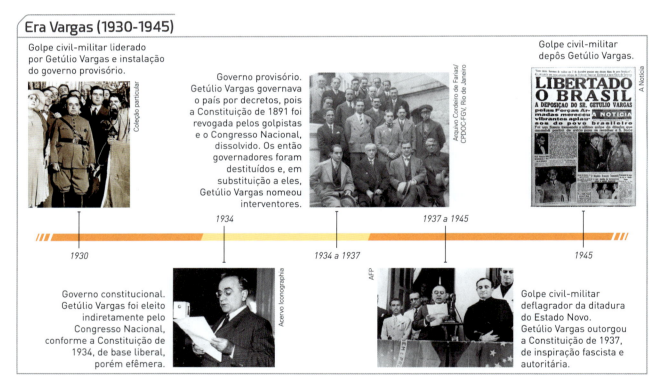

Repressão e convencimento

Um aspecto importante a destacar nesse período foi a repressão política, principalmente durante o Estado Novo, com perseguições, prisões, torturas, mortes, invasões e depredações de sindicatos e de entidades populares. O aparato repressivo do Estado era dirigido não só contra os comunistas (considerados ameaça "natural" aos "sujeitos de bem" representados pelos membros das elites e oligarquias nacionais e estrangeiras), mas contra todos os democratas e antifascistas, ou seja, os opositores do regime.

Vargas ampliou os poderes das forças repressivas, especialmente da polícia política comandada pelo militar e político Filinto Muller. Alguns casos podem indicar a amplitude dessa repressão, que atingiu intelectuais como o historiador Caio Prado Jr., o pintor Di Cavalcanti e os escritores Graciliano Ramos, Jorge Amado e Erico Verissimo.

Mas havia muito mais que repressão para conter os ânimos opositores e levar a cabo os projetos de Vargas para o Brasil (leia-se: os projetos de seus aliados). Havia também censura e convencimento. Em 1939, Getúlio Vargas criou o Departamento de Imprensa e Propaganda (DIP), responsável pela censura aos meios de comunicação e divulgação do Estado Novo. Nada que fosse contra o regime ou a figura do presidente poderia ser publicado. Por meio do rádio e do cinema, a propaganda projetava a figura do líder Getúlio Vargas como o "Pai dos Pobres" e o "Salvador da Pátria". Houve também controle sobre o teatro e todo tipo de veículo de imprensa que pudesse ser considerado pelo governo "nocivo aos interesses brasileiros". Vargas criou ainda a *Hora do Brasil*, programa radiofônico de divulgação das obras do governo e de transmissão dos seus discursos.

Populismo

Com a ascensão de Getúlio Vargas ao poder, estabeleceu-se o que a Sociologia costuma chamar de populismo, que de modo resumido é a prática política fundamentada em uma liderança carismática e um nacionalismo fomentado por forte propaganda, sustentada por uma política de alianças entre várias classes sociais (trabalhadores urbanos, burguesia industrial e financeira e alguns setores da oligarquia rural). A expressão dessa prática foi a criação dos partidos nacionais pelo governo Vargas em 1945:

- o Partido Trabalhista Brasileiro (PTB) – constituído pela burocracia sindical, burocratas em postos de governo vinculados ao trabalho e previdência social, burguesia industrial nacionalista e trabalhadores urbanos. Deveria ser porta-voz dos trabalhadores;
- o Partido Social Democrático (PSD) – que seria porta-voz de outra parte da burocracia estatal (principalmente interventores nos estados), parte da burguesia industrial e comercial e de setores dominantes no campo.

Essa polaridade demonstrava a astúcia de Getúlio para desenvolver uma política de compromisso e conciliação. Em 1945, formou-se a União Democrática Nacional (UDN) como partido de oposição, que teve como bandeira principal o antigetulismo.

Permanências

Para que não se pense que o que se apresentou até aqui são coisas do passado, é necessário apontar algumas questões que permanecem na política e no Estado brasileiro desde então:

- golpismo como alternativa recorrente para chegar ao poder;
- caráter intervencionista (em favor das classes dirigentes) do Estado na economia, no trabalho e na educação;
- "conciliação" como forma de conservação do poder;
- manutenção de estruturas sindicais com aspectos autoritários e pouco ligados às questões de classe.

A relação autoritarismo/repressão/liberalismo exemplifica essa permanência varguista na cultura política brasileira. Na mesma proporção, ajuda a explicar o período seguinte, inclusive as motivações de instauração da ditadura civil-militar em 1964.

Vale ainda destacar duas outras permanências desse período: Filinto Muller e Tancredo Neves.

- Filinto Muller (1900-1983) ocupou vários cargos públicos na era Vargas e continuou a ocupá-los até que, entre 1969 e 1973, foi presidente da Aliança Renovadora Nacional (Arena), o partido de sustentação do governo durante a ditadura civil-militar. Chegou à presidência do Senado em 1973.
- Tancredo Neves (1910-1985) foi ministro da Justiça de Getúlio Vargas nos anos de 1953 e 1954. No período parlamentarista foi o primeiro chefe do gabinete parlamentarista, presidido por João Goulart. Indiretamente eleito presidente da República em 1985, só não tomou posse porque faleceu dias depois de José Sarney, então seu vice, ter assumido o cargo interinamente. Sarney, uma permanência do regime ditatorial pós-1964, tornou-se presidente do Brasil e passou a comandar o país durante o período que se convencionou chamar de Nova República.

República democrática entre ditaduras (1945-1964)

Para alcançar estruturas de poder e organizações estatais afeitas à democracia representativa, o Brasil passou por um período muito conturbado. Terminada a Segunda Guerra Mundial, iniciava-se no país um período de 19 anos de experiência democrática liberal, demarcado por golpes militares. Dois golpes de Estado

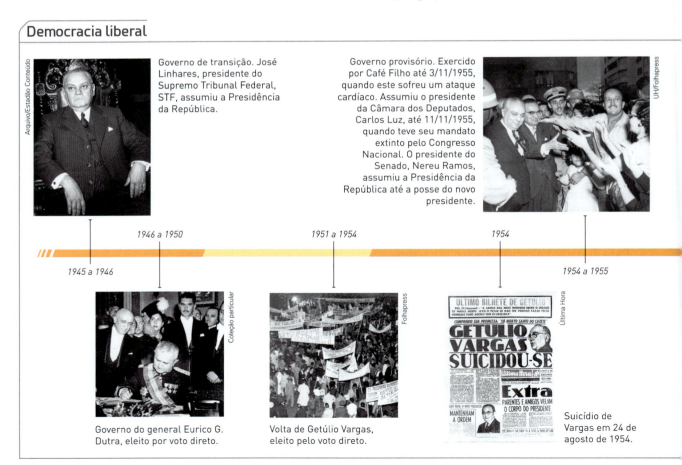

Democracia liberal

1945 a 1946 — Governo de transição. José Linhares, presidente do Supremo Tribunal Federal, STF, assumiu a Presidência da República.

1946 a 1950 — Governo do general Eurico G. Dutra, eleito por voto direto.

1951 a 1954 — Volta de Getúlio Vargas, eleito pelo voto direto.

1954 — Suicídio de Vargas em 24 de agosto de 1954.

1954 a 1955 — Governo provisório. Exercido por Café Filho até 3/11/1955, quando este sofreu um ataque cardíaco. Assumiu o presidente da Câmara dos Deputados, Carlos Luz, até 11/11/1955, quando teve seu mandato extinto pelo Congresso Nacional. O presidente do Senado, Nereu Ramos, assumiu a Presidência da República até a posse do novo presidente.

marcaram esse período: o que derrubou Getúlio Vargas do poder (1945) e o golpe civil-militar de 1964, que depôs João Goulart e deu início a mais uma ditadura. Houve também duas outras tentativas de golpes civil-militares. A primeira tinha como objetivo impedir que Juscelino Kubitschek assumisse a Presidência da República; a segunda pretendia impossibilitar que João Goulart, vice-presidente eleito democraticamente pelo voto direto, também o fizesse, após a renúncia de Jânio Quadros.

Esse é um período da República no Brasil em que a influência de Getúlio Vargas, apesar do golpe que o destituiu, continuou muito viva. Todos os governantes, com exceção de Jânio Quadros (de curta passagem pela Presidência), foram eleitos pela mesma coligação partidária que o apoiava, ou seja, os partidos PTB e PSD.

Juscelino Kubitschek (1902-1976) foi o presidente que governou de forma mais expressiva nesse período. Foi também um governo politicamente estável, no qual os partidos políticos, bem como as instituições do poder, puderam desenvolver suas atividades plenamente. As Forças Armadas (exército, marinha e aeronáutica) estavam dispostas a garantir o regime democrático, desde que se mantivessem a ordem interna e o combate ao comunismo.

Nesse governo, desenvolveu-se a indústria nacional de bens duráveis, graças à estruturação da tríplice aliança – o Estado, o capital nacional e o capital estrangeiro –, que possibilitou grande desenvolvimento econômico e industrial no Brasil. O exemplo mais claro dessa aliança foi a implantação da indústria automobilística nacional, com a vinda para o país de grandes montadoras de veículos, como Volkswagen, Ford e General Motors.

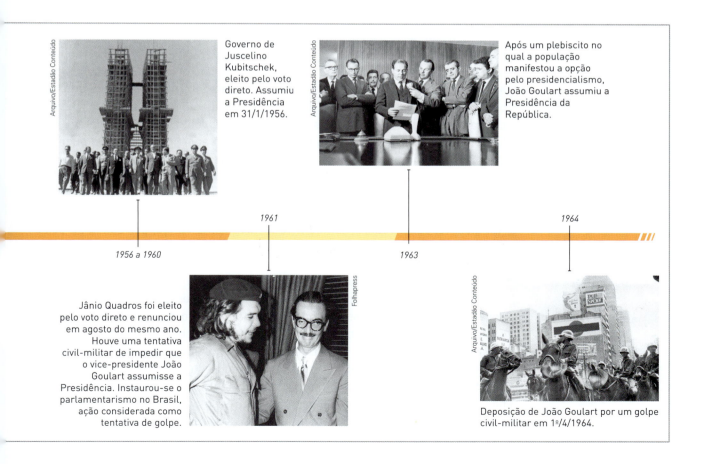

Governo de Juscelino Kubitschek, eleito pelo voto direto. Assumiu a Presidência em 31/1/1956.

Após um plebiscito no qual a população manifestou a opção pelo presidencialismo, João Goulart assumiu a Presidência da República.

1956 a 1960 — 1961 — 1963 — 1964

Jânio Quadros foi eleito pelo voto direto e renunciou em agosto do mesmo ano. Houve uma tentativa civil-militar de impedir que o vice-presidente João Goulart assumisse a Presidência. Instaurou-se o parlamentarismo no Brasil, ação considerada como tentativa de golpe.

Deposição de João Goulart por um golpe civil-militar em 1º/4/1964.

NAS PALAVRAS DE TOLEDO

Golpe contra as reformas e a democracia

[...]

a) Em toda nossa história republicana, o golpe contra as frágeis instituições políticas do país se constituiu em ameaça permanente. [...]

Goulart foi empossado em setembro de 1961, após a fracassada tentativa golpista de Jânio Quadros. Com sua inesperada renúncia, JQ visava, contudo, o fechamento do Congresso que lhe fazia oposição. Não tendo o povo saído às ruas para exigir dos militares a volta do renunciante, o golpe se frustrou. A emenda parlamentarista, imposta ao Congresso nacional pela junta militar, pode ser interpretada como um "golpe branco".

O Congresso, acuado e ameaçado pela espada, reformou a Constituição sob um clima pré-insurreicional, contrariando, assim, dispositivos constitucionais da Carta de 46. [...]

Em abril de 1964, o golpe de Estado [...] foi, então, plenamente vitorioso.

b) O golpe estancou um rico e amplo debate político, ideológico e cultural que se processava em órgãos governamentais, partidos políticos, associações de classe, entidades culturais, revistas especializadas (ou não), jornais etc. Assim, nos anos 60, conservadores, liberais, nacionalistas, socialistas e comunistas formulavam publicamente suas propostas e se mobilizavam politicamente em defesa de seus projetos sociais e econômicos. [...]

Inúmeras revistas especializadas e não acadêmicas, semanários e jornais traduziam e difundiam essas correntes teóricas e ideológicas. A esse respeito, vejamos a questão do ângulo dos setores progressistas. Não tendo acesso aos meios de comunicação de massa, a esquerda nacionalista e socialista, além de seus órgãos de imprensa (jornais, revistas etc.), buscava difundir as propostas reformistas do nacional-desenvolvimentismo – ou mesmo da revolução socialista – por meio de experiências como o teatro, o cinema, a música e as artes plásticas.

TOLEDO, Caio Navarro de. 1964: O golpe contra as reformas e a democracia. *Revista Brasileira de História*, v. 24, n. 47, 2004. Disponível em: <www.scielo.br/scielo.php?pid=S0102-01882004000100002&script=sci_arttext>. Acesso em: 4 nov. 2015.

O sucessor de Juscelino Kubitschek foi Jânio Quadros (1917-1992), que governou no curto período de 31 de janeiro de 1961 a 25 de agosto do mesmo ano, quando renunciou alegando que "forças terríveis" não permitiam que combatesse a corrupção, a mentira e a covardia de grupos internos e externos que não queriam o melhor para o Brasil. Essa renúncia ainda é um episódio obscuro da política brasileira. Alguns analistas afirmam que Jânio Quadros esperava que fosse chamado de volta ao cargo e assim, com o apoio dos militares, pudesse fazer um governo com força política para enfrentar as "forças terríveis". Mas essa interpretação é apenas uma conjectura.

Após a renúncia de Jânio Quadros, os ministros militares apoiados pelos setores conservadores da sociedade brasileira tentaram impedir a posse do vice-presidente, João Goulart, também conhecido como Jango, por causa de suas posições políticas, comprometidas com o trabalhismo getulista. Jango só assumiria a Presidência em 7 de setembro de 1961, treze dias depois da renúncia de Jânio, após mobilizações de setores da população em defesa da legalidade e a adoção, aprovada pelo Congresso, do regime parlamentarista, que limitava os poderes do presidente. Esse regime vigorou até janeiro de 1963, quando a volta do presidencialismo foi decidida por meio de um plebiscito.

Durante seu mandato, João Goulart propôs medidas que desagradaram os militares e também os setores civis conservadores da sociedade, como o aumento constante do salário mínimo, a reforma agrária e uma política industrial nacionalista. Em contrapartida, desenvolviam-se movimentos sociais, no campo e nas cidades, que apoiavam essas medidas (retomaremos esse tema no capítulo 20).

O fim dessa fase chegou com o golpe de Estado, que derrubou João Goulart. O golpe estava sendo tramado havia muito tempo, desde a renúncia de Jânio Quadros, em 1961. Só demorou a ser posto em prática porque os golpistas precisaram articular as forças militares e civis, incluindo a Igreja católica, além do suporte externo propiciado pelos Estados Unidos da América, que não aceitavam a possibilidade de o Brasil distanciar-se de sua influência direta. Com as bases de apoio consolidadas, estavam lançadas as condições para a deflagração de um golpe civil-militar em 1º de abril de 1964.

De acordo com o sociólogo brasileiro Caio Navarro de Toledo, o movimento que levou à instauração de um novo período ditatorial no Brasil significou um golpe contra a democracia política que se iniciara em 1946, contra as reformas sociais e políticas propostas por João Goulart e contra a crescente politização dos trabalhadores e o debate de ideias que ocorria no país.

A ditadura civil-militar (1964-1985)

A justificativa para o golpe civil-militar em 1964, segundo aqueles que o comandaram, era acabar com a anarquia e a insegurança que levariam o país ao comunismo e deter a inflação, bastante alta. O objetivo não declarado, contudo, era abrir espaço político para maior acumulação capitalista no Brasil, dando primazia ao capital internacional (industrial e financeiro). Outro objetivo foi frear os protestos populares e intimidar a organização dos trabalhadores que visavam maior participação política.

Politicamente, pode-se afirmar que essa fase se dividiu em três momentos: o golpe propriamente dito e a organização do governo estabelecido; o endurecimento do regime ditatorial e o processo de "democratização lenta e gradual" supervisionada pelos militares.

Durante a ditadura, os militares nos postos de comando valeram-se da edição de atos institucionais para cassar direitos políticos de ex-presidentes, senadores, deputados e muitos cidadãos que eram ou poderiam ser contrários ao regime. O Ato Institucional nº 2 (AI-2) extinguiu partidos e fixou a criação de apenas dois: um governista, a Aliança Renovadora Nacional (Arena), e um de oposição, o Movimento Democrático Brasileiro (MDB), ambos controlados de forma ostensiva pelo governo militar.

Por meio de outros atos institucionais, instaurava-se uma legislação repressiva. O mais conhecido e terrível foi o Ato Institucional nº 5 (AI-5), de 13 de dezembro de 1968, que cassava os direitos civis da população e permitia a cassação dos mandatos parlamentares e o fechamento do Congresso Nacional, das Assembleias Legislativas e das Câmaras Municipais, sob a ordem direta do presidente. O AI-5 também limitava os poderes do Judiciário, ao suspender o direito de *habeas corpus* em crimes contra a "segurança nacional", e impunha a censura prévia à imprensa e restrições à liberdade de reunião.

// A intransigência dos militares e as arbitrariedades cometidas no período posterior à edição do Ato Institucional nº 5 desafiavam as evidências e a razão, como satiriza Ziraldo nesta charge de 1984.

Regime ditatorial

Presidente: general Humberto Alencar Castelo Branco; vice-presidente: José Maria Alkmin, eleitos indiretamente.

Uma junta militar assumiu a Presidência da República. General Aurelio de Lira Tavares (ministro do Exército), almirante Augusto H. Rademaker Grünewald (ministro da Marinha) e brigadeiro Marcio de Sousa Melo (ministro da Aeronáutica). Foi um golpe dentro do golpe.

Presidente: general Ernesto Beckmann Geisel; vice-presidente: general Adalberto Pereira dos Santos, eleitos indiretamente.

1964 a 1967 | 1967 a 1969 | 1969 | 1969 a 1974 | 1974 a 1979 | 1979 a 1985

Presidente: general Arthur da Costa e Silva; vice-presidente: Pedro Aleixo. Costa e Silva sofreu um derrame cerebral e o então vice foi impedido de assumir a Presidência.

Presidente: general Emilio Garrastazu Médici; vice-presidente: almirante Augusto H. Rademaker Grünewald, eleitos indiretamente.

Presidente: general João Baptista de Oliveira Figueiredo; vice-presidente: Antonio Aureliano Chaves de Mendonça, eleitos indiretamente.

A junta militar, que assumiu o governo por apenas alguns meses, conseguiu ampliar a ação dos atos institucionais ao punir com banimento – pena que exigia a saída do país – os brasileiros considerados "ameaça à segurança nacional", instituir a pena de morte e a prisão perpétua para os envolvidos em "guerra revolucionária e subversiva", além de sancionar a nova Lei de Segurança Nacional. Com esse aparato institucional e jurídico, desenvolveu-se a prática da tortura, tornou-se frequente o desaparecimento de ativistas considerados esquerdistas e de pessoas supostamente conspiradoras contra a segurança nacional, além de assassinatos. Nesse clima, os cidadãos não dispunham mais de nenhum amparo legal para enfrentar os poderes ditatoriais.

Mas não foi só repressão que se viu nesse período. Em 1968 foi criada a Assessoria Especial de Relações Públicas (AERP), que, pela propaganda, procurou por todas as vias possíveis (rádio, TV, jornais e revistas), disseminar a ideia do "Brasil Grande". Foi o momento em que se procurou convencer a população de que tudo ia bem no país. Apareceram *slogans* como "Brasil, ame-o ou deixe-o", "Pra frente, Brasil", "Ninguém segura este país", entre outros.

Obras monumentais – como a Usina de Itaipu (na época a maior do mundo), a rodovia Transamazônica, a ponte Rio-Niterói – procuravam dar a ideia da grandeza do Brasil. Bombardeada por essa propaganda e com a censura dos meios de comunicação, a maioria da população não conhecia a feroz repressão que acontecia nos porões dos quartéis e delegacias do país. Nessa época, o general Médici, que governou o país entre 1969 e 1974, tinha índices de 70% de aprovação da população.

Os últimos dez anos do regime civil-militar (1975-1985) foram críticos, posto que o país sofreu os reflexos de uma crise econômica internacional decorrente do aumento explosivo dos preços do petróleo. Politicamente, iniciava-se a ascensão da oposição ao regime, tanto no plano eleitoral quanto no plano dos movimentos populares, com a emergência de manifestações reivindicatórias, principalmente nas grandes cidades, por melhores condições de vida e de trabalho. As greves operárias ressurgiram e o movimento dos trabalhadores, com nova configuração, reestruturou-se gradativamente.

Diante dessa situação, no governo do general Ernesto Geisel, foram dados os primeiros passos para a "abertura" política do país e teve início uma longa trajetória cujo objetivo era promover uma transição lenta e gradual para a democracia representativa, sob a vigilância dos militares, que continuaram tentando conter as manifestações políticas nas ruas.

Em 1978 foi extinto o AI-5. Seus dispositivos, entretanto, foram incorporados à última constituição do regime civil-militar sob o nome "estado de emergência". Em 1979 foi aprovada a Lei da Anistia, que possibilitou a centenas de exilados o retorno ao Brasil. Também nesse ano foi restabelecido o pluripartidarismo, que possibilitou a legalização de partidos de diversas tendências políticas.

Durante o governo do general João Baptista Figueiredo, agravou-se a crise econômica e intensificaram-se os movimentos grevistas e as manifestações de protesto. Em 1984, uma campanha por eleições diretas para presidente da República, conhecida como Diretas Já, agitou o país, e uma emenda à Constituição foi apresentada ao Congresso com esse objetivo, mas não obteve aprovação. Conforme acordado pelos militares, o governo viria a ter um civil na liderança, mas eleito indiretamente pelo Congresso Nacional.

// O retorno dos exilados, decorrente da aprovação da Lei da Anistia, marcou o ano de 1979. Na imagem, a chegada ao Brasil do sociólogo Herbert José de Sousa, o Betinho (à direita), depois de oito anos de exílio no Chile, no Canadá e no México.

Nesse período, o Estado brasileiro teve uma participação efetiva na economia por meio de empresas públicas, fazendo investimentos maciços na infraestrutura e nos setores de base. Foram criadas várias empresas por setor – Siderbras (siderurgia), Petroquisa (petroquímica), Eletrobras (energia elétrica), Telebras (telecomunicações), Nucleobras (energia nuclear) – e ampliou-se a capacidade de produção da Petrobras (petróleo).

Na política agrícola, a ordem era exportar e para isso houve grande incentivo à mecanização do campo – nesse processo, a soja teve um papel relevante, tornando-se mais tarde um dos principais produtos nacionais de exportação.

A "industrialização do campo", portanto, promoveu a modernização dos negócios rurais entre o Brasil e o mundo, criando condições para o desenvolvimento de insumos (sementes, fertilizantes e agrotóxicos), equipamentos (tratores, semeadeiras e colheitadeiras) e tudo mais que significasse a expansão dessa nova e lucrativa realidade. O detalhe é que a estrutura fundiária, a questão da posse da terra, em nada havia mudado: permanecem até hoje os latifúndios e as propriedades rurais concentradas nas mãos de poucos "donos da terra".

A sustentação do regime ditatorial foi assegurada, portanto, por três grandes blocos: as empresas estatais, os grandes empresários industriais e o poderoso capital estrangeiro, principalmente o financeiro. Com menor força, porém apoiando os três blocos citados, havia também o grupo formado pelos grandes proprietários de terras que se especializaram na exportação de produtos agrícolas e se renderam às seduções do capital financeiro e estatal, em razão, principalmente, das possibilidades de financiamento da produção e da exportação.

O Estado brasileiro nos últimos anos: retorno à democracia

Com o fim da ditadura civil-militar, o Brasil vem mantendo uma estrutura estatal de aspiração democrática, com eleições regulares e livres, ancoradas em instituições que também vêm sobrevivendo ao tempo. Desde 1985, o Brasil vive o mais longo período democrático de sua história.

O primeiro governo desse período pode ser chamado de "governo de transição" porque os eleitos eram políticos de confiança dos militares, ou seja, era a garantia de que não haveria revanchismo contra eles. O fato mais marcante desse governo foi a promulgação da atual Constituição brasileira, evento considerado fundamental para o desenvolvimento da democracia estável no Brasil. Os governantes que sucederam a essa primeira experiência de "transição transada", como denominava o sociólogo brasileiro Florestan Fernandes (1920-1995), puderam, eleitos pelo voto popular, atuar sem a vigilância das Forças Armadas. Desde então, o Executivo, o Legislativo e o Judiciário desenvolvem suas atividades plenamente.

Numa situação de alta inflação, concentração de renda e desigualdade social, a preocupação fundamental do Estado em todo esse período praticamente se resumiu à redução e ao controle da inflação. Vários planos econômicos foram postos em prática, como os Planos Cruzados I e II (1985-1986), o Plano Bresser (1987), o Plano Verão (1989), os Planos Collor I e II (1990-1991) e o Plano Real (1993). Somente o último, criado durante o governo Itamar Franco, alcançou os objetivos propostos: frear a inflação e estabilizar os preços das mercadorias. Ainda assim, manteve-se quase inalterada a complicada questão social do Brasil, que o coloca entre os países mais injustos e desiguais do mundo.

Comício na campanha Diretas Já, na praça da Sé, São Paulo, 1984.

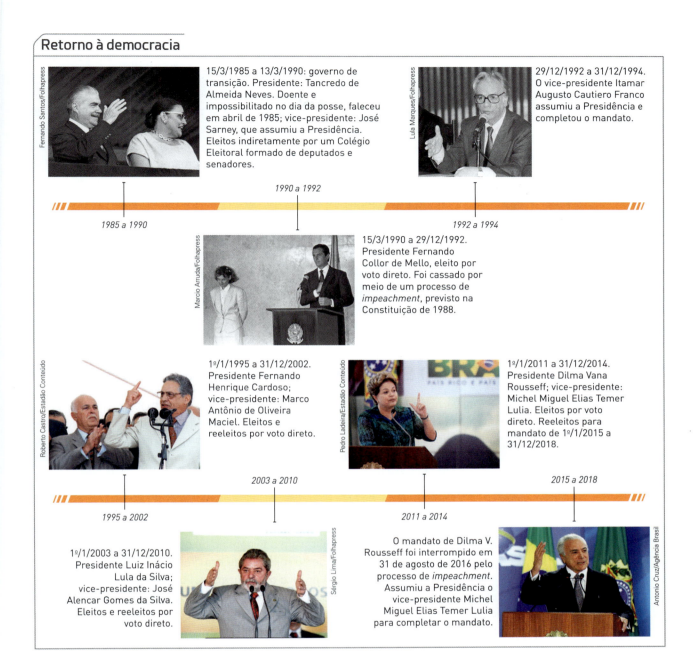

O Estado neoliberal no Brasil

Nos governos de Collor-Itamar e Fernando Henrique Cardoso houve várias alterações nas estruturas políticas e econômicas, características do que se convencionou chamar de Estado neoliberal. Veja a seguir algumas dessas alterações:

- Na tentativa de integrar a economia do país à globalização, promoveram-se a privatização de empresas estatais (nos setores de siderurgia, energia e comunicações) e a abertura do mercado nacional a produtos estrangeiros, derrubando barreiras de importação.
- No sistema financeiro, foi permitida a livre atuação dos bancos e o movimento de capitais no mercado interno; renunciou-se ao controle da moeda nacional e da política cambial, atrelando a moeda nacional ao dólar, para facilitar as transações no mercado financeiro.

- Alteraram-se os contratos de trabalho, o limite de horas na jornada de trabalho, as férias remuneradas, além do sistema de aposentadorias, sendo criado o sistema de previdência privada.
- Incentivou-se a fundação de escolas privadas em todos os níveis, mas principalmente no superior. Houve, com isso, a proliferação de faculdades e universidades particulares no Brasil. O financiamento proporcionado pelo Estado assegurou essa expansão, em detrimento das universidades públicas (e da qualidade daquilo que se pesquisa e ensina).
- Ampliou-se a presença das administradoras de planos de saúde, permanecendo na dependência do Instituto Nacional do Seguro Social (INSS) apenas os mais pobres.

O Plano Real implantado por Itamar Franco e desenvolvido por Fernando Henrique Cardoso permitiu a estabilização de preços e o controle da inflação, o que garantiu certa estabilidade econômica. Entretanto, o controle rígido dos salários (principalmente do setor público, mas também dos trabalhadores em geral por meio da restrição dos aumentos do salário mínimo) levou a maior parte da população brasileira a viver em condições cada vez mais precárias.

Estado social-desenvolvimentista

O governo de Luiz Inácio Lula da Silva pode ser visto com um forte viés desenvolvimentista e de cunho social, porque se ampliaram as políticas de redistribuição de renda, visando amenizar a situação precária da maior parte da população brasileira.

Uma das medidas tomadas para enfrentar o problema do desequilíbrio na distribuição de renda foi o aumento do salário mínimo acima da inflação e, consequentemente, a ampliação do valor das aposentadorias para os beneficiários que recebiam até um salário mínimo. Entretanto, o que mais marcou o governo Lula, principalmente no segundo mandato, foi a inflação baixa e a criação de empregos estáveis, que possibilitaram a expansão do consumo a uma parcela da população estimada em torno de 30 milhões de brasileiros.

Além disso, puseram-se em prática os programas Fome Zero e Bolsa Família. Foram integrados ao Fome Zero os programas implantados no governo de Fernando Henrique Cardoso: o Bolsa Escola, o Auxílio Gás e o Cartão Alimentação. A ampliação do Bolsa Família e similares propiciou uma renda mínima a milhões de famílias que viviam em condições de miséria absoluta. Essas medidas e outras tantas fizeram com que os setores produtivos nacionais ampliassem a sua produção em razão da elevação da renda da população, que passou a consumir mais. Por isso alguns autores designaram esse momento como social-desenvolvimentista.

Em contrapartida, a política econômica de seu antecessor, o ex-presidente Fernando Henrique Cardoso, foi mantida, permitindo que os grandes conglomerados industriais e financeiros, bem como os grandes proprietários de terras, continuassem a obter lucros exorbitantes. Para que essa estrutura se mantivesse, foram nomeados Luiz Fernando Furlan, empresário atrelado à grande indústria, para o Ministério de Indústria e Comércio; Roberto Rodrigues, político ligado ao agronegócio, para o Ministério da Agricultura; e Henrique Meirelles, representante do setor financeiro internacional, para o Banco Central – o que sinalizava a esses setores que a política econômica anterior não seria alterada.

Mas a sustentabilidade das famílias requer a criação de empregos estáveis para a absorção não só dos desempregados, mas também dos jovens que passam a integrar o mercado de trabalho. Além disso, na perspectiva da elevação da participação política efetiva, esses programas deveriam garantir o acesso à educação de qualidade e não somente considerar como avanço o aumento da quantidade de alunos matriculados. A mesma observação pode ser feita em relação ao acesso aos serviços de saúde, longe de serem considerados razoáveis.

Na avaliação desses programas, convém destacar ainda tratar-se de ações governamentais, que podem incluir e excluir famílias dependendo do governante, não constituindo ações políticas de Estado, que geram direitos constitucionais.

A ampliação de universidades e institutos federais de ensino superior de caráter público foi outro grande passo. Ao mesmo tempo foi criado o Prouni (Programa Universidade para Todos), que realocou verbas públicas direcionadas ao setor privado e possibilitou a manutenção e a ampliação dos grandes conglomerados de ensino superior particular no Brasil.

A ambiguidade – que caracteriza a insatisfação de gerações de brasileiros que lutaram por um governo efetivamente republicano e democrático no país – é que, nos governos de Lula, supostamente representativos das forças políticas progressistas, as grandes empresas urbanas e rurais, bem como o setor financeiro, continuaram a ser atendidos em suas mais caras reivindicações.

Em 2011, assumiu a Presidência da República Dilma V. Rousseff. A primeira presidenta do Brasil deu continuidade aos projetos desenvolvidos no governo Lula. Ainda que tenham ocorrido importantes avanços em políticas públicas de transferência de renda e de moradia popular, a alta nos juros e os indícios cada vez mais evidentes de uma crise econômica mais severa e abrangente – que acabaram se efetivando logo no início de seu segundo mandato (em 2015) – reacenderam o conservadorismo em alguns setores da sociedade brasileira, alimentado pelo fácil acesso à informação nas redes sociais e por alguns grandes veículos de comunicação no país.

Em abril de 2016, após um intenso calendário de ocupações das ruas e disputa pelo protagonismo político entre opositores ao processo de *impeachment* aberto, na Câmara Federal, contra a presidente Dilma Rousseff e seus apoiadores, a chefe do Poder Executivo foi destituída de seu cargo. Com ampla maioria no Congresso Nacional, os adeptos da ruptura institucional abriram espaço para a condução do vice-presidente Michel Temer ao poder. Na crônica dos fatos políticos nacionais e internacionais, os intérpretes se dividem entre aqueles que apontam um golpe institucional (jurídico-midiático-parlamentar) contra a democracia brasileira e aqueles que defendem que tudo correu dentro dos ritos constitucionais previamente estabelecidos pelo ordenamento jurídico.

O fato que não se pode negar, contudo, é que o governo do vice-presidente Michel Temer implantou um programa que vinha sendo, sistematicamente, derrotado nas urnas, ou seja, não está dando continuidade àquilo que ele próprio defendeu quando foi eleito na chapa encabeçada por Dilma Rousseff. Dessa forma, ao impor uma ação política avessa ao interesse popular e em sintonia com partidos e candidatos vencidos pelo voto livre, Michel Temer traiu aqueles que o elegeram.

Assiste-se, portanto, a um momento de instabilidade institucional no país. A democracia brasileira ainda é frágil e delicada, fruto de uma república malformada e viciada em conduzir ao espaço público a defesa intransigente dos interesses privados. A garantia de sobrevivência da democracia e da liberdade está e estará sempre nas mãos dos cidadãos, que devem lutar para conquistar e garantir direitos, sem permitir golpes, manobras ou atos violentos contra a soberania popular e a dignidade dos brasileiros.

Cenário do Estado no Brasil

Estado, capital e sociedade

O forte comprometimento do Estado com o capital implica a expansão do Poder Executivo, em detrimento do Legislativo. Em um país de tradição política autoritária, no qual predominam o pensamento e a prática que privilegiam a missão "civilizatória" do Estado na sociedade, o alargamento do poder econômico do Estado implica a expansão do Executivo; implica o alargamento do poder político e cultural do Executivo.

Tanto assim que o Estado se transforma em um poderoso agente da indústria cultural, por suas implicações não só econômicas, mas também políticas e culturais.

O Legislativo se forma e reforma como o lugar das controvérsias, oposições, propostas alternativas. […] As suas comissões parlamentares de inquérito podem chegar a qualquer resultado, mas estes não se tornam decisões que afetem o Executivo. Não têm força para tal. Além do mais, o Legislativo é continuamente cooptado pelo Executivo, por meio do empreguismo, das concessões de recursos para atendimento de bases eleitorais, promessas de escolha para ministérios, superintendências. Acontece que a tradição política autoritária, uma cultura política que combina o patrimonial com a racionalidade do grande negócio, impregna também o Legislativo.

Na prática, a independência entre os poderes Legislativo, Executivo e Judiciário dissolve-se na expansão e no predomínio do Executivo. Em um país no qual a cultura política das classes dominantes é essencialmente autoritária, essa expansão do Executivo caminha fácil, livremente.

[…] Nesse contexto, verifica-se uma espécie de divórcio entre as tendências predominantes no âmbito do Estado e aquelas predominantes no âmbito da sociedade.

À medida que se alarga o poder estatal, redefine-se e modifica-se a relação do Estado com a sociedade, compreendendo as diversidades e desigualdades sociais, econômicas e outras. Na prática, dissocia-se o poder estatal de amplos setores da sociedade civil. Operários, camponeses, empregados, funcionários e outros, compreendendo negros, mulatos, índios, caboclos, imigrantes e outros, sentem-se deslocados, não representados, alienados do poder.

[…]

IANNI, Octavio. *Estado e capitalismo*. 2. ed. São Paulo: Brasiliense, 1989. p. 259-260.

1. Esse texto, extraído de um livro publicado há mais de 50 anos, aborda características fundamentais do Estado e de suas relações com a sociedade no Brasil. Avalie a pertinência das características apontadas, considerando o cenário atual.

// Para o autor, a independência entre os três poderes dissolve-se por causa da prevalência do Judiciário. Na imagem, vista do Congresso Nacional, da praça dos Três Poderes e da Esplanada dos Ministérios, Brasília, 2010.

Poder e democracia no Brasil

CAPÍTULO 16

// Em 2000, houve a primeira eleição em que foi usada a urna eletrônica. O Brasil é o precursor na automação eletrônica em seus processos eleitorais. Na imagem, eleitor vota em urna eletrônica, na cidade do Rio de Janeiro, no Rio de Janeiro, 2016.

Analisar a questão da democracia no Brasil significa examinar não somente as instituições políticas e as regras vigentes, mas também a maneira de viver a democracia. Podemos dizer que ela ainda não é completamente efetiva, uma vez que há práticas tradicionais não democráticas que se mantêm com força. A democracia, como já visto, envolve diferentes práticas e instituições. É fundamental destacar algumas delas para examinar o desenvolvimento da democracia no Brasil.

A luta por direitos e a participação política

Após a proclamação da República, surgiram vários movimentos em busca de maior participação política. Os movimentos de trabalhadores sempre estiveram à frente na reivindicação de melhores salários e condições de trabalho. Várias lutas foram empreendidas, mas sempre reprimidas, pois a questão dos direitos, por muito tempo, foi tratada como caso de polícia ou considerada uma mera concessão por parte de quem detinha o poder do Estado.

O crescimento da participação institucional nas decisões políticas é uma das conquistas da população, que se mobiliza e cria organizações para isso, não uma concessão dos governantes.

No Brasil, o processo de ampliação da participação política é recente. Os detentores do poder, a serviço de uma minoria, por muito tempo mantiveram a maior parte da população fora do processo eleitoral. Desde a proclamação da República (em 1889) até 1945, os eleitores representavam aproximadamente 5% da população. Em 1960, esse índice havia subido para 18%. Em 1980, 47% da população estava apta a exercer o direito de votar e, em 2014, em torno de 72%.

Houve mudanças também na consciência política do eleitor. A prática de compra de votos dos mais pobres diminuiu gradativamente, à medida que se intensificou o processo de urbanização e se reduziu a pressão dos "coronéis" e seus comandados sobre a população rural, que era maioria em 1960. Contribuiu para essa mudança o desenvolvimento das regras eleitorais e das técnicas de votação – principalmente o voto secreto com cédulas únicas, impressas e, no fim da década de 1990, a introdução de urnas eletrônicas, além da fiscalização da Justiça Eleitoral.

Possibilidades de participação política direta

A Constituição brasileira afirma, no seu primeiro artigo, que o Brasil é "um regime democrático fundado no princípio da soberania popular, segundo o qual todo o poder emana do povo, que o exerce por meio de representantes, ou diretamente".

Os mecanismos de participação direta no Brasil, em determinadas hipóteses, são: o plebiscito, o referendo e a iniciativa popular de lei, pois possibilitam que a iniciativa do povo ou seu aval definam decisões ou diretrizes de grande relevância para a vida de todos os cidadãos.

Plebiscito

É uma consulta na qual o povo deve decidir se aprova ou não determinada matéria fundamental para a vida política do país, antes que os seus representantes a elaborem. Um exemplo foi o plebiscito ocorrido em 1993 para definir a forma (república ou monarquia constitucional) e o sistema de governo (parlamentarismo ou presidencialismo) que deveria vigorar no Brasil. A decisão popular foi favorável ao republicanismo e ao sistema presidencialista.

Referendo

É convocado após os representantes terem aprovado uma lei. Ela só entrará em vigor ou não após o resultado do referendo. No caso do Brasil, o referendo pode ser convocado trinta dias após a lei ser promulgada. Exemplo disso foi o referendo sobre a proibição da comercialização de armas de fogo e munições, ocorrido em 2005. A população não aprovou a proibição do comércio de armas de fogo e munições.

É importante destacar que, nesses dois casos, o Congresso Nacional deve autorizar o referendo e convocar o plebiscito, ou seja, sua realização depende da decisão de nossos representantes.

Iniciativa popular de lei

É a proposta, por parte da população, de uma lei. Ela deve ser apresentada, conforme nossa Constituição, à Câmara dos Deputados, por meio de projeto de lei, que tem de ser assinado por, no mínimo, um por cento do eleitorado nacional, distribuído por pelo menos cinco estados, e ter não menos de três décimos por cento dos eleitores de cada um deles. Nos estados e municípios são necessários apenas 5% do eleitorado respectivo para apresentação de projeto de lei de iniciativa popular. Também nesse caso, a decisão passa pelas mãos dos representantes nos respectivos legislativos, o que pode alterar o projeto e aprová-lo ou não. Um exemplo é o projeto de lei de iniciativa popular com medidas para combater a corrupção, elaborado em 2016 e que angariou mais de dois milhões de assinaturas; até hoje o projeto não foi apreciado pela Câmara de Deputados.

Dalmo Abreu Dallari, jurista brasileiro, analisando essas possibilidades, afirma:

> No momento em que os mais avançados recursos técnicos para captação e transmissão de opiniões, como terminais de computadores, forem utilizados para fins políticos será possível a participação direta do povo [...]. Mas para isso será necessário superar as resistências dos políticos profissionais, que preferem manter o povo dependente de representantes.
>
> DALLARI, Dalmo de Abreu. *Elementos de Teoria Geral do Estado*. 33. ed. São Paulo: Saraiva, 2016. p. 152.

A possibilidade de haver plebiscitos e referendos no Brasil poderia ser bem maior, uma vez que se realizam eleições regulares de dois em dois anos. Bastaria incluir na agenda das votações itens de interesse nacional, estadual ou municipal, viabilizando a realização de novas formas de consulta com mais frequência, especialmente em razão da redução dos custos da consulta popular, e fortalecendo a democracia.

A democracia representativa é algo muito recente no Brasil e ainda está se consolidando. Ela continuará crescendo se as regras institucionais para as eleições e o exercício do poder forem alteradas de modo a possibilitar a participação da população e se os movimentos sociais conquistarem mais espaço e voz na luta pela manutenção dos direitos fundamentais e pela criação de novos direitos. Somente quando a maioria da população tiver educação de boa qualidade, condições de saúde e trabalho adequadas e participar da vida social, teremos uma efetiva democracia no Brasil.

Os grupos sociais que lutam por novos direitos – até mesmo os que reivindicam maior participação política – ou exigem o respeito aos direitos adquiridos muitas vezes são vistos pelos governantes e por setores conservadores da população como perturbadores da ordem e insensíveis aos esforços do governo em instaurar melhorias, ainda que o direito a usufruir dessas melhorias tenha sido conquistado historicamente por movimentos que, em algum momento, desestabilizaram a ordem para serem ouvidos. Mesmo sob críticas, têm sido crescentes nos últimos anos as manifestações e os movimentos sociais que procuram ampliar os espaços de participação política não institucional. (Ver análise mais aprofundada na Unidade 5, principalmente nos capítulos 19 e 20.)

Os partidos políticos

Os partidos políticos no Brasil foram, em sua maioria, representantes dos setores dominantes da economia na sociedade. Até 1930, eram apenas agregados de oligarquias locais e regionais que se organizavam para tirar vantagens do Estado e se reuniam, em sua maioria, em torno do Partido Republicano em cada estado da federação. Havia apenas uma exceção: o Partido Comunista do Brasil (PCB), criado em 1922, que propunha ser a voz dos trabalhadores. Foi cassado em 1937, voltou à atividade em 1946 e foi novamente cassado em 1947, quando passou a atuar clandestinamente.

Pode-se dizer que só depois da ditadura de Getúlio Vargas se formaram partidos nacionais. Os principais, como já vimos, eram a União Democrática Nacional (UDN), o Partido Social Democrático (PSD) e o Partido Trabalhista Brasileiro (PTB).

Em 1965, entretanto, com a segunda ditadura civil-militar, todos os partidos foram cassados e foi implantado o bipartidarismo: só poderiam existir a Aliança Renovadora Nacional (Arena) e o Movimento Democrático Brasileiro (MDB).

Com o fim do período autoritário e as mudanças econômicas e políticas – principalmente a emergência dos movimentos sociais e a luta pela redemocratização –, desenvolveu-se uma nova estrutura partidária no Brasil. Em 1981 a Arena foi substituída pelo Partido Democrático Social (PDS) e o MDB transformou-se no Partido do Movimento Democrático Brasileiro (PMDB), voltando em 2017 a se chamar MDB. Além desse rearranjo, foram fundados, ainda em 1981, o Partido Democrático Trabalhista (PDT) e o Partido Trabalhista Brasileiro (PTB), sendo o Partido dos Trabalhadores (PT) fundado em 1982.

// Dirigentes fundadores do Partido Comunista Brasileiro (PCB), em Niterói, Rio de Janeiro, 1922.

A atuação dos partidos em charge de Pelicano, publicada em 2013.

Em 1986-1988 se (re)organizaram o Partido da Frente Liberal (PFL) – hoje Democratas (DEM) –, o Partido Comunista do Brasil (PCdoB) e o Partido Socialista Brasileiro (PSB). Em 1989, foi fundado o Partido da Social Democracia Brasileira (PSDB) como uma dissidência do PMDB.

Desde então surgiram muitos partidos políticos no Brasil (hoje 35 ao todo, conforme o Tribunal Superior Eleitoral (TSE), o que revela indefinição em relação aos projetos e dificulta a caracterização de cada um deles como veículo de representação popular. Alguns dos partidos que hoje atuam no cenário político nacional, registrados no TSE, foram criados há bastante tempo e depois voltaram a se cadastrar, como o PTB e o PSB; outros resultam de fusões de partidos já existentes; outros mudaram de nome; outros, ainda, são formados por dissidentes de partidos que procuram espaço para desenvolver atividades relacionadas aos seus interesses particulares.

Na política interna desses partidos por vezes predominam a falta de democracia e a pouca vontade de promover a alternância entre as diversas tendências, quando elas existem – o que pode ser observado na tomada de decisões para a escolha dos candidatos aos cargos públicos. Os partidos políticos caracterizam-se cada vez menos como representantes de determinados setores e de interesses da maioria da sociedade, apresentando-se sem uma definição ideológica muito clara. As diferenças entre um e outro são praticamente dissolvidas, pois há uma fragmentação de interesses internos que os limites dos partidos não comportam. Assim, no cotidiano do Parlamento brasileiro, o que se vê são grupos que se reúnem em torno de corporações de interesses – os grupos (chamados de bancadas) ruralistas, evangélicos, sindicalistas, da bola, da bala – ou grupos regionais, como os dos paulistas, cariocas, mineiros, gaúchos e nordestinos.

Como destaca o sociólogo brasileiro Rudá Ricci no texto a seguir, mais do que um canal de participação dos cidadãos, os partidos são "imensas máquinas de tipo empresarial em busca do voto".

NAS PALAVRAS DE RUDÁ RICCI

A política, os partidos e os cidadãos

[...]
No final do século 20, ficou patente o desencanto e ressentimento generalizado com as lideranças e estruturas partidárias [...].

O fato é que o Brasil seguiu a passos rápidos o que acontece há décadas na Europa e nos EUA e já se manifesta em parte da Ásia: os partidos se transformaram em imensas máquinas de tipo empresarial em busca do voto.

[...] Como são os administradores (mais que os líderes que se candidatam aos cargos públicos) que dirigem o cotidiano partidário, o militante vai se tornando uma figura folclórica, saudosista.

Nessa engenharia política, aumenta a corte: técnicos de *marketing*, institutos de pesquisa e elaboradores de programas de governo tratam diretamente com os administradores partidários e criam um *staff* que tem seus dias de glória nos três ou quatro meses que antecedem o dia das eleições. Não é incomum, a partir desse cenário, que os programas de campanha raramente sejam executados depois que o candidato se elege.

Também não é incomum que os coordenadores de áreas programáticas das campanhas não atinjam cargos de destaque nos governos que logo se formam após a vitória. [...]

RICCI, Rudá. O ocaso dos partidos. *Folha de S.Paulo*. 18 set. 2006.
Disponível em: <http://www1.folha.uol.com.br/fsp/opiniao/fz1809200609.htm>. Acesso em: 20 mar. 2018.

O Congresso Nacional (Câmara de Deputados e Senado), as Assembleias Legislativas e as Câmaras de Vereadores – o Legislativo brasileiro em seus vários níveis – são as instituições políticas com o mais baixo índice de credibilidade nacional. Portanto, as instituições da democracia representativa ainda são vistas como espaços para conchavos, corrupção e negociatas, e poucos de seus membros têm credibilidade perante a população. Além disso, a erosão progressiva dos poderes do Parlamento se estabelece quando sua função, na maioria das vezes, se limita a ratificar o que o poder Executivo envia para ser analisado, por meio de projetos de lei ou de medidas provisórias. A pauta de discussões fica na dependência da maior ou menor sensibilidade do governante em relação às questões que afetam a maioria da população brasileira.

Uma avaliação ampla permite a seguinte análise: no período entre ditaduras havia uma polarização entre a UDN e o PTB, tendo como fiel da balança o PSD. Ao observar o atual período democrático, pode-se perceber uma continuidade desse modelo, pois existe hoje uma polarização entre o PSDB e o PT, funcionando como fiel da balança o MDB (antigo PMDB). Isso não significa a inexistência de outros partidos, mas eram aqueles e são estes que polarizam as disputas políticas, principalmente as eleições presidenciais.

Jovens protestam na Esplanada dos Ministérios, Brasília, 2012. Os manifestantes exigem o fim do voto secreto dos deputados no Congresso Nacional, reclamam do que consideram mau uso do dinheiro público pelos ministérios e pedem o fim da corrupção no Brasil.

NAS PALAVRAS DE GARCIA

Mais política dos cidadãos

No mundo do capitalismo globalizado e da modernidade radicalizada, a política também parece destinada a girar em falso, a mostrar pouca eficácia e a produzir mais problemas que soluções, fato suficiente para que seja vista, pelos cidadãos, como um ônus, um mal necessário. Ela está gravemente posta em xeque pela vida e pelas disposições éticas hoje prevalecentes.

Há vários aspectos a serem considerados nessa discussão. Primeiro: não é a política como um todo que está vazia, sem consensos e com pouca legitimidade. O que está em estado de sofrimento é a política institucionalizada – os sistemas, as regras, a organização da democracia, as leis, os partidos – e mais ainda aquilo que podemos chamar de "política dos políticos", qual seja, praticada pelos políticos, à moda deles, focada na conquista e no manejo do poder. A política como atividade dos cidadãos – como luta por direitos, como interesse cívico, vontade de participar e interferir na tomada de decisões, como preocupação com a vida comum e a boa sociedade –, essa não padece do mesmo mal, nem se ressente de falta de prestígio, embora esteja despojada de potência e efetividade. [...]

No mundo social fragmentado, individualizado e meio fora de controle em que se vive, é muito mais lógico participar e defender interesses do que se fazer representar. A vontade de participar – de "agir", de se "movimentar" – tem a cara da modernidade turbinada dos dias atuais.

[...]

É na estrada da participação que estão as maiores esperanças de recomposição social e recuperação da política. Se a vontade de participar for devidamente politizada – isto é, se a luta em defesa de direitos e a disposição participativa das pessoas forem vinculadas a um desenho de vida coletiva – isso não somente dará corpo e consistência à democracia, como também "regenerará" a representação. [...] Precisamos, em suma, de mais "política dos cidadãos" e menos "política dos políticos". [...]

GARCIA, Marco Aurélio. A reforma política, entre a expectativa e o silêncio. In: Governo do Estado de São Paulo. Fundação do Desenvolvimento Administrativo. Políticas Públicas em Debate. Ciclo de Seminários. Seminário Reforma Política. São Paulo, 10 ago. 2010. Disponível em: <http://docplayer.com.br/2237686-Debates-fundap-aporias-para-o-planejamento-publico-livro-debates-3-indb-3-17-12-2013-08-59-15.html>. Acesso em: 5 mar. 2018.

Reflexões sobre o Estado e a democracia no Brasil

Como visto, a estrutura estatal criada no Brasil após a independência se manteve até a proclamação da República, em 1889. Depois disso, muitas transformações ocorreram, mas algumas características permaneceram, tornando a estrutura estatal do Brasil a expressão da articulação do novo com o velho.

O Estado no Brasil sempre se sobrepôs à sociedade, como se fosse algo fora dela. Aprende-se desde cedo que tudo depende do Estado e que nada se pode fazer sem a presença dele, atribuindo-lhe a responsabilidade pelos problemas da sociedade e por suas soluções. Assim, se o Estado é culpado pelas dificuldades que a sociedade enfrenta, também dele se esperam socorro e proteção – o que vale tanto para os proprietários de terras, os empresários industriais e os banqueiros como para o restante da população. Para esclarecer essas características das relações entre o Estado e a sociedade no Brasil, é imprescindível examinar a relação entre o que é público e o que é privado.

Privatização do público

Pode-se dizer que houve e há no Brasil uma apropriação privada do que é público, ou seja, quem chega ao poder toma conta do patrimônio público como se fosse seu. Dessa forma, a instituição que deveria proteger a maioria da população – o Estado – adota como princípio o favorecimento dos setores privados, que dominam economicamente a sociedade e dão sustentação ao governo.

Para o restante da sociedade, as políticas públicas são elaboradas na forma de "doação" ou de dominação, em nome da estabilidade social. Isso não significa, entretanto, que a população tenha sido sempre passiva, pois muitas ações do Estado resultaram da pressão dos movimentos sociais no país.

A política do favor: o clientelismo

A relação entre público e privado no Brasil pode ser caracterizada pela prática da política do favor. Essa prática se desenvolveu desde o período colonial e apresenta-se ainda hoje como um dos suportes das relações políticas nacionais entre os que detêm o poder político e os que detêm o poder econômico.

A troca de favores políticos por benefícios econômicos é conhecida como clientelismo. Ela pode ser observada, por exemplo, na distribuição feita pelo poder público de concessões de emissoras de rádio e canais de televisão ou financiamentos para empresas, sempre em busca de apoio e sustentação de um partido, de uma organização ou de uma família no poder. Isso ocorre nos vários setores da sociedade, até mesmo nos considerados progressistas, que sempre encontraram no Estado um aliado nos momentos de crise.

Quantas vezes se assiste ao Estado oferecer financiamento com juros baixíssimos para grandes empresários que estavam quase falindo? Instalou-se no Brasil um capitalismo sem riscos, pois o poder público sempre esteve pronto para salvar aqueles que se encontravam em perigo, desde que interessasse à manutenção do poder. Porém, esses setores envolvidos na troca de favores são os primeiros a questionar o Estado quando ele procura aplicar recursos em educação, saúde, habitação ou transporte para beneficiar a maioria da população.

A economia e muitos outros setores da sociedade se modernizaram, mas as práticas políticas no Brasil, com raríssimas exceções, continuam a reproduzir as velhas relações políticas, com poucas modificações.

A política do favor aparece também no cotidiano, na relação dos cidadãos com o poder público. Ela acontece na busca de ajuda para resolver problemas, emergências de trabalho, saúde, etc. Manifesta-se ainda na distribuição de verbas assistenciais e nas promessas de construção de escolas, de postos de saúde e de doação de ambulâncias feitas às pessoas ou às instituições por vereadores, deputados e senadores. Tudo para render votos futuros, assegurando aos representantes a reeleição ou a eleição para outro posto.

Nepotismo e corrupção

Muita coisa mudou na administração pública desde as reformas implementadas por Getúlio Vargas e outros governantes, que instituíram gradativamente concursos públicos para a maioria dos postos de trabalho e procuraram implantar uma administração com certo grau de profissionalização, no sentido definido por Max Weber, com a impessoalidade da função pública. Mesmo assim, ainda há casos de manipulação nos concursos públicos e a prática do nepotismo, isto é, o emprego ou o favorecimento de parentes em cargos públicos, apesar de ser proibido por lei.

// O clientelismo se renova continuamente. Das velhas ameaças que impõem limites à ação política de oposicionistas à compra escancarada de votos e apoios, o conhecido "toma lá dá cá" faz parte das democracias tardias dos países que passaram por longos períodos ditatoriais e têm dificuldade para se livrar dos escombros autoritários.

Quando ocorrem atos de corrupção na administração pública, a reação costuma ser marcada pelo moralismo, que se caracteriza pela atribuição da responsabilidade pela malversação dos recursos públicos ao caráter pessoal do funcionário ou político envolvido. Não se procura evidenciar as relações políticas, econômicas, sociais e culturais que estão na raiz das práticas de favorecimento e tráfico de influência. Assim, há uma simplificação desse fato, pois acredita-se que bastaria fazer um novo governo com homens e mulheres "de bem" para resolver tudo.

A corrupção existe em todos os países do mundo, tanto nas estruturas estatais como nas empresas privadas. No Brasil, ela se mantém no sistema de poder porque, como já discutido, o favor e o clientelismo continuam presentes. O combate à corrupção requer a criação de mecanismos que a coíbam, garantindo que os envolvidos sejam julgados e condenados por seus atos. Isso tem sido feito com a ajuda de funcionários públicos, promotores e juízes.

Há poucos anos, pode-se perceber uma mudança efetiva no julgamento e na prisão de corruptos e corruptores. Essa tendência pode se tornar permanente, como ocorre em outros países.

Legalmente, o Estado brasileiro financia as campanhas eleitorais com dinheiro público por meio da propaganda eleitoral veiculada por emissoras de rádio e TV, que dá aos candidatos o direito de expor suas ideias, ou mediante o Fundo Partidário, constituído por recursos públicos distribuídos entre todos os partidos políticos conforme o número de votos que cada um conseguiu obter nas eleições anteriores.

A maior parte dos recursos, porém, é obtida de empresas particulares e bancos. Conforme a legislação, a contribuição privada é consentida, mas às vezes o valor das contribuições excede o permitido e por essa razão não é declarado nem por doadores nem por beneficiários. É justamente aí que reside o maior foco de corrupção em todos os níveis. Empresários e banqueiros financiam as campanhas da quase totalidade dos partidos, mais para uns e menos para outros. Dessa forma, cercam todas as possibilidades de, posteriormente, cobrar benefícios e favores, seja de quem ocupa cargos executivos, seja de quem representa os cidadãos no Parlamento, formando assim um quadro de corrupção sistêmica.

NAS PALAVRAS DE DOWBOR

Corrupção sistêmica

[...] A realidade é que se trata de uma corrupção sistêmica, que envolve de maneira ampla as cúpulas do poder político e do poder empresarial. Não nos referimos aqui a alguns corruptos que atrapalhariam o andamento normal da política. Referimo-nos à própria atividade política e empresarial, organizada de forma a servir ao desvio e apropriação de recursos públicos, recursos que serão por sua vez utilizados para financiar contratos privados, que permitirão contribuições para campanhas mais ricas e para alavancar o acesso a novos espaços de poder. Trata-se da força política de um sistema que, por exemplo, sobrefatura de maneira escandalosa grandes obras, originando lucros fabulosos para as empreiteiras, que por sua vez financiam campanhas milionárias dos candidatos corruptos, que irão votar novas obras sobrefaturadas. Trata-se de empréstimos a megaproprietários rurais, que serão depois transformados em subsídios milionários. Trata-se da chantagem do banqueiro que realiza operações bilionárias com amigos, e espera tranquilamente o resgate que virá do governo, pois um país não pode deixar o sistema quebrar, sobretudo porque os banqueiros fazem estas operações com o dinheiro da população, e não com dinheiro próprio. E se trata evidentemente da escandalosa repartição do acesso às concessões de rádios e TVs, permitindo a estes mesmos políticos e empresários apresentar diariamente o seu ponto de vista a uma população completamente desorientada, que ainda será acusada de não saber votar.

[...]

Trata-se, no sentido técnico do termo, de um sistema mafioso, onde a solidariedade e a corresponsabilidade entre corruptos e corruptores geram redes de poder que se articulam por entre as hierarquias do legislativo, executivo e judiciário, desarticulando qualquer capacidade formal de governo. Cidades, estados e amplos segmentos da União são geridos através de sólidas articulações de empreiteiras, políticos corruptos, especuladores imobiliários e meios de comunicação de apoio, além de um judiciário escandalosamente conivente. A rede de solidariedade nas atividades ilegais gera naturalmente um comportamento corporativo e assegura o silêncio. É importante lembrar que é praticamente inevitável, em qualquer sociedade, a existência do banditismo político ocasional, com peso marginal no conjunto. Este tipo de atividade termina por ser detectado e denunciado, na medida em que envolve minorias que prejudicam o conjunto dos profissionais de uma instituição. Quando a corrupção se torna sistêmica, são as minorias profissionais que se veem cooptadas ou expelidas pela máfia.

DOWBOR, Ladislaw. *O mosaico partido*: a economia além das equações. São Paulo: Vozes, 2002. Disponível em: <http://dowbor.org/2007/11/o-mosaico-partido-a-economia-alem-das-equacoes-doc-2.html/>. Acesso em: 5 mar. 2018.

A despolitização e a economia como foco

Com a ampliação das transformações produtivas e financeiras no mundo, principalmente depois da década de 1980, a questão política no Brasil está cada vez mais dependente das questões financeiras. De acordo com o sociólogo brasileiro Marco Aurélio Nogueira, a política brasileira nos últimos anos resume-se a uma tentativa de controle da inflação, na qual o econômico está acima do político, o especulativo está bem acima do produtivo e o particular reina sobre o geral.

É importante lembrar que vários planos econômicos foram postos em prática, nos últimos 30 anos, visando frear a inflação e estabilizar os preços das mercadorias; manteve-se, contudo, um dos maiores índices de desigualdade social no mundo. Hoje ainda se discutem intensamente as questões econômicas, mas pouca atenção é dada à ampliação da participação política efetiva da sociedade. Isso, somado às condições já mencionadas (clientelismo e favor – nepotismo e corrupção), gera uma despolitização crescente, pois a política está neutralizada e esvaziada como instrumento de mediação entre o individual e o coletivo, campo de discussão das ideias e de projetos políticos divergentes e em conflito. Nada disso deixa de existir, mas é sufocado pela emergência reincidente das questões econômicas.

Em termos representativos, houve nos últimos anos uma série de atuações governamentais que contribuiu para despolitizar a prática cidadã, limitando-a praticamente ao exercício do voto. A demanda social por maior participação foi neutralizada e canalizada de forma burocratizada e controlada pelos agentes do governo mediante os vários conselhos e conferências nacionais sobre o meio ambiente, os direitos da pessoa idosa, a segurança pública, os direitos da mulher, o esporte, a igualdade racial, o acesso à saúde, etc.

Do ponto de vista dos trabalhadores, os sindicatos passaram por um processo de despolitização, uma vez que a luta por direitos coletivos foi pouco a pouco sendo substituída pela busca de soluções para os problemas dos indivíduos. O resultado foi a desmobilização dos trabalhadores e a burocratização das organizações sindicais mais combativas. Além disso, houve uma tendência à cooptação dos líderes sindicalistas, que passaram a atuar em órgãos públicos.

Duzentos sacos de "dinheiro" deixados em frente ao Congresso Nacional chamam a atenção para o financiamento privado das eleições no Brasil, fato que para muitos analistas está diretamente ligado à invasão de interesses particulares no mundo público e à corrupção enraizada nas instituições políticas. Brasília, DF, 2015.

Cenário da política no Brasil

O poder dos bancos no Brasil

[...]

Nas economias modernas, os bancos sempre são poderosos. No Brasil, entretanto, o poder dos bancos é extraordinário e já constitui há muito tempo uma agressão ao interesse público.

Os balanços dos principais bancos privados e públicos [mostram] lucros muito volumosos, que chegam a ser estarrecedores. Enquanto a maior parte da economia brasileira patina na mediocridade, enquanto a maior parte dos brasileiros vegeta na pobreza ou na miséria, os grandes conglomerados bancários expõem resultados exuberantes.

Exuberantes, não. Nas circunstâncias do país, não é exagero usar uma palavra mais forte: indecentes.

O que explica tal lucratividade? A versão benevolente, que nem os porta-vozes dos bancos se animam a defender com muita convicção, é que esses lucros refletem a sua excepcional eficiência e competência como organizações empresariais.

As instituições bancárias brasileiras têm os seus méritos, não nego, mas a principal explicação é outra: os bancos detêm grande poder de mercado. São poucos os setores da economia com tanto poder e tanta lucratividade.

O sistema bancário é muito concentrado, e o grau de concentração vem aumentando. Poucos bancos detêm a quase totalidade dos ativos, dos depósitos e do capital. Um punhado de instituições comanda o mercado. A competição é imperfeita e limitada. Os bancos têm poder de mercado [...] e conseguem impor pesadas tarifas de serviços bancários, especialmente aos pequenos clientes. Conseguem também praticar taxas elevadíssimas de juro nos empréstimos que fazem a empresas e pessoas físicas. As empresas de menor porte e as pessoas físicas pagam taxas especialmente selvagens.

[...]

O poder econômico dos bancos é sustentado por ampla rede de influência política e ideológica.

O comando do Banco Central, por exemplo, mantém há muito tempo uma relação promíscua com o sistema financeiro. O famigerado Copom (Comitê de Política Monetária do Banco Central) é uma espécie de comitê executivo da Febraban (Federação dos Bancos Brasileiros). Entra governo, sai governo e o quadro não muda: a diretoria do Banco Central é sempre dominada por pessoas que vêm do sistema financeiro ou que para lá desejam ir. A influência dos bancos se estende para outros segmentos do Poder Executivo, como o Ministério da Fazenda. Com frequência, essas instituições conseguem obter tratamento tributário leniente e concessões de outros tipos.

No Poder Legislativo, os bancos financiam campanhas e têm a sua bancada. Na mídia, a sua presença é sempre muito forte. A cada momento, o brasileiro indefeso é exposto às "teorias" e explicações dos "economistas do mercado", uma verdadeira legião a serviço dos interesses do sistema financeiro.

É óbvio que interessa a qualquer economia moderna ter um sistema bancário sólido e lucrativo.

Mas, no caso do Brasil, o poder dos bancos passou dos limites e está prejudicando seriamente grande parte da economia. Se o próximo governo quiser realmente colocar a economia em movimento, não poderá deixar de enfrentar esse problema.

BATISTA JR., Paulo Nogueira. O poder dos bancos no Brasil. *Folha de S.Paulo*. São Paulo, 17 ago. 2006. Brasil, p. B2. Disponível em: <http://www1.folha.uol.com.br/fsp/dinheiro/fi1708200609.htm>. Acesso em: 6 mar. 2018.

1. O Estado deve ter a capacidade de defender o interesse de todos. Isso acontece no Brasil? Quem está no poder atende aos interesses da maioria da população?

2. De acordo com o texto, qual é a relação entre poder político e poder econômico?

Costurando as ideias

Em seu livro *Raízes do Brasil*, publicado pela primeira vez em 1936, o historiador Sérgio Buarque de Holanda (1902-1982) afirma que "a democracia no Brasil sempre foi um lamentável mal-entendido". Para ele, uma aristocracia semifeudal se apropriou dos espaços públicos e de poder para neles perpetuar suas relações familiares e defender seus interesses particulares.

Nesse sentido, a esfera pública nunca existiu de fato no país, sendo permanentemente substituída por uma confraria de indivíduos que desde o período colonial toma para si toda a riqueza nacional, não abrindo mão de nenhum meio para isso (fraudes eleitorais, mentiras, ações violentas contra a população, etc.).

Mais de 80 anos após seu lançamento, *Raízes do Brasil* continua intrigando e inspirando reflexões sobre a vida política e social dos brasileiros. Afinal, qual é a situação da democracia brasileira hoje? E o Estado nacional, deixou de ser ocupado exclusivamente por pessoas que só pensam em si mesmas? O povo, para o bem e para o mal, conquistou mais espaços, preencheu praças e ruas, pressionou instituições para que se modernizassem de fato e abrissem seus portões à participação de todos? Em suma, essas perguntas estão na ordem do dia ou já são sinal de um tempo superado? O Brasil é ou não uma democracia?

Práticas insistentes como o coronelismo e o clientelismo (a política do favor) ainda fazem parte das relações sociais no país. Mais do que isso: revelam-se resistentes a mudanças institucionais tanto na ordem do aperfeiçoamento da democracia quanto da evolução das questões jurídicas.

Ao longo da história brasileira, milhões de cidadãos foram às ruas, lutaram por liberdade e ampliação de direitos, visibilidade e voz, oportunidade e vez. Não obstante, nos bastidores do poder, acordos, conchavos e manobras mantinham privilégios e prerrogativas para as classes abastadas e dominantes. Raymundo Faoro (1925-2003), importante pensador e jurista, sentenciou em sua obra *Os donos do poder*, de 1975, que no Brasil "as elites nunca perderam uma batalha sequer".

Se é verdade que a democracia na sua versão institucionalizada, representativa, é frágil no Brasil (embora haja por aqui, formalmente, quase tudo que há nas democracias desenvolvidas da Europa ocidental e da América do Norte), é também verdade que a política é muito mais do que isso. A política se desenvolve também nas experiências cotidianas por meio de um aprendizado coletivo que fecunda as relações dos indivíduos com as instituições e a própria vida política nacional. Trata-se da experiência cotidiana.

Os inúmeros atos de escolher qual filme ver, qual livro ler, qual lugar visitar, com que pessoas se relacionar, em que escola estudar, qual canção ouvir, quais biografias admirar e que tipo de conduta adotar nas mais diversas circunstâncias são decisões políticas, uma vez que exercem influência e se desdobram sobre outras incontáveis existências humanas.

A convivência social é, em si, política e se realiza na relação com o outro (amigos, parentes, companheiros de trabalho, vizinhos, desconhecidos, aqueles que estão perto ou longe). Nesse sentido, um cidadão mais participativo na política partidária ou na experiência sindical, por exemplo, terá feito antes escolhas que o levaram a acreditar na defesa de interesses coletivos como algo bem acima dos privatismos individuais.

Para tanto, terão causado efeito em sua forma de ver e viver o mundo. O fato é que ninguém é uma ilha, um ser desconectado da realidade e de suas múltiplas determinações. Assim como o corpo humano depende daquilo de que se alimenta, as ideias e as ações de cada um dependem ainda mais daquilo que ele consome em termos culturais e políticos. O ser humano é efetivamente o resultado de suas escolhas e possibilidades.

Pela via do exercício cotidiano do convívio e dos valores que se multiplicam por meio de exemplos e ações concretas, a política pode avançar ou recuar, o mundo pode melhorar ou piorar, as relações humanas podem engrandecer ou apequenar-se. Fortalecer a quebradiça democracia brasileira não depende somente dos políticos profissionais ou das autoridades ligadas ao poder; depende, acima de tudo, de cidadãos que cobram, pressionam e se organizam coletivamente, fazendo de parte de suas vidas parte da vida de todo o mundo.

Leituras e propostas

Para refletir

O analfabeto político

O pior analfabeto é o analfabeto político.
Ele não ouve, não fala, nem participa dos acontecimentos políticos.
Ele não sabe que o custo de vida, o preço do feijão,
do peixe, da farinha, do aluguel, do sapato e do remédio
dependem das decisões políticas.
O analfabeto político é tão burro que se orgulha
e estufa o peito dizendo que odeia a política.
Não sabe o imbecil que da sua ignorância política nasce a prostituta,
o menor abandonado, e o pior de todos os bandidos que é o político vigarista,
pilantra, o corrupto e lacaio dos exploradores do povo.

BRECHT, Bertolt. O analfabeto político. Apud: CITELLI, Adilson. Bertold Brecht: comunicação, poesia e revolução. *Comunicação & Educação*, ano XII, n. 2, maio-ago. 2007. Disponível em: <http://www.revistas.usp.br/comueduc/article/view/37645/40359>. Acesso em: 6 mar. 2018.

1. O dramaturgo alemão Bertolt Brecht (1898-1956) descreve em poucas palavras o analfabeto político e as consequências de sua postura. Cite exemplos de situações e atitudes que possam caracterizar o analfabetismo político.

2. É possível viver em sociedade sem nenhum tipo de participação política? Explique sua resposta.

3. Cite três possíveis formas de participação política além do ato de votar ou ser votado.

Democracia e voto

Democracia representada em tira de Laerte, 2007.

1. "Um homem, um voto – e a maioria decide". Essa definição vale para a democracia atual?

2. O modelo da democracia ocidental seria adequado para organizar politicamente as várias sociedades existentes no mundo, apesar da grande diversidade que se observa entre elas?

Para pesquisar

1. Junte-se a alguns colegas e reúnam informações, por meio de textos, fotos ou gravações, sobre as propostas de diferentes partidos políticos envolvendo os seguintes temas: política ambiental, segurança pública, política educacional, serviços de saúde e transporte coletivo. Vocês podem pesquisar em jornais, revistas ou nos *sites* dos partidos. Se possível, conversem sobre esses assuntos diretamente com representantes (vereadores, prefeitos, deputados estaduais ou federais e senadores) ou militantes dos partidos políticos. A apresentação do resultado da pesquisa pode ser feita em um painel.

LIVROS RECOMENDADOS

A Era Vargas – Desenvolvimentismo, economia e sociedade
De Pedro Paulo Zahluth Bastos. São Paulo: Unesp.

A coletânea *A Era Vargas* reúne ensaios que procuram retratar o contexto social e o significado histórico do projeto do estadista. Os textos despersonalizam o período histórico, pois compartilham a perspectiva de que a ação pessoal não é o motor da história. Em momentos de crise, a ação política assume um papel crucial para encaminhar soluções emergenciais e rotas estratégicas para o desenvolvimento nacional.

O ódio à democracia
De Jacques Rancière. São Paulo: Boitempo Editorial.

Quem são os inimigos reais da democracia ontem e hoje? Por que, apesar de todos afirmarem "amá-la", a democracia é tão combatida, tão restringida? Nesse oportuno e indispensável ensaio, Rancière dá nome aos bois e aponta quais são os verdadeiros desafios para a construção de uma soberania popular no mundo contemporâneo.

Política pra quê? Atuação partidária no Brasil contemporâneo de Getúlio a Dilma
De Marcelo Ridenti. São Paulo: Atual.

De modo simples e acessível, o autor examina os acontecimentos da história recente do Brasil e do mundo. Aborda as principais perspectivas sociológicas (marxista, positivista e weberiana) empregadas na análise da política em seus vários aspectos. Além disso, analisa a atuação dos partidos e movimentos políticos no Brasil a partir de 1945.

SUGESTÕES DE FILMES E SÉRIE

Getúlio (Brasil, 2014)
Direção: João Jardim.

O filme mostra Getúlio Vargas, então presidente da República, em seus últimos 19 dias de vida. Figura política controversa, enquanto admitia ser um ditador, retornou à Presidência do país graças ao voto, em pleno ato democrático. Em um ambiente de pressão, em decorrência das acusações de que teria ordenado o atentado contra o jornalista Carlos Lacerda, Getúlio avalia os riscos existentes até tomar a decisão de se suicidar em 24 de agosto de 1954.

House of Cards (EUA, Netflix Original Series, 2013)
Criação: Beau Willimon.

Os bastidores da política na Casa Branca: interesses, corrupção, indiferença às questões de fato definitivas para a nação e o conjunto dos cidadãos. Essa série premiada e polêmica desnuda o poder e o expõe ao crivo da crítica pública, revelando que existe muito mais do que o discurso oficial do Estado, das eleições e do voto. Simplesmente imperdível! Uma aula de política no mundo contemporâneo.

Vocação do poder (Brasil, 2005)
Direção: Eduardo Escorel e José Joffily.

Esse documentário apresenta a campanha de seis candidatos a vereador nas eleições de 2004 no Rio de Janeiro. A produção do filme acompanhou todo o processo eleitoral: as convenções partidárias, a panfletagem nas ruas, a apuração dos votos e a reação dos eleitos e dos derrotados. Por meio desse filme, percebe-se o distanciamento entre o eleitor e o eleito.

Conexão de saberes

MONOPÓLIO DO USO LEGÍTIMO DA VIOLÊNCIA

Nas atuais e complexas sociedades mundiais, cabe ao Estado garantir a convivência entre indivíduos, grupos e classes sociais. Como portador legítimo do monopólio da violência, o Estado deve garantir aos seus cidadãos o juízo correto diante de cenários de injustiça e de promoção de atentado às leis. Porém, com relação a determinadas práticas sociais, o Estado costuma ser severo e implacável; quanto a outras tantas, mostra-se leniente e até incentivador. Conclui-se, então, que não há Estado "neutro". É por isso que se ouve cada vez mais a máxima latina *Dura lex, sed lex* (A lei é dura, mas é a lei). Mas a lei nunca é a mesma para todos, certo?

ARMAS NÃO LETAIS
São dispositivos capazes de imobilizar um indivíduo, como canhões de água, cassetetes, balas de borracha, gás de pimenta, gás lacrimogêneo, chamadas também de bombas de efeito moral, e até o *taser*, equipamento que emite uma espécie de choque que interrompe a comunicação do cérebro com o resto do corpo. Apesar de considerados não letais, tais dispositivos podem levar um indivíduo à morte ou causar sérios problemas se utilizados de forma excessiva. Um *spray* de gás de pimenta, se aplicado por um segundo, pode provocar efeitos por até 40 minutos.

ARMAS LETAIS
O **Conselho de Defesa dos Direitos da Pessoa Humana (CDDPH)**, da Secretaria de Direitos Humanos da Presidência da República, aprovou em 2013 uma resolução que recomenda a **proibição do uso de armas de fogo e a restrição dos armamentos de baixa letalidade em manifestações e eventos públicos**, bem como na execução de mandatos judiciais de manutenção e reintegração de posse de imóveis e propriedades rurais.

ANIMAIS
Cães e cavalos são normalmente usados como aparato de apoio policial. Os cães, por exemplo, são bastante versáteis e podem trabalhar em diversas funções.
De acordo com policiais militares, a presença de um cão policial causa um impacto psicológico importante, mesmo quando os policiais estão em inferioridade numérica. Recentemente, especialistas têm questionado a participação de cães em manifestações de grande porte, visto que não é aconselhável levar animais para ambientes de inquietação e estresse.

VIGILÂNCIA

Os sistemas de videomonitoramento estão cada vez mais presentes no dia a dia urbano. Órgãos de segurança pública e sociedade civil têm se interessado pela instalação de câmeras de vigilância para combater a criminalidade e produzir um cruzamento de imagens considerado de grande utilidade. Em 2014, em protesto no Rio de Janeiro, um artefato explosivo causou a morte de um cinegrafista. Além das imagens feitas pelos profissionais de imprensa, as cenas capturadas por câmeras de vigilância também foram decisivas para identificar o responsável. Após a adoção de sistemas de videomonitoramento, flagrantes criminais tornaram-se muito mais frequentes. Há quem considere, entretanto, que o aumento da vigilância aos cidadãos represente uma aproximação às práticas autoritárias de Estados de exceção.

COMUNICAÇÃO

É comum atribuir a quase instantaneidade de algumas das mais recentes manifestações no Brasil e no mundo ao advento das redes sociais. É fato: a internet agilizou os contatos e aproximou os que pensam de forma semelhante. Mas, em meio às passeatas, aos grupos que lançam palavras de ordem contrárias ou favoráveis a determinadas propostas ou situações, resiste o sempre eficiente megafone, um aparelho portátil, em forma de cone, que se destina a ampliar o som da voz de quem nele fala.
O alcance de um megafone moderno pode chegar a mais de 1,5 km. Alguns são até equipados com sirene.

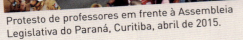

Protesto de professores em frente à Assembleia Legislativa do Paraná, Curitiba, abril de 2015.

DIREITO À MANIFESTAÇÃO

Art. 5º Todos são iguais perante a lei, sem distinção de qualquer natureza, garantindo-se aos brasileiros e aos estrangeiros residentes no País a inviolabilidade do direito à vida, à liberdade, à igualdade, à segurança e à propriedade, nos termos seguintes:
[...]
XVI — todos podem reunir-se pacificamente, sem armas, em locais abertos ao público, independentemente de autorização, desde que não frustrem outra reunião anteriormente convocada para o mesmo local, sendo apenas exigido prévio aviso à autoridade competente;
[...]

Fonte: *Constituição da República Federativa do Brasil*, 1988.

CAPÍTULO 16 | PODER E DEMOCRACIA NO BRASIL

UNIDADE 5
Direitos, cidadania e movimentos sociais

A greve em Le Creusot, óleo sobre tela de 1899, do pintor francês Jules Adler. Ecomusée de la Communauté le Creusot Montceau, França.

O direito a ter direitos

Poucos temas são tão controversos quanto o dos direitos. Se o assunto diz respeito aos direitos humanos, dificuldades de comunicação e entendimento só aumentam. O terreno exige paciência e muito cuidado.

Não há excesso de direitos no mundo contemporâneo, principalmente nos países pobres, injustos e desiguais. O fato é que os privilégios de poucos dificultam o acesso aos direitos que deveriam ser de todos. Aliás, o direito ou é de todos ou não é de ninguém. Onde o direito é raro e de difícil alcance, dominam a lei do mais forte e todo tipo de arbitrariedade e violência.

Os movimentos sociais são um instrumento valioso na luta por direitos, contra privilégios e abusos de indivíduos, grupos e classes sociais. Estruturados ou espontâneos, intensos ou fugazes, propositivos ou de pura indignação circunstancial, múltiplos e plurais ou reduzidos e focados em temas específicos, todos os movimentos que tomam ruas e ocupam espaços públicos pretendem algo mais da vida em coletividade, uma vida que se faça em coletividade, não em uma soma caótica de indivíduos que não se entendem nem se respeitam. O movimento, se é social, se insurge antes de tudo contra todos os excessos do egoísmo e do individualismo.

O direito a ter direitos, sentença da filósofa alemã Hannah Arendt (1906-1975), que caracteriza o único direito de fato, declara que tanto direitos para todos quanto privilégios para poucos são construções sociais, um desdobramento do tipo de política que se faz e se dissemina em determinado lugar, em dada época da história. Ninguém nasce condenado ao desemprego e à fome, por exemplo; nasce, sim, sem direitos, pois privilégios estão concentrando riqueza e poder em algum minúsculo ponto da vida em sociedade.

A luta dos movimentos sociais é, portanto, pela construção de uma sociedade com mais direitos, com integrações humanas entre seus cidadãos. A cidadania é a vida traçada por sujeitos que conhecem seus direitos, consideram-nos importantes e por eles lutam, coletivamente. É sobre essas lutas por dias melhores que tratará esta unidade.

CAPÍTULO 17

Direitos e cidadania

Há várias leis e decretos que definem quais são os direitos do indivíduo. É importante analisar, portanto, como a relação entre direitos e cidadania foi tratada na história das sociedades.

Alguns povos da Antiguidade tiveram suas normas e leis registradas por escrito. As leis dos babilônios, por exemplo, foram registradas no Código de Hamurábi, no século XVIII a.C., e as normas que regiam a vida dos gregos de Atenas estavam contidas nas leis de Clístenes, elaboradas no século VI a.C. As leis babilônicas reforçavam o poder do Estado e as atenienses definiam as instituições da democracia. Nenhuma delas, porém, tratava dos direitos humanos, cuja história é bem mais recente e tem seu lugar no Ocidente.

Somente a partir do século XIII, na Inglaterra, foram criadas as primeiras cartas e estatutos que asseguravam alguns desses direitos: a Magna Carta (1215-1225), por exemplo, protegia os homens livres e a *Petition of Rights* (1628) requeria o reconhecimento de direitos e liberdades para os súditos do rei. A mais importante das "cartas de direitos", porém, foi a *Bill of Rights* (1689), que tornava a monarquia constitucional, submetendo-a à soberania popular. Cabe destacar ainda o *Act of Settlement* (1707), que completava o conjunto de limitações ao poder monárquico, e o *Habeas Corpus Amendment Act* (1769), que anulava as prisões arbitrárias. Todos esses atos eram dirigidos apenas aos nascidos na Inglaterra.

No século XVIII, quando as colônias inglesas da América do Norte se tornaram independentes, foram elaborados alguns documentos importantes, como a Declaração de Direitos da Virgínia (1776) e a Constituição de 1787. Nesse mesmo ano, foram ratificadas as dez primeiras emendas à Constituição estadunidense, que determinavam os limites do Estado e definiam os campos em que a liberdade devia ser estendida aos cidadãos. Embora as emendas garantissem liberdade de culto, de palavra, de imprensa e de reuniões pacíficas, ainda promoviam distinções entre os seres humanos, já que não aboliam a escravidão.

// Reprodução de gravura que mostra cerimônia de coroação, em 1789, de Guilherme de Orange e Maria II, da Inglaterra, que ratificaram a *Bill of Rights*, a Declaração de Direitos assinada por Guilherme III em 1689. Esse documento consolidou a Revolução Gloriosa, limitando os poderes reais. National Portrait Gallery, Londres.

Direitos para todos?

Com a Revolução Francesa (1789), os direitos baseados nos princípios da liberdade, da igualdade e da fraternidade foram declarados universais, ou seja, válidos para todos os habitantes do planeta. Entretanto, esses direitos, expressos na Declaração de Direitos do Homem e do Cidadão aprovada pela Assembleia Nacional francesa, não se estendiam às mulheres.

Os documentos originados da Revolução Francesa e da independência dos Estados Unidos são a base da Declaração Universal dos Direitos Humanos elaborada pela Organização das Nações Unidas (ONU), criada em 1948. Fortemente influenciada pelo horror e pela violência da primeira metade do século XX, sobretudo pelas atrocidades cometidas durante a Segunda Guerra Mundial (1939-1945), a Declaração Universal dos Direitos Humanos estendeu a liberdade e a igualdade de direitos, nos campos econômico, social e cultural, a todos os seres humanos.

De acordo com essa concepção universalista, os direitos humanos estão acima de qualquer poder existente, seja do Estado, seja dos governantes. Em caso de violação, os responsáveis devem ser punidos.

Refugiados em bote inflável superlotado tentam chegar à Grécia pelo mar Egeu fugindo do Afeganistão e da Síria, palcos de guerra. De acordo com relatórios da ONU, somente em 2015 mais de 700 mil imigrantes aportaram em território europeu dessa forma, com uma travessia em que mais de 3 mil já morreram. Essa situação, porém, contradiz o artigo 3º da Declaração Universal dos Direitos Humanos, que estabelece que "Todo indivíduo tem direito à vida, à liberdade e à segurança pessoal".

Todos nascem livres e iguais... mas nem tanto

Com diferentes interpretações, muitos pensadores defenderam a ideia de que os seres humanos nascem livres e iguais, com determinados direitos inalienáveis garantidos.

O pensador inglês Thomas Hobbes (1588-1679) afirma, no livro *Leviatã*, publicado em 1651, que os seres humanos são naturalmente iguais e, por terem excessiva liberdade, lutam uns contra os outros na defesa de interesses individuais, havendo a necessidade de um acordo (que ele chamava de contrato) entre as pessoas a fim de que não se destruam. Conforme Hobbes, para evitar a autodestruição, todos os membros da sociedade devem renunciar à liberdade e dar ao Estado o direito de agir em seu nome e coibir todos os excessos.

Segundo o pensador inglês John Locke (1632-1704), no livro *Dois tratados sobre o governo*, publicado em 1689, somente os homens livres e iguais podem fazer um pacto com o objetivo de estabelecer uma sociedade política. Homens livres e iguais são aqueles que têm alguma propriedade a zelar. A propriedade, nessa perspectiva, torna-se o elemento fundamental da sociedade capitalista, ou seja, está acima de tudo, já que é o paradigma que define até mesmo a liberdade dos indivíduos. Para Locke, nem todos são iguais desde o nascimento.

De acordo com o pensador francês Jean-Jacques Rousseau (1712-1778), no livro *Do contrato social*, publicado em 1762, a igualdade só tem sentido se é baseada na liberdade, mas, segundo sua definição, a igualdade só pode ser jurídica: "todos devem ser iguais perante a lei".

Ora, no final do século XVIII, as diferenças entre as classes sociais na Europa eram evidentes. Ao propor a igualdade de todos perante a lei, criava-se um direito igual para desiguais. Em outras palavras, as pessoas não eram iguais porque nasciam iguais e livres, mas porque tinham os mesmos direitos perante a lei, feita por quem dominava a sociedade.

A igualdade total apregoada por muitos era a mais grave ameaça aos privilégios sociais da burguesia e da aristocracia, que se mantinham no poder. Discutia-se se a liberdade e a igualdade podiam conviver ou se eram uma antítese insuperável, sendo necessário escolher entre elas. Como a sociedade capitalista funciona e se desenvolve movida pela desigualdade, a liberdade foi divulgada como o maior valor, deixando-se a igualdade de lado.

Para Karl Marx (1818-1883), o trabalhador, como membro de uma classe, não se identificaria como cidadão, pois a concepção de cidadania/cidadão corresponderia a uma representação burguesa do indivíduo. A ideia de democracia passaria pelo critério da igualdade social, que só uma revolução poderia tornar realidade. Marx diferencia a emancipação política da emancipação humana e destaca que só no século XIX se reconheceu a ideia dos direitos humanos, uma conquista dos trabalhadores contraposta às tradições históricas vigentes até então. Nessa perspectiva, os direitos humanos não são uma dádiva da natureza, mas fruto da luta contra os privilégios que se transmitem hereditariamente.

Para Émile Durkheim (1858-1917), a ideia de cidadania está vinculada à questão da coesão social estabelecida com base na solidariedade orgânica, que é gerada pela divisão do trabalho e se expressa no direito civil. Assim, quando o indivíduo desempenha diferentes funções sociais, está integrado numa sociedade que se apresenta como um organismo estruturado. Seu papel como cidadão é cumprir suas obrigações e desenvolver uma prática social que vise à maior integração possível. Ao participar da solidariedade social, levando em conta as leis e a moral vigentes em uma sociedade, o indivíduo desenvolve plenamente sua cidadania.

Luís XVI distribuindo esmolas aos pobres em Versalhes, obra de Louis Hersent, óleo sobre tela, 1788. Museu Nacional do Palácio de Versalhes.

Para Max Weber (1864-1920), a ideia de cidadão e cidadania está vinculada ao nascimento da cidade moderna nos primórdios do capitalismo. Para ele, é mais importante ressaltar as novas formas de sociabilidade oferecidas pela vida nas cidades, ou seja, o cidadão é o produto da vida nas cidades e a cidadania é a ação que promove as inter-relações que dão sentido ao mundo social. Assim, a cidadania seria uma forma de pertencimento a determinado espaço urbano, no qual os valores burgueses têm mais evidência. O cidadão é um indivíduo livre das amarras familiares e se encontra agora no interior das associações econômicas, jurídicas e políticas, não importando a sua origem. É nessa nova configuração do viver em sociedade – diferente da sociedade feudal e também das primeiras fases do mercantilismo – que se constroem o indivíduo-cidadão e as relações sociais que podem ser denominadas cidadania – a condição racional e legal de indivíduos que conferem sentido à sua vida e são portadores de direitos econômicos, políticos e jurídicos.

Direitos civis, políticos e sociais

Na década de 1950, em seu livro *Cidadania, classe social e status*, o sociólogo inglês Thomas H. Marshall (1893-1981) analisou a relação entre cidadania e direitos no contexto da História. De acordo com ele, a questão da cidadania só começou a aparecer nos séculos XVII e XVIII, e ainda assim de forma muito sutil, por meio da formulação dos chamados direitos civis. Naquele momento, procurava-se garantir a liberdade religiosa e de pensamento, o direito de ir e vir, o direito à propriedade, a liberdade contratual, principalmente na escolha do trabalho, e, finalmente, a justiça, que devia salvaguardar todos os direitos anteriores.

Esses direitos passaram a constar em todas as legislações europeias a partir de então. Isso não significa que os direitos civis chegaram a todos os indivíduos. O cidadão no pleno gozo de seus direitos era o indivíduo proprietário de bens e principalmente de terras, o que mostra como a cidadania era restrita.

Os direitos políticos estão relacionados com a formação do Estado democrático representativo e envolvem os direitos eleitorais – a possibilidade de o cidadão eleger seus representantes e ser eleito para cargos políticos –, o direito de participar de associações políticas, como os partidos e os sindicatos, e o direito de protestar. Considerados desdobramentos dos direitos civis, os direitos políticos começaram a ser reivindicados por movimentos populares já no século XVIII, mas, na maioria dos países, só se efetivaram no século XX, quando o direito de voto foi estendido às mulheres e depois aos analfabetos.

No século XX, chegou a vez de os direitos sociais serem discutidos. Os indivíduos passaram a ter direito à educação básica, assistência à saúde, programas habitacionais, transporte coletivo, sistema previdenciário, programas de lazer, acesso ao sistema judiciário, etc.

// Controle de transeuntes no Rio de Janeiro, RJ, 2018.

Os direitos civis, políticos e sociais estão assentados no princípio da igualdade, mas não podem ser considerados universais, pois são vistos de modo diferente em cada país e em cada época. Entretanto, mesmo levando em conta essas diferenças, os países integrantes dos organismos mundiais que se propõem a defender os direitos humanos devem assumir a responsabilidade de assegurar esses direitos a todos os seus cidadãos.

No final do século XX e no início do século XXI, consolidaram-se outros direitos relacionados a segmentos e situações sociais específicos – por exemplo, consumidores, idosos, adolescentes, crianças, mulheres, minorias étnicas e homossexuais.

Como ressalta o filósofo político brasileiro Renato Janine Ribeiro (1949-), recentemente surgiram direitos difusos, que beneficiam a todos, sendo os mais expressivos relativos ao meio ambiente. Há uma ironia nisso, segundo Janine Ribeiro, porque a garantia ao ar, à água e ao solo mais limpos protege até os próprios poluidores. Hoje se afirmam também os direitos dos animais ou da natureza em geral.

De acordo com a tradição jurídica ocidental moderna, os direitos pertencem aos seres humanos. Assim, a preservação das matas e dos animais em via de extinção garante o direito dos humanos a um ambiente biodiversificado.

NAS PALAVRAS DE MARSHALL

Cidadania e classe social

A cidadania é um *status* concedido àqueles que são membros integrais de uma comunidade. Todos aqueles que possuem o *status* são iguais com respeito aos direitos e obrigações pertinentes ao *status*. Não há nenhum princípio universal que determine o que estes direitos e obrigações serão, mas as sociedades nas quais a cidadania é uma instituição em desenvolvimento criam uma imagem de uma cidadania ideal em relação à qual o sucesso pode ser medido e em relação à qual a aspiração pode ser dirigida. [...] A classe social, por outro lado, é um sistema de desigualdade. E esta também, como a cidadania, pode estar baseada num conjunto de ideais, crenças e valores. É, portanto, compreensível que se espere que o impacto da cidadania sobre a classe social tomasse a forma de um conflito entre princípios opostos. Se estou certo ao afirmar que a cidadania tem sido uma instituição em desenvolvimento na Inglaterra, pelo menos desde a segunda metade do século XVII, então é claro que seu crescimento coincide com o desenvolvimento do capitalismo, que é o sistema não de igualdade, mas de desigualdade. Eis algo que necessita de explicação. Como é possível que estes dois princípios opostos possam crescer e florescer, lado a lado, no mesmo solo? O que fez com que eles se reconciliassem e se tornassem, ao menos por algum tempo, aliados ao invés de antagonistas? A questão é pertinente, pois não há dúvida de que, no século XX, a cidadania e o sistema de classe capitalista estão em guerra.

MARSHALL, T. H. *Cidadania, classe social e status*. Rio de Janeiro: Zahar, 1967. p. 76.

Cidadania hoje

Ser cidadão é ter garantidos todos os direitos civis, políticos e sociais que asseguram a possibilidade de uma vida digna. Esses direitos não foram concedidos pelas classes dominantes, mas conquistados arduamente durante séculos – e hoje estão incorporados às leis, ao discurso das autoridades e ao imaginário de sonhos e lutas da população em geral.

A cidadania também não é obra de outro mundo, mas uma construção em um processo de organização, participação e intervenção política de indivíduos, grupos e classes sociais. Só na constante vigilância dos atos cotidianos o cidadão pode se apropriar de seus direitos, fazendo-os valer de fato. Quando essa vigilância não ocorre, a cidadania pode se tornar tão somente mais um palavreado sem sentido prático.

Cidadania formal e cidadania real

O conceito de cidadania foi gerado nas lutas que estruturaram os direitos universais do cidadão. Desde o século XVIII, muitas ações e movimentos foram necessários para ampliar o conceito e a prática da cidadania. Nesse sentido, pode-se afirmar que defender a cidadania é lutar pelos direitos e, portanto, pelo exercício da democracia, que é a constante criação de novos direitos.

Marshall propôs uma análise da evolução da cidadania vinculada a determinados direitos, com base na situação da Inglaterra em meados do século XX. Na sociedade atual, porém, há um grau de complexidade e de desigualdade tão grande que a divisão dos direitos do cidadão em civis, políticos e sociais já não é suficiente para explicar sua dinâmica. Como alternativa a essa classificação, podem-se considerar dois tipos de cidadania: a formal e a real (ou substantiva).

A **cidadania formal** é a que está assegurada pela Constituição e em outras leis específicas de cada país. É a que estabelece que todos são iguais perante a lei e garante ao indivíduo a possibilidade de lutar judicialmente por seus direitos. Tal garantia é muito importante, pois, se não houvesse leis para determinar quais seriam os direitos, estaríamos nas mãos de uma minoria. Essa era a situação dos escravos, que não tinham direito algum.

A **cidadania real** ou **substantiva** é a que está presente no dia a dia. A prática dessa cidadania revela que, apesar das leis existentes, não há igualdade fundamental entre todos os seres humanos – entre homens e mulheres, entre crianças, jovens e idosos, entre negros e brancos.

Tomem-se como exemplos o direito à vida e o direito de ir e vir. O direito à vida é o principal, sem o qual os demais nada valem. Apesar disso, milhares de pessoas, principalmente crianças, morrem de fome todos os dias em várias partes do planeta. A essas pessoas não foi dado o direito à vida, o direito real e substantivo à cidadania.

O segundo direito básico nas sociedades democráticas, o direito de ir e vir, é reconhecido desde o século XVII. No dia a dia, entretanto, nem sempre as pessoas podem se deslocar para qualquer lugar e ficar onde querem. Alguns exemplos bem próximos são: o impedimento à livre circulação dos cidadãos em algumas ruas (vias públicas), que são fechadas e vigiadas por seguranças particulares, praias públicas cujo acesso é vetado por pessoas que se comportam como suas proprietárias, *shopping centers* cujos guardas garantem a segurança dos frequentadores, mas também evitam o acesso de pessoas que aparentemente não têm poder de consumo. Nesses casos, o direito de ir e vir não é respeitado.

Integrantes do Movimento dos Trabalhadores Sem Teto (MTST) realizam passeata no centro da cidade de São Paulo, 2014. Liberdade de ação para quem quer se manifestar publicamente.

Se esses direitos básicos ainda não são efetivos para a maioria das pessoas, imagine o que acontece com os demais!

Ao analisar os direitos humanos nos dias de hoje, no mundo globalizado, observa-se, por exemplo, que os contextos de cada país ou região com culturas muito distintas das ocidentais muitas vezes não são levados em conta, principalmente quando se trata, por exemplo, de situações que o sociólogo português Boaventura de Sousa Santos (1940-) indica como importantes: como ficam os direitos dos indivíduos e grupos sociais que sofreram os efeitos das numerosas guerras ocorridas depois de 1945, nas quais se envolveram as nações que foram o berço dos documentos de direitos universais – Inglaterra, França e Estados Unidos?

A reflexão suscitada por esse questionamento coloca em evidência dois importantes aspectos da relação entre a cidadania formal e a substantiva. O primeiro é: como foi observado, os direitos civis, políticos e sociais, bem como os direitos humanos, não são naturais, ou seja, resultam das relações sociais em diferentes momentos históricos. Portanto, são produto da ação dos indivíduos na História e foram sendo construídos num processo de ação e reação constante por parte dos grupos sociais existentes.

O segundo aspecto é: a defesa dos direitos civis, sociais e políticos, e também dos direitos humanos, convive com sua violação. A coerência entre os princípios e a prática dos direitos só pode ser estabelecida se houver uma luta constante pela sua vigência, travada por meio de ações políticas ou movimentos sociais. Direitos só se tornam efetivos e substantivos quando são exigidos e vividos cotidianamente.

NAS PALAVRAS DE BOBBIO

Os direitos são históricos

Do ponto de vista teórico, sempre defendi – e continuo a defender, fortalecido por novos argumentos – que os direitos do homem, por mais fundamentais que sejam, são direitos históricos, ou seja, nascidos em certas circunstâncias, caracterizadas por lutas em defesa de novas liberdades contra velhos poderes, e nascidos de modo gradual, não todos de uma vez, nem de uma vez por todas.

O problema [...] dos direitos do homem é um problema mal formulado: a liberdade religiosa é um efeito das guerras de religião; as liberdades civis, da luta dos parlamentos contra os soberanos absolutos; a liberdade política e as liberdades sociais, do nascimento, crescimento e amadurecimento do movimento dos trabalhadores assalariados, dos camponeses com pouca ou nenhuma terra, dos pobres que exigem dos poderes públicos não só o reconhecimento da liberdade pessoal e das liberdades negativas, mas também a proteção do trabalho contra o desemprego, os primeiros rudimentos de instrução contra o analfabetismo, depois a assistência para a invalidez e a velhice, todas elas carecimentos que os ricos proprietários podiam satisfazer por si mesmos. Ao lado dos direitos sociais, que foram chamados de direitos de segunda geração [...]. O mais importante deles é o reivindicado pelos movimentos ecológicos: o direito de viver num ambiente não poluído. Mas já se apresentam novas exigências que só poderiam se chamar de direitos de quarta geração, referentes aos efeitos cada vez mais traumáticos da pesquisa biológica, que permitirá manipulações do patrimônio genético de cada indivíduo. [...] Mais uma prova, se isso ainda fosse necessário, de que os direitos não nascem todos de uma vez. Nascem quando devem ou podem nascer. Nascem quando o aumento do poder do homem sobre o homem [...] cria novas ameaças à liberdade do indivíduo ou permite novos remédios para as suas indigências: ameaças que são enfrentadas através de demandas de limitações do poder; remédios que são providenciados através da exigência de que o mesmo poder intervenha de modo protetor. [...] Embora as exigências de direitos possam estar dispostas cronologicamente em diversas fases ou gerações, suas espécies são sempre – com relação aos poderes constituídos, apenas duas: ou impedir os malefícios de tais poderes ou obter seus benefícios. Nos direitos de terceira e de quarta geração, podem existir direitos tanto de uma quanto de outra espécie.

BOBBIO, Norberto. *A era dos direitos*. Rio de Janeiro: Elsevier, 2004, p. 9.

Cenário dos direitos e da cidadania

Restrição civil é paradoxo de guerra ao terror

Um irrefutável paradoxo do combate ao terrorismo nas sociedades livres, como as europeias e a americana, é a restrição das liberdades individuais imposta aos cidadãos, de acordo com especialistas consultados pela *Folha*.

"Não é legítimo reduzir as liberdades em nome da luta contra o terrorismo, que é a arma dos fracos. Se vencerá a guerra ao terror de qualquer maneira, por que, então, a comunidade internacional deverá minar as proteções de que goza sua sociedade civil para derrotar os terroristas? Afinal, é exatamente ela que o Estado quer proteger. Isso é autodestrutivo e paradoxal", avaliou James Carafano, especialista em segurança da Fundação Heritage (EUA).

"Um dos maiores objetivos da ação contra o terror é preservar as liberdades individuais das sociedades ocidentais, como o direito de ir e vir, a liberdade de credo, a de expressão etc. Assim, não se pode restringir as liberdades que, fundamentalmente, se tenta proteger dos ataques protagonizados pelos terroristas", acrescentou.

James Ross, pesquisador da organização Human Rights Watch, salientou que não é fácil definir que medidas antiterror constituem violações às liberdades individuais. "Os limites entre o que é uma prática legal e o que é uma infração aos direitos individuais não são claros nem estáveis."

"É inegável que lidar com o terror é necessário, mas garantir os direitos dos cidadãos é um princípio importante que tentamos manter nas sociedades livres". [...]

De fato, não faltam exemplos para ilustrar seu raciocínio. Depois do 11 de Setembro, o governo americano conseguiu que o Congresso aprovasse o Patriot Act, um abrangente pacote antiterror que, segundo entidades de defesa dos direitos civis, viola uma série de liberdades individuais.

[...]

No Reino Unido, estuda-se atualmente a possibilidade de criar um documento de identidade oficial, o que é visto por muitos britânicos como uma grave infração a seus direitos individuais.

"Eis a dificuldade em estabelecer o que é uma violação. Cada país tem suas leis e seus costumes, e algo normal para uns é grave para outros. Nenhum francês verá o porte de uma carteira de identidade como uma imposição do governo, pois o país já está acostumado com isso. Os britânicos, por sua vez, ficam indignados com essa possibilidade", analisou Ross.

Ele lembrou, ademais, que as autoridades enfrentam um grande desafio, pois não podem ficar imóveis diante da ameaça terrorista que pesa sobre sua população. [...]

Para Carafano, também é vital que os líderes não caiam na armadilha de tomar medidas contraproducentes. "Uma ação que constitui uma séria restrição aos direitos civis é a escolha de uma etnia como suspeita. Quando se concentra num só grupo, o governo não apenas viola liberdades mas também é ineficaz. Afinal, passa 99% do tempo investigando pessoas que não são perigosas."

Disponível em: <http://www1.folha.uol.com.br/fsp/mundo/ft2407200516.htm>. Acesso em: 30 abr. 2018.

1. Por que, em nome do combate ao terrorismo, se modificam leis a ponto de retirar ou diminuir as liberdades democráticas nos Estados Unidos? Será que os governantes estadunidenses precisam de mais poderes do que já têm para combater o terrorismo? Na sua opinião, seria possível combatê-lo com o poder e as leis que já existem?

2. É possível considerar democrático um governo que se utiliza de expedientes legais que retiram direitos fundamentais dos cidadãos? Qual é a diferença entre esses exemplos de governos considerados democráticos e os governos considerados autoritários?

// Judeu e muçulmana assinando mural no lançamento da campanha *We stand together* (Estamos juntos) em evento na Mesquita Central de Londres, Inglaterra, 2015. A campanha visa unir as duas comunidades após ataques terroristas na Europa (França, Dinamarca, Bélgica). No cerne da questão, o direito à liberdade religiosa.

CAPÍTULO 18

Os movimentos sociais

Os movimentos sociais são ações coletivas com o objetivo de manter ou mudar uma situação. Eles podem ser locais, regionais, nacionais e internacionais. Há vários exemplos de movimentos sociais em nosso dia a dia: as greves trabalhistas (por melhores salários e condições de trabalho), os movimentos por melhores condições de vida na cidade (transporte, habitação, educação, saúde, etc.) e no campo (pelo acesso à terra ou pela manutenção da atual situação de distribuição de terras), os movimentos étnico-raciais, feministas, ambientalistas e estudantis.

Além dos movimentos organizados, existem outros que podemos chamar de conjunturais. São os que têm duração variável, reaparecendo de forma intermitente com novas formas de expressão. Por causa dessa diferença e mobilidade, é preciso analisar cada tipo de movimento para entender as ideias que motivam e sustentam suas ações, assim como seus objetivos.

Os movimentos sociais não são predeterminados; dependem sempre das condições específicas em que se desenvolvem, ou seja, das forças sociais e políticas que os apoiam ou os confrontam, dos recursos existentes para manter a ação e dos instrumentos utilizados para obter repercussão.

Os movimentos sociais que se mantêm durante longo tempo tendem a criar estrutura de sustentação e organização burocrática, por mínima que seja, para continuar atuando. Ao se institucionalizarem, correm o perigo de perder o vigor, pois, para continuar sua ação, precisam obter recursos e assumir gastos com aluguel de uma sede, telefone, pessoal de apoio fixo e materiais. A preocupação que antes se concentrava em organizar as ações efetivas divide-se, assim, com o cuidado em manter uma estrutura fixa, deslocando parte das energias para outro foco.

Confrontos e parcerias

Os movimentos sociais propõem sempre o confronto político e podem trabalhar para transformar ou manter determinada situação. Na maioria dos casos, eles têm uma relação com o Estado, seja de oposição, seja de parceria, de acordo com seus interesses e necessidades. Observam-se várias formas de atuação dos movimentos sociais:

- contra ações do poder público consideradas lesivas aos interesses da população ou de um setor dela, como determinada política econômica ou uma legislação que prejudique os trabalhadores ou outros setores da sociedade;
- para pressionar o poder público a resolver problemas relacionados à segurança, à educação, à saúde, etc. (um exemplo são as ações que exigem do Estado medidas contra a exploração sexual e o trabalho infantil);
- em parceria com o poder público para fazer frente às ações de outros grupos ou empresas privadas (é o caso dos movimentos de proteção ambiental);
- para resolver problemas da comunidade, independentemente do poder público, muitas vezes tomando iniciativas que caberiam ao Estado (por exemplo, as várias ações realizadas por Organizações Não Governamentais (ONGs) e associações de moradores de bairros).

Existem também movimentos cujo objetivo é desenvolver ações que favoreçam a mudança da sociedade com base no princípio fundamental do reconhecimento do outro, do diferente. Por meio desses movimentos, procuram-se disseminar visões de mundo, ideias e valores que proporcionem a diminuição dos preconceitos e discriminações que prejudicam as relações sociais. Exemplos são os movimentos étnico-raciais, de sexualidade e gênero, feministas, pela paz e contra a violência.

Conforme o sociólogo alemão Axel Honneth (1949-), as lutas sociais vão além da defesa de interesses e necessidades, tendo como alvo o reconhecimento individual e social. Quando um indivíduo se engaja em um movimento social, procura fazer com que sua experiência com os sentimentos de desrespeito, vergonha e injustiça inspire outros indivíduos, de modo que sua luta se transforme numa ação coletiva, de reconhecimento pessoal e social. Honneth afirma:

> [...] uma luta só pode ser caracterizada de "social" na medida em que seus objetivos se deixam generalizar para além dos horizontes das intenções individuais, chegando a um ponto em que eles podem se tornar a base de um movimento coletivo.
>
> HONNETH, Axel. *Luta por reconhecimento*: a gramática moral dos conflitos sociais. São Paulo: Editora 34, 2003. p. 256.

// Cartaz de campanha a favor da conscientização sobre o uso desnecessário de força letal policial, promovida pela Anistia Internacional, em 2015. Exemplo de movimento social que visa mudar determinada situação.

O recurso da greve

Na sociedade capitalista, a greve é um dos instrumentos mais utilizados pelos trabalhadores para reivindicar, por exemplo, a manutenção dos direitos adquiridos, melhores salários e condições de trabalho mais dignas. A greve pode ser organizada pelos trabalhadores de uma empresa, de uma categoria profissional ou, no caso de uma greve geral, pelos setores da sociedade que decidam demonstrar a insatisfação da população, por exemplo, com um governo.

A greve pode ser analisada de muitos pontos de vista. Aqui indicaremos o que pensam os três autores clássicos da sociologia: Karl Marx (1818-1883), Émile Durkheim (1858-1917) e Max Weber (1864-1920).

Para Karl Marx, a greve aparentemente é apenas um movimento reivindicatório por melhores salários e condições de trabalho. Mas, analisando um pouco melhor o movimento, percebe-se que em uma greve operária existem sempre três atores sociais: o trabalhador, o empresário capitalista e o Estado.

O trabalhador representa a força de trabalho e só tem isso para defender. Assim, sua luta por melhores salários e condições de trabalho o coloca em confronto com o empresário, que representa o capital, cujo objetivo é conseguir o maior lucro possível. A greve, para Marx, é a expressão mais visível da luta entre a burguesia e o proletariado.

Ao Estado, que aparece na forma da legislação existente, cabe regular a relação entre o trabalho e o capital: as leis que podem proteger o trabalhador e seus direitos (que foram conquistados arduamente) também podem atuar em benefício do capital, o que acontece normalmente quando os tribunais decidem as questões trabalhistas.

O Estado age também com a força policial, a qual pode ser acionada para reprimir os trabalhadores em nome da estabilidade e da paz social.

Nessa perspectiva, questionam-se em uma greve não só as condições de exploração em que vivem os trabalhadores, mas também a ação do Estado e seu caráter de classe. Numa greve operária, questiona-se a estrutura da sociedade capitalista, que, em sua essência, é desigual e perpetua a exploração dos trabalhadores.

O enfoque de Émile Durkheim tem como ponto de partida a ideia de que todo conflito é resultado da inexistência de normas (o que caracteriza a anomia) que regulem as atividades produtivas e a organização das várias categorias profissionais. A desordem (no caso, a greve) é, para ele, um momento especial em uma ordem estabelecida e serve apenas para desintegrar a sociedade.

NAS PALAVRAS DE DURKHEIM

A questão social

Não se trata de substituir a sociedade existente por uma totalmente nova, senão adaptar aquela às novas condições de existência social. Não é uma questão de classes, de oposição entre ricos e pobres, de empresários e trabalhadores, como se a única solução possível consistisse em diminuir a parte que corresponde a uns para aumentar a dos outros.

O que se requer no interesse de uns e outros é a necessidade de se refrear, desde o alto, os apetites de ambos e assim pôr fim ao estado de desagregação, de agitação maníaca, que não é produto da atividade social e que inclusive provoca sofrimentos. Em outras palavras, a questão social concebida desta maneira não é uma questão de dinheiro ou de força; é uma questão de agentes morais. O que domina não é a situação de nossa economia, senão o estado de nossa moralidade.

DURKHEIM, Émile. El socialismo. Madrid: Nacional, 1982. p. 287-288. [Tradução dos autores.]

Para Durkheim, a questão social é também moral, pois envolve ideias e valores divergentes daqueles da consciência coletiva. Ele defende que os desejos de alguns indivíduos ou grupos devem estar submetidos aos sentimentos gerais da sociedade em vez de prevalecer sobre eles.

Assim, uma sociedade dividida não pode ser normal, pois o fundamental é manter a solidariedade orgânica decorrente da divisão do trabalho social.

Para Max Weber, a greve é uma manifestação de poder, ou seja, a capacidade de impor a própria vontade. Essa força, visando atuar sobre o comportamento alheio e produzir com ele um sentido na vida coletiva, tem a característica de um poder social, isto é, a imposição da vontade de um grupo a outro grupo ou associação. A sua eficácia varia em cada situação, dependendo da força e do poder em conflito. Assim, quando os trabalhadores entram em greve é porque, naquele momento, há inúmeros interesses comuns que envolvem as relações de emprego e renda no mercado de trabalho. Em outro momento, pode haver diferentes e até divergentes interesses.

Além disso, na perspectiva weberiana, a greve envolve a estrutura burocrática e militar do Estado, seja porque há a presença da polícia (que pode utilizar a violência de modo legítimo), seja porque, por meio de seu sistema judiciário, o Estado pode declarar a greve ilegal ou abusiva. Nesse sentido, há a confrontação entre dois poderes: um institucionalizado no Estado; e outro que é fruto da consciência e da vontade dos trabalhadores.

Desde as primeiras greves trabalhistas, no início do processo de industrialização, até nossos dias, os trabalhadores lutam por melhores salários e condições de trabalho. Eles procuraram regulamentar o trabalho infantil e o feminino, além de reivindicar a diminuição da jornada de trabalho por meio de um movimento internacional pelas oito horas diárias. Mobilizaram-se, ainda, pela organização de sindicatos e também por melhores condições de trabalho nas empresas. Pouco a pouco passaram a visar à conquista ou à efetivação de direitos, principalmente os sociais, como saúde, transporte, educação, previdência e habitação.

Nos últimos anos, pode-se observar que as greves estão também sendo realizadas em protesto contra medidas governamentais mais amplas. Um exemplo recente aconteceu na Finlândia, em setembro de 2015. Houve uma greve convocada pelas três grandes centrais sindicais do país (SAK, STTK e Akava), que representam, juntas, 80% da população economicamente ativa. A greve propunha o repúdio a um pacote de medidas de austeridade decretado pelo governo após o fracasso das negociações com os sindicatos.

Há fenômenos novos no contexto da globalização. Quando a montadora francesa Renault anunciou o fechamento de sua fábrica na Bélgica, em fevereiro de 1997, foram organizadas greves de solidariedade e manifestações na França, na Espanha, em Portugal e na Eslovênia, dando origem ao termo *Euro-strike* (Euro-greve), uma "greve de solidariedade" para além das fronteiras nacionais. Esse é um tipo de greve e de reivindicação que vem se espalhando rapidamente por todo o mundo; afinal, se as empresas estão se globalizando, os trabalhadores também estão fazendo movimentos articulados, conectados e de alcance cada vez mais global.

// Greve geral em Helsinki, na Finlândia, 2015.

Os movimentos sociais contemporâneos

Os movimentos sociais ocorrem nos mais diversos lugares sempre que um grupo de indivíduos considera seus direitos desrespeitados ou se dispõe a lutar pela aquisição de novos direitos. É o caso dos movimentos ambiental e feminista, que propõem questões importantes. Eles podem ser tomados como exemplos de movimentos sociais contemporâneos com duas características comuns:

- não têm uma coordenação única, pois se manifestam e se desenvolvem a partir de ações coletivas nos planos local, regional e global, e comportam uma diversidade muito grande de ideias e valores, bem como de atuação e organização;
- suas ações se desenvolvem não só em torno de interesses e necessidades, mas também de reconhecimento, visando criar uma nova maneira de viver em sociedade.

O movimento ambiental

O movimento ambiental é típico da sociedade industrial, pois a industrialização predatória afeta o meio ambiente, contaminando a água, o ar e o solo e colocando em risco os seres vivos. Isso sem falar no desmatamento desenfreado nas áreas ainda recobertas por florestas.

Esse movimento surgiu no século XIX, quando foram percebidos os primeiros sinais de distúrbios ambientais, mas desenvolveu-se lentamente até a década de 1970; desde então, vem crescendo rapidamente. Ele envolve desde pequenos grupos com o objetivo de salvar uma árvore em área urbana até grandes organizações e instituições internacionais que lutam pela preservação de uma mata inteira. Ou seja, o movimento vai do local ao global, evidenciando a existência de uma consciência ecológica difundida no mundo todo.

Não é um movimento organizado mundialmente, mas um conjunto de movimentos que desenvolveu uma cultura ambientalista e criou um novo direito: o de viver em um ambiente saudável. Organizações locais, regionais ou internacionais lutam para limitar, por meio da legislação ou pela ação direta, a presença predatória e poluente principalmente das indústrias. No meio rural, lutam para conter, por exemplo, o uso indiscriminado de agrotóxicos e a cultura de alimentos transgênicos.

// Manifestantes protestam no rio Tâmisa, em Londres, na Inglaterra, em 1974. O protesto ocorreu durante uma reunião da Comissão Baleeira Internacional.

Em várias partes do mundo, grupos ambientalistas pressionam os Estados a agir para que o direito a um ambiente sadio seja garantido por meio de leis e de fiscalização. As ações desenvolvidas por movimentos e organizações no mundo todo contribuíram para que a Organização das Nações Unidas (ONU) passasse a orientar seus membros a respeito das questões ambientais, recomendando medidas urgentes para resolver muitos desses problemas.

Há diversos questionamentos e motivações que os movimentos ambientalistas promovem. Resumidamente, estas são as mais importantes:

- a proteção da diversidade da vida na Terra contra a crescente eliminação de formas de vida animal e vegetal, o que provoca problemas ambientais significativos, gerando a superpopulação de espécies animais e vegetais e alterando o equilíbrio da natureza (o desmatamento desenfreado das florestas, onde elas ainda existem, é o principal foco dessa ação);
- a preservação da qualidade de vida dos habitantes do planeta, que são atingidos por agentes poluidores na água, no ar ou no solo;
- a fiscalização da aplicação industrial de substâncias e processos propiciados pelo avanço científico e tecnológico que possam trazer problemas à humanidade, como o uso de energia nuclear e de agrotóxicos e, mais recentemente, de produtos transgênicos e elementos nanotecnológicos;
- o controle do uso dos recursos naturais, principalmente da água doce e daqueles oriundos da atividade extrativa de elementos não renováveis, como o petróleo e vários minérios (ferro, cobre, bauxita, etc.).

Existem problemas ambientais que só podem ser tratados globalmente, como a emissão de gases que provocam o efeito estufa, as mudanças climáticas e as alterações na camada de ozônio que protege a Terra. Outras questões tratadas globalmente são a poluição dos mares pelos navios-tanque de petróleo, a matança de baleias e o despejo de resíduos tóxicos nos rios ou mares de todo o mundo, o que também compromete os oceanos. Um exemplo recente desse caso foi o rompimento da barragem de resíduos, em 2015, da mineradora Samarco em Mariana, Minas Gerais, que praticamente matou o rio Doce. A ruptura permitiu que uma lama de resíduos tóxicos arrasasse a região por completo e chegasse até o mar. O episódio é considerado a maior tragédia ambiental já ocorrida no Brasil, tendo ocasionado mortes, evacuação dos habitantes da cidade, devastação da vegetação nativa e contaminação da água e dos peixes do rio.

// Povoado de Bento Rodrigues, distrito de Mariana, quase totalmente destruído pelo rompimento da Barragem de Fundão, de propriedade da mineradora Samarco. Minas Gerais, novembro de 2015.

A consciência ambiental tem estimulado grupos, escolas e organizações a traduzir as grandes preocupações em práticas e atividades concretas. Além disso, as ações ambientalistas, em todos os níveis, conquistaram gradativamente um espaço importante nos meios de comunicação de massa, gerando uma pressão social que forçou a apresentação de projetos de lei visando à conservação da natureza em várias regiões do mundo.

O movimento feminista

A discussão moderna sobre a posição da mulher nas diferentes sociedades vem sendo travada desde o século XVIII. Como vimos, os direitos do homem e do cidadão referiam-se aos homens e excluíam as mulheres.

Elas não se calaram, como atesta o exemplo da ativista e dramaturga francesa Olympe de Gouges (1748-1793), que encaminhou à Assembleia Nacional da França, em 1791, uma Declaração dos Direitos da Mulher e da Cidadã pedindo que o documento fosse tomado como fundamento da Constituição.

Por causa de suas posições políticas, Olympe de Gouges foi guilhotinada em 3 de novembro de 1793. Mas não faltou quem continuasse a lutar contra a condição subalterna da mulher no trabalho, na educação e na participação política. Podem ser citadas, entre outras, a inglesa Mary Wollstonecraft (1759-1797), que em 1792 publicou um ensaio em defesa dos direitos da mulher, e as líderes operárias francesas Jeanne Deroin (1805-1894) e Flora Tristán (1803-1844), referências importantes para o movimento feminista.

A luta das mulheres concentrava-se então na organização de movimentos e campanhas pelo direito de votar. A conquista desse direito, no entanto, só ocorreu no século XX – primeiro na Nova Zelândia (1902), depois na Finlândia (1906), na Inglaterra (1918) e nos Estados Unidos da América (1920); na França, as mulheres votariam pela primeira vez apenas em 1945.

Após as lutas pelo direito ao voto, o movimento das mulheres se enfraqueceu, sendo retomado na década de 1960, quando ganhou força e se difundiu rapidamente.

Importantes estudos sobre a condição feminina foram publicados desde então, entre os quais *Mística feminina*, em 1963, por Betty Friedan (1921-2006), *Política sexual*, em 1960, por Kate Millet (1934-2017), e *A condição da mulher*, em 1961, por Juliet Mitchell (1940-). Paralelamente, desenvolveu-se um movimento vigoroso de reivindicação de direitos políticos, civis e sociais, além do questionamento das raízes culturais da desigualdade de gênero.

Nas primeiras décadas da segunda metade do século XX, o movimento procurava contrapor-se ao discurso que justificava a dominação masculina, segundo o qual as mulheres seriam inferiores aos homens, isto é, fisicamente mais fracas, além de demasiado emocionais e sentimentais. Para desmistificar esse discurso, destacava-se o caráter histórico, e não natural, da desigualdade sexual, construída desde a Antiguidade para manter a opressão dos homens e a condição subalterna das mulheres.

Nas décadas posteriores, ocorreu uma grande diversificação nas lutas e nos movimentos das mulheres, bem como de suas organizações. Os seguintes temas se destacam hoje no movimento feminista:

- a crítica à sociedade patriarcal, baseada na dominação do homem como cabeça do casal e da família;
- a igualdade de condições e de salários no trabalho;
- o direito à liberdade de uso do corpo, no que se refere a reprodução, contracepção e aborto;

- o questionamento da heterossexualidade como norma e o reconhecimento de outras manifestações da sexualidade, como a bissexualidade e a homossexualidade;
- a reivindicação do direito à segurança e à proteção contra a discriminação e a violência de gênero.

// A Marcha das Vadias surgiu em 2011, em Toronto, Canadá, com um protesto de estudantes vestidas de forma provocativa após um policial sugerir que as mulheres deveriam evitar se vestir "como vadias" para não serem vítimas de abuso sexual ou estupro. No início do mesmo ano, houve uma série de abusos sexuais contra mulheres na Universidade de Toronto. A reação de indignação foi imediata, pois essa ideia transfere a responsabilidade da agressão sexual para a vítima. Brasília, DF, 2012.

Movimentos dos indignados

Nos últimos anos do século XX e início do XXI, vários movimentos sociais começaram a surgir, repentinamente, em muitas partes do mundo. Algumas características desses movimentos são:

- utilização de ferramentas virtuais para a organização e a atividade das manifestações sociais;
- articulação entre os grupos sem que, necessariamente, se definam como movimento social unificado com trajetória e pertencimento definidos;
- presença de muitos protagonistas, sem que líderes específicos se destaquem. Essa horizontalidade é defendida como uma crítica não só à ação ou à ausência do Estado, mas a setores que muitas vezes comandam os Estados nacionais, caso de organismos internacionais como a Organização Mundial do Comércio (OMC), o Fundo Monetário Internacional (FMI) e dos grandes bancos multinacionais.

Apesar de inicialmente terem sido esporádicos, movimentos mais generalistas, como os dos indignados, vêm ocorrendo no mundo todo com mais frequência. Além disso, nos Estados Unidos, por exemplo, as revoltas e manifestações que aconteceram em 2011 por ocasião do Occupy Wall Street (OWS) – movimento de protesto contra a desigualdade econômica e social, a ganância, a corrupção e a indevida influência das empresas, sobretudo do setor financeiro – abriram espaço para outras manifestações e revoltas com pautas mais definidas em 2014 e 2015, de Ferguson, na região centro-oeste do país, até Baltimore e Nova York, situadas na região mais rica dos EUA. O pano de fundo é a crise econômica iniciada em 2008 e ainda em curso.

Cenário de movimentos sociais

Os verdadeiros terroristas

O que justifica o projeto de lei antiterror enviado ao Congresso Nacional? Noves fora as denominadas pautas-bomba lançadas pelo presidente da Câmara em causa própria e/ou contra a legitimidade democrática, onde mais encontramos ações que lembrem crimes de terrorismo na sociedade brasileira?

Não, não me esqueci dos manifestantes presos em 2013 porque lançaram o rojão que matou um repórter da TV Bandeirantes. Mas eles foram julgados de acordo com a Constituição, sem necessidade de uma lei excepcional para tipificar o crime. [...]

No passado, mesmo entre os grupos que pegaram em armas para lutar contra o terrorismo de Estado implantado pelos governos militares no período 1964-1985, poucas ações poderiam ser qualificadas como atos terroristas, isto é: aqueles praticados não em enfrentamentos entre grupos armados, e sim contra a população indefesa.

[...]

Terrorismo de Estado houve, sim. Prisões ilegais, torturas, assassinatos de prisioneiros e de pessoas já rendidas. Muitos desses crimes foram camuflados com falsos laudos de suicídio ou de "resistência seguida de morte", artifício conservado em plena democracia pelos comandantes das Polícias Militares para justificar execuções de prisioneiros rendidos, ou mortos por torturas em dependências do Estado.

[...]

Mas os crimes de Estado ficaram impunes, pois a Lei da Anistia, negociada com urgência entre governo e familiares de prisioneiros fragilizados, determinou igual perdão para os "dois lados". Ainda sofremos as consequências da equivalência jurídica entre crimes praticados por agentes do Estado e os cometidos por civis em luta contra aquele mesmo Estado fora da lei – como se fossem da mesma natureza.

Até hoje mais pessoas são mortas pelas PMs do que durante os 21 anos de ditadura. Aliás: nossas polícias continuam militares. Por que submeter a treinamento de guerra os futuros agentes de segurança encarregados de enfrentar compatriotas civis, ainda que fora da lei?

Se vivemos ainda algum resquício de terror no Brasil, isto se deve mais à ação de agentes do Estado que violam os direitos elementares do cidadão do que a abusos cometidos pela população ou por criminosos comuns – cujas punições estão previstas na Constituição.

Não me parece que o projeto de lei contra o terrorismo atenda a uma necessidade da sociedade brasileira. Vale lembrar que movimentos sociais – ocupações do MST ou de luta por moradia – são parte da dinâmica democrática. É preocupante que possam ser criminalizados, se predominar a pauta conservadora orquestrada pelo presidente da Câmara dos Deputados.

Tal projeto deveria nos aterrorizar, enquanto é tempo.

KEHL, Maria Rita. In: *Folha de S.Paulo*, 31 out. 2015. Espaço Opinião, Tendências e debates. Disponível em: <http://www1.folha.uol.com.br/opiniao/2015/10/1700751-brasil-precisa-de-uma-lei-antiterrorismo-nao.shtml>. Acesso em: 7 mar. 2018.

1. Por que há uma tentativa recorrente, por parte do governo em vários países, de deslegitimar a ação de movimentos sociais?

2. Qual é a diferença entre manifestações e ações terroristas em um regime democrático? Cite um fator que pode explicar o porquê da elaboração (e posterior aprovação) do projeto de lei antiterrorismo tratado no texto acima.

A Comissão da Verdade em charge de Benett, 2012.

Direitos e cidadania no Brasil

CAPÍTULO 19

Pensar em direitos e cidadania no Brasil significa refletir sobre a história da sociedade brasileira e as características das relações políticas e sociais que aqui se estabeleceram. De acordo com o historiador brasileiro José Murilo de Carvalho (1939-), no livro *Cidadania no Brasil: o longo caminho*, publicado em 2001, a sequência histórica da conquista de direitos no Brasil foi diferente da que examinamos no capítulo 17, proposta por T. H. Marshall. Aqui, primeiro se estabeleceram os direitos sociais; depois, os políticos e os civis. Neste capítulo, a intenção é verificar como isso aconteceu.

Uma sociedade com direitos para poucos

Cem anos após a independência, nos anos 1920, o legado colonial, principalmente da escravidão, continuou presente na sociedade brasileira. Os valores de liberdade individual praticamente inexistiam na sociedade escravocrata e pouco significavam para a maioria da população.

Se a maioria estava abaixo da lei, as oligarquias e os "coronéis" estavam acima dela. Os direitos de ir e vir e de propriedade, a inviolabilidade de domicílio e a proteção da integridade física dependiam do poder deles. São dessa época, por exemplo, algumas expressões que continuam ainda vivas: *"Para os amigos, pão; para os inimigos, pau"*; ou *"Para os amigos, tudo; para os inimigos, a lei"*.

Somente no final da década de 1920, em decorrência da imigração e da luta dos trabalhadores nas grandes cidades, principalmente São Paulo e Rio de Janeiro, algumas pequenas conquistas foram alcançadas, como os direitos de organização, de manifestação e de fazer greve. Mas, como aos olhos dos governantes a "questão social era uma questão de polícia", houve muita repressão.

Os direitos políticos eram igualmente restritos. A Constituição de 1824 permitia que votassem todos os homens (as mulheres não votavam) acima de 25 anos, com renda de 100 mil réis, mesmo que fossem analfabetos. O voto era obrigatório, como é ainda hoje. E, como já vimos, as eleições eram controladas pelos coronéis locais ou pelas oligarquias regionais, o que significava que a decisão do voto estava na mão de quem tinha o poder. Era o chamado "voto de cabresto".

Em 1881, a Câmara de Deputados votou uma lei que aumentava a renda dos eleitores para 200 mil réis e proibia o voto dos analfabetos. Como somente 15% da população era alfabetizada, 80% dos homens perderam o direito de votar. Nas eleições parlamentares de 1886, por exemplo, votaram pouco mais de 100 mil pessoas, ou 0,8% da população brasileira. Essa situação legal não mudou com a primeira Constituição da República, promulgada em 1891. No ano seguinte, apenas 2,2% da população votou e, em 1930, 5,6% dos brasileiros foram às urnas. Como se pode perceber, os governantes eram escolhidos por pouquíssimas pessoas.

Com direitos civis e políticos tão restritos, quase não existiam direitos sociais durante o período imperial e a Primeira República. A assistência social estava nas mãos das irmandades religiosas ou de sociedades de auxílio organizadas por pessoas leigas.

O sapateiro eleitor, charge de Rafael Mendes de Carvalho, publicada em 1849. Coleção particular. Um sapateiro exibe desenhos na parede a um candidato que lhe pede voto. Em um deles, um político eleito derruba o que o ajudou a conquistar o cargo; em outro, um candidato sobe ao poder por uma escada formada pelo povo.

Essas instituições funcionavam para quem contribuía, fazendo empréstimos, garantindo apoio em casos de doença, auxílio funerário e, em alguns casos, pensão para viúvas e órfãos. Existiam também sociedades de auxílio mútuo que eram organizadas por trabalhadores e sindicatos, pois o Estado não se envolvia nessas questões.

Os direitos dos trabalhadores das cidades não existiam e, quando se estabelecia alguma regulamentação – como a da jornada de trabalho infantil (1891) ou a do direito de férias (1926) –, seu cumprimento não era levado em conta nem fiscalizado pelas autoridades. Na zona rural, prevalecia a dependência do trabalhador em relação ao grande proprietário, que em geral fornecia alguma assistência médica e remédios, numa atitude paternalista que encobria a exploração.

Na área do ensino, a Constituição de 1824 estabelecia como obrigação do Estado fornecer educação primária, mas essa determinação nunca foi efetivada. A Constituição de 1891 retirou essa obrigação do Estado, tornando a educação uma questão particular.

Muitos foram os movimentos sociais que surgiram nesse período para modificar o cenário político e social em várias partes do Brasil, o que demonstra que a população tinha noção de seus direitos e dos deveres do Estado. Mas tais movimentos refletiam muito mais reações aos abusos sofridos do que tentativas de proposição de novos direitos.

A cidadania regulada

Entre 1930 e 1964, o tratamento da questão dos direitos civis e políticos variou bastante, mas na maior parte do tempo eles foram restritos ou abolidos. Os direitos sociais, embora sob o controle do Estado, avançaram. Configurou-se o que o sociólogo brasileiro Wanderley Guilherme dos Santos (1935-) chamou de "cidadania regulada", uma cidadania restrita e sempre vigiada pelo Estado, do ponto de vista legal ou policial.

De 1930 a 1945, os direitos civis e os direitos políticos evoluíram pouco porque foi curto o período de vigência da Constituição liberal de 1934. Com a Constituição de 1937, no contexto do Estado Novo (regime ditatorial que se prolongou até 1945), a participação da população restringiu-se às votações para o Legislativo, pois as eleições para os cargos executivos foram indiretas ou não ocorreram.

De 1945 a 1964, os direitos civis e políticos retornaram a uma situação estável, com liberdade de imprensa, de manifestação e de organização partidária. Algumas exceções: o Partido Comunista Brasileiro (PCB), por exemplo, teve seu registro cassado em 1947, e as greves eram consideradas legais apenas quando autorizadas pela Justiça do Trabalho, o que raramente acontecia.

No âmbito dos direitos sociais, o período do governo de Getúlio Vargas, mesmo durante a ditadura do Estado Novo, ficou conhecido como aquele em que se colocaram em prática as reformas trabalhistas no Brasil. Um dos primeiros atos desse governo, ainda em 1930, foi a criação do Ministério do Trabalho, Indústria e Comércio. Já na vigência da ditadura do Estado Novo, em 1º de maio de 1943, entraria em vigor a Consolidação das Leis do Trabalho (CLT).

Essa legislação continua vigente, com poucas alterações importantes. As disposições mais significativas dessas leis, que não regulavam o trabalho rural, foram a jornada de oito horas diárias para os trabalhadores do comércio e da indústria, a regulamentação do trabalho de menores e do trabalho feminino, o direito a férias remuneradas e a implantação do salário mínimo. É importante lembrar que essas disposições eram reivindicadas pelos trabalhadores desde o início do século XX.

Para que esses direitos se efetivassem, foi montada uma estrutura sindical, previdenciária e jurídica que envolveu a criação de diversos órgãos e instituições, entre os quais a Justiça do Trabalho, com tribunais regionais, o Tribunal Superior do Trabalho e os Institutos de Aposentadorias e Pensões por categoria profissional, como a dos industriários, comerciários, ferroviários, bancários, etc. Houve a criação da carteira de trabalho como o documento do trabalhador, importante para esclarecer pendências jurídicas entre patrões e empregados, e do Imposto Sindical (valor correspondente a 1/30 do salário mensal ou de um dia de trabalho), que serviria para a manutenção dos sindicatos. Outras deliberações foram estabelecidas, como a semana de trabalho de 48 horas, as férias remuneradas, a proibição de demissão sem justa causa do empregado após dez anos no emprego e, principalmente, o salário mínimo. E, ligadas a tudo isso, a construção e a disseminação da imagem de Getúlio Vargas como "o protetor dos trabalhadores".

Os direitos cassados e a volta da cidadania

Com a ditadura civil-militar, a partir de abril de 1964, os direitos civis e políticos foram restringidos. Para isso, o governo militar, como já vimos na Unidade 4, utilizou os Atos Institucionais que tornavam "legal" a ausência de direitos.

Nesse período, os direitos civis básicos foram todos violados, com a proibição das greves, a execução de prisões arbitrárias, a violação de domicílios e de correspondência e a promoção de tortura nas prisões. Para que a ditadura parecesse legítima, foi mantido em atividade o Congresso Nacional – que era totalmente vigiado e só funcionava quando os militares permitiam. Também contribuindo para a aparência de legitimidade, a Constituição de 1946 foi mantida até 1967, quando se votou uma nova Constituição, que incorporava os dispositivos jurídicos dos Atos Institucionais e estabelecia que somente o Executivo podia enviar propostas para alterá-la. O Poder Legislativo restringia-se a um espectador das propostas de mudanças e votava sempre conforme determinava o Poder Executivo.

A partir de 1978, esboçou-se a chamada "abertura lenta e gradual" proposta pelos militares. O Congresso Nacional pôde votar o fim do AI-5 e da censura prévia aos meios de comunicação e o restabelecimento do *habeas corpus* para crimes políticos. Em 1979, foi votada a Lei de Anistia, que permitiu a volta dos brasileiros exilados. Assim continuou o processo de "abertura", sempre conduzido e vigiado pelos governos militares.

Repressão à passeata estudantil em 21 de junho de 1968, Rio de Janeiro, RJ, episódio também chamado de "sexta-feira sangrenta", meses antes da publicação do Ato Institucional nº 5, considerado o mais duro golpe contra a democracia, que garantia poderes quase absolutos aos militares.

Se os direitos civis e políticos foram praticamente anulados durante a ditadura, os direitos sociais foram utilizados para deixar transparecer um mínimo de cidadania e, como no período anterior, para cooptar setores populares. Assim, houve alguns ganhos nesse setor. O mais importante foi a unificação do sistema previdenciário, com a criação, em 1966, do Instituto Nacional de Previdência Social (INPS, hoje Instituto Nacional do Seguro Social – INSS), que deixava de fora apenas o funcionalismo público, mantido em regime próprio.

Em 1971, criou-se o Fundo de Assistência Rural (Funrural), que, pela primeira vez na história do país, dava ao trabalhador rural o direito à aposentadoria, à pensão e à assistência médica. Em 1972 e 1973, foram incorporadas ao sistema previdenciário duas categorias profissionais: a dos empregados domésticos e a dos trabalhadores autônomos. Assim, só ficavam fora do sistema de previdência nacional os chamados trabalhadores informais.

Entre as ações do governo ditatorial, no plano social, cabe ainda destacar a tentativa de facilitar a compra da casa própria pela população de baixa renda. Para isso, foram fundados o Banco Nacional de Habitação (BNH) e o Sistema Financeiro de Habitação (SFH), que disciplinavam o financiamento de imóveis.

Cidadania hoje no Brasil

A Constituição de 1988, chamada de Constituição Cidadã, tornou possível pela primeira vez na história do Brasil a vigência de uma legislação democrática que assegurava a plenitude dos direitos civis, políticos e sociais.

O aspecto mais marcante dessa Constituição é o fato de direitos e garantias fundamentais aparecerem antes das disposições sobre o funcionamento dos poderes do Estado. Isso significa que o Estado está a serviço dos cidadãos e esses direitos não podem ser abolidos. Em outras palavras, os direitos civis, políticos e sociais estão acima do Estado e legalmente definidos.

Os direitos humanos ganharam tal posição na Constituição porque, nos últimos anos da ditadura militar, ocorreram muitos movimentos sociais em defesa deles. No entanto, para que se tornem substantivos, é necessário que sejam efetivados no cotidiano dos indivíduos.

Como vimos, o histórico dos direitos no Brasil parece estar invertido em relação ao que se observou nos Estados Unidos e nos países europeus. Os direitos civis e políticos foram restritos na maior parte de nossa história, e as propostas de direitos sociais tiveram sempre o sentido de minimizar as condições precárias de vida da população. Só recentemente podemos dizer que a maioria dos direitos clássicos foi estabelecida nas leis do país. Ainda assim, há muito por fazer para que os indivíduos possam de fato viver dignamente, com educação de boa qualidade, sistema de saúde eficiente, direitos trabalhistas permanentes, terra para trabalhar e habitação, entre tantos outros direitos necessários.

// No dia 3 de outubro de 1988, em Brasília, o presidente do Congresso Constituinte, Ulysses Guimarães, ergue a Constituição que seria promulgada dois dias depois.

Cenários dos direitos e da cidadania no Brasil

Democracia, educação e cidadania

O lado dramático e cruel da situação educacional brasileira está exatamente aí. O homem da camada social dominante tira proveito das deformações de sua concepção de mundo. Ao manter a ignorância, preserva sua posição de mando, com os privilégios correspondentes. O mesmo não sucede com o homem do Povo. As deformações de sua concepção de mundo atrelam-no, indefinidamente, a um estado de incapacidade, miséria e subserviência. Transformar essa condição humana, tão negativa para a sociedade brasileira, não poderia ser uma tarefa exclusiva das escolas. Todo o nosso mundo precisaria reorganizar-se para atingir-se esse fim.

No entanto, é sabido que as escolas teriam uma contribuição específica a dar, como agências de formação do horizonte intelectual dos homens. Cabia à lei fixar certas condições, que assegurassem duas coisas essenciais: a equidade na distribuição das oportunidades educacionais; a conversão das escolas em instituições socializadoras, pondo cobro ao divórcio existente entre a escolarização e o meio social. Ainda aqui a lei se mostra parcial e inoperante. Atende aos interesses dos novos círculos de privilegiados da sociedade brasileira, como as classes médias e ricas das grandes cidades, e detém-se diante do desafio crucial: a preparação do homem para a democracia, que exige uma educação que não seja alienada política, social e historicamente.

FERNANDES, Florestan. *Educação e sociedade no Brasil*. São Paulo: Dominus/Edusp, 1966. p. 537.

Estranho no paraíso

O morador de rua M. M. da S., 68, teve garantido pela Justiça seu direito de transitar livremente pelas ruas de São Paulo e permanecer onde desejar.

O idoso, que costumava dormir em uma praça da Vila Nova Conceição, área nobre da capital paulista, e acabou no Hospital Psiquiátrico Pinel em meio à pressão de alguns vizinhos contra seu mau cheiro, pode agora "ir, vir e ficar sem qualquer restrição ou impedimento por quem quer que seja", conforme decisão da juíza Luciane Jabur Figueiredo, do Dipo (Departamento de Inquéritos Policiais e Polícia Judiciária).

O caso de S., que morava havia 20 anos nas ruas do bairro, na praça Pereira Coutinho, onde apartamentos chegam a custar R$ 15 milhões, foi relatado pela *Folha* no final de maio, quando ele tinha sido encaminhado ao Pinel pela prefeitura. Dois dias após a publicação, foi liberado e levado para a Oficina Boracea, abrigo para moradores de rua, onde não quis ficar e saiu na mesma semana.

[...] A medida é uma garantia individual estabelecida na Constituição para quem sofrer ou estiver ameaçado de sofrer, por ilegalidade ou abuso de poder, restrição a sua liberdade de locomoção.

A juíza do Dipo considerou que "se foi liberado do hospital psiquiátrico é porque não houve conclusão médica de que representasse perigo à própria saúde ou à saúde de outrem". "Somente a ele pode caber a decisão sobre o que seja melhor para si; se quer voltar para as ruas, se quer permanecer no abrigo ou, ainda, se prefere uma outra via pública para estar", escreveu Figueiredo. [...]

IZIDORO, Alencar. Estranho no paraíso. *Folha de S.Paulo*. São Paulo, 19 jul. 2005. Cotidiano, p. C7. Disponível em: <http://www1.folha.uol.com.br/fsp/cotidian/ff1907200522.htm>. Acesso em: 30 abr. 2018.

1. O texto de Florestan Fernandes foi escrito há 50 anos. Na sua opinião, a situação educacional no Brasil continua a mesma? Justifique sua posição.
2. Qual é a função da educação em uma sociedade democrática?
3. De que direitos M. M. da S. tem sido privado ao longo de sua vida?
4. Que direitos foram feridos quando M. M. da S. foi proibido de "morar" na praça?

CAPÍTULO 20

Os movimentos sociais no Brasil

Há registros de movimentos sociais no Brasil desde o primeiro século da colonização. Analisar historicamente esses movimentos sociais é uma tarefa necessária para que se conheçam as inúmeras formas de organização que permearam a ação de muitas classes sociais, grupos os mais diversos e os interesses múltiplos que estimularam milhares de pessoas a lutar e a morrer pelo que acreditavam. Além disso, a análise é fundamental para afastar a ideia de que os brasileiros são pacíficos e não sabem (ou não souberam) lutar por aquilo que, em cada momento, pensavam ser o melhor para si e para os seus contemporâneos. Assim, os indígenas lutaram e continuam lutando. Os africanos escravizados lutaram por sua liberdade e seus descendentes o fazem até hoje. Homens e mulheres, no campo e na cidade, lutaram em diversos momentos por mais liberdade e mais direitos. Esses movimentos demonstram que os que viviam e os que vivem no Brasil sempre procuraram lutar em defesa de seus ideais, anseios e projetos de vida e de mundo.

O legado dessas lutas continua inspirando esforços e movimentos por uma sociedade melhor do que aquela em que vivemos atualmente.

Movimentos dos povos indígenas

Os movimentos dos povos indígenas são os mais antigos do Brasil. Desde o século XVI, resistem diante das mais distintas formas de exploração e brutalidade contra seus povos e suas determinações culturais.

A antropóloga e demógrafa Marta Maria Azevedo estima que, na época da chegada dos europeus, havia em torno de 3 milhões de indígenas no Brasil de mais de mil povos diferentes, que durante séculos foram exterminados pelos conquistadores. Em 1991, quando o Instituto Brasileiro de Geografia e Estatística (IBGE) passou a coletar dados sobre a população indígena brasileira, havia 294 mil indivíduos. Desde então, a população indígena cresceu e o censo de 2010 constatou que existem mais de 817 mil brasileiros que se autodeclararam indígenas e estão distribuídos em 305 etnias, falando 274 línguas.

As primeiras lutas indígenas aconteceram contra o colonizador português e as sucessivas tentativas de escravização e tomada de terras. Os dois conflitos mais conhecidos foram a Confederação dos Tamoios, em 1562, e a Guerra dos Bárbaros, ou Confederação dos Cariris, que se estendeu de 1683 a 1713. Esta foi uma luta intermitente que aconteceu em extensa área no Nordeste e envolveu vários povos indígenas, que mantinham intensa pressão contra os colonizadores.

O mapa ao lado mostra a localização dos principais movimentos indígenas do Brasil colonial.

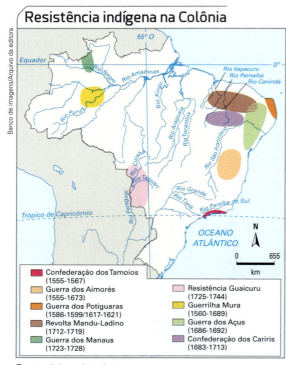

Fonte: elaborado pelos autores.

Durante o Império e o início da República, muitos foram os combates em todo o território nacional entre indígenas e invasores de suas terras. Até meados do século XX, a luta dos povos indígenas ocorreu no contexto das frentes de expansão, principalmente da cafeicultura, do Rio de Janeiro ao Paraná. Frentes de expansão também aconteceram nos estados de Santa Catarina e Rio Grande do Sul. Todas elas provocaram conflitos intensos, posto que se expandiram sobre territórios indígenas. A partir da década de 1970, outras frentes de expansão, principalmente na Amazônia e no Mato Grosso, tornaram-se os maiores focos de violência de todos os tipos contra os povos indígenas, por parte dos grandes proprietários de terras.

O extermínio dos povos indígenas se deu por chacinas e, sobretudo, por epidemias que dizimaram milhares de indivíduos em pouco tempo. Doenças (gripe, pneumonia, tuberculose, coqueluche, varíola, etc.) trazidas pelo colonizador (homem branco) se disseminaram com rapidez, e a transmissão ocorria pelo contato inadvertido ou de forma premeditada, por meio de alimentos envenenados e roupas contaminadas.

A presença/ausência do Estado

Uma análise da legislação vigente desde o período colonial permite encontrar em todos os momentos leis claras que garantiam aos povos indígenas acesso legal às suas terras, mas essas leis jamais se impuseram de fato, porque na maioria das vezes houve omissão em sua aplicação. Negligência na execução, brechas nas leis e imprecisões no exercício do poder das autoridades instituídas levaram as terras indígenas a ser ocupadas por grandes fazendeiros, que definiriam a estrutura latifundiária do campo em vigor até hoje no país.

As terras indígenas continuam sendo alvo de cobiça dos grandes fazendeiros, que querem alterar sua forma de demarcação e a dos complexos industriais e que desejam sua abertura para a exploração mineral; e do Estado, que abre caminhos para usinas hidrelétricas, autoriza desapropriações injustas e incentiva atividades mineradoras. Tudo isso pode trazer desestruturação socioeconômica e ambiental aos já fragilizados povos indígenas. Em nome da emergência econômica, da suposta utilidade pública e do inegável favorecimento de poucos, a questão da sustentabilidade das nações indígenas é posta em xeque de modo continuado na história do Brasil.

Indígenas protestam contra a Proposta de Emenda à Constituição 215 (PEC 215) e o presidente da Câmara dos Deputados, Eduardo Cunha, em frente ao Congresso Nacional, Brasília, 2015. A PEC 215, que passa a decisão final da demarcação de terras indígenas do Executivo para o Legislativo, proíbe a ampliação de terras já delimitadas e garante indenização a fazendeiros, foi aprovada por comissão especial na Câmara dos Deputados.

Movimentos indígenas recentes

Com todos os ataques e prejuízos sofridos pelos povos indígenas durante séculos, eles se apropriaram da lógica da sociedade invasora para criar novas formas de luta por meio de intensas reelaborações culturais e políticas. Para além da mobilização constante, eles têm procurado o sistema judiciário nacional para fazer valer seus direitos.

Desde 2002, quando diversas organizações se reuniram na Articulação dos Povos Indígenas do Brasil (APIB), a discussão de ideias, a execução de propostas, a sugestão de políticas públicas e a realização de projetos alternativos de sobrevivência e produção econômica nas comunidades passaram a compor a pauta atual das lutas indígenas no país.

> **NAS PALAVRAS DE YANOMAMI**
>
> **Os brancos e nós**
>
> Os brancos são engenhosos, têm muitas máquinas e mercadorias, mas não têm nenhuma sabedoria. Não pensam mais nos seus ancestrais quando foram criados. Nos primeiros tempos, eles eram como nós, mas esqueceram todas as suas antigas palavras. Mais tarde, atravessaram as águas e vieram em nossa direção. Depois, repetem que descobriram esta terra. Só compreendi isso quando comecei a compreender sua língua. Mas nós, os habitantes da floresta, habitamos aqui há longuíssimo tempo, desde que Omama nos criou. No começo das coisas, aqui só havia habitantes da floresta, seres humanos. Os brancos clamam hoje: "Nós descobrimos a terra no Brasil". Isso não passa de uma mentira. Ela existe desde sempre e Omama nos criou com ela. Nossos ancestrais a conheciam desde sempre. Ela não foi descoberta pelos brancos. [...]
>
> Nos primeiros tempos, os seres humanos eram muito numerosos nesta terra. É o que dizem nossos mais velhos. Não havia doenças perigosas, sarampo, gripes, malária. Estávamos sozinhos, não havia garimpeiros para queimar o outro, fábricas para produzir ferro e gasolina, carros e aviões. A floresta e os que a habitavam não estavam o tempo todo doentes. Foi apenas quando os brancos se tornaram muito numerosos que sua fumaça-epidemia xawara começou a aumentar e se propagar por toda a parte. Essa coisa má se tornou muito poderosa e foi assim que as gentes das florestas começaram a morrer.
>
> YANOMAMI, David Kopenawa; ALBERT, Bruce. Descobrindo os brancos. In: NOVAES, Adauto (Org.). *A outra margem do Ocidente*. São Paulo: Companhia das Letras, 1998. p. 18-19.

Movimento negro

O movimento negro também marca presença há muitos anos no Brasil, num percurso que teve início no século XVI e continua até os dias de hoje. A diversidade das estratégias de luta e a sede por liberdade, justiça e uma realidade efetivamente fraterna caracterizam, sem dúvida, a saga do povo negro no Brasil.

Movimentos dos africanos escravizados

Os africanos escravizados, assim como os indígenas, não ficaram passivos diante das condições em que viviam. As principais formas de resistência que utilizavam eram a organização de quilombos e as revoltas localizadas, que existiram do século XVII até o fim da escravidão. O primeiro quilombo de que se tem notícia foi organizado em 1575, na Bahia. A partir de então, há registros da existência de quilombos em todo o território brasileiro. O maior e mais significativo deles foi formado lentamente por escravizados fugitivos na serra da Barriga, em uma região conhecida como Palmares, que significa "abundância de palmeiras", cujo nome inspirou o Quilombo dos Palmares, uma região de aproximadamente 200 km² no atual estado de Alagoas.

Em 1630, quando os holandeses invadiram a capitania de Pernambuco, as fugas de escravos aumentaram. Palmares pôde se estruturar melhor, mantendo-se até 1694 e abrigando em seu auge de 20 a 30 mil habitantes em 11 povoações. Entre seus moradores, além da maioria de ex-escravizados, havia indígenas, mulatos, mamelucos e até brancos caboclos, representantes dos grupos de deserdados da sociedade colonial. Outros grandes quilombos se formaram em diferentes épocas e lugares da colônia.

No mapa, pode-se verificar a localização de alguns dos mais importantes quilombos no Brasil.

Durante todo o século XVII, as autoridades portuguesas enviaram expedições para acabar com os quilombos, principalmente o de Palmares, núcleo de maior resistência negra e de negação das estruturas coloniais. Alguns quilombos foram destruídos permanentemente, mas outros voltavam a se organizar, e assim aconteceu em todo o período da escravidão no Brasil. Um exemplo desse tipo de ocorrência deu-se no século XIX. Foi a Revolta de Manoel Congo, 1838-1839, no Rio de Janeiro, que registrou a fuga de 400 escravos

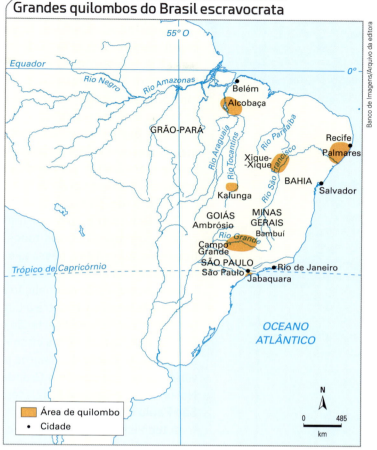

Fonte: elaborado pelos autores.

e, na sequência, a constituição de um quilombo na serra de Santa Catarina, de onde saíam para atacar fazendas de café e engenhos nos arredores da capital do país.

Outras formas de resistência também foram utilizadas, como as revoltas localizadas que aconteceram principalmente na Bahia a partir de 1801 até 1835, sendo a maioria na área urbana ou nos arredores de cidades. Conforme o sociólogo e historiador Clóvis Moura (1925-2003), naquele período, na Bahia, a população era de 858 mil habitantes, sendo 524 mil escravos negros, além dos indígenas e dos escravizados libertos que viviam quase como escravos.

As revoltas, por conta dos descontentamentos ante os preconceitos e as péssimas condições de vida, eram uma constante, como também a repressão. Como retaliação, os escravizados e negros libertos ficaram proibidos de:

- cantar e/ou dançar ao som de batuques – tambores, palmas e sapateados;
- usar qualquer tipo de arma;
- sair à rua após o toque de recolher;
- participar de reuniões com mais de quatro escravizados, a não ser quando estivessem a serviço de seus proprietários.

Entre as inúmeras revoltas na Bahia, cabe destacar a Revolta dos Malês, em 1835, pelas suas especificidades. Os principais personagens dessa revolta foram os negros islâmicos que exerciam atividades livres, conhecidos como negros de ganho (alfaiates, pequenos comerciantes, artesãos e carpinteiros). Mesmo livres, sofriam muita discriminação por serem negros e seguidores do islamismo.

O movimento abolicionista

Apesar de as rebeliões, fugas e organizações de quilombos já existirem no Brasil desde o século XVI, uma articulação social de fato contra a escravidão no país só aconteceu nas últimas décadas do século XIX. O movimento abolicionista agregou muitos negros e pardos libertos, além de políticos, intelectuais, poetas e romancistas. Cresceu lentamente, pois sofria a oposição dos grandes proprietários de terras e de escravizados.

Vários passos foram necessários para a extinção da escravidão no Brasil. O primeiro foi dado em 1850, quando, sob pressão da Inglaterra, o governo aboliu o tráfico de escravizados, por meio da Lei Eusébio de Queiroz. Depois, outras leis foram aprovadas, como a Lei do Ventre Livre (1871) e a Lei dos Sexagenários (1885), que mantinham nas mãos dos proprietários de escravizados a maior parte das decisões.

Também contribuiu para o fim da escravidão a Guerra do Paraguai (1864-1870), pois se tornavam libertos todos os escravizados que ingressavam no Exército brasileiro. Além disso, pessoas livres que conviveram com escravizados nas fileiras do exército acabaram abraçando a causa abolicionista.

Assim, a questão da abolição se institucionalizou em 1880, com a fundação da Sociedade Brasileira contra a Escravidão. Começavam, no Parlamento, os debates sobre o projeto de libertação geral, apresentado pelo deputado pernambucano Joaquim Nabuco. Uma crise na lavoura, aliada à intensa pressão popular, resultou na libertação dos negros no Ceará em 1884. A ação de grupos urbanos em vários pontos do país (Rio Grande do Sul, Amazonas, Goiás, Pará, Rio Grande do Norte, Piauí e Paraná) fortaleceu o movimento abolicionista, principalmente em São Paulo e no Rio de Janeiro.

A tudo isso se pode agregar a presença das ideias liberais e republicanas nos últimos anos do Império, que motivaram a criação de outras organizações, como a Confederação Abolicionista (em 1886) e a Caixa Emancipadora Luís Gama (em 1882), além de jornais, como a *Gazeta de Notícias*, a *Gazeta da Tarde*, *O Cabrito*, *O Mulato* e *O Homem de Cor*, que permitiram a divulgação da causa abolicionista.

A escravidão no Brasil deixou de existir oficialmente em 13 de maio de 1888, mas a Abolição não garantiu boas condições de vida para os ex-escravizados, que foram abandonados à própria sorte. Essa situação deu início a uma questão social que ainda está presente no Brasil: a discriminação racial e a enorme desigualdade social e econômica entre brancos e negros.

Sede da *Gazeta de Notícias*, no Rio de Janeiro, RJ, em 1888. O jornal abolicionista teve entre seus redatores, desde 1877, José do Patrocínio, um dos principais propagandistas da causa da libertação dos escravos.

O movimento negro após a Abolição

A situação do negro após a Abolição foi retratada com muita clareza por Florestan Fernandes.

> A desagregação do regime escravocrata e senhorial se operou, no Brasil, sem que se cercasse a destituição dos antigos agentes de trabalho escravo de assistência e garantias que os protegessem na transição para o sistema de trabalho livre. Os senhores foram eximidos da responsabilidade pela manutenção e segurança dos libertos, sem que o Estado, a Igreja ou qualquer outra instituição assumisse encargos especiais, que tivessem por objeto prepará-los para o novo regime de organização da vida e do trabalho. O liberto viu-se convertido, sumária e abruptamente, em senhor de si mesmo, tornando-se responsável por sua pessoa e por seus dependentes, embora não dispusesse de meios materiais e morais para realizar essa proeza nos quadros de uma economia competitiva. Essas facetas da situação [...] imprimiram à Abolição o caráter de uma espoliação extrema e cruel.
>
> FERNANDES, Florestan. *A integração do negro na sociedade de classes*. v. 1. São Paulo: Ática, 1978. p. 15.

Essa situação fez com que o movimento negro demorasse a se organizar em face da nova realidade, que se desenvolveu a partir da década de 1930. Até então, havia um movimento fundamentado nas organizações associativas, como clubes de recreação ou literários e sociedades beneficentes.

Com a fundação da Frente Negra Brasileira (FNB), em 1931, o movimento se politizou. A FNB adotou um discurso nacionalista: destacava o caráter mestiço da população brasileira e desconsiderava os laços históricos e culturais dessa população com a África. As bases de seu programa eram a defesa da integração do negro à sociedade nacional e de classes e o combate à discriminação racial, à qual se atribuía a pobreza da população negra. Agregando ativistas e simpatizantes cujas posições políticas iam desde a nacionalista de direita até a socialista, a organização foi posta na ilegalidade por Getúlio Vargas em 1937.

Em 1944, Abdias Nascimento (1914-2011) e outros militantes do movimento negro fundaram o Teatro Experimental do Negro (TEN). A significativa produção teatral do grupo tinha por objetivo desenvolver a consciência da negritude brasileira e ao mesmo tempo combater a discriminação racial.

NAS PALAVRAS DE NASCIMENTO

O quilombismo

[...]

Já que o ex-escravo se tornara cidadão, o Brasil se tornava inegavelmente um país negro; circunstância que a elite dominante branca não podia tolerar. As teorias científicas da época diziam que o negro "permaneceria para sempre como motivo básico da nossa inferioridade como povo". Era necessário acabar com ele. A literatura política daquele tempo é muito explícita neste sentido. E assim começa o genocídio nesse século, do povo negro do Brasil, de duas maneiras: através da liquidação física, inanição, doença não atendida, e brutalidade policial; mais sutil é a operação da miscigenação compulsória. [...]

O supremacismo branco no Brasil criou instrumentos de dominação racial muito sutis e sofisticados para mascarar esse processo genocida. O mais efetivo deles se constitui no mito da "democracia racial". Aqui temos talvez a mais importante diferença entre os sistemas de dominação anglo-americana e luso (ou hispano)-americano. O mito da "democracia racial" mantém uma fachada despistadora que oculta e disfarça a realidade de um racismo tão violento e tão destrutivo quanto aquele dos Estados Unidos ou da África do Sul.

NASCIMENTO, Abdias (Org.). O negro revoltado. 2. ed. Rio de Janeiro: Nova Fronteira, 1982. p. 25-28. Apud GUIMARÃES, Antonio Sérgio A. Resistência e revolta nos anos 1960: Abdias Nascimento. *Revista da USP*, São Paulo, n. 68, p. 156-167, dez./fev. 2005-2006.

Organizações recentes do movimento negro

O movimento negro voltaria a emergir nos últimos anos da década de 1970, apresentando importantes mudanças. O passo mais significativo foi a criação do Movimento Negro Unificado Contra a Discriminação Racial (MNUCDR, depois somente MNU). Fundado em 1978, surgiu como resultado do acúmulo das experiências anteriores e da consciência de que a luta dos negros não deveria estar calcada na ideia de integração social ou simplesmente em denúncias, mas no engajamento no combate pela própria superação das estruturas que permitiam a discriminação e a marginalização do negro no Brasil.

Outras organizações surgiram e passaram a priorizar a desmitificação da democracia racial, negando o caráter cordial das relações raciais e afirmando que o racismo está entranhado na sociedade brasileira. A defesa de políticas públicas voltadas para a população negra ganhou espaço, ferindo interesses e privilégios consolidados.

É importante destacar a existência e a demarcação de comunidades quilombolas ainda hoje. Isso se deve à mobilização do movimento negro durante a última Assembleia Constituinte, em 1988.

Hoje, o movimento negro conta com uma diversidade enorme de organizações e defende, entre outras medidas, o desenvolvimento de políticas de reconhecimento de diferenças étnico-raciais e culturais, de combate à discriminação, de afirmação dos direitos civis e de ações afirmativas ou compensatórias.

Movimentos sociais rurais

Nesta obra, serão tratados os movimentos sociais rurais que aconteceram depois da Lei de Terras de 1850, posto que as questões envolvendo a terra no Brasil, que permanecem ainda hoje, começaram com a promulgação dessa lei. Isso não significa que não houve agitações rurais anteriores a 1850. A Balaiada, movimento ocorrido no Maranhão que opôs sertanejos e escravos a poderosos e violentos fazendeiros da região, é um exemplo.

Lei de Terras de 1850

Lei nº 601 de 18-09-1850, mais conhecida como a Lei de Terras no Brasil, definia que a partir de então só se poderia adquirir terras através da compra, ou seja, a terra passou a ser uma mercadoria, já que antes o governo português – e, depois, o imperador – era o responsável pela doação das terras através das sesmarias.

A lei surgiu na mesma época em que houve a proibição do tráfico de escravos e logo depois os primeiros ensaios de imigração estrangeira. Dessa forma, a lei impedia que ex-escravos e imigrantes estrangeiros pudessem ter acesso a terras, criando enormes restrições para que possivelmente eles pudessem galgar à condição de pequeno ou médio proprietário. [...]

A partir da década de 1950, ou seja, cem anos depois de promulgada a Lei de Terras, muitas disputas de terras (e movimentos sociais) ainda são reflexo das interpretações daquela lei e de disputas para saber quais são os documentos válidos, já que muitos deles foram adulterados ou simplesmente forjados e inventados.

Disponível em: <http://www.planalto.gov.br/ccivil_03/Leis/L0601-1850.htm>. Acesso em: 9 mar. 2018.

Movimentos messiânicos: Canudos e Contestado

São chamados de messiânicos os movimentos sociais de conotação religiosa cujos integrantes acreditam em um líder carismático, o qual identificam como "enviado de Deus" (um "messias"), que os libertará da opressão, derrotará as injustiças e instituirá uma nova sociedade e o paraíso na Terra.

Em seu livro *O messianismo no Brasil e no mundo*, a socióloga brasileira Maria Isaura Pereira de Queiroz (1918-) analisa uma série de movimentos messiânicos que aconteceram no Brasil desde o período colonial, como o da Cidade do Paraíso Perdido, que se deu por volta de 1817 em Alagoas e no sul de Pernambuco; o do Reino Encantado, ocorrido por volta de 1836 em Pernambuco; o dos Santarrões ou Muckers, que subsistiu desde 1872 até 1898 no Rio Grande do Sul; o Movimento dos Anjos ou de Santa Dica, em Goiás, de 1923 a 1925; o do Beato do Caldeirão, que perdurou de 1926 a 1937 no Ceará; o do Povo do Velho Pedro, iniciado na década de 1940 no interior da Bahia; e o da União de Jeová, ocorrido na década de 1950 no limite entre os estados de Minas Gerais e Espírito Santo.

Entre o final do século XIX e os primeiros anos do século XX, houve no Brasil dois expressivos movimentos rurais de caráter messiânico: a Guerra de Canudos e a Guerra do Contestado. Entre eles havia duas semelhanças:

- envolvimento de religiosidade e pobreza e de insensibilidade política por parte dos governantes;
- enfrentamento por forças policiais dos estados e pelo Exército federal, ocasionando milhares de mortes – cerca de 20 a 25 mil em cada uma dessas guerras.

// Militares e revoltosos presos, no final da Guerra do Contestado, Santa Catarina, em 1915.

Outros movimentos sociais rurais

Os movimentos sociais rurais ocorridos no Brasil no século XX foram esparsos, mas incessantes. No período de 1950 a 1964, os movimentos rurais marcaram presença no Brasil ao reivindicar a regularização de posses, fazer oposição à ação de companhias colonizadoras de terras e exigir a reforma agrária. O Partido Comunista Brasileiro (PCB), mesmo na clandestinidade, esteve presente em muitas dessas ações, uma vez que tinha como objetivo organizar os trabalhadores em sindicatos rurais, bem como participar na estruturação da luta em cada uma das situações.

A partir de 1953, os movimentos sociais e as revoltas no campo passaram a ter caráter mais amplo e a contar com maior organização regional e nacional. Assim, aconteceram a 1ª Conferência Nacional de Trabalhadores Agrícolas e vários Congressos de Trabalhadores Rurais. Em 1954, houve a criação da União dos Lavradores e Trabalhadores Agrícolas do Brasil (Ultab).

No Nordeste, em 1955, foi criada a Sociedade Agrícola de Plantadores e Pecuaristas de Pernambuco (SAPPP), mais conhecida como Liga Camponesa. Por meio de ações populares, as Ligas Camponesas denunciavam as condições precárias dos moradores do campo, bem como a estrutura da propriedade rural no Brasil, e propunham a reforma agrária.

Todos esses movimentos foram severamente reprimidos pela ação das polícias estaduais em conjunto com jagunços financiados pelos grandes proprietários.

No início da década de 1960, a Igreja católica, através da Comissão Pastoral da Terra (CPT), procurou participar da organização dos trabalhadores rurais ao lutar por direitos trabalhistas e opor-se à ideia de uma revolução como saída para as crises da questão social no campo.

O último suspiro da organização dos trabalhadores rurais, antes do golpe de 1964, foi a criação da Confederação Nacional dos Trabalhadores na Agricultura (Contag), que reunia 26 federações nacionais.

Movimentos e organizações rurais recentes

Nos últimos anos de enfrentamento contra o regime civil-militar instaurado em 1964, surgiu o Movimento dos Trabalhadores Rurais Sem Terra (MST), que desempenha até hoje importante papel no questionamento da situação agrária no Brasil. Organizado no sul do país, a partir de 1979, com apoio de parte da Igreja católica (Pastoral da Terra), do Partido dos Trabalhadores (PT) e da Central Única dos Trabalhadores (CUT), o MST critica a estrutura da propriedade da terra no Brasil (na qual o latifúndio é dominante) e as condições de vida dos trabalhadores rurais.

Ainda hoje, o MST é o movimento social rural mais atuante no Brasil. Uma das atividades do grupo consiste na ocupação de terras improdutivas como forma de pressão pela reforma agrária. Além dessa exigência, o MST reivindica financiamento e assistência técnica aos assentados para que possam produzir nas terras que conquistaram. O MST luta, ainda, pela construção de escolas próximo aos assentamentos, de modo que as crianças não precisem ir à cidade, desfazendo o caráter de dependência das famílias do campo com relação à cidade.

Outra organização que está vinculada ao meio rural, mas não somente a ele, é o Movimento dos Atingidos por Barragens (MAB). Esse movimento organizou-se no fim da década de 1970, quando começaram a ser construídas grandes usinas hidrelétricas em várias regiões do país. A principal reivindicação do MAB era a indenização adequada dos milhares de famílias desalojadas para a construção de barragens. Posteriormente, essas famílias passaram a exigir o direito de permanência na terra. A proposta do movimento ampliou-se e incluiu a discussão das questões da água e da produção de energia, da integridade ambiental dos rios, da fauna e da flora.

Movimentos sociais urbanos

Os movimentos sociais urbanos no Brasil tiveram início no século XVII, o que demonstra a disposição da população de lutar contra os desmandos do poder institucionalizado. Esses movimentos ocorreram por distintas motivações, empreenderam diferentes formas de luta e abrangência e se opuseram, na maioria das vezes, a questões vinculadas à cobrança ou ao aumento de impostos e ações das companhias de comércio ou das autoridades portuguesas. Merecem menção as seguintes revoltas:

- Revolta da Cachaça (1660-1661), no Rio de Janeiro, contestava a cobrança de impostos sobre a venda da cachaça e da carne;
- Revolta de Beckman (1684), em São Luís do Maranhão, contra o monopólio e os desmandos da Companhia do Comércio do Maranhão;
- Guerra dos Mascates (1710-1711), em Pernambuco (Olinda e Recife). Disputa entre as cidades de Olinda e Recife pelo controle do poder político em Pernambuco;

- Revolta do Sal (1711), em São Paulo, contra o monopólio da venda do sal e a ganância dos comerciantes do produto;
- Revolta do Maneta (1711), na Bahia, que se opunha à cobrança de impostos;
- Levante do Terço Velho (1728), na Bahia, contra o não pagamento de soldos e as péssimas condições de trabalho em uma das mais antigas guarnições militares do país.

Duas revoltas populares merecem destaque no século XIX:
- Revolta Ronco da Abelha (1851-1852): no Nordeste, fez contraposição a decretos imperiais que estabeleciam a realização de um censo demográfico e também a obrigatoriedade da constituição de um registro civil de nascimentos e óbitos;
- Revolta do Quebra-Quilos (1874-1875): no Nordeste, foi motivada por arbitrariedades dos cobradores de impostos, imposição dos novos padrões de pesos e medidas vinculados ao sistema decimal e exigência da lei de recrutamento militar que isentava quem contribuísse financeiramente, fosse proprietário de terras ou apresentasse um substituto.

Já no século XX, outros movimentos sociais urbanos aconteceram em várias cidades do Brasil. Em 1904, a Revolta da Vacina, no Rio de Janeiro, colocou nas ruas milhares de cidadãos em violentos conflitos com a polícia, revoltados pela obrigatoriedade de se submeter à vacinação. Forças governistas prenderam quase mil pessoas e deportaram para o Acre muitas delas.

Nas duas maiores cidades do Brasil, Rio de Janeiro e São Paulo, pululavam movimentos pelo rebaixamento dos preços dos alimentos e dos aluguéis (poucos possuíam casa própria). Em outras cidades, havia diversos movimentos que lutavam contra o desemprego, a carestia e a fome e também por mais e melhores equipamentos urbanos. Via-se, de alguma forma, a expressão das classes populares numa época em que as autoridades pouco se importavam com elas.

Já na década de 1930, com Getúlio Vargas no poder, as manifestações contrárias ao alto preço de aluguéis e alimentos, à ação dos especuladores e à fome eram constantes. Esses movimentos continuaram a acontecer nas décadas seguintes, de modo que, entre 1951 e 1953, houve um grande movimento contra a elevação de preços, que ficou conhecido como o "movimento das panelas vazias" em todo o Brasil urbano.

No contexto de um Brasil que se urbanizava progressivamente e que já dispunha de meios de comunicação entre as várias regiões, começaram a surgir movimentos de abrangência nacional, como os que pleiteavam reformas profundas na base da educação brasileira (1947) e o que defendia a independência na exploração do petróleo, caso do "O petróleo é nosso" (1954).

Dois outros tipos de movimentos que também surgiram a partir da década de 1950 e se prolongaram até o golpe civil-militar de 1964 foram os das associações de moradores, que reivindicavam saneamento (água e esgoto), transporte, educação, saúde, etc., e os movimentos pela casa própria, que pleiteavam o estabelecimento de políticas de financiamento público para a aquisição de casa própria pelo trabalhador.

Litogravura em homenagem aos que incitavam a população a destruir os padrões de medidas impostos pela legislação. Coleção do Instituto Joaquim Nabuco de Pesquisas Sociais, Recife, Pernambuco.

Movimentos sociais urbanos recentes

Revoltas constantes aconteceram nas cidades brasileiras durante o século XX, reivindicando melhoria nos transportes, mais escolas, fim das mortes no trânsito, construção de passarelas sobre rodovias, fim da violência, etc. Esses movimentos foram e continuam a ser pontuais, de curta duração, e visam resolver questões específicas da vida cotidiana dos cidadãos urbanos no Brasil.

Há outros movimentos sociais mais duradouros, que tiveram e ainda têm muita repercussão, como as Comunidades Eclesiais de Base (CEBs), o Movimento contra o Custo de Vida (MCV) e o Movimento dos Trabalhadores Sem Teto (MTST).

As CEBs, no início da década de 1960, fundamentadas nas diretrizes do Concílio Vaticano II (1962-1965), criaram espaços comunitários para debater a realidade social, evangelizar e alfabetizar adultos. Contavam com o apoio da Juventude Universitária Católica (JUC) e da Juventude Estudantil Católica (JEC). Dessas organizações surgiu a Ação Popular (AP), que pregava a defesa de um socialismo humanista como instrumento de libertação do ser humano.

Outro exemplo foi o MCV, iniciado em 1973, na cidade de São Paulo, que chegou ao fim por ocasião do Plano Cruzado (1986), mas por pouco tempo obteve algum sucesso na redução dos preços dos alimentos.

Outro movimento social duradouro é o MTST, surgido em 1997 a partir da necessidade de organizar a reforma urbana e garantir moradia a todos os cidadãos.

As formas de atuação do MTST variam de um local para outro, mas basicamente se desenvolvem por meio de ocupações de edifícios abandonados. O objetivo é pressionar o poder público a permitir a ocupação desses espaços. O MTST também reivindica a implementação, por parte do governo, de programas de moradia e acesso pela população de baixa renda a financiamentos para a compra de imóveis.

Integrantes do Movimento dos Trabalhadores Sem Teto (MTST) ocupam prédio abandonado no centro de Recife, Pernambuco, 2018.

Movimentos culturais

Em 1960, no contexto das lutas estudantis lideradas pela União Nacional dos Estudantes (UNE), tiveram início as atividades do Centro Popular de Cultura (CPC), um dos instrumentos de conscientização política dos jovens e estudantes, principalmente. Com grupos aliados, como o Centro de Estudos Cinematográficos e, mais tarde, os Teatros de Arena e Oficina, o CPC procurava romper com o elitismo cultural por meio da arte e da cultura e desenvolver uma estética compromissada com a transformação social.

No teatro, despontaram Gianfrancesco Guarnieri (com a peça *Eles não usam black-tie*) e Oduvaldo Vianna Filho, o Vianinha (com a peça *Rasga coração*). No cinema, Cacá Diegues, Pedro de Andrade, Glauber Rocha, Nelson Pereira dos Santos e Leon Hirszman, entre tantos outros, produziram filmes que marcariam de forma permanente a sétima arte no Brasil. Na música, Carlos Lyra (com a canção "O subdesenvolvido") foi um dos nomes de destaque. Na poesia, entre outros, Ferreira Gullar.

Apesar do curto tempo de existência, já que foi extinto após o golpe civil-militar de 1964, o CPC ainda aparece no imaginário cultural das lutas sociais no país como um símbolo de resistência política por meio da arte, da cultura, enfim, da sensibilidade criativa.

Hip-Hop

Hip-Hop é um movimento sociocultural iniciado no final da década de 1960, nas áreas centrais de comunidades jamaicanas, latinas e afro-americanas da cidade de Nova York (EUA), como reação aos conflitos e à violência sofrida pelas classes populares urbanas. É um tipo de cultura das ruas, um movimento de reivindicação de espaço e voz das periferias. Reúne quatro manifestações artísticas principais: o canto do *rap* (sigla para *rhythm and poetry*), a instrumentação dos DJs, a dança do *break* e a pintura do grafite. Sobressaem as letras questionadoras e agressivas, o ritmo forte e intenso e as imagens grafitadas pelos muros das cidades. A ideia é protestar, se divertir e dilatar o campo de manifestação dos jovens da periferia. Nesse sentido, no conjunto de suas manifestações, o Hip-Hop colabora com os processos de politização dos habitantes das periferias das grandes cidades, espaços urbanos atravessados pelas consequências da ausência do poder público e da indiferença social.

No Brasil, o movimento Hip-Hop foi adotado, sobretudo, pelos jovens negros e pobres de grandes cidades – São Paulo, Rio de Janeiro, Brasília e Porto Alegre – como forma de discussão e protesto contra o preconceito racial, a miséria e as péssimas condições de vida. O Hip-Hop tem servido de ferramenta de integração social e mesmo de ressocialização de jovens, no sentido de destruir essa realidade. Desconstruindo e rompendo com a naturalização do sofrimento vivido por pessoas pobres, procura dizer não à aceitação da miséria e de condições de vida ruins como única possibilidade de sobrevivência. Além disso, dissemina a ideia de que a criminalidade e as drogas favorecem principalmente os mais ricos.

// Cantoras Karol Conka e Lei Di Dai em São Paulo, SP, 2017, integrantes do movimento Hip-Hop no Brasil.

Conforme a arquiteta e urbanista brasileira Raquel Rolnik, o Hip-Hop passou a atuar nas áreas centrais como forma de mostrar que os moradores da periferia também fazem parte da cidade, também a compõem e a caracterizam, negando-se a aceitar a "não cidade", o "não lugar", que historicamente ocupam nas cidades – em geral, territórios originados de um modelo de urbanização sem urbanidade que destinou aos pobres um lugar longínquo, desequipado e sem condições para viver, ou seja, uma "não cidade". O movimento Hip-Hop cria alternativas de arte e trabalho por meio da música em locais onde o Estado dificilmente atua com políticas de educação e formação. As ações promovidas pelo Hip-Hop acontecem em núcleos de aprendizagem educacionais, oficinas, centros de inserção de jovens no mercado de trabalho e blocos culturais.

Hoje, no Brasil, em termos musicais, o movimento mistura vários grupos que mesclam diversas manifestações da cultura brasileira em sua arte.

Movimentos ligados ao mundo do trabalho

A indústria no Brasil já vinha se estruturando lentamente desde o final do século XIX. Com o fim da escravidão e o processo de imigração crescente, houve um incremento da industrialização. Indústrias de alimentos e de vestuário foram implantadas, bem como as vinculadas à construção civil (tijolos e cimento).

O capital estrangeiro, que já se fazia presente nos setores ferroviário e energético, aumentou ainda mais sua participação no Brasil durante os anos da Primeira Guerra Mundial. Assim, desenvolveram-se em território nacional as indústrias de máquinas, material elétrico, produtos químicos, farmacêuticos e de higiene pessoal, entre outras. Criou-se um exército de trabalhadores urbanos repleto de imigrantes com experiência em iniciar lutas e movimentos operários na Europa.

Os movimentos sociais ligados ao mundo do trabalho tiveram início antes do fim da escravidão. Segundo o sociólogo brasileiro Aziz Simão (1912-1990), a partir da década de 1870, começaram a surgir as Ligas Operárias em várias partes do Brasil com o objetivo de organizar o processo de resistência dos trabalhadores contra os patrões. Por essa razão, as Ligas Operárias tornaram-se conhecidas como associações de resistência.

Mesmo consideradas ilegais e severamente reprimidas, as greves eram constantes nas principais cidades do país. A repressão aos operários, sempre excessiva, apoiava-se em uma legislação que permitia até a expulsão de trabalhadores imigrantes e a condenação por "delitos ideológicos". Mesmo assim, em 1906, no Rio de Janeiro, houve o 1º Congresso Operário Brasileiro de tendência anarcossindicalista, predominante no movimento operário até 1922, ano da criação do Partido Comunista do Brasil (PCB). Entre 1922 e 1930, ocorreram inúmeras greves operárias em várias cidades do Brasil. A greve geral de 1917 reuniu aproximadamente 30 mil trabalhadores que exigiam: jornada de oito horas diárias, regulamentação do trabalho de mulheres e crianças, aumento de salários e redução de aluguéis.

No primeiro período em que Getúlio Vargas governou o país (1930-1945), apesar dos ganhos trabalhistas, várias greves aconteceram em muitas cidades do Brasil. Elas só cessaram por ocasião do golpe que instituiu o regime ditatorial do Estado Novo, em 1937, por causa da repressão.

Entre 1961 e 1964, formaram-se sindicatos e centrais sindicais de âmbito nacional. Nesse intervalo, houve greves em todo o país, silenciadas a partir de 1964, quando teve início o período ditatorial.

Movimentos trabalhistas recentes

Nos últimos anos da ditadura civil-militar, muitas greves ocorreram no Brasil. Em 1979, em 15 dos 23 estados aconteceram mais de 400 greves, apesar de proibidas por lei e duramente punidas.

No processo de redemocratização do país, tiveram importante papel os movimentos grevistas realizados na década de 1980 em São Paulo, principalmente na região chamada ABCD (Santo André, São Bernardo do Campo, São Caetano do Sul e Diadema), onde se concentrava o maior parque industrial do Brasil e, portanto, o maior número de trabalhadores industriais. Os trabalhadores questionavam não só as condições salariais e de trabalho, mas também a legislação, que não permitia sua livre organização e o direito de manifestação. Desses movimentos surgiram a Central Única dos Trabalhadores (CUT, em 1983) e o Partido dos Trabalhadores (PT, em 1982).

Os movimentos grevistas continuam a se suceder e ainda são a principal forma de luta dos trabalhadores, inclusive dos servidores públicos. Considerada crime contra a segurança nacional durante o período ditatorial, a greve de servidores públicos, conforme a Constituição de 1988, é reconhecida como direito, sendo proibida apenas aos servidores militares. Todavia, ainda não há regulamentação para o exercício desse direito. Por isso, as greves dos servidores públicos são analisadas e julgadas, como as paralisações dos trabalhadores do setor privado.

A repressão aos trabalhadores ainda é uma realidade hoje, caso do alarmante combate à greve de professores das escolas e universidades estaduais do Paraná em abril de 2015, quando a polícia militar utilizou todo tipo de expediente e armamento para conter os professores que protestavam contra as ações do governo Beto Richa (PSDB). Entre outras medidas, essas ações aumentavam impostos, retiravam direitos do magistério público e se apropriavam de parcela significativa do fundo previdenciário dos servidores paranaenses.

Existem sindicatos das mais diversas categorias de trabalhadores no Brasil. Esses sindicatos se reúnem, nacionalmente, em centrais sindicais, sendo as principais a CUT e a Força Sindical.

A greve no Brasil sempre foi de alguma forma delimitada pela ação do Estado. Sob o ponto de vista das Constituições de 1824, 1891 e 1934, houve omissão sobre o direito de greve; a Constituição de 1937 declarou a greve como recurso antissocial. A Constituição de 1946 reconheceu-a como direito dos trabalhadores, mas com amplas restrições aos chamados serviços essenciais e industriais básicos. As Constituições de 1967 e 1969 reproduziram tais restrições, especificadas na legislação ordinária. A Constituição de 1988 assegurou amplo exercício do direito de greve, estabelecendo que a lei definiria os serviços ou atividades essenciais e sobre o atendimento das necessidades inadiáveis da comunidade, sendo que os abusos cometidos poderiam ser punidos conforme a lei. A lei garante o direito, mas sempre há uma série de condições a serem cumpridas e condicionadas a análises da Justiça do Trabalho.

// Policiais militares reprimem manifestações de professores em greve no estado do Paraná em frente à Assembleia Legislativa em Curitiba, 2015.

Movimentos civis e militares

No Brasil, houve movimentos de caráter estritamente militar e outros nos quais os militares tiveram apoio de parcela da população civil. Os envolvidos nesses movimentos se utilizaram de articulações golpistas, intervenções armadas ou ações de resistência e levantes.

Merecem destaque alguns desses movimentos, inspirados pela defesa da Independência e da República, na maior parte dos casos:

- Conjuração Mineira (1789-1792): ocorrida em Minas Gerais, defendia a independência do Brasil e a instituição da República;
- Conjuração Baiana (1796-1799): sucedida na Bahia, reivindicava a independência do Brasil, o fim da escravidão, a instituição da República e um governo democrático com liberdades plenas de livre comércio;
- Confederação do Equador (1824): envolvia Ceará, Pará, Pernambuco e Rio Grande do Norte e pleiteava a independência do Brasil e a instituição da República;
- Cabanagem (1835-1840): ocorrida no Grão-Pará e favorável à independência dessa província, reivindicava melhores condições de vida para os cabanos (moradores das cabanas à beira dos rios) e maior participação nas decisões políticas;
- Revolução Farroupilha ou Guerra dos Farrapos (1835-1845): passada no Rio Grande do Sul e em Santa Catarina, onde foi proclamada a República Juliana, pretendia que fosse criada uma república separada do Império brasileiro, a República Rio-Grandense ou República de Piratini;
- Sabinada (1837-1838): sucedida na Bahia, reivindicava autonomia política e administrativa para as províncias e a instituição do federalismo republicano;
- Revolução Praieira (1848-1849): ocorrida em Pernambuco, lutava por voto livre e universal, liberdade de imprensa, independência dos poderes constituídos e fim do Poder Moderador, exercido pelo imperador.

Todos esses movimentos foram reprimidos violentamente e seus líderes, presos, degredados ou enforcados. A ideia era que a punição fosse rigorosa, de forma a não encorajar novos processos revolucionários. Exemplos da violência imperial podem ser verificados ao analisar o número de mortos no combate à Cabanagem. Cerca de 30% a 40% da população existente, de aproximadamente 120 mil habitantes, foi dizimada.

Entre o fim do século XIX e o início do século XX, devem ser mencionados dois movimentos importantes na marinha:

- Revolta da Armada, no Rio de Janeiro, entre setembro de 1893 e março de 1894. Quase todos os integrantes da marinha se posicionaram contra o então presidente da República, Floriano Peixoto;
- Revolta da Chibata, também no Rio de Janeiro, entre 22 e 27 de novembro de 1910. Os marinheiros reivindicaram principalmente a eliminação de castigos físicos, o aumento do soldo (salário) e a melhoria da alimentação e das condições de trabalho.

Movimentos tenentistas

Na década de 1920, emergiram os movimentos militares, com alguma participação civil, que ficariam conhecidos como tenentistas, por causa da forte presença de tenentes em sua organização e condução.

Esses movimentos se estenderiam por vários anos, com integrantes que tinham como objetivo pressionar ou conquistar o poder para promover as reformas necessárias à modernização da sociedade.

Os tenentes rebeldes eram contra as oligarquias políticas regionais e a estrutura de poder que as sustentava. Viam por trás delas a corrupção na administração pública e as fraudes eleitorais. Além disso, defendiam um sistema econômico que não se sustentasse no setor agroexportador e propunham uma educação pública abrangente. Consideravam-se responsáveis pela salvação nacional e defendiam um Estado forte, com tendência autoritária, pois julgavam a sociedade incapaz de promover as mudanças políticas requeridas.

O primeiro levante dos tenentes ocorreu em 5 de julho de 1922, no Forte de Copacabana, no Rio de Janeiro. Nessa ação, para tentar impedir a posse do presidente eleito, Arthur Bernardes, os oficiais rebelados ameaçaram bombardear o Rio de Janeiro. A reação foi rápida e o movimento foi controlado pelo exército. O pequeno grupo dos cerca de trezentos revoltosos do Forte de Copacabana, que ficaria conhecido como os 18 do Forte, não aceitou a rendição e saiu à rua para enfrentar as tropas do governo. Só dois deles sobreviveram, Siqueira Campos e Eduardo Gomes.

O segundo levante ocorreu em 1924, em São Paulo, e reuniu cerca de mil homens. Eles ocuparam os pontos estratégicos da capital paulista, levando os governantes a fugir da cidade. A reação também foi rápida e a situação foi controlada com a ajuda de tropas do Rio de Janeiro.

O líder da revolta de 1924, general Isidoro Dias Lopes, dirigiu-se com uma tropa numerosa para o sul do país, determinado a continuar a luta contra o governo. Assim nasceu a Coluna Paulista, que, ao se encontrar com outros militares revoltosos, liderados por Luís Carlos Prestes, formou a Coluna Prestes.

Apesar de derrotados, os integrantes desses movimentos mantiveram-se unidos e foram ampliando as suas bases no exército, de modo que puderam participar ativamente do governo Getúlio Vargas em todos os momentos.

Na segunda ditadura civil-militar (1964-1985), ex-tenentes voltaram a ter participação efetiva. Três deles chegaram à Presidência da República: o marechal Castelo Branco e os generais Emílio G. Médici e Ernesto Geisel. No ministério de Castelo Branco havia outros ex-membros do movimento tenentista: Cordeiro de Farias, Eduardo Gomes, Juraci Magalhães e Juarez Távora, entre outros.

Movimentos políticos e golpes militares

Na década de 1930, marcada pela presença de Getúlio Vargas no poder, ocorreram três movimentos que questionaram o governo estabelecido: a Revolução Constitucionalista, o movimento da Ação Integralista Nacional e o da Aliança Nacional Libertadora, com a participação de civis e de militares.

// Caminhada dos tenentes rebelados pela avenida Atlântica, no Rio de Janeiro, RJ, no dia 5 de julho de 1922.

CPDOC/FGV

A Revolução Constitucionalista foi desencadeada em São Paulo em 9 de julho de 1932. O movimento teve por base as reivindicações da elite paulista, que se contrapunha ao governo de Vargas e exigia a imediata elaboração de uma Constituição. Contando com grande participação popular, constituiu um marco nas lutas em favor da democracia no Brasil. O movimento foi esmagado pelas forças federais após três meses de resistência, mas resultou na convocação de uma Assembleia Nacional Constituinte, em 1933, e na possibilidade de eleições para cargos de vários níveis, o que não ocorria desde a "revolução de 1930".

A Ação Integralista Brasileira (AIB) ou integralismo, de tendência fascista, foi criada em 1932 e liderada por Plínio Salgado. Tendo como lema "Deus, Pátria e Família", reuniu os setores conservadores da classe média, da Igreja e do Exército e apoiou o governo de Getúlio Vargas. Oficialmente extinta em 1937, tentou um golpe, fracassado, em 1938.

A Aliança Nacional Libertadora (ANL) foi constituída em março de 1935 como frente popular para combater o fascismo e o imperialismo. Defendendo o cancelamento da dívida externa, a nacionalização das empresas estrangeiras e o combate ao latifúndio, promoveu grandes manifestações públicas até ser posta na ilegalidade por Vargas, alguns meses depois de sua fundação. Membros do Partido Comunista Brasileiro (PCB) e antigos tenentes que se agregavam na ANL passaram então a articular um levante armado para depor o governo Vargas, sob a liderança de Luís Carlos Prestes. A tentativa de golpe fracassou e o episódio foi utilizado como pretexto para que Vargas comandasse um golpe em 1937, instaurando o regime ditatorial chamado Estado Novo.

Movimentos contra a ditadura civil-militar (1964 a 1985)

Depois do golpe civil-militar promovido em 1964, os movimentos dos estudantes e dos trabalhadores continuaram atuantes e criaram uma situação de contestação aberta ao regime, até dezembro de 1968, quando foi decretado o Ato Institucional nº 5 (AI-5), que cassou todos os direitos dos cidadãos, inclusive o de manifestação.

Como resposta à escalada da repressão praticada pela ditadura civil-militar, grupos de militantes de diversas tendências de esquerda optaram pela organização de movimentos armados (rurais e urbanos) visando combater o regime e criar condições para a estruturação de uma sociedade de caráter socialista no Brasil.

// Dia nacional de protesto pela anistia. Faculdade de Medicina da Universidade de São Paulo, 1978.

Entre as ações empreendidas nas cidades pelos grupos armados estavam os sequestros (a fim de trocar prisioneiros do regime pelos sequestrados) e os assaltos a bancos (para sustentar as atividades contra o regime). No campo, foram montados movimentos de guerrilha com o objetivo de mobilizar a população para fazer frente ao regime militar – o mais conhecido foi a Guerrilha do Araguaia, apoiada pelo Partido Comunista do Brasil (PCdoB). A repressão aos movimentos armados ocorreu de modo extensivo e cruel e, em meados da década de 1970, todos eles estavam suprimidos.

Após o governo de Ernesto Geisel, que apresentou o projeto dos militares de promover um retorno à democracia representativa de modo lento, gradual e sob vigilância, foram organizados grandes movimentos políticos pela democratização da sociedade brasileira:

- Movimento pela anistia, que resultou na assinatura da Lei de Anistia pelo presidente João Baptista Figueiredo, em 1979;
- Movimento Diretas Já, entre 1983 e 1984, pelas eleições diretas para presidente da República.

Com a volta dos civis à Presidência, tomou corpo o movimento para uma nova Constituição no Brasil. Esse foi o Movimento pela Constituinte, ativo entre 1985 e 1986, que conseguiu a aprovação da instauração de uma Assembleia Constituinte a partir de 1986. Dois anos depois, foi promulgada a nova carta constitucional.

Movimentos sociais contra as discriminações

Além dos movimentos negro e indígena – precursores das lutas sociais contra o preconceito, a exclusão e a violência contra as minorias –, outros movimentos fundamentais devem ser apontados: o das mulheres e o dos grupos LGBT (lésbicas, gays, bissexuais, travestis, transexuais e transgêneros).

Movimento das mulheres pelas mulheres

As mulheres no Brasil participaram de vários movimentos sociais, tanto no período monárquico quanto no republicano.

No início do século XX, o movimento das mulheres cresceu no Brasil seguindo os passos do movimento feminista internacional. Em 1918, a bióloga brasileira Bertha Lutz (1894-1976) publicou na Revista da Semana uma carta denunciando o tratamento discriminatório dado às mulheres e, em 1919, criou a Liga pela Emancipação Feminina. Em 1921, no Rio de Janeiro, fundou a Federação Brasileira pelo Progresso Feminino (FBPF), que lutava pelo voto, pela escolha do domicílio e pelo trabalho feminino sem a necessidade de autorização do marido. Além dela, devem ser lembradas, entre outras ativistas pelo direito ao voto, Mietta Santiago (1903--1995), Luíza Alzira Soriano Teixeira (1897-1963) e Jerônima Mesquita (1880-1972).

Paralelamente a esse movimento, foi criada, também em 1919, a Liga Comunista Feminina e, em 1920, no Rio de Janeiro, o Grupo Feminino de Estudos Sociais, organização de cunho educacional, sob a liderança da professora anarquista Maria de Lourdes Nogueira. A ideia básica era libertar a mulher do único aprendizado que a sociedade lhe permitia – o maternal e doméstico –, possibilitando-lhe, então, uma reflexão sobre as condições históricas da sua dominação. Visava também reunir as mulheres emancipadas do Brasil, a fim de combater sistemática e eficazmente a escravização clerical, econômica, moral e jurídica, que asfixiava, degradava e aviltava o sexo feminino.

// A médica, pedagoga e política brasileira Carlota Pereira de Queirós em São Paulo, SP, 1963.

Graças à luta dessas mulheres, o Código Eleitoral de 1933 estendeu às mulheres o direito de voto e de representação política. Na Constituinte de 1934, houve uma representante das mulheres, a primeira deputada do Brasil: Carlota Pereira de Queirós (1892-1982). Na década de 1930, as mulheres se fizeram presentes também nas greves operárias e na luta pelo acesso ao sistema educacional.

Como os demais movimentos sociais, o movimento das mulheres também foi alvo de repressão e sofreu um refluxo durante os períodos ditatoriais de Vargas (1937-1945) e dos governos militares (1964-1985).

No final da década de 1970 e durante a década de 1980, contudo, o movimento se ampliou e se diversificou. O reconhecimento das questões de gênero evidenciou-se na Constituição Federal de 1988, que incorporou propostas apresentadas pelos movimentos feministas relativas aos direitos individuais e sociais das mulheres, e no fomento a políticas públicas voltadas para o enfrentamento e a superação da discriminação e da opressão. O resultado mais visível das lutas do movimento foi a criação dos conselhos dos direitos da mulher, das delegacias especializadas de atendimento à mulher, de programas específicos de saúde integral e de prevenção e atendimento às vítimas de violência sexual e doméstica.

Nas décadas de 1990 e 2000, a atuação do movimento social de mulheres cresceu por meio de numerosas Organizações Não Governamentais (ONGs), com abrangência nacional e local. A lei conhecida como Maria da Penha, decretada em 2006, é um exemplo claro dessa ação: ela trouxe mais eficácia na prevenção e na punição da violência doméstica e familiar no Brasil.

Movimento LGBT

O movimento atualmente denominado LGBT tem como objetivos lutar contra a discriminação e conquistar direitos sociais, políticos e civis. A grande preocupação do movimento é destacar o caráter imanente da sexualidade e traçar estratégias político-sociais para superar preconceitos, estigmas e intolerância, rompendo com velhos padrões culturais.

O movimento teve expressões isoladas desde a década de 1940, mas começou a ganhar força no Brasil em meados de 1970, com a formação de grupos politicamente engajados. Em 1978, a criação do grupo Somos e o lançamento do jornal *Lampião da Esquina* no eixo Rio de Janeiro-São Paulo trouxeram um olhar político-social à discussão sobre a homossexualidade.

Duas grandes demandas desenvolveram-se a partir de então. A primeira consistiu em lutar para desvincular a homossexualidade da condição de doença que o discurso médico do século XIX lhe atribuíra. Em 1973, a homossexualidade deixou de ser vista como um distúrbio pela Associação Americana de Psiquiatria, e apenas em maio de 1990 a Organização Mundial de Saúde (OMS) retirou-a da Classificação Internacional de Doenças (CID), deixando claro que a homossexualidade não era nem doença, nem distúrbio, nem perversão. Quatro anos depois, a nova classificação foi adotada por todos os países-membros das Nações Unidas.

Ainda na década de 1980, a mesma luta foi direcionada ao enfrentamento da epidemia do HIV (do inglês *Human Immunodeficiency Virus*, vírus da imunodeficiência humana). Verificava-se mais uma vez a necessidade de despatologizar a homossexualidade, que passava a ser vinculada à AIDS (do inglês *Acquired Immunodeficiency Syndrome*, síndrome da imunodeficiência adquirida). Posteriormente foi demonstrado que os portadores de HIV pertenciam a variados setores da sociedade e não havia uma relação direta com a homossexualidade.

A segunda mobilização é contra a homofobia (intolerância à homossexualidade). Nos últimos 20 anos, no Brasil, foram assassinados em torno de 2500 indivíduos que se identificavam como LGBT, vítimas do ódio que se manifesta na forma cruel de homicídio. Entre as vítimas, 72% eram *gays* e 25%, travestis. Nem 10% dos assassinos foram identificados, daí a luta pela criminalização das agressões motivadas por preconceito.

Desde a primeira metade da década de 1980, o crescimento do movimento LGBT acompanhava a gradual abertura política no país. As demandas do movimento caminhavam no mesmo sentido do anseio da população por democracia. Na década de 1990, com a proliferação de ONGs que visavam salvaguardar os direitos básicos de grupos vulneráveis, foram instituídas políticas públicas de prevenção e tratamento das doenças sexualmente transmissíveis (DSTs) e de incentivo a ações pela conscientização do movimento sobre a necessidade de lutar pelos direitos plenos de cidadania.

Na década de 2000, alguns partidos políticos passaram a incorporar às suas pautas as demandas do movimento LGBT, que são, resumidamente: o direito à vida, independentemente de orientação sexual; o direito à integridade social; a garantia aos direitos civis, incluindo o direito ao casamento civil e à união estável entre pessoas do mesmo gênero, com reflexos nos direitos de pensão, sucessão de bens, adoção de filhos, etc.; o direito a tratamento médico, no qual travestis e transexuais buscam ser atendidos pelos órgãos de saúde públicos para realizar adequações hormonais e/ou cirúrgicas; e o direito de revisão de nome e de gênero nos registros civis para os transexuais.

// Primeira edição do jornal *Lampião da Esquina*, lançado em maio de 1978.

Mais recentemente, por meio de eventos como as paradas *gays*, organizadas nas grandes cidades, o movimento tem procurado divulgar essas demandas e obter o apoio de toda a sociedade civil. A luta, no entanto, enfrenta a atuação de grupos contrários a seus avanços políticos, como as bancadas de fundamentalistas religiosos e conservadores, o que parece ser o grande desafio do movimento para os próximos anos.

Movimentos sociais recentes: politização e despolitização

De 1988 aos dias atuais, pode-se observar uma série de movimentos pela efetivação de direitos existentes e pela conquista de novos.

Esses movimentos desenvolveram algo muito importante: a politização da esfera privada, ao tornar as demandas das populações pobres (urbanas e rurais), dos negros, das mulheres, das crianças, entre outras, uma preocupação de toda a sociedade, não somente do Estado. Assim, abriu-se no Brasil a possibilidade de se desenvolver movimentos sem o controle do Estado, dos partidos políticos ou de qualquer instituição.

O objetivo desses movimentos não é alcançar o poder do Estado. Por meio deles, a população organizada participa politicamente sem precisar estar atrelada às estruturas estatais de poder. O que importa é ir além da legislação existente, procurando construir espaços políticos públicos, nos quais possam ser debatidas todas as questões que envolvem a maioria da sociedade, como saúde, alimentação, transporte e segurança públicos.

Apesar da crescente democratização do país, de 2003 a 2013 verificou-se uma redução no ritmo das reivindicações dos movimentos sociais. A ascensão do PT ao poder representou a consagração dos movimentos sociais, mas, de modo paradoxal, também a efetivação de um grande dilema: o exercício do governo por um presidente oriundo do movimento sindical e a perda de autonomia dos movimentos sociais. Esses dois fatores contribuíram para diminuir a capacidade de intervenção popular.

Há setores desses movimentos e organizações sociais, porém, que não perderam de vista a necessidade de avançar na luta pela garantia de direitos já estabelecidos e pela conquista de novos.

Movimentos conservadores

É importante citar os movimentos sociais que lutam pela manutenção de condições sociais, políticas e econômicas conservadoras. Esses movimentos se articulam ao propor intervenções militares e até o fechamento do Congresso Nacional. Geralmente, são contra a ampliação dos direitos e disseminadores de preconceitos e desinformação, como as campanhas contrárias ao divórcio, à legalização do aborto ou à garantia dos direitos civis aos homossexuais, além de alguns fundamentalismos religiosos e ideológicos. Opõem-se também às possibilidades de igualdade de condições de acesso aos bens públicos, como saúde, educação, transporte e moradia.

Outro setor que utiliza todos os recursos contra qualquer proposta de mudança da estrutura da propriedade rural é o agropecuário. Essa postura se expressa nas campanhas contrárias a mudanças na regulamentação do uso da terra no Brasil e à demarcação das terras indígenas, evidenciando uma oposição cerrada ao novo Código Florestal e às possibilidades de reforma agrária ou uso inteligente da terra voltado para a cultura de alimentos que privilegia produtos naturais, sem agrotóxicos, cultivados por trabalhadores vinculados a cooperativas familiares e solidárias em pequenas porções de terra.

Do vertical ao horizontal

As manifestações urbanas de junho de 2013 no Brasil trouxeram alguns aspectos novos em relação aos movimentos anteriores, tanto na formação e articulação quanto no modo de atuação, em decorrência, principalmente, do impacto crescente da globalização e dos novos modelos de comunicação trazidos à tona pela chamada sociedade da tecnologia e da informação.

Ainda que as antigas matrizes de mobilização social através de estruturas verticalizadas (sindicatos, igrejas, partidos ou associações) continuem existindo e atuando de maneira mais significativa, surgem a cada dia novas mobilizações, horizontais, que permitem diferentes modos de participação e formação política aos indivíduos e grupos sociais. Algumas características desse novo caráter horizontal podem ser apontadas:

- utilização de ferramentas virtuais para a articulação e a efetivação das manifestações sociais;
- articulação desconectada de um movimento social com trajetória e pertencimento claros;
- existência de muitos protagonistas, sem a obrigatoriedade de líderes que se destaquem entre os participantes;
- marca da horizontalidade como crítica, não só contra a ação/omissão do Estado, mas contra outros setores da sociedade, como organismos internacionais e bancos multinacionais;

Protesto no Rio de Janeiro, entre várias manifestações ocorridas nas principais cidades brasileiras em junho de 2013. Dezenas de milhares de manifestantes marcharam pelas ruas reivindicando melhores serviços públicos e o fim da violência policial e da corrupção no governo.

- luta por políticas públicas aliadas à qualidade;
- não envolvimento com partidos políticos;
- diversificação de manifestações, motivadas por razões muito diferentes, uma vez que alguns querem maior eficiência do Estado (em relação à saúde, mobilidade urbana, educação e segurança), outros pedem o fim do Estado, outros ainda pretendem a volta dos militares ao poder, outros exigem total liberdade, e outros defendem a ideia individualista segundo a qual vivemos sob uma "meritocracia", o que configura uma pauta de reivindicações ampla e até contraditória;
- falta de propostas para alcançar o que pretendem, o que leva à descontinuidade e até à fugacidade do movimento.

Os novos – ou novíssimos – movimentos sociais são descentralizados, articulam-se por meio das redes sociais e respondem rapidamente a questões que emergem muito repentinamente e que são urgentes. São respostas de quem atua com agilidade num tempo repleto de carências e dúvidas políticas, econômicas, sociais e culturais. São novas formas de se fazer presente na cena política contemporânea.

NAS PALAVRAS DE GOHN

Os movimentos sociais e as transformações recentes

[...] O universo dos movimentos sociais se amplia e se restringe ao mesmo tempo. Ampliam-se as formas e restringem-se as esperanças quanto a suas potencialidades transformadoras. A defesa de particularismos, os radicalismos e a intolerância de alguns têm levado analistas e militantes a repensar a questão da transformação social. A liberdade, a igualdade, a solidariedade e a fraternidade estão a merecer novas reflexões sobre que trilhas seriam necessárias para alcançá-las.

Muitos movimentos se institucionalizaram em organizações por meio de políticas sociais. A grande novidade passou a ser a centralidade das ONGs no cenário das demandas sociais [...]. O perfil do militante dos movimentos também se alterou. Nos anos 60, 70 e 80 os militantes não dissociavam sua vida particular da atuação nos movimentos, e estes eram associados à política. [...]

Nos anos 90, os antigos militantes envelheceram, ou cansaram-se, ou tornaram-se dirigentes de organizações, parlamentares etc. E não se formaram novos quadros de militantes. Os poucos novos que surgiram passaram a atuar de forma radicalmente diferente. O *slogan* "o importante é ser feliz" é bastante ilustrativo. Ninguém quer mais sobrepor os interesses do movimento aos de sua vida pessoal, particular. A militância passou a ser mais seletiva e qualitativa. A militância quantitativa – que dava visibilidade aos movimentos nas ruas, na mídia etc. – reduziu-se consideravelmente ou simplesmente desapareceu. Estamos apenas constatando as novas opções dos mais jovens. Usualmente, nos anos 90 se participa de causas coletivas quando estas causas têm a ver com o mundo vivido pelas pessoas, e não porque estejam motivadas pelas ideologias que fundamentam aquelas causas. [...]

Quanto a nós, preferimos continuar acreditando na necessidade das utopias e esperando que as lições que os movimentos sociais democráticos e progressistas têm dado ao mundo venham a contribuir para a redefinição dessas utopias, a reinstaurar a esperança e a crença de que vale a pena lutar por uma sociedade mais justa e igualitária.

[...] Os movimentos são fluidos, fragmentados, perpassados por outros processos sociais.

Como numa teia de aranha eles tecem redes que se quebram facilmente, dada a sua fragilidade; como as ondas do mar que vão e voltam, eles constroem ciclos na história, ora delineando fenômenos bem configurados, ora saindo do cenário e permanecendo nas sombras e penumbras, como névoa esvoaçante. Mas sempre presentes.

GOHN, Maria da Glória. *Teorias dos movimentos sociais*: paradigmas clássicos e contemporâneos. São Paulo: Loyola, 2006. p. 339-342.

Cenário dos movimentos sociais no Brasil

A ocupação nos libertou

[...]

Um mês antes de iniciar as ocupações, eu li um título que era mais ou menos assim: "A geração que idealiza tudo e nada faz". Aquilo ficou na minha cabeça, porque eu faço parte desta geração. [...] Precisávamos mudar isso!

Quando iniciaram as ocupações, eu fui a muitas escolas para ver como as coisas estavam sendo e acontecendo na prática. Poxa, foi lindo ver a minha galera, os estudantes, assim como eu, ali, reunidos, se ajudando... [...]

Foi pensando e sentindo tudo isso que me reuni com mais três colegas para planejar a nossa ocupação, da EE Plínio Negrão, que fica na Zona Sul de São Paulo. [...]

Ocupamos! Nosso maior medo era a polícia. E nossa diretora ligou para a polícia dizendo que a nossa escola havia sido invadida. Mas estávamos tão orgulhosos de nós mesmos que continuávamos lá, fizemos assembleia, discutindo, conversando, se entendendo. E a coisa foi crescendo. Pessoas que eu nunca nem vi na escola nos apoiaram! Foi lindo. No decorrer do tempo fomos criando laços, laços esses que em 200 dias letivos nunca haviam sido criados.

Viver na ocupação parece uma guerra. Claro que tem seus momentos bons. [...] Mas tem a repressão. A violência por parte do governo, que manda a polícia nos aterrorizar na escola e nas ruas da cidade, que manda os alunos e os pais que não entendem a ocupação nos ameaçar.

Mas em compensação, durante a ocupação, [...] passamos a nos preocupar uns com os outros porque um só não vence a luta! Nesse caso: a união faz a força. Na ocupação, os garotos passaram a querer cozinhar, pra ajudar, e perceberam que isso não é coisa de menina. As meninas passaram a jogar bola e jogar baralho... Nos libertamos!

Na ocupação percebemos que todos podem ajudar! Que não existe o mais inteligente, o mais forte, o mais legal. Todos se uniram! [...]

Há muitas coisas que só percebemos na ocupação. O descaso que os dirigentes têm com a preservação da escola, por exemplo. É quase impossível dormir aqui por causa dos milhares de insetos, baratas e até ratos que encontramos. [...]

É triste, não? É muito triste ver que a diretora da sua escola não liga para os alunos [...]. Isso é horroroso. Isso não deveria acontecer... mas acontece!!!

Assim como aconteceu uma tremenda repressão policial. Dizem que a polícia é para servir e proteger, mas um policial me machucou [...]. E não houve motivo para ele ter feito aquilo. Estou lutando pela Educação. E o mais engraçado ou terrível é que acho que não deveríamos ter medo da Polícia Militar, porque ela é para proteger a gente, não é? [...]

Começamos querendo o cancelamento da reorganização. Hoje somos milhares e temos milhares de vontades: queremos mais aulas culturais e artísticas. Os meninos querem aulas sobre feminismo, as meninas de defesa pessoal. Os meninos pedem mais aulas de gastronomia, para aprenderem a cozinhar. [...] Porque queremos, não porque o governo impôs na programação escolar. Caramba, eu me sinto feliz :)

E mais uma coisa importante que descobrimos também, curiosamente, enquanto estávamos sem aula normal: o papel do professor é mágico, é lindo. [...] Sabe, eles são os que mais compareceram para nos dar força. E, fiquei pensando: eles merecem mais do que ganham. E o governo menospreza essa profissão linda. Essa profissão que nos fez estar aqui, hoje, lutando!

[...] A ocupação é só o começo de uma grande História (sim, com H maiúsculo). [...] Podemos estar cansados, porque a ocupação cansa. Mas a lição que vamos levar daqui é maior do que qualquer coisa que já aprendemos na vida.

SANTANA, Bianca. A ocupação nos libertou, por Gislane de Almeida Gomes, 17 anos. Disponível em: <www.huffpostbrasil.com/bianca-santana/a-ocupacao-nos-libertou_a_21701083>. Acesso em: 12 mar. 2018.

1. Qual é a responsabilidade do Estado com relação à educação das pessoas? Quais são os objetivos de uma educação de qualidade?

Manifestação de estudantes secundaristas em São Paulo, SP, 2015.

Costurando as ideias

Uma das mais importantes lições da Sociologia foi ter incorporado ao capítulo de suas "verdades científicas" o fato de que a política não é uma prerrogativa de partidos, sindicatos e associações formais de profissionais ou de indivíduos com interesses específicos. A política é a própria razão de ser da vida em comunidade – ela está em tudo, deslocando sentidos, promovendo significados, rompendo barreiras e ultrapassando fronteiras.

Uma sala de aula é um espaço político dos mais preciosos. Ali se debatem assuntos e se pregam valores que vão ultrapassar o tempo de vida de seus protagonistas. Ao avançarem no tempo, o que se diz e o que se ouve na escola chegam às futuras gerações, como uma mensagem engarrafada lançada ao mar. Novos usos, então, serão feitos daquelas lições. A liberdade, por exemplo, como um dos temas mais destacados da história da humanidade, passará a ter contornos renovados, cores mais ou menos brilhantes, mas continuará a ser liberdade, ou seja, um valor.

Quando tomam as ruas em defesa de direitos, em protesto contra abusos de poder ou simplesmente almejando novas mentalidades, novas possibilidades, os movimentos sociais fazem política e, no limite, pautam discussões no interior de partidos, sindicatos e associações. É através deles, portanto, que a política se renova, que a cidadania, de fato, se realiza. É do plano da sociedade civil, com todas as suas riquezas e contradições, que nascem as demandas da vida política; é onde está a matéria-prima para novas leis, estão os embriões de novos direitos.

Ser cidadão, portanto, é viver a cidade, não só do ponto de vista passivo, como consumidor e cumpridor de tarefas preestabelecidas, mas principalmente de modo ativo, como sujeito de reivindicações, que tem posição e se junta a indivíduos e grupos para decidirem, unidos, e para colocarem na cena pública suas motivações e seus anseios. Nesse momento, a pessoa que antes parecia um mero indivíduo, sem identidade nem prestígio, passa a agir como cidadão, ou seja, um arquiteto de novas realidades.

Direitos, movimentos sociais e cidadania são peças de um mesmo tabuleiro, no qual está em jogo a conquista efetiva da democracia, com os seus ingredientes: liberdade, igualdade e fraternidade. A questão central, contudo, é recordar sempre que esse é um jogo sem fim, em que não há vencedores, somente lutadores. Quem não joga perde. E quem não luta fica à mercê de quem joga.

Leituras e propostas

Para refletir

Jornadas de junho de 2013

As manifestações de junho foram um evento sem precedentes, único e irreprodutível nas suas origens. O inusitado de uma janela histórica permitiu reunir contradições sociais muitos fortes, a ponto de deixar as mentes mais perspicazes em paralisia – ou seja, com enorme dificuldade para entender o que levou tanta gente diferente às ruas.

Junho foi único. O Movimento Passe Livre (MPL) surpreendeu em termos de reivindicação e capacidade de mobilização. Mas sua atuação não explica o que se sucedeu. Seus sucessos iniciais estão ligados à dificuldade dos governos para ler as insatisfações – muito mais para lidar com elas. Os jornais falharam. A polícia ainda age como se estivesse em tempos de ditadura. Diante da paralisia das velhas instituições, as mídias sociais surgiram como grande novidade e tiveram um papel catalisador. A mídia alternativa foi fundamental para desbancar as maquiagens arquitetadas por governos e forças políticas antidemocráticas. O jogo mudou na medida em que o mar de descontentes reconheceu a legitimidade de protestar. Em algum momento, protestar por qualquer coisa ganhou vasto apoio da sociedade.

À mobilização dos grupos ligados à agenda social somaram-se as insatisfações das classes médias, que há muito ensaiavam ir às ruas. Ambos os vetores somaram-se porque, quanto maior a massa, mais as pautas ganhavam destaque. A direita empresarial do antigo movimento "Cansei" e o MPL nas ruas, lutando por transportes públicos de qualidade e contra a corrupção. Cada um a seu modo, mas todos nas ruas. Tanto é verdade que, tão logo as contradições começaram a tornar-se claras, o movimento geral perdeu fôlego e dispersou.

Porém, mais do que contraditórias, as pautas de junho eram genéricas, pouco claras. Congregaram interesses distintos, embora isso não tenha sido percebido, num primeiro momento. Vale a pena um esforço para entender as forças presentes nos protestos como de fato são – e não como se manifestam na aparência.

[...]

Minha tese é que as contradições no seio da sociedade motivaram os protestos de junho. Foi um momento em que os contrários não se dividiram, somaram-se. Pouco antes, a pauta pública havia deixado de se renovar. As ruas expressaram o esgotamento dos avanços sociais. Ambos os extremos da sociedade pressionavam por políticas governamentais que os favorecessem. [...]

Mas, não devemos ignorar a relação dialética entre os ganhos sociais e as classes. A visão das esquerdas mostra-se míope por não perceber que os setores abastados também foram afetados (ainda que indiretamente) pelos movimentos das classes subalternas. Seja no aumento das filas nos aeroportos, seja pelo custo dos serviços em geral ou pelo "ultrajante" resgate da cidadania, que permite ao oprimido reclamar seus direitos… A dialética sugere que nenhuma ação histórica existe sem sua antítese. E não se eleva o poder dos pobres sem alterar a correlação de forças com os ricos. O governo é o colchão que acomoda todas essas demandas. [...]

Diante de todos esses contrastes, erraram todos os que viram, nas ruas de junho, consequências de longo prazo. Os protestos não desencadearam mudanças; por enquanto, eles expressaram reações diante do que houve anteriormente: maior acesso das maiorias a uma parcela da riqueza; incômodo de setores da classe média com isso. Talvez o próprio projeto de ampliar benefícios sociais sem alterar a estrutura de renda esteja no seu limite. É possível que manter a trajetória iniciada há dez anos não seja mais praticável, sem produzir fissuras nas estruturas que reproduzem desigualdade e privilégios. Isso, naturalmente, despertará reações no chamado "andar de cima". Para escandalizá-lo, nem é preciso falar de reforma agrária – basta mencionar a reforma tributária…

Junho não pode ser visto como algo maior do que foi. Foi um momento de catarse, não de transformações sociais. Nenhum dos movimentos que se uniram naquela ocasião têm hoje força para lançar isoladamente uma convocação expressiva de protesto. Os fatores históricos que permitiram aqueles acontecimentos dispersaram-se e os diferentes setores, antes unidos em uma mesma luta, já não se reconhecem.

Se a pauta de reivindicações não pôde ser capturada pelas direitas, hoje na oposição, uma boa dose de realidade permitirá perceber a dimensão dos desafios com que se deparam as esquerdas, no futuro próximo. Para que sejam efetivos, os avanços sociais deverão atingir diretamente os privilégios das classes dominantes. Haverá vontade e força suficiente para tanto? [...]

VITAGLIANO, Luiz Fernando. *Jornadas de junho*: três enganos e uma hipótese. Disponível em: <http://outraspalavras.net/brasil/jornadas-de-junho-tres-enganos-e-uma-hipotese/>. Acesso em: 12 mar. 2018.

Para pesquisar

1. Escolha uma organização ligada a algum movimento social, como o sindical, o ambientalista, o feminista, o negro, o estudantil, contra a violência ou pelos direitos humanos. Levante informações sobre a história, os ideais, a estrutura e os resultados da atuação dessa organização. Procure saber também como ela obtém financiamento para suas atividades. Escreva um texto com os dados da pesquisa.

2. Analise os movimentos sociais recentes no Brasil, depois de 2013, e procure, através de uma pesquisa na internet ou em livros, jornais e revistas, esclarecer quais são os seus objetivos, bem como a composição deles.

LIVROS RECOMENDADOS

Brasil: uma biografia
De Lilia M. Schwarcz e Heloisa M. Starling. São Paulo: Companhia das Letras, 2015.
Biografar uma personagem tão complexa como o Brasil não parece tarefa fácil para ninguém. Num texto ágil e inteligente, as autoras, no entanto, apresentam um protagonista cheio de conflitos e silêncios, desnudando a vasta teia de suas tramas e de seus cintilantes coadjuvantes: os brasileiros. Uma leitura necessária.

Cidadania no Brasil: o longo caminho
De José Murilo de Carvalho. Rio de Janeiro: Civilização Brasileira.
Análise esclarecedora da situação da cidadania no Brasil desde a colônia até os dias de hoje, em uma linguagem simples.

SUGESTÕES DE FILMES

Junho, o mês que abalou o Brasil (Brasil, 2014)
Direção: João Wainer.
Documentário que recupera as imagens, os conflitos e os sentidos das chamadas Jornadas de Junho de 2013, que tomaram as ruas de todo o país às vésperas da Copa das Confederações, torneio de futebol que abria caminho para a realização da Copa do Mundo de 2014. Contra a carestia, a precariedade dos serviços públicos, os preços abusivos de tarifas e mercadorias e a corrupção nas entranhas do poder, milhões reivindicaram mudanças e ressignificaram as manifestações públicas no país, para o bem e para o mal. As imagens vivas das manifestações tornam o filme um documento fundamental da história recente do país.

Revolução em Dagenham (Reino Unido, 2010)
Direção: Nigel Cole.
A história, baseada em fatos reais, passa-se em 1968, na montadora da Ford em Dagenham, que emprega milhares de homens e apenas 187 mulheres. As mulheres trabalham em um galpão abafado e ganham metade do que recebem seus colegas. Diante dessa situação, elas iniciam uma greve por equiparação salarial e pelo recebimento de horas extras. Os patrões entram em pânico. Uma mudança está em andamento.

Soldado de Deus (Brasil, 2005)
Direção: Sérgio Sanz.
A trajetória do integralismo no Brasil, da Era Vargas ao presente, revelando a permanência da mentalidade autoritária na política, na cultura e na sociedade brasileiras. Com depoimentos de intelectuais destacados, como Leandro Konder e Muniz Sodré, o filme disseca as relações perigosas entre movimentos sociais conservadores e as decisões políticas do Estado nacional. Imperdível.

Conexão de saberes

A MOBILIDADE URBANA

A mobilidade urbana exige respostas articuladas. Além da difícil temática dos transportes, que envolve investimentos maciços, mudança cultural e, principalmente, espírito solidário, assuntos como organização social e políticas econômicas também interferem no ir e vir das pessoas nas cidades do mundo. As decisões sobre o zoneamento urbano, por exemplo, definem o acesso à infraestrutura da cidade. Quem terá perto de casa o local de trabalho, escolas, hospitais, praças, parques, teatros e cinemas? Quem viverá próximo a quê? Quem terá mais segurança, beleza, qualidade de vida? A mobilidade urbana, portanto, trata de locomoção (carros, ônibus, trens, etc.) e também de direito à cidade, garantias cidadãs e políticas de inclusão social e combate às desigualdades. Mais do que tudo, a mobilidade urbana é uma questão política que requer a ação dos diversos agentes e grupos que compõem os cenários sociais.

ÔNIBUS
Especialistas defendem que os ônibus sejam o principal foco dos investimentos públicos. A ênfase nos coletivos contribuiria para aumentar o índice de satisfação dos passageiros, gerenciar o tráfego de maneira mais eficaz e incentivar o uso do ônibus entre todos os cidadãos. Para isso, carros e motos perderiam espaço nas cidades. Aliás, estudiosos afirmam que o problema mais grave da mobilidade urbana hoje é a ênfase no transporte individual. Defendem a restrição de circulação de veículos em determinadas áreas metropolitanas por meio de rodízios, pedágios e também medidas que proíbem o estacionamento em áreas urbanas muito movimentadas.

BICICLETA
As cidades brasileiras assistem a uma revolução no setor de transportes: o crescimento do hábito de usar a bicicleta como meio de transporte no dia a dia. As vantagens são muitas.
FINANCEIRA: deixa-se de gastar com passagem ou combustível, estacionamento, etc.
SAÚDE: troca-se o tempo parado em algum tipo de transporte público por atividade física.
OUTROS GANHOS: a bicicleta não polui. Mas, nas grandes cidades, como São Paulo e Rio de Janeiro, a maior vantagem daqueles que optam pela bicicleta é a economia de tempo.

METRÔ

O metrô é o ideal máximo de transporte nas metrópoles. Ele parece reunir todas as qualidades de um veículo coletivo: velocidade, regularidade, fácil acesso e grande capacidade de ligar pontos distantes. No entanto, é caro e demora para ficar pronto. O metrô é considerado uma solução perene para cidades em que a demanda justifique tal investimento. O Brasil é o 10º maior país em extensão de linhas de metrô – atrás de sistemas centenários como os de Londres e Nova York e as imensas linhas em constante expansão na China e no Japão, muitos deles com capacidade para deslocar mais de 60 mil passageiros por hora.

BRT

O BRT – sigla formada pelas palavras em inglês *Bus Rapid Transit*, ou "trânsito rápido de ônibus" (em tradução livre) – aproveita a infraestrutura dos ônibus para oferecer uma alternativa de transporte mais rápida e eficiente.
Com a implantação de faixas e corredores exclusivos, estações próprias e serviços de conveniência, o BRT pretende unir a popularidade, o baixo custo e a simplicidade dos serviços de ônibus à alta *performance* dos metrôs e trens. O modelo é defendido como uma "evolução" dos coletivos tradicionais.

VOCÊ SABIA?

- EM 2014, A FROTA DE AUTOMÓVEIS NO BRASIL SOMAVA 45 MILHÕES DE CARROS.

- A REGIÃO SUDESTE CONCENTRA O MAIOR NÚMERO DE CARROS, COM MAIS DE 25 MILHÕES DE AUTOMÓVEIS, SEGUIDA DAS REGIÕES SUL, NORDESTE, CENTRO-OESTE E NORTE.

- A ASSOCIAÇÃO NACIONAL DE TRANSPORTES PÚBLICOS (ANTP) CALCULA QUE CADA QUILÔMETRO DE METRÔ CONSTRUÍDO CUSTE ENTRE 80 MILHÕES E 90 MILHÕES DE DÓLARES.

- O METRÔ DE XANGAI, NA CHINA, INAUGURADO EM 1995, É O QUE TEM O MAIOR RITMO DE EXPANSÃO MÉDIA DO MUNDO, COM 24,3 KM E 16,2 ESTAÇÕES INAUGURADOS A CADA ANO.

- ACIDENTES NO TRÂNSITO SÃO A TERCEIRA CAUSA DE MORTE NO MUNDO, FICANDO ATRÁS APENAS DE DOENÇAS CARDÍACAS E CÂNCER.

CUSTO DO TRÂNSITO

No Brasil, o transporte de produtos e mercadorias é feito, majoritariamente, por caminhões, que se utilizam das estradas e das vias urbanas. Mas caminhões presos em engarrafamentos são pouco produtivos. Caminhão parado não cumpre prazo de entrega e, para compensar o atraso, mais caminhões são contratados numa tentativa de colocar em dia as entregas. Isso significa que mais caminhões vão ficar parados nas ruas. Caminhões retidos em congestionamentos são alvo de ladrões, o que causa aumento do valor dos seguros das cargas e dos veículos. E mais: às vezes o produto transportado fica tanto tempo parado no trânsito que pode até estragar. Não se iluda: todos esses custos adicionais pesam no bolso do consumidor.

CONSEQUÊNCIAS PARA A SAÚDE

Pessoas que vivenciam a rotina do trânsito diariamente podem apresentar substâncias tóxicas no organismo e têm duas vezes mais chance de desenvolver câncer de pulmão. Também podem desenvolver bronquite e asma. Estresse, hipertensão e lesões por repetição de movimentos também integram a lista. É importante lembrar ainda que o tempo perdido nos engarrafamentos impede que as pessoas pratiquem atividades físicas, de lazer e de descanso, o que pode acarretar insônia, crises de ansiedade e problemas congêneres. Outro problema grave provocado pelo trânsito é a exposição a um nível elevado de ruído. Segundo a Organização Mundial da Saúde (OMS), decibéis muito acima do tolerável ocupam o terceiro lugar no *ranking* de problemas ambientais que mais afetam populações do mundo inteiro.

UNIDADE 6

Mudança e transformação social

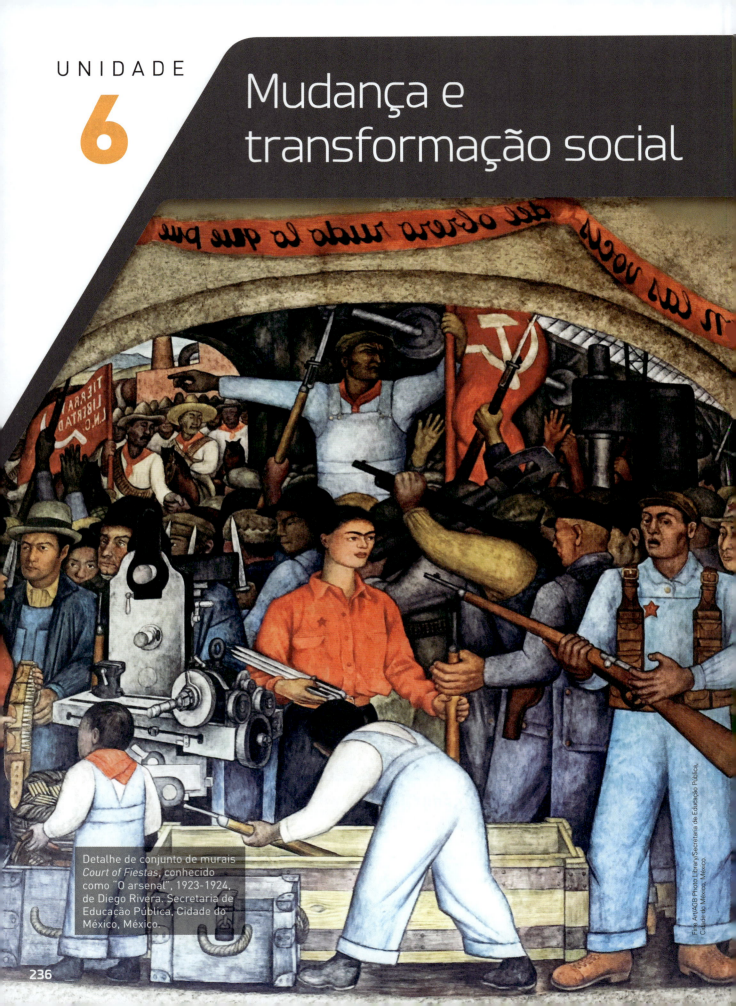

Detalhe de conjunto de murais *Court of Fiestas*, conhecido como "O arsenal", 1923-1924, de Diego Rivera. Secretaria de Educação Pública, Cidade do México, México.

Tudo muda

Na canção "Todo cambia" (Tudo muda), de autoria do músico chileno Julio Numhauser e interpretada pela cantora argentina Mercedes Sosa, a letra afirma que, na vida, tudo está em constante transformação. Inevitavelmente, o destino de hoje é ser diferente amanhã.

A Sociologia reconhece a dificuldade de apreender o sentido das ações sociais, o conteúdo dos fatos, a dinâmica das batalhas entre indivíduos, grupos e classes. Essa declarada dificuldade se revela, principalmente, ao atribuir juízo às realidades investigadas, condição primordial para vislumbrar mudanças em sintonia com os desejos e a vida daqueles que não cessam de lutar.

O fato é que se passa a ter a impressão de que os dias podem ser controlados e o futuro, antevisto com confiabilidade, desde que haja disciplina, trabalho exaustivo e "boa-fé". A mudança, contudo, tem outras características e depende dos circuitos históricos, de uma infinidade de agentes. No plano da vida social, a ideia de controlar as mudanças abarca governos, empresas, escolas e todo tipo de instituição, com seus profissionais cheios de métodos, discursos e promessas certeiras de felicidade e bem-estar. Na prática, no entanto, o que se vê é a fragilidade das atividades humanas diante das pressões imperativas da realidade objetiva.

As mudanças dependem, sim, dos sujeitos que se organizam, articulam e agem. Mas não são o resultado puro dessas ações: elas estão sujeitas a imprevistos, relações de poder, mentalidades e culturas sedimentadas, hábitos e valores enrijecidos.

É importante registrar também o fato de que as mudanças têm seus oponentes, os quais não querem assistir a nenhuma alteração nos seus estilos de vida, normalmente mantidos à base de privilégios e acessos facilitados a toda sorte de conforto. Esses oponentes da mudança visam conservar suas realidades e, para tanto, se colocam em trincheiras que abrigam preconceitos e fontes de muitos tipos de desigualdades entre os seres humanos. A mudança, portanto, é um fluxo descontínuo e de diferentes intensidades.

Esta unidade trata de mudanças de menor ou maior impacto sobre biografias e histórias, e pretende dar um panorama das grandes transformações que afetaram o destino das sociedades humanas e vislumbrá-las por meio do pensamento de autores destacados da Sociologia e das Ciências Sociais.

CAPÍTULO 21

Mudanças, revoluções e suas implicações

É possível dizer que o surgimento da Sociologia está vinculado à discussão sobre as transformações sociais, ou seja, falar sobre a ciência da sociedade é falar sobre a mudança social.

Abordar o tema da mudança social pressupõe lidar com a questão dos conflitos e das resistências às possíveis transformações. Quando uma comunidade ou uma sociedade se depara com mudanças, de origem interna ou externa, há resistência, pois há uma espécie de acomodação ao que já existe. Assim, as relações de poder, por exemplo, podem se modificar, num complexo jogo de oposição ao poder e desejo de conquistá-lo ou ampliá-lo. Desse modo, conflitos entre indivíduos, grupos e classes sociais compõem o itinerário das mudanças e revoluções sociais.

Neste capítulo serão objetos de análise dois grandes tipos de mudanças sociais: aquelas que, por seu caráter universal e multifacetado, afetaram toda a humanidade e aquelas de conotação sociopolítica, que atingiram determinadas sociedades e, depois, tornaram-se referência para outras mudanças. Serão, portanto, abordadas as revoluções agrícola e industrial, as recentes transformações e os episódios mais marcantes das revoluções políticas contemporâneas em todo o mundo.

A Revolução Agrícola

Essa revolução transformou radicalmente a forma de produção de alimentos das populações humanas. A expressão "revolução agrícola" foi criada pelo arqueólogo australiano Gordon Childe (1892-1957). Ela também é chamada de "revolução do Neolítico", pois foi o período em que a humanidade não só desenvolveu a agricultura e as técnicas de cultivo de alimentos, como também aprendeu a domesticar e criar animais. Isso alterou o processo de obtenção de alimentos, pois as populações deixaram de ser coletoras e caçadoras e passaram, paulatinamente, a ter uma relação diferenciada com animais e plantas.

Essas mudanças não ocorreram ao mesmo tempo em todos os lugares. Elas se iniciaram no Oriente Médio (há cerca de 10 mil anos). Depois, no Egito (9 mil anos), na Índia (8 mil anos), na China (7 mil anos), na Europa (6,5 mil anos), na África tropical (5 mil anos) e na América, principalmente no México e no Peru (4,5 mil anos), em decorrência do deslocamento de hordas humanas ou movimentos independentes.

O processo foi muito longo. Inicialmente, percebeu-se que os grãos que eram coletados para alimentação poderiam ser enterrados, isto é, "semeados", a fim de produzir novas plantas iguais às que haviam sido coletadas. Assim, foi possível produzir trigo, cevada, milho, arroz e tubérculos (vários tipos de batatas); posteriormente, também árvores frutíferas. A partir de então, em consequência da experiência e da observação do que acontecia no meio ambiente, passou-se a selecionar sementes e outras árvores para plantio. Por meio da experiência prática, desenvolveu-se um conhecimento dos diferentes tipos de solo e de plantas, o que ajudou a aprimorar as técnicas de plantio e colheita, incluindo a observação da melhor época para o desenvolvimento de cada uma das culturas.

Outro elemento essencial desse processo foi a domesticação de animais. Junto com a agricultura, esse foi um passo muito importante para a alteração do modo de vida da humanidade, já que eliminou a necessidade do deslocamento para obtenção da carne e das peles necessárias ao conforto e também do leite dos rebanhos. A domesticação deve ter surgido espontaneamente em vários locais, resultado do processo de aproximação e observação dos animais no decurso das caçadas. O primeiro animal domesticado foi o cão; na sequência, animais para a alimentação e tração, como a cabra, o carneiro, o boi e o cavalo.

Paralelamente a essas mudanças, alguns instrumentos foram sendo confeccionados, como a foice, o arado, a roda e outros que eram utilizados para arar a terra e até na colheita: novas tecnologias para um processo revolucionário.

Esse processo intenso de subdivisões e deslocamentos provocou uma onda de difusão da agricultura e da atividade pastoril através das migrações. Imagine-se por um momento vivendo em grupos ou fazendo parte de hordas humanas, reproduzindo-se e subdividindo-se, migrando para outros locais, plantando e desenvolvendo a criação de animais em vários lugares, deslocando-se à procura de novos espaços e invadindo territórios de outros grupos, convivendo entre si ou em conflito, aprendendo e ensinando aos grupos com os quais estabeleceram alguma comunicação e submetendo-se ou sendo submetidos pelos habitantes com quem entraram em contato. Esse é apenas um pequeno esboço do que ocorreu nesse processo de transmissão e absorção de novas formas revolucionárias de viver.

A grande revolução agrícola – que foi, em essência, a síntese de centenas de revoluções localizadas no tempo e no espaço e marcadas pela diversidade humana de ações e resultados – foi aquela que alterou de fato e profundamente toda a humanidade. Mas ela continua até hoje, uma vez que as transformações que ocorrem na produção de alimentos não paralisaram e mantêm um processo de mudança contínuo. Entretanto, existem ainda formas de organização social, como a de alguns poucos povos caçadores e coletores, que utilizam a agricultura e a domesticação de animais à moda antiga.

// Determinante para a fixação de grupos humanos há milhares de anos, a agricultura ainda é a principal atividade de parte expressiva da população mundial. Na imagem, de 2012, o agricultor usa a tração animal, utilizada em província do norte do Vietnã, onde a infraestrutura é menos desenvolvida do que no restante do país.

A Revolução Industrial

O que se chama de Revolução Industrial na Europa nos séculos XVIII e XIX não é uma revolução puramente industrial, nem começou repentinamente nesses séculos. Foi um processo lento de transformação que se desenvolveu desde o século XV e atingiu grandes setores da produção, como o mineiro, o metalúrgico e o têxtil.

A expansão da produção nesses setores envolveu a invenção de novas técnicas e máquinas, além de uma estrutura (a fábrica) que permitisse a concentração de equipamentos e trabalhadores num só lugar.

Situadas quase sempre nas cidades, as fábricas requeriam muita mão de obra. Atraindo as pessoas que deixavam o campo em busca de trabalho, as cidades cresceram vertiginosamente. Transformava-se, assim, a forma de produzir bens e serviços, alterando as formas de viver e revolucionando as relações sociais. Mas isso não aconteceu de maneira uniforme no mundo todo. Para que se tenha ideia da multiplicidade das mudanças trazidas pela urbanização e pela industrialização, a Inglaterra conheceu esses fenômenos típicos da modernidade em torno de 1860; o Brasil, por volta da década de 1930; a China, a partir do final do século XX.

Pode-se dizer que, paralelamente à Revolução Industrial, houve na Europa uma segunda revolução agrícola. Ela teve início com a mudança na estrutura da propriedade rural, quando os proprietários de terras se juntaram a ricos comerciantes das cidades interessados em investir na agricultura e promoveram a introdução de novas técnicas de cultivo, entre as quais a rotação de culturas sem pousio (parcela de terras em repouso), de forma a retirar o máximo proveito das terras; a drenagem de terras pantanosas; o abate de florestas; e a ocupação de terras comunais.

No intuito de melhorar a produção, os agricultores promoveram a seleção das espécies mais produtivas e de sementes e o apuramento dos melhores rebanhos. Além disso, foram introduzidas máquinas e houve melhoria nos transportes no espaço agrário. Isso permitiu relativa abundância em produtos agrícolas essenciais (carne, leite e derivados, legumes, tubérculos, cereais, etc.), que, juntamente com a indústria extrativa do sal, indispensável para a conservação dos alimentos, propiciou a melhoria gradual na dieta alimentar.

Essas mudanças e a diminuição crescente da mortalidade propiciaram o que se pode chamar de revolução demográfica. Para se ter uma ideia, na Inglaterra, onde a Revolução teve início, a população em 1750 era de 6,5 milhões; em 1801 passou a 16,3 milhões e, em 1851, somava 27,5 milhões. Isso exigiu um aumento da produção e de matérias-primas vegetais e animais (transformadas nas fábricas).

No século XIX, outras transformações ocorreram em face da emergência de novas fontes energéticas (eletrici-

A Revolução Industrial começou no setor têxtil, na produção da lã e do algodão, com o uso das máquinas de fiar conhecidas como *Spinning Jenny* (1764) e *Spinning Mule* (1789), inventadas, respectivamente, por James Hargreaves e Samuel Crompton. Na primeira imagem acima, de 1749 (autor desconhecido; coleção particular), as etapas envolvidas no preparo da matéria-prima para a confecção de lã – da tosquia ao amaciamento dos fios. Nessa época, a produção era feita manualmente, com rocas de baixíssimo rendimento. Na segunda imagem, de 1825 (autor desconhecido; coleção particular), manufatura do algodão com o uso da *Spinning Mule*.

dade e petróleo) e de novos ramos industriais, o que resultou em alteração profunda nos processos produtivos, com a introdução de novas máquinas e equipamentos. Todas essas transformações propiciaram mudanças nas comunicações (telégrafo e telefone), nos meios de transporte (navio e trem a vapor, automóvel) e também em todas as esferas da vida (familiar, educacional, jurídica, governamental, etc.). Além disso, provocaram o surgimento de inovações na arte, na literatura e nas ciências.

As transformações contemporâneas

Há uma grande transformação em curso no mundo contemporâneo. A acelerada inovação tecnológica talvez tenha como produto mais evidente as novas relações sociais que percorrem tanto a vida cotidiana dos cidadãos comuns como os bastidores da atuação de sujeitos que habitam as variadas estruturas de poder. É difícil demarcar espaços imunes a essas revoluções múltiplas, uma vez que, de algum modo, as diferentes culturas estão interconectadas no espaço e no tempo, impregnadas de realidades inéditas no campo da microeletrônica, da genética de laboratório e da nanotecnologia, para citar apenas alguns dos "admiráveis mundos novos".

O que se vê hoje é a união entre ciência e tecnologia, que origina a tecnociência; a maior parte das pesquisas científicas está vinculada a tecnologias, a produtos industriais. A microeletrônica revolucionou a escala produtiva de bens e serviços mediante o desenvolvimento de sistemas computacionais. Provocou uma mudança significativa também nos meios de comunicação. O uso de celulares, *smartphones*, computadores pessoais e portáteis, *tablets* e outros tantos equipamentos está alterando a forma como as pessoas e as organizações públicas e privadas se comunicam e se estruturam.

Componentes eletrônicos produzidos com base na nanotecnologia poderão revolucionar o que hoje conhecemos por computação, permitindo a produção de computadores pessoais com muitos processadores, extremamente rápidos e com enorme capacidade de armazenamento. No futuro, os nanoprocessadores provavelmente estarão presentes na maioria dos objetos que utilizaremos. Por meio da microeletrônica e da nanotecnologia, o nível de desenvolvimento da bioengenharia (ou engenharia genética) beirará a ficção científica. A manipulação genética, com o aprofundamento do conhecimento do DNA humano, de plantas e animais, será ampliada.

As inovações tecnocientíficas mais divulgadas se referem às possibilidades de intervenção no campo da Medicina, como as vinculadas à utilização de células-tronco, à produção de vacinas e de medicamentos específicos, à produção sintética de elementos essenciais à saúde humana (como a insulina e a albumina), à análise genética das doenças e à consequente terapia gênica e ao mapeamento genético dos indivíduos com consequências profundas no processo de se pensar a possível cura para aquilo que hoje se imagina ser impossível.

A aplicação e o desenvolvimento da tecnociência exercerão impacto na maioria das indústrias existentes, em áreas como as de sistemas de construção, transportes, comunicações, maquinário agrícola, e, é claro, na prestação de serviços.

No cotidiano, roupas que não amassam ou que não cheiram mesmo depois de absorver muito suor poderão ser compradas em supermercados; do mesmo modo, tecidos que controlam a temperatura do corpo, adaptando-o confortavelmente à temperatura do ar, serão vendidos a preços acessíveis em toda parte, ao lado de vestimentas que auxiliam no emagrecimento e em diversas atividades orientadas por médicos e profissionais de saúde e esporte. São as chamadas roupas interativas. Esses são exemplos simples do que já existe, mas ainda não em escala industrial para consumo massivo.

// A imagem do papa Francisco pode ser vista instantaneamente por milhares de pessoas espalhadas pelo mundo ao ser compartilhada em redes sociais.
A microeletrônica revolucionou a forma de se comunicar. Praça São Pedro, Vaticano, 2015.

A presença de robôs no processo produtivo já é uma realidade insofismável e pode-se prever que em pouco tempo eles farão serviços domésticos e outras várias atividades que hoje são desenvolvidas por pessoas de carne, osso e alma. Veículos autônomos, ou os automóveis que andam sozinhos, estão sendo desenvolvidos e alguns já são utilizados para a alegria e o espanto de muita gente.

Na área ambiental, a revolução tecnológica poderá ocorrer em muitos campos. Ganharão muita visibilidade o uso de materiais alternativos e a utilização do que hoje chamamos de resíduos industriais ou domésticos na fabricação de mercadorias. Todos esses resíduos, que hoje são descartados, inclusive os não recicláveis, podem passar a ser matérias-primas para diferentes setores da economia. A máxima de Lavoisier (1743-1794) seria então plenamente consagrada: "Na natureza nada se cria, nada se perde, tudo se transforma".

Nem tudo são flores, entretanto, pois a técnica nunca é neutra. Um conjunto de situações novas, para as quais ainda não há respostas, pode surgir da expansão tecnocientífica. Assim como a energia atômica trouxe benefícios extraordinários e malefícios estarrecedores à humanidade, novas tecnologias e inovadores processos científicos poderão trazer grandes soluções e reviravoltas nas formas de ser e de viver, bem como enormes e imprevisíveis prejuízos e destruições.

Essas transformações podem gerar, contudo, novos desafios e suscitar questões atreladas, por exemplo, à privacidade dos indivíduos, ao acesso desigual à tecnologia, aos riscos ambientais (aos seres vivos, incluindo os humanos), às relações sociais e de trabalho, às mudanças de valores e normas sociais e, principalmente, às possibilidades de maior liberdade e igualdade ou maior opressão/controle, além de maior ou menor desigualdade social.

Além disso, é necessário deixar bem claro que a maioria dessas transformações está sendo capitaneada por grandes corporações industriais e financeiras, não havendo controle por parte dos poderes públicos ou processo democrático de tomada de decisão em curso, o que é problemático, considerando-se que afetam a maioria das populações em todo o mundo.

A Sociologia nasceu na Europa no contexto de grandes transformações e propõe debates sobre essas novas tecnologias e as mudanças sociais provocadas pelo uso delas. São necessários novos olhares, novos conceitos e novas teorias para dar conta desses elementos que estão afetando a vida humana em todos os sentidos.

As revoluções do passado e do presente se estenderão ainda por muito tempo, uma vez que são expressões da atividade humana, a qual transforma o meio e é por ele transformada. Não há transformações que não retenham algo do passado e, ao mesmo tempo, delineiem traços do futuro, pois as mudanças, por mais radicais que sejam, sempre conservam algo. Além disso, elas não ocorrem em todos os lugares nem atingem a todos da mesma forma, deixando abertas as portas das possibilidades. Essa imprevisibilidade da ação humana, calcada no tempo anterior e orientada para os dias posteriores, dá graça e mistério à existência, tornando a vida em sociedade um desafio de conquistas fabulosas e um palco de derrotas lampejantes.

Cenário das transformações sociais hoje

'Integração entre cérebro e máquinas vai influenciar evolução'

Miguel Nicolelis é um dos pesquisadores brasileiros de maior prestígio. Pioneiro nos estudos sobre interface cérebro-máquina, suas descobertas aparecem na lista das dez tecnologias que devem mudar o mundo, divulgada em 2001 pelo Instituto de Tecnologia de Massachusetts (MIT, na sigla em inglês). [...] Ao *Estado*, Nicolelis falou sobre o impacto da neurociência no futuro da humanidade. [...]

Para onde a neurociência deve nos levar nos próximos anos?

No curto prazo, penso que as principais aplicações serão na medicina com novos métodos de reabilitação neurológica, para tratar condições como paralisia. No médio, chegarão as aplicações computacionais. Nossa relação com as máquinas será completamente diferente: não usaremos mais teclados, monitores, mouse... o computador convencional deixará de existir. Vamos submergir em sistemas virtuais e nos comunicaremos diretamente com eles. No longo prazo, o corpo deixará de ser o fator limitante da nossa ação no mundo. Nossa mente poderá atuar com máquinas que estão a distância e operar dispositivos de proporções nanométricas ou gigantescas: de uma nave espacial a uma ferramenta que penetra no espaço entre duas células para corrigir um defeito. E, no longuíssimo prazo, a evolução humana vai se acelerar. Nosso cérebro roubará um pouco o controle que os genes têm hoje. [...]

O que você chama de curto, médio, longo e longuíssimo prazo?

Curto prazo são os próximos anos. Médio prazo, nas próximas duas décadas. Longo prazo, no próximo século. Longuíssimo prazo, alguns milhares de anos. [...]

No médio prazo, ainda precisaremos dos nossos sentidos para dialogar com sistemas computacionais?

Em breve, vamos publicar um trabalho descrevendo o envio do sinal de uma máquina diretamente ao tecido neural de um animal, sem mediação dos sentidos: na prática, criamos um sexto sentido. [...] A internet como conhecemos vai desaparecer. Teremos uma verdadeira rede cerebral. A comunicação não será mediada pela linguagem, que deixará de ser o principal canal de comunicação. Para entender isso, basta pensar que toda linguagem é um comportamento motor – como mexer o braço. Esse comportamento motor também poderá ser decodificado e transmitido. Grandes empresas – como Google, Intel, Microsoft – já têm suas divisões de interface cérebro-máquina.

Quais as implicações antropológicas e sociológicas no longo prazo?

Talvez o primeiro impacto será descobrir que somos todos muito parecidos: as pretensas diferenças entre grupos de seres humanos vão se reduzir, pois todos perceberão que somos iguais. Costumo dizer que será a verdadeira libertação da mente do corpo, porque será ela quem determinará nosso alcance e potencial de ação na natureza. O corpo permanecerá para manter a mente viva, mas não precisará atuar fisicamente. Nossa mente cria as ferramentas e as absorve como extensão do nosso corpo. Agora, a mente vai controlar diretamente as ferramentas. O que definimos como ser mudará drasticamente no próximo século.

De que modo a evolução poderá ser influenciada pelo cérebro?

O processo de seleção natural vai agir de uma forma muito mais rápida. Em um mundo onde as pessoas terão de atuar com a atenção dividida entre múltiplas ferramentas, os atributos evolucionais para sobreviver mudam. A mente que consegue controlar vários processos de forma eficaz tem uma vantagem evolucional sobre as outras. Há uma base genética para essa facilidade. À medida que gente com essa vantagem se reproduz mais que os outros, ocorre seleção. Várias pessoas – como os biólogos evolucionistas Richard Dawkins e Stephen Jay Gould – previram que o cérebro passaria a ter um papel mais fundamental na evolução. Mas creio que estamos acelerando este papel. Os neandertais acordaram um dia e encontraram o *Homo sapiens* jogando bola na esquina da casa deles. Um dia, um sujeito pode acordar e se dar conta de que ele já não pertence mais à espécie dos pais. Mas estamos falando de milênios aqui. [...]

GONÇALVES, Alexandre. Integração entre cérebro e máquinas vai influenciar evolução. *O Estado de S. Paulo*, São Paulo, 8 jan. 2011. Disponível em: <www.estadao.com.br/noticias/vidae,integracao-entre-cerebro-e-maquinas-vai-influenciar-evolucao,663729,0.htm>. Acesso em: 20 mar. 2018.

1. Indique as principais mudanças relativas à interface cérebro-máquina apontadas pelo cientista nos trechos da entrevista apresentados. Comente possíveis consequências sociais dessas mudanças.

2. Dê exemplos de mudanças tecnológicas observadas nas últimas décadas e descreva como elas afetaram nosso cotidiano.

CAPÍTULO 22
Transformações sociais e políticas

Na Sociologia, o termo revolução é utilizado para designar a transformação radical das estruturas sociais, políticas e econômicas de uma sociedade. Outros tipos de alteração podem ser chamados de reformas sociais ou de mudanças parciais. De acordo com o pensador italiano Umberto Melotti (1940-), tanto o reformador quanto o revolucionário almejam mudanças sociais. Entretanto, as mudanças propostas pelos reformadores não se contrapõem aos interesses das classes dominantes, podendo até ser utilizadas para consolidar sua permanência no poder. Já uma revolução se opõe aos interesses das classes dominantes, pois tem por objetivo tirá-las do poder.

Os reformadores procuram alterar elementos não essenciais, reparando determinados problemas para garantir a manutenção da situação vigente. As reformas ocorrem em muitos países sempre que se instala uma crise política ou econômica. O revolucionário, por sua vez, objetiva destruir o existente para reconstruir a sociedade em novas bases.

Como há sempre quem lute por transformações e quem resista a elas, pode-se dizer que analisar as mudanças sociais implica analisar disputas e conflitos.

NAS PALAVRAS DE ARENDT

O termo revolução na história

[...]
A palavra "revolução" originou-se provavelmente da astronomia a partir da teoria de Copérnico [...]. No seu uso científico o termo reteve o seu significado original latino, designando o movimento rotativo, regular e inexorável dos astros. [...] No século dezessete encontramos pela primeira vez a utilização política da palavra, mas o conteúdo metafórico ainda estava ligado ao sentido original, o movimento de retornar a um ponto preestabelecido. A palavra foi primeiramente usada na Inglaterra não para designar a assunção de Cromwell ao poder (a primeira ditadura revolucionária), mas ao contrário, depois da queda do déspota por ocasião da restauração da monarquia.

Podemos precisar o exato instante em que a palavra "revolução" foi utilizada no sentido de mudança irresistível e não mais como um movimento recorrente. Foi durante a noite de 14 de julho de 1789 em Paris, quando Luís XVI ouviu de um emissário que a Bastilha havia caído. "É uma revolta", disse o rei. Ao que o mensageiro retrucou: "Não, majestade, é uma revolução".

Nas décadas seguintes confirmou-se um quadro de que as revoluções não são feitas de homens isolados, mas resultado de um processo incontrolável do qual os homens são parte. E foi somente na metade do século dezenove que Proudhon cunhou a expressão "revolução permanente" e com ela trouxe o conceito de que não existem revoluções, mas uma só, total e perpétua. Teoricamente, a consequência mais ampla da Revolução Francesa foi o nascimento da noção de História e do processo dialético, da filosofia de Hegel. Foi a Revolução Francesa e não a Americana que incendiou o mundo e foi consequentemente dela e não do curso dos acontecimentos na América que a presente conotação da palavra ganhou o formato atual. Neste nosso século as ocorrências revolucionárias passaram a ser examinadas dentro dos padrões franceses e em termos de necessidades históricas.

ARENDT, Hannah. Disponível em: <http://almanaque.folha.uol.com.br/filosofiaarendt.htm>. Acesso em: 14 mar. 2018.

Muitas foram as transformações sociais e políticas vividas em nossa sociedade. Algumas foram violentas e transformaram radicalmente as sociedades. Outras levaram à independência do jugo colonial ou neocolonial. Há também aquelas que brotaram de acordos entre classes dominantes ou que se constituíram movimentos liderados pela burguesia ascendente.

Merecem destaque aquelas que eclodiram no século XX, consideradas populares por terem registrado significativa participação do povo nos países onde ocorreram.

Transformações lentas e graduais

As transformações em algumas sociedades foram lentas e graduais, permeadas por acordos, conciliações, reformas. Em alguns momentos houve até atos violentos, coordenados por quem estava no poder e sempre em acordo com as novas classes dominantes e os grupos mais poderosos dos momentos históricos precedentes.

São exemplos desse tipo de mudança social o que aconteceu na Inglaterra, no Japão e na Alemanha.

A Revolução Inglesa foi um movimento em que uma parcela dos senhores de terras e comerciantes se insurgiu contra o poder absoluto do rei e de seus associados (principalmente a nobreza e o clero, que nada produziam). Iniciada em 1642, tinha como objetivo limitar e condicionar esse poder a determinadas funções, impedindo o controle do comércio e da indústria e a criação de impostos pelo rei sem autorização do Parlamento. Após prolongado conflito civil, as forças políticas que lutavam contra o absolutismo derrubaram a monarquia, em 1649, e proclamaram a república. Esse movimento tornou possível a eliminação dos últimos laços que prendiam os ingleses a uma sociedade feudal.

A monarquia foi restaurada em 1660, mas o rei e os nobres perderam os poderes que detinham. O Parlamento havia adquirido força política e dividia o poder com a monarquia. Era o grande passo para que o mercantilismo se expandisse e, como consequência, o processo de industrialização se desenvolvesse a partir do século seguinte. O fundamental nesse processo foi a implantação de uma série de direitos que hoje são considerados universais. Tratou-se, contudo, de um movimento em um único país que alterou substancialmente a situação apenas em uma sociedade; sua influência em outros países só foi exercida posteriormente.

A Inglaterra pode ser considerada o paradigma das transformações lentas e graduais mesmo tendo passado por algumas revoltas e irrupções políticas, uma vez que manteve a monarquia e também um sistema político e jurídico estável por muito tempo.

Na Alemanha e no Japão também aconteceram mudanças políticas decorrentes de um pacto social entre as classes dominantes: os grandes proprietários de terras e a burguesia industrial e comercial emergente. Mesmo com as características particulares de cada país, houve alterações políticas e econômicas necessárias para o desenvolvimento de sociedades industriais modernas. E, apesar de mudanças significativas nos processos e nas relações de produção, a estrutura do Estado foi pouco alterada e os detentores do poder político continuaram os mesmos. Assim, os proprietários da terra não perderam sua fonte de poder e continuaram conduzindo de forma compartilhada com a nova burguesia os destinos do Estado nacional.

Grupo de samurais que, mesmo depois da Restauração Meiji, procurava restabelecer o xogunato Tokugawa, poder autoritário que vigorou no Japão até 1868. Fotografia de Felice Beato, 1877.

No Japão, o período entre o início do século XVII e a segunda metade do século XIX (1600-1868) foi marcado por um governo autoritário assentado sobre a grande propriedade rural feudal. Esse período ficou conhecido como Era Xogunato Tokugawa, família que tinha apoio dos famosos guerreiros samurais. A chamada Revolução ou Restauração Meiji refere-se ao período de renovações políticas, religiosas e sociais profundas que ocorreram no Japão entre 1868 e 1900. É também chamado de "Renovação", já que transformou o Império japonês num Estado-nação moderno, o que levou o país a entrar na corrida imperialista do século XIX, principalmente entre os países da Ásia, tendo como fundamento o domínio econômico e o expansionismo militar. Essa reforma propriamente dita, apesar de ter assistido a revoltas e batalhas, não resultou na abolição das relações de produção no campo nem na derrubada da monarquia absoluta. Nesse contexto, os antigos samurais e a pequena nobreza, composta de classes instruídas e já comandantes da burocracia estatal e de parte do exército, passaram a ser uma força significativa no Estado japonês. Pode-se dizer, portanto, que houve uma "revolução conservadora" ou apenas uma conciliação de interesses e objetivos que visava manter os mesmos grupos e classes no comando das ações do Estado. Somente depois do fim da Segunda Guerra Mundial (1939-1945) é que se iniciou no Japão a reforma agrária, o que alterou profundamente a estrutura de propriedade da terra.

Na Alemanha, as mudanças passaram pelo processo de unificação de muitas unidades políticas, territoriais e culturais. A Alemanha de hoje é fruto de vários movimentos militares, políticos e culturais. Entre 1860 e 1871, foram incorporados novos territórios, demonstrando a força dos exércitos da Prússia – antigo Estado que fazia parte da Alemanha pré-unificação – e criando a ideia de um inimigo externo e comum a todos que desejavam a unificação. Como consequência dessas necessidades, perpetrou-se guerra contra a Dinamarca, depois contra a Áustria e, finalmente, contra a França, em 1870, o que contribuiu para o aumento do território.

Com a vitória na Guerra Franco-Prussiana, em 1870, a Prússia unificou a Alemanha. O rei Guilherme I foi coroado *kaiser* (imperador) da Alemanha e considerado o líder máximo do país. Mas, mesmo quando o Império alemão se constituiu como tal, ainda existiam 22 estruturas políticas e territoriais diferenciadas, como principados, ducados, grão-ducados, grandes reinos (como os da Baviera e da Prússia) e até cidades livres (como Bremen e Hamburgo).

Neste contexto, a aristocracia rural (grandes proprietários de terras) que estava perdendo poder, nas estruturas do Estado prussiano, para os grandes industriais, resolveu promover um grande acordo: exigia que não se alterasse a estrutura da propriedade da terra enquanto apoiava os industriais em medidas coercitivas e que não contemplassem mais direitos aos trabalhadores urbanos.

Somente depois de 1870 foram possíveis a unificação nacional e a transformação da Alemanha em um país industrializado e desenvolvido, uma vez que, além das questões militares, houve outras ações urgentes para que a união se efetivasse. Otto von Bismarck – chefe de governo que estava à frente do processo de unificação alemã e uma das figuras mais proeminentes da política europeia do século XIX – desenvolveu um intenso projeto educacional que incluía um programa curricular unificado, no qual a língua alemã era obrigatória. Além disso, passaram a ser produzidas histórias da nação germânica atreladas a uma formação religiosa protestante única, cujo objetivo era unir a língua, a história e a religião e identificá-las com o povo alemão, rejeitando a diversidade e postulando a falsa ideia de uma unidade alemã indissolúvel e harmônica.

Assim, o pacto político orquestrado no interior dos Estados nacionais alemão e japonês aprofundou os laços políticos entre os grandes proprietários de terras e a burguesia, excluindo os operários e os camponeses do direito pleno à democracia e à cidadania, bem como ao acesso à terra. A burguesia não tinha o poder necessário para fazer a transformação, e os grandes proprietários não podiam mais impedir as mudanças. O processo de modernização conservadora conduziu esses países à formação de uma sociedade industrial modernizada, mas cuja estrutura política se manteve conservadora.

Revoluções e movimentos anticoloniais

O rompimento com os laços coloniais também configura um conjunto de movimentos em prol de mudanças sociais. Mais do que isso: como resultado de profunda conscientização política por parte de populações historicamente exploradas e segregadas, os movimentos anticoloniais estabelecem de modo bastante peculiar um novo patamar para o conceito de revolução.

Revoluções no continente americano pela independência

A Revolução Americana, ocorrida em 1776, caracterizou-se como uma luta contra o colonialismo inglês. O movimento teve grande repercussão, principalmente nos países da América Latina, pois provocou o rompimento dos laços coloniais. Teve influência significativa também por pregar a liberdade individual como um dos pilares da sociedade que se formaria na América do Norte.

A maioria dos países da América Latina e do Caribe, seguindo o exemplo do que havia acontecido nos Estados Unidos e sob influência da Revolução Francesa, iniciou as lutas pela independência no início do século XIX, cujos desdobramentos se estenderam até 1820, aproximadamente. Foram necessárias muitas batalhas para que a Espanha aceitasse os termos de independência desses países. Após a emancipação, os países se organizaram politicamente na forma de repúblicas, abolindo a escravidão e o trabalho servil.

// Litografia de 1846 que mostra uma representação da *Boston Tea Party*, protesto dos colonos ingleses considerado fundamental para a deflagração da Revolução Americana, o movimento de independência dos Estados Unidos.

O Brasil, antiga colônia portuguesa, foi o único país que manteve a monarquia e a escravidão. Com o fim dos laços coloniais, os países que obtiveram a liberdade política assumiram uma nova forma de dependência econômica, agora em relação à Inglaterra; o interesse do capitalismo britânico era manter o fornecimento de matérias-primas e ampliar o consumo de seus produtos manufaturados em território latino-americano.

// *Entrega da bandeira de Numancia ao "Batalhão sem Nome"*, 1883, óleo sobre tela, de Arturo Michelena. Sobre o cavalo branco, o artista retratou Simón Bolívar em momento decisivo para a conquista da independência da Venezuela, proclamada em 1811, mas só consumada com a tomada de Caracas e outras regiões de importância estratégica que permaneceram até 1821 sob domínio da Coroa espanhola.

Independência das colônias no século XX

A segunda fase do processo de descolonização desenvolveu-se no contexto do neocolonialismo, após a Segunda Guerra Mundial e até a última parte do século XX. Os palcos principais foram a África e a Ásia.

O continente africano, no final do século XIX, tinha sido loteado pelos países europeus (com exceção de Portugal, que possuía colônias ali desde o século XVI), que buscavam matérias-primas para o desenvolvimento de suas indústrias e ampliação do mercado consumidor para os seus produtos manufaturados. Assim, a maior parte das estruturas políticas tribais foi sendo gradativamente destruída, bem como as formas de vida e de produção existentes.

Após o fim da Segunda Guerra Mundial, em 1945, muitos povos africanos se organizaram e passaram a lutar por independência, criando, assim, novos países, como Líbia em 1951, Marrocos e Tunísia em 1956, Angola e Moçambique em 1975.

A independência, no entanto, não significou autonomia, uma vez que os novos países surgidos após a descolonização enfrentaram problemas para promover o desenvolvimento econômico e social. As heranças deixadas pelos colonizadores, representadas tanto por uma economia dependente do exterior, exportadora de matéria-prima e importadora de gêneros de primeira necessidade, quanto pelo baixo nível educacional e técnico da população, impediram os projetos de desenvolvimento e provocaram a continuidade da dependência por meio do endividamento, mantendo esses países subordinados aos interesses das antigas metrópoles.

Na Ásia, alguns países obtiveram sua independência mediante lutas ou acordos com as potências colonizadoras. Aqueles que foram invadidos durante a Segunda Guerra Mundial pelo Japão aproveitaram, depois da derrota nipônica em 1945, para iniciar ou retomar os vários movimentos pela independência. Do mesmo modo, o Vietnã, o Laos e o Camboja se tornaram independentes da França, e a Indonésia, da Holanda. Em alguns casos, houve acordo, como a Malásia e Cingapura, que conseguiram a independência da Inglaterra nos anos de 1957 e 1965, respectivamente.

O caso da Índia, emblemático, reúne movimentos por independência e acordos com o país colonizador. A presença dos ingleses na Índia data do século XVII e foi se ampliando com o tempo. A dominação foi facilitada pela inexistência de um governo centralizado e também pela diversidade religiosa e de castas, o que não contribuía para uma visão de unidade nacional.

Em 1920, logo após o término da Primeira Guerra Mundial (1914-1918), surgiram movimentos pela independência, os quais, ao final da Segunda Guerra, quando o declínio do poder econômico e militar da Inglaterra ficou evidente, foram muito bem-sucedidos em suas lutas. Assim, a dominação na Índia não pôde ser sustentada e em 1947 os ingleses reconheceram a independência indiana, que, em função das rivalidades religiosas, deu origem à União Indiana, com maioria hinduísta, e à Liga Muçulmana, com maioria islâmica, que veio a constituir o Paquistão (Ocidental e Oriental). O Ceilão, território insular português de maioria budista, tornava-se também independente, passando a se denominar Sri-Lanka. Posteriormente, o Paquistão Oriental se tornou o atual Bangladesh.

Revoluções radicais e populares

Muitas foram as revoluções radicais e populares. Aqui será abordada apenas a Revolução Francesa.

Revolução Francesa

A Revolução Francesa eclodiu em 1789 como um movimento contrário ao poder monárquico e aos resquícios do feudalismo na França. Foi exemplo para a luta em várias nações do Ocidente contra os regimes absolutistas e pela eliminação da monarquia, uma vez que essas formas e sistemas de governo significavam opressão à maioria da população.

Além disso, com a revolução foi alterada profundamente a estrutura da propriedade rural, eliminando entraves para o desenvolvimento de uma nova sociedade. Entretanto, o fato mais importante foi que os revolucionários lutaram em nome dos indivíduos de todo o mundo (apesar de não incluir as mulheres especificamente), e não só dos franceses, o que transformou o movimento em paradigma das revoluções posteriores.

Reprodução/Museu do Louvre, Paris, França.

// Invasão do Palácio das Tulherias, Paris, pela multidão insurgente no dia 1º de agosto de 1792, em representação de François Gérard, século XVIII. Museu do Louvre, Paris, França.

Revoluções políticas no século XX

No século XX ocorreram várias experiências revolucionárias. Entretanto, foram poucas as que envolveram os mais explorados, ou seja, a maioria da sociedade. Duas delas serão aqui tratadas.

Revolução Mexicana

A Revolução Mexicana começou em 1910 e foi uma resposta dos explorados no campo e nas cidades a uma situação insustentável de desigualdade e de exploração. Havia no México uma desigualdade social extrema: 1% da população possuía 97% das terras, o que gerava uma situação de exploração e miséria muito grande.

Três grandes grupos, representando classes sociais diferentes, participaram do movimento: o dos camponeses, que eram a maioria (seus líderes mais conhecidos foram Pancho Villa no norte e Emiliano Zapata no sul); o dos trabalhadores urbanos organizados em torno da Casa del Obrero Mundial (COM), de orientação inicialmente anarquista; e o da burguesia urbana e rural, liderada por Francisco Madero. Os camponeses exigiam o fim da concentração e a redistribuição das terras. A burguesia dissidente exigia que fossem definidas regras claras sobre as eleições para que se implantasse uma democracia de tipo liberal. Os trabalhadores urbanos, por sua vez, que não tinham nenhum direito nem liberdade de expressão e reunião, exigiam direitos garantidos pela Constituição.

O movimento estendeu-se até 1917, quando foi promulgada uma nova Constituição para o México. Várias reivindicações dos camponeses foram atendidas, mas todas sob o controle do Estado. Grandes propriedades, principalmente as da Igreja, foram expropriadas e repartidas. Possibilitou-se a manutenção das terras comunais na forma de cooperativas, mas a reforma agrária (divisão dos latifúndios) propriamente dita não foi realizada e a restituição das terras usurpadas não se efetivou. Assim, os camponeses pouco tiveram a comemorar.

Aos trabalhadores urbanos garantiu-se uma série de novos direitos, como jornada máxima diária de oito horas e a regulamentação do trabalho das mulheres e de menores de idade, do trabalho noturno, do repouso semanal, das férias e das horas extras. Além disso, foram regulamentados a liberdade de organização sindical e o direito à greve, entre outros direitos.

A burguesia industrial, os banqueiros, os grandes comerciantes e proprietários de terras, supostamente em nome da revolução, constituíram o Partido Revolucionário Institucional (PRI), que se manteve no poder de 1929 até 2000.

Revolução Russa

Enquanto os mexicanos conquistavam sua Constituição, na Rússia a sociedade fervilhava. A maior parte dos russos, tanto no campo como na cidade, vivia em condições precárias e, desde 1905, lutava pela construção de uma nova ordem social.

A Revolução Russa de 1917 começou com a derrubada do czar, em fevereiro, e culminou com a tomada do poder pelos bolcheviques (comunistas), liderados por Vladimir Ilitch Ulianov, o Lênin, e por Leon Trotsky, em outubro. O movimento teve como base os trabalhadores urbanos e os soldados.

Os revolucionários organizavam-se em conselhos populares que expressavam a proposta de uma sociedade que se orientasse pela vontade da maioria. Esses conselhos populares eram chamados de sovietes e constituíram o fato mais inovador da revolução.

// Lênin à frente de multidão na Praça Vermelha, Moscou, em outubro de 1917. Estava consolidada a Revolução Russa.

Após a tomada do poder, com a constituição de uma nova estrutura estatal, os sovietes perderam pouco a pouco sua força. O termo, no entanto, ficou gravado no nome da unidade política e nacional formada em consequência da revolução: República Soviética.

A situação econômica e social na Rússia, que era terrível por causa da Primeira Guerra Mundial, tornou-se ainda pior no período de afirmação da revolução. Mesmo assim, a propriedade privada foi extinta e procurou-se alterar a estrutura estatal e de serviços, como a educação, a saúde, o transporte ferroviário e o sistema bancário. A grande dificuldade foi mudar a estrutura da propriedade rural, que ainda era medieval, e a condição dos camponeses, precária em todos os sentidos. Assim, foi necessário primeiro privatizar a terra para depois torná-la coletiva. Isso foi possível com a concentração do poder pelo Partido Comunista e pelo Estado.

Em 1922 foi criada a União das Repúblicas Socialistas Soviéticas (URSS), formada por 12 repúblicas, todas sob o comando político e militar da República Soviética Russa. Depois da Segunda Guerra Mundial, mais três repúblicas foram incorporadas à URSS.

Em 1924, com a morte de Lênin, Josef Stálin assumiu o comando da URSS e aprofundou a concentração do poder no Partido Comunista e no Estado, eliminando a oposição. A partir de então, uma revolução que nascera com o propósito de transformar o sistema anterior e garantir a liberdade para todos gerou uma sociedade em que parte dos problemas econômicos foi resolvida à custa da submissão a um Estado autoritário que oprimiu a maioria da população.

A União Soviética desmoronou na década de 1980, tendo seu fim assinalado pela queda do Muro de Berlim, em 1989. Deixou oficialmente de existir em dezembro de 1991.

Além da experiência russa, outras revoluções populares de orientação socialista ocorreram no século XX. Podemos citar alguns exemplos: na China, em 1949, a revolução liderada por Mao Tsé-Tung; em Cuba, em 1959, o movimento revolucionário encabeçado por Fidel Castro e Che Guevara; no Vietnã, de 1945 a 1954, o movimento liderado por Ho Chi Minh.

// Tropas de Mao Tsé-Tung desfilam em Pequim, China, em junho de 1949, em ação de propaganda revolucionária.

// Populares comemoram a vitória da revolução nas ruas de Havana, Cuba, em janeiro de 1959.

Um breve balanço

Como se pode perceber, uma coisa é o início de uma revolução, com seus propósitos transformadores; outra é a situação pós-revolucionária ou a institucionalização da revolução, em que o momento inicial de tomada do poder e alteração das estruturas políticas, econômicas e sociais precisa ser deixado para trás. É necessário, então, criar novas instituições ou reformular as antigas para que a revolução possa se desenvolver.

Com o passar dos anos, a liderança muda, e as situações interna e externa se modificam; aparecem interesses novos e são necessárias novas ações, que podem gerar maior emancipação ou não.

Algumas revoluções, como a do México, são populares, mas depois do momento inicial as demandas da maioria do povo são deixadas de lado e, em nome delas, há uma reorganização das classes dominantes para continuar no poder.

Os exemplos analisados aqui são de sociedades que alteraram sua estrutura e seu modo de vida, mas avançaram pouco no processo de conquista de liberdade e emancipação. Pode-se afirmar, então, que não são exemplos a serem seguidos de maneira rigorosa, embora devam ser vistos como repletos de lições da história, da vida e dos rumos sempre otimistas e de esperança num mundo melhor.

E o que vem pela frente?

A transformação radical de uma sociedade – revolução – está sempre ligada à superação de um sistema por outro, havendo um movimento popular ou uma classe social oprimida organizada para ir à frente e derrubar o antigo regime.

Na sociedade capitalista, segundo Marx, a classe social oprimida é o proletariado. Depois das muitas revoluções que ocorreram no mundo, há a possibilidade de a classe proletária, ou trabalhadora, organizar-se para derrubar o sistema capitalista? Há condições objetivas (crise do sistema, organização, poder, armas) e subjetivas (consciência social, aliança entre os diversos segmentos dos explorados) para que isso ocorra? Não se pode negar a existência de algumas dessas condições, principalmente nos países periféricos do sistema capitalista, mas, com as sociedades submetidas a forte esquema de massificação, em que os meios de comunicação promovem uma visão contra as mudanças sociais, torna-se cada dia mais difícil acontecer um movimento revolucionário nos moldes da Revolução Russa.

Hoje, em todos os meios de comunicação, ouvimos declarações de que estamos vivendo em uma "nova" sociedade, em uma "era pós-moderna", em uma "sociedade pós-burguesa", em uma "sociedade pós-industrial", etc. Com isso, afirma-se que está se estruturando uma nova organização social, completamente diferente da anterior.

Ora, na sociedade atual estão sendo levadas ao limite as potencialidades da modernidade estabelecida pela Revolução Industrial dos séculos XVIII e XIX, sem mudanças nas estruturas de poder e na economia; mas há indícios de que uma transformação esteja ocorrendo. Em que direção? As respostas a essa questão são divergentes.

É possível perceber que a ideia de uma revolução violenta, com a tomada do poder do Estado para desenvolver uma nova sociedade, está cada dia mais distante da realidade. Parece remota, também, a ideia de uma mudança significativa mediante ações lentas e graduais por parte das instituições políticas, pois estas estão muito amarradas às estruturas de poder existentes. Diante de uma possibilidade de mudança, a força da reação normalmente é muito grande e pode aniquilar qualquer tentativa de resistência. Além disso, devido à crise na democracia representativa, as pessoas já não acreditam que seus representantes possam tomar medidas que alterem profundamente a sociedade.

Então não há alternativa? Parece difícil, porque a capacidade de cooptação por parte dos poderes vigentes é muito grande. Mas a consciência da desigualdade e do sofrimento que isso acarreta não é apagada ou silenciada e se expressa em manifestações populares e revoltas pontuais em várias partes do mundo.

Mobilizações e mudanças no século XXI

Para pensar um pouco mais sobre as possibilidades de mudança social, é urgente atentar para o que está acontecendo no mundo. Se é verdade que a simples ideia de mudanças lentas e constantes, em termos políticos, não avança para uma grande transformação da vida em sociedade, é também verdadeiro que os sintomas da inquietude que se alastram pelo mundo contemporâneo permitem observar a gestação de novas realidades no curso do processo histórico.

O filósofo italiano Toni Negri (1933-) e o filósofo estadunidense Michael Hardt (1960-) destacaram ao menos três características que podem multiplicar os sintomas da inquietude social:

- o nascimento de um grupo composto de sujeitos políticos novos e jovens, conectados com o mundo e inconformados com os limites e a mediocridade de sua vida cotidiana nas periferias das metrópoles, que já não aceitam a condição de subordinação e, para abandoná-la, estão dispostos a estremecer o *status quo*;
- o cultivo de um projeto emancipador por esses jovens sujeitos políticos: eles querem organizar a produção e a distribuição de riquezas horizontalmente e em rede – sem os limites das hierarquias e da mercantilização atuais;
- a prática de uma nova democracia, ainda em construção, numa época em que a representação tradicional está se tornando cada vez mais obsoleta e desprestigiada.

Exemplos de inquietude social foram as Jornadas de Junho de 2013, quando as ruas do Brasil foram tomadas por personagens insubmissas e plurais. O mesmo aconteceu durante a ocupação, pelos estudantes, das escolas públicas paulistas, em 2015 e 2016, contrários às políticas do governo estadual.

Conforme o sociólogo espanhol Manuel Castells (1942-), em termos tecnológicos, econômicos e culturais já há um longo caminho percorrido e muitas transformações efetivadas. De acordo com ele, o período atual é um tempo de eclosão de uma nova era em termos políticos e institucionais.

É crucial que se estabeleça um alerta para as possíveis reações contrárias às mudanças sociais e políticas, posto que as forças conservadoras são robustas e poderosas e não desejam mudanças que possam ameaçar seus privilégios. Do confronto entre as correntes progressistas e conservadoras, no entanto, podem emergir tanto uma nova era que seja constituída de saltos qualitativos na vida coletiva como uma época em que prevaleça o ritmo obscuro e perigoso do retrocesso histórico, rumo a um tempo que não garanta a existência de direitos, em que gritos não sejam ouvidos e em que as utopias não se alimentem.

// Manuel Castells em palestra em Porto Alegre, Rio Grande do Sul, 2013.

Cenário das mudanças sociais hoje

A globalização da revolta

O que há de comum entre as mobilizações da Tunísia, Egito, Iêmen e Síria, com as do Reino Unido, Itália e Chile; Portugal e Grécia; as da Espanha com as dos Estados Unidos?

Muita coisa, mas vamos com calma. A lista de diferenças é ainda maior. Mesmo na Primavera Árabe, a Revolução Jasmim, da Tunísia, e a Revolução de Lótus, do Egito, floresceram em um mesmo terreno, mas são espécimes diversos.

Respeitadas essas diferenças, o que há de semelhante pode e deve ser considerado global. Há questões econômicas, sociais, políticas e culturais comuns.

A mais evidente é a indignação contra as desigualdades econômicas e sociais e a dominação política que as mantém e as faz aumentar. [...] É um sentimento global compartilhado.

A crise internacional é um fator comum. Ela tem gerado a revolta contra o mundo das finanças, que mandou as pessoas desocuparem suas casas hipotecadas, nos Estados Unidos, que demitiu servidores públicos na Grécia, que desempregou em massa na Espanha. A inflação mundial, com tendência de crescimento, tem como uma de suas vertentes o encarecimento dos alimentos, que afeta mais diretamente a população pobre. Este foi um problema de fundo na Tunísia, no Egito e no Oriente Médio. A estagnação econômica elevou o desemprego e todos se perguntam por que os governos ajudam os bancos, mas não ajudam as pessoas em pior situação.

A maneira como os manifestantes foram tratados também tem traços em comum. Primeiro eles foram tidos por vozes isoladas; depois, provocadores, baderneiros, criadores de confusão. [...]

O ativista Kevin Young, da Organização por uma Sociedade Livre, dos Estados Unidos, uma das organizadoras da marcha "Ocuppy Wall Street", relembrou o ensinamento de antigos militantes, segundo os quais "primeiro, eles ignoram você. Depois, eles riem de você. Em seguida, eles atacam você, e então você os vence".

Há uma revolta global contra a esclerose das referências políticas tradicionais. [...]

As manifestações tiveram referências espontâneas, mas contaram com o apoio e o ativismo de várias organizações, algumas mais, outras menos consolidadas, mas todas essenciais para que a indignação tomasse as ruas. O desafio é justamente conseguir canalizar a energia de sua espontaneidade para referências políticas capazes de montar coalizões governantes e disputar projetos de poder em seus países.

Há mudanças demográficas globais em curso afetando principalmente jovens, mulheres e idosos. Surgiram novas formas de expressão cultural e novos hábitos de consumo de informação. Há uma revolta contra a velha mídia por conta da deturpação ou omissão de informações, do sarcasmo contra os pobres e da celebrização dos opressores.

As marchas desmentiram aqueles que por aí diziam que havia acabado a época das grandes mobilizações populares, e que as novas maneiras de protestar eram cada vez mais individuais e virtuais. A comunicação eletrônica, ou autocomunicação de massa (como diz Manuel Castells), deu fôlego às manifestações, facilitou a mobilização, protegeu ativistas, disseminou a revolta.

O feitiço virou-se contra o feiticeiro, e a tão propalada globalização agora ganha a forma de protesto, com cores muito diferentes, mas com um leve toque de jasmim.

LASSANCE, Antonio. A globalização da revolta. *Carta Maior*. Disponível em: <www.cartamaior.com.br/?/coluna/A-globalizacao-da-revolta/22140>. Acesso em: 14 mar. 2018.

1. Com vários aspectos em comum, os participantes das mobilizações abordadas no texto enfrentam desafios semelhantes na conquista de seus objetivos. Quais são esses desafios, na visão do articulista?

2. Explique o uso da expressão "o feitiço virou-se contra o feiticeiro" no contexto da análise apresentada no texto.

// Manifestantes protestam em frente ao gabinete do primeiro-ministro em Túnis, capital da Tunísia, 2011.

Mudança social e Sociologia

CAPÍTULO 23

A Sociologia nasceu da crise provocada pela desagregação do sistema feudal e pelo surgimento do capitalismo. As transformações decorrentes desse processo abalaram todos os setores da sociedade europeia e depois atingiram a maior parte do mundo. Muitos autores se esforçaram para entender o que estava ocorrendo.

A mudança social para os clássicos da Sociologia

As transformações e crises nas diversas sociedades constituem um dos principais objetos da Sociologia. No século XIX, uma das ideias que orientavam as discussões sobre esse tema era a de progresso. Conforme o sociólogo estadunidense Robert Nisbet (1913-1996), a ideia de progresso tinha raízes no pensamento grego e, desde a Antiguidade, esteve presente no imaginário de todas as sociedades, mas no século XVIII, com o surgimento do Iluminismo, e no XIX ela ocupou um lugar destacado e permeou o pensamento da maioria dos autores clássicos da Sociologia.

Auguste Comte (1798-1857)

Auguste Comte foi um dos pensadores do século XIX que mais influenciaram o pensamento social posterior. Desde cedo, ele rompeu com a tradição familiar, monarquista e católica, tornou-se republicano, adotando as ideias liberais, e passou a desenvolver uma atividade política e literária que lhe permitiu elaborar uma proposta para resolver os problemas da sociedade de sua época. Sua obra está permeada pelos acontecimentos da França pós-revolucionária. Defendendo sempre o espírito da Revolução Francesa de 1789 e criticando a restauração da monarquia, Comte se preocupou fundamentalmente com a relação entre a ordem social e a mudança ou progresso.

Para Comte, o progresso se fundamenta na qualidade e na quantidade de conhecimentos das sociedades. Com base nisso, ele afirmou que a humanidade percorreu três estágios no processo da evolução do conhecimento:

- Primeiro estágio – teológico. As pessoas atribuíam a entidades e forças sobrenaturais as responsabilidades pelos acontecimentos. Essas entidades podiam ser os espíritos de objetos, animais e plantas (fetichismo), vários deuses (politeísmo) ou um deus único e onipotente (monoteísmo).
- Segundo estágio – metafísico. Nesse estágio, as entidades sobrenaturais foram substituídas por ideias e causas abstratas e, portanto, racionais. Seria o momento da Filosofia.
- Terceiro estágio – positivo. Correspondeu à era da ciência e da industrialização, na qual se invocaram leis com base na observação empírica, na comparação e na experiência. Seria o momento da Sociologia.

/// Obras de arte de diferentes autores e épocas evocam o espírito dominante em cada estágio de evolução do conhecimento caracterizado por Auguste Comte. Da esquerda para a direita, os estágios teológico, metafísico e positivo, representados respectivamente em: relevo de reis oferecendo flores a um deus egípcio; mosaico, do século I, com representação de Platão e seus alunos; e *O laboratório*, óleo sobre tela de 1887, de Joseph Gueldry.

Em termos sociológicos, Comte dividiu seu sistema em dois campos: o da estática (ordem) e o da dinâmica (progresso). Ao estabelecer a relação entre ambos, destacou a ideia de que toda mudança deveria estar condicionada pela manutenção da ordem social. Nesse sentido, sua opção era conservadora, pois admitia a mudança (progresso), mas limitava-a a circunstâncias que não alterassem profundamente a situação vigente (ordem). A expressão que pode resumir bem seu pensamento é: "nem restauração nem revolução", isto é, não devemos voltar à situação feudal nem almejar uma sociedade diferente desta em que vivemos.

Karl Marx (1818-1883)

As ideias mais importantes de Marx sobre a razão das mudanças estruturais nas sociedades estão no prefácio do livro *Para a crítica da economia política*, de 1859. De acordo com Marx, as mudanças que ocorrem na produção da vida material (econômicas) alteram e condicionam outras mudanças na esfera da vida social (jurídicas, políticas, religiosas, artísticas ou filosóficas).

Em seus estudos sobre as transformações sociais, Marx também analisou a Revolução Francesa, mas a considerou puramente política, já que não alterou substancialmente a vida da maioria da população, ou seja, dos que nada tinham. De acordo com ele, apesar de ter sido fundamental para o fim do feudalismo, essa revolução foi parcial, pois, realizada por uma minoria, não emancipou toda a sociedade.

Para Marx, o radicalismo de uma revolução está no fato de ela ser realizada por quem é maioria na sociedade. Só uma classe nessas condições é capaz de representar os interesses de libertação para todos e liderar uma transformação, pois esta é sempre o resultado dos conflitos entre as classes fundamentais da sociedade. No capitalismo, essas classes são a burguesia e o proletariado. E, para Marx, só o proletariado pode transformar a sociedade. Mas por que a teoria marxista atribui ao proletariado o poder revolucionário? De acordo com o sociólogo francês Robert Castel (1933-2013):

> A constituição de uma força de contestação e de transformação social supõe a reunião de pelo menos três condições: uma organização estruturada em torno de uma condição comum, a posse de um projeto alternativo de sociedade, o sentimento de ser indispensável para o funcionamento da máquina social. Se a história social gravitou durante mais de um século em torno da questão operária,

é porque o movimento operário realizava a síntese dessas três condições: tinha seus militantes e seus aparelhos, era portador de um projeto de futuro, e era o principal produtor da riqueza social na sociedade industrial.

CASTEL, Robert. *As metamorfoses da questão social*: uma crônica do salário. Petrópolis: Vozes, 1998. p. 597.

Entretanto, para Marx, a transformação não parte do zero. Ela sempre nega e supera uma situação anterior; os participantes de uma revolução utilizam a cultura e as tecnologias transmitidas pelas gerações anteriores para criar novas formas de organização produtiva e política. As transformações sempre incorporaram alguma coisa do passado. A parte do passado que é incorporada e a maneira como isso ocorre muitas vezes condicionam o resultado das mudanças futuras. Há um processo de ruptura e continuidade que depende das forças sociais em conflito. Tais forças definem o que será preservado e o que será abandonado.

Marx destacou o fato de que na atividade revolucionária os indivíduos se transformam para mudar as condições sociais em que vivem. Além disso, observou que as revoluções só são possíveis por meio da violência, a "parteira da história", pois os que detêm o poder jamais abrem mão dele e de seus privilégios pacificamente.

// Revolução e violência: segundo Marx, a primeira não se realiza sem a segunda. Acima, em tela do século XIX, de autor desconhecido, a Guarda Nacional reprime revoltosos em Paris, em 1848. Coleção particular.

NAS PALAVRAS DE MARX

Por que ocorrem as transformações sociais

O resultado a que cheguei e que, uma vez obtido, serviu-me de fio condutor aos meus estudos pode ser formulado em poucas palavras: na produção social da própria vida, os homens contraem relações determinadas, necessárias e independentes de sua vontade, relações de produção estas que correspondem a uma etapa determinada de desenvolvimento de suas forças produtivas materiais. A totalidade dessas relações de produção forma a estrutura econômica da sociedade, a base real sobre a qual se levanta uma superestrutura jurídica e política, e à qual correspondem formas sociais de consciência. O modo de produção da vida material condiciona o processo em geral de vida social, político e espiritual. Não é a consciência dos homens que determina o seu ser, mas o contrário, é o seu ser que determina sua consciência. Em uma certa etapa de seu desenvolvimento, as forças produtivas materiais da sociedade entram em contradição com as relações de produção existentes ou, o que nada mais é do que a sua expressão jurídica, com as relações de propriedade dentro das quais aquelas até então se tinham movido. [...] Sobrevém então uma época de revolução social. Com a transformação da base econômica, toda a enorme superestrutura se transforma com maior ou menor rapidez. [...] Uma formação social nunca perece antes que estejam desenvolvidas todas as suas forças produtivas para as quais ela é suficientemente desenvolvida, e novas relações de produção mais adiantadas jamais tomarão o lugar, antes que suas condições materiais de existência tenham sido geradas no seio mesmo da velha sociedade. É por isso que a humanidade só se propõe tarefas que pode resolver, pois, só se considera mais atentamente, só chegará à conclusão de que a própria tarefa só aparece onde as condições materiais de sua solução já existem, ou, pelo menos, são captadas no processo de seu devir.

MARX, Karl. *Para a crítica da economia política; Salário, preço e lucro; O rendimento e suas fontes*: a economia vulgar. São Paulo: Abril Cultural, 1982. p. 25-26. (Os economistas).

Émile Durkheim (1858-1917)

Esse autor clássico da Sociologia, ao analisar a questão da mudança social, observou que, na história das sociedades, houve uma evolução da solidariedade mecânica para a orgânica por causa da crescente divisão do trabalho. Como já vimos, para Durkheim, a solidariedade mecânica tem por base as semelhanças e decorre da adesão total do indivíduo ao grupo, no qual as consciências individuais são determinadas pela consciência coletiva. Já a solidariedade orgânica baseia-se nas diferenças entre os indivíduos que necessitam cooperar uns com os outros e implica o desenvolvimento da divisão social do trabalho. A passagem de um tipo de solidariedade a outro resultou em transformações da ordenação social e levou à estruturação histórica das sociedades modernas.

Para ele, isso se deve a fatores como a expansão urbana e o crescimento industrial. A concentração de pessoas em determinado território promove a diferenciação das atividades e a divisão do trabalho, intensifica as interações, torna mais complexas as relações sociais e muda a qualidade dos vínculos sociais, que passam a se basear na dependência mútua. Essa visão dicotômica e evolutiva pode ser resumida no quadro a seguir, elaborado pelo sociólogo polonês Piotr Sztompka (1944-).

Mudança social: da solidariedade mecânica à solidariedade orgânica		
Aspectos de diferenciação \ **Tipos de solidariedade**	**Solidariedade mecânica**	**Solidariedade orgânica**
Caráter de atividades	Similares, uniformes	Altamente diferenciadas
Principal vínculo social	Consenso moral e religioso	Complementaridade e dependência mútua
Posição do indivíduo	Coletivismo, com ênfase no grupo	Individualismo, com ênfase em indivíduos autônomos
Estrutura econômica	Grupos isolados, autárquicos, autossuficientes	Divisão do trabalho, dependência mútua entre grupos, intercâmbio
Controle social	Leis repressivas para a punição de ofensas (Direito Penal)	Leis restritivas para a salvaguarda de contratos (Direito Civil)

Fonte: SZTOMPKA, Piotr. *A sociologia da mudança social*. Rio de Janeiro: Civilização Brasileira, 1998. p. 188.

Como se pode perceber, as maiores preocupações de Durkheim eram as questões relacionadas à integração social, envolvendo as formas como ela ocorre em cada tipo de sociedade e as razões que propiciam a mudança social.

Há outro fator, contudo, que poderia ser fonte de mudança no pensamento de Durkheim. Segundo o sociólogo francês Jean Duvignaud (1921-2007), esse fator seria a anomia. Compreendida como ausência de regras e normas, a anomia pode gerar conflitos entre o que está estabelecido na sociedade como padrão de comportamento e a atitude de determinados indivíduos que contestam o caráter imperativo e pouco razoável dessas padronizações. Através da ação discordante, fora do que é padronizado, torna-se possível produzir ações que, pouco a pouco, vão se ampliando e configurando novas mentalidades; o início de um processo de mudança que se dá na história. Com isso, aspectos tradicionais da convivência e dos costumes são alterados e ressignificados, criando novos padrões e diferentes formas de ver e viver. As opções estéticas (no campo da moda e da música, por exemplo) e as configurações éticas (a postura de indivíduos e grupos diante dos enunciados da ciência e dos meios de comunicação social, entre outras) iluminam a ideia de anomia como instrumento de mudança social, e não apenas de desagregação e caos.

Max Weber (1864-1920)

Como se viu, ao analisar as transformações sociais, Karl Marx utilizou categorias sociológicas macro, como relações de produção, forças produtivas, base econômica e superestrutura. Weber, de modo diferente, procurou centrar sua análise nas ideias, ações, crenças e valores individuais que permitiram a mudança social, apesar de sua perspectiva estar voltada para grandes unidades territoriais e longos períodos históricos, bem como para grandes mudanças históricas e sociais.

Na obra *A ética protestante e o espírito do capitalismo* (1904-1905), Weber desenvolveu a ideia de que a ética protestante foi fundamental para o surgimento do capitalismo, pois propiciou maior acumulação de capital ao valorizar o trabalho e um modo de vida disciplinado, responsável e racional, sem gastos ostentatórios. Ele enfatizou o esforço individual dos capitalistas, que procuravam utilizar o cálculo racional para garantir a eficiência na produção de mercadorias, tendo por objetivo o ganho monetário. Os trabalhadores, por sua vez, passaram a ver o trabalho como um valor em si mesmo. Ocorreu, assim, uma confluência entre certa visão de mundo e determinado estilo de atividade econômica – ou seja, além das condições econômicas, determinadas ideias e valores explicariam por que só no Ocidente desenvolveu-se o capitalismo.

Weber também analisou a mudança social com base em tipos ideais de ação e de dominação (assunto das Unidades 1 e 4). Dessa perspectiva, as sociedades caracterizadas por ação afetiva e dominação tradicional passariam por outras combinações de tipos de ação e de dominação até chegarem a formas sociais com o predomínio da ação racional vinculada a fins e dominação legal-burocrática.

Haveria, então, a tendência a um aumento na racionalização das ações sociais e na burocratização da dominação. Para Weber, a burocratização crescente seria um entrave a qualquer processo de mudança social. Em uma sociedade administrada por diversos instrumentos controladores, a mudança estaria sempre limitada pela ação burocrática.

// Representação, de autor desconhecido (século XVII), da feira da Antuérpia, importante centro portuário e comercial da Europa no século XVI. Museu Nacional de Belas Artes, Antuérpia, Bélgica. Compatível com o "espírito" do capitalismo, a ética protestante valoriza o trabalho e as atividades da vida secular.

NAS PALAVRAS DE WEBER

Ascese protestante e acumulação do capital

[...]

A ascese protestante intramundana – para resumir o que foi dito até aqui – agiu desta forma, com toda a veemência, contra o gozo descontraído das posses; estrangulou o consumo, especialmente o consumo de luxo. Em compensação teve o efeito psicológico de liberar o enriquecimento dos entraves da ética tradicionalista, rompeu as cadeias que cerceavam a ambição de lucro, não só ao legalizá-lo, mas também ao encará-lo [...] como diretamente querido por Deus. A luta contra a concupiscência da carne e o apego aos bens exteriores não era [...] uma luta contra o ganho racional mas contra o uso irracional das posses. Este consistia sobretudo na valorização das formas ostensivas de luxo [...] em vez do emprego racional e utilitário da riqueza, querido por Deus, para os fins vitais do indivíduo e da coletividade. Às pessoas de posse ela queria impingir não a mortificação, mas o uso de sua propriedade para coisas necessárias e úteis em termos práticos.

[...]

A ascese lutou do lado da produção da riqueza privada contra a improbidade, da mesma forma que contra a avidez puramente impulsiva [...]. Pois a exemplo do Antigo Testamento e em plena analogia com a valorização ética das "boas obras", ela via, sim, na ambição pela riqueza como fim o cúmulo da culpa, mas na obtenção da riqueza como fruto do trabalho em uma profissão, a bênção de Deus. Eis porém algo ainda mais importante: a valorização religiosa do trabalho profissional mundano, sem descanso, continuado, sistemático, como o meio ascético simplesmente supremo e a um só tempo comprovação o mais segura e visível da regeneração de um ser humano e da autenticidade de sua fé, tinha que ser, no fim das contas, a alavanca mais poderosa que se pode imaginar da expansão dessa concepção de vida que aqui temos chamado de "espírito" do capitalismo. E confrontando agora aquele estrangulamento do consumo com essa desobstrução da ambição de lucro, o resultado externo é evidente: acumulação de capital mediante coerção ascética à poupança. Os obstáculos que agora se colocavam contra empregar em consumo o ganho obtido acabaram por favorecer seu emprego produtivo: o investimento de capital.

WEBER, Max. *A ética protestante e o "espírito" do capitalismo*. São Paulo: Companhia das Letras, 2004. p. 155-157.

Outras análises sociológicas sobre a mudança social

Progresso e desenvolvimento talvez sejam as palavras que melhor expressem, em nosso cotidiano, uma possível mudança social. Já foi visto o que pensavam os autores clássicos sobre esse tema. Agora é o momento de analisar como a questão foi proposta a partir de meados do século XX.

Após a Segunda Guerra Mundial (1939-1945) ganharam visibilidade as desigualdades entre as sociedades do mundo, e alguns estudiosos se propuseram analisar esse fenômeno. É sobre essas análises que se refletirá um pouco a seguir.

Teorias da modernização

As teorias da modernização baseiam-se no pressuposto de que as sociedades partem de um estágio inicial, considerado tradicional, para um estágio superior, considerado moderno, em uma escala de aperfeiçoamento contínuo.

Essas teorias utilizam alguns elementos das análises de Émile Durkheim e de Max Weber, mas procuram dar-lhes uma nova roupagem. De acordo com essas teorias, as sociedades são tradicionais ou modernas conforme as características que as identificam. O padrão de modernidade é dado pelas sociedades norte-americanas – do Canadá e dos Estados Unidos – e pelas europeias ocidentais – principalmente da França, da Inglaterra e da Alemanha.

Vários sociólogos dos Estados Unidos, como Talcott Parsons (1902-1979), David McClelland (1917-1998) e Everett E. Hagen (1906-1986), e também o ítalo-argentino Gino Germani (1911-1979), utilizaram esquemas muito parecidos para caracterizar cada tipo de sociedade.

Características e diferenças das sociedades	
Tradicionais	Modernas
Particularismo	Universalismo
Orientação para a atribuição	Orientação para a realização
Difusão funcional	Especialidade funcional
Pouca motivação para o desempenho	Muita motivação para o desempenho
Nenhuma abertura à experiência	Grande abertura à experiência
Hierarquia profissional	Especialização profissional
Pouca imaginação criadora	Muita imaginação criadora
Pequena mobilidade social	Grande mobilidade social
Resistência às mudanças	Abertura às mudanças

De acordo com esses sociólogos, a mudança social ocorreria quando os indivíduos e os grupos – isto é, as sociedades – deixassem as características tradicionais e passassem a internalizar as modernas. Assim, desde que os valores tradicionais fossem superados, ocorreria a evolução social modernizante.

Segundo as críticas mais gerais, as teorias da modernização são etnocêntricas, pois têm como referência as sociedades consideradas desenvolvidas economicamente e com determinado tipo de estrutura política. Ademais, tais teorias definem a trajetória de todas as sociedades como se fosse linear, ou seja, presumem que as sociedades modernas de hoje foram um dia tradicionais e mudaram sua mentalidade e sua maneira de ver e organizar o mundo. A história é tratada por essas teorias como um processo único, um caminho de mão única e destino igualmente único determinado pelo "estágio" de desenvolvimento alcançado pelas sociedades tomadas como modelo. A ênfase é posta na cultura, na visão de mundo e no comportamento das pessoas e dos grupos sociais, deixando de lado as estruturas econômicas e políticas.

// À esquerda, aragem da terra com o uso de tração animal em Virgínia, Minas Gerais; à direita, colheita mecanizada de milho em Nova Fátima, Paraná, fotografias de 2013. Para passar de uma situação a outra, do tradicional ao moderno, basta mudar atitudes e comportamentos?

Subdesenvolvimento e dependência

Depois de fazer uma análise crítica das teorias da modernização, vários autores, nas décadas de 1960 e 1970, procuraram explicar a questão da diferença entre os países por outro ângulo, focalizando a diversidade histórica de cada sociedade e as relações econômicas e políticas entre os países. A pergunta que se fazia era a mesma proposta pelas teorias anteriores: O que explica as desigualdades entre os países da América Latina, da África e da Ásia e os da Europa e os Estados Unidos? As respostas, porém, mudaram.

Esses autores partiram de uma visão que foi desenvolvida pela Comissão Econômica para a América Latina (Cepal), da Organização das Nações Unidas (ONU). De acordo com os estudos da Cepal, do ponto de vista econômico, nas relações entre países desenvolvidos e subdesenvolvidos havia uma troca desigual e uma deterioração dos termos de intercâmbio.

Historicamente, isso se explicava por uma divisão internacional do trabalho em que cabia aos países periféricos (dominados) vender aos países centrais (dominantes) produtos primários (agrícolas, basicamente) e matérias-primas (sobretudo minérios) e comprar produtos industrializados. Ao longo dos anos, foi necessário que os países periféricos vendessem mais matérias-primas e produtos agrícolas para pagar a mesma quantidade de produtos industrializados, ou seja, trabalhavam mais e vendiam mais para receber o mesmo e assim enriquecer aqueles que já eram ricos.

Os países centrais e os periféricos tinham um passado diferente. Os países europeus foram as metrópoles no período colonial, ao passo que os da América Latina foram as colônias e, mesmo depois da independência, continuaram dependentes econômica e politicamente. Os Estados Unidos, que haviam sido colônia da Inglaterra, não mantiveram essa posição e conseguiram desenvolver-se autonomamente, para depois se tornarem um dos países dominantes, principalmente sobre a América Latina.

// Embarque de soja destinada à exportação, no Porto de Paranaguá, Paraná, 2015.

Fabio Scremin/APPA/Governo do Estado do Paraná

O sociólogo alemão Andreas Gunder Frank (1929-2005) afirmava que na América Latina havia apenas o desenvolvimento do subdesenvolvimento, pois os países centrais, além de explorar economicamente os periféricos, dominavam-nos politicamente, impedindo qualquer possibilidade de desenvolvimento autônomo. E essa relação desde o período colonial explicava por que alguns tinham se desenvolvido e outros não. Um segundo grupo de sociólogos, do qual participaram o brasileiro Fernando Henrique Cardoso (1931-) e o chileno Enzo Faletto (1935-2003), propôs uma explicação um pouco mais detalhada dessa relação: a chamada Teoria da Dependência. De acordo com essa teoria, após a primeira fase de exploração, que durou até o fim da Segunda Guerra Mundial, iniciou-se um novo movimento que aprofundou a dependência dos países da América Latina. Esta continuou produzindo os mesmos bens primários para exportação, mas a partir da década de 1960 houve uma mudança, principalmente no Brasil, na Argentina, no Chile e no México: a internacionalização da produção industrial dos países periféricos. Como isso ocorreu?

A industrialização dependente configurou-se mediante a aliança entre os empresários e o Estado nacional. Os produtos industriais que antes eram fabricados nos países desenvolvidos começaram a ser produzidos nos países subdesenvolvidos, porque, com a produção local, evitava-se o gasto com transporte. Além disso, as matérias-primas estavam próximas, a força de trabalho era mais barata e o Estado concedia incentivos fiscais (deixava de cobrar impostos) e construía a infraestrutura necessária para que essas indústrias se instalassem e funcionassem.

Em alguns países onde havia essas condições, as grandes indústrias estrangeiras se instalaram e geraram um processo de industrialização dependente, principalmente, da tecnologia. Com isso, além de manter a exploração anterior, os países centrais exploravam diretamente a força de trabalho das nações subdesenvolvidas.

Essas teorias procuravam explicar a existência das diferenças entre os países, as possibilidades de mudança e as condições para que isso acontecesse no sistema capitalista, sem necessariamente questioná-lo.

Um terceiro grupo de analistas, que pode ser representado pelos sociólogos brasileiros Theotonio dos Santos (1936-2017) e Ruy Mauro Marini (1932-1997), partiu da teoria do desenvolvimento desigual e combinado (já delineada em Marx e, posteriormente, formulada por Leon Trotsky) para tratar da questão da diferenciação entre as sociedades capitalistas de um modo dialético. Conforme esses analistas, a situação de cada nação e a situação internacional não podem ser analisadas de forma separada, pois estão intimamente ligadas: as sociedades capitalistas não são polos que se excluem, mas que se completam.

Na perspectiva desses estudiosos, o fenômeno do imperialismo é fundamental para a compreensão da dependência. De acordo com eles, a história do subdesenvolvimento latino-americano é a mesma do desenvolvimento do sistema capitalista mundial. Portanto, o processo de dependência foi a forma particular que a integração da região ao capitalismo mundial assumiu numa situação em que o imperialismo se fazia presente e sufocava as possíveis alternativas de mudança. Atestam isso os vários golpes de Estado que ocorreram na América Latina, apoiados pelos Estados Unidos, que sufocaram movimentos sociais e políticos e impediram a possibilidade de mudanças sociais e políticas contrárias aos interesses desse país. Ruy Mauro Marini desenvolveu o conceito de superexploração do trabalho para explicar o fato de que a burguesia nacional dos países periféricos, mesmo após a industrialização, tornou-se sócia minoritária do capital transnacional. Para compensar, ela se valeu de mecanismos extraordinários de exploração da força do trabalho (diminuição dos salários, terceirização da força de trabalho, entre outros) que visavam ampliar a mais-valia extraída do trabalho. O resultado foi a realimentação da dependência, mesmo com a industrialização interna.

De acordo com Marini, a superação do subdesenvolvimento passa pela ruptura da dependência, mediante o rompimento com o imperialismo e até com o próprio capitalismo, e não pela industrialização e pela modernização da economia.

Em linhas gerais, as possibilidades de mudanças para o Brasil de hoje se apresentam em dois campos distintos:

- o primeiro campo seria um espaço favorável a uma mudança que contemple a autonomia nacional relativa e a ampliação do mercado interno, com a possibilidade de construção de um sistema educacional de qualidade, desenvolvimento de serviços de saúde competentes, constituição de um sistema de segurança eficaz e promoção da mobilidade urbana (transporte público) inteligente e moderna;
- a segunda possibilidade seria uma mudança que signifique o atrelamento total aos interesses dos grandes conglomerados financeiros e industriais que dominam a maior parte dos países, o que significa manter a maioria da população em condições precárias de vida e com poucas alterações qualitativas nos serviços públicos, descontruir conquistas históricas, como os direitos trabalhistas, privatizar o patrimônio público e terceirizar funções, alegando serem essas as saídas inevitáveis para as crises econômicas.

Não se sabe qual das alternativas irá prevalecer e dar o tom do Brasil no futuro, já que essa é uma condição que dependerá das lutas sociais. As vitórias não serão nunca definitivas, uma vez que o movimento do tempo histórico é longo e sinuoso, com idas e vindas, avanços e recuos. A única certeza é a de que o conjunto de transformações ocorrerá pela via política. Cabe a indivíduos, grupos e classes sociais tomar posições, definir estratégias e persistir.

Linha de montagem de empresa transnacional em Manaus, 2014. Produzir localmente é mais lucrativo que exportar produtos industriais para os países periféricos.

Cenário da mudança social nos séculos XIX e XX

O capitalismo está no fim?

As notícias sobre a morte do capitalismo são, parafraseando Mark Twain, um pouco exageradas. A capacidade surpreendente de ressurreição e regeneração é inerente ao capitalismo. Uma capacidade parecida com a dos parasitas – organismos que se alimentam de outros organismos, estando agregados a outras espécies. Depois de exaurir completa ou quase completamente um organismo hospedeiro, o parasita normalmente procura outro, que o nutra por mais algum tempo.

Há cem anos, Rosa Luxemburgo compreendeu o segredo da misteriosa habilidade do sistema em ressurgir das cinzas repetidamente, assim como uma fênix; uma habilidade que deixa atrás de si traços de devastação – a história do capitalismo é marcada pelos túmulos de organismos que tiveram suas vidas sugadas até a exaustão. Luxemburgo, no entanto, restringiu o conjunto dos organismos que aguardavam em fila, esperando a conhecida visita do parasita, às "economias pré-capitalistas", cujo número era limitado e em constante regressão, sob o impacto da expansão imperialista.

A cada visita sucessiva, outra terra "intocada" era convertida em campo de pastagem para a exploração capitalista. Portanto, mais cedo ou mais tarde, não serviriam mais às necessidades da "reprodução ampliada" do sistema, já que não ofereceriam os lucros que tal expansão requeria. Pensando por essa trilha [...], Luxemburgo só poderia antecipar os limites naturais da duração concebível do sistema capitalista. Uma vez que todas as terras "intocadas" do globo fossem conquistadas e integradas à máquina de reciclagem capitalista, a ausência de novas terras de exploração iria forçar, ao fim, o colapso do sistema. O parasita morre, quando faltam organismos vivos de onde possa retirar alimento.

Hoje o capitalismo já atingiu uma dimensão global, ou está muito próximo disso – um cenário que Luxemburgo via em horizonte distante. Sua previsão estará a ponto de se concretizar? Penso que não. Nos últimos 50 anos, o capitalismo aprendeu a inimaginável e desconhecida arte de criar novas "terras intocadas", em vez de se limitar às já existentes. Essa nova arte tornou-se possível porque o sistema viveu uma transição. A "sociedade de produtores" converteu-se numa "sociedade de consumidores". E a fonte principal da "agregação de valor" já não está na relação capital-trabalho, mas na que há entre mercadoria e cliente. Lucro e acumulação baseiam-se principalmente na progressiva mercantilização das funções da vida; na mediação, pelo mercado, da satisfação de necessidades sucessivas; na substituição do desejo pela necessidade, como engrenagem principal da economia voltada para o lucro.

A crise atual deriva da exaustão de uma dessas "terras intocadas" criadas artificialmente. Milhões de pessoas foram obrigadas a abandonar a "cultura dos cartões de crédito" para se dedicar à "cultura das planilhas de gastos". Por algum tempo, elas foram estimuladas a gastar o dinheiro que ainda não haviam ganhado, vivendo com crédito, falando de empréstimos e pagando juros. A exploração dessa "terra intocada" particular está, em linhas gerais, acabada. [...] Mas alguém poderia duvidar que estão em construção novas "terras intocadas" [...]

O sistema funciona por um processo contínuo de destruição criativa. [...] Suspeito que um dos recursos cruciais do capitalismo deriva do fato de que a imaginação dos economistas – incluindo os que o criticam – está muito atrasada em relação à sua invenção, a arbitrariedade do seu procedimento e crueldade com que opera.

BAUMAN, Zygmunt. *Contra o capitalismo, Bauman convoca à imaginação*. Disponível em: <www.outraspalavras.net/posts/para-superar-capitalismo-bauman-convoca-a-imaginacao/>. Acesso em: 15 maio 2018.

1. Na sua opinião, o capitalismo vai continuar existindo da mesma forma ou vai se modificar?

// Ambiente de *coworking* (espaço compartilhado de trabalho) em Xangai, na China, 2018. A prática representa uma das formas de reinvenção do capitalismo.

CAPÍTULO 24

As mudanças sociais no Brasil

Quando se fala sobre mudança social no Brasil, uma pergunta presente nos escritos de muitos pensadores é: por que existe tanta resistência às mudanças no país?

Algumas explicações são anteriores à constituição do Brasil como país independente. Na edição de 11 de maio de 1811 do *Correio Braziliense*, jornal que era publicado em Londres, o liberal Hipólito da Costa afirmou: "Ninguém deseja mais do que nós as reformas úteis; mas a ninguém aborrece mais do que a nós, que essas reformas sejam feitas pelo povo".

Poucos anos após a independência, em 1832, outro liberal, Evaristo da Veiga, ao defender emendas de caráter federalista à Constituição brasileira, exortou em seu jornal, *Aurora Fluminense*: "Modifique-se o pacto social, mas conserve-se a essência do sistema adotado. [...] Faça-se tudo quanto é preciso, mas evite-se a revolução".

A fala dos dois liberais ajuda a entender por que a independência do Brasil não significou uma revolução: apesar de o país se tornar independente de Portugal, suas estruturas políticas, sociais e econômicas praticamente não foram afetadas. Enquanto em toda a América Latina aconteceram transformações com o processo da independência dos países – que se tornaram repúblicas e extinguiram a escravidão –, o Brasil continuou sendo uma monarquia e manteve a escravidão. A expressão de dom Pedro I serve de exemplo: "Tudo farei pelo povo e para o povo, mas nada com o povo".

Além disso, quando se analisa a instalação da República no Brasil, constata-se que houve mudança nas estruturas políticas e na organização do poder, mas os que dominavam no império continuaram dominando na república.

Talvez a frase que melhor sintetize esse tipo de conduta e pensamento dominante desde a independência seja a de Antonio Carlos, que foi governador de Minas Gerais e presidente do Partido Republicano Mineiro (PRM) um pouco antes do movimento de 1930: "Façamos a revolução antes que o povo a faça". Quem domina o país faz de tudo para continuar no controle, mesmo havendo mudança. Assim, os termos modernização ou reforma seriam mais apropriados para caracterizar o tipo de mudança que tem ocorrido no Brasil, embora muitos eventos políticos sejam chamados de revolução.

// Charge de K. Lixto publicada em edição da revista *Fon-Fon* de 1909. A Monarquia e a República comentam a mudança do regime político. Na imagem original, a Monarquia diz: "Não é por falar mal, mas com franqueza... eu esperava outra coisa". A República responde: "Eu também!".

266 UNIDADE 6 | MUDANÇA E TRANSFORMAÇÃO SOCIAL

Dois movimentos políticos – civil-militares – no Brasil no século XX

No século XX, o Brasil conviveu com muitos movimentos políticos localizados. Dois foram mais duradouros e provocaram mudanças sociais e políticas significativas na vida dos brasileiros: o de 1930 a 1945 e o de 1964 a 1985, nascidos de golpes civil-militares.

Movimento de 1930-1945

Como já se viu nas unidades anteriores, o movimento civil-militar, por alguns chamado de "revolução" de 1930, que desembocou na tomada do poder por Getúlio Vargas, foi apenas uma mudança de grupos na estrutura de poder do Estado brasileiro.

Na década de 1920, os grupos que dominavam a política nacional eram os mesmos desde o império. No quadro socioeconômico, dois elementos sinalizavam mudança: uma pequena industrialização nas cidades grandes e um significativo movimento de trabalhadores que tinha por base as ideias anarquistas. Com a crise internacional de 1929, entretanto, a situação no Brasil piorou, uma vez que muitas fábricas fecharam e o café deixou de ser exportado. Houve intensificação do desemprego no campo e na cidade, além de fome e desamparo do Estado. Foi nesse contexto que se desenvolveu o movimento que alterou os grupos no poder.

Analistas desse movimento o classificam como uma "revolução pelo alto", ou "revolução passiva", ou "revolução sem revolução". Com essas classificações, querem dizer que houve uma mudança social sem a participação popular, feita com base nos interesses das classes dominantes.

Por meio desse movimento, como já vimos, o governo de Getúlio Vargas, embora autoritário no encaminhamento das questões sociais e econômicas, procurou construir a infraestrutura necessária ao processo de industrialização que se projetava. Apesar de excluir os trabalhadores como força política, implantou a legislação trabalhista que existe até hoje no Brasil. A ambiguidade desse movimento fez dele um marco nas mudanças sociais do país.

Getúlio Vargas (de cachecol) em Ponta Grossa, Paraná, a caminho do Rio de Janeiro, em outubro de 1930, quando Washington Luís foi deposto da Presidência.

Ditadura de 1964 a 1985

O movimento civil-militar que durou 21 anos, desencadeado por um golpe liderado pelos militares que derrubou o governo constitucional de João Goulart, foi de fato uma contrarrevolução. Os movimentos sociais (de trabalhadores do campo e da cidade) vinham se organizando gradativamente desde meados dos anos 1950 e estavam conquistando muitos direitos, o que significava uma mudança importante no Brasil. Embora não se configurasse um processo revolucionário capaz de transformar o sistema político e econômico, havia um grande avanço na participação dos setores populares na condução do destino do país.

Isso não era interessante para os grandes proprietários do campo, nem para os industriais das cidades, nem para as empresas estrangeiras instaladas no Brasil. Essas forças, então, organizaram-se e, com o apoio de militares conservadores e de parte da classe média, que temia a presença das "classes perigosas" e do "comunismo" na cena política, propiciaram o golpe civil-militar de 1º de abril de 1964.

// Agentes infiltrados auxiliam a Polícia Militar a conter manifestação estudantil nas ruas do centro da cidade do Rio de Janeiro, 1968.

// Multidão na praça Patriarca José Bonifácio durante a Marcha da Família com Deus pela Liberdade, em Santos, SP, 1964.

Os militares reprimiram intensamente todos os movimentos populares, efetuando prisão, tortura, perseguições e exonerações a quem fazia oposição ao regime. Além disso, mantiveram uma censura ferrenha aos meios de comunicação. Gradativamente retiraram uma série de direitos dos trabalhadores e ampliaram muito a presença do capital estrangeiro no Brasil. No final do período de ditadura militar, a inflação brasileira era maior do que em 1964 e configurou-se uma desigualdade social nunca vista. Além disso, foi contraída uma dívida externa gigantesca, o que colocava o país nas mãos dos grupos financeiros internacionais.

Entretanto, nesse período ditatorial, o país se modernizou, já que foram ampliadas as bases industriais que, desde a década de 1950, eram internacionalizadas. Desenvolveu-se uma infraestrutura na área de energia e transportes e alterou-se profundamente a agricultura nacional, que se tornou uma atividade capitalista significativa. Com essas medidas, criaram-se as bases para que houvesse a presença capitalista em todos os setores da sociedade, mesmo que isso significasse a marginalização da maior parte da população, tanto econômica quanto política e socialmente.

Mas a grande mudança ocorreu no modo de vida da população urbana. Essa mudança, ocasionada pela produção em massa dos mais diversos artigos industriais, como alimentos, roupas, eletrodomésticos e automóveis, foi coroada pela expansão das comunicações telefônicas e, principalmente, pela presença marcante da televisão, que se estendeu por quase todo o território nacional e, de alguma forma, criou novos comportamentos e valores.

"Modernização conservadora"

Considerando processos históricos como os que abordamos anteriormente, muitos autores caracterizam a mudança social no Brasil como "modernização conservadora", pois ocorre sempre por meio do Estado, ou seja, de cima para baixo e, na maioria dos casos, sob controle deste.

Os pensadores Francisco José de Oliveira Vianna (1883-1951), Sérgio Buarque de Holanda (1902-1982), Azevedo Amaral (1881-1942) e Nestor Duarte Guimarães (1902-1970) foram os primeiros a analisar a questão da "modernização" no Brasil, no período de 1920 a 1940. Pode-se dizer que para todos eles, de uma forma ou de outra, havia uma ligação entre o passado colonial e a situação daquele momento. O passado colonial deveria ser eliminado para que o Brasil saísse do atraso e pudessem se abrir possibilidades de mudança social.

Sérgio Buarque de Holanda, em seu livro *Raízes do Brasil* (1936), fez uma crítica às elites anacrônicas brasileiras e procurou discutir a possibilidade da promoção da modernização no contexto de uma organização social nova e numa efetiva democracia.

Em vários escritos, mas principalmente em seu livro *Instituições políticas brasileiras* (1949), Oliveira Vianna atribuiu à estrutura do poder e da sociedade na Primeira República – que estava baseada no latifúndio e no poder local dos coronéis – a razão de nosso atraso. Para a superação dessa situação, Vianna propunha uma série de reformas e um poder central forte, que faria oposição às oligarquias locais e regionais, além de garantir a unidade e o desenvolvimento nacionais.

Azevedo Amaral, no livro *O Estado autoritário e a realidade nacional* (1938), defendeu uma industrialização brasileira que só poderia ser realizada com a presença de um Estado forte e autoritário.

Já Nestor Duarte Guimarães, no livro *A ordem privada e a organização política nacional* (1939), destacou a visão privatista como um dos traços culturais do país. Para ele, o Estado era fraco, apesar de o governo ser forte. O que havia era o domínio privado do Estado, que sempre ficou nas mãos das grandes oligarquias, que usavam a estrutura estatal para se beneficiar.

Esses quatro autores ressaltaram que, de uma forma ou de outra, nossos problemas estavam no passado colonial, e sobretudo na visão de que sempre havia um empecilho para o desenvolvimento; era necessário, então, um Estado forte (para Vianna e Amaral) ou uma sociedade democrática (para Holanda e Duarte) que pudesse promover a modernização do país.

// Divisão política do "trono" presidencial entre as oligarquias de Minas Gerais e de São Paulo, em charge de Storni, 1925: o domínio privado do Estado como empecilho à democracia e à modernização.

Nas décadas posteriores, vários autores se mostraram preocupados com a questão das mudanças sociais no Brasil. A maioria deles procurava demonstrar que havia uma vinculação entre o passado colonial brasileiro, principalmente a escravidão, e a situação social que se vivia.

NAS PALAVRAS DE NOGUEIRA

Modernidade sem modernização no Brasil

[...] Temos vivido, como nação, atormentados pelos "males" modernos e pelos "males" do passado, pelo velho e pelo novo, sem termos podido conhecer uma história de rupturas revolucionárias. Não que não tenhamos nos modernizado e chegado ao desenvolvimento. Fizemos isso de modo expressivo, mas não eliminamos relações, estruturas e procedimentos contrários ao espírito do tempo. Nossa modernização tem sido conservadora, aliás, duplamente conservadora. Em primeiro lugar, porque tem se feito com base na preservação de expressivos elementos do passado, que são assimilados, modernizados e tornados funcionais, alcançando tamanha força de reprodução que conseguem condicionar todo o ritmo e a qualidade mesma da mudança [...]. Em segundo lugar, porque tem se feito de modo não democrático, sem participação popular e sob o comando do Estado, desdobrando-se quase sempre de modo a ser hegemonizada por interesses conservadores. Foi assim que chegamos à época do capitalismo e da indústria e é assim que estamos caminhando para o século XXI.

NOGUEIRA, Marco Aurélio. *As possibilidades da política*: ideias para a reforma democrática do Estado. Rio de Janeiro: Paz e Terra, 1998. p. 266.

Entre os autores que mantiveram constante preocupação com a mudança social no Brasil, destacamos Florestan Fernandes (1920-1995), um dos mais importantes sociólogos brasileiros. Tal preocupação foi expressa nos livros *Mudanças sociais no Brasil* (1974) e *A revolução burguesa no Brasil: ensaio de interpretação sociológica* (1975), entre outros.

Diante do golpe civil-militar de 1964, Florestan Fernandes procurou uma explicação sociológica para a sociedade brasileira que fosse além da visão tradicional e conciliadora, cultivada pelos intelectuais vinculados às classes dominantes. Para ele, a sociedade de classes constituída no Brasil pelo capitalismo é incompatível com o que se considera universal no que concerne aos direitos humanos, pois resulta numa democracia restrita, no contexto de um Estado autoritário-burguês, no qual as mudanças só ocorrem em benefício de uma minoria privilegiada nacional articulada com os interesses estrangeiros. E isso porque o passado escravista está presente nas relações sociais, principalmente nas de trabalho, em que o preconceito ainda é muito forte e as pessoas são excluídas por serem pobres, negras ou mulheres.

// Assembleia de metalúrgicos em greve, 1979, na Vila Euclides, em São Bernardo do Campo, São Paulo.

Segundo Florestan, não haveria a possibilidade de uma revolução no Brasil se essa carga do passado, que envolvia o escravismo e suas consequências, não fosse abolida e a visão da política como relação de favor e arte de se manter no poder não fosse substituída por práticas políticas e relações democráticas. Para ele, era necessária a adoção de uma democracia de base ampliada que fosse além do voto e permitisse a participação efetiva do povo nos destinos do país.

Já no fim da ditadura militar, em 1980, quando as greves e manifestações sociais voltavam à cena, Florestan Fernandes escreveu, em seu livro *Brasil: em compasso de espera* (p. 33):

> O protesto operário está nos tirando do pântano colonial em que o despotismo burguês nos deixou atolados, mesmo nove décadas após a proclamação da República. A história volta a ter, de novo, uma face de esperança, embora tudo ainda seja muito frágil, incerto e obscuro.

Mudanças nos últimos anos

Como visto até aqui, muitas coisas mudaram no Brasil e muitas outras foram conservadas ou não mudaram de modo significativo. Observa-se que em alguns lugares é comum que o modo de vida se assemelhe ao das sociedades industrializadas de qualquer parte do mundo, tanto nas áreas urbanas como nas áreas rurais. Nas grandes cidades as duas situações convivem. Há no mesmo lugar extrema riqueza e extrema pobreza: gente que mora em condomínios fechados luxuosos e gente que vive embaixo de viadutos.

Politicamente, pode-se dizer que as regras do jogo democrático estão consolidadas, isto é, as eleições são realizadas regularmente e os eleitos são empossados e terminam os mandatos (desde que não sofram processos de *impeachment*, previstos pela Constituição). No entanto, persistem ainda velhas práticas, como o clientelismo, o "favor", as decisões judiciais parciais e os conchavos políticos, o que demonstra que o país não mudou tanto.

Economicamente, nos últimos vinte anos, houve uma alteração substancial por causa da ampliação da inserção do Brasil na dinâmica geopolítica internacional. Foram necessárias mudanças internas para que o país pudesse se adequar ao novo padrão internacional de relações políticas e econômicas. O processo produtivo industrial foi modificado com a entrada de novas indústrias e a modernização tecnológica, principalmente via automação. Criou-se uma nova maneira de produzir muito com menos trabalhadores. Isso conduziu, entretanto, a uma situação em que a economia continua fundamentada na exploração do trabalho e o país ainda é dependente de exportação de produtos agropecuários (o chamado agronegócio) e de minérios, sendo ainda grande importador de produtos e insumos industrializados.

Houve também uma mudança no consumo e nas relações entre os indivíduos. Para indicar apenas uma situação, a utilização dos telefones celulares e da internet ocasionou mudanças comportamentais que impressionam – por exemplo, na relação entre os trabalhadores autônomos e seus clientes; nas relações afetivas, que incluem contatos constantes, mas também vigilância; nas relações trabalhistas, pois o empregado pode tornar-se acessível em qualquer lugar e hora; na própria sociabilidade, pois as pessoas não conseguem mais viver sem estar conectadas.

Isso significa que a chamada globalização atingiu a todos plenamente. E, como diz Francisco de Oliveira (1933-), sociólogo pernambucano, os meninos nas ruas vendendo balas, doces e quinquilharias não são o exemplo do atraso do país, mas a forma terrível como a modernização aqui se implantou.

Cenário da mudança social no Brasil

A revolução das pequenas coisas

O município de Alto Alegre do Pindaré, no sul do Maranhão, tem 24 mil habitantes, espalhados em diversas comunidades. As casas são de taipa, cobertas com ramos de babaçu – boa parte dos homens e das mulheres não sabe ler nem escrever. Ali, inventou-se um novo tipo de biblioteca: a bibliojegue. Abarrotado de livros, um jegue percorre os povoados e para debaixo de uma árvore frondosa.

As crianças e os adolescentes se aproximam, sentam em roda, pegam um livro e ouvem um contador de histórias.

[...] Responsável pelo projeto, Alda Beraldo, professora de português, conta que uma das maiores emoções de sua vida foi ver mulheres analfabetas com os olhos cheios de lágrimas ao ouvirem, pela primeira vez, uma poesia.

[...]

A bibliojegue faz parte de uma tendência ainda pouco percebida e valorizada no Brasil, mas que integra a revolução das pequenas coisas.

É a constelação de engenhosas soluções que, isoladamente, têm baixo impacto, mas juntas seriam capazes de mexer nos indicadores nacionais de educação, saúde, emprego e preservação do ambiente.

A revolução das pequenas coisas engloba um bairro deteriorado no centro do Recife transformado em porto digital, onde se criaram 108 empresas que produzem *software* [, como] a cidade de Santa Rita de Sapucaí, em Minas, que, a partir de uma escola de ensino médio de eletrônica, montou uma cadeia produtiva em torno das telecomunicações (lá se criou, por exemplo, a urna eleitoral eletrônica) [...]. A Universidade Federal de Santa Catarina orientou pescadores, em Florianópolis, a ganhar dinheiro cultivando ostras.

A Universidade de Campinas ensina prefeituras a movimentar seus veículos com o óleo descartado nos restaurantes da cidade.

[...]

Em Belo Horizonte, alunos de escolas municipais são apoiados, em atividades extracurriculares, pelas várias universidades – lá, aliás, monta-se uma articulação que vem permitindo aos estudantes mais pobres dividir seu tempo entre a escola e alguma entidade, garantindo educação em tempo integral.

[...] Em Nova Iguaçu, no Rio, para evitar que jovens fiquem na rua, expostos à violência, lançaram-se torneios de basquete e futebol de madrugada durante os finais de semana. Em Diadema, a violência caiu abruptamente porque a prefeitura comandou uma ação na cidade, envolvendo os diversos níveis de poder.

O que está se inventando, em resumo, é tecnologia social. É essa tecnologia social que se vê nas 33 escolas com bom desempenho, em lugares de extrema carência, beneficiadas pela inventividade local. Numa delas criou-se a "sacola literária" – os alunos levam livros numa sacola para casa nos finais de semana. São convidados, então, a contar a seus colegas o que leram. Em outras dessas escolas, o professor vai à casa da família cujo filho está faltando às aulas. Na José Negri, em Sertãozinho (interior de SP), aprende-se fração comendo bolo. [...]

DIMENSTEIN, Gilberto. A revolução das pequenas coisas. *Folha de S.Paulo*. São Paulo, 24 dez. 2006. Cotidiano, p. C9. Disponível em: <http://www1.folha.uol.com.br/fsp/cotidian/ff2412200624.htm>. Acesso em: 15 mar. 2018.

1. Além das grandes transformações que ocorrem e poderão ocorrer no Brasil, pequenas ações estão mudando a vida de muitas pessoas e comunidades, como as relatadas no texto. Você conhece ações desse tipo?

2. Ações pontuais como as relatadas no texto podem resolver a situação das pessoas envolvidas ou constituem apenas paliativos, cuja supressão trará de volta a situação anterior?

// Vista interna de empresa aceleradora de *startups* no Porto Digital no Recife, Pernambuco, 2015.

Costurando as ideias

Reforma ou revolução? – perguntou Rosa Luxemburgo (1871-1919), economista e filósofa polaco-alemã, diante de um cenário de mudanças no interior do movimento revolucionário europeu, no início do século XX.

A desafiadora sentença de Luxemburgo expõe que as mudanças no mundo externo produzem alterações subjetivas naqueles que almejam compreender e transformar a realidade. Os indivíduos, portanto, não estão imunes às mudanças do mundo. Ao contrário: são convidados a vivê-las de modo intenso e às vezes difícil, muito penoso.

É conhecida também a máxima de Heráclito (535 a.C.-475 a.C.), o "pai da dialética", segundo a qual um homem não pode se banhar duas vezes num mesmo rio, posto que, na segunda vez, ele e as águas do rio já seriam diferentes. Trata-se da constatação da eterna fluidez de tudo e de todos, do movimento inesgotável e incessante do tempo histórico.

A mudança, na forma de simples reforma ou profunda revolução, tem lugar privilegiado e de considerável destaque no pensamento filosófico e nas teorias sociais. Mais do que isso: na ciência, na política, nas artes e na literatura, entre tantas outras formas de expressão da inventividade humana, a mudança está presente na maturidade das ideias, no curso das ações, na continuidade e na ruptura da criação.

Até nas religiões a mudança se faz iluminadora, apontando a historicidade de deuses e milagres, assumindo a urgência de reinterpretar eventos do passado à luz dos fatos que desembocam no presente.

O alemão Walter Benjamin (1892-1940), em seus estudos sobre a fotografia e o cinema, percebeu que a junção de imagens estáticas colocadas em sequência dava movimento aos objetos e seres retratados. Assim, 48 fotografias se transformam em um segundo de filme, o que confere à sétima arte o *status* de mudança como regra de vida.

Os exemplos recordados são alguns em meio a um infinito de histórias que têm na mudança uma de suas matérias-primas. As ideias mudam, as ações mudam, os juízos mudam porque as pessoas... mudam. E isso, se não é uma lei imutável, é um fato bastante difícil de contestar.

Na Sociologia, a mudança está na origem e no destino. Não há como pensar uma ruptura definitiva entre o que permanece e o que se altera na História. As mudanças se dão sobre aquilo que se quer alterar, que se apresenta como supostamente "fixo" no tempo. Da mesma maneira, o desejo de manter alguma coisa em um determinado lugar é resultado de uma longa reflexão sobre aquilo que um dia surgiu após a ação transformadora dos sujeitos. Dialeticamente, mudar é manter e manter é mudar.

A Sociologia estabelece críticas a mudanças e permanências, ao mesmo tempo que provoca novas mudanças e instaura outras permanências. Vale recordar que a permanência é irmã gêmea da mudança, na medida em que se faz em sintonia direta com suas intenções, resistindo a elas.

Erico Verissimo (1905-1975), romancista gaúcho, autor da trilogia *O tempo e o vento*, afirmava, pensando naqueles que negam e abraçam a mudança como sentido da vida: "Quando os ventos de mudança sopram, umas pessoas levantam barreiras, outras constroem moinhos de vento". Que bons ventos, então, guiem a vida em sociedade.

Leituras e propostas

Para refletir

Nada é impossível de mudar

Desconfiai do mais trivial,
na aparência singelo.
E examinai, sobretudo, o que parece habitual.
Suplicamos expressamente:
não aceiteis o que é de hábito
como coisa natural,
pois em tempo de desordem sangrenta,
de confusão organizada,
de arbitrariedade consciente,
de humanidade desumanizada,
nada deve parecer natural
nada deve parecer impossível de mudar.

BRECHT, Bertolt. *Antologia poética de Bertolt Brecht*. 2. ed. Rio de Janeiro: Elo, 1982. p. 45.

1. Você acredita que as coisas foram, são e sempre serão do jeito que se revelam, como se fossem "naturais"? Ou você considera que as situações que vivemos podem ser transformadas?

2. Na sua opinião, é necessário mudar alguma coisa em sua vida, na vida de sua família e na sua escola ou em outros lugares que você frequenta? Caso seja necessário, pense nas alternativas disponíveis para fazer as mudanças.

Mudanças radicais imutáveis

Olin-Pin, abastado negociante de óleos e arroz, vivia numa imponente mansão em Kin-Tipê. A sua posição social e a sua mansão só não eram perfeitas porque, à direita e à esquerda da propriedade, havia, há algum tempo, dois ferreiros que ferreiravam ininterruptamente, tinindo e retinindo malhos, bigornas e ferraduras.

Olin-Pin, muitas vezes sem dormir, dado o tim-pin-tin, pan-tan-pan a noite inteira, resolveu chamar os dois ferreiros, e ofereceu a eles 1.000 iens de compensação, para que ambos se mudassem com suas ferrarias. Os dois ferreiros acharam tentadora a proposta (um ien, na época, valia mil euros) e prometeram pensar no assunto com todo empenho.

E pensaram. E com tanto empenho que, apenas dois dias depois, prevenidamente acompanhados de oito advogados, compareceram juntos diante de Olin-Pin. E assinaram contrato, cada um prometendo se mudar para outro lugar dentro de 24 horas. Olin-Pin pagou imediatamente os 1.000 iens (que a essa altura já eram 10.000) prometidos a cada um e foi dormir feliz, envolvido em lençóis de seda e adorável silêncio. Mas no dia seguinte acordou sobressaltado, os ouvidos estourando com o mesmo barulho de sempre.

E, quando ia reclamar violenta e legalmente contra a quebra de contrato, verificou que não tinha o que reclamar. Os dois ferreiros tinham cumprido fielmente o que haviam prometido. Ambos tinham se mudado. O ferreiro da direita tinha se mudado pra esquerda e o da esquerda tinha se mudado pra direita.

MORAL: Cuidado quando a esquerda e a direita estão de acordo.

FERNANDES, Millôr. Mudanças radicais imutáveis. À maneira dos... chineses. *Fábulas fabulosas*. Disponível em: <www2.uol.com.br/millor/fabulas/034.htm>. Acesso em: 15 mar. 2018.

3. Alguns pensadores, entre eles o brasileiro Luiz Carlos Bresser-Pereira (1934-), afirmam que a diferença entre quem é de esquerda e quem é de direita é que a esquerda está disposta a arriscar a ordem em nome da justiça e a direita prioriza a ordem em relação à justiça social. Em outras palavras, a esquerda prioriza a igualdade e a direita prioriza a segurança e a estabilidade. O que você pensa sobre isso?

Para pesquisar

1. Leia o texto que segue, de Hans Gerth e C. Wright Mills, do livro *Caráter e estrutura social: a psicologia das instituições sociais*, no qual os autores formulam seis questões que devem de alguma maneira orientar a análise sobre as mudanças sociais. Junto com os seus colegas, em grupo ou em um seminário organizado pelo professor, escolha uma situação de mudança social (a Revolução Industrial na Inglaterra, uma revolução política ou a revolução tecnológica que vivemos hoje, por exemplo) e procure fazer um exercício ao responder

às questões propostas pelos autores. Essas seis questões podem ajudá-lo a entender processos de mudança social, seja ela apenas uma alteração no comportamento, seja a transformação de uma sociedade inteira.

1. **O que** muda? A sociedade como um todo, alguns aspectos dela, apenas algumas instituições?
2. **Como** alguma coisa muda? De forma violenta e radical, ou lentamente, por pequenas alterações sucessivas, ou por pequenas alterações e saltos qualitativos mais amplos?
3. Qual a **direção** da mudança? A alteração modifica algo visando a um processo de maior liberdade ou de maior repressão? É um movimento em direção a caminhos novos ou regressão a formas anteriores?
4. Qual é o **ritmo** da mudança? A mudança é lenta e pouco perceptível, ou rápida e ocasionada, por exemplo, por uma guerra, em que são destruídas muitas coisas, ou rápida e ocasionada por transformações tecnológicas, como a informática?
5. **Por que** ocorreu tal mudança? Quais são as causas da mudança? Há uma causa apenas ou um conjunto delas?
6. Quais são os fatores **objetivos** e **subjetivos** que concorrem para a mudança?

Fatores **objetivos** são, por exemplo, a propriedade da terra, a estrutura da industrialização, a estrutura de poder e o processo de exploração em determinada sociedade; fatores **subjetivos** são, por exemplo, a questão individual (liderança), os valores contestados, as ideias presentes no processo de mudança.

LIVROS RECOMENDADOS

Revoluções, de Michael Löwy (Org.). São Paulo: Boitempo Editorial, 2009.
O livro reúne imagens dos principais eventos revolucionários do século XX, resgatando uma dimensão cotidiana das lutas e esperanças de vários povos ao redor do planeta. Fotografias das revoluções em Cuba, no México, na China, na Rússia, na Hungria e até na Comuna de Paris, no século XIX, despertam o olhar para o interior das lutas populares, permitindo que o desejo por mudança seja visto a partir de delicadas cenas de bastidores recheadas de solidariedade e comunhão.

Terra sonâmbula, de Mia Couto. São Paulo: Companhia das Letras, 2007.
Um romance que retrata as mudanças históricas em Moçambique pelo olhar de dois companheiros de viagem, o velho Tuahir e o garoto Muidinga. Em linguagem poética, Mia Couto convida o leitor para pensar tradição, modernidade e ruptura na África após os processos de descolonização no século XX. Sensível e retumbante.

SUGESTÕES DE FILMES

Blade Runner: o caçador de androides (Estados Unidos, 1982). Direção: Ridley Scott.
O filme apresenta uma história de ficção científica que se passa em 2019, época na qual uma grande corporação fabrica robôs, chamados de replicantes, que são usados em tarefas pesadas, perigosas ou degradantes em colônias humanas fora da Terra. Quando um grupo de replicantes provoca um motim, é formado um esquadrão de elite, conhecido como Blade Runner, para detê-los. No decorrer do filme, os replicantes parecem adquirir características humanas, ao passo que os humanos que os caçam parecem adquirir, cada vez mais, características desumanas. Filme excelente para motivar a reflexão sobre as questões que envolvem o uso de novas tecnologias.

Utopia e barbárie (Brasil, 2005). Direção: Silvio Tender.
O documentário aborda as transformações mundiais após a Segunda Guerra Mundial. Documenta o desmonte das utopias da geração sonhadora de 1968 e analisa o surgimento de novas utopias no mundo globalizado. É um excelente instrumento para enxergar o presente sem tirar os olhos do passado. O diretor, que percorreu vários países – França, Itália, Espanha, Canadá, Estados Unidos, Cuba, Vietnã, Israel, Palestina, Argentina, Chile, México, Uruguai, Venezuela e Brasil –, entrevistou personagens que foram testemunhas e protagonistas da história do século XX.

Conexão de saberes

A MUDANÇA COMO REGRA DE VIDA

Nos últimos cem anos houve mais transformações do que em toda a história anterior da humanidade. Quanto mais complexas as formas de organização da vida em sociedade, mais exigentes se tornam os indivíduos e seus grupos. O ser humano cria e recria o mundo e a si mesmo. No curso da vida, a mudança aparece como uma necessidade de satisfação das inquietudes individuais. Coletivamente, luta-se por novos direitos, aspira-se a novas formas de trabalho e produção, reinventam-se os modelos de convivência familiar e social. Tudo muda e talvez essa seja a única coisa imutável quando o assunto é o ser humano.

NO PASSADO

MÁQUINA DE ESCREVER
Inventada na segunda metade do século XIX, seu uso difundiu-se rapidamente pela necessidade de maior rapidez e uniformidade na escrita.

COMUNICAÇÃO
A partir do século XIX, as inovações tecnológicas foram largamente difundidas em todo o mundo. Estradas de ferro, navegação a vapor, telégrafo, substituição da energia a gás pela eletricidade, automóvel e telefone passaram a fazer parte da vida moderna.

ILUMINAÇÃO PÚBLICA
Um fator fundamental para intensificar a vida social nas cidades brasileiras a partir do século XVIII foi a iluminação pública. E vale registrar: eram necessários funcionários para acender as luzes das cidades...

Vista da avenida Rio Branco, Rio de Janeiro, RJ, cerca de 1910 (à esquerda) e em 2016 (à direita).

FAMÍLIA PATRIARCAL
Na sociedade brasileira, especialmente no período colonial, o modelo de família era composto de marido, esposa, filhos, parentes, padrinhos, afilhados, dependentes, ex-escravizados, etc., todos subjugados à autoridade incontestável do patriarca. No período republicano, esse estilo familiar começou a mostrar sinais de enfraquecimento. À esposa, pobre ou rica, cabia fazer o trabalho de base que sustentava o modelo: educar os filhos, cuidar do sustento e da saúde física e espiritual deles, obedecer e ajudar o marido.

276 UNIDADE 6 | MUDANÇA E TRANSFORMAÇÃO SOCIAL

ATUALMENTE

INTERNET
Mais da metade dos brasileiros já está conectada à internet. Segundo dados do IBGE, a proporção de internautas no país passou de 50,1% do total da população em 2013 para 64,7% em 2016. As mulheres são 65,5% do total. Em 2016, 116 milhões de pessoas acessaram a internet no Brasil.

TELEFONE CELULAR
Em 1973 foi feita a primeira ligação via telefone celular, com um aparelho que pesava 1 kg; em 1994, a primeira ligação via internet. Segundo dados do IBGE, em 2016, 77,1% da população no Brasil tinha telefone celular.

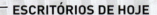

ESCRITÓRIOS DE HOJE
As máquinas de escrever foram substituídas pelos computadores, que realizam o mesmo trabalho de modo mais eficiente. Mas esse é apenas um dos itens sobre o escritório do século XXI. Ambientes de trabalho com divisórias, telefones, arquivos lotados de documentos em papel ou que exigiam jornadas presenciais rígidas vêm sendo substituídos por escritórios modernos, coloridos e customizados. Algumas novas empresas têm implantado jornadas flexíveis, trabalho a distância, reuniões por videoconferência, etc. com o objetivo de valorizar a criatividade, a produtividade e a qualidade de vida dos trabalhadores.

MULHERES NO SÉCULO XXI
Dos anos 1950 a 1970, o mundo assistiu a mudanças no papel social da mulher que são perceptíveis até hoje. Para se fixar no mundo corporativo, as mulheres passaram a investir mais anos na escolaridade, a ter menos filhos, a casar mais tarde – caso se casem. Atualmente, têm maior expectativa de vida e são, em muitos casos, as principais provedoras da família. Ainda que algumas ocupem espaços valorizados na sociedade atual, temas fundamentais assombram a condição feminina: remuneração menor que a dos homens, trabalho doméstico como obrigação estritamente feminina e violência contra a mulher.

Bibliografia

ALVES, Branca Moreira; PITANGUY, Jacqueline. *O que é feminismo*. 8. ed. São Paulo: Brasiliense, 1991.

AMARAL, Azevedo. *O Estado autoritário e a realidade nacional*. Disponível em: <http://bibliotecadigital.puc-campinas.edu.br/services/e-books/Azevedo%20Amaral-1.pdf>. Acesso em: 9 maio 2018.

AQUINO, Rubin Santos Leão de et al. *Sociedade brasileira:* uma história através dos movimentos sociais. Rio de Janeiro: Record, 1999.

_____. *Sociedade brasileira:* uma história através dos movimentos sociais – Da crise do escravismo ao apogeu do neoliberalismo. Rio de Janeiro: Record, 2000.

ARENDT, Hannah. *Da revolução*. São Paulo: Ática, 1988.

BELLAMY, Richard. *Liberalismo e sociedade moderna*. São Paulo: Unesp, 1994.

BOBBIO, Norberto. *A era dos direitos*. Rio de Janeiro: Campus, 2004.

BOSCHI, Renato Raul (Org.). *Movimentos coletivos no Brasil urbano:* debates urbanos. Rio de Janeiro: Zahar, 1983.

BOSI, Alfredo. *Dialética da colonização*. São Paulo: Companhia das Letras, 1992.

BOSI, Ecléa. *Cultura de massa e cultura popular:* leituras de operárias. Petrópolis: Vozes, 2003.

BRECHT, Bertolt. *Antologia poética de Bertolt Brecht*. 2. ed. Rio de Janeiro: Elo, 1982.

CARDOSO, Fernando Henrique; FALETTO, Enzo. *Dependência e desenvolvimento na América Latina:* ensaio de interpretação sociológica. 5. ed. Rio de Janeiro: Zahar, 1979.

CARNOY, Martin. *Estado e teoria política*. Campinas: Papirus, 1986.

CARVALHO, José Murilo de. *Cidadania no Brasil*. O longo caminho. 6. ed. Rio de Janeiro: Civilização Brasileira, 2006.

CASTEL, Robert. *As metamorfoses da questão social:* uma crônica do salário. Petrópolis: Vozes, 1998.

CHÂTELET, François; KOUCHNER, E. Pisier. *As concepções políticas do século XX*. Rio de Janeiro: Zahar, 1983.

CHAUI, Marilena. *Cultura e democracia:* o discurso competente e outras falas. 11. ed. rev. e ampl. São Paulo: Cortez, 2006.

COVRE, Maria de Lourdes M. (Org.). *A cidadania que não temos*. São Paulo: Brasiliense, 1986.

DALLARI, Dalmo de Abreu. *Elementos de Teoria Geral do Estado*. 33. ed. São Paulo: Saraiva, 2016.

DECOUFLÉ, André. *Sociologia das revoluções*. São Paulo: Difel, 1970.

DOWBOR, Ladislaw. *O mosaico partido:* a economia além das equações. São Paulo: Vozes, 2002.

DURKHEIM, Émile. *El socialismo*. Madrid: Nacional, 1982.

_____. *Lições de Sociologia*. São Paulo: Martins Fontes, 2002.

ELIAS, Norbert. *A sociedade dos indivíduos*. Rio de Janeiro: Jorge Zahar, 1994.

FERNANDES, Florestan. *A integração do negro na sociedade de classes*. São Paulo: Ática, 1978.

_____. *A revolução burguesa no Brasil:* ensaio de interpretação sociológica. 5. ed. São Paulo: Globo, 2006.

_____. *A sociologia numa era de revolução social*. 2. ed. reorg. e ampl. Rio de Janeiro: Zahar, 1976.

_____. *Brasil:* em compasso de espera. São Paulo: Hucitec, 1980.

_____. *Educação e sociedade no Brasil*. São Paulo: Dominus/Edusp, 1966.

_____. *Folclore e mudança social em São Paulo*. São Paulo: Martins Fontes, 2004.

GERTH, Hans; MILLS, C. Wright. *Caráter e estrutura social*. Rio de Janeiro: Civilização Brasileira, 1973.

GOHN, Maria da Glória. *Teorias dos movimentos sociais*: paradigmas clássicos e contemporâneos. 3. ed. São Paulo: Loyola, 2002.

GRUPPI, Luciano. *Tudo começou com Maquiavel*. Porto Alegre: L&PM, 1996.

GUIMARÃES, Nestor Duarte. *A ordem privada e a organização política nacional*. São Paulo: Companhia Editora Nacional, 1966.

HOBBES, Thomas. *Leviatã. São Paulo:* Abril Cultural, 1973. (Os Pensadores).

HOLANDA, Sérgio Buarque de. *Raízes do Brasil*. Edição comemorativa 70 anos. São Paulo: Companhia das Letras, 2006.

IANNI, Octavio. *Capitalismo, violência e terrorismo*. Rio de Janeiro: Civilização Brasileira, 2004.

_____. *Estado e capitalismo*. 2. ed. São Paulo: Brasiliense, 1989.

LASKI, Harold. *O liberalismo europeu*. São Paulo: Mestre Jou, 1975.

LAURELL, Ana Cristina (Org.). *Estado e políticas sociais no neoliberalismo*. São Paulo: Cedec/Cortez, 1995.

LEAL, Victor Nunes. *Coronelismo, enxada e voto:* o município e o regime representativo no Brasil. 7. ed. São Paulo: Companhia das Letras, 2012.

LEFORT, Claude. *A invenção democrática:* os limites do totalitarismo. São Paulo: Brasiliense, 1987.

LOCKE, John. *Dois tratados sobre o governo*. São Paulo: Martins Fontes, 2005.

MANNHEIM, Karl. *Liberdade, poder e planificação democrática*. São Paulo: Mestre Jou, 1972.

MARINI, Ruy Mauro. *Dialéctica de la dependencia*. México: Ediciones Era, 1973.

MARSHALL, T. H. *Cidadania, classe social e status*. Rio de Janeiro: Zahar, 1967.

MARX, Karl. *A guerra civil na França*. São Paulo: Boitempo, 2011.

_____. *As lutas de classe na França*. São Paulo: Boitempo, 2012.

_____. *O 18 de Brumário de Luís Bonaparte*. São Paulo: Boitempo, 2011.

_____. *Para a crítica da economia política; Salário, preço e lucro; O rendimento e suas fontes:* a economia vulgar. São Paulo: Abril Cultural, 1982 (Os Economistas).

_____; ENGELS, Friedrich. *Manifesto comunista*. São Paulo: Boitempo, 1998.

MELOTTI, Umberto. *Revolución y sociedad*. México: Fondo de Cultura Económica. 1971.

MIRANDA, Nilmário. *Por que direitos humanos*. Belo Horizonte: Autêntica, 2006.

NASCIMENTO, Abdias (Org.). *O negro revoltado*. 2. ed. Rio de Janeiro: Nova Fronteira, 1982.

NOGUEIRA, Marco Aurélio. *As possibilidades da política:* ideias para a reforma democrática do Estado. Rio de Janeiro: Paz e Terra, 1998.

OLIVEIRA, Francisco. *Crítica à razão dualista:* o ornitorrinco. São Paulo: Boitempo, 2003.

PINSKY, Jaime; PINSKY, Carla Bassanezi (Org.). *História da cidadania*. São Paulo: Contexto, 2003.

POLANYI, Karl. *A grande transformação:* as origens de nossa época. 2. ed. Rio de Janeiro: Campus, 2000.

POULANTZAS, Nicos (Org.). *O Estado em crise*. Rio de Janeiro: Graal, 1977.

QUEIROZ, Maria Isaura Pereira de. *O messianismo no Brasil e no mundo*. São Paulo: Dominus/Edusp, 1965.

ROUQUIÉ, Alain. *O Estado militar na América Latina*. São Paulo: Alfa-Ômega, 1984.

ROUSSEAU, Jean-Jacques. *Do contrato social*. 3. ed. São Paulo: Abril Cultural, 1983. (Os Pensadores).

SADER, Eder. *Quando novos personagens entram em cena*. Rio de Janeiro: Paz e Terra, 1988.

SADER, Emir; GENTILI, Pablo (Org.). *Pós-neoliberalismo*. Rio de Janeiro: Paz e Terra, 2007.

_____. *Pós-neoliberalismo II*. Petrópolis: Vozes, 2009.

SANTOS, Theotonio dos. *Imperialismo y dependencia*. México: Ediciones Era, 1978.

SCHERER-WARREN, Ilse; KRISCHKE, Paulo (Org.). *Uma revolução no cotidiano?:* os novos movimentos sociais na América do Sul. São Paulo: Brasiliense, 1987.

SPINDEL, Arnaldo. *O que são ditaduras*. São Paulo: Brasiliense, 1981.

SZTOMPKA, Piotr. *A sociologia da mudança social*. Rio de Janeiro: Civilização Brasileira, 1998.

TOLEDO, Caio Navarro de. 1964: O golpe contra as reformas e a democracia. *Revista Brasileira de História*, v. 24, n. 47, 2004. Disponível em: <www.scielo.br/scielo.php?script=sci_arttext&pid=S0102-01882004000100002>. Acesso em: 19 jun. 2018.

VIANNA, Oliveira. *Instituições políticas brasileiras*. Brasília: Senado Federal, Secretaria Especial de Editoração e Publicação, 1999.

VIEIRA, Evaldo Amaro. *Os direitos e a política social*. São Paulo: Cortez, 2004.

WEBER, Max. *A ética protestante e o "espírito" do capitalismo*. São Paulo: Companhia das Letras, 2004.

_____. *Ensaios de Sociologia*. 5. ed. Rio de Janeiro: Zahar, 1982.

YANOMAMI, David Kopenawa; ALBERT, Bruce. Descobrindo os brancos. In: NOVAES, Adauto (Org.). *A outra margem do Ocidente*. São Paulo: Companhia das Letras, 1998.

Sumário

Parte 3

Unidade 7 – Cultura: unidade e diversidade cultural 282
Capítulo 25 – Entendendo a cultura no plural 284
Capítulo 26 – Cultura: a unidade na diversidade 289
Capítulo 27 – Os sentidos do outro 294
Capítulo 28 – Unidade e diversidade cultural no Brasil 300

Unidade 8 – Ideologia e indústria cultural 310
Capítulo 29 – A ideologia: usos e atribuições 312
Capítulo 30 – A indústria cultural e a difusão de ideologias 317
Capítulo 31 – A internet e as novas formas de sociabilidade 325
Capítulo 32 – Indústria cultural no Brasil 329

Unidade 9 – Religiões e religiosidades 342
Capítulo 33 – A diversidade religiosa no mundo 344
Capítulo 34 – Religião e Sociologia 354
Capítulo 35 – Religiões e religiosidades nas sociedades de hoje 365
Capítulo 36 – Religiões e religiosidades no Brasil 372

Apêndice: História da Sociologia 392

UNIDADE 7
Cultura: unidade e diversidade cultural

Desfile de bonecos no Carnaval de rua em Olinda, Pernambuco, 2013.

A cultura está em (quase) tudo

Cultura só pode existir no plural. Em uma comunidade há inúmeras culturas em movimento, em integração. Cada sujeito é uma síntese complexa da presença da diversidade cultural no mundo. Alguém pode ao mesmo tempo apreciar a culinária japonesa e nada saber de literatura oriental. O que ocorre é a mistura, a fusão, a confluência de saberes e modos de vida.

Durante muito tempo (e ainda hoje em diversos lugares), a cultura esteve associada a importantes teatros, óperas monumentais, literatura universal prestigiada, restaurantes caros, filmes com enredos compreensíveis apenas a uma parcela da população, museus de arte inacessíveis à maioria das pessoas. O sujeito culto era antes de mais nada um indivíduo endinheirado. Em contraste, era tido como inculto aquele que não pudesse frequentar programas culturais considerados sofisticados. Dessa noção distorcida, nasceram ideias como as de "cultura erudita" ou "cultura de elite". Outras noções de cultura seriam "popular", "massificada", considerada por alguns como menor, insignificante.

A Sociologia nos ensina a ver a cultura como uma expansão das singularidades e do modo como as pessoas se relacionam. Por meio da cultura, os indivíduos e grupos sociais expõem sua visão de mundo. A cultura é fala e escrita, religião, música, comida, usos tecnológicos, práticas educacionais, voto político, manifestação de aprovação ou descontentamento.

Desde meados do século XX, a cultura vem se mundializando aceleradamente, graças a comunicações e meios de transporte cada vez mais velozes, que levam para os cinco continentes o estilo de vida fabricado no capitalismo, que empobrece as múltiplas culturas que existem no mundo. A cultura representa a diversidade da experiência humana. Por meio de manifestações populares, a cultura apresenta todo o seu valor, presente nas histórias em quadrinhos, nos causos versados no cordel, na poesia de rua, na dança das periferias, nos romances marginais e no humor. A cultura, enfim, está no ato de se relacionar com o mundo e interpretá-lo para, a partir disso, reivindicar seus direitos.

CAPÍTULO 25

Entendendo a cultura no plural

▮▮ Apresentação de quadrilha em festa junina de Campina Grande, Paraíba, 2015. Exemplo de cultura-alma coletiva.

O emprego da palavra cultura, no cotidiano, é objeto de estudo de diversas ciências sociais. O pensador francês Félix Guattari (1930-1992) reuniu os diferentes significados de cultura em três grupos, por ele designados cultura-valor, cultura-alma coletiva e cultura-mercadoria.

Cultura-valor é o sentido mais antigo e explicita-se na ideia de "cultivar o espírito". É o que permite estabelecer a diferença entre quem tem cultura e quem não tem ou determinar se o indivíduo pertence a um meio culto ou inculto, definindo um julgamento de valor sobre essa situação. Nesse grupo inclui-se o uso do termo para identificar, por exemplo, quem tem ou não domínio da cultura clássica, artística ou científica. A ideia de cultura-valor alimenta a posição presunçosa que considera a cultura um privilégio de poucos. Mais do que isso: ao se revelar símbolo de um determinado *status*, a cultura se torna um instrumento de hierarquização entre indivíduos e grupos humanos, dando à desigualdade social um tom quase natural e irremediável.

O segundo significado, designado cultura-alma coletiva, é sinônimo de "civilização". Ele expressa a ideia de que todas as pessoas, grupos e povos têm cultura e identidade cultural. Nessa acepção, pode-se falar de cultura negra, cultura chinesa, cultura marginal, etc. Tal expressão presta-se assim aos mais diversos usos por aqueles que querem atribuir um sentido para a ação dos grupos aos quais pertencem, com a intenção de caracterizá-los ou identificá-los. Vale também observar que uma cultura considerada "alma" aproxima ou distancia outras culturas, abrindo brechas para comparações que podem levar a distorções e preconceitos, como nos inúmeros casos de interpretações que consideram muitas religiões ou ritos religiosos de sociedades indígenas brasileiras como "primitivos" ou até mesmo "demoníacos", indignos, portanto, de atenção e respeito. Nesse sentido, o "civilizado" e o "bárbaro" se apresentam como culturas que, não podendo se auxiliar ou se complementar, existem como antagônicas.

O terceiro sentido, o de cultura-mercadoria, corresponde à "cultura de massa". Nessa concepção, cultura compreende bens ou equipamentos – por exemplo, os centros culturais, os cinemas, as bibliotecas e as pessoas que trabalham nesses estabelecimentos – e os conteúdos teóricos e ideológicos de produtos que estão à disposição de quem quer e pode comprá-los, ou seja, que estão disponíveis no mercado, como filmes, discos e livros. Numa palavra, a cultura-mercadoria é típica dos objetos que se transformam em bens para o consumo, importando muito menos sua qualidade do que seu potencial de venda e expansão.

Personagens em evento sobre *videogames* em São Paulo, SP, 2017. Exemplo da cultura-mercadoria.

As três concepções de cultura estão presentes em nosso dia a dia, marcando sempre uma diferença entre os indivíduos – seja no sentido elitista (entre as que têm e as que não têm uma cultura erudita, por exemplo), seja no sentido de identificação com algum grupo específico, seja ainda em relação à possibilidade de consumir bens culturais. Todas essas concepções trazem uma carga valorativa, dividindo indivíduos, grupos e povos entre os que têm e os que não têm cultura ou acesso aos bens culturais, ou mesmo entre os que têm uma cultura considerada superior e os que têm uma cultura considerada inferior.

Antropologicamente falando...

Com distintas abordagens e definições, o conceito de cultura integra o quadro teórico de todas as ciências sociais. No entanto, com frequência é vinculado à antropologia, por ter sido amplamente discutido e utilizado por estudiosos dessa área do conhecimento desde o século XIX, quando as explicações racialistas e evolucionistas da diversidade humana eram dominantes.

Naquele contexto, uma das primeiras definições de cultura foi elaborada pelo antropólogo inglês Edward Burnett Tylor (1832-1917). De acordo com esse autor, cultura é o conjunto complexo de conhecimentos, crenças, arte, moral e direito, além de costumes e hábitos adquiridos pelos indivíduos em uma sociedade. Trata-se de uma definição muito ampla e, para Tylor, expressa a totalidade da vida social humana.

No livro *Cultura primitiva*, Tylor expôs sua análise das origens e dos mecanismos de evolução da cultura em várias sociedades. Para ele, a diversidade cultural que se observa entre os povos contemporâneos reflete os diferentes estágios evolutivos de cada sociedade, em uma escala que varia do mais primitivo, representado por povos tribais, ao mais desenvolvido, alcançado pelos europeus.

Contrapondo-se a essa visão evolucionista, segundo a qual a humanidade segue uma trajetória comum, o antropólogo alemão Franz Boas (1858-1942) recusou qualquer generalização que não pudesse ser demonstrada por meio da pesquisa concreta em sociedades determinadas. Para ele, cada cultura é única e deve ser analisada de modo aprofundado e particular. Existem, portanto, "culturas", e não "a cultura", e é essa diversidade cultural que explica as diferenças entre as sociedades humanas.

O antropólogo inglês Bronislaw K. Malinowski (1884-1942) afirmava que, para fazer uma análise objetiva, era necessário examinar as culturas em seu estado atual, sem preocupação com suas origens. Concebia as culturas como sistemas funcionais e equilibrados, formados por elementos interdependentes que lhes davam características próprias, principalmente no que dizia respeito às necessidades básicas, como alimento, proteção e reprodução.

Malinowski desenvolveu a ideia de "observação participante". Para ele não se podia analisar uma cultura externamente ou mesmo a distância, pois só vivendo determinado tempo na sociedade a ser pesquisada se poderia conhecer as relações entre a cultura e a vida social.

Padrões culturais

Duas antropólogas estadunidenses, Ruth Benedict (1887-1948) e Margaret Mead (1901-1978), investigaram as relações entre cultura e personalidade.

R. Benedict desenvolveu o conceito de padrão cultural, destacando a prevalência de homogeneidade e coerência em cada cultura. Em suas pesquisas, identificou dois tipos culturais extremos: o apolínio, representado por indivíduos conformistas, tranquilos, solidários, respeitadores e comedidos na expressão de seus sentimentos, e o dionisíaco, que reunia os ambiciosos, agressivos, individualistas, com tendência ao exagero afetivo. De acordo com ela, entre os apolínios e os dionisíacos haveria tipos intermediários que mesclariam algumas características dos dois tipos extremos.

M. Mead, por sua vez, investigou o modo como os indivíduos recebiam os elementos da cultura e a maneira como isso formava a personalidade deles. Suas pesquisas tinham como objeto as condições de socialização da personalidade feminina e da masculina. Ao analisar os Arapesh, os Mundugumor e os Chambuli, três povos da Nova Guiné, na Oceania, Mead percebeu diferenças significativas entre eles.

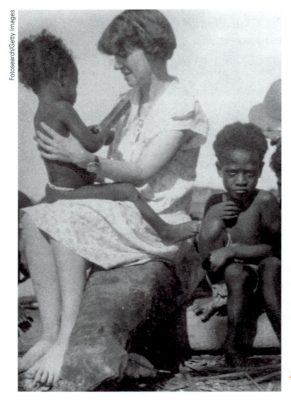

Entre os Arapesh, homens e mulheres recebiam o mesmo tratamento: ambos eram educados para ser dóceis e sensíveis e para servir aos outros. Também entre os Mundugumor não havia diferenciação: indivíduos de ambos os sexos eram treinados para a agressividade, caracterizando-se por relações de rivalidade, e não de afeição. Entre os Chambuli, finalmente, havia diferença na educação de homens e mulheres, mas de modo distinto do padrão que conhecemos: a mulher era educada para ser extrovertida, empreendedora, dinâmica e solidária com outras mulheres. Já os homens eram educados para serem sensíveis, preocupados com a aparência e invejosos, o que os tornava inseguros. Isso resultava em uma sociedade em que as mulheres detinham o poder econômico e garantiam o necessário para a sustentação do grupo, ao passo que os homens se dedicavam às atividades cerimoniais e estéticas.

Com base nos resultados de suas pesquisas, Mead afirmou que a diferença nas personalidades não está vinculada a características biológicas, como o gênero, mas à maneira como a cultura define a educação das crianças em cada sociedade.

// A antropóloga Margaret Mead em Papua-Nova Guiné, em cerca de 1930.

Universo simbólico

Para Claude Lévi-Strauss (1908-2009), antropólogo que nasceu na Bélgica, mas desenvolveu a maior parte de seu trabalho na França, a cultura deve ser considerada um conjunto de sistemas simbólicos, entre os quais se incluem a linguagem, as regras matrimoniais, a arte, a ciência, a religião e as normas econômicas. Esses sistemas se relacionam e influenciam a realidade social e física das diferentes sociedades.

Por outro lado, para Lévi-Strauss a cultura diz respeito exclusivamente à humanidade. É a capacidade humana que dá sentido a si mesmo e ao outro (diferente de si). O ser humano é diferente do animal porque se define pela função simbólica, ou seja, pela linguagem, pelo parentesco, pela religião, pelo mito, pela arte, pela economia, etc. Tudo isso, formando uma imensa estrutura social, estabelece a comunicação entre as pessoas em diferentes níveis.

A grande preocupação de Lévi-Strauss foi analisar o que era comum e constante em todas as sociedades, ou seja, regras universais e os elementos indispensáveis à vida social. Um desses elementos seria a proibição do incesto (relações sexuais entre irmãos ou entre pais e filhos), presente em todas as sociedades. Partindo dessa preocupação, ele desenvolveu amplos estudos sobre os mitos, demonstrando que os elementos essenciais da maioria deles se encontram em todas as sociedades tribais.

Para os antropólogos estadunidenses Clifford James Geertz (1926-2006) e Marshall Sahlins (1930-), cada cultura pode ser definida como um sistema de signos e significados criado por um grupo social. Assim, conhecer as culturas significa interpretar símbolos, mitos e ritos.

Conforme Geertz, a cultura é um sistema de signos que, para ser interpretado, requer o que ele chama de "descrição densa": o levantamento e o registro minucioso das ações e dos significados a elas atribuídos pelos indivíduos que as praticam.

Sahlins, por sua vez, afirma que as interpretações do passado de uma cultura permeiam o cotidiano dos indivíduos que dela fazem parte.

NAS PALAVRAS DE SAHLINS

Símbolos culturais

[...] afirmo que o significado é a propriedade específica do objeto antropológico. As culturas são ordens de significado entre pessoas e coisas. Uma vez que essas ordens são sistemáticas, elas não podem ser livre invenção do espírito. Mas a antropologia deve consistir na descoberta do sistema, pois, como espero mostrar, não pode mais contentar-se com a ideia de que os costumes são simplesmente utilidades fetichizadas [...].

O que faz a carne de um animal ser ou não comestível? Uma calça ser considerada masculina ou uma saia feminina? Tem a ver com sua correlação com um sistema simbólico, e não com a natureza do objeto em si, nem com a sua capacidade de satisfazer uma "necessidade material".

SAHLINS, Marshall. *Cultura e razão prática*. Rio de Janeiro: Zahar, 2003. p. 9 e 169-170.

A antropologia, portanto, examina a ideia de cultura pelo modo como as relações sociais se estabelecem simbolicamente entre o passado e o futuro, entre aquilo que é local e, ao mesmo tempo, global, reproduzido em toda parte por povos que nunca cessam de se interconectar por meio de suas variadas facetas culturais. Nesses termos, a política, a economia e a sociedade em geral, bem como toda a sua mitologia, só podem ser vistas e compreendidas como dinâmicas culturais que têm um lugar no tempo e no espaço, que valorizam determinados comportamentos e atitudes, que bonificam certos êxitos e punem muitos tipos de erro ou negligência. A cultura, do ponto de vista antropológico, é um ponto de partida e uma forma de pensar a riqueza de experiências da vida coletiva.

Cenário da cultura

Antes, o mundo não existia

Quando eu vejo as narrativas, mesmo as narrativas chamadas antigas, do Ocidente, as mais antigas, elas sempre são datadas. Nas narrativas tradicionais do nosso povo, das nossas tribos, não tem data, é quando foi criado o fogo, é quando foi criada a Lua, quando nasceram as estrelas, quando nasceram as montanhas, quando nasceram os rios. Antes, já existia uma memória puxando o sentido das coisas, relacionando o sentido dessa fundação do mundo com a vida, com o comportamento nosso, com aquilo que pode ser entendido como o jeito de viver. Esse jeito de viver que informa nossa arquitetura, nossa medicina, nossa arte, nossas músicas, nossos cantos.

Nós não temos uma moda, porque nós não podemos inventar modas. Nós temos a tradição, e ela está fincada em uma memória da antiguidade do mundo, quando nós nos fazemos parentes, irmãos, primos, cunhados, da montanha que forma o vale onde estão nossas moradias, nossas vidas, nosso território.

[...] Alguns anos atrás, quando vi o quanto a ciência dos brancos estava desenvolvida, com seus aviões, máquinas, computadores, mísseis, fiquei um pouco assustado. Comecei a duvidar que a tradição do meu povo, que a memória ancestral do meu povo, pudesse subsistir num mundo dominado pela tecnologia pesada, concreta. E que talvez a gente fosse um povo como a folha que cai. E que nossa cultura, os nossos valores, fossem muito frágeis para subsistir num mundo preciso, prático, onde os homens organizam seu poder e submetem a natureza, derrubam as montanhas. Onde um homem olha uma montanha e calcula quantos milhões de toneladas de cassiterita, bauxita, ouro ali pode ter. Enquanto meu avô, meus primos, olham aquela montanha e veem o humor da montanha e veem se ela está triste, feliz ou ameaçadora, e fazem cerimônia para a montanha, cantam para ela, cantam para o rio... mas o cientista olha o rio e calcula quantos megawatts ele vai produzir construindo uma hidrelétrica, uma barragem.

Nós acampamos no mato, e ficamos esperando o vento nas folhas das árvores, para ver se ele ensina uma cantiga nova, um canto cerimonial novo. Se ele ensina, e você ouve, você repete muitas vezes esse canto, até aprender. E depois, você mostra esse canto para os seus parentes, para ver se ele é reconhecido, se ele é verdadeiro. Se ele é verdadeiro, passa a fazer parte do acervo dos nossos cantos. Mas um engenheiro florestal olha a floresta e calcula quantos milhares de metros cúbicos de madeira ele pode ter. Ali não tem música, a montanha não tem humor, e o rio não tem nome. É tudo coisa. Essa mesma cultura, essa mesma tradição, que transforma a natureza em coisa, transforma os eventos em datas, tem antes e depois.

KRENAK, Ailton. Antes, o mundo não existia. In: NOVAES, Adauto (Org.). *Tempo e história*. São Paulo: Companhia das Letras, 1992. p. 202-203.

1. O que esse tipo de visão de mundo pode ensinar para as pessoas que vivem em nossa sociedade, no século XXI?

Ailton Krenak, autor do texto, é um líder indígena, ambientalista e escritor. Faz parte do grupo indígena crenaque, também conhecido como bozun ou aimoré, hoje localizado em pequenas reservas próximas a Resplendor, MG. Foto de 2016.

CAPÍTULO 26
Cultura: a unidade na diversidade

Diante de um mapa que informa a programação cultural de um evento público, as pessoas fazem suas escolhas culturais de acordo com suas preferências, o que faz referência à primeira definição complementar de cultura segundo Raymond Williams. São Paulo, SP, 2017.

Em *A ideia de cultura*, o pensador britânico Terry Eagleton (1943-) afirma que poucas palavras têm tantas definições quanto cultura. Em meio a um oceano de abordagens às vezes exageradas da palavra, o grande desafio é encontrar uma explicação que não seja excessivamente ampla e, ao mesmo tempo, refute interpretações muito reducionistas de um conceito tão rico e decisivo para o entendimento da vida em sociedade.

Raymond Williams (1921-1988), um destacado crítico galês bastante lembrado no livro de Eagleton, apontou em sua obra *Cultura e sociedade* quatro definições complementares do conceito de cultura.

A primeira delas seria relativa à disposição mental de cada indivíduo, ou seja, diria respeito às escolhas que cada um faz diante do que aparece como possibilidade ou desejo. É possível e desejável que cada sujeito escolha suas expressões culturais, como as de preferência musical, literária e estética em geral, relacionadas com modos de vestir, comunicar e se relacionar com os outros.

A segunda definição apontada por Williams refere-se ao desenvolvimento intelectual de toda a sociedade, seus níveis de conhecimento, integração com outras comunidades, o uso que faz da técnica e dos saberes acumulados e preservados no tempo. É nesse sentido que se pode falar em caracterização cultural de um povo, levando-se em conta a partilha desses conhecimentos e a maneira como ela é transmitida às gerações futuras e absorvida no contato com culturas diferentes.

O terceiro fragmento do conceito de cultura no pensamento de Williams trata da produção das artes – dos livros escritos, dos quadros elaborados, das canções compostas, dos estilos de vida aceitos e disseminados no interior de uma determinada realidade social. A arte, na pluralidade de suas manifestações, expressa a vida comunitária por meio da tentativa de materializar sonhos, angústias, alegria e olhares sobre a história.

Como quarta possibilidade da vasta significação de sua definição de cultura, Williams sugere que seja o modo de vida integral do grupo social, reunindo as instituições de governo e relacionamentos cotidianos, a organização do trabalho e da família e as variadas formas de comunicação e interações entre os diferentes membros e coletivos da comunidade.

Há, portanto, muita generosidade na visão de Williams acerca do conceito de cultura. Ele incorpora à palavra praticamente todas as manifestações da vida social, desde as predileções individuais até o modo como se estruturam as instituições e o mundo do trabalho. Da mesma forma, o entendimento que Williams tem de cultura não deixa escapar que as dimensões particulares e universais do conceito não existem separadamente; ao contrário, interligam-se a todo momento, compondo um mosaico de riquezas e complexidades.

Se, de um lado, a Cultura se orienta para o universal, para o que é comum, as culturas, de outro, garantem a riqueza que está contida na diferença, sugerindo que haja aproximações e trocas de impressões, criações e valores.

A Cultura – sim, com "C" maiúsculo – tem a pretensão de ser única e de se tornar um modelo ideal de civilização e progresso para toda a diversidade humana. Para um necessário contraponto a essa ideia, é preciso que entendamos as culturas – isso mesmo, com "c" minúsculo e no plural – como distintas em sua origem e, principalmente, em sua finalidade.

NAS PALAVRAS DE MORIN

O melhor de cada cultura

É preciso compreender que cada cultura, inclusive a cultura Ocidental, comporta suas ilusões, seus erros, suas carências, suas qualidades, suas riquezas. Não se trata de idealizar as culturas tradicionais, nem de idealizar a cultura Ocidental. É necessário focalizar as simbioses culturais que uniriam o que cada cultura tem de melhor, o Ocidente propiciando as ideias de democracia, de autonomia individual, de verificação dos conhecimentos, da prática crítica e autocrítica, as outras [culturas] conservando e oferecendo ao Ocidente as artes de viver, o sentido das comunidades, as solidariedades, a relação com a natureza e, mais amplamente, com o cosmo. Da mesma forma, o reino do cálculo e do quantitativo que o Norte traz consigo deve ser contrariado e combinado com a primazia do qualitativo e do que não é calculável, ou seja, a qualidade poética da vida que o Sul ainda mantém.

MORIN, Edgar. *Minha esquerda*. Porto Alegre: Sulina, 2011. p. 17.

Trocas culturais e culturas híbridas

No mundo globalizado, o cotidiano é invadido por situações e informações provenientes dos mais diversos lugares. Podemos, então, afirmar que há uma cultura "pura"? Até que ponto chegou o processo de mundialização da cultura?

Em seu livro *Culturas híbridas*, o antropólogo argentino Néstor García Canclini (1939-) analisa essas questões. Lançando um olhar sobre a história, ele observa que, até o século XVIII, as relações culturais ocorriam entre os grupos próximos, familiares e vizinhos, com poucos contatos externos. Os padrões culturais resultavam de tradições transmitidas oralmente e por meio de livros – quando alguém os tinha em casa, uma vez que bibliotecas públicas ou mesmo escolares eram raras. Os valores nacionais eram quase uma abstração, pois praticamente não havia a consciência de uma escala tão ampla.

Já no século XIX e no início do século XX, cresceu a possibilidade de trocas culturais, pois houve um grande avanço nos meios de transporte e de comunicação. As pessoas passaram a ter contato com contextos e culturas diferentes. As trocas culturais efetivadas a partir de então ampliaram as referências para avaliar o passado, o presente e o futuro. É nesses termos que a ideia de Cultura – aquela com inicial maiúscula – foi se rendendo à força das culturas, ao mesmo tempo singulares e diversas, apropriando-se de seus conteúdos e dando a elas novos formatos, novas finalidades.

A percepção do mundo, portanto, não mais se restringia ao local em que um indivíduo vivia. Tornou-se muito mais ampla, assim como as possibilidades culturais. A cultura nacional passou a ter uma constituição e os valores e bens culturais de vários povos ou países cruzaram-se, com a consequente ampliação das influências recíprocas.

No decorrer do século XX, com o desenvolvimento ainda mais intenso das tecnologias de comunicação, o cinema, a televisão e a internet tornaram-se instrumentos de trocas culturais intensas, e os contatos individuais e sociais passaram a ter não um, mas múltiplos pontos de origem – e inúmeras novas finalidades, a depender da comunidade cultural em questão.

As expressões culturais de países dominantes, como os Estados Unidos e alguns países da Europa, proliferam em todo o mundo mescladas com elementos culturais de outros países, antes pouco conhecidos, tudo ao mesmo tempo e em muitos lugares. Há assim uma enorme mistura de expressões culturais, construindo culturas híbridas, que não podem mais ser caracterizadas como de um país. Fazem parte de uma imensa cultura mundial.

// Visitante passeia enquanto pessoas se comunicam por meio de robôs em stand de uma feira de eletrônicos, em Berlim, Alemanha, 2015.

Isso não significa que as expressões representativas de grupos, regiões ou até países tenham desaparecido. Elas continuam presentes e ativas, mas coexistem com essas culturas híbridas que atingem o cotidiano das pessoas por meios diversos, como a música, as artes plásticas, o cinema e a literatura, normalmente fomentados pela concentração crescente dos meios de comunicação.

Alguém poderia perguntar: por que essas formas particulares, grupais, regionais ou nacionais deveriam existir no universo cultural mundial, já que vivemos num mundo globalizado? Em seu livro *Artes sob pressão*: promovendo a diversidade cultural na era da globalização, o sociólogo holandês Joost Smiers (1943-) responde que assim haveria a possibilidade de uma diversidade cultural ainda maior e mais significativa; haveria uma democracia cultural de fato à disposição de todos. Em suas palavras: "A questão central é a dominação cultural, e isso precisa ser discutido com propostas alternativas para preservar e promover a diversidade no mundo".

NAS PALAVRAS DE CANCLINI

Culturas translocais

Estávamos na capital da Escócia [em outubro de 1996] a convite do Centro de Estudos Latino-Americanos da Universidade de Stirling, para falar sobre "as fronteiras entre culturas" diante de vários especialistas da Europa e da América Latina. Eu me perguntava onde estariam agora as fronteiras interculturais ao comparar esse interesse crescente pela América Latina [...].

Estava pensando [...] enquanto jantava em um restaurante italiano de Edimburgo. Depois de ser obrigado a me comunicar no meu inglês de emergência com um garçom loquaz, descobri que ele era mexicano [...].

Quando quis saber por que decidira ir morar em Edimburgo, ele me disse que sua mulher era escocesa [...]. Por fim me disse que queria montar um restaurante mexicano de qualidade, mas não gostava das tortillas que eram vendidas nos restaurantes tex-mex de Edimburgo porque vinham da Dinamarca. [...] Então o garçom mexicano de Edimburgo me pediu que, ao voltar para o México, eu lhe mandasse uma boa receita de tortillas. Pediu esse favor justo a mim, que sou argentino, cheguei faz duas décadas ao México [...] e me estabeleci no país porque estudei antropologia e fiquei fascinado com muitos costumes mexicanos, mas uma das minhas dificuldades de adaptação sempre foi a comida picante, e é justamente por isso que, ao escolher um restaurante, minha preferência costuma recair nos italianos. Essa inclinação vem do fato de esse sistema precário chamado "cozinha argentina" ter-se formado com a forte presença de imigrantes italianos, que se misturaram com espanhóis, judeus, árabes e gaúchos para formar uma nacionalidade.

Pertencer a uma identidade de fusão, de deslocados, ajudou este filósofo convertido em antropólogo a representar a identidade mexicana perante um mexicano casado com uma escocesa, que representava a italianidade em um restaurante de Edimburgo.

[...] Ambos extraíramos de vários repertórios hábitos e pensamentos, marcas heterogêneas de identidade, que nos permitiam desempenhar papéis diversos e até fora de contexto.

Pareceu-me evidente que já não é possível entender esses paradoxos por meio de uma antropologia para a qual o objeto de estudo são as culturas locais, tradicionais e estáveis. [...] James Clifford escreve que o objeto de pesquisa devem ser as "culturas translocais", as mediações entre os espaços onde se habita e os itinerários: é preciso "repensar as culturas como locais de residência e de viagem" [...].

Todas as sociedades representam formas de existência de uma coletividade humana num certo espaço. Formas que mudam ou se aperfeiçoam com o tempo. A troca de experiências foi marcante na história da humanidade, gerando o que chamamos hoje de diversidade cultural. Esta é uma riqueza, um bem a ser preservado e estimulado. Ela permite caminhos e experiências distintas que costumam cruzar-se ou estimular uns aos outros, promovendo possibilidade de uma vida em sociedade mais rica e saudável.

CANCLINI, Néstor Garcia. *A globalização imaginada*. São Paulo: Iluminuras, 2003. p. 54-56.

Cenário da diversidade cultural

Morte, tema-tabu

Entre crianças de seis anos de idade convidadas a escrever cartas a Deus, uma delas propôs: "Deus, todo dia nasce muita gente e morre muita gente. O Senhor deveria proibir nascimentos e mortes, e permitir a quem já nasceu viver para sempre".

Faz sentido? Seriam evitados a superpopulação do planeta e o sofrimento de morrer ou ver desaparecer entes queridos. Mas quem garante que, privados da certeza de finitude, essa raça de sobre-humanos não tornaria a nossa convivência uma experiência infernal? Simone de Beauvoir deu a resposta no romance *Todos os homens são mortais*.

É esse ideal de infinitude que fomenta a cultura da imortalidade disseminada pela promissora indústria do elixir da eterna juventude: cosméticos, academias de ginástica, livros de autoajuda, cuidados nutricionais, drágeas e produtos naturais que prometem saúde e longevidade. [...]

Tenho amigos com câncer. Um deles observou: "Outrora, era tabu falar de sexo. Hoje, falar de morte". Concordei. Outrora, a morte era vista como um fenômeno natural, coroamento inevitável da existência. Hoje, é sinônimo de fracasso, quase vergonha social.

A morte clandestinizou-se nessa sociedade que incensa a cultura do prolongamento indefinido da vida, da juventude perene, da glamorização da estética corporal. Nem sequer se tem mais o direito de ficar velho. [...]

"Morrer é fechar os olhos para enxergar melhor", disse José Martí. As religiões têm respostas às situações limites da condição humana, em especial a morte. Isso é um consolo e uma esperança para quem tem fé. Fora do âmbito religioso, entretanto, a morte é um acidente, não uma decorrência normal da condição humana.

Morre-se abundantemente em filmes e telenovelas, mas não há velório nem enterro. Os personagens são seres descartáveis como as vítimas inclementes do narcotráfico. Ou as figuras virtuais dos jogos eletrônicos que ensinam crianças a matar sem culpa.

A morte é, como frisou Sartre, a mais solitária experiência humana. É a quebra definitiva do ego. Na ótica da fé, o desdobramento do ego no seu contrário: o amor, o ágape, a comunhão com Deus.

A morte nos reduz ao verdadeiro eu, sem os adornos de condição social, nome de família, títulos, propriedades, importância ou conta bancária. É a ruptura de todos os vínculos que nos prendem ao acidental. Os místicos a encaram com tranquilidade por exercitarem o desapego frente a todos os valores finitos. Cultivam, na subjetividade, valores infinitos. E fazem da vida dom de si – amor. [...]

BETTO, Frei. *Morte, fenômeno natural*. Disponível em: <http://odia.ig.com.br/noticia/opiniao/2015-10-31/frei-betto-morte-fenomeno-natural.html>. Acesso em: 16 mar. 2018.

1. No mundo de hoje, na nossa cultura, tem-se a impressão de que os rituais pós-morte se resumem ao enterro em algum cemitério ou ao processo de cremação. Entretanto, no passado e no presente, houve e há outras formas de sepultamento ou de rituais mortuários característicos de diferentes culturas e credos, as quais mostram um pouco da diversidade cultural da humanidade. Pesquise na internet ou em outras fontes cerimônias pós-morte representantes de culturas diferentes da sua.

2. A morte pode ser vista como fim ou como início, como motivo de tristeza ou até de paz e libertação, a depender da cultura que a assume como ritual, festa ou reunião de celebração de seus antepassados. Em grupo e com a ajuda de seu professor, promovam um debate sobre o tema "Além da morte, que outros fenômenos sociais podem ser vistos de maneiras bastante distintas por culturas diversas no tempo e no espaço?".

Cerimônia de velas em homenagem a entes falecidos em Honolulu, no Havaí, 2013.

CAPÍTULO 27

Os sentidos do outro

Ao falar em alteridade, pensa-se sempre na capacidade de se colocar no lugar do outro. Muitas vezes, só é possível compreender determinadas ações se entendermos que o indivíduo tem uma cultura diversa da nossa ou se nos dispusermos a nos colocar no lugar do outro. Quando isso não acontece, pode ocorrer o que se designa por etnocentrismo ou preconceito.

O etnocentrismo

Uma vez que Cultura e culturas não param de se movimentar e encontrar sínteses de diversidade cada vez mais ricas e de acesso ampliado em toda parte, a multiplicação das formas de ser e viver nos leva a pensar na multiplicidade humana, cultural e, consequentemente, na alteridade, isto é, no outro ser humano, que é igual a nós e, ao mesmo tempo, diferente.

Muitas vezes, observa-se, no entanto, grande dificuldade na aceitação das diversidades em uma sociedade ou entre sociedades diferentes, pois os seres humanos tendem a tomar seu grupo ou sociedade como medida para avaliar os demais. Em outras palavras, há grupos ou sociedades que se consideram superiores e enxergam com desprezo e desdém os outros, tidos como estranhos ou estrangeiros. Para designar essa tendência, o sociólogo estadunidense William Graham Sumner (1840-1910) criou em 1906 o termo etnocentrismo.

Conforme o antropólogo brasileiro Everardo Rocha (1951-), o etnocentrismo é um fenômeno no qual se misturam elementos intelectuais e racionais com elementos emocionais e afetivos. No plano intelectual, o etnocentrismo está presente na dificuldade de encarar a diferença e, no plano afetivo, nos sentimentos de estranheza, medo, hostilidade, etc.

Albert Frisch/Fundação da Biblioteca Nacional, Rio de Janeiro, RJ.

// "Exotismo" para consumo europeu: indígenas Umauás, nas margens do rio Japurá, na Amazônia, fotografados em 1865 pelo alemão Albert Frisch. Imagens como esta foram reproduzidas às centenas pela Casa Leuzinger, a maior empresa de impressão e artes gráficas do Brasil no século XIX. Fizeram um grande sucesso comercial e valeram ao editor, o suíço Georges Leuzinger, uma menção honrosa na Exposição Universal de Paris de 1867.

294 UNIDADE 7 | CULTURA: UNIDADE E DIVERSIDADE CULTURAL

NAS PALAVRAS DE EVERARDO ROCHA

O relógio, o arco e a flecha

[...] Ao receber a missão de ir pregar junto aos selvagens um pastor se preparou durante dias para vir ao Brasil e iniciar no Xingu seu trabalho de evangelização e catequese. Muito generoso, comprou para os selvagens contas, espelhos, pentes, etc.; modesto, comprou para si próprio apenas um moderníssimo relógio digital capaz de acender luzes, alarmes, fazer contas, marcar segundos, cronometrar e até dizer a hora sempre absolutamente certa, infalível. [...] Tempos depois, fez-se amigo de um índio muito jovem que o acompanhava a todos os lugares de sua pregação e mostrava-se admirado de muitas coisas, especialmente do barulhento, colorido e estranho objeto que o pastor trazia no pulso e consultava frequentemente. Um dia, por fim, vencido por insistentes pedidos, o pastor perdeu seu relógio dando-o, meio sem jeito e a contragosto, ao jovem índio.

[...] Dias depois, o índio chamou-o apressadamente para mostrar-lhe, muito feliz, seu trabalho. Apontando seguidamente o galho superior de uma árvore altíssima nas cercanias da aldeia, o índio fez o pastor divisar, não sem dificuldade, um belo ornamento de penas e contas multicolores tendo no centro o relógio. [...]

Passados mais alguns meses o pastor também se foi de volta para casa. Sua tarefa seguinte era entregar aos superiores seus relatórios e, naquela manhã, dar uma última revisada na comunicação que iria fazer em seguida aos seus colegas em congresso sobre evangelização. [...] Com o pé na porta ainda pensou e sorriu para si mesmo. Engraçado o que aquele índio foi fazer com o meu relógio.

Esta estória, não necessariamente verdadeira, porém, de toda evidência, bastante plausível, demonstra alguns dos importantes sentidos da questão do Etnocentrismo.

Em primeiro lugar, não é necessário ser nenhum detetive ou especialista em Antropologia Social (ou ainda pastor) para perceber que, neste choque de culturas, os personagens de cada uma delas fizeram, obviamente, a mesma coisa. [...] Cada um "traduziu" nos termos de sua própria cultura o significado dos objetos cujo sentido original foi forjado na cultura do "outro". O etnocentrismo passa exatamente por um julgamento do valor da cultura do "outro" nos termos da cultura do grupo do "eu".

Em segundo lugar, esta estória representa o que se poderia chamar, se isso fosse possível, de um etnocentrismo "cordial", já que ambos — o índio e o pastor — tiveram atitudes concretas sem maiores consequências. No mais das vezes, o etnocentrismo implica uma apreensão do "outro" que se reveste de uma forma bastante violenta. [...]

ROCHA, Everardo. *O que é etnocentrismo*. São Paulo: Brasiliense, 2002. p. 6-7. Disponível em: <www.febac.edu.br/site/images/biblioteca/livros/O%20que%20e%20Etnocentrismo%20-%20Everardo%20P%20Guimaraes%20Rocha.pdf>. Acesso em: 16 mar. 2018.

Manifestações de etnocentrismo inundam o cotidiano. Notícias sobre crises enfrentadas por populações de outros países, por exemplo, com frequência deflagram comparações entre uma determinada cultura e as outras, elegendo a superior e as inferiores de acordo com o grau de interesse e afetividade do suposto analista.

Na história não faltam exemplos desse tipo de comparação: na Antiguidade os romanos chamavam de "bárbaros" aqueles que não eram de sua cultura; em outras épocas, os europeus, após os contatos com culturas diversas, propiciados pela expansão marítima, passaram a chamar os povos americanos de "selvagens", e assim por diante.

O etnocentrismo é um dos responsáveis pela geração de preconceito e discriminação – cultural, religioso, étnico e político –, assumindo diferentes expressões no decorrer da história. Manifesta-se, também, em tempos de globalização desenfreada, na ideia de que a cultura ocidental é superior a outras e os povos de culturas diferentes devem assumi-la, modificando suas crenças, normas e valores. Há, no entanto, uma pluralidade de modos de viver, pensar e sentir.

O etnocentrismo, quando estimulado ou ignorado, pode acarretar exclusão e violência, contribuindo para tornar difíceis os pactos de convivência e prosperidade entre indivíduos e grupos sociais.

Os preconceitos

A palavra preconceito já diz muito sobre si mesma: é algo "pré", ou seja, que se estabelece antes de as coisas de fato acontecerem. Trata-se, pois, de um juízo precoce ou, no mínimo, precipitado sobre pessoas e eventos.

Pensando historicamente, não é difícil constatar algumas marcas do preconceito na trajetória humana. Escravos e servos, trabalhadores explorados e minorias sem direitos, regimes de segregação racial e violência contra comunidades religiosas e moradores das periferias dos grandes centros urbanos: em todos esses cenários é possível encontrar os desdobramentos mais nítidos do preconceito, tais como o ódio e, no limite, a prática da anulação, o extermínio.

O preconceito é, na verdade, a vitória implacável de uma ideia de cultura sobre todas as outras. Há quem pense que existam etnias, valores, sentimentos, leis e comportamentos superiores; estes, por se julgarem melhores, reivindicam o direito de comunicar ao mundo a inferioridade de tudo que não lhes seja complementar ou semelhante.

Cenas comuns nos noticiários de TV, como a de refugiados de muitas partes do mundo peregrinando por vários países europeus, após uma fuga alucinante pelo mar, revelam a face mais cruel do preconceito e, é claro, do etnocentrismo.

No Brasil, há o caso recente, entre inúmeros outros, dos haitianos que se mudam em busca de emprego e melhores oportunidades de vida, principalmente depois que um trágico terremoto destruiu o Haiti em 2010. Não raro, essas pessoas veem-se vítimas de preconceito e indiferença.

São muitos os estigmas alimentados pelo preconceito. No comércio, por exemplo, é fácil verificar como os consumidores que se vestem de forma mais simples, com roupas sem luxo e visual despojado são muitas vezes deixados de lado e pessoas mais bem-vestidas são prontamente atendidas ou até têm preferência.

A dimensão cumulativa do preconceito é também verificada cotidianamente em cidades de todo o Brasil. Trata-se da carga somada de exclusão de que são vítimas os negros, os pobres e as mulheres – isso sem falar na indisposição reiterada contra homossexuais e até mesmo indivíduos que assumem posições ideológicas em público. Assim, se para os pobres os obstáculos que os separam de uma vida digna já são quase intransponíveis, eles se tornam mais farpados se, além de pobre, o indivíduo for negro; farpados e eletrificados se o indivíduo for pobre, negro e do sexo feminino; farpados, eletrificados e com elevado risco de morte se a todas essas características forem somadas à de ex-presidiário, prostituta, travesti, etc.

Frase de cunho neonazista pichada em muro de uma escola. A apologia ao nazismo e ao racismo é crime sem direito à fiança. São Paulo, SP, 2011.

Existe, portanto, uma dose agressiva e covarde de preconceito contra sujeitos pertencentes a culturas, classes sociais e grupos urbanos e morais diferentes daqueles que são considerados pelo senso comum adequados e decentes.

De maneiras distintas, sutis ou escancaradas, o preconceito se volta contra a diversidade cultural, as culturas no plural. Por ser algo preconcebido, não se abre para discussões ou debates. O sujeito que pratica o preconceito, por meio de palavras ou ações, está convencido de suas posições, segundo ele, de superioridade e não se permite ver os sentidos daquilo que o outro é e faz. Nota-se, em todas as dimensões do preconceito, claramente, a ausência de política no seu sentido mais democrático.

// Mulher muçulmana caminha pelas ruas de Paris. No cartaz, propaganda de um partido de extrema direita em momento de campanha eleitoral na capital francesa, 2015. Ao pedir que os cidadãos "Escolham seu bairro", o partido da Frente Nacional reforça as diferenças e os preconceitos.

Na Europa, a xenofobia – ódio a estrangeiros – vem fortalecendo os discursos políticos extremados de aversão a pobres, estrangeiros e populações culturalmente distintas, como a de origem muçulmana. Na França, a Frente Nacional, associação partidária de extrema direita, recebe a cada nova eleição mais votos ao defender a dificuldade de acessos e a retirada de direitos para estrangeiros. Esse crescimento evoca a célebre Doutrina Monroe ("A América para os americanos", 1823) e leva a uma adaptação dela: a França para os franceses. Na Grécia, o fascismo é ingrediente oficial de orientação da Aurora Dourada, agremiação política que vem conquistando muitos votos e ganhando a adesão do eleitorado jovem que acredita que o problema do país são os outros.

Nessas condições, a crise econômica, o desemprego e a instabilidade, no que se refere aos padrões de qualidade de vida do europeu, acirram ódios e parecem legitimar o apoio a causas radicais, notadamente aquelas que responsabilizam as diferenças culturais por todos os males – culturas em letras minúsculas e no plural – e os modelos de sociabilidade incapazes de prover o presente e se comprometer com um futuro próspero. O preconceito, portanto, aparece como uma construção social, algo que pode ser enfrentado por meio de estratégias políticas, jurídicas e, principalmente, culturais (livros, filmes, escolas, professores e metodologias de ensino e aprendizagem que não protejam nem abriguem nenhuma aproximação nem tendência, por menor que seja, a um comportamento preconceituoso), e não como uma questão da natureza, incontornável, como muitos se arriscam a afirmar.

A cultura é de todos

Uma forma bastante evidente de etnocentrismo mesclado com preconceito é a separação entre cultura popular e erudita, com a atribuição de maior valor à segunda. Essa visão está relacionada com a divisão da sociedade em classes, ou seja, é resultado e manifestação das diferenças sociais. Há, de acordo com essa classificação, uma cultura identificada com os segmentos populares e outra, considerada superior, identificada com as elites.

A cultura erudita abrangeria expressões artísticas como a música clássica de padrão europeu, as artes plásticas tradicionais, o teatro, a dança e a literatura clássicos. Esses produtos culturais, como qualquer mercadoria, podem ser comprados e, em alguns casos, até deixados como herança.

A chamada cultura popular corresponde à manifestação genuína de um povo e encontra expressão nos mitos e contos, danças, música e artesanato. Inclui também expressões urbanas recentes, como os grafites, o *hip-hop* e os sincretismos musicais do interior ou das grandes cidades, o que demonstra a constante criação e recriação no universo cultural de base popular.

Para examinar criticamente essa diferenciação, vale refletir sobre o termo cultura, agora segundo a análise do pensador brasileiro Alfredo Bosi (1936-). De acordo com Bosi, não há no grego uma palavra específica para designar cultura, mas há um termo que se aproxima desse conceito: *paideia*, que significa "aquilo que se ensina à criança"; "aquilo que deve ser trabalhado na criança até que ela se torne adulta". A palavra cultura vem do latim e designa "o ato de cultivar a terra", "de cuidar do que se planta".

O termo está assim vinculado ao ato de trabalhar, a uma determinada ação, seja a de ensinar uma criança, seja a de cuidar de uma plantação. Para escrever um romance, é preciso trabalhar uma narrativa; para fazer uma toalha de renda, uma música, uma mesa de madeira ou uma peça de mármore, é necessário trabalhar. Para Bosi, isso é cultura. E é por essa razão que um produto cultural gerado pelo trabalho se chama obra, que vem de *opus*, palavra que também tem origem latina, derivada do verbo operar (no sentido de "fazer", de "criar algo"). Então, levando-se em conta os sentidos etimológicos – de origem – da palavra, todos têm acesso à cultura já que para isso é necessário trabalhar.

Quando uma pessoa compra um livro, um disco – porque as pessoas ainda compram discos – ou os direitos de ouvir uma música, um quadro ou uma escultura, vai ao teatro ou a uma exposição, adquire bens culturais, mas não os produz. Esses bens proporcionam deleite e prazer e são usados por algumas pessoas para afirmar e mostrar que "possuem cultura". No entanto, essas pessoas são apenas consumidoras de uma mercadoria como qualquer outra. Não ter acesso a esses bens não significa, portanto, não ter cultura.

Alfredo Bosi chama a atenção para o fato de haver em muitos países órgãos públicos que procuram desenvolver ações para "conservar a cultura popular original", com certo receio de que ela não resista ao avanço da indústria cultural. Ora, os produtos culturais – como as festas, a música, a dança, o artesanato e outras tantas manifestações – remodelam-se continuamente. Nesse sentido, é necessário analisar a cultura como processo, como ato de trabalho que não se extingue.

A criação cultural não morre com seus autores, e basta que o povo exista para que ela sobreviva. Entenda-se aqui povo não como uma massa amorfa de oprimidos submissos, mas como um conjunto de indivíduos, com ideias próprias e capacidade criativa e produtiva, que resiste muitas vezes silenciosamente, sobretudo por meio da produção cultural, como cantos e festas.

Para Bosi, a cultura é algo que se faz, e não apenas um produto que se adquire. Daí, não há sentido comparar cultura popular com cultura erudita. Ao afirmarmos que "ter cultura" significa ser superior e "não ter cultura" significa ser inferior, utilizamos a condição de posse de cultura como elemento para diferenciação social e imposição de uma superioridade que não existe. Isso é ideologia – e ela se manifesta, como vimos, em uma ou várias dimensões do preconceito, como a indiferença, a segregação, o ódio e a violência.

Cenário da diversidade cultural: etnocentrismo e preconceito

O cabelo da minha filha

Sou pai de duas criaturas belíssimas. Não estou me gabando. Tenho consciência de que a beleza delas é herança materna. Lido todos os dias com o espanto de desconhecidos: "São lindíssimos os seus filhos! Como é possível?!"

As pessoas mais delicadas evitam aquele "como é possível?" – mas eu leio nos olhos delas a maldita incredulidade. Então mostro uma fotografia da mãe e sossegam um pouco: "São a cara da mãe, os dois. É negra, ela?"

Depende. Em Angola é mulata. Na maior parte dos países africanos também. É negra no Brasil, nos Estados Unidos e na Suécia ou na Dinamarca. Na Índia, no Reino Unido ou na África do Sul, tem sido indiana. Quanto a mim, sou meio indiano na Índia, meio malaio na Malásia, de raça indecifrável nos Estados Unidos, e totalmente árabe em qualquer país do norte de África, na Bélgica, em França, na Alemanha ou na Suécia. Viajando pela Europa, sou quase sempre muito árabe.

Na Suécia, como no resto da Europa, é difícil ser árabe nos dias que correm, ao menos nos dias úteis. Sábado e domingo (que são dias que não correm, espreguiçam-se), os suecos bebem. Sabemos que um sueco bebeu um pouco para além da conta quando ele nos estende a mão sem que ninguém nos tenha apresentado e começa a conversar. Uma noite, em Estocolmo, estava eu num bar, na companhia de um amigo angolano, quando um sueco nos estendeu a mão. Era sábado:

"Salaam aleikum!", saudou o sueco: "Simpatizo muito com vocês, os árabes. Vocês têm sofrido muito".

Agradecemos. Ao princípio tentamos corrigir o equívoco. O sueco ignorou nossos argumentos.

[...]

Voltemos aos filhos. O mais velho, um rapaz, ultrapassou o metro e oitenta e oito e estuda em Brighton, no Reino Unido. É um garoto doce, que nunca deu preocupações, exceto quando era bebê, em Luanda, durante a guerra. Chorava muito à noite. Nada o acalmava. [...]

A menina, Vera Regina, agora com 10 anos, tem uma cabeleira lindíssima, comprida e cacheada. Divorciei-me quando Vera era ainda pequena. O mais difícil, sempre que ficava sozinho com ela, por vezes durante várias semanas, era manter o fulgor daquela magnífica juba. Recordo umas divertidas férias de fim de ano que passei em Moçambique, numa praia remota, com os dois filhos. Optei por deixar os meninos soltos. Parecia-me uma crueldade sujeitar Vera Regina, todas as noites, após os longos banhos de mar, à dura cerimônia de reorganizar a cabeleira. Ao fim de três dias, Vera já exibia uns pesados dreadlocks, que fariam qualquer rastaman morrer de inveja. Ao fim de uma semana, quando regressamos ao hotel, em Maputo, aquilo era uma selva inexpugnável. Levei-a ao cabeleireiro do hotel. Expliquei ao proprietário do estabelecimento, um russo sombrio, de feições duras, que teria de devolver a criança à mãe, no dia seguinte, e precisava dela composta. O homem espetou em mim os olhos cruéis:

— Vocês ainda estão juntos, o senhor e a mãe da criança? — Perguntou.

— Não! — adiantou-se a menina. — Eles estão espalhados.

— Separados — Corrigi. — Ela quer dizer separados.

— Naturalmente — Disse o russo numa voz gelada. — Espero que sua ex-mulher mande matar você.

Não me ri. O homem falava a sério. Quando retornei, três horas mais tarde, encontrei a minha princesa sentada muito direita, muito séria, enquanto quatro jovens assistentes terminavam de lhe desembaraçar o cabelo. A operação prolongou-se por mais uma hora.

— Essa menina é uma heroína — murmurou o russo quando finalmente a entregou nos meus braços. Olhou-me com desprezo — Veja se aprende a tratar do cabelo dela.

Fui aprender. Tenho enorme orgulho no cabelo dela. Fico sempre surpreendido ao ler notícias sobre moças que sofrem perseguição racial, aqui, no Brasil — o país do mundo, fora de África, com maior população de origem africana — por usarem cabelo naturalmente ondulado. Não há nada mais lindo do que uma bela cabeleira anelada. Não se trata de fazer do cabelo uma bandeira da negritude, ou do feminismo, ou do que quer que seja. É beleza mesmo. Pura beleza.

AGUALUSA, José Eduardo. O cabelo da minha filha. *O Globo*. Rio de Janeiro, 9 mar. 2015. Disponível em: <http://oglobo.globo.com/cultura/o-cabelo-da-minha-filha-15539157>. Acesso em: 12 abr. 2018.

1. Em sua família existe essa mistura de etnias e culturas? Você se sente pertencente a vários povos? Como essa questão é encarada e debatida em sua casa?

CAPÍTULO
28

Unidade e diversidade cultural no Brasil

Apresentação de grupo de danças folclóricas de Santa Maria, Rio Grande do Sul, 2012.

A cultura no Brasil compreende quantidade e diversidade imensas de expressões – como festas, danças, canções, esculturas, pinturas, gravuras, literatura (contos, romances, poesia, cordel), mitos, superstições, alimentação – presentes no cotidiano e muitas vezes incorporadas pela indústria cultural.

Essa diversidade foi estudada por Luís da Câmara Cascudo (1898-1986), que registrou uma amostra das expressões culturais do país no *Dicionário do folclore brasileiro*, publicado em 1954. Outro estudioso do assunto foi Fernando de Azevedo (1894-1974), que apresentou no livro *A cultura brasileira*, publicado em 1943, um panorama de nossa cultura e uma análise histórica da vida intelectual no Brasil. O trabalho desses dois autores, entre outros, auxilia no entendimento das dificuldades para formular uma única definição de cultura brasileira.

A pluralidade da cultura brasileira

Na América portuguesa, no século XVI, as culturas indígenas e africanas, apesar da presença marcante, não eram reconhecidas pelos colonizadores e se expressavam à margem da sociedade que se constituía sob o domínio lusitano. Tal sociedade tinha como principal referência a cultura europeia.

O estudioso brasileiro Antonio Candido, em 1968, afirmou que "imitar, para nós, foi integrar, foi nos incorporarmos à cultura ocidental, da qual a nossa era um débil ramo em crescimento. Foi igualmente manifestar a tendência constante de nossa cultura, que sempre tomou os valores europeus como meta e modelo".

No entanto, se o colonizador e, depois, imigrantes de distintas origens forneceram elementos essenciais para a construção de uma cultura difusa, esta não pode ser compreendida sem suas raízes indígenas e africanas, que impregnaram o cotidiano brasileiro, influenciando a arquitetura, a comida, a vestimenta, a dança, a pintura, a música, etc.

Na música brasileira, por exemplo, encontramos uma variedade imensa de ritmos, que são puros ou misturados, cópias ou (re)elaborações constantes, invenções e inovações, com os mais diversos instrumentos, sejam eles extremamente simples e artesanais, sejam sofisticados e eletrônicos. Podemos citar, por exemplo, o lundu, a modinha, o choro, o maxixe, o samba (e suas vertentes, como samba-canção, samba-exaltação, samba de carnaval), a marcha, o frevo, o baião, a valsa, a valsinha, o acalanto, a lambada, o pagode, o samba-reggae, a axé-music, a tchê-music, o manguebeat, a cantiga infantil, a música clássica, a ópera, a música contemporânea, além de ritmos estrangeiros como *rock*, *blues*, *jazz*, *rap*, *fox*, bolero, tango, etc.

Prosseguindo com o exemplo da música e lembrando que a cultura é o resultado de um trabalho (é uma obra), pode-se observar que o trabalho cultural brasileiro é desenvolvido tanto por iletrados, sem nenhuma formação musical erudita, como por músicos com formação clássica, conhecidos ou anônimos. A produção musical brasileira tem traços de origem marcadamente africana, indígena, sertaneja e europeia (sem classificar o que é mais ou menos importante, simples ou complexo). Ela é fruto do trabalho de milhares de pessoas ao longo de muito tempo.

Ainda que se possa afirmar que alguns ritmos são notoriamente brasileiros, como o maxixe, o chorinho, o frevo ou o samba, nenhum deles é "puramente brasileiro", pois as influências recebidas são as mais variadas possíveis, desde a música medieval até a contemporânea. Genuínas mesmo são as músicas, as danças, a arte plumária e a cerâmica dos povos indígenas. As demais manifestações culturais são fusões, hibridações, criações de uma vasta e longa herança de muitas culturas. Talvez seja essa a característica que podemos chamar de "brasileira".

Vale a pena capturar alguns exemplos do significado da "cultura brasileira". O primeiro tinha como objetivo desenvolver uma arte erudita a partir de elementos da cultura popular do Nordeste brasileiro: o Movimento Armorial. Seu criador, Ariano Suassuna (1927-2014), dramaturgo, poeta, escritor, popular no Brasil todo, idealizou mesclar todas as formas de expressão artística: música, dança, literatura, pintura, cerâmica, tapeçaria, escultura, gravura, teatro, cinema, arquitetura, etc. Uma das expressões desse movimento foi o Quinteto Armorial (1970-1980), cuja proposta era realizar um trabalho de síntese entre a música erudita e as sonoridades das tradições populares do Nordeste. Antonio Nóbrega, um artista múltiplo – músico, ator, diretor, dançarino, etc. –, era um dos membros desse grupo e continua a desenvolver essa proposta em seus espetáculos.

Outro exemplo, também no Nordeste, é o movimento pernambucano denominado manguebeat, cujo principal expoente foi Chico Science (1966-1997), que juntava o *rock* e os ritmos do sertão – o maracatu, por exemplo. Essa é outra das belas façanhas dessa "cultura brasileira", plural por vocação, criativa em sua evolução, encantadora pela riqueza sem fronteiras.

// Destaque de escola de samba no Carnaval do Rio de Janeiro, RJ, 2015.

Brasil, uma cultura-nação

O antropólogo Darcy Ribeiro (1922-1997), em seu livro *O povo brasileiro*, lançado em 1995 – obra que exigiu de seu autor longos trinta anos de trabalho –, dividiu o país em cinco grandes macrorregiões (cabocla, crioula, sertaneja, sulista e caipira). Para ele, essa divisão é o resultado dos sucessivos e intermináveis cruzamentos das três principais matrizes étnicas que constituíram a cultura nacional: a branca, a indígena e a africana.

Da chegada dos primeiros colonizadores, no século XVI, ao Brasil contemporâneo, a cultura que aqui se fez e se desenvolveu é marcada por fusões, sobreposições, substituições e "fazimentos" – para usar um termo recorrente na escrita de Darcy Ribeiro – de toda sorte, reunindo elementos da vida negra, da vida indígena e da vida europeia quase sempre de modo conflituoso e difícil, com inegável prejuízo àqueles que faziam parte das camadas mais baixas da hierarquia social.

A palavra que garante maior fidelidade à cultura brasileira é resistência. Dos negros e dos indígenas, em diferentes épocas e por variados motivos, a cultura vingou como manifestação de ousadia, criatividade e, é claro, muita luta política por sobrevivência.

A miscigenação entre as diferentes etnias e as trocas simbólicas e materiais entre eles tornaram o Brasil um país pluriétnico e multicultural por excelência. O preconceito que aqui insiste em se fazer gigante e violento só se explica pela negação e pela total incompreensão da trajetória do povo brasileiro como uma cultura-nação erguida sobre o sangue de milhões de negros africanos e indígenas sul-americanos.

NAS PALAVRAS DE DARCY RIBEIRO

Brasil, nova Roma

Nós, brasileiros [...], somos um povo em ser, impedido de sê-lo. Um povo mestiço na carne e no espírito, já que aqui a mestiçagem jamais foi crime ou pecado. Nela fomos feitos e ainda continuamos nos fazendo. Essa massa de nativos oriundos da mestiçagem viveu por séculos sem consciência de si, afundada na ninguendade. Assim foi até se definir como uma nova identidade étnico-nacional, a de brasileiros. [...]

O Brasil é já a maior das nações neolatinas, pela magnitude populacional, e começa a sê-lo também por sua criatividade artística e cultural. Precisa agora sê-lo no domínio da tecnologia da futura civilização, para se fazer uma potência econômica, de progresso autossustentado. Estamos nos construindo na luta para florescer amanhã como uma nova civilização, mestiça e tropical, orgulhosa de si mesma. Mais alegre, porque mais sofrida. Melhor, porque incorpora em si mais humanidades. Mais generosa, porque aberta à convivência com todas as raças e todas as culturas e porque assentada na mais bela e luminosa província da Terra.

RIBEIRO, Darcy. *O povo brasileiro*: a formação e o sentido do Brasil. São Paulo: Companhia das Letras, 1995. p. 453-455.

O otimismo de muitos intérpretes do Brasil, como Darcy Ribeiro e Antonio Candido, para citar dois dos mais destacados, não os cegava diante de um país que se fez sobre muitas tensões e manifestações de perseguição, exploração e retaliação. Há guerra e dor em todo o território nacional, seja nas históricas rebeliões populares – como a Balaiada Maranhense (1839-1841), uma das revoltas que agitou o país no período regencial cuja população insurgente foi dizimada pelo Exército brasileiro liderado pelo Duque de Caxias –, seja na dura e carente vida de uma multidão de trabalhadores contemporâneos no campo e na cidade.

Da mesma maneira, é impossível obstruir o fato de que a cultura brasileira, tão vasta, profunda e diversa, não se fez de modo aberto e democrático, dando vez e voz a todos os indivíduos e grupos sociais. O que aqui se verifica ainda hoje são as tentativas ininterruptas da indústria cultural de massificar tudo que cheire a oportunidades de lucro, de um lado, e os variados infortúnios do preconceito lançado contra toda expressão artística e cultural que seja nascida das periferias e das classes sociais subalternas, de outro.

O *funk* e o *rap*, por exemplo, até serem transformados em bens para o consumo de massa, adulterados pela ideia de torná-los mais aprazíveis em termos de imagem para a TV e os muitos veículos de disseminação cultural, eram considerados estilos musicais marginais.

Um exemplo desse tipo de situação é o caso dos bailes *funks*, que hoje ocupam boa parte das programações de casas de espetáculos nas zonas consideradas nobres do Rio de Janeiro e de sofisticados endereços em São Paulo, com modelos femininas que estampam capas de revistas em trajes miúdos como atrações principais nos palcos de desfile. Esses eventos já foram julgados como promíscuos, violentos e até tachados de estéreis no que diz respeito ao quesito expressão cultural, mas, uma vez na TV e explodindo nas paradas de sucesso, a opinião se transforma completamente: o que era pobre e feio converte-se em moda irresistível e ganha legitimidade ao se transformar em uma opção de entretenimento e alegria popular.

Outro caso interessante para avaliar essa mudança de *status* em determinada manifestação cultural é o da banda mineira de *thrash metal* Sepultura. Formada em Belo Horizonte no início da década de 1980, a banda conquistou o mundo inteiro na segunda metade do decênio seguinte ao lançar um álbum musical em que se misturam a estridência radical do metal e as batidas dos instrumentos de percussão indígenas da região do Xingu, no Mato Grosso. *Roots*, o aclamado disco de 1996, além dos índios Xavantes, Jasco e Itsari, trouxe também a música baiana de Carlinhos Brown, numa síntese cultural imprevista e rica, que disseminou pelo mundo como o *heavy metal* e suas variações podiam ser trabalhados por artistas brasileiros de modo inovador e extremamente criativo.

A cultura brasileira, portanto, é antropofágica por natureza: apropria-se do estrangeiro, degusta, absorve e recria com outras roupagens e linguagens. Há muito de Macunaíma, célebre e imortal personagem do romance homônimo de Mário de Andrade, na vida cultural dos brasileiros, ou seja, na fusão entre a preguiça e o heroísmo, coisas novas são postas no mundo diariamente, como palavras, receitas gastronômicas, estilo de vestir, cantar, escrever e narrar a vida.

A mestiçagem da pele e da alma, como tanto enfatizava Darcy Ribeiro, não criou somente um ser esteticamente diferente; criou também – e muito mais – um espírito humano radicalmente inédito, fruto de todas as culturas que por aqui se apresentaram e continuam sendo remodeladas, ressignificadas e preenchidas de tesouro crítico.

Cenário da cultura brasileira

Cultura brasileira: da diversidade à desigualdade

Mesmo admitindo a existência de diversos estudos e discussões antropológicas sobre o conceito de cultura, podemos considerá-la, *grosso modo*, da seguinte forma: a cultura diz respeito a um conjunto de hábitos, comportamentos, valores morais, crenças e símbolos, dentre outros aspectos mais gerais, como forma de organização social, política e econômica que caracterizam uma sociedade. Além disso, os processos históricos são em grande parte responsáveis pelas diferenças culturais, embora não sejam os únicos fatores a se considerar. Isso nos permite afirmar que não existem culturas superiores ou inferiores, mas sim diferentes, com processos históricos também diversos, os quais proporcionaram organizações sociais com determinadas peculiaridades. Dessa forma, podemos pensar na seguinte questão: o que caracteriza a cultura brasileira? Certamente, ela possui suas particularidades quando comparada ao restante do mundo, principalmente quando nos debruçamos sobre um passado marcado pela miscigenação racial entre índios, europeus e africanos.

[...]

A culinária africana misturou-se à indígena e à europeia; os valores do catolicismo europeu fundiram-se às religiões e aos símbolos africanos, configurando o chamado sincretismo religioso; as linguagens e vocabulários afros e indígenas somaram-se ao idioma oficial da coroa portuguesa, ampliando as formas possíveis para denominarmos as coisas do dia a dia; o gosto pela dança, assim como um forte erotismo e apelo sexual juntaram-se ao pudor de um conservadorismo europeu. Assim, do vatapá ao chimarrão, do frevo à moda de viola caipira, da forte religiosidade ao carnaval e ao samba, tudo isso, a seu modo, compõe aquilo que conhecemos como cultura brasileira. Ela seria resultado de um Brasil-cadinho (aqui se fazendo referência àquele recipiente, geralmente de porcelana, utilizado em laboratório para fundir substâncias) no qual as características das três "raças" teriam se fundido e criado algo novo: o brasileiro. Além disso, do ponto de vista moral e comportamental, acredita-se que o brasileiro consiga reunir, ao mesmo tempo, características contraditórias: se por um lado haveria um tipo de homem simples acostumado a lutar por sua sobrevivência contra as hostilidades da vida (como a pobreza), valorizando o mérito das conquistas pessoais pelo trabalho duro, por outro lado este mesmo homem seria conhecido pelo seu "jeitinho brasileiro", o qual encurta distâncias, aproxima diferenças, reúne o público e o privado.

Ainda hoje há quem possa acreditar que nossa mistura étnica tenha promovido uma democracia racial ao longo dos séculos, com maior liberdade, respeito e harmonia entre as pessoas de origens, etnias e cores diferentes. Contudo, essa visão pode esconder algumas armadilhas. Nas ciências sociais brasileiras não são poucos os autores que já apontaram a questão da falsidade dessa democracia racial, apontando para a existência de um racismo velado, implícito, muitas vezes, nas relações sociais. Dessa forma, o discurso da diversidade (em todos os seus aspectos, como em relação à cultura), do convívio harmônico e da tolerância entre brancos e negros, pobres e ricos, acaba por encobrir ou sufocar a realidade da desigualdade, tanto do ponto de vista racial como de classe social. Ainda hoje, mesmo com leis claras contra atos racistas, é possível afirmarmos a existência do preconceito de raça na sociedade brasileira, no transporte coletivo, na escola, até no ambiente de trabalho. Isso não significa que vivamos numa sociedade racista e preconceituosa em sua essência, mas sim que esta carrega ainda muito de um juízo de valor dos tempos do Brasil colonial, de forte preconceito e discriminação. Além disso, se a diversidade cultural não apagou os preconceitos raciais, também não diminuiu outro ainda muito presente, dado pela situação econômica-social do indivíduo.

É preciso considerar que a escravidão trouxe consequências gravíssimas de ordem econômica para a formação da sociedade brasileira, uma vez que os negros (pobres e marginalizados em sua maioria) até hoje não possuem as mesmas oportunidades, criando-se uma enorme distância entre as estratificações sociais. Como sugere o antropólogo Darcy Ribeiro, mais do que preconceitos de raça ou de cor, têm os brasileiros um forte preconceito de classe social.

Dessa forma, o Brasil da diversidade é, ao mesmo tempo, o país da desigualdade. Por isso tudo é importante que, ao iniciarmos uma leitura sobre a cultura brasileira, possamos ter um senso crítico mais aguçado, tentando compreender o processo histórico da formação social do Brasil e seus desdobramentos no presente para além das versões oficiais da história.

RIBEIRO, Paulo Silvino. Disponível em: <https://brasilescola.uol.com.br/sociologia/cultura-brasileira-diversidade-desigualdade.htm>. Acesso em: 4 abr. 2018.

1. Por que, afinal, o Brasil é tão desigual, se é sempre cantado em prosa e verso por suas belezas e singularidades? O que faz, segundo o texto, a sociedade brasileira ser tão injusta e desigual?

Costurando as ideias

Cultura é um tema realmente vasto e profundo; o conhecimento sobre culturas possibilita ao observador inferir os modos de organização das pessoas, as motivações de suas escolhas, se individuais ou coletivas. Ninguém é imune à cultura que envolve as comunidades a que se pertence. Não há como escapar às exigências de cada época, de cada lugar no mundo, das suas possibilidades e limitações históricas.

Um exemplo ilustrativo dessa complexa questão pode ser captado na religiosidade. Todos que dizem ter religião dividem essa mesma opção com milhares ou mesmo milhões de outras pessoas. A religião é, antes de ser uma opção individual, uma decisão coletiva, uma afirmação cultural, uma possibilidade no tempo e no espaço.

Nesse sentido, optar pela fé hinduísta no Oriente é algo culturalmente aceitável e comum. No Ocidente, a escolha criaria perplexidade e traria dificuldades ao fiel: onde encontrar um templo, onde compartilhar os valores de sua fé e com quem? É a cultura que abre e fecha portas, dando preferência a algumas coisas, nunca a tudo. É por isso que na Índia ou no Nepal, em contrapartida, existem poucos cristãos: o inviável aqui para o hinduísmo é proporcional ao quase impossível lá para o cristianismo como opção cultural.

A cultura envolve maneiras de pensar e tomar decisões, influencia as visões de mundo compartilhadas, registra no comportamento geral da sociedade a posição que indivíduos, grupos e classes têm acerca das dinâmicas mais próximas e também bem distantes da economia, da política, de praticamente tudo. Por isso, ao se olhar com alguma atenção para a história do Brasil, torna-se possível perceber os porquês de tanto preconceito contra pobres, negros e moradores de favelas, por exemplo. O ódio e o preconceito, infelizmente, são dimensões da cultura, do modo como a vida se organiza, a riqueza se distribui, as ideias circulam e os valores são transmitidos e recebidos por todos e pelo indivíduo.

As reflexões sociológicas, antropológicas e políticas sobre cultura têm o desafio de oferecer não só uma análise acerca desse conceito tão disputado e controvertido – utilizado por todos, compreendido por poucos –, mas, principalmente, um mapa graças ao qual os indivíduos e as coletividades possam esboçar melhores autocríticas e almejar um entendimento mais rico e diverso da vida em sociedade. Com o dilatamento da ideia de cultura, as chances de construção de um meio em que sejam comuns a tolerância, o respeito e os saudáveis hibridismos irão diminuir passo a passo os reveses do preconceito, do etnocentrismo e da violência contra aquilo e aquele que são diferentes.

Segundo Paulo Silvino Ribeiro: "A cultura brasileira em sua essência seria composta por uma diversidade cultural, fruto dessa aproximação que se desenvolveu desde os tempos de colonização, a qual, como sabemos, não foi, necessariamente, um processo amistoso entre colonizadores e colonizados, entre brancos e índios, entre brancos e negros. Se é verdade que portugueses, indígenas e africanos estiveram em permanente contato, também é fato que essa aproximação foi marcada pela exploração e pela violência impostas a índios e negros pelos europeus colonizadores, os quais a seu modo tentavam impor seus valores, sua religião e seus interesses. Porém, ao retomarmos a ideia de cultura, adotada no início do texto, podemos afirmar que, apesar desse contato hostil num primeiro momento entre as etnias, o processo de mestiçagem contribuiu para a diversidade da cultura brasileira no que diz respeito aos costumes, práticas, valores, entre outros aspectos que poderiam compor o que alguns autores chamam de caráter nacional.".

Leituras e propostas

Para refletir

O Brasil de Ary Barroso e Cazuza

Uma das principais características da música brasileira é retratar fielmente o contexto histórico o qual o país atravessa. Sendo assim, é quase impossível ouvir *O bêbado e a equilibrista*, de João Bosco e Aldir Blanc, e não se lembrar da Anistia de 1979; difícil também não associar a música *Coração de estudante*, de Milton Nascimento e Wagner Tiso, ao surgimento da Nova República e à morte do ex-presidente Tancredo Neves; ou falar em Ditadura militar sem mencionar algumas canções de Chico Buarque, Gonzaguinha e Geraldo Vandré, entre outros.

No presente texto destaco duas composições (quase homônimas) que marcaram peremptoriamente suas respectivas épocas: *Aquarela do Brasil*, de Ary Barroso, composta no final da década de 1930, e *Brasil*, de Cazuza, Nilo Romero e George Israel, lançada durante os anos 1980.

Aquarela do Brasil, interpretada originalmente por Francisco Alves e regravada inúmeras vezes, é considerada por muitos como a "música brasileira do século XX". A clássica canção foi lançada durante a ditadura de Getúlio Vargas (período conhecido como Estado Novo). Na época, o Governo Federal pretendia fomentar uma cultura nacional que pudesse se contrapor a qualquer forma de regionalismo cultural (é importante salientar que durante a República Velha, período anterior à Era Vargas, as identidades locais eram mais fortes do que a própria identidade nacional). Sendo assim, com este intuito nacionalista (ou seria ufanista?), surgiu um novo gênero musical: o chamado samba-exaltação, estilo de samba menos rústico e mais sofisticado, que enaltecia as qualidades e a grandiosidade do Brasil.

Seguindo essa linha, *Aquarela do Brasil* apresenta uma visão extremamente otimista sobre o país. Reforça a crença de que "Deus é brasileiro": "O Brasil do meu amor, terra de Nosso Senhor"; ressalta o samba como uma das identidades nacionais: "O Brasil samba que dá, bamboleio, que faz gingar [...] É o meu Brasil brasileiro, terra de samba e pandeiro", e, como não poderia deixar de ser, destaca as belezas naturais: "Oh, esse coqueiro que dá coco, onde eu amarro a minha rede, nas noites claras de luar. Ah, ouve estas fontes murmurantes, onde eu mato a minha sede, e onde a lua vem brincar".

Cinco décadas após o lançamento do clássico de Ary Barroso, o Brasil vivia um clima extremamente conturbado: eram os anos 1980, época em que o país, recém-saído do Regime militar (1964-1985), atravessava uma grave crise política (com a corrupção instalada em todas as esferas públicas) e econômica (marcada por trocas de moeda e altos índices de inflação). Nesse contexto ímpar, o samba-rock *Brasil* foi composto.

Ao contrário da composição quase homônima de Ary Barroso, que enfatiza nossas belezas naturais, a canção interpretada por Cazuza aponta, essencialmente, aspectos humanos do Brasil. Segundo Cazuza, "*Brasil* é uma música crítica [...]. Eu simplesmente passei o ano [1986] do lado de dentro, e quando abri a janela vi um país totalmente ridículo. O Sarney que era o 'não diretas' virou o 'Rei da Democracia'. [...]. O Brasil é muito triste trópico". (Sic)

Não por acaso, a composição, em versão gravada por Gal Gosta, foi tema de abertura da telenovela *Vale Tudo*, trama que apresentava como principal temática a questão de que se valia a pena, ou não, ser honesto no Brasil. "Não me subornaram. Será que é o meu fim?", diz um trecho da letra. A letra composta por Cazuza, Nilo Romero e George Israel ainda menciona a grande mídia como mecanismo alienador e manipulador: "ver TV a cores na taba de um índio, programado pra só dizer: sim, sim" e também chama a atenção para a displicência do povo diante da corrupção e convoca todos os brasileiros a se posicionarem diante do que estava acontecendo no país: "Brasil! Mostra tua cara. Quero ver quem paga pra gente ficar assim. Brasil! Qual é o teu negócio? O nome do teu sócio? Confia em mim.".

De maneira geral, podemos falar que em *Brasil* os autores conseguiram apresentar de forma singular a grande corrupção e o clima de impunidade que imperavam no país na década de 1980.

Uma conclusão precipitada sobre as duas composições aqui destacadas poderia apontar que no Brasil as características naturais são extremamente positivas, conforme o enaltecido por *Aquarela do Brasil*; enquanto os aspectos humanos são absolutamente perniciosos, como o cantado por Cazuza na música *Brasil*.

Nesse sentido, uma antiga lenda diz que Deus criou uma terra onde quase todo o seu lado direito seria formado por lindas praias de águas límpidas, não haveria ciclones nem terremotos, belas quedas de água marcariam a paisagem de vários lugares, o solo germinaria o que se quiser plantar e existiriam animais de todas as espécies. Essa terra receberia o nome de Brasil. "Ah, Deus! Mas, isso é muita coisa boa e nenhuma ruim para um pedaço só", questionou um assistente divino. E imediatamente Deus retrucou: "É, mas você vai ver o povinho que vou colocar lá". Entretanto, a realidade não se mostra dessa forma. Antes de tudo, é imprescindível evitar colocações precipitadas e maniqueístas. Não possuímos uma natureza tão exuberante, e tampouco nós, brasileiros, somos seres humanos degradados. As recentes intempéries físicas, como o ciclone Catarina em 2004, corroboram a tese de que não contamos com uma natureza tão privilegiada assim. Nesse sentido, não somos tão "abençoados por Deus" como afirma Jorge Ben Jor na música *País tropical*. Em contrapartida, as grandes demonstrações de generosidade e fraternidade do brasileiro em geral confirmam que não somos um povo desprezível como muitos afirmam. Como qualquer outra nação, o Brasil apresenta pontos positivos e negativos. Portanto, a questão é saber analisá-los honestamente e sem preconceitos.

LADEIRA, Francisco. O Brasil de Ary Barroso e Cazuza. *Obvious*. Disponível em: <http://obviousmag.org/observando_o_cotidiano/2015/o-brasil-de-ary-barroso-e-cazuza.html>. Acesso em: 2 abr. 2018.

1. É possível, assim como no caso das canções analisadas no texto, retratar o Brasil por meio de histórias literárias, filmes e outras manifestações artísticas? Cite outras expressões artísticas que possibilitam retratar o Brasil e escolha uma delas para fazer uma análise própria.

2. Você conhece alguma canção da atualidade que represente o momento histórico do país? Qual?

Para pesquisar

1. Pesquise em grupo alguns diferentes conceitos de cultura. Em seguida, escolha quais se identificam mais com a realidade em que vivem os estudantes e trabalhadores da sua escola.

2. Desenvolva uma redação com o seguinte título: Minha cultura. Tente relatar a origem étnica e nacional da sua família, a cultura gastronômica, musical e comportamental dos seus antepassados. Converse com os membros da sua família e levante informações acerca de seu sobrenome na internet. O resultado costuma ser surpreendente.

LIVROS RECOMENDADOS

A identidade cultural na pós-modernidade
De Stuart Hall. Rio de Janeiro: DP&A, 2011.
O sociólogo jamaicano Stuart Hall (1932-2014) apresenta as mudanças na cultura global e suas implicações na identidade dos indivíduos, grupos e classe sociais. Com ricos exemplos e uma linguagem cativante, Hall compreende que é mais difícil falar hoje em culturas e identidades fixas, devido às mudanças radicais e sucessivas no modo como se organizam as sociedades contemporâneas.

A metamorfose
De Franz Kafka. São Paulo: Hedra, 2006.
Publicado pela primeira vez em 1915, essa novela é mundialmente conhecida. O texto narra a história de Gregor Samsa que, numa manhã, acordou transformado num grande inseto. A reação da família, do patrão, da sociedade retratam a cultura da época e a crise de valores no mundo capitalista. Uma obra sempre clássica.

SUGESTÃO DE FILME

***Pride* (Inglaterra, 2014)**
Direção: Matthew Warchus.
Em 1984, Margaret Thatcher está no poder e os mineiros estão em greve. O orgulho *gay* chega a Londres e os ativistas resolvem arrecadar fundos para ajudar a família dos trabalhadores sem salários. O que uniria numa causa tão nobre grupos tão distintos? O filme, de modo muito bem-humorado, explora a cultura de uma era marcada pela supressão de direitos e, ao mesmo tempo, pela ampliação da solidariedade entre indivíduos e diversos fragmentos de classes sociais.

Conexão de saberes

PENSE E DANCE!

A música é uma das mais ricas expressões socioculturais. Ritos religiosos, práticas de integração entre indivíduos e grupos, produções culturais no cinema e no teatro têm na música uma parceria indispensável. É na dança que a música apresenta mais beleza e importância. Pelos ritmos e passos da dança em todo o mundo, a cultura revela os elementos da sua ancestralidade e a maneira como está sintonizada com o presente.

A vida em sociedade é um enorme palco onde se apresentam incontáveis e surpreendentes dançarinos, promovendo valores e impressões culturais de comunidades humanas cada vez mais relacionadas entre si.

DANÇA REGIONAL
Festa de casamento na aldeia, de Karoly Lotz, óleo sobre tela, s/d (Galeria Nacional da Hungria, Budapeste, Hungria). Esse renomado artista, cujas obras representam o estilo romântico, idealizado, é um dos mais importantes da Hungria no século XIX. Na pintura, grupo de jovens usando roupas típicas reproduz danças folclóricas húngaras. Registro na obra de arte do que se vê na vida das pessoas. Na fotografia, dança tradicional húngara, 2012.

DANÇA DE RODA
Candido Portinari (1903-1962) foi um dos mais importantes artistas plásticos brasileiros. O aspecto de sua produção mais conhecido pelo grande público é a preocupação com a temática social, tanto nacional quanto internacional. Porém, existiu também uma faceta lírica em sua obra, com lembranças da infância, como em *Roda infantil*, óleo sobre tela, 1932 (coleção particular).
Na fotografia, crianças brincando em vila rural na Índia, 2008.

DANÇA DE SALÃO

Dançarinos, de Fernando Botero (1932-), pastel sobre papel, 2002 (Coleção do artista). Com obras marcadas pelo estilo figurativo, o artista colombiano se tornou mundialmente conhecido por seus personagens volumosos, arredondados, tanto em suas pinturas quanto nas esculturas. Na fotografia, dançarinos na Polônia, em 2016.

BALÉ

A pequena dançarina de 14 anos, c. de 1879/1881, de Edgar Degas (Sterling and Francine Clark Art Institute, Massachusetts, EUA). O artista plástico francês chegou a ser considerado o "pintor das bailarinas", tema recorrente na obra do artista. Mais da metade de seus quadros e esculturas, cerca de 2 mil, mostra bailarinas em apresentação, em ensaios ou em momentos de descanso.
Na fotografia, apresentação do Royal Russian Ballet, tradicional escola de balé russa, em cidade da China, 2008.

QUADRILHA

Festa junina, de Militão dos Santos, 2004 (coleção particular). A sofisticação e a intensidade das cores são características da arte de Militão dos Santos. Ele é representante da arte *naïf*, sinônimo de arte original, instintiva, que passa uma visão ingênua do mundo, produzida por artistas autodidatas, sem formação acadêmica. Na fotografia, quadrilha em Campina Grande, Paraíba, em 2012.

CAPÍTULO 28 | UNIDADE E DIVERSIDADE CULTURAL NO BRASIL   309

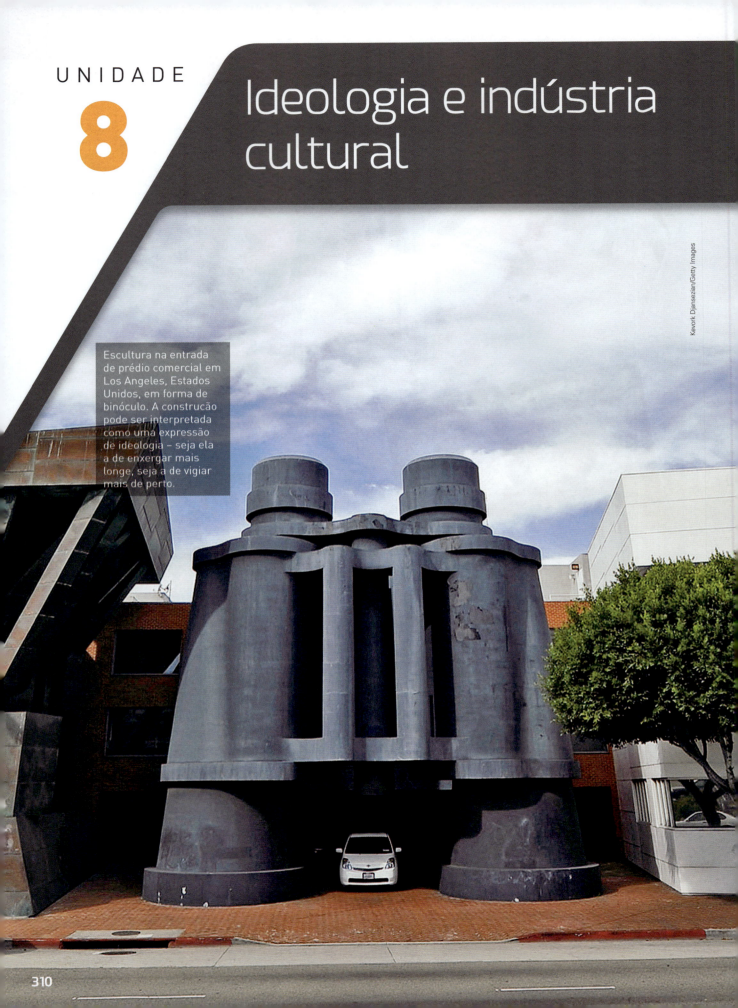

UNIDADE 8

Ideologia e indústria cultural

Escultura na entrada de prédio comercial em Los Angeles, Estados Unidos, em forma de binóculo. A construção pode ser interpretada como uma expressão de ideologia – seja ela a de enxergar mais longe, seja a de vigiar mais de perto.

Ideologia: é preciso ter uma para viver?

Cazuza, um dos mais carismáticos ídolos do *rock* brasileiro na década de 1980, anunciava que queria ter uma ideologia para viver. Decerto, ele pensava no sentido corriqueiro dado à expressão: conjunto de ideais, motivos para acordar toda manhã, princípios de vida e valores do espírito humano que possam enfrentar a dureza dos desafios que o tempo impõe a todos os indivíduos e grupos sociais.

A ideologia está presente em um filme ou novela, nas páginas de uma revista, na internet, em uma música ou em um discurso proferido por alguma autoridade, por exemplo.

Alguém certa vez comparou a ideologia com a chuva, que vem sempre de cima para baixo e molha todo mundo. Alguns indivíduos, conscientes do problema e por precaução, se protegem utilizando os mais variados instrumentos, mesmo que frágeis, mas nunca estarão completamente imunes à chuva ideológica.

Os livros, os discos e os filmes e todos os produtos culturais são apreciações da realidade elaboradas por um conhecimento subjetivo – o de seus autores – já demarcado pela ideologia e suas múltiplas formas de aparição e dominação. Come-se, veste-se, pensa-se, critica-se, age-se sempre dentro de um leque possível, capturado pelas enormes garras da ideologia e suas permissões. A ideologia, portanto, é um obstáculo à compreensão dos fatos e às mudanças efetivas da sociedade em que se vive.

A ideologia tem aliados nas estruturas políticas, no universo do trabalho, nas instituições (escolas, igrejas, famílias, etc.), nos meios de comunicação e até nas modernas tecnologias.

A Sociologia pode analisar o tema ideologia de várias formas, mas o essencial é revelar os fundamentos sobre os quais se elabora o conhecimento da realidade. Ao mesmo tempo, procura desvendar uma série de processos sociais que orientam e deformam determinadas visões de mundo, trazendo à tona discussões sobre personagens e episódios do cotidiano que nem sempre correspondem à realidade. É sobre esses aspectos da ideologia que se tratará nesta unidade.

CAPÍTULO 29

A ideologia: usos e atribuições

A ideologia é um conceito típico das modernas sociedades ocidentais, as quais são elaboradas a partir do desenvolvimento do trabalho humano nas grandes cidades e do crescimento das desigualdades nas relações entre os indivíduos e os grupos sociais.

Uma das primeiras noções de ideologia foi expressa por Francis Bacon (1561-1626), em seu livro *Novum organum* (1620). Ele não utilizava o termo ideologia, mas, ao recomendar um estudo fundamentado na observação, declarava que, até aquele momento, o entendimento da verdade estava obscurecido por ídolos, ou seja, por ideias erradas e irracionais.

O termo ideologia foi utilizado inicialmente pelo pensador francês Destutt de Tracy (1754-1836), em seu livro *Elementos de ideologia* (1801), no sentido de "ciência da gênese das ideias". Em pleno período iluminista, que emprestava crédito exagerado à força da razão, Tracy procurou elaborar uma explicação para os fenômenos sensíveis que interferem na formação das ideias, ou seja, a vontade, a própria razão, a percepção e a memória.

Um sentido diferente de ideologia, o de "ideia falsa" ou "ilusão", foi utilizado por Napoleão Bonaparte (1768-1821) num discurso perante o Conselho de Estado, em 1812. Nesse discurso, Napoleão afirmou que os males da França deviam ser atribuídos "à ideologia, essa tenebrosa metafísica", destacando a falta de conexão com a realidade do pensamento de seus adversários, que questionavam e perturbavam sua ação governamental.

Foram Karl Marx (1818-1888) e Friedrich Engels (1820-1895), contudo, que utilizaram a ideologia de forma mais definitiva, de modo que o uso que sugeriram do conceito chegou aos nossos dias como seu verdadeiro sentido. No livro *A ideologia alemã* (1846), eles se referiram à ideologia como um sistema de representações e de ideias que correspondem a formas de consciência que as pessoas têm em determinada época. Essa consciência é condicionada pela existência social dos indivíduos, isto é, o modo como a pessoa vive define como ela pensa. No entanto, em qualquer época, as ideias que predominam são as da classe dominante, pois quem controla a produção e a distribuição de bens materiais também regula e controla a produção e a distribuição dos bens intelectuais.

Assim, para Marx e Engels, a ideologia não é mera ilusão e aparência, mas uma realidade

// A ideologia dominante é veiculada pelos grandes conglomerados de comunicação. A maneira como esses veículos transmitem a informação é carregada de posições político-ideológicas ou político-partidárias.

objetiva e atuante manipulada pela burguesia, que procura camuflar as contradições e os conflitos próprios de uma sociedade dividida em classes e obscurecer seus fundamentos, principalmente o processo de exploração e as desigualdades sociais. Nessa perspectiva, a ideologia seria um conjunto de ideias e crenças cujo objetivo é legitimar e defender os interesses e a visão de mundo da classe dominante, utilizando como ferramentas a dissimulação e a distorção.

Émile Durkheim (1858-1917), por sua vez, ao discutir a questão da objetividade científica, em seu livro *As regras do método sociológico* (1895), afirma que, para ser o mais preciso possível, o cientista deve deixar de lado todas as pré-noções, as noções vulgares, as ideias antigas e pré-científicas e também as impressões subjetivas. Deixar-se levar por essas questões, na visão dele, seria o mesmo que deixar-se contaminar por algo correspondente à ideologia, cuja essência é negar que haja independência dos fatos sociais em relação ao modo como os observam seus analistas.

O sociólogo húngaro Karl Mannheim (1893-1947) talvez seja o pensador, depois de Marx, que mais tenha influenciado a discussão sobre ideologia. No livro *Ideologia e utopia* (1929), ele conceitua duas formas de ideologia: a particular e a total. A particular corresponde à ocultação da realidade, incluindo mentiras conscientes e ocultamentos subconscientes e inconscientes, que provocam enganos. A ideologia total é a visão de mundo (cosmovisão) de uma classe social ou de uma época. Nesse caso, não há ocultamento ou engano, apenas a reprodução das ideias próprias de uma classe ou ideias gerais que permeiam a sociedade.

Para Mannheim, as ideologias são sempre conservadoras, pois expressam o pensamento das classes dominantes, que visam à estabilização da ordem. Em contraposição, ele chama de utopia o que pensam as classes oprimidas, que buscam a transformação.

Depois de Mannheim, muitos outros pensadores estudaram e utilizaram o conceito de ideologia, e todos o conceberam, de modo direto ou indireto, como uma força negativa (deformadora do conhecimento), tal qual aparece na obra de Marx e Engels, ou em sua dimensão positiva (constitutiva de visões de mundo de grupos e classes sociais), como aposta e apresenta o autor de *Ideologia e utopia*.

NAS PALAVRAS DE MANNHEIM

Ideologia e utopia

O conceito de "ideologia" reflete uma das descobertas emergentes do conflito político, que é a de que os grupos dominantes podem, em seu pensar, tornar-se tão intensamente ligados por interesses a uma situação que simplesmente não são mais capazes de ver certos fatos que iriam solapar seu senso de dominação. Está implícita na palavra "ideologia" a noção de que, em certas situações, o inconsciente coletivo de certos grupos obscurece a condição real da sociedade, tanto para si como para os demais, estabilizando-a, portanto.

O conceito de pensar utópico reflete a descoberta oposta à primeira, que é a de que certos grupos oprimidos estão intelectualmente interessados na destruição e na transformação de uma dada condição da sociedade que, mesmo involuntariamente, somente veem na situação os elementos que tendem a negá-la. Seu pensamento é incapaz de diagnosticar corretamente uma situação existente da sociedade. Eles não estão absolutamente preocupados com o que realmente existe; antes, em seu pensamento, buscam mudar a situação existente. Seu pensamento nunca é um diagnóstico da situação; somente pode ser usado como uma orientação para a ação. Na mentalidade utópica, o inconsciente coletivo, guiado pela representação tendencial e pelo desejo de ação, oculta determinados aspectos da realidade. Volta as costas a tudo que pudesse abalar sua crença ou paralisar seu desejo de mudar as coisas.

MANNHEIM, Karl. *Ideologia e utopia*. Rio de Janeiro: Zahar, 1976. p. 66-67.

A ideologia no cotidiano

No cotidiano, nas relações com as outras pessoas, exprimimos por meio de ações, palavras e sentimentos uma série de elementos ideológicos. A lógica que estrutura a sociedade capitalista é a da mercadoria, ou seja, a da mercantilização de todas as relações, sejam elas culturais ou sentimentais. Pode-se dizer que há um modo capitalista de viver, de sentir e de pensar.

A expressão da ideologia na sociedade capitalista pressupõe a elaboração de um discurso homogêneo, pretensamente universal, que, buscando identificar a realidade social com o que os membros da classe dominante pensam sobre ela, silencia discursos e representações contrários.

Esse discurso homogêneo não leva em conta a história e destaca categorias genéricas – a família ou a juventude, por exemplo –, passando, em cada caso, uma ideia de unidade, de uniformidade. Ora, existem famílias com constituições diferentes e em situações econômicas e sociais diversas. Há jovens que vivem nas periferias das cidades ou na zona rural, enfrentando dificuldades, bem como jovens que moram em bairros luxuosos ou condomínios fechados, desfrutando de privilegiada situação econômica ou educacional. Portanto, não há a família e a juventude, mas famílias e jovens diversos, produzindo e vivendo histórias distintas e, ao mesmo tempo, em alguma sintonia umas com as outras.

Outra manifestação ideológica na sociedade capitalista é a ideia de que se vive em uma comunidade sem muitos conflitos e contradições. As expressões mais claras disso são as concepções de nação ou de região como determinado país ou espaço geográfico definido. Essas concepções passam a visão de que há uma comunidade de interesses e propósitos partilhados por todos os que vivem num país ou num espaço específico. Ficam assim obscurecidas as diferenças sociais, econômicas e culturais, bem como se apagam os conflitos entre os vários grupos e classes, enfatizando-se uma unidade que não existe. Um exemplo disso é a atribuição de determinadas características a toda uma região de grande diversidade.

Uma ideologia largamente disseminada pelo capitalismo é a da meritocracia, que preconiza a possibilidade irrestrita de ascensão social para aqueles que se esforçarem devidamente, desconsiderando as particularidades históricas que negam a determinados indivíduos privilégios de que os outros usufruem.

UMA HISTÓRIA CONCISA DAS RELAÇÕES ENTRE BRANCOS E NEGROS NOS EUA.

É comum, por exemplo, pensar que existe no Brasil um "nordestino ou um sulista" típicos, como se todas as pessoas que residem no Nordeste ou no Sul fossem iguais, não havendo conflitos e contradições. Essa ideia é uma construção ideológica, normalmente repleta de preconceitos que impedem a compreensão da realidade social brasileira, suas distorções e, de modo ainda mais evidente, suas práticas de discriminação e violência.

Existem, ainda, outras formas ideológicas que são desenvolvidas sem muito alarde e que integram nosso cotidiano. Uma delas é a ideia de felicidade, que, para muitos, é um estado relacionado ao amor, à estabilidade financeira e profissional, significando bem-estar existencial e material. Entre as várias situações relacionadas à felicidade, porém, a mais notória é a amorosa. Apesar de todas as condições adversas que um indivíduo possa enfrentar, os filmes, as novelas e as revistas estão constantemente reforçando o lema: "o amor vence todas as dificuldades".

Talvez a maior de todas as expressões ideológicas encontradas no cotidiano seja a ideia de que o conhecimento científico é verdade inquestionável. Muitas pessoas podem não acreditar em uma explicação oferecida por campos do conhecimento que não são considerados científicos, mas basta dizer que se trata de resultado de pesquisa ou informação de um cientista para que a tomem como verdadeira e passem a orientar suas práticas cotidianas por ela. Da busca do sentido da vida às possibilidades de sucesso, a ciência é vista como solução para todos os problemas, males e enigmas.

Ora, nada está mais distante do conhecimento científico do que a ideia de verdade absoluta e a pretensão de explicar todas as coisas. A ciência nasceu e se desenvolveu questionando as explicações dadas a situações e fenômenos, e continua se desenvolvendo com base no questionamento dos próprios resultados. O pensamento científico é histórico e tem validade temporária, sendo a dúvida seu valor maior.

Mas o conhecimento científico, quando analisado da perspectiva de um pensamento hegemônico ocidental, adquire um caráter colonialista, pois o que é particular se universaliza e se transforma em um paradigma que nega outras formas de explicar e conhecer o mundo. Assim, desqualifica outras culturas e saberes, tidos como inferiores e exóticos, como o conhecimento das civilizações ameríndias, orientais e árabes.

Num certo sentido, ao se transformar em cientificismo (com o "ismo" dando a ideia de doença, mal-estar), a ciência se aproxima dos dogmas e obscurantismos que tanto combateu nas ideologias religiosas que dominavam a consciência humana nas sociedades pré-modernas. Passa a ser, assim, um novo tipo de dominação, de verdade "inquestionável".

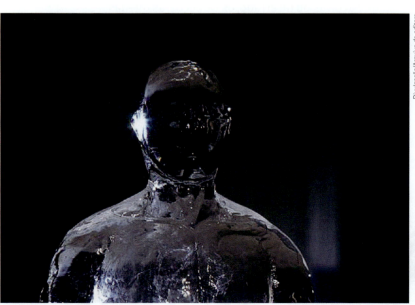

Cena do documentário *Test of Faith*, no qual cientistas questionam se o que se sabe sobre o Universo, graças à ciência, exigiria "um criador" e discutem teorias como a do multiverso.

Cenário da ideologia

O currículo "vitaminado"

Você já deve estar pensando em fazer o seu *curriculum vitae* e sabe o que deverá incluir nele.

O documento que registra nossa passagem pela vida produtiva foi bem analisado pelo filósofo brasileiro Leandro Konder (1936-2014), em um artigo intitulado "O *curriculum mortis* e a reabilitação da autocrítica". Nesse artigo, Konder diz que o *curriculum vitae* é a ponta do *iceberg* de nossa visão triunfalista da vida, pois nele só escrevemos o que consideramos um sucesso em nossa carreira. Em suas palavras:

O *curriculum vitae* [...] é o elemento mais ostensivo de uma ideologia que nos envolve e nos educa nos princípios do mercado capitalista; é a expressão de uma ideologia que inculca nas nossas cabeças aquela "mentalidade de cavalo de corrida" a que se refere a escritora Doris Lessing. Não devemos confessar o elevado coeficiente de fracasso de nossas existências, porque devemos ser "competitivos". Camões, o genial Camões, autor de tantos poemas líricos maravilhosos, não poderia colocar em seu *curriculum vitae* o verso famoso: "Errei todo o discurso dos meus anos".

A ideologia que se manifesta no *curriculum vitae*, afinal, aumenta as nossas tensões internas, porque nos dificulta a lucidez e a coragem de assumir o que efetivamente somos; nos obriga a vestir o uniforme do "super-homem", a afetar superioridades artificiais. Além disso, ela incita à mentira, gera hipocrisia. Por sua monstruosa unilateralidade, a imagem do vitorioso, que ela nos obriga a exibir, empobrece o nosso conhecimento de nós mesmos, prejudica gravemente a sinceridade da nossa autoanálise. [...]

O que aconteceu de errado, os tropeços, as quedas e os fracassos não aparecem no *curriculum*, quando na maioria das vezes são a maior parte das ocorrências. Por isso, o filósofo propõe que façamos nosso *curriculum mortis* e registremos nele tudo o que não deu certo. Será uma maneira de fazer autocrítica: o primeiro passo para desenvolver a capacidade de criticar e ser criticado e, ainda, ampliar a autoestima. Para destacar a importância e a necessidade da autocrítica, Konder faz as seguintes considerações:

[...] Como superar o estreitamento dos nossos horizontes, provocado pelo mercado hipercompetitivo, que nos joga constantemente uns contra os outros? Os mecanismos do mercado forçam as pessoas a buscar lucros cada vez maiores, a disputar um lugar de trabalho melhor remunerado, ameaçam-nas com o desemprego e a miséria, intimidam-nas com a falência; além disso, disseminam a insegurança e produzem a cristalização não só dos interesses materiais como dos modos de sentir e de pensar. Fortalece-se, nas criaturas, a exigência de forjar álibis.

[...]

Forjamos para nós imagens que nos ajudem a viver; e nos apegamos a elas. O autoritário se apresenta como "enérgico" e "corajoso"; o oportunista, como "prudente" ou "realista"; o covarde, como "sensato"; o irresponsável, como "livre". Não existe nenhuma tomada de posição no plano político ou filosófico que, por si mesma, imunize a consciência contra a ação desses mecanismos. Somos todos divididos, contraditórios. Por isso mesmo, precisamos promover discussões, examinar e reexaminar a função interna das nossas racionalizações. Quer dizer: precisamos realizar permanentemente um vigoroso esforço crítico e autocrítico.

A autocrítica é de uma importância decisiva. É por ela que passa o teste da superação do conservadorismo dentro de nós. Um conservador – é claro – pode fazer autocrítica; mas, se a autocrítica for feita mesmo para valer, ele seguramente não estará sendo conservador no momento em que a fizer. [...]

KONDER, Leandro. *O marxismo na batalha das ideias*. São Paulo: Expressão Popular, 2009. p. 53-61.

1. Considerando as desigualdades sociais que se observam no Brasil, indique possíveis efeitos do culto ao sucesso pessoal e das exigências relacionadas ao currículo.

2. Dê exemplos de coisas fundamentais em nossa vida que não se resumem à *performance* e ao sucesso.

3. Escreva seu *curriculum mortis*, ou seja, uma relação das coisas que não deram certo em sua vida. Procure analisar as razões dos insucessos.

Pessoas procuram alocação profissional em São Paulo, SP, 2009. Juca Martins/Olhar Imagem

A indústria cultural e a difusão de ideologias

CAPÍTULO 30

No mundo contemporâneo, as comunicações se ampliaram em escala global: cotidianamente, entre outras atividades, pode-se assistir à televisão, fazer pesquisas na internet, contatar amigos por *e-mail*, receber e enviar mensagens instantâneas, acessar *sites* de relacionamento, ler jornais e revistas publicados em todo o mundo, escutar programações de rádio nas mais diferentes escalas, local, regional, nacional e mundial. De que maneira a Sociologia reflete sobre tudo isso?

Os pensadores alemães Theodor W. Adorno (1903-1969) e Max Horkheimer (1895-1973) criaram o conceito de indústria cultural em 1947, quando escreveram o texto "A indústria cultural: o esclarecimento como mistificação das massas", parte da obra *Dialética do esclarecimento*. Nele, afirmaram que esse conceito permitia explicar o fenômeno da exploração comercial e a banalização da cultura. Adorno e Horkheimer utilizam "indústria cultural" no lugar de "cultura de massa", pois esta daria a ideia de que há uma cultura que surge espontaneamente das próprias massas, quando o que ocorre é um processo contrário, ou seja, são produzidos bens culturais adaptados ao consumo das massas que em grande medida determinam esse consumo. Assim, o consumidor não é o sujeito que determina o que se produz, mas o seu objeto, aquele que simplesmente consome o que é produzido. Quem produz os bens culturais cria o seu consumidor e a sua demanda de consumo.

A preocupação básica de Adorno e Horkheimer era a emergência de empresas interessadas na produção em massa de bens culturais (música, artes plásticas, artes visuais, etc.), como se fossem mercadorias (roupas, automóveis, sabonetes, etc.). Essas empresas visam exclusivamente ao consumo, tendo como fundamentos a lucratividade e a adesão incondicional ao sistema dominante.

Nos filmes de ação, por exemplo, o espectador é tranquilizado com a promessa de que o vilão terá um castigo merecido. Tanto os sucessos cinematográficos quanto os musicais parecem dizer que a vida tem sempre as mesmas tonalidades e que é recomendável a todos se habituar a seguir os compassos previamente marcados. Dessa forma, o sujeito se sente integrado a uma sociedade imaginária, sem conflitos e sem desigualdades.

Adorno e Horkheimer apontaram a possibilidade de homogeneização de pessoas, grupos e classes sociais. Colocando a felicidade nas mãos dos consumidores mediante a compra de alguma mercadoria ou produto cultural, a indústria cultural seduziria todas as classes, reforçando e estimulando a uniformização dos modos de pensar, agir e sentir.

A massificação do consumo de música é um dos aspectos da indústria cultural, segundo Adorno e Horkheimer.

NAS PALAVRAS DE ADORNO

Indústria cultural e ideologia

Dependência e servidão dos homens, objetivo último da indústria cultural, não poderiam ser mais fielmente caracterizados do que por aquela pessoa estudada numa pesquisa norte-americana, que pensava que as angústias dos tempos presentes teriam fim se as pessoas se limitassem a seguir as personalidades preeminentes. A satisfação compensatória que a indústria cultural oferece às pessoas ao despertar nelas a sensação confortável de que o mundo está em ordem frustra-as na própria felicidade que ela ilusoriamente lhes propicia. O efeito de conjunto da indústria cultural é o de uma autodesmistificação, [...], a saber, a dominação técnica progressiva se transforma em engodo das massas, isto é, em meio de tolher a sua consciência. Ela impede a formação de indivíduos autônomos, independentes, capazes de julgar e de decidir conscientemente. Mas estes constituem, contudo, a condição prévia de uma sociedade democrática, que não se poderia salvaguardar e desabrochar senão através de homens não tutelados. Se as massas são injustamente difamadas do alto como tais, é também a própria indústria cultural que as transforma nas massas que ela depois despreza, e impede de atingir a emancipação, para a qual os próprios homens estariam tão maduros quanto as forças produtivas da época o permitiriam.

ADORNO, Theodor W. A indústria cultural. In: COHN, Gabriel (Org.). *Comunicação e indústria cultural*. São Paulo: Companhia Editora Nacional/Edusp, 1971. p. 294-295.

Antes dos autores de *Dialética do esclarecimento*, a relação entre cultura e ideologia havia sido analisada pelo pensador italiano Antonio Gramsci (1891-1937), que demonstrou que esses dois conceitos não podiam ser utilizados separadamente, pois havia uma profunda relação entre eles, sobretudo no que diz respeito ao processo de dominação nas sociedades capitalistas.

Ele desenvolveu a análise com base no conceito de hegemonia (palavra de origem grega que significa "supremacia", "preponderância") e no que ele chamou de aparelhos privados de hegemonia.

Por hegemonia pode-se entender o processo pelo qual uma classe dominante consegue que seu projeto de sociedade e de dominação seja aceito pelos dominados, desarticulando a visão de mundo autônoma de cada grupo potencialmente adversário. Isso é feito por meio dos aparelhos privados de hegemonia, que são instituições no interior do Estado ou fora dele, como o sistema escolar, a igreja, os partidos políticos, os sindicatos e os meios de comunicação. Nesse sentido, cada relação de hegemonia é sempre pedagógica, pois envolve uma prática de convencimento, de ensino e aprendizagem.

Para Gramsci, uma classe se torna hegemônica quando, além do poder coercitivo e policial, utiliza a persuasão, produz o consenso, que é desenvolvido mediante um sistema de ideias muito bem elaborado por intelectuais a serviço do poder, para convencer a maioria das pessoas. Por esse processo, cria-se uma "cultura dominante efetiva", que deve se infiltrar no senso comum de um povo, com o objetivo de demonstrar que a visão de mundo daquele que domina é a única possível.

// Para Gramsci, a escola é uma das instituições encarregadas de propagar a ideologia da classe dominante.

A ideologia não é o lugar da ilusão e da mistificação, mas o espaço da dominação, que não se estabelece somente com o uso legítimo da força pelo Estado, mas também pela direção moral e intelectual da sociedade como um todo, baseada nos elementos culturais de cada povo.

Gramsci aponta também a possibilidade de haver um processo de contra-hegemonia, desenvolvido por intelectuais orgânicos, vinculados à classe trabalhadora, na defesa de seus interesses. Contrapondo-se à inculcação dos ideais burgueses por meio da escola, dos meios de comunicação de massa, etc., eles combatem nessas mesmas frentes, defendendo outra forma de "pensar, agir e sentir" na sociedade em que vivem.

NAS PALAVRAS DE GRAMSCI

Diferenciando as ideologias

É necessário [...] distinguir entre ideologias historicamente orgânicas, que são necessárias a uma determinada estrutura, e ideologias arbitrárias, racionalísticas, "voluntaristas". Enquanto são historicamente necessárias, as ideologias têm uma validade "psicológica": elas "organizam" as massas humanas, formam o terreno no qual os homens se movimentam, adquirem consciência de sua posição, lutam etc. Enquanto são arbitrárias, não criam mais do que "movimentos" individuais, polêmicas etc. (nem mesmo estas são completamente inúteis, já que funcionam como o erro que se contrapõe à verdade e a afirma).

COUTINHO, Carlos Nelson. *Leitor de Gramsci*. Rio de Janeiro: Civilização Brasileira, 2011. p.147-148.

O sociólogo franco-argelino Pierre Bourdieu (1930-2002) desenvolveu vários conceitos, como poder simbólico, violência simbólica e dominação simbólica, para identificar formas culturais que impõem e fazem que se aceite como normal (como uma verdade que sempre existiu e não pode ser questionada) um conjunto de regras não escritas nem ditas. Ele usa a palavra grega *doxa* (que significa "opinião") para designar esse tipo de prática social estável, tradicional, em que o poder aparece como algo absolutamente natural.

Dessa ideia nasce o que Bourdieu define como "naturalização da história", condição em que os fatos sociais (sejam quais forem, grandes ou pequenos) passam a ser vistos como parte da paisagem social, uma verdade que se revela de forma inevitável e incombatível, tornando-se "verdade" para todos. Um exemplo disso é a dominação masculina, vista na sociedade como algo "natural", já que as mulheres seriam "naturalmente" mais fracas e sensíveis e, portanto, deveriam se submeter aos homens. Muitos aceitam essa ideia e dizem que "isso foi, é e será sempre assim".

Bourdieu afirma que é pela cultura que os dominantes garantem o controle simbólico (ideológico), desenvolvendo uma prática cuja finalidade é manter o distanciamento entre as classes sociais. Assim, existem práticas sociais e culturais que distinguem quem é de uma classe ou de outra: os "cultos" teriam conhecimentos científicos, artísticos e literários que os oporiam aos "incultos". Isso é resultado de uma imposição cultural (violência simbólica) que define o que é "ter cultura".

Já Michel Foucault (1926-1984) contribuiu de modo muito interessante para a compreensão da disseminação de certas ideias e práticas em sociedade. O autor de *Vigiar e punir* considerava que não existe um único poder central e irradiador de pressões violentas e deformadoras da consciência. O que há são redes de influência que levam discursos e ações de um lado a outro, configurando inúmeras "microfísicas de poder", um rico conceito de Foucault para expressar as relações de dominação nos mais singelos e aparentemente triviais níveis da vida.

Charge de Angeli denuncia a naturalização da corrupção.

Assim, o policial, o professor, o burocrata de uma simples repartição pública, o apresentador de um programa televisivo, todos impõem pareceres e condicionam o comportamento humano, produzindo o que Foucault chama de sujeitamento dos indivíduos, que passam a agir com pouca liberdade e incontáveis limitações.

Nesse sentido, pode-se pensar numa indústria de valores e atitudes que se tornam válidos e devem ser vistos como indispensáveis à formação do cidadão "de bem", "ordeiro e correto". Com técnicas de disciplinamento do corpo e da alma (elaboradas e praticadas no interior de presídios, escolas, fábricas, igrejas e todo tipo de organização), é definida uma forma de ser "normal", fato que acaba por desestimular consciências questionadoras e ações efetivamente transformadoras.

A indústria cultural e a vida cotidiana

De todos os meios de comunicação que compõem a indústria cultural, a televisão é o mais forte agente de informações e de entretenimento, embora pesquisas recentes já demonstrem que ela pode ser desbancada pela internet na massificação da informação. Em países como o Brasil, por exemplo, devido aos altos índices de pobreza material e exclusão social – além dos péssimos resultados educacionais na formação de indivíduos autônomos e intelectualmente independentes –, a televisão alcança um número gigantesco de pessoas, por ser de fácil acesso e de muita sedução. Os aparelhos de TV estão presentes na maioria das residências, mesmo nas regiões mais longínquas. Ainda assim, levando-se em conta que o acesso à rede mundial de computadores se amplia diariamente no país e em todo o mundo, alterando a maneira como as pessoas se informam sobre a realidade, pode-se declarar que a análise de Adorno e Horkheimer, desenvolvida em 1947, está ultrapassada ou mantém seu poder de explicação?

Observando que o que mudou foram a tecnologia dos meios de comunicação, as formas de mistificação que adotam e a apresentação da embalagem dos produtos, podemos afirmar que o conceito de indústria cultural conserva o mesmo poder de explicação. Os produtos culturais aparecem com invólucros cada vez mais esplendorosos, pois a cada dia são maiores as exigências para prender a atenção dos indivíduos. Há produtos cuja oferta é justificada pelo argumento de que atendem às necessidades das pessoas que desejam apenas entretenimento e diversão, sem se preocupar com o caráter educativo ou cultural do que consomem. Mas isso é falso, uma vez que esses produtos são oferecidos tendo em vista o objetivo puro e simples de obtenção de lucros. Por meio de propaganda intensa, as empresas criam desejos artificiais e temporários, com a implícita necessidade de consumir mercadorias que logo serão substituídas por outras, mais "modernas" e rentáveis.

O "mundo maravilhoso" e sem diferenças está presente nos programas de televisão, que mostram guerras, mortes, miséria e opressão como tragédias que atingem "o outro" e estão fora do alcance do espectador: como sempre foi assim, é inútil e desnecessário melhorar o que aí está.

Preocupado com o que a televisão vem ocasionando na esfera cultural, o cientista social italiano Giovanni Sartori (1924-2017), em seu livro *Homo videns: televisão e pós-pensamento* (2001), reflete sobre esse meio de comunicação. Retomando a história das comunicações, ele destaca o fato de que as civilizações se desenvolveram quando a transmissão de conhecimento passou da forma oral para a escrita. Até o surgimento da imprensa, em 1440, a transmissão de conhecimentos era muito restrita. Foi com Johannes Gutenberg (1398-1468) e a invenção da imprensa que ocorreu o grande salto tecnológico que permitiu a muitas pessoas o acesso à cultura escrita.

// Pessoas assistem a uma novela em restaurante em Uberlândia, Minas Gerais, 2014. A televisão é um meio de comunicação que atinge milhões de pessoas no Brasil e no mundo.

No século XIX, além do desenvolvimento da imprensa, que possibilitou a crescente produção de jornais e livros, outros avanços tecnológicos permitiram a diversificação das comunicações. Foram então inventados o telégrafo e o telefone, que facilitaram a comunicação entre pessoas a grande distância. O rádio foi o primeiro meio capaz de eliminar as distâncias em termos sociais mais amplos. Mas todos esses meios mantinham-se no universo da comunicação puramente verbal, escrita ou falada.

Entre o final do século XIX e as primeiras décadas do século XX surgiu o cinema, primeiro mudo e depois falado, inaugurando outro universo de comunicação, no qual a imagem se tornou fundamental. A televisão, nascida em meados do século XX, como o próprio nome indica (*tele-visão* = "ver de longe"), trouxe à cena um elemento completamente novo, em que o ato de ver tem preponderância sobre o de ouvir. A voz dos apresentadores é secundária, pois é subordinada às imagens que comentam e analisam. As imagens contam mais do que as palavras.

// A Guerra do Vietnã aconteceu entre 1959 e 1975, mesma época em que a televisão em cores foi introduzida nos Estados Unidos. As imagens inéditas, realistas, coloridas, ao vivo e acompanhadas de som foram importantes para que a população tivesse conhecimento do que acontecia e contribuíram para a oposição civil à guerra.

CAPÍTULO 30 | A INDÚSTRIA CULTURAL E A DIFUSÃO DE IDEOLOGIAS

A televisão oferece a possibilidade de ver tudo sem sair do universo local. Assim, como analisa Sartori, além de um meio de comunicação, a televisão é um elemento que participa da formação dos indivíduos e pode gerar um novo tipo de ser humano. Essa consideração está baseada na observação de que as crianças, em várias partes do mundo, passam muitas horas diárias assistindo à televisão antes de saber ler e escrever. Isso dá margem a um tipo de formação centralizado na capacidade de ver.

Se o que torna o ser humano diferente dos outros animais é a capacidade de abstração, a televisão, para Sartori, "[...] inverte o progredir do sensível para o inteligível, virando-o em um piscar de olhos [...] para um retorno ao puro ver. Na realidade, a televisão produz imagens e apaga os conceitos; mas desse modo atrofia a nossa capacidade de abstração e com ela toda a nossa capacidade de compreender". Então, o *Homo sapiens* está sendo substituído pelo *Homo videns*, ou seja, o que importa é a imagem, é o ver, e não o compreender.

NAS PALAVRAS DE ARBEX JR. E TOGNOLI

O circo-TV de cada dia

A televisão, que tem a capacidade de transmitir imagens ao vivo de qualquer parte do planeta durante as 24 horas do dia, nos dá a ilusão de trazer o mundo inteiro para dentro de nossas casas. [...] Já nem nos damos ao trabalho de parar para refletir [...]. Em geral, ficamos satisfeitos com aquilo que a televisão transmite e com os comentários de "especialistas", que acabamos esquecendo tão logo outro assunto nos chame mais a atenção. [...] Em princípio qualquer assunto é matéria televisiva. Da Guerra do Golfo ao jovem que matou a família com requintes de crueldade, do jogo de futebol a um programa de auditório que promove encontros entre pessoas interessadas em namorar. Não há assunto proibido, não há restrições que resistam à programação diária. Todos os ânimos da vida são "cobertos" pela televisão, qualquer espaço se tornou um espaço de representação diante das câmeras. Todas as chagas são expostas, todos os dramas são explorados, tudo é devorado pela curiosidade voraz dos espectadores.

ARBEX JR., José; TOGNOLI, Cláudio Júlio. *O mundo pós-moderno*. São Paulo: Scipione, 1996. p. 11-12.

Sem saída?

Várias críticas foram feitas à ideia de que a indústria cultural estaria destruindo a capacidade humana de discernimento. A partir das ideias formuladas por Walter Benjamin (1892-1940), companheiro de trabalho de Theodor Adorno, é possível fazer algumas observações sobre esse fenômeno.

De acordo com Benjamin, não seria preciso ser tão radical na análise das novas formas de comunicação (que depois seriam chamadas de indústria cultural), posto que elas poderiam ajudar a desenvolver o conhecimento, levando a arte e a cultura a um número maior de pessoas. Para ele, no passado, as obras de arte estavam a serviço de um grupo pequeno de indivíduos, de uma classe privilegiada. Com as novas técnicas de reprodução – como a fotografia e o cinema –, essas obras passaram a ser difundidas entre outras classes sociais. A imagem em uma pintura, que tinha unidade e duração, foi substituída pela fotografia, que pode ser reproduzida indefinidamente. Embora analise a questão do ponto de vista do acesso amplo aos bens culturais, contudo, Benjamin não perde de vista a ideia de que o capitalismo utiliza as novas técnicas a seu favor.

Que a ideologia dominante está presente em todos os produtos da indústria cultural é evidente, mas não se pode dizer que exista uma manipulação cultural integral e avassaladora, pois isso significa declarar que os indivíduos não pensam, apenas absorvem e reproduzem automaticamente o que recebem. É verdade que muitos indivíduos tendem a reproduzir o que veem ou leem, pois uma parcela significativa da população não dispõe das informações necessárias para questionar o que vê e ouve. Outros, entretanto, selecionam o que recebem, filtram e reelaboram a informação.

As relações sociais cotidianas são muito diversas e formam uma rede de informações que mescla várias fontes. Ademais, a capacidade de perceber e avaliar aquilo que os sentidos recebem é muito diversa. Pesquisando a ação da indústria cultural, percebe-se que os indivíduos não aceitam pacificamente tudo o que lhes é imposto. Exemplo disso é a dificuldade que essa indústria tem de convencer as pessoas de forma imperativa e sem questionamentos. Essa dificuldade fica evidente na necessidade de inventar e reinventar constantemente campanhas publicitárias de bens culturais e de direcioná-las a públicos específicos.

Desse modo, é possível observar um processo de resistência – o que Antonio Gramsci chama de contra-hegemonia –, mesmo que pequeno, dentro e fora da indústria cultural. Nas empresas de comunicação há trabalhadores que procuram apresentar críticas ao que nelas se produz, propiciando, assim, elementos para o desenvolvimento de um pensamento divergente.

Há ainda indivíduos que criticam o que se faz na televisão, no cinema e em todas as áreas culturais. Outros procuram criar veículos alternativos de informação sobre o que acontece no mundo, desenvolver produções culturais não massificadas ou manter canais de informação alternativa e crítica ao pensamento dominante em *sites* e *blogs* na internet. Não se pode esquecer também dos movimentos culturais que desenvolvem produções específicas de seus povos e grupos de origem.

// Latas de sopa Campbells, obra produzida em 1962 pelo artista plástico estadunidense Andy Warhol. A repetição presente em seus quadros faz referência à repetição presente na indústria cultural emergente da época.

Cenário da indústria cultural e da difusão ideológica

O mundo que o Facebook criou?

O pensamento complexo encontra tão pouco espaço no FB quanto em qualquer outro lugar, e menos que na imprensa.

[...] O Facebook criou um novo mundo? Comecemos por uma das principais discussões dos últimos cem anos: rupturas tecnológicas causam mudanças sociais? [...] Aparentemente, não há uma resposta única para a pergunta. Mas há uma tendência do pensamento conservador a depreciar as causas sociais e a enfatizar as invenções técnicas. Estou convicto de que é preciso analisar caso a caso, o que leva a uma resposta matizada, mas com maior acento nos determinantes sociais. Estes não são "causas", mas oportunidades e caixas de ressonância.

Como fica o Facebook nesse quadro? O mundo das redes sociais é muito diferente de tudo o que houve antes. Realiza os 15 minutos de fama que Andy Warhol predizia para todos nós. Pessoalmente, desde que eclodiu a internet, sonhei que ela criasse uma nova ágora, a maior da história. A ágora era a praça em que se juntavam os cidadãos, na Atenas antiga, para decidir sobre assuntos públicos. [...] Mas há algo parecido no Facebook? Em dois anos de frequentação constante, só notei a degradação do debate. Li há poucas semanas que o FB teria aperfeiçoado (sic) o algoritmo que escolhe o que você vê no seu "feed de notícias": a rede destacaria, na sua página, posts de quem tem gostos ou valores parecidos. Deve ser por isso que nunca vejo posts de homófobos ou de fascistas; mas, pela mesma razão, recebo poucos posts de quem discorda de mim na política ou na sociedade. Isso é lamentável: o contato com a diferença se reduz a pouco.

Pode ser então que a tecnologia até refreie o debate. Ela abriu um grande espaço de discussão com o Facebook, mas o fechou ao só juntar os parecidos. Mas isso resulta de uma invenção técnica, ou de uma demanda social? Porque nosso tempo é marcado por um forte narcisismo ("Faces, estou na praia!"), a vontade de encontrar almas gêmeas ou mesmo clones, em suma, a indisposição à diferença, ao diálogo, ao debate. Em particular no Brasil, onde a convicção democrática do respeito a quem pensa diferente de nós quase não existe.

Porque, e este é o segundo ponto, mesmo ali onde a tecnologia não bloqueia o diálogo, este não acontece. [...] O pensamento complexo encontra tão pouco espaço no FB quanto em qualquer outro lugar – e menos que na imprensa, que no Brasil já não é exemplar pela disposição a mostrar o outro lado, a promover o diálogo. [...] O que temos no Brasil é, na imprensa, um discurso dominante de oposição ao governo e à esquerda, e nos blogs de esquerda o contrário exato disso. Há um enfrentamento externo de opiniões, mas não a compreensão de que o pensamento deve ser, em seu próprio interior, marcado pela dúvida e o autoquestionamento. Este é um traço da cultura política brasileira, ou da ausência de tal cultura; nosso déficit democrático, para o qual não vejo chance de mudança a curto prazo.

O virtual será então uma lupa sobre o real, uma ampliação do que acontece na realidade, no mundo da presença? Não é só isso; ele retira gente da solidão; para os perseguidos ou os isolados, é um bálsamo, porque multiplica seus amigos e associados. Mas ele evidencia também nossa deficiência democrática, que é difícil de sanar, justamente porque a solução não depende da tecnologia, mas da sociedade.

RIBEIRO, Renato Janine. *O mundo que o Facebook criou?*
Disponível em: <www.valor.com.br/cultura/
3000242/o-mundo-que-o-facebook-criou>.
Acesso em: 20 jan. 2018.

1. Conforme o texto, o Facebook tem sido um espaço não para o debate entre pessoas que pensam de forma diferente, mas sim um campo para aqueles que têm quase as mesmas ideias. Você concorda com isso ou pensa que as redes sociais promovem a diversidade de opiniões e a ampliação do debate político?

A internet e as novas formas de sociabilidade

CAPÍTULO 31

A presença da rede mundial de computadores, por meio da qual indivíduos do mundo todo se conectam e trocam arquivos, notícias e impressões, é um fenômeno cada vez mais generalizado, que atinge e abarca diferentes culturas e visões. Com novas tecnologias sendo criadas a todo momento, a popular "internet" – um nome próprio integrado às principais línguas regionais e universais – é cada vez mais veloz, diversificada e alcança cada vez mais pessoas.

A internet originou-se de um projeto militar desenvolvido nos Estados Unidos, na década de 1960. Naquele período, durante a Guerra Fria, questionava-se como as autoridades estadunidenses poderiam comunicar-se caso houvesse uma guerra nuclear. Se isso acontecesse, toda a rede de comunicações existente poderia ser destruída e haveria necessidade de um sistema sem controle central (ou seja, sem um alvo), baseado numa rede em que a informação circularia sem um centro de decisão centralizado.

Assim nasceu um sistema no qual as informações são geradas em muitos pontos e não ficam armazenadas em um único lugar. Esses pontos, por sua vez, podem gerar informações independentes, de tal modo que, se um ou alguns fossem destruídos, os outros continuariam retendo e gerando informações independentes. Na década seguinte, esse modelo foi utilizado para colocar em contato pesquisadores de diferentes instituições universitárias. A partir daí se desenvolveu uma forma de comunicação entre indivíduos, grupos e instituições sociais sem um controle centralizador, o que permitiu que uma nova era, de descentralização do processo de produção e distribuição da informação, fosse iniciada.

É possível, então, que a internet seja considerada um dos meios de comunicação mais democráticos, já que amplia o acesso a informações diversas e pouco controladas. E não só isso: a rede mundial de computadores também contribui para a popularização de imagens, sons, vídeos, textos e documentos variados. Todo tipo de informação, arquivo ou objeto cultural, praticamente inacessível a um número expressivo de pessoas em anos anteriores, ganha visibilidade e portabilidade na internet, uma vez que pode ser acessado de qualquer lugar, por meio de *notebooks*, *tablets* e *smartphones* cada vez mais avançados e repletos de funções.

Dois fenômenos, entre outros, interessantes à reflexão sociológica se potencializam com a expansão dos domínios da internet: a questão da leitura e da escrita e as práticas nas chamadas redes sociais.

A leitura e a escrita digitais

É verdade que a internet favorece os hábitos de leitura e escrita. Por força da quantidade imensurável de *sites*, *blogs*, portais de notícias e entretenimento disponíveis na rede (num número que cresce diariamente), é impossível se desviar da necessidade do contato com letras, palavras e sentenças. A questão, contudo, é outra: que tipo de leitor a internet privilegia e incentiva?

Os jovens deste século XXI, imersos numa cultura muito virtual e pouco literária, estimulados pela "pressa" e pelo pragmatismo (que os impele a resultados imediatos e vantagens pessoais) leem e escrevem sempre de modo sucinto, "comendo" frases inteiras e abreviando tudo. Trata-se, portanto, de uma comunicação cifrada, "tribalizada", que se insere mal em contextos mais abrangentes, em espaços ocupados por pessoas que não pertencem aos seus grupos de relacionamento.

As comunidades virtuais que se formam a partir de grupos de amigos e contatos previamente filtrados deram impulso à criação e à rápida expansão das redes sociais, como Orkut, Facebook, WhatsApp, Instagram e outros que vão sendo criados na velocidade da internet. Por meio desses *sites* ou aplicativos ocorrem interações e trocas de arquivos e informações, ações que reúnem famílias, colegas de escola ou trabalho, conhecidos e até desconhecidos com algum interesse em comum, além de veículos de comunicação, empresas, autoridades e celebridades que criam suas páginas pessoais e contam com a adesão de seguidores e curtidores.

Relações sociais por meio de *smartphones*

As grandes transformações provocadas pela internet, contudo, afetam também o modo como a sociedade se organiza e divide aquilo que elabora e constrói coletivamente. Um exemplo desse fato é a febre dos *smartphones*. Os jovens, principalmente, tornaram seus aparelhos celulares – dispositivos móveis com recursos capazes de fotografar, tocar músicas e acessar a internet – uma extensão do corpo. Nos pontos de ônibus, nos bares e restaurantes, nas filas de banco e supermercado, nas salas de aula e de cinema, enfim, em toda parte, vivem presos a esses aparelhos que dissolvem relações sociais e criam um paradoxo: ficam ligados às pessoas mais afastadas e um tanto indiferentes às pessoas mais próximas. Veja o caso do matemático Justin Rosenstein, criador do botão "curtir" no Facebook:

> [Justin Rosenstein] decidiu apagar todas as redes sociais, aplicativos de *e-mails* e notícias de seu celular procurando ter uma maior "presença" no mundo *offline*. "Cheguei ao ponto em que percebi que frequentemente estava usando meu telefone como uma muleta, para filmar momentos em tempo real, ou que meu telefone vibrava e me tirava do momento enquanto eu tentava ter uma conexão emocional profunda com alguém", conta.

SENRA, Ricardo. *BBC Brasil*. 23 mar. 2018. Disponível em: <www.bbc.com/portuguese/salasocial-43491789>. Acesso em: 18 abr. 2018.

// Com quem é mais fácil conversar? Com quem divide o espaço físico no qual você se insere ou com amigos e conhecidos que moram do outro lado do mundo? Muitas pessoas, às vezes inconscientemente, privilegiam o convívio virtual e, apesar de estarem muitas vezes próximas umas das outras fisicamente, estão subjetivamente desassociadas.

Depois de vinte anos de expansão da internet, aparecem as primeiras análises sobre a relação dos dispositivos móveis e as relações sociais. Estas críticas apontam a necessidade de que pessoas intensifiquem a comunicação *offline* e retomem o compartilhamento de fotografias, notícias, filmes, músicas pessoalmente, despertando o olhar para o outro, fortalecendo o interesse pelo convívio e a curiosidade em relação a ideias e práticas diferentes.

Em pouco tempo houve uma mudança significativa no **cotidiano familiar**. Fazendo um exercício de simulação, torna-se interessante observar o ambiente de uma típica família de classe média urbana brasileira. Numa casa onde os familiares se reuniam e conversavam olhando-se nos olhos, a televisão foi chegando de mansinho e as pessoas passaram a se reunir mais no sofá, ombro a ombro, com a tela na frente, e as conversas eram laterais, fugidias, posto que havia outro centro de atenção. Aí, chegou o computador e, logo depois, o telefone celular de todos os tipos e, mais tarde um pouco, os *notebooks* e *tablets*. A televisão se tornou algo fora de moda. Todos têm seus dispositivos móveis e, quase sempre, há uma mensagem chegando que precisa ser vista e respondida o mais breve possível. Cria-se, assim, uma nova maneira de se relacionar com quem está mais próximo.

Ao mesmo tempo, porém, a internet permite pensar a democratização efetiva das opiniões e a abertura da comunicação de massa para vozes antes silenciadas. As redes sociais, os *blogs* e os canais de informação que podem ser criados gratuitamente por qualquer pessoa surgem como oportunidade de tornar mais livre a circulação de ideias, fazendo-a menos rígida, menos controlada. É nesse sentido que, aliada a projetos educacionais de qualidade que visem ao crescimento dos educandos e bens culturais que elevem a capacidade de discernimento dos indivíduos, a internet pode vir a ser um instrumento indispensável para a promoção dos direitos dos cidadãos.

Nesses termos, o uso das redes sociais, embora apresente episódios muito interessantes de exercício coletivo da cidadania e posicionamento crítico por parte de muitos usuários, ainda tende a girar em torno de temas privados ou que circulam nos grandes veículos de imprensa, o que implica a atualização do conceito de indústria cultural, agora "informatizada". Em essência, uma rápida navegação por perfis aleatórios no Facebook, por exemplo, irá revelar de modo muito evidente aquilo que o sociólogo estadunidense Richard Sennett (1943-) chamou de tirania da intimidade, ou seja, a predisposição de milhões de indivíduos em tornar público aquilo que deveria ficar no espaço privado e doméstico da vida.

// As manifestações de junho de 2013 foram, no Brasil, o primeiro grande registro de mobilizações via redes sociais. Em segundos, milhares de pessoas recebiam e compartilhavam informações sobre quando e onde ocorreriam os protestos. Imagens das manifestações eram publicadas nas redes sociais e instantaneamente acessadas por outras milhares de pessoas. Na imagem, manifestantes protestam em frente ao Congresso Nacional, Brasília (DF), 2013.

Cenário da realidade virtual

O analfabeto midiático

Ele ouve e assimila sem questionar, fala e repete o que ouviu, não participa dos acontecimentos políticos, aliás, abomina a política, mas usa as redes sociais com ganas e ânsias de quem veio para justiçar o mundo. [...] Ele não sabe que o custo de vida, o preço do feijão, do peixe, da farinha, do aluguel, do sapato e do remédio dependem das decisões políticas. E que elas – na era da informação instantânea de massa – são muito influenciadas pela manipulação midiática dos fatos. Não vê a pressão de jornalistas e colunistas na mídia impressa, em emissoras de rádio e tevê – que também estão presentes na internet – a anunciar catástrofes diárias na contramão do que apontam as estatísticas mais confiáveis. Avanços significativos são desprezados e pequenos deslizes são tratados como se fossem enormes escândalos. O objetivo é desestabilizar e impedir que políticas públicas de sucesso possam ameaçar os lucros da iniciativa privada. [...]

O analfabeto midiático é tão burro que se orgulha e estufa o peito para dizer que viu/ouviu a informação no Jornal Nacional e leu na Veja, por exemplo. Ele não entende como é produzida cada notícia: como se escolhem as pautas e as fontes, sabendo antecipadamente como cada uma delas vai se pronunciar. Não desconfia que, em muitas tevês, revistas e jornais, a notícia já sai quase pronta da redação, bastando ouvir as pessoas que vão confirmar o que o jornalista, o editor e, principalmente, o "dono da voz" (obrigado, Chico Buarque!) quer como a verdade dos fatos. Para isso as notícias se apoiam, às vezes, em fotos e imagens. [...].

O analfabeto midiático não percebe que o enfoque pode ser uma escolha construída para chegar a conclusões que seriam diferentes se outras fontes fossem contatadas ou os jornalistas narrassem os fatos de outro ponto de vista. O analfabeto midiático imagina que tudo pode ser compreendido sem o mínimo de esforço intelectual. Não se apoia na filosofia, na sociologia, na história, na antropologia, nas ciências política e econômica – para não estender demais os campos do conhecimento – para compreender minimamente a complexidade dos fatos. Sua mente não absorve tanta informação e ele prefere acreditar em "especialistas" e veículos de comunicação [...]. Lê pouquíssimo, geralmente "best-sellers" e livros de autoajuda. Tem certeza de que o que lê, ouve e vê é o suficiente, e corresponde à realidade. Não sabe o imbecil que da sua ignorância política nasce a prostituta, o menor abandonado, e o pior de todos os bandidos que é o político vigarista, pilantra, o corrupto e o espoliador das empresas nacionais e multinacionais.

O analfabeto midiático gosta de criticar os políticos corruptos e não entende que eles são uma extensão do capital, tão necessários para aumentar fortunas e concentrar a renda. Por isso recebem todo o apoio financeiro para serem eleitos. E, depois, contribuem para drenar o dinheiro do Estado para uma parcela da iniciativa privada e para os bolsos de uma elite que se especializou em roubar o dinheiro público. Assim, por vias tortas, só sabe enxergar o político corrupto sem nunca identificar o empresário corruptor, o detentor do grande capital, que aprisiona os governos, com a enorme contribuição da mídia, para adotar políticas que privilegiam os mais ricos e mantenham à margem as populações mais pobres. Em resumo: destroem a democracia.

Para o analfabeto midiático, Brecht teria, ainda, uma última observação a fazer: Nada é impossível de mudar. Desconfiai do mais trivial, na aparência singelo. E examinai, sobretudo, o que parece habitual.

VICENZI, Celso. O analfabeto midiático. *Jornal GGN*, 4 dez. 2013. Disponível em: <https://jornalggn.com.br/noticia/o-analfabeto-midiatico-por-celso-vicenzi>. Acesso em: 18 abr. 2018.

1. Por que não é possível acreditar em notícia "neutra" ou "imparcial"? É possível analisar a realidade com total isenção de valores?

2. O ideal para quem deseja se informar bem é acompanhar mais de um veículo de comunicação. Você concorda? Como costuma se informar sobre política, economia, cultura e sociedade? Converse com seus colegas e reflita sobre esse delicado tema.

Manifestantes protestam contra o monopólio da mídia em São Paulo, SP, 2013.

CAPÍTULO 32

Indústria cultural no Brasil

// Gravação de cena do filme *Tico-tico no fubá* nos estúdios Vera Cruz. São Bernardo do Campo, São Paulo, 1952.

O Brasil é um terreno fértil para a expansão da indústria cultural. Além da ampla e rica diversidade das formas de ser e viver, o país tem episódios muito interessantes sobre a chegada e a permanência dos meios de comunicação social em sua história.

O rádio, o cinema e a TV, cada um a seu modo e de diferentes maneiras, conquistaram os brasileiros e passaram a fazer parte do seu dia a dia. Os grupos de comunicação que apostaram na informação por sons e imagens em movimento obtiveram poder econômico e, principalmente, político, ajudando a definir os passos que seriam dados pelo país no curso do século XX.

Estúdios famosos, como o Vera Cruz, ditaram moda e comportamento através do cinema. Estações radiofônicas, como a Rádio Nacional – com sedes no Rio e, depois, em São Paulo –, fizeram parte da vida das pessoas, levando ao ar noticiários, programas de auditório com grandes nomes da música e radionovelas que reuniam famílias inteiras na sala de estar para acompanhar os dramas que o mistério da rádio tornava tão instigantes.

A TV (a Rede Globo é o exemplo mais expressivo), de modo revolucionário, alterou estilos de vida e as relações entre os indivíduos e os produtos da economia capitalista, graças a uma inserção cotidiana cada vez maior da publicidade, que existe no Brasil desde a década de 1930, devidamente autorizada pela legislação.

É nesse sentido que se pode falar de campo fértil para a indústria cultural no Brasil: meios de comunicação com audiência cada vez maior e mais fiel, influência publicitária insistente e agressiva (no sentido de atingir um número enorme de consumidores) e uma cultura nacional sempre flexível aos interesses do mercado de compra e venda de produtos culturais. As músicas, as danças, a comida típica, as peculiaridades da beleza geográfica das várias regiões do país, os casos e causos da cultura brasileira, tudo se tornou alvo da indústria cultural.

NAS PALAVRAS DE BOSI

Indústria cultural e cultura popular

[...] O homem da rua liga o seu rádio de pilha e ouve a música popular brasileira ou, mais frequentemente, música popular (ou de massa) norte-americana. A empregada doméstica liga o seu radinho e ouve a radionovela ou o programa policial ou o programa feminino. A dona de casa liga a televisão e assiste às novelas do horário nobre. O dono da casa liga a televisão e assiste com os filhos ao jogo de futebol. [...] Em escala menor o jornal, ou a revista, dá a notícia do crime, ou comenta as manobras da sucessão [...]. Em escala menor ainda, o casal vai ao cinema [...].

Os adolescentes leem histórias em quadrinhos. As adolescentes leem as fotonovelas. Tudo isto é fabricado em série e montado na base de algumas receitas de êxito rápido. Há revistinhas femininas populares e de classe média que atingem a tiragem de 500 mil exemplares semanais, com mais de um milhão de leitoras virtuais. Isso é a cultura de massa ou, mais exatamente, cultura para as massas. [...]

[...]

O problema se complica extraordinariamente hoje em dia quando precisamos considerar as imbricações que ocorrem entre a cultura popular e a cultura de massa (ou popularesca, na expressão de Mário de Andrade), ou ainda entre a cultura popular e a cultura criadora dos artistas. Urge cavar, em última análise, uma teoria da aculturação que exorcize os fantasmas elitista e populista, ambos agressivamente ideológicos e fonte de arraigados preconceitos.

Uma teoria da cultura brasileira, se um dia existir, terá como sua matéria-prima o cotidiano físico, simbólico e imaginário dos homens que vivem no Brasil. Nele sondará teores e valores. No caso da cultura popular, não há uma separação entre uma esfera puramente material da existência e uma esfera espiritual ou simbólica.

Cultura popular implica modos de viver: o alimento, o vestuário, a relação homem-mulher, a habitação, os hábitos de limpeza, as práticas de cura, as relações de parentesco, a divisão das tarefas durante a jornada e, simultaneamente, as crenças, os cantos, as danças, os jogos, a caça, a pesca, o fumo, a bebida, os provérbios, os modos de cumprimentar, as palavras tabus, os eufemismos, o modo de olhar, o modo de sentar, o modo de andar, o modo de visitar e ser visitado, as romarias, as promessas, as festas de padroeiro, o modo de criar galinha e porco, os modos de plantar feijão, milho e mandioca, o conhecimento do tempo, o modo de rir e de chorar, de agredir e de consolar...

BOSI, Alfredo. *Dialética da colonização*. São Paulo: Companhia das Letras, 1992. p. 320-324.

Vale destacar que o espaço dos jornais e das revistas, ao longo de todo o século XX, ampliou-se e diversificou-se bastante ao criar um mercado editorial que visava atingir crianças, mulheres, jovens, fãs de esporte, moda, entretenimento, etc. No começo do século XXI, porém, teve início a crise das mídias impressas por conta da expansão da internet e, provavelmente, de dificuldades educacionais na criação de cidadãos-leitores no país.

A internet, aliás, repete um velho dilema da evolução dos meios de comunicação. Quando surgiu a TV brasileira, na década de 1950, apostou-se no fim do rádio e do cinema. Reinventados, no entanto, os três conquistaram espaços próprios e alcançam públicos interessados na sua linguagem e nas suas especificidades tecnológicas. Toda previsão sobre o fim de alguma coisa em face do surgimento de outra é arriscada e quase sempre muito precipitada. Por enquanto, através de linguagens que se cruzam e complementam, a internet, o rádio, a TV e os veículos impressos vêm se mantendo vivos.

Num país marcado historicamente por extrema desigualdade social, os meios de comunicação disseminaram-se aos poucos pela vida social, mas mesmo lento o alcance foi inquestionável. A compra de equipamentos eletrônicos segue uma situação diferenciada, pois enquanto o uso de televisores em 2017 teve um crescimento significativo depois de uma queda no ano 2016, o uso de computadores de mesa sofreu uma queda, com a elevação da compra de *smartphones*. A venda de jornais e revistas também caiu, com a extinção de alguns veículos devido à ampliação do acesso virtual às notícias. Alterou-se de modo significativo a forma como as pessoas acessam as notícias no dia a dia. Apesar de haver um bom número de editoras, bancas de revistas, livrarias, estações de rádio e salas de cinema, e mesmo uma rede de internet significativa, em quase todo o território nacional, o Brasil tem na TV o meio difusor principal de ideologias e publicidade de produtos culturais. É pelo televisor que ideias e coisas chegam a um número crescente e expressivo de brasileiros.

A trajetória do cinema e do rádio merece, é claro, todo destaque. Acredita-se, por exemplo, que as imagens capturadas por Afonso Segreto, em 19 de junho de 1898, à entrada da Baía de Guanabara, no Rio de Janeiro, sejam as primeiras depois da exibição pública dos irmãos Lumière, em Paris, em 1895, ano que se convencionou denominar como o da invenção do cinema.

Sobre o rádio, que transmitiu um pronunciamento do presidente Epitácio Pessoa ao vivo, em 1922, do alto do morro do Corcovado, muitas histórias fabulosas se contam. A *Era do Rádio*, para citar apenas um desses momentos dourados, absoluta entre as décadas de 1930 e 1950, definiu a indústria cultural no país, lançando artistas que se tornariam ídolos populares na música, na dramaturgia e até no campo das ideias, como escritores e políticos.

Com a imagem televisiva, a indústria cultural no Brasil se expandiu e se popularizou em escala sempre ascendente. Se era um luxo, ainda na década de 1960, possuir um televisor em casa – preços altos e equipamentos importados –, esses aparelhos, versáteis e de todos os tipos e tamanhos, têm lugar hoje em mais de 90% das residências. Tornou-se um hábito para o brasileiro ver TV. A programação se inicia nas primeiras horas do dia e atravessa a madrugada, ligando os dias, sem pausas nem interrupções. Num certo sentido, a TV se tornou um membro da família, com histórias para contar e informações a dar.

Apresentação de estrelas do rádio, década de 1940, no programa do apresentador César de Alencar (à direita na foto), na Rádio Nacional, Rio de Janeiro.

O que torna bem-sucedida a indústria cultural nos caminhos abertos pela TV é a possibilidade de vender produtos e estimular comportamentos, oferecendo modos de vida e visões de mundo. Telejornais, por exemplo, fazem a triagem dos acontecimentos e produzem matérias sobre o que consideram relevante e importante noticiar, sempre de acordo com os interesses econômicos e políticos dos proprietários das emissoras e grupos de comunicação, é claro. Novelas, por sua vez, impõem estilos de roupa, cortes de cabelo, preferências culturais e concepções de bem e mal, alimentando o imaginário dos espectadores e afinando o sentimento da população pela nota dos publicitários contratados com altíssimos salários para fabricar sonhos e ilusões com um falso gostinho de realidade.

Fora dos grandes grupos de comunicação empresarial existem, sim, experiências alternativas, públicas e comunitárias. Coletivos populares e sindicais produzem seus jornais e muitas comunidades periféricas nas metrópoles criam rádios para disseminar suas impressões sobre o mundo e divulgar as aspirações e os feitos de seus integrantes. Além disso, emissoras públicas de rádio e TV apostam numa programação sem fins comerciais, o que acaba valorizando a dramaturgia teatral, os filmes que não se encaixam no circuito cinematográfico de Hollywood, os noticiários com reportagens de tons diferentes dos apresentados pela mídia convencional e uma cena musical muito mais independente.

O *rap*, para citar um exemplo bem conhecido, vem da periferia, surgiu graças às rádios comunitárias, fala a língua da população pobre das margens das cidades e desnuda exploração, violência e desigualdade social. O caso do grupo Racionais MCs é emblemático: formado na zona Sul de São Paulo, numa das regiões mais vulneráveis da capital paulistana, difundiu-se pelo Brasil nos anos 1990 com um clipe da canção *Diário de um detento*, denunciante da operação policial que, em 1992, deixou 111 presos mortos nas celas e nos corredores do Carandiru, então maior casa de detenção do país.

Casos como o dos Racionais MCs, entretanto, não são regra. Longe disso. Não há democracia na área das comunicações no Brasil. Poucas famílias detêm a propriedade dos grupos de mídia, o que revela uma concentração de poder enorme. Em rigor, as opções são poucas: os principais jornais, revistas, canais de TV, estações de rádio e portais de internet – sem falar nas modernníssimas salas de cinema presentes em *shoppings centers* – pertencem a esses conglomerados empresariais que, mesmo sendo concessões públicas autorizadas pelo Senado Federal, são comandados por políticos influentes e por algumas frações do capital midiático internacional.

É sempre bom destacar que, apesar do forte impacto que os meios de comunicação exercem sobre as pessoas, o público não age de forma passiva diante desse cenário. Há, porém, reelaboração do que se vê e se escuta, além de muitos outros elementos que influenciam o comportamento e a opinião pública. Se não fosse assim, o regime civil-militar instalado em 1964 teria contado com total aceitação por parte da população brasileira e poderia até ter sobrevivido ao fim do "milagre econômico", pois os meios de comunicação, em especial a televisão, apresentavam em suas grades programas e noticiários plenamente favoráveis à ditadura, principalmente a Rede Globo, emissora que detinha (e detém até hoje) a maior audiência nacional.

O filósofo político brasileiro Renato Janine Ribeiro (1949-), em seu livro *O afeto autoritário: televisão, ética e democracia*, analisa a televisão brasileira de um ângulo muito interessante. Deve-se levar em conta, diz ele, a importância que a televisão tem no Brasil, pois ela oferece para a sociedade uma pauta de conversa.

Basta ouvir o que as pessoas estão falando numa segunda-feira para saber o que foi ao ar nos principais programas dominicais. Quem não viu nenhum é bem possível que nada tenha a dizer.

A televisão também desempenha um papel na reflexão sobre a sociedade contemporânea, trazendo à tona temas controvertidos, como as questões de gênero, o preconceito racial, as políticas públicas de distribuição de renda e afirmação histórica, etc. De muitas maneiras, ainda que superficialmente, a televisão rompe silêncios e derruba alguns muros de censura e proibição.

Cena do filme *Colegas*, no qual são protagonistas três personagens com síndrome de Down. No início dos anos 2000, os relacionamentos familiares e sociais envolvendo pessoas com síndrome de Down passaram a fazer parte da "pauta de conversa", como afirma Renato Janine Ribeiro.

Janine Ribeiro deixa claro, entretanto, que há alguns assuntos que as telenovelas – a grande marca de qualidade e exportação da TV brasileira – não discutem, como as questões sociais, a desigualdade de classes e o autoritarismo do patrão sobre o empregado. São problemas que ainda não se conseguiu resolver nem discutir, e não interessa às empresas de comunicação que isso seja feito. Como as relações de desigualdade estão internalizadas no imaginário popular, os espectadores, que muitas vezes agem da mesma forma, passam até a achar agradáveis e positivos os personagens autoritários e despóticos, tomando a afirmação da desigualdade como algo natural.

E qual seria a alternativa para melhorar a programação da televisão? Uma possibilidade estaria na criação de mecanismos de democratização dos meios de comunicação, a fim de enfrentar o oligopólio que controla as empresas e veículos de massa. No caso da televisão, um dos caminhos seria a concessão de canais para centrais sindicais, organizações não governamentais (ONGs) e outras instituições de caráter público que pudessem transmitir informação e cultura com qualidade, pulverizando as transmissões no Brasil.

Em relação aos excessos da programação – de sensacionalismo, informações tendenciosas, baixa qualidade dos programas, manipulação do público, violência –, muitos pensam que a solução seja a censura. Mas quem define o que é excesso? A história tem comprovado que censurar não é o caminho. Para Janine Ribeiro, o essencial é a formação de um público crítico. E a própria televisão pode colaborar nesse sentido. Ademais ainda há o recurso do botão de desligar a TV.

NAS PALAVRAS DE — JANINE RIBEIRO

Público crítico

[...] O melhor modo de controlar os excessos da TV é ter um público que seja crítico. E o único modo de tê-lo é fazendo que ele conheça os vários meios – que seja alfabetizado em livros, em jornais, em rádio, em computação, em artes. A própria TV, a TV boa, como a cultural, ou os nichos de inteligência que há nos canais comerciais, pode ajudar nisso. Não precisa dar aulas. Mas pode aprofundar questões, mostrar dois lados da mesma situação, dar a seu público um pouco do grande patrimônio mundial. Pode também vencer seu complexo de inferioridade e parar de falar mal da "velha" mídia, dos livros e bibliotecas. Há lugar para tudo na cultura, e só ganha quem aposta em tudo.

RIBEIRO, Renato Janine. *O afeto autoritário*: televisão, ética e democracia. Cotia: Ateliê Editorial, 2004. p. 35.

A internet no Brasil

No Brasil, a internet tem apresentado uma trajetória vertiginosa e ascendente. Com a popularização crescente do acesso a computadores conectados à rede mundial, via banda larga (ou seja, velocidades cada vez maiores e conexões mais estáveis), chega a ser estranho constatar que nem sempre foi assim. Se é verdade que hoje é possível manter-se em conexão com o mundo durante as 24 horas do dia, é mais verdade ainda que esse processo, embora relativamente curto em termos históricos, percorreu muitos caminhos e enfrentou várias dificuldades. Além disso, é preciso refletir sobre os fenômenos humanos relacionados com a expansão da internet num país com tantos problemas sociais.

Foi na década de 1980 que a internet se fez presente em terras brasileiras. Na Universidade de São Paulo, a USP, um sistema para troca de arquivos e informações entre centros universitários e de pesquisa tornou-se o embrião desta que é hoje a ferramenta mais democrática e interativa entre os meios de comunicação. Na década seguinte, em 1995, o primeiro provedor de acesso e conteúdo de internet passou a vender seus serviços a pessoas físicas e jurídicas. A partir de então, teve início o avanço sem pausas do mundo virtual no Brasil.

A era da informática – de informação em tempo real, interação rápida e troca de todo tipo de arquivo – vem modelando o comportamento dos indivíduos e grupos sociais, forjando novas relações e definindo padrões inéditos de convívio. Mais do que uma ferramenta de comunicação, a internet é hoje o palco em que todos os atores sociais encenam suas vidas, com dramas variados, tramas complexas e imensos desafios à sua própria compreensão.

Da conexão discada da década de 1990, que exigia linha telefônica e muita paciência dos usuários – por conta da lentidão e da instabilidade no tráfego de dados –, à atual e veloz conexão sem fio e em praça pública, a internet brasileira transformou hábitos e ofereceu possibilidades antes inimagináveis.

Até bem pouco tempo, ouvir música, ver filmes ou ler livros exigia busca, espera e, não raro, alguma frustração. Muitas informações não estavam disponíveis, muito se perdia, parte do conhecimento ficava restrito a espaços distantes e fechados ao público em geral. Com a internet, quase tudo está *on-line* e acessível gratuitamente: últimos lançamentos das indústrias do cinema, da cena musical, do universo literário e do entretenimento aparecem na rede do dia para a noite.

Foi-se mesmo o tempo de aguardar as novidades numa locadora de filmes, encomendar discos importados caríssimos em lojas especializadas, correr por aí atrás de um livro, uma revista ou um gibi. Tudo está disponível e pode ser divulgado e trocado em questão de instantes. O mundo inteiro parece estar ao alcance de um clique ou de um deslizar de dedos. Aparentemente a internet, no Brasil, está em todas as casas e o acesso a ela é possível a quem se interessar.

A realidade, entretanto, é bem diferente, pois a desigualdade social existente na sociedade brasileira se torna visível também nesse processo. Em 2010, entre os 10% mais pobres, apenas 0,6% tinha acesso à internet; entre os 10% mais ricos, esse número era de 56,3%. Somente 13,3% dos negros usavam a internet, aproximadamente duas vezes menos que os brancos, 28,3%. Os índices de acesso à internet das regiões Sul (25,6%) e Sudeste (26,6%) contrastavam com os das regiões Norte (12%) e Nordeste (11,9%).

Conforme a Secretaria de Comunicação Social da Presidência da República, a Secom, no Brasil, as características sociodemográficas da população têm um grande impacto no uso da internet, principalmente se comparada aos outros meios de comunicação. Renda e escolaridade criam um hiato digital entre quem é um cidadão conectado e quem não é. Já os elementos geracionais ou etários mostram que os jovens são usuários mais intensos das novas mídias. Os dados mostram que 65% dos jovens com até 25 anos acessam a internet todos os dias. Entre os que têm acima de 65 anos, esse percentual cai para 4%. Entre os entrevistados com renda familiar mensal de até um salário mínimo, a proporção dos que acessam a internet pelo menos uma vez por semana é de 20%. Quando a renda familiar é superior a cinco salários mínimos, a proporção sobe para 76%. Por sua vez, o recorte por escolaridade mostra que 87% dos respondentes com ensino superior acessam a internet pelo menos uma vez por semana, enquanto apenas 8% dos entrevistados que estudaram até a 4ª série o fazem com a mesma frequência.

Tais informações ajudam a explicar os principais gargalos para o uso da internet: além da falta de interesse (43%), a falta de habilidade com o computador (41%) – que afeta as pessoas mais velhas e menos escolarizadas –, a falta de necessidade (24%) e os custos que envolvem o uso das novas mídias (14%) – que impacta os mais pobres – estão entre as principais razões pelas quais os brasileiros não utilizam tanto a internet.

// Aula de informática para a terceira idade em São Paulo, SP, 2013.

Como se vê, a questão da internet – sua abrangência e acessibilidade – permanece aberta e não esconde toda a sua complexidade. A internet, como um dos elementos da indústria cultural, pode ser ideológica ou utópica (para relembrar Mannheim), mas isso dependerá do uso que dela será feito e das exigências cidadãs da sociedade que se quer realmente construir. É nisso que entrarão as práticas das famílias, das escolas, das igrejas, dos ambientes de trabalho, das ruas e de todos os espaços e instituições com os quais indivíduo e sociedade se relacionam. O futuro, como a rede mundial de computadores, não tem data para começar nem acabar.

CAPÍTULO 32 | INDÚSTRIA CULTURAL NO BRASIL **335**

Cenários dos meios de comunicação

Os meios de comunicação e a Constituição brasileira

Veja o que está escrito na Constituição brasileira:

Art. 220. A manifestação do pensamento, a criação, a expressão e a informação, sob qualquer forma, processo ou veículo não sofrerão qualquer restrição, observado o disposto nesta Constituição.

[...]

§ 3º - Compete à lei federal:

I - regular as diversões e espetáculos públicos, cabendo ao Poder Público informar sobre a natureza deles, as faixas etárias a que não se recomendem, locais e horários em que sua apresentação se mostre inadequada;

II - estabelecer os meios legais que garantam à pessoa e à família a possibilidade de se defenderem de programas ou programações de rádio e televisão que contrariem o disposto no art. 221, bem como da propaganda de produtos, práticas e serviços que possam ser nocivos à saúde e ao meio ambiente.

Art. 221. A produção e a programação das emissoras de rádio e televisão atenderão aos seguintes princípios:

I - preferência a finalidades educativas, artísticas, culturais e informativas;

II - promoção da cultura nacional e regional e estímulo à produção independente que objetive sua divulgação;

III - regionalização da produção cultural, artística e jornalística, conforme percentuais estabelecidos em lei;

IV - respeito aos valores éticos e sociais da pessoa e da família.

A Internet e a Indústria Cultural

Influência da Internet sobre a produção e o consumo de cultura: destruição criativa e novas oportunidades

[...]

A Internet não contestou os modelos de negócios básicos de teatros tradicionais, companhias de balé e orquestras porque tais organizações fornecem um serviço que requer a presença física em uma audiência real. Instituições que exibem artes visuais também foram afetadas apenas marginalmente, embora museus virtuais possam desenvolver uma presença mais substancial. No entanto, a Internet teve um impacto profundo sobre as indústrias culturais, em que o principal produto – o filme, as notícias e a música – pode ser baixado e apreciado em particular. Isso aconteceu rapidamente com fotografias e textos e depois, como a velocidade de transmissão ampliou-se, com a música e o cinema. E como isso ocorreu, modelos de negócios dominantes caíram em um processo de "destruição criativa", destruição por causa de seu impacto severo sobre as empresas existentes, mas criativa por causa da vitalidade econômica que desencadeou.

[...]

Cada indústria – cinema, imprensa ou música – é um pouco diferente. A indústria cinematográfica, com o seu regime de produção baseado em projeto, a sua eficácia em alcançar acordos com distribuidores *online* e um produto que mantém fortes externalidades sociais, sobreviveu à chegada da Internet, com relativamente poucos danos. Embora a distribuição de filmes mude, a posição de realizadores/produtores parece relativamente estável.

[...]

Poucas indústrias caíram mais drasticamente desde o surgimento da Internet do que a indústria de jornais. Ela enfrenta um futuro particularmente difícil, dada a relutância dos leitores a pagar pelo seu produto quando eles podem obter muito mais do que isso de maneira legal e gratuita a partir de *sites*. O aumento da publicidade *online* também fez a publicidade em jornais menos atraente para anunciantes. A questão é menos se os jornais vão sobreviver e mais se eles serão capazes de pagar mais pela qualidade das reportagens que as democracias saudáveis exigem. Observadores sérios sugeriram que a indústria vai precisar de apoio filantrópico ou do governo para sobreviver.

[...]

Não está claro quantas pessoas a Internet cultural tem potencial para beneficiar. Na verdade, parece que esta oferta ampliada de arte, música e informação pode ser acolhida por um grupo relativamente pequeno de pessoas altamente educadas. Outros usuários podem não estar cientes das possibilidades ou não querem tomar o tempo para explorar novas ideias. E as minorias significativas que ainda não têm acesso à Internet significativa, é claro, não têm escolha. A possibilidade de que a Internet pode nos apresentar para um mundo de maior desigualdade cultural e informacional representa um desafio para a democracia cultural e política.

DI MAGGIO, Paul. In: *Go2Web*. Disponível em: <www.go2web.com.br/pt-BR/blog/a-internet-e-a-industria-cultural.html>. Acesso em: 29 maio 2018.

1. Os meios de comunicação (rádios e redes de televisão) estão cumprindo a Constituição do Brasil? Por quê?

2. Programas de entretenimento poderiam ser enquadrados no art. 221 acima citado?

Costurando as ideias

A ideologia e a indústria cultural se alimentam reciprocamente. Não há uma sem a outra. Enquanto os processos ideológicos partem de algum grupo de poder em direção a um contingente quantitativamente expressivo de indivíduos e grupos sociais – sempre no intuito de convencê-los a agir de um determinado modo, ainda que contra seus próprios interesses –, a indústria cultural é a materialização da ideologia, sua transformação em objetos de consumo.

Num certo sentido, preservadas as devidas proporções da comparação, a ideologia é o canhão de fogo da dominação nas sociedades de classe. Em vez de tiros e ameaças físicas, são as ideias que se alastram e se difundem com extrema facilidade, via TV, rádio, cinema, jornais, revistas e internet. Assim, a vontade dos privilegiados e daqueles que desejam preservar seus *status* é conquistada e mantida sem derramamento de sangue e, é claro, sem tanta resistência. O segredo da ideologia, portanto, é tornar universais valores e aspirações que, na prática, pertencem tão somente aos grupos sociais que têm como fazê-la circular, graças ao monopólio da comunicação, setor controlado por reduzido número de famílias.

Aquilo que escolhemos é de certa maneira "testado" previamente, reelaborado de acordo com conveniências comerciais e ideológicas. A música que estoura nas rádios durante o verão, o autor de livros vendidos até em feiras livres, o padrão de beleza expresso pela atriz mais badalada da novela, tudo passa pelo crivo da indústria cultural e se dissemina como questão ideológica, como uma mercadoria destinada a vender milhões de unidades. É verdade que existem opções alternativas, o que faz sobreviver artisticamente quem pensa diferente e quer revelar trabalhos com outras características no campo da cultura em geral. Isso, contudo, é cada vez menos comum aos olhos da maioria das pessoas, as quais se alimentam do cardápio elaborado e apresentado pela indústria cultural.

Num mundo cada vez mais veloz e conectado, com indivíduos ampliando seu acesso a dispositivos móveis como *smartphones*, *tablets* e *notebooks*, a ideologia e a indústria cultural encontram novos meios de se aliar e de se propagar, enfatizando o lado consumista e individualista das relações humanas atuais.

Os desafios para a cidadania, portanto, não são poucos nem fáceis. A escola, os diferentes espaços de socialização e a prestigiada programação dos meios de comunicação de massa, como produto da atividade humana em uma sociedade dividida em classes e profundamente desigual, não saem impunes do processo de ideologização de valores, costumes e objetos culturais. Autores como Marx, Gramsci, Mannheim, Foucault e Bourdieu, entre outros vistos nesta unidade, podem auxiliar no entendimento da complexidade do mundo moderno, oferecendo pistas de como lidar com a força da questão ideológica – essa "chuva" que cai sobre a cabeça dos indivíduos e é produzida por quem está bem acima deles, no alto, definindo os chamados valores dominantes – e a capacidade quase ilimitada de sedução por parte da indústria cultural.

A Sociologia, assim, apresenta-se como um, e não o único, antídoto contra o mal-estar generalizado e em favor da liberdade de escolha dos indivíduos, essa matéria-prima tão rara para uma socialização mais solidária e humana.

Leituras e propostas

Para refletir

Estragou a televisão

— Iiiih...
— E agora?
— Vamos ter que conversar.
— Vamos ter que o quê?
— Conversar. É quando um fala com o outro.
— Fala o quê?
— Qualquer coisa. Bobagem.
— Perder tempo com bobagem?
— E a televisão, o que é?
— Sim, mas aí é a bobagem dos outros. A gente só assiste. Um falar com o outro, assim, ao vivo... Sei não...
— Vamos ter que improvisar nossa própria bobagem.
— Então começa você.
— Gostei do seu cabelo assim.
— Ele está assim há meses, Eduardo. Você é que não tinha...
— Geraldo.
— Hein?
— Geraldo. Meu nome não é Eduardo, é Geraldo.
— Desde quando?
— Desde o batismo.
— Espera um pouquinho. O homem com quem eu casei se chamava Eduardo.
— Eu me chamo Geraldo, Maria Ester.
— Geraldo Maria Ester?!
— Não, só Geraldo. Maria Ester é o seu nome.
— Não é não.
— Como não é não?
— Meu nome é Valdusa.
— Você enlouqueceu, Maria Ester?
— Por amor de Deus, Eduardo...
— Geraldo.
— Por amor de Deus, meu nome sempre foi Valdusa. Dusinha, você não se lembra?
— Eu nunca conheci nenhuma Valdusa. Como é que eu posso estar casado com uma mulher que eu nunca... Espera. Valdusa. Não era a mulher do, do... Um de bigode.
— Eduardo.
— Eduardo!
— Exatamente. Eduardo. Você.
— Meu nome é Geraldo, Maria Ester.
— Valdusa. E, pensando bem, que fim levou o seu bigode?
— Eu nunca usei bigode!
— Você é que está querendo me enlouquecer, Eduardo.
— Calma. Vamos com calma.
— Se isso for alguma brincadeira sua...
— Um de nós está maluco. Isso é certo.
— Vamos recapitular. Quando foi que nós casamos?
— Foi no dia, no dia...
— Arrá! Está aí. Você sempre esqueceu o dia do nosso casamento. Prova de que você é o Eduardo e a maluca não sou eu.
— E o bigode? Como é que você explica o bigode?
— Fácil. Você raspou.
— Eu nunca tive bigode, Maria Ester!
— Valdusa!
— Está bom. Calma. Vamos tentar ser racionais. Digamos que o seu nome seja mesmo Valdusa. Você conhece alguma Maria Ester?
— Deixa eu pensar. Maria Ester... Nós não tivemos uma vizinha chamada Maria Ester?
— A única vizinha de que eu me lembro é a tal de Valdusa.
— Maria Ester. Claro. Agora me lembrei. E o nome do marido dela era... Jesus!
— O marido se chamava Jesus?
— Não. O marido se chamava Geraldo.
— Geraldo...
— É.
— Era eu. Ainda sou eu.
— Parece...
— Como foi que isso aconteceu?
— As casas geminadas, lembra?
— A rotina de todos os dias...
— Marido chega em casa cansado, marido e mulher mal se olham...
— Um dia marido cansado erra de porta, mulher nem nota...
— Há quanto tempo vocês se mudaram daqui?
— Nós nunca nos mudamos. Você e o Eduardo é que se mudaram.
— Eu e o Eduardo, não. A Maria Ester e o Eduardo.
— É mesmo...
— Será que eles já se deram conta?
— Só se a televisão deles também quebrou.

VERISSIMO, Luis Fernando. Estragou a televisão. In: *Histórias brasileiras de verão*: as melhores crônicas da vida íntima. Rio de Janeiro: Objetiva, 1999. p. 83-86.

1. A televisão é um dos meios de comunicação de maior penetração nas casas de todas as classes sociais no Brasil. Ela tem a capacidade de isolar as pessoas ou define o espaço de uma nova sociabilidade no interior das famílias? Ela pode gerar discussões sobre temas importantes, de comportamento ou políticos, ou apenas distrai e aliena as pessoas?

Para pesquisar

1. Junte-se a alguns colegas. Selecionem uma ou mais peças publicitárias (cartaz, *outdoor*, propaganda de rádio ou televisão, anúncio de jornal, revista ou internet) e indiquem os elementos presentes no material pesquisado que contribuem para a padronização de opiniões, gostos ou comportamentos. Se for possível, convidem um profissional de comunicação para fazer a análise dos anúncios.

2. Escolha uma novela que esteja em exibição na TV e destaque alguns elementos do enredo que possam introduzir a discussão de um problema social. Destaque, também, alguns preconceitos que estão presentes, mesmo que veladamente, nessa novela.

LIVROS RECOMENDADOS

1968: o ano que não terminou.
De Zuenir Ventura. Rio de Janeiro: Objetiva, 2013.
Publicado pela primeira vez em 1988, este livro de Zuenir Ventura é um clássico na compreensão dos fatos históricos que tomaram as ruas do Brasil no mítico ano de 1968, como a ebulição dos movimentos estudantis e armados contra a ditadura militar. Um romance memorável que ergue bandeiras importantes de liberdade, solidariedade e amor em tempos de censura, perseguição e violência.

A questão da ideologia.
De Leandro Konder. São Paulo: Companhia das Letras, 2002.
Neste livro o professor Leandro Konder faz uma longa viagem pelo conceito de ideologia e o apresenta de forma didática, instigante e muito erudita aos leitores de todos os públicos. Antes, durante e depois de Marx, a ideologia apresenta muitas possibilidades de abordagem e usos práticos apoiados em muitas intenções. O livro é fruto de uma pesquisa muito bem elaborada e de uma vida inteira dedicada a decifrar esse que é, sem dúvida, um dos mais difíceis temas do pensamento social.

SUGESTÕES DE FILMES

A onda (Alemanha, 2008).
Direção: Dennis Gansel.
O que aconteceria se um grupo de alunos, numa atividade escolar de férias, resolvesse se inspirar na ideologia nazista para se relacionar entre si e com os outros grupos sociais? Neste filme feito com base em fatos verídicos, é possível entender que as ideologias do passado, mesmo consideradas fora de moda, possuem força capaz de manipular as pessoas e produzir efeitos inusitados e devastadores. Um filme indispensável para entender os contornos e as sutilezas da ideologia hoje.

No (Chile, 2012).
Direção: Pablo Larrain.
Em 1988, o general Augusto Pinochet cedeu às pressões internacionais e permitiu que fosse feito um plebiscito sobre sua continuidade ou não à frente do governo chileno. Nesse filme, os bastidores da campanha revelam um governo ideologicamente programado para mentir ao povo e combater todos que insistiam em lhe fazer oposição. Entre as muitas boas surpresas do filme, vale atentar para o humor utilizado na campanha do NÃO, que defendia o fim da ditadura e o retorno da democracia no Chile.

Conexão de saberes

DESPERDÍCIOS À VENDA

A modernidade produz um paradoxo aparentemente insuperável: proclama a autonomia dos indivíduos, uniformiza sentimentos e gestos, mas anula singularidades e fabrica massas de homens e mulheres com pouco senso crítico e inábeis na ação coletiva e solidária. O desperdício é exemplo desse paradoxo. Ele não atinge somente a dimensão material da existência e o já tão sofrido planeta Terra. Atualmente, vê-se perda de energia humana que poderia ser usada no trabalho, na vida comunitária, na apreciação da cultura, no exercício da cidadania. Desperdiça-se a vida, em sentido amplo e vigoroso. Lançado às traças dos excessos da sociedade de consumo, o indivíduo dá respostas pobres e insuficientes aos dilemas do mundo contemporâneo, dentre os quais se destaca o assustador acúmulo de lixo, com todos os seus desdobramentos ecológicos e humanos.

Fonte dos dados: United Nations Environment Programme (Unep).
Disponível em: <www.unenvironment.org>. Acesso em: maio de 2018.

COMPOSIÇÃO DO LIXO ELETROELETRÔNICO

Percentual	Material
2 a 3%	Chumbo
4 a 5%	Zinco
7%	Alumínio
17%	Cobre
35 a 40%	Ferro

52,2 milhões de toneladas é a estimativa de lixo eletrônico para 2021.

Seria o equivalente a **150** edifícios como o Empire State Building, em Nova York, EUA (imagem ao lado).

GELADEIRAS

A China descarta, anualmente, 500 mil toneladas de geladeiras. O Brasil, 115 mil toneladas; a Índia, 100 mil toneladas. Jogar uma geladeira antiga no lixo acarreta vários problemas, como a liberação do gás CFC (clorofluorcarbono), altamente tóxico e capaz de destruir a camada de ozônio. No Brasil, a produção do CFC e sua importação foram proibidas. As geladeiras mais modernas utilizam outro tipo de gás para refrigeração, menos agressor que o CFC, mas ainda assim nocivo à natureza.

COMPUTADORES

Nos Estados Unidos, um usuário médio troca seu computador pessoal a cada 18 ou 24 meses. Partindo do princípio de que não existe computador sem componentes prejudiciais à natureza, imagine quanto a extração e o descarte de minérios impactam no meio ambiente. No Brasil, são abandonadas 96,8 toneladas de computadores por ano.

CELULARES

Trocar de aparelho celular com muita frequência traz uma triste consequência: no mundo inteiro, mais de 125 milhões de celulares são descartados por ano. Isso significa que 342 465 aparelhos são jogados fora por dia. Os campeões são os sul-coreanos, que descartam celulares com cerca de 11 meses de uso.

IMPRESSORAS

Você já deve ter lido ao final de *e-mails* uma frase que recomenda a não impressão da mensagem. Essa recomendação não está relacionada apenas ao papel e à tinta que a impressora consome. No Brasil, 17,2 mil toneladas de impressoras vão parar no lixo por ano. O Brasil perde apenas para a China nessa estatística.

VOCÊ JÁ PENSOU EM DOAR O ELETRÔNICO QUE VOCÊ NÃO QUER MAIS?

Há no Brasil, atuando nas regiões metropolitanas de Porto Alegre, Brasília, São Paulo, Belo Horizonte, Salvador, Belém e Recife, uma rede nacional de reaproveitamento de equipamentos de informática, formação profissional e inclusão digital. Órgãos públicos, empresas e cidadãos podem doar seus equipamentos usados aos Centros de Recondicionamento de Computadores (CRCs), instalados em periferias de grandes cidades. Nos CRCs, jovens aprendem na prática a testar, consertar, limpar, configurar e embalar as máquinas. Os computadores recondicionados são doados a bibliotecas e escolas públicas de todo o país. Pesquise no *site* do Ministério das Comunicações: <http://www.mctic.gov.br/>. Acesso em: 6 abr. 2018.

7 COISAS QUE NÃO PODEM SER JOGADAS NO LIXO

1. Óleo de motor
2. Eletroeletrônicos
3. Tintas
4. Pilhas ou baterias
5. Lâmpadas
6. Detectores de fumaça
7. Termômetros

UNIDADE 9
Religiões e religiosidades

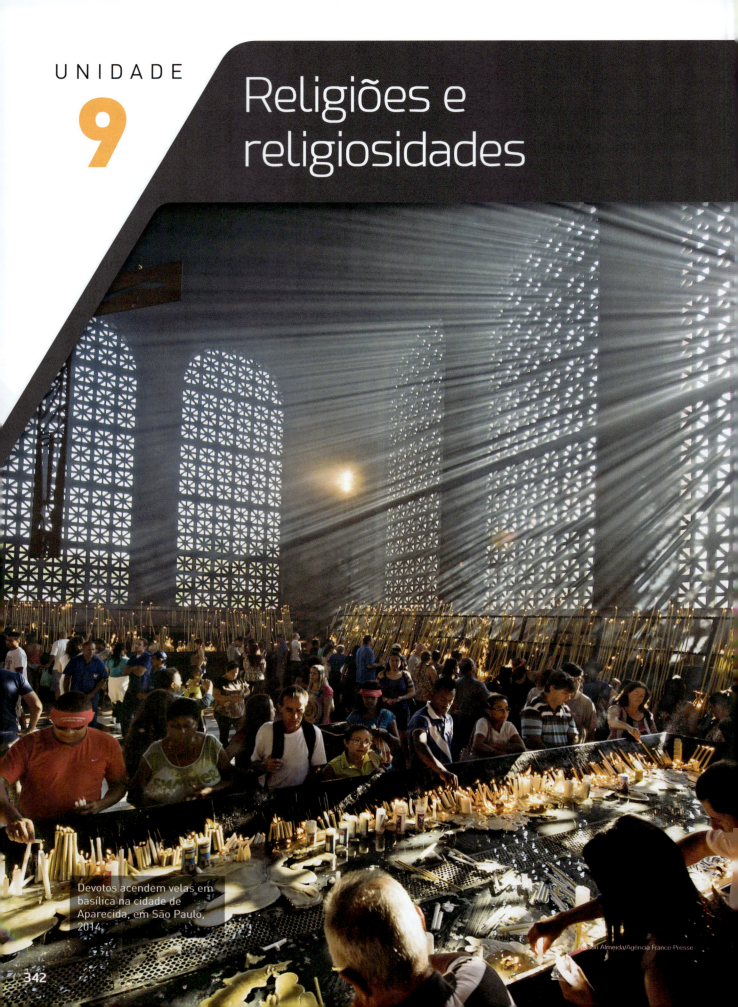

Devotos acendem velas em basílica na cidade de Aparecida, em São Paulo, 2014.

ANDAR COM FÉ

Os argumentos que justificam a inclusão de uma unidade sobre o tema religião em um livro de Sociologia para o Ensino Médio têm como base o fato de que as religiões e as religiosidades marcam presença em todas as sociedades conhecidas e por essa razão têm relação com questões já analisadas nesta obra. Religiões e religiosidades integram os processos de socialização e são muitos os momentos em que se mostram fundamentais na história.

As religiões inspiram privilégios sociais e, ao mesmo tempo, contribuem para a afirmação de novos direitos – aprovando-os ou condenando-os; têm implicações nas relações de trabalho (como, para quem e por que trabalhamos?); representam poder e possuem estreitas relações com as mais variadas formas do Estado. Além disso, têm envolvimento com movimentos sociais de ontem e de hoje, participam dos processos de mudança social, colaboram para o entendimento das variadas culturas, bem como expressam diferentes ideologias, posto que são decisivas na formação de distintas visões de mundo. As religiões, no seu dia a dia, utilizam a indústria cultural e a alimentam por meio de múltiplos processos de comunicação e circulação de produtos.

No mais, faz-se necessário registrar que religiões e religiosidades estão presentes na vida das pessoas orientando saberes e práticas. O ensaísta Gustavo Bernardo (1955-), no livro *A ficção de Deus*, revela de que modo, pela literatura mundial, Deus se converteu de ideia em ação, tanto entre aqueles que creem quanto entre os que não creem. A experiência republicana e democrática, numa sociedade que se quer verdadeiramente ética e pluralista, não exclui a fé de ninguém, tampouco daqueles que se declaram ateus ou agnósticos – aliás, ateísmo e agnosticismo, como experiências que incorporam e explicitam princípios e valores, fazem parte do conjunto da diversidade religiosa das sociedades humanas.

Por fim, uma breve nota explicativa: de acordo com o sociólogo brasileiro Renato Ortiz (1947-), o termo "religiosidade" refere-se à fé de forma individualizada, como síntese que cada um elabora para praticar suas crenças cotidianamente; já "religião" denota um sistema coerente de pensamentos e ações, que pressupõe uma estrutura geral de ritos e dogmas.

CAPÍTULO 33

A diversidade religiosa no mundo

É fácil encontrar nas sociedades humanas manifestações religiosas que variam conforme as estruturas sociais, econômicas, políticas e culturais de cada modelo de organização. Isso significa dizer que as religiosidades são produtoras de cultura e, a um só tempo, produto desta. Assim, as religiões e religiosidades existentes no mundo hoje são resultado de um longo processo de gestação e de modificações na História.

As sociedades constroem coisas e também o significado para todas as coisas. Essa relação pode ser designada como cultura material e imaterial. Nem sempre é possível distinguir uma cultura da outra: a da coisa e de seus múltiplos significados.

Por exemplo: um edifício é uma realização material. Mas, caso um edifício abrigue o templo de determinada divindade, o que era muito comum na Antiguidade, ou se nesse mesmo prédio estiver instalada uma igreja, ou se esse espaço for considerado sagrado por qualquer razão, a construção física carregará um significado religioso e, portanto, imaterial. Isso prova que as coisas podem ser impregnadas culturalmente tanto de forma quanto de conteúdo, tanto de aparência como de essência.

Do mesmo modo, as expressões religiosas podem conter elementos objetivos e subjetivos. São criações das sociedades humanas que procuram dar sentido às suas ações. As manifestações religiosas, em todas as suas formas, são sempre fruto de uma determinada sociedade. Posteriormente, elas podem se expandir para muitas outras realidades, admitir influências e incorporar elementos locais e regionais e assim ajustar-se às exigências daqueles que as professam.

A necessidade do ser humano de dar significado às suas experiências, simbolizando-as de diversas formas, é uma das características da vida em sociedade. As religiões e religiosidades almejam a construção de um mundo sagrado, fundamentado numa fé que desconheça distinções de tempo e de espaço e que, por essa razão, transcenda o humano e o retire de algum modo do seu contexto existencial. Independentemente da origem das religiões, sabe-se que são resultado de uma prática compartilhada entre os membros de um grupo, uma comunidade ou de uma complexa e numerosa sociedade.

Origem das religiões e religiosidades

As manifestações religiosas são as mais antigas práticas culturais da humanidade, tendo surgido há aproximadamente 50 mil anos. Escavações que datam desse período da Pré-História revelaram vestígios de cuidadosas cerimônias de despedida, o que parece indicar a crença nas relações entre vivos e mortos.

A Antropologia e a Sociologia, ao analisarem as primeiras manifestações religiosas, comprovaram a existência de práticas que buscavam proteção diante do sentimento de vulnerabilidade, de impotência e de desamparo nas situações em que o ser humano não dominava as forças da natureza.

Três elementos podem ser identificados nas manifestações religiosas mais antigas de que se tem conhecimento: o animismo, o totemismo e a mitologia.

Animismo

O antropólogo britânico Edward B. Tylor (1832-1917) indicou que o animismo seria a primeira manifestação religiosa entre as sociedades humanas. Para ele, o animismo seria a presença de um espírito (*maná*) em todos os elementos do cosmos (Sol, Lua, astros e estrelas), da natureza (rio, oceano, montanha, floresta, rocha), da vida (humanos, animais e vegetais) e dos fenômenos do tempo (chuva, vento, dia, noite). A partir desse princípio, desenvolveram-se crenças religiosas características de muitas sociedades tribais, cujos membros acreditavam na existência de seres espirituais que tinham por função controlar os diferentes aspectos do ambiente natural e social.

Totemismo

Outra perspectiva de análise antropológica e sociológica da religião é o totemismo, que pode ser entendido como um conjunto de ideias e práticas baseadas na crença de parentesco mítico entre seres humanos e elementos da natureza. Esse conceito implica uma ampla variedade de relações de ordem simbólica, mítica, emocional, genealógica e de venerabilidade entre grupos sociais específicos com animais ou outros objetos naturais que constituem o totem. O totemismo seria um instrumento regulador das relações sociais na sociedade indígena, principalmente das relações de casamento, a ponto de definir os pares que constituiriam a relação.

Nesse tipo de manifestação religiosa, os membros da sociedade acreditam possuir vínculos com animais e vegetais ou mesmo com fenômenos e elementos naturais como o Sol, a água, o trovão, o raio, etc. Todos acreditam estar ligados entre si, por meio de um antepassado heroico, de um animal ou de uma planta. Formam-se assim agrupamentos (clãs) mais ou menos numerosos, identificados por elementos da natureza: clã do corvo, clã da serpente, clã do pinheiro, clã da onça, etc.

O antepassado totem é venerado pelo clã e torna-se um tabu (coisa sagrada, inviolável), que não pode ser morto, nem comido, nem tocado, nem destruído de maneira alguma. É o protetor do clã, o intermediário entre as pessoas e a força que está além dos humanos. Consultam-no nas dificuldades, fazem-lhe oferendas, criam-lhe ritos e cerimônias, como ocorre em qualquer outra religião. Como esses ritos e cerimônias são sempre presididos por um xamã, a liderança espiritual do grupo, essas manifestações religiosas muitas vezes são chamadas de xamanismo.

Claude Lévi-Strauss (1908-2009), antropólogo francês, no livro *O totemismo hoje* (1962) afirma que o totemismo é uma expressão simbólica, que permite ao indivíduo ou grupo um melhor entendimento da realidade social e da diferenciação de clãs e papéis no interior das sociedades tribais.

// A imagem mostra uma criatura semi-humana, pintada na parede da caverna de Trois Frères, na França. Repare que se trata de uma figura com orelhas de lobo, chifres de veado, rabo de cavalo e patas dianteiras de urso. Há duas interpretações para esse desenho: alguns estudiosos afirmam tratar-se do registro mais antigo da união das características de um xamã com as dos animais que ele julga poderosos; outros acreditam que se trata de uma entidade sobrenatural que agiria em favor das tribos nas situações de caça.

Mitologia

Um terceiro elemento que fundamenta as manifestações religiosas em muitas sociedades, nas de ontem e ainda nas de hoje, são as mitologias. Elas podem ser entendidas como narrativas dos tempos passados. Geralmente não mencionam datas, têm significação simbólica, referem-se a uma ou mais divindades representativas das forças da natureza ou de aspectos da condição humana. Esses elementos trazem a marca da divindade e das forças sobrenaturais e, de alguma forma, são matrizes ou fontes de diferentes manifestações religiosas, presentes ainda hoje, institucionalizadas ou não.

As mitologias que mais chamam atenção são aquelas que se referem à criação do mundo e da humanidade. Elas estão presentes em todas as culturas no mundo, desde os povos tribais, cuja cultura era transmitida oralmente, até os de cultura escrita. As mais conhecidas no Ocidente são: a mitologia judaico-cristã, relatada no livro de *Gênesis*, presente na *Torá* judaica e no Velho Testamento, que compõe parte da *Bíblia* cristã, e as que se desenvolveram na Grécia antiga e que são as mais frequentes nos livros de História, na literatura e em muitos filmes.

Ultimamente, devido a jogos, filmes e internet, popularizou-se entre os jovens a mitologia nórdica, repleta de deuses, sendo Odin o rei de todos os deuses e Thor, seu filho mais velho, o deus dos raios e trovões. Além desses, existem outros seres mitológicos, como valquírias, gigantes, elfos, duendes, fadas e seres subterrâneos, todos componentes de um conjunto fantástico.

É importante fazer menção à mitologia iorubá, de matriz africana, negra, por constituir, para os latino-americanos, uma referência para as manifestações religiosas reunidas sob as denominações Candomblé, no Brasil, Vodu, no Haiti, e Santeria, em Cuba, devido ao regime de escravidão de negros africanos nesses locais.

Essas três formas mais antigas de manifestação religiosa, juntamente com as tradições de vários povos, são a base das religiões contemporâneas e nestas adquirem novos sentidos, como se verá adiante.

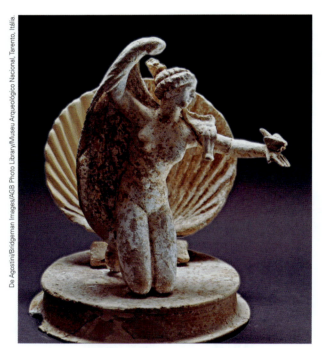

Escultura *O nascimento de Afrodite* (cerca de 450 a.C.-323 a.C.), deusa grega da beleza e do amor. Chamada de Vênus na mitologia romana, Afrodite inspirou vários artistas plásticos, principalmente do Renascimento, nos séculos XV e XVI. Museu Arqueológico Nacional, Tarento, Itália.

Religiões com origem na Índia e na China

Há milhares de anos a religião exerce papel fundamental na vida dos povos que ocupam o espaço que hoje compreende os territórios da Índia e da China. A diversidade de religiões orientais envolve grande quantidade de divindades e também de manifestações filosóficas e ético-religiosas. No passado, algumas dessas manifestações religiosas foram a base de um conjunto de estratificações sociais, como o sistema de castas na Índia, por exemplo. Outras expressões religiosas tiveram presença marcante no processo de consolidação do poder e de definição de instâncias burocráticas dirigidas por intelectuais; outras ainda procuraram fugir dessas relações e manter-se isoladas. Todas, entretanto, fazem uma ponte entre o que é mais geral, sagrado ou não, e o universo particular dos indivíduos, famílias e grupos nas sociedades do passado e do presente, com inúmeras ramificações.

Índia

Há dois grandes grupos religiosos de origem indiana: o hinduísta e o budista.

Hinduísmo

É uma das religiões mais antigas do mundo e nasceu na Índia há mais de 6 mil anos. Engloba uma pluralidade de manifestações religiosas com origens e bases em diferentes tradições. Por essa razão, não é possível identificar um fundador. Caracteriza-se como tradição cultural, abrangendo modos de viver, princípios éticos e filosóficos. Fundamenta-se na memória coletiva sobre deuses étnicos e cósmicos transmitida oralmente e, posteriormente, registrada em livros – os *Vedas* –, coletâneas de textos considerados sagrados, com hinos, orações, encantações, ritos, etc. Esses livros sagrados foram reunidos há aproximadamente 3,5 mil anos e são a base do hinduísmo.

O hinduísmo tem sua ênfase no que seria o modo correto do viver, o *darma*, ou seja, a verdade religiosa. Os cultos hindus podem ser realizados em templos e congregações, mas também no ambiente familiar.

A relação do hinduísmo com o sistema de castas, que se perpetuou na Índia, é intensa. De acordo com o sistema de castas, cada indivíduo ocupa no mundo uma posição preestabelecida, determinada por uma hierarquia definida com base nos *Vedas*. Assim, da cabeça do deus primordial (Brama) saiu a casta social dominante (os brâmanes), dos braços saíram os guerreiros (xátrias), das pernas, os comerciantes, artesãos e camponeses (vaixás) e dos pés os trabalhadores manuais e servos (sudras).

// Milhares de devotos do hinduísmo rezam durante cerimônia religiosa em Dacca, Bangladesh, 2015.

Budismo

Surgiu como contestação ao hinduísmo, há mais de 2,5 mil anos, na Índia. Foi fundado por um rico príncipe chamado Sidarta Gautama, o Buda, nascido no norte da Índia, atual Nepal. O budismo rejeita parte da autoridade dos *Vedas*, não aceita a hierarquia das castas e não aprova alguns dos rituais hindus, como o culto a determinadas divindades. Além disso, introduz um novo objetivo religioso, o de salvação, ligado à ideia de reencarnação.

O principal ponto de oposição do budismo em relação ao hinduísmo se baseia no fato de que o próprio Buda pertencia à casta dos xátrias, uma classe inferior à dos brâmanes. De acordo com o hinduísmo, uma vez que Buda não era um brâmane, não estaria autorizado a ensinar o *darma*. Buda, no entanto, procurou ensinar o *darma* para todas as castas, algo que os brâmanes repudiavam. Por esse motivo o budismo foi perseguido e conta com poucos adeptos na Índia.

Os ensinamentos de Buda têm como base a ideia de que o ser humano está destinado a reencarnar infinitamente após cada morte e a enfrentar os sofrimentos do mundo. Os atos praticados em cada reencarnação definem a condi-

Cerimônia budista na qual monges acendem velas para comemorar a véspera do Ano-Novo de 2016. Bangcoc, Tailândia.

ção de cada pessoa na vida futura, preceito conhecido como carma. Segundo a tradição, Buda ensina a superar o sofrimento e a atingir o nirvana, estado de evolução e aprimoramento total do espírito que aniquila os fatores humanos e permite ao indivíduo encerrar a corrente de reencarnações. Há duas correntes dentro do budismo: a *mahayana*, que defende um relaxamento na rígida doutrina monástica do budismo e a possibilidade de que os praticantes leigos sejam iluminados, e a *hinayana*, que se coloca como defensora do budismo original, em que apenas monges que seguem à risca a doutrina podem iluminar-se.

O budismo caracteriza-se por ser uma religião sem divindade, posto que a chave para a libertação é a pureza mental e a compreensão de que a salvação não é conquistada por meio de súplicas dirigidas a uma divindade externa. Para os budistas não há intermediário entre o indivíduo e o divino.

Manifestações ético-religiosas na China

Com origem na China, existem dois grupos de manifestações ético-religiosas que devem ser destacadas: o confucionismo e o taoismo.

Confucionismo

É o conjunto de ideias (políticas, sociais e religiosas) de autoria do pensador chinês Confúcio (551-479 a.C.). Tem como princípio básico o *junchaio*, os ensinamentos dos sábios, e define a busca por um caminho superior, o *Tao*, como forma de viver bem e em equilíbrio entre as vontades da Terra e as do Céu.

Confúcio é mais um filósofo do que um pregador religioso. Suas ideias sobre como as pessoas devem comportar-se e conduzir sua espiritualidade se fundem aos cultos religiosos mais antigos da China, que incluem centenas de imortais, considerados divindades, criando um vasto sincretismo religioso, ou seja, uma mistura. O confucionismo vinculava-se diretamente ao poder imperial chinês e permaneceu como doutrina oficial do país durante quase dois mil anos, do século II até quase meados do século XX.

No confucionismo não existe um deus criador do mundo, nem uma igreja organizada, nem sacerdotes. O alicerce místico de sua doutrina é a busca do *Tao*, conceito herdado de pensadores religiosos anteriores a Confúcio. O *Tao* é a fonte de toda a vida, a harmonia do mundo. No confucionismo, a base da felicidade dos seres humanos é a família, estruturada sobre uma sociedade harmônica. A família e a sociedade devem ser regidas pelos mesmos princípios: os governantes precisam ter amor e autoridade como os pais; os súditos devem cultivar a reverência, a humildade e a obediência.

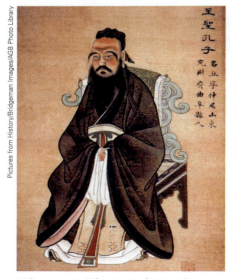

Retrato do filósofo chinês Confúcio, de autoria desconhecida, c. 1770, guache sobre papel. Coleção particular.
O confucionismo enfatiza a moralidade pessoal e governamental, a justiça e a sinceridade.

De acordo com a doutrina, o ser humano é composto de quatro dimensões: o eu, a comunidade, a natureza e o céu – fonte da autorrealização definitiva. As cinco virtudes essenciais do ser humano são:

amar o próximo; ser justo; comportar-se adequadamente; conscientizar-se da vontade do céu; cultivar a sabedoria e a sinceridade desinteressadas.

Segundo o confucionismo, somente aquele que respeita o próximo é capaz de desempenhar seus deveres sociais. O único sacrilégio é desobedecer à regra da piedade.

Taoismo

Se o confucionismo estava vinculado ao poder imperial, o taoismo distanciou-se dele e seu objetivo é a prática individual com base na tradição espiritual milenar de origem chinesa, no ensinamento filosófico e na prática espiritual da meditação. O taoismo formou-se a partir da obra *Tao Te Ching*, escrita por volta do século IV a.C., de autoria do filósofo chinês Lao-tzé.

O taoismo é uma tradição espiritual que propõe o retorno do ser humano a um estado de consciência e vida plena, ou seja, ao *Tao*. Os meios para o retorno ao *Tao* englobam: as artes (*Su*), a lei (*Fa*), a organização e o caminho (*Tao*). Os taoistas são politeístas e prestam culto aos ancestrais. Todas as pessoas que atingem a imortalidade se tornam deuses e são cultuados.

Mescla de religiosidades

Como já foi dito, são diversas as manifestações religiosas provenientes da Índia e da China e todas têm em comum a mescla de religiosidades capazes de criar outras tantas manifestações, como o xintoísmo, comum no Japão. Práticas filosóficas, éticas e religiosas desse tipo possuem adeptos espalhados por todo o mundo, mais concentrados, porém, em seus países de origem.

// Retrato do filósofo chinês Lao-tzé em seu búfalo seguido por um discípulo, em aquarela do século XVIII. Biblioteca Nacional, Paris, França.

Religiões com origem no Oriente Médio: monoteísmo

A primeira expressão religiosa monoteísta de que se tem notícia é o zoroastrismo. Originário da antiga Pérsia, atuais Irã e Iraque, teria sido criado pelo profeta Zaratustra, ou Zoroastro em grego. O zoroastrismo teria influenciado o judaísmo, o cristianismo e o islamismo, as três religiões nascidas no Oriente Médio, através das crenças e concepções sobre a existência de um paraíso e um juízo final, bem como as ideias de ressurreição e a vinda de um messias.

Além de influenciadas pelo zoroastrismo, as três religiões nascidas no Oriente Médio têm uma origem comum: o profeta Abraão; daí serem denominadas religiões abraâmicas. As três baseiam seus fundamentos em escritos considerados sagrados e inspirados por um deus único, todo-poderoso. Daí seu monoteísmo histórico.

Judaísmo

O judaísmo é uma das mais antigas religiões monoteístas e é o resultado da fusão de mitologias, credos religiosos e costumes tribais do Oriente Médio unificados posteriormente mediante a consciência de um nacionalismo judaico.

// Rolo da *Torá* escrita à mão, originário do norte da África, exposto em Jerusalém, Israel, 2013.

A fé judaica está intimamente ligada à história e à tradição do povo hebreu. De acordo com essa tradição, Abraão habitava a terra de Ur, na Caldeia, atual Iraque. Há 4 mil anos, Deus (Javé) teria ordenado que ele e seus parentes e servos abandonassem Ur e fossem para Canaã, atual Palestina. Conforme essa tradição, por volta de 1700 a.C., o povo judeu migrou para o Egito e lá teria sido escravizado pelos faraós por aproximadamente 400 anos. A fuga do Egito foi comandada por Moisés, que mais tarde receberia as tábuas dos Dez Mandamentos no Monte Sinai. Durante 40 anos o povo hebreu, designado por eles pela expressão "povo de Deus", peregrinara pelo deserto até receber um sinal, um gesto, que os informasse que deveriam voltar à "terra prometida", Canaã, onde hoje se situa a cidade de Jerusalém, território sagrado também para o cristianismo e o islamismo.

O judaísmo fundamenta-se na crença no Deus vivo, transcendente, onipotente e justo e que se revela à humanidade através de um compromisso, uma aliança com o povo hebreu, o povo escolhido por Ele.

O livro sagrado do judaísmo é a *Torá* ou o *Pentateuco*, os cinco primeiros livros do Velho Testamento, *Gênesis*, *Êxodo*, *Levítico*, *Números* e *Deuteronômio*. Outro livro importante é o *Talmude*, que reúne as tradições orais judaicas e é dividido em quatro partes: *Mishnah*, *Targumin*, *Midrashim* e *Comentários*. Nas muitas interpretações desses livros encontram-se várias vertentes do judaísmo, sem, no entanto, haver questionamentos dos seus fundamentos principais.

O judaísmo é a fonte das duas outras religiões com maior número de adeptos no mundo: o cristianismo e o islamismo.

Cristianismo

Cronologicamente, o cristianismo – Cristo, em hebraico, significa "aquele que é aguardado" – é a segunda religião monoteísta, nascida há pouco mais de 2 mil anos, dentro do judaísmo e no contexto da ocupação do Império Romano no Oriente Médio.

Segundo a tradição cristã, Jesus – considerado filho de Deus, o Messias – atribui um novo significado às práticas exteriores do culto judaico e começa a sua pregação visando apresentar às pessoas o reino de Deus, isto é, a vitória da justiça e da verdade, com a promessa da salvação eterna para todas as pessoas.

Até o final do século III, a religião cristã foi perseguida pelos imperadores romanos por constituir uma ameaça ao Império. A situação começou a se modificar com o imperador Constantino, em 313, quando este concedeu liberdade de culto aos cristãos; a partir dali os imperadores passaram a proteger e estimular cada vez mais a fé cristã. Foi o imperador Teodósio I, em 390, quem tornou o cristianismo a religião oficial do Império. Esse fato permitiu a sua organização religiosa a partir de Roma, ocupando quase todo o território romano de então e consolidando a sua expansão mundo afora.

O que caracteriza o cristianismo é a crença na trindade divina indissociável: Deus pai, Jesus, o filho, e o Espírito Santo. Os textos sagrados do cristianismo são a *Bíblia*, constituída pelo Velho Testamento (base do judaísmo) e pelo Novo Testamento, que inclui relatos sobre a vida de Jesus e livros redigidos pelos seus apóstolos e por Paulo de Tarso, um dos maiores responsáveis pela divulgação da doutrina cristã em sua fase inicial.

Esse sistema de crenças e valores foi sendo modificado e gerou um sem-número de interpretações, que, por sua vez, deram origem a diferentes convicções e rituais considerados cristãos. Hoje, o cristianismo é a maior manifestação religiosa do planeta, com aproximadamente um terço da população mundial entre os adeptos. Divide-se em três grandes blocos: catolicismo romano, catolicismo ortodoxo e protestantismo, havendo no interior desses blocos muitas divisões e subdivisões, principalmente no protestantismo.

// O anjo Gabriel, considerado pelo judaísmo o mensageiro de Deus, pelo cristianismo aquele que anuncia a vinda de Jesus para Maria e pelo islamismo aquele que revela o *Alcorão* a Maomé. Palazzo Ducalle, Mântua, Itália.

Islamismo

Etimologicamente, islamismo significa submissão. É a mais nova das religiões monoteístas e surgiu há aproximadamente 1 500 anos. O fundador do islamismo foi Maomé (em árabe, Mohammad), nascido no ano 570 e pertencente a uma das mais nobres famílias da cidade de Meca, hoje território da Arábia Saudita. Segundo a tradição, aos 40 anos, o anjo Gabriel anunciou-lhe sua missão. Depois de meditar por 15 anos, Maomé promoveu uma reforma religiosa e social na península árabe, onde vivia. Morreu em Medina, também no território da Arábia Saudita, em 632.

Maomé conseguiu criar um sistema religioso e econômico adaptável ao nomadismo do seu povo, até então disperso. O livro sagrado do islamismo é o *Alcorão* ou *Nobre Alcorão* (que significa o que é – ou deve ser – recitado), que contém as santas escrituras reveladas por Deus (Alá) ao seu fundador, considerado profeta. Os muçulmanos acreditam que cerca de dois terços do *Alcorão* foram anunciados ao profeta em Meca; o restante teria sido revelado em Medina.

Na disseminação de sua religião, Maomé baseava-se principalmente na crença de que o desígnio de Deus era levar pouco a pouco, para toda a humanidade, os seus princípios de perfeição. Ele acreditava que seu papel era levar a mensagem de Alá para todos os povos e não apenas para os povos árabes.

Quem professa o islamismo é também conhecido como muçulmano ou maometano. O islamismo comumente é vinculado às nações árabes, mas os países com maior número de muçulmanos são a Indonésia, o Paquistão e a Índia, que não são países árabes. Como os cristãos, eles se dividem, muitas vezes de maneira antagônica, a respeito da interpretação dos preceitos de seus livros sagrados e das diferentes tradições orais. As subdivisões mais conhecidas são os grupos que abrigam os sunitas, maioria, e os xiitas, minoria.

Diversidade e sincretismos

Não se pode, porém, afirmar que existem apenas as religiões aqui expostas. O que se vê hoje em dia são inúmeras manifestações religiosas e buscas individuais, em torno das quais muitas vezes se mesclam diversas matrizes religiosas para formar uma religiosidade de caráter não institucional, distante de rituais ou de convenções preestabelecidas, não atreladas aos grandes templos ou a estruturas hierárquicas.

Hoje, o exemplo mais ilustrativo dessa dinâmica é a *New Age* (Nova Era), caracterizada por uma religiosidade ampla que inclui experiências variadas, individuais e coletivas, e que mistura cerimônias cristãs, ritos orientais, mantras hindus e símbolos de matrizes africanas com terapias psicológicas e técnicas de autoajuda.

Segundo o demógrafo José Eustáquio Diniz Alves, professor da Escola Nacional de Ciências Estatísticas (órgão vinculado ao IBGE), com base em dados de várias organizações internacionais que estudam a distribuição das religiões no mundo e na análise de mais de 2,5 mil censos, inquéritos e registros de população em 232 países e territórios, estimou-se em 2010 o número de 5,8 bilhões de indivíduos (84%) com afiliação religiosa no mundo e 1,1 bilhão de pessoas (16%) não afiliadas (sem religião).

Entre os que têm afiliação religiosa, o estudo demográfico informa em números arredondados que há no mundo 2,2 bilhões de cristãos (32% da população mundial), 1,6 bilhão de muçulmanos (23%), 1 bilhão de hindus (15%), cerca de 500 milhões de budistas (7%) e 14 milhões de judeus (0,2%). Além desse grupo, mais de 400 milhões (6%) são praticantes das chamadas religiões tradicionais (religiões tradicionais africanas, religiões populares chinesas, religiões nativas americanas e religiões aborígenes australianas). Estima-se ainda que 58 milhões de pessoas – pouco menos de 1% da população mundial – sejam adeptas de outras religiões.

Os indivíduos sem afiliação religiosa (1,1 bilhão de pessoas ou 16%) constituem o terceiro maior grupo global, atrás apenas de cristãos e muçulmanos. Pesquisas indicam que muitos dos não afiliados (sem religião) defendem algumas crenças religiosas ou espirituais (como a crença em uma divindade ou em um espírito universal), mesmo sem se identificar com uma fé particular.

A distribuição geográfica dos grupos religiosos varia consideravelmente. Os cristãos são os mais uniformemente distribuídos. Aproximadamente o mesmo número de cristãos vive na Europa (26%), na América Latina e no Caribe (24%) e na África subsaariana (24%).

Na Ásia encontram-se a grande maioria dos hindus (99%), dos budistas (99%) e dos adeptos das religiões tradicionais (90%), além de membros de outras inúmeras religiões (89%). Na mesma região também se encontra a maioria dos muçulmanos (62%). Somente cerca de 20% dos muçulmanos vivem no Oriente Médio e no Norte da África, e quase 16% residem na África subsaariana.

Cerca de 76% dos não afiliados também vivem na região asiática, uma vez que somente na China são cerca de 700 milhões (52% da população), o que representa mais do que o dobro da população total dos Estados Unidos. Outros países onde os não afiliados são maioria: República Tcheca (76,4%), Coreia do Norte (71,3%), Estônia (59,6%), Japão (57%) e Hong Kong (56,1%).

Como se pode perceber, a diversidade religiosa no mundo é muito grande e essa realidade conduz a reflexões sobre a necessidade do convívio pacífico com os que professam crenças diferentes, respeitando-as e procurando uma vida em comum apesar de – e graças a – nossas diferenças.

Cenário da diversidade religiosa

Diversidade religiosa e a necessidade de respeito

Quantas religiões existem no mundo? Até onde eu consegui chegar, estima-se que existam mais de 10 mil religiões no mundo. O problema de tomar esses dados como verdade absoluta está num erro comum em confundir religião com segmentações de uma religião; ou seja, o Cristianismo é uma religião, já o catolicismo e o protestantismo são fragmentações internas dessa religião.

Seja como for, é notável que existam inúmeras religiões com uma concepção e ideologia que se distinguem bastante entre si. Há religiões como o Judaísmo, o Budismo, Hinduísmo, a Cientologia, o Islamismo, entre outras, que são bastante interessantes e diferentes umas das outras. O que nos faz pensar e reafirmar a importância da aceitação para com a fé do outro, visto que não se deve julgar o outro indivíduo com sua concepção de mundo, até porque é preciso entender que nenhuma religião tem a verdade de forma integral e que as concepções de mundo divergem entre si.

Eu usei o termo aceitar no lugar de tolerar, pois há uma enorme diferença entre os termos. A tolerância quer dizer que as duas religiões apenas coexistem, ao contrário de aceitar, que é afirmar a existência da outra e não a ignorá-la e tratá-la como inferior, e sim reconhecendo que a outra religião também é válida e enxergando que ela tem algo para oferecer e acrescentar. Nós, por exemplo, vivemos num país que tem amplamente uma cultura voltada à religião cristã, e é bastante comum depararmo-nos com pessoas que julgam religiões como a islâmica, fadando-os de terroristas erroneamente. Muitas das vezes este preconceito existe por falta de conhecimento sobre a outra religião e por um julgamento dotado de valores ocidentais perante a uma religião que surgiu num contexto oriental.

Isto me faz pensar no fato de que a religião é, também, um traço cultural de determinada região ou povo. Com isso, perceberíamos que uma pessoa que nasce no Brasil, por exemplo, tem grandes chances de se tornar cristã, assim como uma pessoa que nasce na Índia tem mais chance de se tornar hindu. Claro, chance e não certeza, até porque o mundo tem ficado cada vez menor e mais conectado, o que afeta a demografia religiosa dos países, assim como faz divergir e variar o número de adeptos a religiões diversas cada vez mais em um só local.

[...]

Além disso, há religiões que não estão preocupadas em delimitar preceitos morais, existem religiões nas quais os deuses não estão preocupados em ditar o comportamento social, assim como nem todas as religiões estão preocupadas em definir o mito da criação do mundo. Contudo, há também religiões que não apontam a busca por seres espirituais, como deuses, espíritos e demônios, e sim a harmonia do ser humano com a natureza, por exemplo. Como é o caso da religião Xintoísta, que baseia-se na relação do homem com a natureza, onde as divindades cultuadas são forças ou espíritos sagrados que estão presentes em todo o universo, como pedras, animais ou rios.

Apesar das diversidades e particularidades aqui ditas, as religiões, até onde se sabe, carregam traços comuns, como a realização de rituais dos mais diversos possíveis e conjuntos de símbolos que são seguidos e amparados por grupos de fiéis que se identificam com a religião. A função do todos os indivíduos, que partilham de uma religião ou não, é compreender que se deve primeiramente o respeito a qualquer ser humano pelo simples fato do outrem ter os mesmos direitos que você, já que somos todos iguais ou assim deveríamos ser vistos. Isto feito, a função de cada um é de respeitar as diversas religiões e os seus adeptos, percebendo que a religião não deve ser vista como um fator de desintegração social, mas sim como um meio de pregar valores humanos que defendam por si só à liberdade religiosa e entendendo os próprios limites.

Disponível em: <https://17minionucdh2017.wordpress.com/2016/08/13/diversidade-religiosa-e-a-necessidade-de-respeito/>. Acesso em: 18 abr. 2018.

1. Por que no texto existe a preferência pela expressão "respeito", em vez de "tolerância" religiosa?

// Devotos caminham em local sagrado da Igreja Messiânica em Guarapiranga, São Paulo, 2012.

CAPÍTULO 34

Religião e Sociologia

A Sociologia, ao analisar religiões e religiosidades, não tem como objetivo encontrar as "verdades" ou as crenças que as fundamentam, tampouco faz julgamento sobre essas questões. Antes, procura investigar os fundamentos históricos e sociais da religião e suas implicações na experiência e no desenvolvimento das sociedades humanas.

Sua compreensão parte do pressuposto de que elas são resultado da experiência humana nas diversas sociedades. Para tanto, é necessário inicialmente fazer uma diferenciação entre religião e religiosidade.

Ao longo de milhares de anos, a religião tem evidenciado um importante papel na vivência dos seres humanos. De uma forma ou de outra ela está presente em todas as sociedades humanas, exercendo influência em várias esferas da vida pública e privada dos indivíduos, grupos e classes sociais.

Não existe uma definição de religião aceita por todos. As definições normalmente variam de sociedade para sociedade e de cultura para cultura. Ainda assim, é possível encontrar características comuns às principais religiões no mundo, como:

- sistema de crenças que abrange deuses ou divindades (ou uma só divindade);
- conjunto de símbolos sagrados;
- realização de cultos, cerimônias e rituais em edifícios específicos ou em outros locais predefinidos ou não;
- reverência a locais considerados sagrados;
- calendário de festas e comemorações específicas;
- conjunto de normas escritas ou não;
- comunidade ou grupo de crentes ou fiéis;
- líderes hierarquizados ou não, em diversos níveis.

Para além dessas características, pode-se dizer que as mais diversas religiões de antes e de agora têm algo em comum, conforme Leonardo Boff (1938-), teólogo brasileiro: a tentativa de vincular a humanidade a suas divindades, seus antepassados, sua própria experiência, seu meio ambiente, enfim, a tudo que busca oferecer sentido à vida.

Há também a religiosidade, isto é, o atributo humano que procura algo sagrado, sem necessariamente definir o significado do termo "sagrado". A religiosidade não está necessariamente ligada a uma religião, mas pode estar. As religiosidades surgem como manifestações não institucionalizadas e não envolvem hierarquias formais. Nesse sentido, o termo religiosidade é utilizado para caracterizar uma fé individualizada, que se contrapõe à religião como um sistema organizacional e internamente coerente de crenças.

As manifestações religiosas são fenômenos que aparecem em todas as sociedades e são tema de estudo da Sociologia e de outras ciências sociais desde os seus primeiros pensadores. Na sequência serão analisados alguns desses autores e suas impressões acerca do assunto.

Karl Marx: a religião como ópio do povo ou como realidade histórica

Para analisar o pensamento sociológico de determinados autores a respeito da religião, é necessário situar cada um deles em seu tempo.

No caso de Marx, a religião é entendida como forma de organização conservadora. Ele nunca privilegiou o estudo da questão religiosa, apesar de esse assunto aparecer em vários de seus escritos, alternando perspectivas à medida que o pensador alemão aprofundava suas teorias. A mais conhecida frase de Marx sobre a religião é a famosa "A religião é o ópio do povo". Essa ideia, contudo, não é criação de Marx, posto que já havia sido utilizada, com o mesmo sentido, conforme o sociólogo brasileiro Michael Löwy (1938-), por pensadores como Immanuel Kant, J. G. Herder, Ludwig Feuerbach, Bruno Bauer, Moses Hess e Heinrich Heine.

NAS PALAVRAS DE MARX

A crítica da religião

Na Alemanha, a crítica da religião chegou, no essencial, ao fim. A crítica da religião é a premissa de toda crítica. [...]

A religião não faz o homem, mas, ao contrário, o homem faz a religião: este é o fundamento da crítica irreligiosa. A religião é a autoconsciência e o autossentimento do homem que ainda não se encontrou ou que já se perdeu. Mas o homem não é um ser abstrato, isolado do mundo. O homem é o mundo dos homens, o Estado, a sociedade. Este Estado, esta sociedade, engendram a religião, criam uma consciência invertida do mundo, porque eles são um mundo invertido. A religião é a teoria geral deste mundo, seu compêndio enciclopédico, sua lógica popular, sua dignidade espiritualista, seu entusiasmo, sua sanção moral, seu complemento solene, sua razão geral de consolo e de justificação. É a realização fantástica da essência humana porque a essência humana carece de realidade concreta. Por conseguinte, a luta contra a religião é, indiretamente, a luta contra aquele mundo que tem na religião seu aroma espiritual.

A miséria religiosa é, de um lado, a expressão da miséria real e, de outro, o protesto contra ela. A religião é o soluço da criatura oprimida, o coração de um mundo sem coração, o espírito de uma situação carente de espírito. É o ópio do povo.

[...]

A crítica arrancou as flores imaginárias que enfeitavam as cadeias, não para que o homem use as cadeias sem qualquer fantasia ou consolação, mas para que se liberte das cadeias e apanhe a flor viva. A crítica da religião desengana o homem para que este pense, aja e organize sua realidade como um homem desenganado que recobrou a razão a fim de girar em torno de si mesmo e, portanto, de seu verdadeiro sol. A religião é apenas um sol fictício que se desloca em torno do homem enquanto este não se move em torno de si mesmo.

Assim, superada a crença no que está além da verdade, a missão da história consiste em averiguar a verdade daquilo que nos circunda. E, como primeiro objetivo, uma vez que se desmascarou a forma de santidade da autoalienação humana, a missão da filosofia, que está a serviço da história, consiste no desmascaramento da autoalienação em suas formas não santificadas. Com isto, a crítica do céu se converte na crítica da terra, a crítica da religião na crítica do direito, a crítica da teologia na crítica da Política.

MARX, Karl. *Introdução à crítica da Filosofia do Direito de Hegel*. Disponível em: <www.marxists.org/portugues/marx/1844/critica/introducao.htm>. Acesso em: 27 mar. 2018.

Frequentemente, essa passagem é analisada fora de seu contexto. Quando escrita, Marx não pretendia condenar a religião em si, mas criticar a condição de uma sociedade que levaria as pessoas à alienação. O que Marx afirmou é que a religião funcionava como um amortecedor usado para pacificar os explorados e que ela criava uma cortina de fumaça, tornando obscura a percepção das relações sociais, principalmente a dominação no mundo real.

A referência ao ópio, que na época de Marx era uma droga muito utilizada, significa que a religião é uma fuga possível à miséria real da vida cotidiana da maioria dos indivíduos. Para ele, a religião reflete o que falta na sociedade e é, então, uma idealização das aspirações do povo que não podem ser satisfeitas de imediato; por isso, promete um mundo melhor em outra vida. Se Marx fosse utilizar hoje a mesma metáfora, talvez usasse a expressão "A religião é o *crack* (ou a cocaína) do povo", já que a droga nubla a percepção da realidade e tira do indivíduo a vontade de mudar.

Mas não é só nesse momento que Marx faz referência à religião. Posteriormente, no livro *A ideologia alemã*, escrito entre 1845 e 1846, mas publicado somente em 1932, a religião é analisada como realidade social e histórica e também como uma das diversas formas de ideologia. Para ele, a produção espiritual de um povo, ou seja, suas ideias, representações e consciência, é necessariamente condicionada pelo que ele produz materialmente e por suas correspondentes relações sociais. São as relações sociais que explicam a gênese e o desenvolvimento das distintas formas de consciência (religiosa, ética, filosófica, etc.).

Em *O Capital*, Marx faz uma série de referências sobre a importância da religião. Entre as referências, ele explica que, na Idade Média, as condições econômicas da época justificaram, de fato, por que o cristianismo, naquele momento, desempenhava papel dominante. Marx também demonstra ter percebido a relação entre protestantismo e capitalismo e, em diversas passagens, menciona a contribuição do protestantismo à acumulação primitiva de capital, por exemplo, por meio do estímulo à expropriação de propriedades da Igreja e campos comunais, bem como o desprezo pelos prazeres mundanos.

Conforme Michael Löwy:

[...] Marx se refere cada tanto ao capitalismo como uma "religião da vida diária" apoiada no fetichismo das mercadorias. Descreve o capitalismo como "um Moloch que exige o mundo inteiro como um sacrifício devido", e o progresso do capitalismo como um "monstruoso Deus pagão, que só queria beber néctar na caveira da morte". Sua crítica à economia política está salpicada de frequentes referências à idolatria: Baal, Moloch, Mammon, Bezerro de Ouro e, é óbvio, o conceito de "fetichismo" por si mesmo.

LÖWY, Michael. Marxismo e religião: ópio do povo? In: BORON, Atilio. *A teoria marxista hoje*. Problemas e perspectivas. Buenos Aires: Clacso, 2007.

A adoração ao bezerro de ouro, óleo sobre tela de Nicolas Pousin (1594-1665). De acordo com estudiosos, foi pintado antes de 1634. Bezerro de ouro é o ídolo que, segundo a tradição judaico-cristã, teria sido criado por Arão quando Moisés subiu o monte Sinai para receber de Deus as tábuas dos Dez Mandamentos. National Gallery, Londres, Reino Unido.

Émile Durkheim: a sociedade como divindade

A análise sobre a religião em Émile Durkheim, neste livro, está baseada na obra *As formas elementares da vida religiosa* (1912), na qual o autor analisa o totemismo em povos tribais australianos. Durkheim procura explicar como as formas religiosas mais simples podem esclarecer as funções, a origem e a persistência da religião em todas as sociedades, inclusive as modernas, bem como servir para "compreender a natureza religiosa do homem, isto é, para revelar um aspecto essencial e permanente da humanidade". Para ele, se a religião engendra a essência da sociedade é porque a ideia da sociedade é a alma da religião.

Além disso, outra motivação de Durkheim para analisar as religiões, principalmente as mais simples ("primitivas"), foi a de entender como os fenômenos religiosos forneciam elementos para esclarecer as origens do pensamento lógico, pois, para ele, tanto a Filosofia como as ciências nasceram da religião, porque estas devem a ela (religião) a forma segundo a qual esses conhecimentos são elaborados, principalmente o sistema de classificação. Este sistema tem por objetivo tornar mais inteligível as relações sociais existentes numa sociedade, já que esta é um todo organicamente integrado no qual se encontram classificados e hierarquizados os indivíduos e as coisas, o que lhes possibilita criar categorias e conceitos, permitindo-lhes ir além do que é imediato, ou seja, o fundamento do pensamento científico.

Para Durkheim, a religião é definida como sistema unificado de crenças e práticas relativas às coisas sagradas. Uma das funções sociais da religião seria unificar a população numa comunidade moral (igreja) e compartilhar um conjunto de crenças que seriam essenciais para o desenvolvimento da religião. Seria também um mecanismo de reforço da integração e da solidariedade social, o que desenvolveria práticas anti-individualistas.

Churinga, símbolo da mitologia aborígene australiana que dá caráter de sagrado a pedras, como a da imagem, em forma de totem, que representariam o espírito imortal de cada indivíduo. Região de Aranda, Austrália central.

Para ele, a sociedade é uma máquina de criar deuses e pode ser entendida como uma consciência coletiva que age sobre o indivíduo, revelando-se capaz de elevá-lo acima de si mesmo. Mas, para que esse esforço de criação tenha êxito, é preciso que os indivíduos escapem da vida cotidiana, saiam de si mesmos, sejam possuídos pelo fervor de que a exaltação da vida coletiva é causa e expressão. Diante disso, ressalta o papel social da religião que preserva e dá forma expressiva a sentimentos que alimentam normas e valores, fundamentais numa sociedade, fornecendo uma base para o controle social das tendências destoantes, o que seria apenas a sacralização dos sentimentos morais de uma sociedade.

Para Durkheim, não existem religiões falsas. Todas elas, a seu modo, são verdadeiras, pois todas respondem, mesmo que de maneiras diferentes, a determinadas condições da existência humana. Durkheim afirmava ainda que a essência da religião é a classificação do mundo em fenômenos sagrados e profanos. Ele não entendia que a religião é a crença em uma divindade transcendente, uma vez que existem religiões sem um deus – o budismo é um exemplo. Também não definia a religião pelas noções do mistério ou do sobrenatural, já que, para ele, só se concebe o sobrenatural por oposição ao natural, que só é possível de maneira positiva e por meio da ciência.

O sagrado é composto de um conjunto de coisas, crenças e ritos. A religião pressupõe o sagrado, a organização das crenças relativas ao sagrado e, por fim, ritos ou práticas derivados das crenças. Se o ser humano adora a sociedade transfigurada, adora de fato uma realidade autêntica. A religião é uma experiência por demais permanente e profunda para não corresponder a uma realidade autêntica. Mas o sagrado mesmo é a sociedade. O que inspira o sentimento religioso é a própria sociedade. A religião não apenas tem sua origem na sociedade, mas identifica-se com ela.

Deste modo, a sociedade desperta o sentimento do divino responsável pelo respeito, devotamento e adoração. A sociedade favorece também o surgimento de crenças, porque os indivíduos vivem em comunhão uns com os outros e, nessa efervescência, adquirem a capacidade de criar o divino.

NAS PALAVRAS DE DURKHEIM

A natureza religiosa da sociedade

De uma maneira geral, não há dúvida de que uma sociedade tem tudo o que é preciso para despertar nos espíritos, pela simples ação que exerce sobre eles, a sensação do divino; pois ela é para os seus membros o que um deus é para os seus fiéis. Com efeito, um deus é antes de tudo um ser que o homem concebe, sob certos aspectos, como superior a si mesmo e do qual acredita depender. Quer se trate de uma personalidade consciente, como Zeus ou Jeová, quer de forças abstratas como aquelas postas em ação no totemismo, o fiel, em ambos os casos, se crê obrigado a certas maneiras de agir que lhe são impostas pela natureza do princípio sagrado com o qual se sente em contato.

Ora, também a sociedade provoca em nós a sensação de uma perpétua dependência. Por ter uma natureza que lhe é própria, diferente da nossa natureza de indivíduo, ela persegue fins que lhe são igualmente específicos, mas, como não pode atingi-los, a não ser por intermédio de nós, reclama imperiosamente nossa colaboração. Exige que, esquecidos de nossos interesses, façamo-nos seus servidores e submete-nos a todo tipo de aborrecimentos, privações e sacrifícios, sem os quais a vida social seria impossível. É assim que a todo instante somos obrigados a sujeitar-nos a regras de conduta e de pensamento que não fizemos nem quisemos, e que, inclusive, são às vezes contrárias às nossas inclinações e a nossos instintos mais fundamentais.

Todavia, se a sociedade obtivesse de nós essas concessões e esses sacrifícios apenas pelo material, ela não poderia despertar em nós mais que a ideia de uma força física à qual devemos ceder por necessidade, não uma potência moral como aquelas que as religiões adoram. Mas, em realidade, o domínio que ela exerce sobre as consciências deve-se bem menos à supremacia física cujo privilégio detém, do que à autoridade moral de que é investida. Se acatamos suas ordens, não é simplesmente porque está armada de maneira a triunfar das nossas resistências; é antes de tudo por ser objeto de autêntico respeito.

[...]

Pelo simples fato de terem por função aparente estreitar os vínculos que unem o fiel a seu deus, elas ao mesmo tempo estreitam os vínculos que unem o indivíduo à sociedade da qual é membro, já que o deus não é senão expressão figurada da sociedade.

DURKHEIM, Émile. *As formas elementares da vida religiosa*. São Paulo: Martins Fontes, 2000. p. 211-212 e 234.

Para Danièle Hervieu-Léger e Jean-Paul Willame, em sua obra *Sociologia e religião – Abordagens clássicas*, em Durkheim a questão da religião é uma peça central na reflexão sobre a natureza dos vínculos sociais e das condições de coesão social. Afirmam eles:

> É na religião que Durkheim encontra, com efeito, a forma primeira desse espírito comum que faz a sociedade se manter unida. Com efeito, a sociedade não é um agregado de indivíduos que ocupam um espaço dado em condições materiais determinadas. Ela é antes de tudo um conjunto de ideias, de crenças, de sentimentos de todos os tipos que se realizam por meio de indivíduos e, na primeira fila dessas ideias, encontra-se o ideal moral, que é sua razão de ser. (...) Estudar a religião é, portanto, remontar às fontes da ligação social para melhor pensar a refundação possível dessa ligação em uma sociedade laicizada.
>
> HERVIEU-LÉGER, Danièle; WILLAME, Jean-Paul. *Sociologia e religião* – Abordagens clássicas. Aparecida: Ideias e Letras, 2009. p. 171.

Max Weber: a racionalidade e a ética das religiões

Diferentemente de Durkheim, Max Weber enfatiza em sua análise das religiões a relação entre elas e as mudanças sociais, pois para ele os movimentos inspirados na religião podiam produzir grandes transformações sociais.

Max Weber foi um estudioso de várias religiões – cristianismo (protestantismo), judaísmo, hinduísmo, budismo, confucionismo, taoismo – e seu principal ponto de observação era a ética econômica dessas expressões religiosas. Para ele, as religiões oferecem sentidos e significados para a existência humana, fornecendo segurança para enfrentar os problemas da contingência, da impotência e da escassez. Além disso, proporcionam ânimo diante do sofrimento e da morte. Nesse sentido, as religiões fazem parte da cultura e das estruturas institucionais de uma sociedade, pois influenciam as atitudes práticas dos humanos com relação às várias atividades da vida diária, tornando-se um fator causal na determinação da ação social.

Aqui, a análise se concentrará na obra *A ética protestante e o espírito do capitalismo* (1905), em que o autor procura compreender o protestantismo como força indispensável (mas não a única) para o surgimento da modernidade ocidental, com seus valores inerentes de individualismo, liberdade, democracia, progresso, entre outros. Ao procurar assegurar a salvação – temporal e eterna –, não por meio de ritos ou por uma fuga do mundo, mas acreditando na sua inserção no mundo mediante a profissão e o trabalho, o protestantismo favoreceu a acumulação do capital e a formação do capitalismo.

Tapeçaria de autor desconhecido, c. 1520. Coleção particular. No século XVI, parte importante da burguesia europeia aderiu ao protestantismo, que considerava a riqueza obtida com o trabalho um sinal de salvação.

NAS PALAVRAS DE WEBER

Ética protestante e acumulação de capital

O ser humano não passa de um administrador dos bens que lhe dispensou a graça de Deus e, como o servo da parábola bíblica, deve prestar contas de cada centavo que lhe foi confiado, e é no mínimo temerário despender uma parte deles para um fim que tem validade não para a glória de Deus, mas para a fruição pessoal. [...] A ideia da obrigação do ser humano para com a propriedade que lhes foi confiada [...] estende-se por sobre a vida feito uma crosta de gelo. Quanto mais posses, tanto mais cresce [...] o peso do sentimento da responsabilidade não só de conservá-la na íntegra, mas ainda de multiplicá-la para a glória de Deus através do trabalho sem descanso. Mesmo a gênese deste estilo de vida remonta em algumas das suas raízes à Idade Média como, aliás, tantos outros elementos do espírito do capitalismo moderno, mas foi só na ética do protestantismo ascético que ele encontrou um fundamento ético consequente. Sua significação para o desenvolvimento do capitalismo é palpável.

> A ascese protestante intramundana [...] agiu dessa forma, com toda a veemência, contra o gozo descontraído das posses; estrangulou o consumo, especialmente o consumo de luxo. Em compensação, teve o efeito psicológico de liberar o enriquecimento dos entraves da ética tradicionalista, rompeu as cadeias que cerceavam a ambição de lucro, não só ao legalizá-lo, mas também ao encará-lo [...] como diretamente querido por Deus.
>
> [...]
>
> A ascese lutou do lado da produção da riqueza privada contra a improbidade, da mesma forma que contra a avidez puramente impulsiva – condenando esta última [...]: a ambição de riqueza como fim último de ser rico. [...] Eis, porém, algo mais importante: a valorização religiosa do trabalho profissional mundano, sem descanso, continuado, sistemático, como meio ascético simplesmente supremo e a um só tempo comprovação mais segura e visível da regeneração de um ser humano e da autenticidade de sua fé, tinha que ser, no fim das contas, a alavanca mais poderosa que se pode imaginar da expansão dessa concepção de vida que aqui temos chamado de "espírito" do capitalismo. E confrontando agora aquele estrangulamento do consumo com esta desobstrução da ambição de lucro, o resultado externo é evidente: acumulação de capital mediante coerção ascética à poupança. Os obstáculos que agora se colocavam contra empregar em consumo o ganho obtido acabaram por favorecer seu emprego produtivo: o investimento de capital.
>
> [...]
>
> Com a consciência de estar na plena graça de Deus e ser por ele visivelmente abençoado, o empresário burguês, com a condição de manter-se dentro dos limites da correção formal, de ter sua conduta moral irrepreensível e de não fazer de sua riqueza um uso escandaloso, podia perseguir os seus interesses de lucro e devia fazê-lo. O poder da ascese religiosa, além disso, punha à sua disposição trabalhadores sóbrios, conscienciosos, extraordinariamente eficientes e aferrados ao trabalho como se finalidade de sua vida, querida por Deus. E ainda por cima dava aos trabalhadores a reconfortante certeza de que a repartição desigual dos bens deste mundo era obra toda especial da divina Providência...
>
> WEBER, Max. *A ética protestante e o espírito do capitalismo*. São Paulo: Companhia das Letras, 2004. p. 155-161.

O protestantismo, para Weber, promovia a ética do trabalho como fonte da satisfação pessoal e isso tornava o indivíduo um trabalhador incansável, certo de sua salvação e merecedor do respeito de seus companheiros de crença. O sucesso no trabalho era interpretado como indicação de que o indivíduo fazia parte daqueles predestinados à salvação dada por Deus. Isso o impedia de investir os frutos de seu trabalho no consumo de luxo e exibir sua riqueza, o que o levava a viver uma vida muito simples em seus hábitos cotidianos. Existia apenas uma forma permitida de uso da riqueza acumulada: o reinvestimento em empresas produtivas.

Segundo Weber, foi essa ética protestante a principal responsável pelo sucesso material dos países protestantes que, a partir do século XVII, colocaram-se na vanguarda do desenvolvimento capitalista. Mas o resultado final dessas mudanças – isto é, o processo de acumulação do capital – não era tratado como meta a ser alcançada, nem foi previsto por seus líderes.

No final de *A ética protestante e o espírito do capitalismo*, Weber deixa clara sua intenção de não substituir uma interpretação causal, materialista ou unilateral por outra interpretação espiritual, igualmente unilateral, da cultura e da História, mas apenas indicar mais uma dimensão que deveria ser levada em conta para entender a emergência do capitalismo moderno.

Pode-se, panoramicamente, perceber que os três autores clássicos da Sociologia (Marx, Durkheim e Weber), ao analisarem a religião como fenômeno sociológico, intuem, cada qual à sua maneira, que a religião pode ser vista, ao mesmo tempo, como elemento de crítica e de conservação da sociedade. Nesses termos, suas funções seriam a integração e a manutenção dos laços da sociedade e, de modo contínuo, a promoção da mudança social.

Um sociólogo contemporâneo e a religião: Peter L. Berger

O sociólogo austro-americano Peter L. Berger (1929-2017) é uma voz muito importante na análise da questão religiosa, uma vez que procura utilizar as contribuições tanto de Marx – segundo o qual a realidade é um produto coletivo da ação humana – como de Durkheim – para quem a objetividade do social contrasta com a esfera individual – e Weber – que considera que a realidade social é constituída de significações humanas.

Para Berger, a sociedade humana é uma construção coletiva de um mundo onde a religião ocupa um lugar destacado. Assim, construímos uma cultura e também religiões cujas funções são as de manutenção e de estabilização das sociedades.

Berger levanta uma questão fundamental em suas análises: como manter a estabilidade se as sociedades mudam constantemente? Ele próprio responde afirmando que isso é possível porque a socialização por meio das instituições (família, escola, religião, etc.) garante um consenso duradouro que mantém a ordem social e se desenvolve por meio do processo de legitimação e de controle social. Esse processo promove a explicação e justifica a ordem social, convencendo os indivíduos de que aquilo que lhes é dito e ensinado é algo sensato, correto e saudável.

Para Berger, como expressa em seu livro *O dossel sagrado*, a religião aparece como um dos sistemas fundamentais de estabilidade social, posto que parece se elevar sobre a realidade da vida cotidiana, oferecendo aos adeptos uma ordenação da realidade, dando-lhes sentido e significado e ainda servindo de excelente proteção contra o terror da instabilidade cotidiana.

A religião exerce um importante papel de integração das experiências cotidianas, respondendo aos sintomas das crises individuais. Para o antropólogo estadunidense Clifford Geertz (1926-2006), a religião não está tão intencionalmente dedicada a evitar o sofrimento, mas a exigir que ele seja algo tolerável e suportável. Isso se dá porque há a perspectiva de uma vida espiritual pós-morte que possibilita ao humano compensar as mazelas vividas na terra, já que há a esperança de continuidade da vida num plano superior.

Por outro lado, Berger afirma que a religião também desenvolve um processo de alienação, na medida em que as instituições humanas acabam sendo vistas como sagradas, por serem consideradas naturais. Ao fazer isso, ocultam que este mundo e sua significação foram e continuam a ser produzidos pelos humanos vivendo em sociedade. Mas, diz ele, a religião pode, tendo em vista a precariedade da existência humana, ser desalienadora e desmascarar as pretensões do poder político. Em situações específicas, ela pode questionar o *status quo* em uma determinada sociedade e até fomentar mudanças sociais.

NAS PALAVRAS DE BERGER

A religião como construção humana

A religião é o empreendimento humano pelo qual se estabelece um cosmos sagrado. Ou por outra, a religião é a cosmificação feita de maneira sagrada. Por sagrado entende-se aqui uma qualidade de poder misterioso e temeroso, distinto do homem e, todavia, relacionado com ele, que se acredita residir em certos objetos da experiência. Essa qualidade pode ser atribuída a objetos naturais e artificiais, a animais, ou a homens, ou às objetivações da cultura humana. Há rochedos sagrados, instrumentos sagrados, vacas sagradas. O chefe pode ser sagrado, como o pode ser um costume ou instituição particular. Pode-se atribuir a mesma qualidade ao espaço e ao tempo, como nos lugares e tempos sagrados. A qualidade pode finalmente encarnar-se em seres sagrados, desde os espíritos eminentemente locais às grandes divindades cósmicas. Estas últimas podem, por sua vez, ser transformadas em forças e princípios supremos que governam o cosmos, e não mais percebidas em termos pessoais, mas ainda investidas do status de sacralidade. As manifestações históricas do sagrado variam muito, embora transversalmente se observem uniformidades na cultura.

[...] O sagrado é apreendido como algo que "salta para fora" das rotinas normais, do dia a dia, como algo extraordinário e potencialmente perigoso, embora seus perigos possam ser domesticados e sua força aproveitada para as necessidades cotidianas. Embora o sagrado seja apreendido como distinto do homem, refere-se ao homem, relacionando-se com ele de um modo em que não o fazem os outros fenômenos não humanos (especificamente os fenômenos de natureza não sagrada). Assim o cosmos postulado pela religião transcende e, ao mesmo tempo inclui, o homem. O homem enfrenta o sagrado como uma realidade imensamente poderosa distinta dele. Essa realidade a ele se dirige, no entanto, e coloca a sua vida numa ordem, dotada de significado.

BERGER, Peter L. *O dossel sagrado*: elementos para uma teoria sociológica da religião. São Paulo: Paulus, 1985. p. 38-39.

Um tema controverso: ciência e religião

Um tema muito discutido há tempos é a relação entre ciência e religião. O assunto pode trazer à tona uma série de conflitos pessoais caso se apresente como uma exigência de que o indivíduo opte entre seguir os preceitos científicos ou os religiosos, de forma excludente.

Uma primeira abordagem leva a reflexões que distinguem a religião e a ciência nitidamente: a primeira exige a crença como fundamento, isto é, a fé. Desse modo, a "verdade" já está estabelecida nos livros sagrados ou nos ensinamentos orais, sendo possíveis apenas diferentes interpretações, mas nunca o questionamento de suas bases. Já a ciência tem por fundamento a crítica, o questionamento, a descrença, a dúvida constante e, não menos importante, a observação e a verificação de suas descobertas e afirmativas. As "verdades" da ciência são sempre provisórias devido à possibilidade de serem superadas a qualquer momento no seu todo ou em parte. A ciência se apoia em hipóteses e o seu conhecimento é válido apenas dentro de determinados limites de seu objeto de estudo. Por ser delimitada, dá margem a novas descobertas e teorias sobre determinado fenômeno. Assim, o conhecimento científico é sempre fragmentário e incompleto. A ciência e a religião têm propostas diferentes: a religião procura dar sentido à vida e responder a questões existenciais; já a ciência procura explicar os sentidos que os indivíduos conferem à vida (inclusive analisando a própria religião).

Narrativas religiosas não pressupõem uma explicação racional para o que é humano, mas exigem uma adesão incondicional baseada na crença de cada fiel ou crente, e não se preocupam com o argumento racional. A narrativa bíblica da criação do mundo e do ser humano, do ponto de vista das ciências sociais, é apenas mais um dos mitos da criação, entre outros das mais diversas culturas antigas. Desse ponto de vista um mito é tão verdadeiro quanto todos os outros mitos existentes sobre a criação do mundo e da espécie humana.

Durkheim, ao discutir a supremacia da ciência sobre a religião, afirmava que a religião do ponto de vista explicativo perdia terreno para a ciência, mas como a ciência era **incapaz** de dar sentido às ações coletivas, as religiões, como forma de orientação da conduta, permaneciam inteiramente válidas.

Já para Max Weber é necessário deixar claro que ciência e religião não se confundem, pois há um fosso intransponível entre o conhecimento racional e o domínio da salvação religiosa. Nas palavras de Weber:

> Em toda teologia "positiva", o crente chega necessariamente, num momento dado, a um ponto em que só lhe será possível recorrer à máxima de Santo

Agostinho: *Credo non quod, sed quia absurdum est* [Eu acredito que é, mas porque é absurdo]. O poder de realizar essa proeza, que é o "sacrifício do intelecto" constitui o traço decisivo e característico do crente praticante. Se assim é, vê-se que, apesar da teologia (ou antes por causa dela) existe uma tensão invencível (que precisamente a teologia revela) entre o domínio da crença na "ciência" e o domínio da salvação religiosa.

WEBER, Max. *Ciência e política*. Duas vocações. São Paulo: Cultrix, 1970. p. 50.

A criação de Adão, afresco pintado por Michelangelo Buonarotti, entre 1508 e 1512, no teto da Capela Sistina, Vaticano. A cena representa um episódio narrado no *Gênesis*, livro da *Bíblia* no qual Deus cria o primeiro homem: Adão.

NAS PALAVRAS DE GLEISER

Ciência e religião

O debate entre ciência e religião restringe-se na maior parte das vezes à discussão de sua mútua compatibilidade: será possível que uma pessoa possa questionar o mundo cientificamente e ainda assim ser religiosa? Acredito que a resposta é um óbvio sim, contanto que seja claro para essa pessoa que não devem interferir entre si de modo errado, ou seja, que existem limites tanto para a ciência como para a religião.

Cientistas não devem abusar da ciência, aplicando-a a situações claramente especulativas, e, apesar disso, sentirem-se justificados em declarar que resolveram ou que podem resolver questões de natureza teológica. Teólogos não devem interpretar textos sagrados cientificamente, porque estes não foram escritos com esse objetivo.

Para mim, o que é realmente fascinante é que tanto a ciência como a religião expressam nossa reverência e fascínio pela Natureza. Sua complementaridade se manifesta na motivação essencialmente religiosa dos maiores cientistas de todos os tempos. A reverência que tanto os inspirou, e que me inspira a ser um cientista hoje, é em essência a mesma que inspirou os criadores de mitos de outrora. Quando, nos confins silenciosos de nossos escritórios, nos deparamos com algumas das questões mais fundamentais sobre o Universo, podemos ouvir, mesmo que sufocados pelo som monótono dos computadores, o canto de nossos antepassados ecoando no tempo, convidando-nos para dançar.

GLEISER, Marcelo. *A dança do universo*: dos mitos de criação ao *big bang*. São Paulo: Companhia das Letras, 1997. p. 40.

Cenário da religião e Sociologia

O futuro das religiões

Enquanto se desenrola a história política explosiva do século nascente, o desdobramento mais notável – e o mais surpreendente – que as ciências sociais se veem obrigadas a enfrentar na cena mundial é com certeza aquilo que se usa denominar, muitas vezes erroneamente, como "o retorno da religião".

Erroneamente porque na verdade a religião nunca desapareceu – foi a atenção das ciências sociais que se desviou a outros campos, enquanto estiveram dominadas por uma série de pressupostos evolutivos que consideravam o compromisso com a religião uma força em declínio na sociedade, um resíduo de tradições passadas inexoravelmente erodido pelos quatro cavaleiros da modernidade: secularismo, nacionalismo, racionalização e globalização.

A desaparição progressiva das religiões hereditárias era vista, de maneira geral, como "leitmotiv" de uma mudança cultural; a única diferença entre uma sociedade e outra, e especialmente entre o Ocidente e o resto, era a distância que cada sociedade teria percorrido no caminho que conduz a um final comum e desmistificado.

Pode-se duvidar de que essa concepção da religião como força em constante declínio tenha sido em algum momento totalmente admitida ou aceita sem questionamento.

A persistência do interesse religioso nas sociedades mais "desenvolvidas" era evidente demais para que fosse possível ignorá-la.

Mas a partir do começo dos anos 50, época que viu o início da revolução anticolonial e o surgimento vigoroso daquilo que se viria a denominar "Terceiro Mundo", a ideia de que a secularização seria sem dúvida a voga do futuro passou a ser submetida a forte pressão. As sociedades cujas tradições ancestrais foram mascaradas por fachadas ocidentais passaram a agir subitamente em nome próprio e de acordo com as próprias representações.

[...]

Ainda que historicamente tenha sido a estrutura cultural mais enraizada no lugar de origem e a mais afetada, em sua expressão, pelas condições locais, a religião se tornou cada vez mais um objeto flutuante, desprovido de toda ancoragem social em uma tradição fecunda ou em instituições estabelecidas.

Em lugar e em vez da comunidade solidária agregada por representações coletivas (o sonho de Durkheim), surgiu uma rede à maneira de Georg Simmel (1858-1918), difusa e desprovida de centro, conectada por afiliações genéricas, multidirecional e abstrata.

A religião não se enfraqueceu como força social. Pelo contrário: parece se ter reforçado no período recente. Mas mudou – e muda cada vez mais – de forma.

[...]

E a situação modificada exige uma nova conceituação da religião e de seu papel na sociedade como tal. Bem ou mal, é a construção de visões de mundo com base na colisão de sensibilidades (e a construção de sensibilidades a partir do choque de visões de mundo – o processo é circular) que é preciso apresentar e compreender, no momento atual.

No que concerne à religião, o que existe de moderno na modernidade é a diversidade de crença, de fé e de envolvimento, no seio da qual existe, inevitavelmente, uma diversidade cada dia maior.

No que tange às ciências sociais, esse fenômeno se traduz em uma reorientação no sentido das abordagens hermenêuticas, semióticas e fenomenológicas. Mais que indicadores e estatísticas – índice de frequência a locais de culto, respostas a pesquisas e outros –, o que deveria nos preocupar é a qualidade do espírito: quadros de percepção, formas simbólicas, horizontes morais.

Aquilo de que precisamos é uma espécie de quadro que permita lançar luz sobre a mudança no seio de diferentes tradições progressivamente libertadas dos contextos sociais que as viram nascer e tomar forma. E isso nos leva a estudar a modernização no seio das religiões, a não mais avaliar o avanço ou recuo "da religião" em geral, mas, sim, apreender os processos de transformação e reformulação de cada religião específica no momento em que ela se vê penetrada, de bom grado ou de mau grado, pelas perplexidades e desordens da vida moderna.

[...]

Aplicar as ciências humanas a um fenômeno no momento em que está se desenrolando sob nossos olhos permite que escapemos aos limites da observação distanciada, em benefício do imediatismo dos acontecimentos instantâneos. Definir a maneira de proceder para chegar a esse ponto com eficácia, força e precisão deve ser a principal prioridade para as ciências humanas e as ciências sociais neste século impetuoso.

Caso o consigamos, a velha maldição chinesa "que você viva em tempos interessantes" talvez venha, ainda que ambiguamente, a se transformar em bênção.

GEERTZ, Clifford. *O futuro das religiões*. Disponível em: <www1.folha.uol.com.br/fsp/mais/fs1405200614.htm>. Acesso em: 28 mar. 2018.

1. Quais mudanças podem ser observadas hoje nas religiões mais tradicionais? Por que isso se dá?

Religiões e religiosidades nas sociedades de hoje

CAPÍTULO 35

// Morador de aldeia na província de Al-Hasake, Síria, ora nas ruínas da Igreja de São Jorge, destruída por terroristas em 2015. Com o objetivo de instituir um califado, regime político-religioso orientado pela lei religiosa islâmica, o Estado Islâmico recorre a ações extremas contra populações civis.

A grande quantidade de expressões e manifestações religiosas de hoje é algo perceptível no cotidiano dos indivíduos e também nos dados estatísticos. Isso explica a variedade de publicações de cunho religioso, tanto impressas quanto virtuais. Deve-se também estar atento ao significativo número de pessoas empenhadas em falar, escrever e compartilhar temas religiosos. É preciso, então, admitir: é tarefa impossível analisar a religião em sua totalidade, daí a abordagem, nesta obra, de apenas alguns aspectos das religiões e religiosidades da atualidade global.

Diversidade religiosa: respeito e coexistência

Já vimos que existem possibilidades de crença e de práticas religiosas para todos aqueles que pretendem aceitar as normas e regras de cada uma delas. Para isso é necessário que o indivíduo viva em uma sociedade em que seja colocado em prática o pressuposto da liberdade. A consequência de uma sociedade em que há liberdade é a liberdade de escolha. Assim, cada indivíduo pode filiar-se a qualquer religião ou religiosidade (podendo até escolher uma, duas ou três) ou não se vincular a nenhuma delas.

Se a possibilidade de escolha existe para todos, para a Sociologia, nenhuma das alternativas é melhor ou mais verdadeira que outra. Cabe aceitar a opção de cada um e respeitar as escolhas alheias. Diante dessa realidade, pode-se discutir a questão do respeito e da coexistência religiosa.

O respeito pela vida religiosa dos outros – ou pela ausência dela –, por suas crenças, opiniões e seus respectivos pontos de vista é o princípio fundamental para a coexistência humana, ou seja, para a sociabilidade entre os humanos, sempre levando em conta os direitos humanos básicos. Compete a cada um e a todos praticar o respeito pela escolha dos outros.

Mas por que os conflitos religiosos existem? Por que há uma indisposição contra a diversidade religiosa e a convivência com o diferente? A resposta a essas questões pode estar baseada naquilo que se convencionou denominar fundamentalismo religioso mesclado a uma visão egocêntrica ou "religiocêntrica", isto é, uma percepção que confere caráter de absoluto e verdadeiro aos próprios pontos de vista e à própria crença religiosa. É uma forma de interpretar e viver a doutrina ao pé da letra, de forma rigorosa, sem levar em conta o espírito que a norteou e sua inserção na História, desconsiderando, portanto, a urgência de respeito à crença do outro.

NAS PALAVRAS DE PIERUCCI

O que é o fundamentalismo?

[...] Noutras palavras, fundamentalista é quem se apega à letra da palavra revelada como sendo a única verdade, quem nutre a convicção de que o texto escriturístico está livre de erros humanos, e só a interpretação literal tem cabimento e validade. Quer dizer que só pode ser fundamentalista quem erige na centralidade de sua fé a letra, a literalidade de uma Escritura Sagrada divinamente inspirada por um Deus único. Antes de ser fundamentalista é preciso ser monoteísta. O muçulmano pode ser fundamentalista, o judeu, o protestante, até mesmo o católico. Já o hindu ou o taoísta, dificilmente. Para o adepto do candomblé ou da umbanda, religiões sem livro sagrado, é impossível ser fundamentalista.

Fundamentalismos são fenômenos típicos das religiões monoteístas. Que são três, todas originárias do Oriente Médio, as chamadas religiões abraâmicas: judaísmo, cristianismo e islã. Não é por acaso que o islã as denomina, todas as três, "religiões do Livro". É por isso que, quando se deixa de lado como traço essencial do fundamentalismo o monoteísmo escriturístico – que supõe que a verdade, assim como a divindade, é uma só, a verdade é una, não havendo nem podendo haver outras verdades além dela –, deixa-se de compreender muito de sua força e de seu significado no mundo contemporâneo. Religiões politeístas e panteístas não podem ser fundamentalistas, não conseguem sê-lo. [...]

PIERUCCI, Antônio Flávio. Criacionismo é fundamentalismo. O que é fundamentalismo? *Revista ComCiência*, n. 56, jul. 2004. Disponível em: <www.comciencia.br/200407/reportagens/12.shtml>. Acesso em: 5 abr. 2018.

Religião: mídia e mercado ou mercantilização do sagrado

No mundo contemporâneo é possível encontrar vários sistemas que procuram decifrar a realidade, religiosos ou não. Esses sistemas disputam entre si a "melhor" explicação sobre a vida. Como não há um tribunal que determine qual é, entre as propostas disponíveis, a mais satisfatória, instala-se, então, uma verdadeira concorrência pelo conjunto de razões que melhor justifique a vida.

Nesse contexto, é estabelecida uma concorrência entre as alternativas religiosas que buscam conseguir o maior número de adeptos; ganha, momentaneamente, aquela que estiver mais estruturada e oferecer os melhores produtos sagrados, como num mercado onde há uma variedade de produtos. É por esses objetivos – por mais fiéis e mais audiência – que se define uma competição crescente.

Conforme Peter Berger e Thomas Luckmann, na obra *Modernidade, pluralismo e crise de sentido*:

> Se quiserem sobreviver, as Igrejas devem atender sempre mais aos desejos de seus membros. A oferta das Igrejas deve comprovar-se num mercado livre. As pessoas que aceitam a oferta tornam-se um grupo de consumidores. Por mais que os teólogos se ericem, a sabedoria do velho ditado comercial – 'o freguês tem sempre razão' – impõe-se também às Igrejas. Elas nem sempre seguem o ditado, mas frequentemente o fazem.

Na batalha de busca por adeptos, ou na manutenção dos que já o são, o rádio foi uma alternativa muito utilizada, tanto é que existem centenas de programas de cunho religioso em vários países e também no Brasil desde a década de 1950. Atualmente, porém, um dos meios mais utilizados, pelo qual se travam as maiores disputas, são os programas televisivos.

No contexto do cristianismo encontramos hoje uma série de programas televisivos de igrejas neopentecostais (Igreja Apostólica Renascer em Cristo, Bola de Neve Church, Igreja Internacional da Graça de Deus, Igreja Universal do Reino de Deus, entre outras) que dominam canais em horários nobres e, principalmente, nas madrugadas. O catolicismo romano também investe maciçamente na mídia televisiva. É possível assistir aos canais Canção Nova, TV Aparecida, Rede Vida, além de programas veiculados por outras emissoras. Cada programa possui uma peculiaridade, apesar de representarem a mesma instituição.

Mas não é só no cristianismo que isso ocorre, posto que existem programas televisivos também, ainda não tão conhecidos, de manifestações religiosas como judaísmo, islamismo, espiritismo kardecista, Seicho-No-Ie, entre outras.

Com a popularização da internet, é possível encontrar também informações de todas as religiões e religiosidades do mundo nos mais variados formatos: *sites*, *blogs*, *clips*, etc.

Globalmente é também possível relacionar o mercado mundial e as diversas religiões, já que a universalidade do mercado e das religiões transcende os indivíduos, classes sociais e nações. O domínio de ambos não conhece fronteiras e abarca o planeta por inteiro.

Jornalista em ilha de edição em canal de TV católico de abrangência nacional. Valinhos, São Paulo, 2013.

NAS PALAVRAS DE CAMPOS

A mercantilização do sagrado

A "mercantilização" da religião é uma palavra que, ao ser usada, exige cuidados, pois presta-se a incompreensões e equívocos, incompatíveis com o discurso científico, daí o fato de a colocarmos entre aspas. Isso porque "mercantilização", em nosso meio, se refere a algo extremamente negativo quando aplicado a religião. Dizer que esta ou aquela religião é "mercantilista" tornou-se um estigma que, atribuído insistentemente a uma instituição, é de difícil remoção. Porém, diga-se de passagem, a "mercantilização do sagrado" como estigma lançado a diversas práticas religiosas é uma incoerência do sistema capitalista porque, se tudo nele é negócio e mercadoria, por qual motivo a religião deveria estar fora desse mercado? Afinal de contas, uma sociedade que mercantiliza o sexo, a inteligência, os sentimentos humanos mais íntimos, por que resiste tanto à ideia de se considerarem os fenômenos religiosos bens comercializáveis?

CAMPOS, Leonildo. Teatro, templo e mercado: organização e *marketing* de um empreendimento neopentecostal. Apud: BIANCO, Gloecir. *Pluralismo religioso brasileiro e a crise de sentido*. Disponível em: <www.dhi.uem.br/gtreligiao/pdf/st3/Bianco,%20Gloecir.pdf>. Acesso em: 5 abr. 2018.

Religião e Estado: política e religião

A relação entre religião e Estado não se confunde com a relação entre religião e política. A ação política é muito mais ampla, permeia a maioria das atividades da vida em sociedade e sua movimentação não pode sofrer restrições no que diz respeito às estruturas estatais.

Separação entre religião e Estado e o surgimento do Estado laico

As bases para a separação entre religião e Estado e o processo de constituição de um Estado laico foram lançadas ainda no século XV, quando teve início uma lenta e gradual separação entre o pensamento religioso, de um lado, e o pensamento político, filosófico e científico, de outro. Este recusava o predomínio e a autoridade de uma verdade revelada, externa ao mundo e considerada absoluta e definitiva.

Estado laico é aquele em que as instituições públicas e a sociedade civil mantêm independência em relação às diretrizes e aos dogmas religiosos e no qual não se aceita a ingerência direta de nenhuma organização religiosa nos assuntos oficiais. Assim, o Estado laico não é um Estado irreligioso ou antirreligioso, não é uma relação de contraposição, mas, sim, de autonomia recíproca entre duas formas distintas da atividade e do pensamento humanos.

Após a Revolução Francesa (1789) e com o desenvolvimento do pensamento liberal no Ocidente, desenvolveram-se três grandes princípios sobre a relação entre a religião e o Estado, presentes até hoje.

- As práticas e as convicções religiosas fazem parte da vida privada dos grupos e indivíduos, mantendo aí sua legitimidade.
- Por se tratar de assunto privado, tendo a necessidade de assegurar a liberdade individual e visando estabelecer a justiça e o bem-estar ao maior número de indivíduos, o Estado deve ser neutro nas disputas pela "verdade" das questões religiosas ou isento para não promover favorecimentos a nenhuma religião ou religiosidade.
- A separação entre as instituições religiosas e o Estado significa a manutenção da autonomia institucional de um domínio em relação ao outro. Assim ficam definidas as garantias constitucionais de liberdade de consciência e culto e ao mesmo tempo a independência da autoridade civil e política em relação à autoridade religiosa.

Mas, se isso estava claro naquele momento, e em especial na França revolucionária, em nem todos os países ocorreu uma separação tão nítida, posto que a relação entre as organizações religiosas e os Estados soberanos, em diversos momentos e países, foi diferente, desde a total separação até a sua total vinculação. Seguem alguns exemplos concretos.

- França: há a separação na teoria e na prática, são seguidos os três princípios já citados e o Estado e as organizações religiosas são formalmente separados, não sendo permitidas intromissões do poder político em nenhuma esfera relacionada ao ambiente religioso nem deste no meio político.
- Austrália e Estados Unidos: existe uma separação na teoria, mas uma acomodação na prática. O Estado não tem nenhum propósito religioso e nenhuma religião, mas demonstra certa preferência. O Estado declara-se neutro nas questões religiosas e só se pronuncia juridicamente quando

provocado, como na questão do ensino religioso em escolas públicas ou quanto a subsídios financeiros a escolas confessionais.

- Alemanha: há separação na teoria e cooperação na prática entre religião e Estado. As religiões são portadoras de certos direitos que o Estado deve respeitar, garantindo ao mesmo tempo que não haja nenhuma religião oficial ou igreja estatal. Há claramente um caráter cooperativo entre poder público e religião, por meio de contratos públicos com congregações religiosas, termos de cooperação acerca da administração de cemitérios, apoio religioso em estabelecimentos prisionais, organização de aulas de religião em escolas públicas, por exemplo. Aqui também poderia se situar o Brasil.

// Presidente da Confederação dos Bispos do Brasil (CNBB), dom Sérgio da Rocha, fala sobre o apoio da entidade à campanha de combate ao mosquito *Aedes aegypti*, transmissor da dengue, da febre chikungunya e do vírus zika, 2016. Exemplo de uma relação de caráter cooperativo entre o Estado e a Igreja.

- Inglaterra, Canadá, Japão e Israel: há uma unidade formal com divisão substantiva. Há o reconhecimento de uma religião oficial por parte do Estado, porém aquela se apresenta organizacionalmente separada deste. A separação fica clara porque as duas organizações têm estruturas diferentes, almejam objetivos diversos, possuem processos decisórios separados e distintos e, principalmente, as organizações religiosas não exercem autoridade política. Apesar de o Estado reconhecer uma religião oficial, a liberdade religiosa é respeitada, o que significa consideração para com outros grupos religiosos ou pessoas não religiosas.
- Irã, Arábia Saudita e Vaticano, entre outros: há unidade formal e unidade substantiva. Há uma profunda influência do grupo religioso sobre o político. A relação entre religião e Estado é total e completa, a ponto de se confundirem. Nos casos mais extremos, as obrigações legais são vistas como deveres religiosos e os atos ilegais são considerados pecados e passíveis de punição pelo Estado. Há ainda exemplos bastante radicais onde há apenas uma religião oficial, com a proibição das demais, caso da Arábia Saudita.

Como se pode comprovar, a separação entre religião e Estado não é tão simples. Duas situações, historicamente precisas, ilustram a dificuldade em abordar essa questão. Em pleno século XXI, o soberano da Inglaterra é o governador supremo da Igreja da Inglaterra, a Igreja Anglicana, e os 26 bispos sentam-se na Câmara Alta do governo, a Câmara dos Lordes.

Também é impossível compreender a história política japonesa sem levar em conta que a esfera pública construída em torno do Estado nacional foi, desde a instauração do império em 1868 até 1945, trabalhada pelos valores de piedade filial, respeito à autoridade, conformismo às regras estabelecidas (o culto ao imperador antes da derrota de 1945, a submissão à autoridade sem questionamento por parte dos indivíduos), todos elementos fundamentais do xintoísmo.

A ação política religiosamente orientada

A religião e a política estão presentes no cotidiano dos indivíduos. Mas, em determinados lugares, práticas religiosas, antes individuais, transformaram-se em práticas sociais e políticas, ocuparam espaços públicos e adentraram as instituições estatais. Nessas localidades houve um deslocamento de fronteiras entre o privado e o público e questões que dizem respeito ao indivíduo, como o divórcio, o direito de as mulheres realizarem aborto, o uso de células-tronco embrionárias, os direitos das comunidades LGBT (Lésbicas, Gays, Bissexuais e Transgêneros), entre outras, foram tratadas como assuntos nos quais caberia a intervenção do Estado.

Se a separação entre a religião e o Estado não é tão clara quanto se pretende na teoria, a relação efetiva entre as instituições religiosas e seus adeptos e a ação política torna-se mais presente nos dias atuais. Se antes essa relação acontecia entre os poderes públicos e as cúpulas das instituições religiosas, hoje a manifestação de indivíduos e grupos independentes das lideranças também ocorre com mais desenvoltura.

O que se pode notar hoje é que as instituições religiosas e os seus fiéis transformaram-se em um fenômeno de massa, de notável capacidade mobilizadora e de grande força aglutinadora. Basta analisar a atuação de parlamentares ligados a organizações religiosas no Congresso Nacional brasileiro. Nas votações em que o assunto em questão fere dogmas ou preceitos religiosos, os congressistas, dando voz àqueles que os elegeram, seguem à risca seus princípios religiosos, configurando dessa maneira a ação política orientada pela religião.

// Protesto em frente ao Congresso Nacional em Brasília, DF, 2016, contra o aborto no Brasil. Opção individual ou decisão na qual o Estado tem o direito de interferir?

Cenário das religiões e religiosidades hoje

Religiões no mundo contemporâneo: convivência e conflitos

[...] no mundo contemporâneo, é possível que situações consolidadas – essas e outras, as radicalmente tradicionais ou as recentemente constituídas – estejam sujeitas a tentativas de reversão, de tipo variado. Um exemplo disto é o da descolonização, ainda que com repercussões tardias (a Índia, a Nigéria, o Sudão). Outro exemplo são as sucessivas guerras na Iugoslávia, sendo típico o caso da Bósnia, onde a convivência pluri-religiosa tradicional – nas famílias, através dos casamentos e no quotidiano da participação na vida de vizinhança – ameaçou ceder o espaço a agressivas procuras de hegemonia. Questionamento análogo – com mais brandura – pode ser feito relativamente ao Brasil, seja quando grupos étnico-culturais (indígenas ou negros) recuperam, juntamente com o sentido da sua história, a religião que tradicionalmente fora a sua, sem deixar de se definir através daquela que a história nacional lhes impôs, seja quando a identidade nacional-religiosa tradicional, a do "Brasil católico", está em vias de se transformar (sem deixar de ter significado globalizante) em outra, a de "Brasil evangélico". Nestes casos todos, cultura e política estão presentes no encontro, mas quem o organiza e lhe dá forma é a procura ou a recuperação de uma identidade.

Os exemplos poderiam multiplicar-se. Acabariam por mostrar como, quando emaranhada com os outros níveis da existência coletiva ou determinada instância social, a religião, aparentemente destinada a "congregar", "religar", estabelecer "a Paz na terra", pode tornar-se fator de divisão, de confrontos, de rivalidade e mútua ambição – enfim, de guerra. Das quarenta e cinco situações de conflito atualmente em curso, quase todas têm a ver em certa medida – às vezes primordialmente – com a religião.

SANCHIS, Pierre. *Religiões no mundo contemporâneo:* convivência e conflitos. 2002. Disponível em: <https://periodicos.ufsc.br/index.php/ilha/article/view/15114/15568>. Acesso em: 5 abr. 2018.

1. Como afirma o autor, as religiões pregam a paz e a convivência entre os povos. Porém, a guerra e a violência fazem parte do nosso cotidiano e em muitos casos são decorrentes ou envolvem aspectos religiosos. Que elementos poderiam explicar esse fenômeno?

// Pessoas rezam em frente a túmulos de vítimas de ataque a bomba suicida em Abuja, na Nigéria, 2012. O Norte do país é majoritariamente muçulmano; o Sul e o Centro são cristãos. Desde 2002, motivados principalmente pela adoção da *sharia*, a lei islâmica religiosa, a violência já deixou mais de 10 mil mortos e milhares de refugiados.

CAPÍTULO 36

Religiões e religiosidades no Brasil

Analisar as manifestações religiosas no Brasil é sempre um desafio, haja vista que no cotidiano os temas religiosos invadem os diferentes espaços da vida. Nos meios de comunicação, principalmente na TV, é possível assistir a missas católicas, cultos de diversos grupos protestantes, discussões e explicações sobre os mais variados fenômenos religiosos, espetáculos de curas milagrosas, etc. Nas ruas, multiplicam-se pregadores e divulgadores de mensagens religiosas, promessas de felicidade, redenção e até mesmo o fim, próximo, dos tempos. Nas livrarias, as estantes estão lotadas de livros e publicações que demonstram o quanto é intensa a divulgação de ideias, canções e previsões das mais variadas religiões. Na internet, as mensagens religiosas mostram expressões particulares e institucionais de todos os tipos de religiões e religiosidades.

As religiões nativas ou dos povos indígenas

Quando analisamos a vida nas sociedades indígenas – as quais estavam nesse território antes de qualquer autoproclamado "descobridor" –, é necessário levar em conta que, mesmo com todas as mudanças ocorridas nos modos de vida dessas sociedades, decorrentes do contato e dominação da sociedade moderna, elas preservam as suas especificidades culturais. Apesar dos costumes que a vida moderna urbana impôs a elas, é fato que conseguiram sobreviver às várias tentativas de destruição de seus valores tradicionais. Mesmo os povos que vivem nas áreas mais remotas da Amazônia adotaram muitas inovações das sociedades que vivem em seu entorno, mas em seu contexto indígena esses elementos ganharam novo significado e hoje fazem parte de seus sistemas simbólicos.

Conforme a antropóloga brasileira Kimiye Tommasino (1943-), para se pensar a questão da religião entre os povos indígenas, é necessário observar que há uma grande diferença entre a cosmologia (visão de mundo) ocidental e a dos povos indígenas. Para eles não há distinção entre as esferas econômica, religiosa, familiar ou política; são universos muito próximos, quase inseparáveis, aspectos de uma única totalidade. Como consequência, não é possível separar o sagrado do profano, o natural do sobrenatural, pois são meios que se interpenetram e se influenciam reciprocamente.

Um chefe de família da sociedade guarani, por exemplo, ao plantar uma roça de milho, antes de preparar o solo, realiza uma cerimônia denominada *mongaraí*, que se pode traduzir por batismo ou reza. A cada etapa do crescimento da planta é realizado o *mongaraí*, sendo que um processo completo compreende oito rezas. Assim, ao observar as ações voltadas para a realização de uma roça guarani, não é possível dizer que se trata exclusivamente de uma atividade de produção econômica, pois as rezas constituem parte essencial do fazer uma roça de milho, e deixar de fazer o *mongaraí* é impensável para um guarani.

Os indígenas desenvolvem muitas atividades, como caçar, pescar e plantar, e rituais, como a "festa da moça nova", entre os Tikuna, e a "festa do Kiki", entre os Kaingang. Essas atividades possuem múltiplas funções e não podem ser reduzidas a festas ou rituais. Outro exemplo é o ritual Quarup, característico dos povos do Alto Xingu. Trata-se de uma cerimônia funerária que envolve mitos de criação da humanidade, classificação hierárquica nos grupos, iniciação das jovens e relações entre as aldeias daquele espaço. É um fato social total, conforme nos ensinou o antropólogo francês Marcel Mauss (1872-1950).

// Indígenas Yawalapiti lutando o Huka Huka durante o Quarup em homenagem ao antropólogo brasileiro Darcy Ribeiro. Gaúcha do Norte, Mato Grosso, 2012.

As religiões indígenas expressam uma sabedoria, uma maneira própria de ser e de estar no mundo, uma cosmovisão que precisa ser entendida de forma integrada como uma visão de si, dos outros seres e do mundo. Elas estão presentes e operantes no cotidiano e em todos os aspectos da vida desses povos, nos quais as pessoas, em geral as mais velhas, desempenham papéis específicos e importantes no âmbito religioso e são as intérpretes dos cantos, dos sonhos e das visões dos povos. São considerados xamãs ou pajés e atuam como mediadores entre o mundo material e o mundo espiritual. Mas, na maioria das comunidades tribais, o xamã ou o pajé é escolhido por entidades espirituais, manifestadas, sobretudo, em sonhos ou em falas aceitas pelos praticantes como representativas da vontade de uma entidade superior ou resultado da capacidade de prever o futuro.

As "religiões" dos povos indígenas não possuem dogmas. Para eles são importantes as tradições orais baseadas em mitos e nas falas dos mais velhos, que orientam a conduta individual e comunitária.

NAS PALAVRAS DE — MUNDURUKU

A tradição e a memória como fundamento da sociedade

Lembro, para reforçar a tradição, o que o velho chefe Seatle dizia no século passado: "O homem não tramou o tecido da vida; ele é simplesmente um de seus fios. Tudo o que fizer ao tecido fará a si mesmo."

Recordo também o que o velho Apolinário receitava quando queria reforçar nas crianças a necessidade de voltar-se para a Tradição.

[...]

"Se vocês quiserem saber como foi o começo de tudo, perguntem ao nosso irmão mais velho, o fogo; se quiserem entender onde mora a alegria, perguntem à água cristalina, pois ela vem da fonte da alegria; querendo saber as notícias dos espíritos, questionem o irmão vento, pois ele vem de longe; se querem saber qual o som da criação, perguntem à Terra-Mãe, pois ela tudo gerou."

As sociedades tradicionais são filhas da memória e a memória é a base do equilíbrio das tradições.

A memória liga os fatos entre si e proporciona a compreensão do todo. Para compreender a sociedade tradicional indígena é preciso entender o papel da memória na organização da vida.

[...]

> No pensar de um povo existe o presente e tudo o que o presente acarreta como custo e benefício. O presente, no entanto, está atrelado ao passado. Não a um passado físico, mas a um passado memorial, dos feitos dos criadores, dos heróis, e do início dos tempos. [...] Viver é, portanto, ter os pés assentados no agora e o pensamento e o coração amarrados na Tradição, sabendo inclusive, que nossa permanência na Terra é uma dádiva, um "presente". A vida é, assim, um momento de passagem para o encontro com o Grande Espírito. No entanto, de modo algum é uma passagem tranquila. Ao contrário, precisa harmonizar-se cada vez mais com os espíritos que habitam as florestas e os rios e tem de desenvolver uma relação de respeito para com eles a fim de, ao morrer, ser aceito e ajudado por eles.
>
> [...]
>
> Esses princípios estão fundados nas narrativas míticas onde o real e o fantástico andam de mãos dadas; onde ser e não ser fazem parte da mesma estrutura; onde o bem e o mal têm os mesmos poderes. Narrativas vivas, fundadoras de uma postura moral, ética, estética, social. Lá onde o divino se encontra com o humano, está a base de uma sociedade que tem a terra como mãe.
>
> MUNDURUKU, Daniel. *O banquete dos deuses*: conversa sobre a origem da cultura brasileira. 2. ed. São Paulo: Angra, 2002. p. 31-33.

Candomblés: as manifestações religiosas de matriz africana negra

Com o processo de colonização das Américas, parte da cultura africana – seus sistemas de valores e crenças – foi trazida pelos africanos sequestrados e escravizados. Entre eles, dois grandes grupos ganharam destaque: os bantos e os sudaneses.

Os bantos, que constituíram a maioria dos africanos trazidos para o Brasil, vieram de regiões hoje ocupadas pelos territórios de Angola, Congo e Moçambique e foram alocados em quase todo o litoral e também no interior do Brasil, chegando a Minas Gerais e Goiás entre o final do século XVI e o século XIX. Difundiram o candomblé ao instituírem o rito angola.

Os sudaneses, originários de regiões onde hoje se encontram Nigéria, Benin e Togo, destacando-se os que falavam iorubá ou nagô, foram alocados na região açucareira da Bahia e Pernambuco entre os séculos XVII e XIX. Constituíram o grupo predominante a chegar na América no século XIX, quando as perseguições escravistas aos cultos eram menos intensas. Por essa razão, os ritos realizados por esse contingente de escravizados, falantes das línguas iorubá, jeje e nagô, forneceu ao candomblé sua infraestrutura de organização influenciada pelas contribuições dos demais grupos étnicos.

Essas manifestações religiosas estão presentes até hoje na sociedade brasileira. Mesmo com o batismo forçado pelos católicos ao longo do período de escravização, os afrodescendentes não deixaram de prestar culto às divindades politeístas de origem africana. Pelo contrário: acrescentaram à fé de origem a devoção aos santos católicos. O culto aos orixás, divindades das nações étnicas africanas, faz parte da liturgia do candomblé e compõe as estratégias de resistência para recriar ou reinventar a África no Brasil pelos negros.

Atualmente, as cerimônias candomblecistas ocorrem em templos chamados terreiros, casas de santos ou casas de candomblé, dependendo da região e da localidade onde a solenidade acontece. A preparação para as cerimônias é fechada, tendo em vista o processo histórico de perseguição e resistência de que os praticantes foram vítimas. São celebradas em língua africana e marcadas por cantos e ritmo de atabaques e tambores, que variam segundo o orixá – divindade – invocado ou homenageado. A cerimônia pode também ter como objetivo outro serviço religioso, como pedido de proteção espiritual e descarrego dos males trazidos pelas pessoas presentes.

Os rituais do candomblé no Brasil passaram por vários processos de sincretismo e associação entre as semelhanças nos conceitos de orixá, próprio do povo iorubá, de vodum, do povo jeje, e de inquice, dos bantos. No candomblé, esses conceitos referem-se a divindades admitidas como forças espirituais humanizadas, com personalidades próprias, características físicas e domínios naturais. Crê-se que algumas viveram na Terra antes de se tornarem espíritos divinizados.

Nos terreiros, além de chefiar os rituais, os pais e as mães de santo recebem os adeptos em sessões individuais para indicar-lhes o orixá de cada um, tradicionalmente revelado pelo jogo de búzios (processo divinatório). A identificação do orixá – ou santo, no sincretismo – ajuda o fiel a entender a própria personalidade. Hoje, no Brasil, há ritos que cultuam várias das inúmeras divindades existentes na África.

Uma das festas mais conhecidas do candomblé é a de Iemanjá, orixá feminino, considerada a rainha dos mares e oceanos. A comemoração acontece no dia 2 de fevereiro, na Bahia; na noite de 31 de dezembro, no Rio de Janeiro e em muitas cidades litorâneas do Brasil. Os devotos levam oferendas ao mar e, segundo a tradição, Iemanjá surge para recebê-las.

Macumba

Conforme Vagner Gonçalves Silva e Nei Lopes, estudiosos brasileiros das religiões de matriz africana, a palavra macumba é utilizada de forma imprecisa. A mesma palavra pode designar genericamente os ritos afro-brasileiros, principalmente os relacionados à umbanda e ao candomblé, e também denominar o ritmo musical ouvido durante essas cerimônias, tocado por atabaques e tambores. Recebem o nome de macumbeiro as pessoas que tocam esses instrumentos.

Os diferentes significados se devem à origem controversa da palavra macumba. De acordo com estudiosos, o termo pode ser proveniente do quicongo, grupo de línguas bantas. *Makumba* é o plural da palavra *kumba*, que pode significar "prodígios", "fatos miraculosos" ou "feiticeiro". O mesmo termo designou também, no Brasil, uma espécie de reco-reco e um tipo de jogo de azar.

Macumba é também uma expressão popular utilizada de forma pejorativa, por aqueles que são hostis às religiões afro-brasileiras, que as associam à magia e à feitiçaria. A expressão "chuta que é macumba" exemplifica bem este tipo de preconceito.

// Esculturas de orixás no Dique do Tororó, manancial natural de Salvador, Bahia, 2015. Retrato da influência das religiões africanas no Brasil.

Catolicismos

Aparentemente, no Brasil só existe um catolicismo. Na essência, existem vários. Há uma divisão institucional no catolicismo brasileiro: a Igreja Católica Apostólica Romana (majoritária), a Igreja Católica Apostólica Ortodoxa e a Igreja Católica Apostólica Brasileira (as duas últimas de menor expressão). A análise nesta obra focalizará a Igreja Católica Apostólica Romana.

Estudiosos de diferentes posições teóricas encontram múltiplas práticas religiosas no catolicismo convivendo, às vezes, de modo conflituoso, como as que seguem.

- O catolicismo oficial é o maior setor do catolicismo e segue as regras oriundas do Vaticano, com uma estrutura institucional hierárquica (fiéis, padres, bispos, arcebispos e cardeais), seguindo um ritual formal muito parecido em todo o Brasil.
- O catolicismo santorial ou popular, disseminado principalmente entre a população mais pobre, é marcado por crenças e práticas heterodoxas e informais, com registros de devoções a santos muitas vezes não autorizados pela hierarquia da Igreja. Promove procissões e romarias, das quais participam milhares de pessoas. Exemplos desse fenômeno, entre outros, são as romarias em louvor ao Padre Cícero, em Juazeiro, Ceará, e o Círio de Nazaré, em Belém, Pará.
- O catolicismo engajado é um movimento que se desenvolveu a partir das décadas de 1960 e 1970 na América Latina. São adeptos da Teologia da Libertação, uma visão religiosa mais politizada, que luta por uma sociedade e uma religião mais próximas dos pobres, enfatizando engajamento do fiel no combate ao sofrimento humano. É defensor da pluralidade das formas de manifestação no encontro do indivíduo com Deus. As Comunidades Eclesiais de Base, as CEBs, são expressão desse grupo.
- O catolicismo carismático é uma tendência leiga, mas ao mesmo tempo incentivada e controlada pela hierarquia da Igreja Católica Apostólica Romana. Apesar de fiel à Igreja Católica e ao sacerdócio, sua religiosidade é bastante emotiva, incluindo elementos voltados às curas e à solução de problemas pessoais de natureza diversa. A maior expressão desse ramo, atualmente, é a Renovação Carismática Católica, RCC.

Mais de 2 milhões de pessoas participam da procissão do Círio de Nazaré pelas ruas de Belém, Pará, 2014.

Essa última manifestação poderia ser denominada sociologicamente como um catolicismo de reafiliados, designação elaborada pela socióloga francesa Danièle Hervieu-Léger (1947-) para explicar esse fato como uma modalidade em que o indivíduo redescobre sua identidade religiosa até então mantida como formal, ou vivida minimamente. O fundamental nesses casos é a busca existencial de novas condições comunitárias, que possam expressar uma experiência pessoal de intensidade religiosa e fortemente emocional.

Hoje, a participação da maior parte dos católicos brasileiros é formal, sendo que muitos deles frequentam outros grupos religiosos, com crenças e práticas não católicas.

Protestantismos

O protestantismo chegou ao Brasil já no período colonial, quando os franceses se estabeleceram no Rio de Janeiro, no século XVI, e os holandeses em Pernambuco, no século XVII. Na época, foram fundadas comunidades evangélicas que duraram o período correspondente ao tempo dessas ocupações.

Costuma-se definir as várias vertentes do protestantismo levando-se em conta o momento de chegada de cada uma delas ao Brasil. São elas:

- O protestantismo de imigração, que coincidiu com a vinda da família real, de D. João VI e a abertura dos portos. Por aqui chegaram os anglicanos e os luteranos, que se tornaram pequenos colonos no interior da região Sul e também no Espírito Santo. Fundaram suas igrejas para propiciarem assistência espiritual aos fiéis de origem inglesa e alemã, respectivamente.
- O protestantismo missionário, que teve início na segunda metade do século XIX, pois a partir de 1858, missionários de origem congregacional, metodista, presbiteriana, batista e episcopal fundaram suas igrejas em todo o território nacional. Essas denominações protestantes são vinculadas ao que se convencionou chamar protestantismo histórico.
- O protestantismo pentecostal, que chegou ao Brasil no início do século XX, com a fundação de igrejas como a Congregação Cristã e a Assembleia de Deus, entre outras, e atingiu basicamente as camadas mais pobres da população. Seu auge, no entanto, aconteceu nas décadas de 1950 e de 1960, quando ocorreram as Cruzadas de Evangelização.

Pouco a pouco, essas denominações foram se dividindo em muitas outras, dando origem a um verdadeiro mosaico de cores e tendências. O neopentecostalismo surgiu no final da década de 1970, no Rio de Janeiro, como novo ramo do protestantismo que se diferencia não somente do protestantismo histórico, mas também do pentecostalismo. Representado pela Igreja Universal do Reino de Deus (IURD) e por muitas outras igrejas similares, espalhou-se pelas grandes cidades como movimento inovador no campo religioso nacional. Doutrinariamente, assimilaram, em geral, princípios de origem estadunidense norteadores da Teologia da Prosperidade, que autoriza os fiéis a buscarem bênçãos e abundância material. Não enfatiza a rejeição à vida mundana e defende que os males do presente não são provações divinas, mas sinais de que demônios estão agindo na vida dos indivíduos.

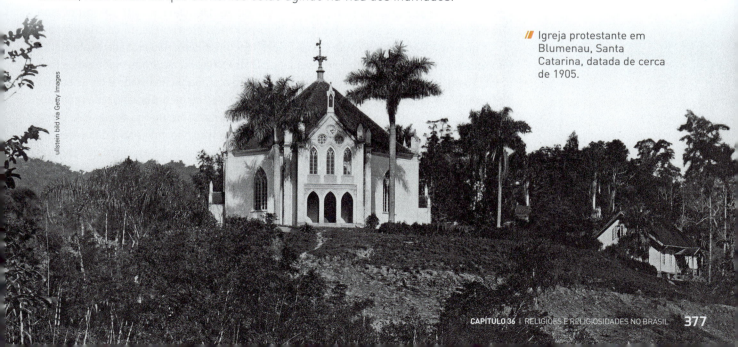

// Igreja protestante em Blumenau, Santa Catarina, datada de cerca de 1905.

NAS PALAVRAS DE CARRANZA

Teologia da prosperidade

[...]

O cerne dessa visão teológica encontra-se numa fé defensora da crença de que o fiel adquiriu o direito neste mundo à saúde e vida material perfeita e próspera, livre do sofrimento e das artimanhas do Diabo. Isso é possível porque Deus concedeu tais bênçãos a quem acredita; cabe ao cristão tomar posse delas. Ancorados na convicção de que o direito do crente é garantido na fé sobrenatural da retribuição divina, os pregadores disseminam a ideia de que cabe ao fiel "dar para receber". Alimenta-se a lógica na qual a fé possuidora permite estabelecer uma relação contratual entre Deus e o crente. Deus já cumpriu sua promessa, agora o fiel retribui com dinheiro para receber a multiplicação de seus bens materiais. Após essa abundância vem a ampliação da saúde financeira, o que será lido como expressão de bênçãos e de libertação da pobreza, causada pelo demônio. Mas tudo isso só acontece se o fiel está ligado às obras de Deus que são promovidas nos templos. Assiste-se, então, a fusões interessantes nas quais o templo é sinônimo de máquinas arrecadadoras de dinheiro e os discursos que nele se pregam ativam simbolicamente o imaginário de prosperidade pessoal que os fiéis aspiram perante os obstáculos reais de superar as carências materiais da vida cotidiana. Sem dúvida, as narrativas neopentecostais que prometem o sucesso, como sinais da presença de Deus na vida do fiel, na verdade camuflam perigosas ligações éticas entre ascensão social e experiência religiosa, beneficiando algumas das lideranças, onde muitas delas têm pendência com a justiça.

[...]

CARRANZA, Brenda. A fraternidade cristã diante do abismo da desigualdade social. 20 jun. 2011. São Leopoldo: *Revista do Instituto Humanitas Unisinos*. Entrevista a Graziela Wolfart. Disponível em: <www.ihuonline.unisinos.br/media/pdf/IHUOnlineEdicao366.pdf>. Acesso em: 3 abr. 2018.

Além desses dois setores cristãos (catolicismo e protestantismo), podem ser ainda relacionadas como cristãs três outras vertentes: testemunhas de Jeová, mórmons e adventistas do sétimo dia.

Espiritismo kardecista

O espiritismo tem como princípios básicos a comunicação entre vivos e mortos e a crença na reencarnação.

O Brasil é a maior nação espírita do mundo, ou seja, é onde se concentra o maior número de adeptos dessa doutrina filosófica e religiosa. Criada na França por Allan Kardec (pseudônimo de Léon Hippolyte Denizart Rivail), foi importada no século XIX e cresceu rapidamente, incorporando elementos do cristianismo.

Conforme Reginaldo Prandi (1946-), sociólogo brasileiro, não se sabe exatamente por que o espiritismo tem forte presença no Brasil, mas há algumas hipóteses, entre elas a de que aqui havia um terreno favorável para a propagação devido à contribuição das religiões africanas e com elas as noções de transe, de incorporação e de reencarnação. Assim, quando o espiritismo começou a se fixar, tanto no Rio de Janeiro como na Bahia, todas as religiões afro-brasileiras e toda a tradição indígena – dos pajés, da pajelança, do xamanismo – já eram comuns e a ideia de que os espíritos dos mortos podem ajudar os vivos já havia se disseminado. Outra hipótese se consagra na premissa de que havia no país uma intelectualidade que desejava se libertar da dominação católica e pretendia manifestar-se religiosamente de novas formas.

O espiritismo se transformou em tema de grande interesse e passou a ser praticado por muitas pessoas e de forma associada, ou seja, católicos, protestantes, pessoas sem religião, etc. passaram a frequentar sessões espíritas sem, no entanto, abrir mão de suas religiões de origem.

Segundo o Instituto Brasileiro de Geografia e Estatística (IBGE), os espíritas são o terceiro maior grupo religioso do país, depois dos católicos e protestantes. É também o grupo religioso cujos adeptos têm maior renda e escolaridade.

No Brasil, o espiritismo é uma religião praticada por 3,8 milhões de indivíduos, de acordo com o Censo 2010, sem incluir nesse número os chamados simpatizantes, que conforme informações dos praticantes do espiritismo giram em torno de 18 milhões, 10% da população. Uma de suas características é a forte atuação na área de assistência social, pois, de acordo com a doutrina espírita, é necessário fazer o bem na Terra para que na próxima reencarnação o espírito receba a compensação e tenha uma vida melhor. Segundo a Federação Espírita Brasileira (FEB), existem cerca de 10 mil instituições espíritas que sustentam centenas de asilos, escolas, creches e orfanatos distribuídos em todo o Brasil.

O crescimento da doutrina espírita no Brasil ganhou fôlego principalmente com a atuação do médium Francisco Cândido Xavier, o Chico Xavier (1910-2002). Por meio de suas obras psicografadas, o espiritismo ganhou muita popularidade.

Um caso à parte: a umbanda

A umbanda pode ser definida como uma religião tipicamente brasileira, uma vez que é fruto do sincretismo entre várias crenças e rituais, como os dos indígenas nativos brasileiros, os provenientes do candomblé de origem africana, do catolicismo e do espiritismo kardecista de origem europeia. É uma manifestação religiosa urbana e nasceu em grandes cidades brasileiras, como Rio de Janeiro, São Paulo e Porto Alegre, nas décadas de 1920 e 1930.

A umbanda considera o universo como um lugar povoado de entidades espirituais, os guias, que entram em contato com os seres humanos por intermédio de um iniciado, o médium, que os incorpora. Tais guias se apresentam por meio de figuras como o caboclo, o preto velho e a pombagira. Do espiritismo kardecista, a umbanda absorve a possibilidade de contato entre vivos e mortos e defende a evolução espiritual após sucessivas vidas na Terra. Cada unidade elabora seu rito sincrético e em cada região há um nome para o local onde se realizam os seus cultos: cabana, cantinho, centro, ilê axé, tenda, sociedade e terreiro.

Há o princípio da autonomia em cada espaço religioso umbandista e a organização burocrática dos seus templos assumiu a influência da estrutura espírita, no formato de federação. Assim, foi fundada a Federação de Umbanda do Brasil em 1939, a primeira instituição criada para reunir, organizar e defender os interesses do movimento umbandista no país. Tudo isso porque desde 1934 os espíritas de todas as denominações eram vigiados pelo Departamento de Tóxicos e Mistificações da Polícia do Rio de Janeiro.

Nesse cenário, a Federação organizou o Primeiro Congresso Brasileiro do Espiritismo de Umbanda em 1941, no Rio de Janeiro. No final da mesma década, a Federação transformou-se em União Espírita da Umbanda no Brasil (UEUB).

Celebração no Centro Espírita Pai Luiz de Oxóssi, terreiro umbandista em Santa Luzia, Minas Gerais, 2017.

Existe diversidade religiosa no Brasil?

Nem tudo que parece é. Essa é uma das afirmações clássicas do pensamento científico e pode muito bem aplicar-se à Sociologia e mais diretamente ao estudo da realidade religiosa brasileira. Na sequência, alguns dados dos censos demográficos de 1991, 2000 e 2010 para análise.

Distribuição da população residente por religião – Brasil – Autodeclaração – (%)			
Religiões	1991	2000	2010
Católica romana	83,0	73,6	64,6
Evangélicas	9,0	15,4	22,2
Espíritas	1,1	1,3	2,0
Umbanda e candomblé	0,4	0,3	0,3
Outras religiões	1,4	1,8	1,9
Sem religião*	4,7	7,4	8,0
Não declarado	0,4	0,2	0,1

* Aqui se incluem os que se autodeclararam sem vínculo com qualquer religião e não somente os ateus e agnósticos, que são uma minoria.

Fonte: Instituto Brasileiro de Geografia e Estatística (IBGE) – Censos demográficos 1991/2000/2010.

Como se percebe, nos últimos vinte anos a soma da declaração de crença dos católicos e evangélicos e/ou protestantes e ainda os espíritas kardecistas, que aceitam alguns pressupostos cristãos em seus princípios, gira em torno de 90% (93,1% em 1991 a 88,8% em 2010), ou seja, o Brasil é majoritariamente cristão. Com a exclusão dos declarados "sem religião" (4,7% a 8,0%), a diversidade religiosa representa 2,2%, em 1991, e 2,3%, em 2010, da população brasileira, ou seja, a umbanda, o candomblé e todas as outras religiões/religiosidades, como islamismo, judaísmo, religiosidades orientais e tradicionais indígenas, estariam incluídos nesse percentual.

Muçulmanos em momento de oração em mesquita de São Paulo, 2015. Essa mesquita abriga uma associação que oferece cursos de português para refugiados, além de ajudá-los a obter a documentação para se estabelecer no Brasil.

É necessário, contudo, bastante rigor ao analisar as estatísticas relacionadas à religiosidade vivida pelos brasileiros, já que há variações de comportamento entre o que se responde ao Censo e a realidade cotidiana. Além do mais, o Censo é realizado de dez em dez anos e nesse intervalo o cenário muda muito devido ao seu dinamismo. Outra informação que o Censo não traz à superfície é que muitos indivíduos participam de mais de uma manifestação religiosa ao mesmo tempo, dependendo da situação social e cultural em que se encontram.

De acordo com o teólogo e sociólogo francês Joseph François Pierre Sanchis, que vive no Brasil, há uma "porosidade" nas práticas religiosas brasileiras, pois aqui existe a possibilidade de fazer uma opção religiosa respeitando a opção do outro, assim como adotar essa, aquela ou outra religião ao mesmo tempo. Isso porque o indivíduo se identifica em parte com o cristianismo e em parte com a umbanda. Em outro caso, o indivíduo pode aceitar preceitos budistas e, ainda assim, se reconhecer agnóstico; ou, então, todas essas e diversas alternativas juntas e misturadas, dependendo do momento da vida. O indivíduo é quem decide sobre suas escolhas, principalmente porque não se sujeita às definições e normas religiosas que as igrejas institucionais lhe indicam. Assim, os indivíduos parecem criar a sua própria moral, o seu próprio conceito de divindade e a sua própria religião.

Vive-se, portanto, num universo e num clima de religiosidades no Brasil, independentemente de filiação a instituições religiosas; um mundo povoado de orixás, nossas senhoras, benzedeiras, santos e beatos diversos (até alguns tipicamente brasileiros, como Padre Cícero, Madre Paulina e Frei Galvão), anjos, forças cósmicas, espíritos, rezas, orações, curas milagrosas, etc.

É uma prática comum aceitar diferentes ritos ou práticas dependendo da ocasião, seja para ter boa saúde, seja para curar-se de uma doença, ter um bom casamento, sucesso em um determinado evento da vida. Usa-se tudo o que esteja à mão e possa ajudar a alcançar um determinado objetivo.

Talvez possamos resumir as possibilidades, em termos individuais, sobre as práticas religiosas no Brasil utilizando a expressão de um personagem de Guimarães Rosa, no livro *Grande Sertão: Veredas* (1956):

> [...] O que mais penso, testo e explico: todo-o-mundo é louco. O senhor, eu, nós, as pessoas todas. Por isso é que se carece principalmente de religião: para se desendoidecer, desdoidar. Reza é que sara a loucura. No geral. Isso é que é a salvação-da-alma... Muita religião, seu Moço! Eu cá, não perco ocasião de religião. Aproveito de todas. Bebo água de todo rio... Uma só, para mim é pouca, talvez não me chegue. Rezo cristão, católico. Embrenho a certo; e aceito as preces de compadre meu Quelemém, doutrina dele, de Cardéque. Mas, quando posso, vou no Mindubim, onde um Matias é crente, metodista: a gente se acusa de pecador, lê alto a Bíblia, e ora, cantando hinos belos deles. Tudo me quieta, me suspende. Qualquer sombrinha me refresca. [...]
>
> GUIMARÃES ROSA, João. *Grande Sertão*: Veredas. 14. ed. Rio de Janeiro: José Olympio, 1967. p. 15.

Hostilidade religiosa no Brasil

A hostilidade religiosa no Brasil está presente desde o período colonial. Basta lembrar a pressão que a Igreja Católica Apostólica Romana realizava contra os cultos de matriz africana e todas as práticas religiosas não católicas. A partir do século XIX, o protestantismo e o espiritismo kardecista também foram hostilizados pelas autoridades católicas.

NAS PALAVRAS DE MARIANO

Hostilidade e liberdade religiosa

[...]

Dirigentes católicos empreenderam esforços também para dificultar a expansão dos concorrentes religiosos até o fim da década de 1950. No início do Estado Novo, em 1939, o Departamento de Defesa da Fé implementou uma política de oposição ao protestantismo, em nome da defesa da "nação católica" (Rolim, 1985, p. 72, 82). Seus efeitos ficaram gravados na memória de muitos evangélicos:

"No (sic) começo [da evangelização protestante no país] os crentes eram perseguidos, presos, torturados, expulsos de cidades, feridos em apedrejamentos, mortos em invasões de residências e de templos ou em traiçoeiras emboscadas [...] e que, "no interior do país, até os anos 50 ainda havia assassinatos de crentes, derrubada de templos, agressões" (Sylvestre, 1986, p. 41).

Em 1953, momento em que começavam a deslanchar tanto a modernização urbano-industrial quanto a expansão de pentecostais e umbandistas nas classes populares e de espíritas nas classes médias, a Igreja Católica lançou nova ofensiva, criando o Secretariado Nacional para a Defesa da Fé e da Moralidade, com os objetivos de vigiar "a marcha das falsas religiões, condenar movimentos e falsas ideias" e frear "a expansão da imoralidade e da amoralidade na vida pública e particular" (Mainwaring, 1989, p. 54).

Nos anos 1950, o pluralismo religioso e a competição religiosa estavam ainda longe de constituir um parâmetro de ação institucional no campo religioso brasileiro. Sua ascensão se consolidaria somente no último quarto do século, com o processo de redemocratização, o acelerado crescimento dos pentecostais e seu ingresso na tevê e na política partidária. Mas estava em marcha acelerada a destradicionalização religiosa, processo em que a adesão, a filiação, as crenças e as práticas religiosas tornam-se uma questão de opção pessoal consciente, voluntária e deliberada. Fenômeno que contribuiu para legitimar e dinamizar o trânsito religioso no país.

[...]

MARIANO, Ricardo. Laicidade à brasileira: católicos, pentecostais e laicos em disputa na esfera pública. *Civitas*, v. 11, n. 2, p. 247, maio-ago. 2011. Disponível em: <http://revistaseletronicas.pucrs.br/ojs/index.php/civitas/article/view/9647/6619 >. Acesso em: 3 abr. 2018.

As hostilidades entre esses grupos religiosos diminuíram bastante. Entretanto, nos últimos anos, constata-se a emergência de um novo movimento de hostilidade religiosa no Brasil, no qual podem ser observadas agressões por parte de alguns fiéis de determinadas religiões, que acreditam firmemente na ideia de que a fé deles é a única "verdadeira" e procuram impor sua maneira de pensar a todos que estão fora de seu círculo religioso e até amaldiçoam à perdição eterna quem seguir outros caminhos.

Um episódio que exemplifica esse comportamento é o que envolveu um pastor da Igreja Universal do Reino de Deus, em outubro de 1995, protagonista de uma cena em um programa de TV no qual aparecia dando pontapés em uma imagem de Nossa Senhora Aparecida, santa de grande devoção dos católicos. Em 2015, uma mulher foi presa após usar uma enxada para destruir uma imagem da Igreja Nossa Senhora da Piedade, em Belo Oriente, Minas Gerais. Também em 2015 uma adolescente foi apedrejada à porta de um terreiro de candomblé, logo depois de acompanhar uma cerimônia de sua opção religiosa. Apenas entre janeiro e junho de 2017 o Ministério dos Direitos Humanos registrou 169 denúncias de intolerância religiosa.

A maior parte das hostilidades tem sido dirigida às religiões de matriz africana. Os casos divulgados na imprensa são inúmeros e podem ser resumidos da seguinte forma, conforme o antropólogo brasileiro Vagner Gonçalves da Silva, na introdução ao livro *Intolerância religiosa: impactos do neopentecostalismo no campo religioso afro-brasileiro* (2007), por ele organizado.

1) O ponto de partida para os ataques das igrejas neopentecostais está fundamentado em uma teologia baseada na ideia de que a causa de grande parte dos males deste mundo pode ser atribuída à presença do demônio, geralmente associado aos deuses de outras denominações religiosas, principalmente as de matriz africana.
2) Com base nessa crença, os membros das igrejas neopentecostais muitas vezes invadem locais de cerimônias afro-brasileiras (terreiros) com o objetivo de destruir altares, quebrar imagens e às vezes até agredir fisicamente os seus adeptos.
3) Quando as atividades religiosas afro-brasileiras são realizadas em lugares públicos (praias, matas, ruas, etc.), seus fiéis ficam mais expostos a ataques, e muitas vezes são forçados a interromper seus rituais.
4) Os ataques contra as religiões afro-brasileiras também ocorrem no espaço da representação política, pois, como consequência do poder nesse campo, políticos evangélicos vêm articulando ações contrárias às possibilidades de se igualarem os direitos das religiões de matriz africana aos de todas as outras religiões.

Ainda de acordo com Gonçalves da Silva, em seu outro livro *Candomblé e umbanda: caminhos da devoção brasileira* (2005), esse ambiente de agressividade existe porque os cultos e práticas de origem afro-brasileiras possuem características muito diversas do modelo religioso dominante no Brasil, como o transe, o sacrifício animal e o culto aos espíritos (orixás, guias e outros). Além disso, apresentam uma ética que não se baseia na visão dualista entre o bem e o mal, conforme as religiões cristãs. Por essas razões há quem os considere superstições, práticas diabólicas, etc. Essa visão repleta de juízo de valor moral estimula o preconceito, o desrespeito às crenças religiosas no Brasil e o não reconhecimento das expressões e manifestações oriundas das camadas populares no processo de formação da sociedade brasileira.

// Diversos grupos representantes de religiões de origem africana protestam contra a intolerância religiosa. São Paulo, SP, 2016.

Estado laico, religião e política no Brasil

Durante o período colonial e mesmo durante todo o Império, a relação com a Igreja Católica era de plena integração, pois os objetivos de ambos eram praticamente os mesmos. Os agentes da autoridade eclesiástica eram funcionários especializados do Estado, cuja política executavam. O rei era um servidor privilegiado de Deus, portanto da Sua Igreja, de quem recebera a missão e o direito de governar o povo.

Hoje se afirma no Brasil, assim como em inúmeros outros países, que o Estado é laico, ou seja, governa de modo independente de qualquer confissão religiosa. Mas essa condição só se tornou realidade após o fim da monarquia e com a proclamação da República no Brasil.

A Constituição de 1891, refletindo a influência dos positivistas, baniu o ensino religioso das escolas públicas, e o Estado não mais sustentava os eclesiásticos. Além disso, foram interrompidas as subvenções aos hospitais e às obras de caridade, que deveriam ser votadas anualmente pelo Parlamento. Este talvez tenha sido o único período em que o Estado brasileiro foi laico no sentido apontado anteriormente, quando mostrou uma separação efetiva, na teoria e na prática, entre Estado e religião.

Após essa fase, em todo o período do governo de Getúlio Vargas, inicialmente pela ação do Cardeal Leme, foram implementadas medidas favoráveis à Igreja Católica, incorporadas à Constituição de 1934, como a inclusão da expressão "sob a proteção de Deus" no prefácio da Constituição, marcando com isso o fim da influência positivista; o estabelecimento da assistência espiritual às organizações militares e oficiais consentida; do casamento religioso reconhecido pela lei civil; da proibição do divórcio, entre outros.

A partir de então, as relações entre Estado e religião, fundamentalmente a Igreja Católica, mas não de forma exclusiva, tornaram-se separadas na teoria e cooperativas na prática, pois, gradativamente, os protestantes também passaram a receber atenção por parte dos governantes.

Um exemplo, hoje, é que o Estado, por meio do Executivo, convida instituições religiosas para ajudar na consolidação de programas sociais em áreas como educação, saúde, violência, transferindo muitas vezes recursos a elas, para que esses programas sejam colocados em prática. Ademais, o Legislativo e o Judiciário solicitam o comparecimento em audiências públicas de lideranças eclesiásticas para saber o que pensam sobre determinados assuntos a serem decididos.

Desse modo, conforme o sociólogo brasileiro Ricardo Mariano, há na cultura política nacional, representada por nossos políticos e governantes, um envolvimento direto, uma instrumentalização perigosa das ações entre religião e política para legitimar e estimular o ativismo político-partidário de grupos religiosos e a ocupação religiosa da esfera pública.

Essa atuação tem aumentado na medida em que católicos e protestantes procuram promover e ampliar suas representações, principalmente no Congresso Nacional, impulsionando a moralidade cristã tradicional e tentando estendê-la ao conjunto da sociedade por meio da participação na política partidária. Isso é muito evidente, já que é realidade a constituição de uma "bancada evangélica" composta por parlamentares isolados em diversos partidos e também a formação de partidos específicos, como o Partido Social Cristão (PSC), o Partido Trabalhista Cristão (PTC) e o Partido Social Democrata Cristão (PSDC), além do Partido Republicano Brasileiro (PRB), considerado o braço político da Igreja Universal do Reino de Deus.

Cenário das crenças no Brasil

A falta das águas de março e a pajelança

[...] Notícias estranhas e desencontradas – neste país em que a violência é quase natural, no máximo bizarra – têm aparecido nas manchetes dos jornais. Um fogo que não se extingue, numa floresta imensa, [em um] Estado chamado Roraima, [...] que surge envolto pela fumaça, nas poucas imagens que chegam até nós. A reclamação de órgãos externos, e a (sempre) tímida atuação dos poderes locais.

No entanto, o afastamento geográfico e o caráter não muito preciso das informações mais parecem alienar os leitores – que, diante da incompreensão, talvez tenham preferido continuar curiosos, sem que essa atitude resultasse em outra qualquer.

E o desfile continua. Solicita-se ajuda do exterior, como se o milagre viesse sempre de fora. Até mesmo bombeiros gaúchos (cuja competência específica até então ignorávamos) são vistos nas fotos de capa de jornais. Na verdade, até então, nada destoava de nossa vã filosofia ocidental: combatíamos a irracionalidade do fogo com métodos pouco eficazes, mas sempre racionais. Para as populações desamparadas, nossa sublime e ausente solidariedade.

Nada tiraria o sono do público compreensivo, não fosse a "original" entrada no cenário de novos elementos. Os periódicos informaram, com seu habitual estilo jornalístico, a "importação" pela FUNAI [Fundação Nacional do Índio], de alguns pajés caiapós especializados no "ritual da chuva".
[...]
Soubemos ainda, que tal iniciativa teria gerado reações por parte das chefias ianomâmis do lugar, irritadas com o uso de pajés não acostumados às especificidades da região. [...]

Até aí, tudo muito bem. É certo que as chamas continuavam teimosas, mas nada como acompanhar o desenrolar do processo. Então fomos surpreendidos por uma inusitada notícia: de repente choveu, e muito, em Roraima. Mais: a saída que veio dos céus acabou com a inoperância dos homens.

Depois de "celebrada a vitória", não faltaram os possíveis candidatos aos troféus. Além das respostas oficiais (que me permito saltar), outros agentes assumiram o sucesso. O serviço de meteorologia atestou que indicara a existência de cúmulos e precipitações até o final de abril – de toda forma, abril é abril. O bispo da diocese de Roraima afirmou ter rezado várias missas pedindo a Deus que mandasse chuva. A população local arrolou as "simpatias" que fizera para que chovesse na terra. Até a queda na florada de jambeiros serviu de indício, quando se tratava de encontrar sinais e bons augúrios.

Porém, assim como um dia vem depois do outro, não há como negar a eficácia dos caiapós em debelar a fúria das labaredas. Foi só então que o barulho do sucesso se impôs diante do silêncio com relação à competente ação de nossos índios: coincidência ou não, foi após a realização do ritual que a chuva molhou a região. Por sinal, os pajés foram os únicos que voltaram para casa sem reivindicar o mérito dos trovões.

Mas, afinal, o que fez chover? Melhor é contar com explicações para todos os gostos: a certeza da ciência dos dados dos "homens do tempo", a fé e a religiosidade de nossa igreja, a crença do povo, a fala oficial e, finalmente, a dança dos pajés. Como diz o antropólogo Claude Lévi-Strauss, não há que perguntar pelos cantos e passos do xamã; ele cura porque é fenômeno de consenso – ou melhor, porque todos preferem e precisam acreditar na cura.

No país dos ritos cruzados e de tantas fés, nada como um episódio que ilumine nosso desejo do milagre, seja lá de onde venha. Debilitados pela falta das "águas de março", ficamos mesmo com as luzes da pajelança. Ah, já ia me esquecendo: choveu em 1º de abril.

SCHWARCZ, Lilian Moritz. A falta das águas de março e a pajelança. *Folha de S.Paulo*, 7 abr. 1998. Opinião. Disponível em: <www1.folha.uol.com.br/fsp/opiniao/fz07049810.htm>. Acesso em: 4 abr. 2018.

1. É comum as pessoas interpretarem o mundo por meio de suas crenças e dos valores que alimentam sua fé. No Brasil, desde a chegada do colonizador europeu no século XVI, as diversas culturas indígenas misturam-se ao comportamento e à fé das pessoas, definindo um jeito único de ser e ver a realidade. Reflita sobre a permanência dos valores indígenas na religiosidade do povo brasileiro.

Costurando as ideias

As diversas religiões surgidas no processo histórico contemplam aspirações humanas que se apresentam de forma desigual no tempo e no espaço. De cada religião – e, principalmente, de suas incontáveis misturas e ressignificações – surgem as expressões da religiosidade de indivíduos, famílias e agrupamentos de diferentes tamanhos e *status*. O fato, contudo, é que se torna difícil pensar os processos de socialização sem levar em conta a influência da vida religiosa nas comunidades humanas. Vale frisar: essa influência carrega pesos e medidas muito distintos, uma vez que o fenômeno religioso é, intrinsecamente, uma realidade hipercomplexa.

Os indivíduos, portanto, com suas expressões religiosas e referências daquilo que entendem por sagrado ou profano, ocupam espaços na vida social: estudam, trabalham, politizam suas existências por meio de aptidões e explorações da arte, da cultura, da economia, do convívio familiar, da expansão do círculo de amizades, etc.

Em um país como o Brasil, marcado a ferro e fogo pela presença católica e também pelo sincretismo religioso de indígenas, negros africanos e brancos europeus – mais tarde, no século XIX, imigrantes orientais trouxeram para cá suas contribuições diferentes de fé –, a temática/problemática da religião é clarividente. Entre brasileiros, dos ritmos musicais às escritas na poesia e na literatura, dos pratos típicos de cada região à educação praticada em escolas e espaços coletivos, tudo contém religiosidade, tem nome de santo ou orixá, oculta ou explicita rezas, benzeduras, orações, ladainhas e pregações. O ar que se respira contém religiosidades de todos os tipos, em toda parte.

O pensamento religioso, no curso da história, esteve relacionado a mitos, a imagens esculpidas ou pintadas com ouro, a deuses pagãos ou divindades poderosas. Esteve também associado ao poder, às estruturas sociais e ao modo como eram vistos e tratados os cidadãos. É impossível negar a força da religião também na constituição de sociabilidades desiguais e violentas, do mesmo modo como não se pode negar o quanto muitas expressões da religiosidade auxiliaram em movimentos e lutas por justiça e liberdade.

Nem só de mocinhos e bandidos vivem as religiões e as muitas religiosidades, o que inclui as expressões ateias e agnósticas. Há, sim, um pouco das duas coisas, em diferentes momentos, em defesa de distintos interesses políticos, econômicos e culturais. O fato é que a religião como uma construção social incorpora os ingredientes da vida coletiva, tais quais o conflito, a contradição, o gosto pela liberdade e, é claro, a patologia de oprimir e valer-se do trabalho e da consciência dos outros. E é exatamente aqui que a religião pode ser compreendida como uma ideologia, tanto a serviço dos poderosos quanto como um instrumento de libertação dos subalternos.

Num belo exemplar do cancioneiro popular, o cantor e compositor Gilberto Gil afirma que irá "andar com fé, porque a fé não costuma falhar". Em algum sentido, pode-se dizer que deuses são inventados ou contestados, difundidos ou desacreditados, tudo em nome de uma ideia que a humanidade, na prática, faz de si mesma. Decisivos, contudo, são o caráter poderoso da vida simbólica e, ainda mais, os limites desconhecidos da criatividade de indivíduos, grupos e classes sociais.

Leituras e propostas

Para refletir

Sincretismo religioso e religiosidade brasileira

As fronteiras que separam as religiões não são fechadas e por suas porosidades uma interage com a outra.

O Sincretismo religioso é considerado um fenômeno da Sociologia das Religiões amplamente estudado pela academia. Trata-se de uma temática assaz controversa porque os acadêmicos não chegaram a um consenso sobre o que constitui, de fato, o conceito. A base comum sobre a qual todos os estudiosos se assentam é que uma determinada expressão religiosa entra em contato com outra e, desse entrecruzamento, dá-se uma comunicação ou transmissão de elementos de uma religiosidade para outra.

[...]

Um exemplo desse modelo conceitual seria a Umbanda brasileira. Carente de um sólido corpo doutrinário, sincretizou-se com o Catolicismo português, Espiritismo europeu e Candomblecismo africano, absorvendo um pouco de cada e, a partir de uma reelaboração desse material, estabeleceu uma estrutura religiosa, notadamente amalgamada.

[...]

Enquanto conceito, esta formulação vem sendo contestada pelos teóricos das religiões. Para além de pensarmos genericamente em uma religião que absorve e outra que é absorvida, devemos considerar uma troca de dados provocada pelo contato cultural. O esquema "uma dá e outra recebe", já não mais se sustenta nos círculos de estudo. Todo contato supõe troca de componentes culturais, simplesmente porque toda cultura é porosa. Donde se vê que as fronteiras que separam as religiões não são fechadas e por suas porosidades uma interage com a outra.

Assim se deu no nosso Brasil, onde houve uma confluência de expressões religiosas. Foi o índio autóctone que travou contato com o cristão-católico português. Foram os negros escravizados de África que, como atores sociais, combinaram suas crenças e práticas com o catolicismo hegemônico e com a pajelança indígena.

Não se pode dizer que o menor pegou do maior. Ambos se tocaram; ambos se "contaminaram" do outro. E, embora, com o avançar dos séculos, cada religião no Brasil tenha erigido suas paredes fronteiriças, a prática popular que herdou a tolerância da miscigenação mantém-se até hoje, plástica e flexível. É o cristianismo católico que incorpora a si as benzedeiras com raminhos de arruda, alecrim e guiné. São as casas espíritas dedicadas a São Pedro e São Paulo, cujos médiuns incorporam padres e freiras. É o neopentecostalismo que, ludicamente, retiram "encostos" e "espíritos malévolos" de conversos vitimados.

Não há limites para a geografia do popular, não presa às amarras da institucionalização religiosa. Dessa forma, os terreiros de Umbanda evocam das divindades do Candomblé aos espíritos altruístas do Kardecismo. Os católicos piedosos se valem de manipulações de unguentos e rezas-forte para curar de quebranto, espinhela caída, mau-olhado.

Donde se vê que há uma religiosidade popular sincrética que caminha, lado a lado, com a religião institucional. Esta é aversa à mistura; aquela a promove. E entre os brados de protestos da religião oficial, que anseia a "descontaminação" e o seguimento exclusivo da "pureza" doutrinária, segue a religiosidade popular brasileira, frouxa a paradigmas e extremamente receptiva à combinação de crenças e práticas rituais. A porta da casa permanece aberta ao outro, ao estrangeiro, ao diferente, no âmbito do popular.

OLIVEIRA, Roberto Francisco de. *Dom Total*. Disponível em: <http://domtotal.com/noticia/1193691/2017/09/sincretismo-religioso-e-religiosidade-brasileira/>. Acesso em: 10 maio 2018.

1. Se o sincretismo é uma realidade presente no universo religioso brasileiro, por que há tanta falta de respeito pela religiosidade daquele que é de religião diferente do outro?

2. Você tem atitudes religiosas que se relacionam com outras religiões que não a sua?

3. Caso você e sua família não professem nenhuma religião, há, ainda assim, atos cotidianos que se baseiam em alguma delas? Quais?

Para pesquisar

1. O animismo, o totemismo e as mitologias são exemplos de expressões primárias de manifestações religiosas no mundo, principalmente entre os povos indígenas e autóctones. Como essas mesmas expressões aparecem nas religiões de hoje?

2. Em pequenos grupos, procurem em *blogs* e *sites* referências às religiões aqui citadas e aprofundem seus conhecimentos em cada uma delas.

3. Cite traços comuns e características diferentes entre o judaísmo, o cristianismo e o islamismo.

// Tradicional festa de Santa Bárbara em Salvador, Bahia, 2015. A festa é marcada pelo sincretismo religioso.

LIVROS RECOMENDADOS

A persistência dos deuses: religião, cultura e natureza
De Eduardo Rodrigues da Cruz. São Paulo: Editora da Unesp, 2004.
O autor procura, neste livro, analisar a questão religiosa no Brasil, a partir de sua pluralidade. Além disso, toca em outros assuntos como a separação Igreja-Estado, a obrigatoriedade do ensino religioso no país e principalmente a religião como uma expressão cultural.

O atlas das religiões: o mapeamento completo de todas as crenças
De Joanne O'Brien e Martin Palmer. São Paulo: Publifolha, 2009.
Apesar de pequeno, este livro possibilita uma visão das principais religiões do mundo contemporâneo, como o cristianismo, islamismo, hinduísmo, budismo, entre outras, mostrando suas crenças fundamentais, além do fato de que elas não são monolíticas, mas têm divisões no seu interior.
Analisa ainda as formas como elas se relacionam com os governos nos mais diversos cenários políticos, bem como os possíveis conflitos com esses governantes e sua atuação em relação às populações mais necessitadas.

O livro das religiões
De Victor Hellern, Henry Notaker e Jostein Gaarder. São Paulo: Cia. das Letras, 2000.
Os autores, em uma linguagem fácil, fazem uma descrição muito clara das religiões no mundo: hinduísmo, budismo, confucionismo, taoismo, judaísmo, cristianismo, islamismo e religiões africanas. Em cada uma delas procuram analisar crenças, cerimônias, organização e vida religiosa.

SUGESTÕES DE FILMES

O pagador de promessas (Brasil, 1962)
Direção: Anselmo Duarte.
Este filme é baseado em um livro de Dias Gomes que possui o mesmo nome. É um filme sobre um evento na vida de um casal (Zé do Burro e Rosa) que envolve a relação entre questões religiosas. Zé do Burro resolve pagar uma promessa que fez no terreiro de candomblé, carregando uma cruz até uma igreja católica em Salvador. Quando chega a Salvador, o padre Olavo, católico, não deixa Zé entrar porque sua promessa havia sido realizada num terreiro.

O vento será tua herança (EUA, 1999)
Direção: Daniel Petrie.
História baseada em fatos verídicos e contada no romance escrito por Jerome Lawrence e Robert E. Lee. Em 1925, um professor de ciências, John Thomas Scopes, na cidade de Dayton, Tennessee, EUA, decide ensinar aos seus alunos a teoria da evolução proposta por Darwin. Na época, ele foi acusado de desrespeitar uma lei estadual que proibia o ensino do evolucionismo nas escolas públicas do Tennessee, tendo que enfrentar um julgamento. O filme trata desse julgamento, que durou 11 dias e foi o primeiro a ser transmitido pelo rádio.

Conexão de saberes

RELIGIOSIDADE E ARQUITETURA

A "casa da religião" abriga as dimensões simbólicas e reais das manifestações de crença e fé. Se há ou não paredes, romarias e riquezas em ouro ou diamante, isso é o menos importante na "arquitetura" da fé. Vitais são as pessoas, as razões que as unem. É possível observar a face concreta desse cenário abstrato: a beleza arquitetônica de templos que, por valores artísticos, culturais ou históricos, merecem destaque, como aqueles considerados patrimônio mundial por entidades como a Organização das Nações Unidas para a Educação, a Ciência e a Cultura (Unesco).

Aprecie os padrões estéticos e simbólicos destes locais cuidadosamente escolhidos.

Grande Mesquita Djenné, Mali. Edifício de adobe (argila misturada à palha e seca ao sol) localizado na cidade de Djenné. É considerado uma das maiores obras do estilo arquitetônico sudano-sahel. A atual estrutura é de 1907. Patrimônio mundial pela Unesco desde 1988.

Mesquita Azul, Istambul, Turquia. Construída entre 1607 e 1616, considerada patrimônio mundial pela Unesco, é uma das mesquitas mais belas do mundo, com seis minaretes altíssimos e uma série de cúpulas. No interior, mosaicos em que o azul predomina.

Igreja de São Francisco de Assis, Salvador, Brasil.
No interior, quilos de ouro que podem chegar a uma tonelada, pinturas ilusionistas e quase 55 mil azulejos decorados mostram a vida de São Francisco. Erguida em 1723, integra o centro histórico de Salvador e, pelo valor excepcional do ponto de vista artístico e histórico, é patrimônio mundial pela Unesco.

Igreja Regina Mundi, Johannesburgo, África do Sul. Construída em 1964, é um dos locais simbólicos da resistência ao *apartheid*. Seus vitrais registram a luta dos negros por igualdade e homenageiam Nelson Mandela.

Basílica de Santa Maria, Cracóvia, Polônia.
O interior é deslumbrante, com muitas cores, texturas, imagens, esculturas, capelas e vários outros itens. Compõe o centro histórico da Cracóvia, considerado patrimônio mundial pela Unesco.

Templo do Céu, Pequim, China.
Listado como patrimônio mundial pela Unesco, localiza-se em um amplo e agradável parque urbano. Em sua construção não foi utilizado nenhum prego ou parafuso, apenas encaixes bem elaborados. O telhado triplo e a rica decoração o tornam um dos mais belos edifícios da China.

Sinagoga de Jerusalém, Praga, República Tcheca.
Recebeu esse nome por se localizar em uma rua chamada Jerusalém. Construída em 1906, destaca-se pelo colorido da fachada e do interior em estilo *Art Nouveau*.

Templo do Pavilhão Dourado, Kyoto, Japão.
Construído em 1397, passou por um incêndio em 1950 e foi reconstruído em 1955. Tem estruturas de madeira folheadas a ouro e fica diante de uma pequena lagoa em meio a jardins e bosques.
É uma das imagens mais conhecidas do Japão.

Sinagoga de Ramban, Jerusalém, Israel.
Primeira grande sinagoga da cidade, ficava perto do monte Sião, mas por volta de 1400 mudou para a localização atual. Em 1599, deixou de ser uma sinagoga, voltando a funcionar em 1967, quando Israel obteve o controle da Cidade Velha.

Templo Akshardham, Nova Délhi, Índia. Inaugurado em 2005, é o maior templo hindu do mundo, todo feito de mármore branco e de arenito rosa. A riqueza de detalhes – abriga mais de 20 mil esculturas de figuras e divindades típicas do hinduísmo, torres e pilares cuidadosamente esculpidos, etc. – impressiona ainda mais quando se leva em conta que ficou pronto em apenas cinco anos.

Wat Rong Khun ou Templo Branco, Chiang Rai, Tailândia.
Vem sendo construído desde 1998 e deve ser concluído em 2070. É muito curioso por suas referências à cultura *pop* ocidental. A beleza da construção e a riqueza de detalhes já são dignas de nota, mesmo ainda inacabado.

CAPÍTULO 36 | RELIGIÕES E RELIGIOSIDADES NO BRASIL   391

APÊNDICE

História da Sociologia

Para compreender como a Sociologia nasceu e se desenvolveu, é essencial analisar as transformações políticas, econômicas e sociais que ocorreram a partir do século XIV, na Europa ocidental, marcando a passagem da sociedade feudal para a sociedade capitalista, ou a passagem da sociedade medieval para a sociedade moderna.

Para isso, é necessário realizar uma pequena viagem histórica, analisando as características de determinadas épocas e as ideias de certos autores, contextualizando-as historicamente.

Em cada sociedade, em todos os tempos, os seres humanos elaboraram explicações religiosas, míticas, culturais, étnicas, etc. para as situações que viviam. No século XIX, a busca por outro tipo de explicação para os fenômenos da sociedade – a explicação científica – deu origem à Sociologia.

Para demonstrar como o pensamento social organizou-se historicamente e como a Sociologia estruturou o saber sobre a sociedade humana, este apêndice vai estudar alguns autores que se sobressaíram no processo de desenvolvimento dessa ciência.

Novas formas de pensar a sociedade

A Sociologia surgiu como um corpo de ideias a respeito do processo de constituição, consolidação e desenvolvimento da sociedade moderna. É fruto da Revolução Industrial e, nesse sentido, é denominada "ciência da crise", porque, com base nela, procurou-se dar respostas às questões sociais desencadeadas pelo processo revolucionário que, num primeiro momento, alterou a sociedade europeia e, depois, a maior parte do mundo ocidental.

Como todas as ciências, a Sociologia não despontou de repente ou da reflexão de algum autor iluminado. Constituiu-se com base em conhecimentos sobre a natureza e a sociedade que se desenvolveram a partir do século XIV, acompanhando as mudanças que marcaram a transformação da sociedade feudal e a constituição da sociedade capitalista. Entre essas mudanças, podem ser destacados a expansão marítima europeia e a ampliação do comércio ultramarino, a Reforma protestante e o desenvolvimento científico e tecnológico. São o pano de fundo do movimento intelectual que alterou profundamente as formas de explicar a natureza e a sociedade. Essas mudanças estão todas vinculadas e não podem ser entendidas como eventos isolados.

A expansão marítima

Com a circum-navegação da África e o descobrimento da rota para as Índias e para a América, a concepção de mundo dos europeus foi consideravelmente ampliada. A definição de um mundo territorialmente bem mais vasto, com outros povos, outras culturas e outros modos de explicar as coisas, requereu a reformulação da maneira de ver e de pensar dos europeus.

Assim, ao mesmo tempo que conheciam novos povos e novas culturas, os europeus instalavam colônias na África, na Ásia e na América. Em razão disso, expandiu-se o comércio de mercadorias (sedas, especiarias e produtos tropicais, como açúcar, milho, tabaco e café) entre as metrópoles e as colônias, bem como entre os países europeus. Surgiu a possibilidade de um mercado muito mais amplo e com características mundiais. Esse foi o primeiro grande movimento de globalização.

A exploração de metais preciosos, principalmente na América, e o tráfico de escravizados para suprir a mão de obra nas colônias deram grande impulso ao comércio, que não mais ficou restrito aos mercadores das cidades-repúblicas (Veneza, Florença ou Flandres), passando também para as mãos de grandes comerciantes e de soberanos dos Estados nacionais em formação na Europa.

Toda essa expansão territorial e comercial acelerou o desenvolvimento da economia monetária, com a acumulação de capitais pela burguesia comercial, que, mais tarde, teve importância decisiva na gestação do processo de industrialização da Europa.

A Reforma protestante

No século XVI, assistiu-se também ao movimento que ficaria conhecido como Reforma protestante. Os reformistas questionavam as condutas do clero, a estrutura da Igreja católica e a autoridade do papa. Os líderes do movimento promoviam a valorização do indivíduo ao pregar a livre leitura das Escrituras Sagradas e dispensar a intermediação dos ministros da Igreja nas práticas religiosas e nos assuntos relativos à fé.

A Reforma contribuiu, assim, para alimentar um movimento de resistência à autoridade e à tradição que desembocaria na Ilustração. Entre seus principais líderes figuram Martinho Lutero (1483-1546) e João Calvino (1509-1564).

O desenvolvimento científico e tecnológico

A nova maneira de se relacionar com as coisas sagradas foi acompanhada de uma nova forma de analisar o universo e a vida em sociedade. A razão passou a ser considerada essencial para conhecer o mundo; com base nela, as pessoas se consideraram livres para julgar, avaliar, pensar e emitir opiniões sem se submeter a nenhuma autoridade transcendente ou divina.

A análise do Universo e da vida em sociedade com base no conhecimento racional, fundado na observação e na experimentação, difundiu-se de maneira lenta, entre os séculos XV e XVII. Os pensadores que adotaram essa forma de análise enfrentaram o dogmatismo e a autoridade da Igreja. Por meio do Concílio de Trento (1545-1563) e dos processos da Inquisição, por exemplo, os membros do clero procuraram impedir toda e qualquer manifestação que pudesse pôr em dúvida a autoridade eclesiástica, fosse no campo da fé, fosse no das explicações que se propunham para a sociedade e a natureza.

Os principais representantes do pensamento racional nos séculos XV a XVII foram Nicolau Maquiavel (1469-1527), Erasmo de Roterdã (1466-1536), Nicolau Copérnico (1473-1543), Galileu Galilei (1564-1642), Thomas Hobbes (1588-1679), Francis Bacon (1561-1626), René Descartes (1596-1650) e Baruch Spinoza (1632-1677). Os conhecimentos desses precursores alimentaram outros pensadores, como John Locke (1632-1704), Gottfried Leibniz (1646-1716) e Isaac Newton (1643-1727), que propuseram novos princípios para a compreensão da sociedade e da natureza.

As transformações no século XVIII

No final do século XVIII, na maioria dos países europeus, a burguesia comercial, formada basicamente por comerciantes e banqueiros, constituía uma classe poderosa, em razão, na maior parte das vezes, das ligações econômicas que mantinha com as monarquias. Além de sustentar o comércio entre os países europeus, a burguesia europeia lançava seus tentáculos a vários pontos do mundo, até onde pudesse chegar, comprando e vendendo mercadorias.

O capital mercantil estendia-se também a outro ramo de atividade: gradativamente se organizava a produção manufatureira. A compra de matérias-primas e a organização da produção, por meio do trabalho domiciliar ou do trabalho em oficinas, levavam ao desenvolvimento de um novo processo produtivo em contraposição ao das corporações de ofício.

Os organizadores das manufaturas passaram a se interessar cada vez mais pelo aperfeiçoamento das técnicas de produção, a fim de produzir mais com menos gente e aumentar significativamente seus lucros. Para tanto, procuraram financiar a invenção de máquinas que pudessem ser utilizadas no processo produtivo.

Com a invenção das máquinas de tecer e de descaroçar algodão e a aplicação industrial da máquina a vapor e de outros tantos inventos destinados a aumentar a produtividade do trabalho, desenvolveu-se o fenômeno que veio a ser chamado de maquinofatura. O trabalho que as pessoas faziam com as mãos ou com ferramentas passava, a partir de então, a ser realizado por máquinas, elevando muito o volume da produção de mercadorias.

A utilização da máquina a vapor, que podia mover outras tantas, impulsionou a indústria construtora de máquinas e, consequentemente, a indústria voltada para a produção de ferro e, posteriormente, de aço.

Nesse contexto de profundas alterações no processo produtivo, no qual a utilização do trabalho mecânico era cada vez mais frequente, o trabalho artesanal continuou a existir. A maquinofatura se completou com o trabalho assalariado, no qual eram utilizadas, numa escala crescente, a mão de obra feminina e a infantil.

Explorava-se ouro no Brasil, prata no México e algodão nos Estados Unidos da América e na Índia. A maioria dessas atividades era realizada com a utilização do trabalho escravo ou servil. Esses elementos, conjugados, asseguraram as bases do processo de acumulação necessário para a expansão da indústria na Europa.

Essas mudanças, somadas à herança cultural e intelectual do século XVII, definiram o século XVIII como explosivo. Se no século anterior a Revolução Inglesa determinou novas formas de organização política, no século XVIII a Revolução Americana e a Francesa alteraram o quadro político ocidental e serviram de exemplo e parâmetro para as revoluções políticas posteriores.

As transformações na esfera da produção, a emergência de novas formas de organização política e a exigência da representação popular conferiram características muito específicas a esse século, em que pensadores como Charles de Montesquieu (1689-1755), Voltaire (1694-1778), Denis Diderot (1713-1784), Jean le Rond d'Alembert (1717-1783), David Hume (1711-1776), Jean-Jacques Rousseau (1712-1778), Adam Smith (1723-1790) e Immanuel Kant (1724-1804) procuraram, por caminhos às vezes divergentes, refletir sobre a realidade, na tentativa de explicá-la.

A consolidação da sociedade capitalista e a ciência da sociedade

No século XIX, ocorreram transformações impulsionadas pela emergência de novas fontes energéticas (água e petróleo), por novos ramos industriais e pela alteração profunda nos processos produtivos, com a introdução de novas máquinas e equipamentos.

Depois de trezentos anos de exploração por parte das nações europeias, iniciou-se, principalmente nas colônias latino-americanas, um processo intenso de lutas pela independência.

É no século XIX, já com a consolidação do sistema capitalista na Europa, que se encontra a herança intelectual mais próxima da qual surgirá a Sociologia como ciência particular. No início desse século, as ideias do Conde de Saint-Simon (1760-1825), de Georg Wilhelm Friedrich Hegel (1770-1831), de David Ricardo (1772-1823) e de Charles Darwin (1809-1882), entre outros, foram o elo para que Alexis de Tocqueville (1805-1859), Auguste Comte (1798-1857), Karl Marx (1818-1883) e Herbert Spencer (1820-1903), entre outros, desenvolvessem reflexões sobre a sociedade de seu tempo.

Auguste Comte e Karl Marx foram os pensadores que lançaram as bases do pensamento sociológico e de duas grandes tradições – a positivista e a socialista – que influenciaram muito o desenvolvimento da Sociologia no Brasil.

Auguste Comte e a tradição positivista

Isidore Auguste Marie François Xavier Comte nasceu em Montpellier, na França, em 19 de janeiro de 1798. Com 16 anos de idade, ingressou na Escola Politécnica de Paris, fato que teria significativa influência na orientação posterior de seu pensamento.

De 1817 a 1824, foi secretário do Conde de Saint-Simon. Comte declarou que, com Saint-Simon, aprendeu muitas coisas que jamais encontraria nos livros e que, no pouco tempo em que conviveu com o conde, fez mais progressos do que faria em muitos anos, se estivesse sozinho.

Toda a obra de Comte está permeada pelos fatos que ocorreram após a Revolução Francesa de 1789. Ele defendeu parte dos princípios revolucionários e criticou a restauração da monarquia, preocupando-se fundamentalmente em reorganizar a sociedade, que, no seu entender, estava em ebulição e mergulhada no caos. Para Comte, a desordem e a anarquia imperavam em virtude da confusão de princípios (metafísicos e teológicos), que não se adequavam à sociedade industrial em expansão. Era, portanto, necessário superar esse estado de coisas, usando a razão como fundamento da nova sociedade.

Auguste Comte (1798-1857), de Louis Jules Etex. Temple de la Religion de l'Humanite, Paris, França. Para a superação da anarquia reinante na nova sociedade industrial, a filosofia positivista defendia a subordinação do progresso à ordem.

Propôs, então, a mudança da sociedade por meio da reforma intelectual plena das pessoas. De acordo com o pensador, com a modificação do pensamento humano, por meio do método científico, que ele chamava de "filosofia positiva", haveria uma reforma das instituições.

Com a proposta do estudo da sociedade por meio da análise de seus processos e estruturas e da reforma prática das instituições, Comte criou uma nova ciência, à qual deu o nome de "física social", passando a chamá-la posteriormente de Sociologia.

A Sociologia representava, para Comte, o coroamento da evolução do conhecimento, mediante o emprego de métodos utilizados por outras ciências, que buscavam conhecer os fenômenos constantes e repetitivos da natureza: a observação, a experimentação, a comparação e a classificação. De acordo com esse pensador, a Sociologia, como as ciências naturais, deve sempre procurar a reconciliação entre os aspectos estáticos e os dinâmicos do mundo natural ou, no caso da sociedade humana, entre a ordem e o progresso.

O lema da "filosofia positiva" proposta por Comte era "conhecer para prever, prever para prover", ou seja, o conhecimento é necessário para fazer previsões e também para solucionar possíveis problemas.

A influência de Comte no desenvolvimento da Sociologia foi marcante, sobretudo, na escola francesa, evidenciando-se em Émile Durkheim e seus contemporâneos e seguidores. Seu pensamento esteve presente em muitas das tentativas de criar tipologias para explicar a sociedade. Suas principais obras são: *Curso de filosofia positiva* (1830-1842), *Discurso sobre o espírito positivo* (1848), *Catecismo positivista* (1852) e *Sistema de política positiva* (1854).

A tradição socialista: Karl Marx e Friedrich Engels

Karl Heinrich Marx nasceu em Tréveris, na antiga Prússia, hoje Alemanha, em 1818, e, em 1830, ingressou no Liceu Friedrich Wilhelm, nessa mesma cidade. Anos depois, foi cursar Direito na Universidade de Bonn, transferindo-se para Berlim em seguida. Pouco a pouco, entretanto, seus interesses migraram para a Filosofia, área na qual defendeu, em 1841, a tese de doutorado *A diferença da filosofia da natureza em Demócrito e Epicuro*. Sua vida universitária foi marcada pelo debate político e intelectual, influenciado pelo pensamento de Ludwig Feuerbach (1804-1872) e, principalmente, pelo de Georg Wilhelm Friedrich Hegel (1770-1831).

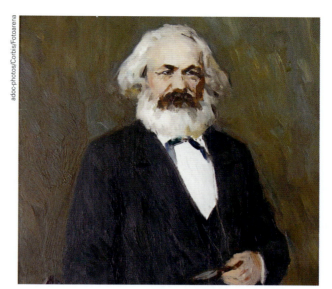
// Marx, em óleo sobre tela de autoria desconhecida. Coleção particular.

Friedrich Engels (1820-1895) nasceu em Barmen (Renânia), na antiga Prússia, hoje Alemanha, filho mais velho de um rico industrial do ramo têxtil. Terminou sua formação secundária em 1837 e a partir de então sua formação intelectual foi por conta própria (autodidata), com alguns cursos universitários esparsos e de curta duração. Desde cedo começou a trabalhar nas empresas de seu pai; foi nessa condição que se deslocou para Bremen por três anos e depois foi enviado pelos pais a Manchester, na Inglaterra, onde trabalhou nas fábricas da família. Engels ficou impressionado com a miséria na qual viviam os trabalhadores das fábricas inglesas.

// Friedrich Engels, em óleo sobre tela de autoria desconhecida. Coleção particular.

Os dois, Marx e Engels, se encontraram em 1842, quando Marx passou a escrever para *A Gazeta Renana*, jornal da província de Colônia do qual Engels era colaborador e, mais tarde, editor-chefe. O jornal, que criticava o poder prussiano, foi fechado em 1843, e Marx se viu desempregado. Ao perder o emprego, mudou-se para Paris, na França. Ali escreveu, em 1844, os *Manuscritos econômico-filosóficos* (só publicados em 1932) e, junto com F. Engels, o livro *A sagrada família*. Por sua vez, F. Engels, em 1844, decidiu voltar para a Alemanha, onde publicou, em 1845, *A situação da classe trabalhadora na Inglaterra*.

Entre 1845 e 1847, Marx exilou-se em Bruxelas, na Bélgica, onde escreveu *A ideologia alemã* (em parceria com Friedrich Engels) e *Miséria da Filosofia* (1847), obra na qual criticou o filósofo Pierre-Joseph Proudhon (1809-1865). Em 1848, ainda na Bélgica, a parceria com Engels se solidificou ao escreverem juntos o livreto *O Manifesto Comunista*.

Em 1848, Marx foi expulso da Bélgica e retornou a Colônia, na Alemanha (Prússia), sempre pensando na possibilidade de uma mudança estrutural em sua terra natal. Isso, entretanto, não aconteceu, e Marx foi expulso da Alemanha em 1849, ano em que migrou para Londres, na Inglaterra, onde permaneceu até o fim da vida. Lá escreveu *O 18 de Brumário de Luís Bonaparte* (1852), sua mais importante obra de reflexão sobre a vida política europeia do século XIX, desenvolveu pesquisas e concluiu seu maior trabalho: *O capital: crítica da economia política*. O primeiro volume dessa obra foi publicado em 1867; os outros três, em 1885, 1894 e 1905, após a morte de Marx, revisados por F. Engels.

O contexto histórico e a obra de Marx e Engels

Para situar historicamente a obra de Marx e Engels, é necessário conhecer um pouco do que acontecia em meados do século XIX. Com as transformações que ocorriam no mundo ocidental, principalmente na esfera da produção industrial, houve um crescimento expressivo do número de trabalhadores industriais urbanos, com uma consequência evidente: precariedade da vida dos operários nas cidades.

As condições de trabalho no interior das fábricas eram péssimas. Os empregados eram superexplorados, alimentavam-se mal e trabalhavam em ambientes insalubres. Para enfrentar essa situação e tentar modificá-la, os trabalhadores passaram a se organizar em associações e sindicatos e a promover movimentos de reivindicação. Desenvolveu-se, então, uma discussão sobre as condições sociais, políticas e econômicas para que se pudessem definir possibilidades de intervenção nessa realidade.

Desde o início do século XIX, muitos pensadores discutiram essas questões, nas perspectivas socialista e anarquista. Na Inglaterra podem ser citados, entre outros: William Godwin (1756-1836), Thomas Spence (1750-1814), Thomas Paine (1737-1809), Robert Owen (1771-1858) e Thomas Hodgkin (1787-1866). Na França, destacaram-se Étienne Cabet (1788-1856), Flora Tristan (1803-1844), Charles Fourier (1772-1837) e Pierre-Joseph Proudhon (1809-1865).

Marx e Engels levaram em conta a produção desses pensadores, debatendo com alguns contemporâneos e criticando-os. Além disso, incorporaram a tradição da economia clássica inglesa, presente principalmente nas obras de Adam Smith e de David Ricardo. Pode-se dizer, portanto, que Marx e Engels desenvolveram seu trabalho com base na análise crítica da economia política inglesa, do socialismo utópico francês e da filosofia alemã.

Os dois autores não buscavam definir uma ciência específica para estudar a sociedade (como a Sociologia, para Auguste Comte) ou situar seu trabalho em um campo científico particular. Em alguns escritos, Marx afirmou que a História seria a ciência que mais se aproximava de suas preocupações, por abarcar as múltiplas dimensões da sociedade, a qual deveria ser analisada na totalidade, não havendo uma separação rígida entre os aspectos sociais, econômicos, políticos, ideológicos, religiosos, culturais, etc.

O objetivo de Marx e Engels era estudar criticamente a sociedade capitalista com base em seus princípios constitutivos e em seu desenvolvimento, visando dotar a classe trabalhadora de uma análise política da sociedade de seu tempo. Assim, a tradição socialista nascida da luta dos trabalhadores, muitos anos antes e em situações diferentes, tem como expressão intelectual o pensamento de Karl Marx e Friedrich Engels.

Para entender as concepções fundamentais de Marx e Engels é necessário fazer a conexão entre as lutas da classe trabalhadora, suas aspirações e as ideias revolucionárias que estavam presentes no século XIX na Europa. Para eles, o conhecimento científico da realidade só tem sentido quando visa à transformação dessa mesma realidade. A separação entre teoria e prática não é discutida, pois a "verdade histórica" não é algo abstrato e que se define teoricamente; sua verificação está na prática.

Apesar de haver algumas diferenças em seus escritos, os elementos essenciais do pensamento de Marx e Engels podem ser assim sintetizados:

- historicidade das ações humanas – crítica ao idealismo alemão;
- divisão social do trabalho e o surgimento das classes sociais – a luta de classes;
- o fetichismo da mercadoria e o processo de alienação;
- crítica à economia política e ao capitalismo;
- transformação social e revolução;
- utopia – sociedade comunista.

A obra desses dois autores é muito vasta e não ficou vinculada estritamente aos movimentos sociais dos trabalhadores. Pouco a pouco foi introduzida nas universidades como parte do estudo em diferentes áreas do conhecimento. Estudiosos de Filosofia, Sociologia, Ciência Política, Economia, História e Geografia, entre outras áreas, foram influenciados por ela. Na Sociologia, como afirma Irving M. Zeitlin, no livro *Ideología y teoría sociológica*, tanto Max Weber como Émile Durkheim fizeram, em suas obras, um debate com as ideias de Karl Marx.

Pelas análises da sociedade capitalista de seu tempo e a repercussão que tiveram em todo o mundo, principalmente no século XX, nos movimentos sociais e nas universidades, Marx e Engels são considerados autores clássicos da Sociologia. No campo da disciplina, porém, o pensamento deles ficou um pouco restrito, pois perdeu aquela relação entre teoria e prática (práxis), ou seja, entre a análise crítica e a prática revolucionária.

Essa relação esteve presente, por exemplo, na vida e na obra dos russos Vladimir Ilitch Ulianov, conhecido como Lênin (1870-1924), e Leon D. Bronstein, conhecido como Trotsky (1879-1940), da alemã Rosa Luxemburgo (1871-1919) e do italiano Antonio Gramsci (1891-1937), que tiveram significativa influência no movimento operário do século XX.

Com base no trabalho de Marx e Engels, muitos autores desenvolveram estudos acadêmicos em vários campos do conhecimento. Podemos citar, por exemplo, Georg Lukács (1885-1971), Theodor Adorno (1903-1969), Walter Benjamin (1892-1940), Henri Lefebvre (1901-1991), Lucien Goldmann (1913-1970), Louis Althusser (1918-1990), Nikos Poulantzas (1936-1979), Edward P. Thompson (1924-1993) e Eric Hobsbawm (1917-2012). O pensamento de Marx e Engels continua, assim, presente em todo o mundo, com múltiplas tendências e variações, sempre gerando controvérsias.

Desenvolvimento da Sociologia

A partir do último quarto do século XIX, a Sociologia como saber acadêmico, isto é, universitário, desenvolveu-se especialmente na França, na Alemanha e nos Estados Unidos. Em outros lugares também se desenvolveu um saber sociológico, mas não tão vigoroso nem tão amplo e com tanta influência quanto nesses países.

A Sociologia na França

No início do século XX, a França ainda estava sob a sombra da Guerra Franco-Prussiana (1870-1871) e de seus desdobramentos. A derrota nessa guerra e o aniquilamento da Comuna de Paris deixaram marcas profundas na sociedade francesa, demandando a reformulação de sua estrutura produtiva, tecnológica e educacional.

A chamada Terceira República Francesa (1871-1940), declarada durante a Guerra Franco-Prussiana, caracterizou-se pela radicalização das posições políticas e foi marcada por escândalos e crises. Durante esse período, a miséria e o desemprego conviveram com uma grande expansão industrial, ocasionando o fortalecimento das associações e organizações de trabalhadores e, consequentemente, a eclosão de greves e a intensificação das lutas sociais, campo propício ao desenvolvimento das teorias socialistas.

Muitas inovações tecnológicas propiciaram, nesse período, uma expansão significativa na esfera da produção, e invenções como o telégrafo, o avião, o cinema e o automóvel transformaram o ambiente social.

As inovações e os problemas da sociedade capitalista, que permeavam a vida dos franceses, levaram à proposição de explicações para o que estava acontecendo.

Nessa época, destacaram-se no cenário intelectual alguns pensadores que participaram ativamente da institucionalização da Sociologia na França. Destacam-se, entre outros, Frédéric Le Play (1806-1882), René Worms (1869-1926), Jean-Gabriel de Tarde

(1843-1904) e Émile Durkheim (1858-1917). Esse último é considerado o sociólogo mais importante da França de então e, por isso, merece destaque.

Émile Durkheim (1858-1917)

Émile Durkheim nasceu em Épinal, em 15 de abril de 1858, e morreu em Paris, em 1917. Em 1879, ingressou na Escola Normal Superior, na qual teve professores de reconhecida competência, como Foustel de Coulanges (1830-1889), historiador de renome na França, e recebeu influência de filósofos neokantianos como Émile Boutroux (1845-1921) e Charles Renouvier (1815-1903).

Em 1882 graduou-se em Filosofia. A fim de ampliar sua formação, viajou para a Alemanha em 1885, onde permaneceu durante um ano. Lá, teve aulas com Wilhelm Maximilian Wundt (1832-1920) e conheceu as obras de Wilhelm Dilthey (1833-1911), Ferdinand Tönnies (1855-1936) e Georg Simmel (1858-1918).

Em 1887, tornou-se professor na Faculdade de Letras de Bordeaux, onde lecionou Pedagogia e Ciência Social até 1902. Em 1896, fundou a revista *L'année Sociologique*, em torno da qual se congregaram jovens colaboradores que posteriormente dariam continuidade a seu trabalho. Em 1906 assumiu a cadeira de Ciência da Educação na Universidade de Sorbonne e, em 1910, conseguiu transformá-la em cátedra de Sociologia.

De 1893 a 1899, Durkheim publicou três de seus principais livros – *Da divisão do trabalho social* (1893), *As regras do método sociológico* (1895) e *O suicídio* (1897). Nessas obras e também em *As formas elementares da vida religiosa*, de 1912, conforme apontamento do sociólogo francês Raymond Aron (1905--1983), a argumentação de Durkheim segue um roteiro preciso:

- como ponto de partida, define-se o fenômeno a ser analisado;
- a seguir, refutam-se todas as interpretações anteriores;
- por último, desenvolve-se uma explicação propriamente sociológica do fenômeno considerado.

Entre outras obras expressivas de Émile Durkheim, publicadas por ele ou organizadas e publicadas posteriormente por seus alunos e seguidores, encontram-se *Educação e sociologia* (1905), *Sociologia e filosofia* (1924), *A educação moral* (1902) e *Lições de sociologia* (1912).

Émile Durkheim tornou-se a grande expressão da Sociologia francesa. A Sociologia foi para ele uma vocação pessoal e uma missão política, já que a concebia como uma ciência que permite a compreensão da crise social e moral da sociedade francesa e indica os remédios para restabelecer a solidariedade entre os membros dessa sociedade.

A principal preocupação de Durkheim, já presente em Saint-Simon, foi dar um estatuto científico à Sociologia. Para isso, formulou alguns parâmetros lógicos importantes:

- os fatos sociais só podem ser explicados por outro fato social;
- os fatos sociais devem ser analisados como se fossem coisas, isto é, em sua materialidade;
- é necessário abandonar os preconceitos ao analisar os fatos sociais.

Atribuindo os males da sociedade de seu tempo a certa fragilidade moral (ideias, normas e valores), Durkheim propôs a formulação de novas concepções morais capazes de guiar a conduta dos indivíduos. De acordo com Durkheim, a ciência, e em especial a Sociologia, por meio de suas investigações, poderia indicar caminhos e soluções, pois os valores morais constituiriam elementos eficazes para neutralizar as crises econômicas e políticas, mediante a constituição de relações estáveis entre as pessoas. Assim, o elemento fundamental seria a integração social, assegurada pela consciência coletiva e pela solidariedade, que permitiriam a articulação funcional de todos os elementos da realidade social.

Durkheim preocupou-se também com o processo educacional e com a contribuição da Sociologia para que a educação francesa se desvencilhasse das amarras religiosas existentes em seu tempo. Suas análises da questão educacional estão relacionadas com a possibilidade de se instituir uma educação de cunho laico e republicano, em contraposição à presença religiosa e monarquista no sistema de ensino francês.

Vinculada à perspectiva de transformação da educação francesa e a uma nova moral burguesa, a Sociologia como disciplina foi inicialmente ministrada nos cursos secundários e só depois nos universitários. Tendo a educação como constante objeto de estudo em sua vida acadêmica, Durkheim refletiu não só sobre a história da organização educacional francesa, como também sobre os conteúdos ministrados.

A Sociologia na França depois de Durkheim

Os principais continuadores do trabalho de Durkheim foram Marcel Mauss (1872-1950), Maurice Halbwachs (1877-1945), François Simiand (1873-1935), Paul Fauconnet (1874-1938) e Célestin Bouglé (1870-1940). Todos eles partiram de pontos de vista durkheimianos, mas não seguiram necessariamente os pressupostos e as posições do mestre e professor. Desenvolveram pesquisas próprias e até questionaram Durkheim em muitos pontos. Halbwachs, por exemplo, não aceitava a análise do pensador sobre o suicídio.

Na Sociologia francesa de orientação marxista, destacam-se Henri Lefebvre (1901-1991); Lucien Goldman (1913-1970), nascido na Romênia; Louis Althusser (1918-1990), nascido na Argélia; Nikos Pou.antzas (1936-1979), nascido na Grécia; e Michael Löwy (1938-), nascido no Brasil.

Entre os sociólogos franceses do século XX, das mais variadas tendências, podem ser citados: Georges Gurvitch (1894-1965), Georges Friedman (1902-1977), Raymond Aron (1905-1983), Roger Bastide (1898-1974), Jean Duvignaud (1921-2007), Michel Crozier (1922-2013), Alain Touraine (1925-), Pierre Bourdieu (1930-2002), Raymond Boudon (1934-2013) e Michel Maffesoli (1944-).

// Sociólogo e filósofo Michael Löwy, em conferência sobre Walter Benjamin no México, 2013.

Pierre Bourdieu (1930-2002)

Pierre Bourdieu nasceu em um vilarejo no sudoeste da França. Em 1951, ingressou na Faculdade de Letras, em Paris, e na Escola Normal Superior. Em 1954, graduou-se em Filosofia, assumindo a função de professor em Moulins. Na mesma década, foi enviado à Argélia, então colônia francesa, para prestar o serviço militar. Em 1958, assumiu o cargo de professor assistente na Faculdade de Letras em Argel. Nesse período, iniciou uma pesquisa sobre a influência da colonização francesa na sociedade cabila, que habita o noroeste da Argélia.

De volta à França, em 1960 tornou-se assistente do sociólogo Raymond Aron, na Faculdade de Letras de Paris. Na década de 1970, atuou como professor em importantes instituições estrangeiras, como as universidades de Harvard e de Chicago, nos Estados Unidos, e o Instituto Max Planck, em Berlim, na Alemanha. Em 1982, tornou-se docente da Escola de Sociologia do Collège de France, instituição que o consagrou como um dos maiores intelectuais de seu tempo.

Pierre Bourdieu desenvolveu estudos em diversas áreas do conhecimento humano, discutindo temas como educação, cultura, literatura, arte, mídia, linguística e política. Sua discussão sociológica centralizou-se na tarefa de desvendar os mecanismos da reprodução social que legitimam as diversas formas de dominação, contribuindo significativamente para a formação do pensamento sociológico contemporâneo.

Desenvolveu também conceitos específicos, como o de violência simbólica, por meio da qual a classe dominante impõe sua cultura aos dominados e legitima suas forças, que expressam seus gostos de classe e seu estilo de vida, gerando o que ele define como distinção social.

Analisando a Sociologia como disciplina, Bourdieu lançou um olhar crítico sobre a formação do sociólogo como censor e detentor de um discurso de verdade sobre o mundo social. Destacou-se ainda por se posicionar com muita clareza contra o neoliberalismo e a globalização capitalista.

Entre as obras de Bourdieu traduzidas no Brasil, destacamos: *A reprodução: elementos para uma teoria do sistema de ensino* (1970), *A economia das trocas simbólicas* (1974), *A distinção: crítica social do julgamento* (1979), *O poder simbólico* (1989), *A miséria do mundo* (1993), *Escritos de educação* (1998), *A dominação masculina* (1998) e *Esboço de uma autoanálise* (2004).

A Sociologia na Alemanha

Na Alemanha, a Sociologia foi profundamente influenciada pela discussão filosófica, histórica e metodológica que se desenvolveu entre o final do século XIX e o início do século XX. Em seus fundamentos encontra-se o pensamento de vários filósofos, como Johann Gottlieb Fichte (1762-1814), Friedrich Wilhelm Joseph von Schelling (1775-1854), Friedrich Daniel Ernst Schleiermacher (1768-1834), Georg Wilhelm Friedrich Hegel (1770-1831) e Friedrich W. Nietzsche (1844-1900).

O representante mais expressivo da Sociologia alemã é Max Weber (1864-1920). Outros pensadores, entretanto, contribuíram significativamente para a formação e o desenvolvimento da Sociologia na Alemanha, entre os quais Ferdinand Tönnies (1855-1936), Werner Sombart (1863-1941), Georg Simmel (1858-1918) e os estudiosos que a partir da década de 1920 constituíram a chamada Escola de Frankfurt.

A obra desses autores liga-se fortemente ao processo de unificação alemã, promovido somente após o triunfo de Otto von Bismarck na Guerra Franco-Prussiana (1871), e à aceleração da industrialização alemã. Esses dois fatores conferiram à Alemanha uma situação muito diferente da de outros países europeus.

A alteração nas estruturas de poder na Alemanha não ocorreu por meio de uma revolução, como na França, mas por um acordo entre a burguesia industrial e os grandes proprietários de terra, tendo em vista uma transição mais adequada aos seus interesses.

A burguesia industrial não estava preocupada em alterar de modo significativo a estrutura fundiária, e os grandes proprietários, que se encastelaram na burocracia estatal, não permitiram a formulação de uma legislação trabalhista que prejudicasse os interesses da burguesia. Assim se fez uma mudança "por cima", sem levar em conta os interesses dos trabalhadores urbanos ou rurais. Destacam-se aqui dois importantes sociólogos alemães: Georg Simmel e Max Weber, pela presença no Brasil. Depois, brevemente se falará aqui da famosa Escola de Frankfurt.

Georg Simmel (1858-1918)

Nascido em Berlim, Georg Simmel é um pensador difícil de enquadrar em alguma tendência ou campo específico do conhecimento. Vamos ler um trecho do que escreveu sobre ele o sociólogo brasileiro Leopoldo Waizbort:

Quem tentar esboçar a fisionomia de Georg Simmel (1858-1918), logo se encontra em meio a dificuldades que são características próprias daquilo que se quer apreender. Simmel sempre postulou para seu próprio pensamento uma mobilidade e uma plasticidade para se adaptar ao seu objeto – uma multiplicidade de direções, uma defesa do fragmento –, que se opõem a toda tentativa de fixação e acabamento, a toda pretensão de sistema.

Por isso todos os rótulos que lhe são atribuídos, apesar de possuírem seu teor de verdade, sempre soam tão falsos: vitalismo, relativismo, esteticismo, formalismo, irracionalismo, psicologismo, impressionismo e tantos mais. Disto também é exemplo o fato de Simmel, hoje considerado, ao lado de Max Weber e Ferdinand Tönnies, um dos "pais" da sociologia alemã, não poder ser classificado sem mais como "sociólogo", sob pena de se perderem várias outras dimensões que são essenciais ao seu pensamento.

WAIZBORT, Leopoldo. *As aventuras de Georg Simmel*. São Paulo: Programa de Pós-Graduação em Sociologia da USP/Editora 34, 2000. p. 11.

// Georg Simmel em fotografia de 1901.

Simmel foi o último dos sete filhos de um próspero comerciante judeu convertido ao cristianismo. Com a morte do pai, herdou uma fortuna considerável, que lhe permitiu independência para desenvolver a vida acadêmica. Estudou História e Filosofia na Universidade de Berlim, onde foi aluno das mais importantes figuras acadêmicas da época. Em 1881, defendeu uma tese sobre Immanuel Kant e recebeu o título de doutor em Filosofia. Entre 1885 e 1914, lecionou Filosofia, Ética e Sociologia na Universidade de Berlim, mas nunca foi incorporado formalmente à universidade.

Ocupou o cargo de professor titular de Filosofia somente em 1914, em Estrasburgo, cidade onde permaneceu até a morte, em 1918.

Na virada do século XIX para o século XX, na Alemanha, houve uma intensa efervescência filosófica, cultural e artística, cenário em que se desenvolveram a psicanálise, a teoria da relatividade, o positivismo lógico e a música atonal. Nesse cenário, Simmel tornou-se um conferencista muito aclamado e escreveu artigos e ensaios sobre os mais variados temas da Filosofia, como lógica, teoria do conhecimento, ética, estética e metafísica, além de temas da Psicologia, da Sociologia, da História e da religião.

Escreveu também muitas biografias (de Johann Wolfgang von Goethe, de Friedrich Nietzsche, de Immanuel Kant e de Rembrandt, entre outros).

Suas obras sociológicas mais importantes são: *Da diferenciação social* (1890), *A filosofia do dinheiro* (1907), *Sociologia* (1908) e *Questões fundamentais da Sociologia* (1917). Georg Simmel teve influência marcante no desenvolvimento da Sociologia na Alemanha, nos Estados Unidos (em especial na Escola de Chicago) e na França (sobre Durkheim e seus colaboradores diretos). Suas obras foram traduzidas para o francês e o inglês, muitas vezes antes de serem publicadas em alemão.

Max Weber (1864-1920)

Max Weber nasceu em 21 de abril de 1864, em Erfurt, e morreu em Munique, em 1920. De família abastada, teve uma educação formal de boa qualidade, o que lhe permitiu uma erudição notável. Com 18 anos, ingressou na Universidade de Heidelberg, onde escolheu como área de concentração o Direito e como correlatas a História, a Filosofia e a Economia. Nessa universidade, teve o primeiro contato com os escritos de Immanuel Kant e com neokantianos, os quais nunca deixou de lado em seus estudos.

Em 1889, concluiu o doutorado em Direito Comercial com uma tese sobre a história das sociedades comerciais da Idade Média. Em 1891, defendeu outra tese: *A importância da história agrária romana para o direito público e privado*. Em 1894, tornou-se professor de Economia na Universidade de Freiburg e, dois anos depois, transferiu-se para a Universidade de Heidelberg.

A partir de 1897, acometido de uma depressão profunda, não conseguiu desenvolver as atividades acadêmicas. Entre 1902 e 1903, retomou as atividades intelectuais, mas fora da universidade, pois não tinha condições psicológicas para ministrar aulas. No ano seguinte, tornou-se coeditor do *Arquivo de Ciências Sociais*, publicação muito importante para o desenvolvimento dos estudos sociológicos na Alemanha.

Entre agosto e dezembro de 1904, viajou, com Ferdinand Tönnies e Werner Sombart, aos Estados Unidos, por ocasião da Exposição Universal de Saint-Louis, onde entrou em contato com as igrejas e seitas protestantes daquele país e também com vários escritos de Benjamin Franklin (1706-1790), o que foi fundamental para suas pesquisas sobre a relação entre a ética protestante e o capitalismo.

Em 1907, recebeu uma herança significativa. A partir de então, dedicou-se exclusivamente à investigação histórica e sociológica. Em 1909, colaborou na fundação da Sociedade Alemã de Sociologia. Ao ser deflagrada a Primeira Guerra Mundial, em 1914, Weber foi convocado como oficial da reserva para dirigir um hospital militar. Entre as atividades no hospital, encontrou tempo para continuar a escrever partes do livro que foi publicado postumamente por sua esposa, com o título *Economia e sociedade*. Além disso, desenvolveu estudos sobre ética econômica e as religiões universais e escreveu uma série de artigos para os grandes jornais da Alemanha. Nesses artigos, criticou a estrutura partidária do país e a burocratização das esferas políticas na Alemanha, afirmando que aquela situação ainda era a herança de Otto von Bismarck.

Em 1917, pronunciou uma conferência – *A ciência como vocação* – e produziu um escrito, no qual explicitou seu método – *Ensaio sobre neutralidade axiológica nas ciências sociológicas e econômicas*.

Pelas ideias expostas em debates e nos jornais e por sua erudição, Max Weber, após a derrota alemã na Primeira Guerra Mundial, fez parte da comissão que redigiu, em 1919, a nova constituição política alemã, conhecida como a Constituição de Weimar.

Pode-se afirmar que a vida de Max Weber foi dedicada aos estudos, à pesquisa e à participação ativa na política alemã de seu tempo, por meio de conferências e artigos para jornais e revistas.

Weber não media esforços para analisar e compreender mais profundamente os temas que elegia. Aprendeu grego e hebraico para ler a Bíblia no original, espanhol para ler os documentos sobre as companhias de navegação e o comércio espanhol, russo para ler os jornais sobre os acontecimentos na Rússia de 1905 até a revolução de 1917, inglês para ler os textos estadunidenses sobre a vida religiosa e a ética dos protestantes.

Para Max Weber, o indivíduo é o núcleo de análise por ser o único que pode definir intenções e finalidades para seus atos. Desse modo, o ponto de partida da Sociologia é a compreensão da ação dos indivíduos, os quais atuam e vivenciam situações sociais com determinadas motivações e intenções. Instituições como Estado e família só ganham sentido quando vistas da perspectiva das relações sociais. Assim, Max Weber não concebe a sociedade como um bloco, uma estrutura una, mas como uma teia de relações capazes de produzir sentido.

A obra de Max Weber é vasta e engloba História, Direito e Economia, passando pelas questões religiosas, pelos processos burocráticos, pela análise da cidade, da música e, enfim, pela discussão metodológica das ciências humanas e dos conceitos sociológicos.

Entre os seus escritos, podemos destacar: *A ética protestante e o "espírito" do capitalismo* (1904-1905/1920), *A ciência como vocação* (1917), *A política como vocação* (1919), *Economia e sociedade* (1920), *História geral da economia* (1923) e *Ensaios reunidos de sociologia da religião* (1917/1920).

Outros sociólogos alemães mantiveram-se em atividade após a Primeira Guerra Mundial, como Ferdinand Tönnies (1855-1936), Leopold von Wiese (1876-1969), Hans Freyer (1887-1969) e Franz Oppenheimer (1864-1943), que fundou, em 1919, a primeira cátedra de Sociologia na Alemanha, em Frankfurt.

A Escola de Frankfurt

Logo após a morte de Max Weber, abriu-se um novo horizonte para a Sociologia alemã com a fundação do Instituto de Pesquisa Social – vinculado à Universidade Johann Wolfgang Goethe de Frankfurt –, que ficou conhecido como Escola de Frankfurt. Em 1923, um grupo de intelectuais – entre eles Friedrich Pollok (1894-1970), Leo Löwenthal (1900-1993), Karl August Wittfogel (1896-1988), Max Horkheimer (1895-1973) e Theodor Adorno (1903-1969) – desenvolveu uma análise da sociedade contemporânea com base em concepções filosóficas de Immanuel Kant, Friedrich Hegel e Friedrich Nietzsche, em visões sociológicas de Karl Marx e de Max Weber e no pensamento de Sigmund Freud.

Os integrantes do grupo de Frankfurt pretendiam desenvolver uma teoria crítica da sociedade capitalista e buscavam explicar fenômenos que iam da análise da personalidade autoritária à indústria cultural. Mantiveram a crítica ao positivismo e ao pragmatismo, procurando demonstrar a necessidade de refletir sobre as condições que permitiram a emergência do nazismo e sobre o significado dessa ideologia. As reflexões desses intelectuais culminaram em uma crítica à razão instrumental e às formas de controle sobre a sociedade contemporânea.

Além dos estudiosos citados, são representantes desse pensamento Walter Benjamin (1892-1940), Erich Fromm (1900-1980) e Herbert Marcuse (1898-1979), entre outros. Todos os integrantes da Escola de Frankfurt precisaram sair da Alemanha por causa da perseguição nazista. Adorno e Horkheimer voltaram ao país depois do fim da Segunda Guerra Mundial. Deram continuidade à Escola de Frankfurt, entre outros, Jürgen Habermas (1929-), da segunda geração, e Axel Honneth (1949-), da terceira e atual geração.

// Max Weber, considerado um dos fundadores da Sociologia, em 1917.

A Sociologia nos Estados Unidos da América

A Sociologia nos Estados Unidos desenvolveu-se no contexto de dois grandes eventos que marcaram profundamente a história do país.

O primeiro foi a Guerra de Secessão (também conhecida como Guerra Civil Americana), que ocorreu entre 1861 e 1865 e gerou ressentimentos e atritos entre a população do sul e a do norte dos Estados Unidos.

Em contrapartida, houve a urbanização das terras do oeste e das áreas centrais do país, o que contribuiu para o crescimento da economia e a expansão industrial. No norte, graças ao esforço de guerra, houve um grande crescimento, principalmente na metalurgia, no transporte ferroviário, na indústria de armamentos e na indústria naval. O comércio também se expandiu de maneira exponencial em todo o território estadunidense.

O padrão de cultura dos Estados Unidos passou a ser o ideal de "trabalho duro, educação e liberdade econômica a todos". Houve ainda um grande desenvolvimento de escolas e instituições de ensino superior.

O segundo grande evento que marcou a história estadunidense foi a chegada em massa de estrangeiros. Entre 1860 e 1900, os Estados Unidos passaram de país agrícola, com população em torno de 4 milhões, para país industrial, com uma das maiores economias do mundo e com 75 milhões de habitantes.

O incremento populacional e a industrialização redundaram em um processo de urbanização sem precedentes que continuou até a década de 1930. Para se ter uma ideia, em 1860 viviam em Chicago 102 260 pessoas; em 1900, a população da cidade passou a 1 698 575 e, em 1930, a 3 375 329. Em virtude desses fatores, consolidaram-se nos Estados Unidos uma burguesia industrial, comercial e financeira significativa, uma classe trabalhadora majoritariamente formada por imigrantes e uma classe média em ascensão.

As principais cidades passaram a ser espaço de conflito e alvo de preocupações. Temas como imigração, aculturação, conflitos étnicos, comportamentos desviantes e políticas públicas foram importantes na Sociologia desenvolvida inicialmente no país.

Entre os principais fundadores da Sociologia nos Estados Unidos estão William Graham Sumner (1840-1910), Lester Frank Ward (1841-1913), Albion Woodbury Small (1854-1926), Franklin Henry Giddings (1855-1931), Thorstein Bunde Veblen (1857-1929), William Isaac Thomas (1863-1947), Robert Ezra Park (1864-1944), Charles Horton Cooley (1864-1929) e George Herbert Mead (1863-1931).

A herança cultural desses fundadores é muito diversa: foram influenciados principalmente pela tradição religiosa protestante disseminada em quase todo o território, pelo liberalismo econômico clássico conservador, do tipo *laissez-faire*, pelo evolucionismo do inglês Charles Darwin (1809-1882) e pelo darwinismo social de Herbert Spencer (1820-1903). Acrescente-se a esse cadinho de concepções de mundo e ciência o pragmatismo do filósofo e psicólogo William James (1842-1910) e do filósofo Charles Pierce (1839-1914).

Essa herança permite compreender as duas grandes características da Sociologia nos Estados Unidos:

- multiplicidade de temas, problemas e propostas e diversidade teórica e metodológica;
- desenvolvimento desse campo do conhecimento em universidades, nas quais as atividades eram financiadas pelo Estado e pelo setor privado (Fundação Rockefeller, comitês e associações geralmente religiosas).

Por causa dessa segunda característica, optamos por analisar o desenvolvimento da Sociologia nos Estados Unidos em três importantes universidades estadunidenses: de Chicago, Harvard e Columbia.

Universidade de Chicago

A Universidade de Chicago foi fundada em 1890 pelo magnata do petróleo John D. Rockefeller e recebeu os primeiros alunos em 1892. Nela foi criado o primeiro departamento de Sociologia dos Estados Unidos, sob a direção de Albion Woodbury Small.

No início de seus trabalhos sociológicos, a Universidade de Chicago deu primazia à pesquisa empírica, procurando conhecer, por meio da observação direta, a dinâmica das relações sociais. Desenvolveu uma forte tendência pragmática e microssociológica, que viria a ser conhecida como a Escola de Chicago. A maior preocupação dos integrantes dessa Escola foi com os problemas das grandes cidades dos Estados Unidos, como a marginalidade social, o alcoolismo, as drogas, a segregação racial e a delinquência, estabelecendo uma relação entre a pesquisa sociológica e a intervenção dos organismos públicos na sociedade.

Os sociólogos de Chicago também se dedicaram ao que chamaram de ecologia humana, em oposição à ecologia animal e vegetal.

Em 1895, Albion Woodbury Small fundou o *American Journal of Sociology* e, em 1907, participou ativamente da fundação da Sociedade Americana de Sociologia. Ele publicou, com Georges Vincent, em 1894, talvez o primeiro manual de Sociologia para estudantes, intitulado *Introdução ao estudo da sociedade*. Tendo estudado na Alemanha, Small foi o principal divulgador do pensamento de Georg Simmel nos Estados Unidos.

Entre os integrantes da Escola de Chicago mais conhecidos no Brasil, podemos citar William I. Thomas (1863-1947) e Florian Znaniecki (1882-1958), cuja principal obra foi *O camponês polonês na Europa e na América*, editada em 1918.

Destacam-se ainda Robert E. Park (1864-1944) e Ernest W. Burgess (1886-1966), que escreveram, entre outras obras, *Introdução à ciência da Sociologia*, em 1921.

Os dois, com Roderick Mackenzie, escreveram o clássico *A cidade*, em 1925. Outro membro de destaque foi Louis Wirth (1897-1952), autor de *O gueto*, escrito em 1928, e de um artigo que se tornou famoso, "Urbanismo como modo de vida", publicado em 1938, no *American Journal of Sociology*.

A Escola de Chicago congregou, ainda, sociólogos e antropólogos com ligação com a Psicologia Social, que desenvolveram uma abordagem sociológica das relações sociais conhecida como interacionismo simbólico. A principal figura dessa vertente foi George Herbert Mead (1863-1932), que trabalhou em diversas áreas, sobretudo como psicólogo social e como professor de várias gerações de antropólogos e sociólogos. Seus escritos foram sistematizados por seus alunos e publicados com o nome *Mind, self and society* (A mente, o eu e a sociedade), em 1934.

Além da tradição intelectual dos Estados Unidos, os integrantes da Escola de Chicago receberam a influência de Jean-Gabriel de Tarde, Émile Durkheim e Georg Simmel. Seus continuadores foram Herbert Blumer (1900-1987) e Everett C. Hughes (1897-1983).

Erving Goffman (1922-1982)

O representante da Sociologia desenvolvida na Universidade de Chicago mais influente no Brasil é Erving Goffman, que nasceu em Manville, Alberta, no Canadá, em 1922, e faleceu nos Estados Unidos, em 1982. Obteve o grau de bacharel pela Universidade de Toronto, em 1945, e concluiu mestrado (1949) e doutorado (1953) na Universidade de Chicago, onde estudou Sociologia e Antropologia Social. Em 1958, tornou-se professor da Universidade da Califórnia e, em 1968, ingressou na Universidade da Pensilvânia, onde foi professor de Antropologia e Sociologia.

Entre 1981 e 1982, Goffman foi presidente da Sociedade Americana de Sociologia e realizou pesquisas na linha da Sociologia interpretativa e cultural, iniciada por Max Weber, desenvolvendo a ideia de que o mundo é um teatro e cada um, individualmente ou em grupo, interpreta papéis de acordo com as circunstâncias em que se encontra. Essas circunstâncias são marcadas por rituais e posições distintivas em relação a outros indivíduos ou grupos. Para ele, é possível distinguir indivíduos, grupos e classes com base, por exemplo, em aspectos como as formas de vestir ou de se apresentar publicamente.

O sociólogo considera a interação social como um processo fundamental de identificação e de diferenciação dos indivíduos e grupos, analisando-a no cotidiano, especialmente em lugares públicos. Goffman estudou com especial atenção o que chamou de "instituições totais", lugares onde o indivíduo é isolado da sociedade, como prisões e manicômios.

De acordo com o sociólogo brasileiro Édison Gastaldo:

> O trabalho de Goffman trouxe à luz aspectos da vida cotidiana que não se julgavam "sociologicamente relevantes". Seus *insights* sobre as interações ordinárias, sobre o deslocamento dos pedestres, sobre a ocupação social dos espaços públicos, sobre a atuação dos vigaristas, mendigos, loucos, espiões, jogadores e de todos aqueles que passam cotidianamente debaixo de nossos narizes sem que prestemos atenção modificaram o pensar sociológico no mundo. Sua descrição etnográfica de um hospital para doentes mentais colaborou decisivamente para deflagrar a luta antimanicomial no mundo inteiro. Vinte e dois anos depois de sua morte, os temas e os conceitos desenvolvidos por Goffman ainda estão em pleno uso e vitalidade.
>
> GASTALDO, Édison. *Erving Goffman, desbravador do cotidiano*. Porto Alegre: Tomo Editorial, 2004.

// Erving Goffman, data desconhecida.

Suas três obras mais conhecidas são: *A representação do eu na vida cotidiana* (1959), *Manicômios, prisões e conventos* (1961) e *Estigma: notas sobre a manipulação da identidade* (1963).

Universidade Harvard

A história de Harvard começa em 1636, quando foi fundada, na cidade de Cambridge, no estado de Massachusetts, uma instituição de ensino denominada New College. Em 1639, essa instituição recebeu o nome de Harvard College, em homenagem a John Harvard, seu principal patrocinador.

A Sociologia desenvolvida na Universidade Harvard é marcada por uma preocupação teórica e tem dois sociólogos como expoentes: Pitirim Alexandrovich Sorokin (1889-1968) e Talcott Edgar Frederick Parsons (1902-1979). Este último influenciou muito o desenvolvimento da Sociologia no mundo e no Brasil.

Talcott Parsons (1902-1979)

Talcott Parsons nasceu no Colorado, nos Estados Unidos. Em 1924, graduou-se em Biologia e Filosofia na Faculdade Amherst. Em 1925, pós-graduou-se em Ciências Sociais na Escola de Economia de Londres, na Inglaterra, e, em seguida, doutorou-se na Universidade de Heidelberg, na Alemanha.

Nos Estados Unidos, lecionou Economia e Sociologia na Universidade Harvard durante 45 anos (1927-1973). Em 1944, tornou-se presidente do Departamento de Sociologia, transformando-o, dois anos depois, no Departamento de Relações Sociais, a fim de unir a Sociologia a outras ciências sociais.

Assim como Sorokin, Parsons voltou-se para a Sociologia europeia, tendo por base as ideias de Max Weber, Vilfredo Pareto (1848-1923) e Émile Durkheim, além das do economista inglês Alfred Marshall (1842-1924). Fundamentado nesses autores, desenvolveu uma grande obra teórica, que dominaria a Sociologia estadunidense desde então.

Parsons é o sociólogo estadunidense mais conhecido no mundo. Em geral, seus críticos entenderam-no como um pensador conservador, preocupado basicamente com o bom ordenamento da sociedade. Seu interesse era determinar a função que os indivíduos desempenhavam na estrutura social. Entendia o indivíduo como expressão dessa estrutura, a qual devia ser mantida e preservada. Caso isso não ocorresse, deviam entrar em ação os mecanismos de controle social (moral, ética, sistema jurídico e penal, etc.), como instrumentos preventivos ou corretivos.

Seu trabalho exerceu influência em diversos países e ambientes acadêmicos (particularmente nas décadas de 1950 a 1970), até mesmo na então União Soviética, onde, em 1964, ministrou aulas sobre a Sociologia estadunidense a convite da Academia de Ciências da União Soviética (URSS).

Suas principais obras foram: *A estrutura da ação social* (1937), *O sistema social* (1951), *Economia e sociedade* (1956, com N. Smelser), *Estrutura e processo nas sociedades modernas* (1960), *Sociedades: perspectivas evolucionárias e comparativas* (1966), *Teoria sociológica e sociedade moderna* (1968), *Política e estrutura social* (1969), *Sistemas sociais e a evolução da teoria da ação* (1977) e *Teoria da ação e a condição humana* (1978).

Universidade Columbia

A King's College foi fundada em 1754, em Nova York, nos Estados Unidos. Quando as colônias inglesas se declararam independentes da Grã-Bretanha, a instituição passou a se chamar Universidade Columbia. A partir da última década do século XIX, essa universidade se destacaria por uma importante produção no campo da Sociologia, tendo como pioneiro Franklin Giddings (1855-1931), fundador da cadeira de Sociologia. Fortemente marcado pelo evolucionismo e pelo pragmatismo, foi um dos primeiros a usar métodos quantitativos e experimentais no estudo dos fenômenos sociais.

Dois sociólogos de Columbia merecem destaque, por serem muito conhecidos no Brasil: Robert K. Merton e Charles Wright Mills.

Robert King Merton (1910-2003)

Merton nasceu na Filadélfia e faleceu em Nova York. Graduou-se em Sociologia na Universidade Temple e pós-graduou-se na Universidade Harvard, onde trabalhou com Pitirim Sorokin e Talcott Parsons até a defesa de seu doutorado, em 1936.

Em 1941 Merton transferiu-se para a Universidade Columbia, onde permaneceu durante 38 anos, até aposentar-se. Nessa universidade procurou integrar a teoria à prática sociológica. Estudou o comportamento desviante e os processos de adaptação social, tendo por base pesquisas qualitativas e quantitativas do exercício profissional em ambiente de solidariedade e de conflito. Com Paul Lazarsfeld (1901-1976), desenvolveu o Departamento de Pesquisa Social Aplicada.

// Robert King Merton, em 1950.

O nome de Merton está vinculado à proposta de criação de teorias de alcance médio, segundo a qual os sociólogos seriam mais úteis à sociedade se deixassem de lado as grandes teorias (criticando Parsons) e criassem outras de médio alcance. Essas teorias estariam situadas entre as hipóteses de trabalho rotineiras na pesquisa e as amplas especulações. Mediariam, dessa forma, as abstrações, generalizações e fundamentos empíricos da pesquisa.

Merton tinha uma visão humanista da função social da ciência, demonstrando influência clara de Max Weber. Concebia a ciência como um conjunto de conhecimentos compartilhados por todos os membros da sociedade, que deveriam julgar a credibilidade das postulações científicas de acordo com suas expectativas e valores morais. Mas as decisões acerca do fazer científico não caberiam à sociedade, e sim ao próprio cientista, sempre adequando seus valores aos da sociedade.

Charles Wright Mills (1916-1962)

Charles Wright Mills nasceu em Waco, no Texas, Estados Unidos. Mestre em Artes, Filosofia e Sociologia pela Universidade do Texas, concluiu, em 1942, seu doutorado em Sociologia e Antropologia pela Universidade de Wisconsin. Foi professor de Sociologia nas universidades de Maryland e Columbia, onde passou a lecionar em 1947 e permaneceu até a morte, em 1962.

// Charles Mills, data desconhecida.

Charles Mills representa uma tendência quase marginal na Sociologia dos Estados Unidos, por apresentar uma visão crítica e militante da sociedade estadunidense e da própria Sociologia.

Influenciado por Karl Marx e Max Weber, Mills procurou conciliar o conceito de classe social com o de *status*, visando esclarecer processos e mecanismos dos conflitos e das mudanças sociais. Por meio de pesquisas, tentou elucidar a complexidade de estruturas de poder, particularmente das elites (em lugar de "classes dominantes"), e de seu papel na mudança social, fugindo da ideia de revolução como única via para a transformação social.

Charles Wright Mills é conhecido principalmente por seu livro *A imaginação sociológica*, publicado originalmente nos Estados Unidos em 1959. Nele, o autor propõe que os sociólogos, ao exercer a profissão, não deixem a imaginação e a criatividade de lado em favor de uma pretensa objetividade e neutralidade do trabalho científico. Para Mills, os grandes intelectuais da história nunca abriram mão da reflexão e da criatividade e mantiveram uma postura crítica diante da realidade.

Atribuindo aos sociólogos a responsabilidade de agentes ativos na sociedade, cabendo-lhes tomar parte nos debates públicos de sua época, Mills defendia a ideia de que a Sociologia deveria ser compreensível para o grande público. Para ele, a ciência social era inseparável da vida pessoal do cientista: a intuição, a imaginação e o comprometimento com o tempo em que se vivia eram fundamentais para compreender cientificamente a sociedade. Suas obras foram publicadas em vários idiomas. Além da citada anteriormente, as mais importantes são: *A nova classe média* (1951), *A elite do poder* (1956), *Sobre o artesanato intelectual* (1959) e *Os marxistas* (1962).

Mills escreveu também artigos em revistas e dois livros que tiveram grande exposição na mídia dos Estados Unidos, por seu caráter polêmico: *As causas da Terceira Guerra Mundial* (1958), no qual discute a corrida nuclear, e *A Revolução em Cuba* (1960), em que analisa a fase inicial da Revolução Cubana.

Outros sociólogos que defendem uma postura crítica na Sociologia estadunidense, continuadores ou não de Charles Wright Mills, são Irving Louis Horowitz (1929-2012), Martin Nicolaus (1928-) e Alvin Gouldner (1920-1980).

A Sociologia contemporânea

Se até a década de 1960 podia-se falar em uma Sociologia dividida por países, após essa época, tendo em vista um processo significativo de circulação de informações pelos mais variados meios de comunicação, pode-se dizer que os principais cientistas sociais se tornaram globalizados, assim como a literatura sociológica.

As questões sociais, que até então podiam estar localizadas em países ou em blocos de países, também se tornaram mundializadas, e vários pensadores passaram a refletir sobre temas chamados de pós-modernos, hipermodernos ou simplesmente contemporâneos, e que afetam um país, uma região ou todo o mundo.

A Sociologia contemporânea, porém, mantém uma relação significativa com as grandes vertentes da Sociologia anterior:

- a marxista ou histórico-estrutural, com suas variações;
- a durkheimiana ou funcionalista, com o desenvolvimento de um neofuncionalismo;
- weberiana ou compreensiva, com o desenvolvimento da fenomenologia e da hermenêutica;
- a teórica e pragmática estadunidense, com variadas linhas.

Além dessas vertentes, pensadores como Jean-Gabriel de Tarde e Georg Simmel, que estavam um tanto esquecidos, pelo menos no Brasil, em razão da ênfase em Émile Durkheim, num caso, e em Max Weber, em outro, retomaram seus lugares de destaque. Essas vertentes inspiraram outros tantos pensadores, que – refletindo sobre a realidade em que vivem, mesclando ou não contribuições de diferentes linhas teóricas e formulando uma série de conceitos – demonstraram as possibilidades e a diversidade do pensamento sociológico e fizeram a Sociologia avançar muito no processo de compreensão da realidade contemporânea.

// Zygmunt Bauman em encontro internacional sobre educação no Rio de Janeiro, 2015.

A combinação de diversas vertentes teóricas torna difícil fazer qualquer enquadramento ou mesmo tentar classificar determinados autores. Muitos analistas veem nisso uma crise de paradigmas na Sociologia contemporânea. Essa "crise" poderia ser entendida do ponto de vista epistemológico; entretanto, sempre houve diversidade de epistemologias na Sociologia. Acreditamos que essa diversidade epistemológica, de teorias, de objetos e de métodos, concorrentes ou não, na explicação de fenômenos sociais deve ser vista como indicativo de vigor, e não de decadência.

Indicamos a seguir, em ordem alfabética, alguns dos pensadores e sociólogos contemporâneos cujo trabalho tem dado especial contribuição à Sociologia desenvolvida no Brasil: Alain Touraine (1925-), Anthony Giddens (1938-), Axel Honneth (1949-), Boaventura de Sousa Santos (1940-), David Harvey (1935-), Edgard Morin (1921-), François Dubet (1946-), Gilles Lipovetsky (1944-), Howard S. Becker (1928-), Immanuel Wallerstein (1930-), István Mészáros (1930-), Jean Baudrillard (1929-2007), Jürgen Habermas (1929-), Manuel Castells (1942-), Marshall Bermann (1940-2013), Michael Löwy (1938-), Michel Maffesoli (1944-), Néstor García-Canclini (1939-), Niklas Luhmann (1927-1998), Norbert Elias (1897-1990), Peter Ludwig Berger (1929-2017), Ralph Dahrendorf (1929-2009), Raymond Boudon (1934-2013), Richard Sennett (1943-), Serge Moscovici (1928-2014), Thomas Luckmann (1927-2016), Ulrich Beck (1944-2015) e Zygmunt Bauman (1925-2017).

A Sociologia no Brasil

Assim como na França de Émile Durkheim, os primeiros passos da Sociologia no Brasil, em termos institucionais, ocorreram a partir de iniciativas para a inclusão dessa disciplina no Ensino Secundário (hoje, Ensino Médio). A primeira tentativa ocorreu em 1890, logo após a proclamação da República, com a reforma educacional de Benjamin Constant, que defendia o ensino laico em todos os níveis. O ensino secundário tinha por objetivo a formação intelectual dos jovens fora do contexto religioso, então predominante. Mas, sem nunca ter sido de fato incluída nos currículos escolares, a Sociologia foi expurgada pela Reforma Epitácio Pessoa, em 1901. Somente em 1925 a Sociologia retornou ao currículo do ensino secundário por meio da Reforma Rocha Vaz, que tinha os mesmos objetivos da de Benjamin Constant. Em decorrência dessa reforma, o Colégio Pedro II, na cidade do Rio de Janeiro, implantou a Sociologia regularmente no seu currículo. Em 1928, a disciplina foi introduzida nas escolas de vários estados brasileiros, notadamente em São Paulo, Rio de Janeiro e Pernambuco.

Desde 1925, podem-se destacar alguns intelectuais que contribuíram para o ensino de Sociologia no ensino secundário, lecionando e escrevendo manuais para esse nível: Fernando de Azevedo (1894-1974), Gilberto Freyre (1900-1987), Carneiro Leão (1887-1966) e Delgado de Carvalho (1884-1980), em São Paulo, Rio de Janeiro e Recife. Eles tinham por objetivo preparar intelectualmente os jovens das elites dirigentes, elevando o conhecimento daqueles que chegavam às escolas médias. Esses autores, em sua maioria, foram influenciados pela Sociologia desenvolvida na Europa e nos Estados Unidos.

Em 1931, a reforma de Francisco Campos, no governo de Getúlio Vargas, introduziu a Sociologia nos cursos preparatórios ao Ensino Superior nas faculdades de Direito, Ciências Médicas, Engenharia e Arquitetura, além de mantê-la nos cursos normais (de formação de professores).

No final do Estado Novo, em 1942, o governo de Getúlio Vargas, por meio de seu ministro da Educação, Gustavo Capanema, implantou a Reforma Capanema, que excluiu a Sociologia do Ensino Secundário brasileiro. Assim, a Sociologia fez parte do currículo do Ensino Secundário por 18 anos (1925-1942). Ela, contudo, permaneceu como matéria obrigatória do currículo das Escolas Normais, de nível secundário, destinadas à formação de professores do antigo ensino primário (que corresponderia aos atuais 2º a 5º anos).

A Sociologia no Ensino Superior: início do século XX

Nas primeiras décadas do século XX, a Sociologia no Ensino Superior estava presente de forma embrionária em vários estados brasileiros (Pernambuco, Rio de Janeiro, São Paulo) e principalmente nos cursos de Direito. Desenvolveu-se de forma mais consistente, contudo, nos estados que passavam por um processo de industrialização e urbanização crescente desde o final da década de 1910.

Essas transformações da estrutura econômica e social repercutiram nas esferas culturais e educacionais, propiciando um crescente interesse pelos estudos científicos da realidade social da época.

// Caio Prado Júnior, em 1963.

// Sociólogo francês Roger Bastide, em 1938.

Em decorrência disso, foram publicados importantes trabalhos que contribuíram para o desenvolvimento das Ciências Sociais no Brasil. Uma das preocupações dos pensadores daquele período era a busca do entendimento do Brasil por meio de seus componentes históricos, tendo por base as muitas vertentes europeias e estadunidenses das ciências humanas.

Esses pensadores defendiam a ideia de que havia uma ligação entre o passado colonial e a configuração social em que viviam. Para eles, esse condicionamento do passado deveria ser superado para que o país saísse do atraso. As preocupações desses pensadores giravam em torno do futuro do Brasil e das possibilidades de mudança social e das resistências a elas. Entre outros, podem ser citados: Francisco José de Oliveira Vianna (1883-1951), Caio da Silva Prado Júnior (1907-1990), Sérgio Buarque de Holanda (1902-1982), Gilberto Freyre (1900-1987) e Fernando de Azevedo (1894-1974).

Pode-se afirmar que foi entre as décadas de 1920 e 1940 que a Sociologia fincou alicerces no Brasil. Nesse período, procuraram-se definir mais claramente as fronteiras entre a Sociologia e as áreas do conhecimento afins, como a Literatura, a História e a Geografia, e institucionalizou-se o curso de Sociologia e/ou Ciências Sociais em faculdades e universidades. Foram fundadas a Escola Livre de Sociologia e Política (ELSP) em São Paulo, em 1933, e as Universidades de São Paulo (USP) e do Distrito Federal (UDF), esta no Rio de Janeiro, respectivamente em 1934 e 1935, nas quais foram instituídos cursos de Ciências Sociais.

Vários professores estrangeiros vieram ao Brasil para trabalhar nessas universidades e contribuíram de modo significativo para o desenvolvimento da Sociologia no Brasil. Entre outros, podem ser citados: Donald Pierson (1900-1995), Alfred Radcliffe-Brown (1881-1955), Claude Lévi-Strauss (1908-2009), Georges Gurvitch (1894-1965), Roger Bastide (1898-1974), Charles Morazé (1913-2003) e Paul-Arbousse Bastide (1901-1985).

A revista *Sociologia*, da Escola Livre de Sociologia e Política, foi um exemplo da produção sociológica da época. Criada em 1939 e publicada até 1981, em São Paulo, constituiu um verdadeiro marco de estudo, pesquisa e divulgação das Ciências Sociais no Brasil.

De 1940 a 1960: disseminação da Sociologia na universidade

A partir do final da Segunda Guerra Mundial até meados da década de 1960, disseminaram-se as Faculdades de Filosofia, Ciências e Letras no Brasil, em universidades ou fora delas, e a Sociologia passou a fazer parte do currículo dos cursos de Ciências Sociais ou a apresentar-se como disciplina obrigatória em outros cursos.

Uma nova geração de cientistas sociais passou a ter presença marcante no Brasil. Entre eles, podem ser citados: Florestan Fernandes (1920-1995), Antonio Candido (1918-), Maria Isaura Pereira de Queiroz (1918-), Juarez Rubens Brandão Lopes (1925-2011), Alberto Guerreiro Ramos (1915-1982), Luiz Aguiar da Costa Pinto (1920-2002) e Hélio Jaguaribe (1923-), que influenciaram muitos cientistas sociais em todo o território nacional.

Os principais temas de pesquisas, análises e discussões nesse período foram: imigração e colonização, estudos de comunidades, educação, folclore, questão rural e urbana, teoria e método das Ciências Sociais, estratificação e mobilidade sociais e sociologia da arte e da literatura. Cabe um destaque para o tema das relações etnorraciais envolvendo a questão do negro no Brasil, graças a um projeto de pesquisa financiado pela Unesco.

Nesse período, a Sociologia tornou-se disciplina hegemônica no quadro das Ciências Sociais no Brasil, e a primeira a formar uma "escola" ou uma "tradição" em São Paulo, tendo em Florestan Fernandes um dos seus mentores.

De 1960 a 1980: consolidação da Sociologia no Brasil

Mesmo sob a ditadura civil-militar no Brasil, a partir de 1964, a Sociologia começou a se expandir, principalmente nos grandes centros urbanos, e a se relacionar com outros campos das ciências humanas. As discussões sobre o processo de industrialização crescente no país foram o centro das atenções.

Um dos temas de discussão era o desenvolvimento, incluindo as teorias da dependência e da modernização. Outros temas de debates e pesquisas da época foram o trabalho industrial e o sindicalismo, a formação da classe trabalhadora, a urbanização crescente e as transformações no campo, os problemas da marginalidade social, a presença do capital estrangeiro e a indústria nacional. A questão educacional também esteve presente, pois de alguma forma os problemas sociais estavam vinculados à precariedade do setor. Foram bastante debatidos, ainda, o autoritarismo, principalmente depois do golpe militar de 1964, e o planejamento, criando-se uma interface com a Ciência Política. Além disso, destacaram-se, nesse momento, os estudos sobre a América Latina.

Em razão desses debates, foram incluídas nas universidades disciplinas como: Sociologia do Desenvolvimento, Sociologia Urbana, Sociologia Rural, Sociologia Industrial e do Trabalho (incluindo a questão sindical), Sociologia do Planejamento, Sociologia da Educação e da Juventude e Sociologia da Arte e Literatura.

Muitos foram os estudiosos que, em diferentes áreas do pensamento sociológico, desenvolveram pesquisas nessas décadas. Alguns dos que formaram a segunda geração de sociólogos no Brasil são: Octavio Ianni (1926-2004), Marialice M. Foracchi (1929-1971), Fernando Henrique Cardoso (1931-), Leôncio Martins Rodrigues (1934-), Heleieth Saffioti (1934-2010), Maurício Tragtenberg (1929-1998), Francisco de Oliveira (1933-), Luiz Pereira (1933--1985), Luiz Eduardo W. Wanderley (1935-), José de Souza Martins (1938-), Gabriel Cohn (1938-), Roberto Schwarz (1938-), Elide Rugai Bastos, Luiz Werneck Vianna (1938-) e Simon Schwartzman (1939-).

// Roberto Schwarz, em 2012.

Diversificação da Sociologia no Brasil

A partir da década de 1980, ampliaram-se os cursos de graduação e pós-graduação (mestrado e doutorado) em Ciências Sociais e, em particular, de Sociologia em todo o território nacional, elevando o nível, em número e em qualidade, das pesquisas e do ensino da área. Os estudos sociológicos passaram a ser mais específicos, e ocorreu uma fragmentação dos temas/objetos, como: violência, gênero e sexualidade, corpo e saúde, religião, cotidiano, comunicação e informação, indústria cultural, representações sociais, consumo, cidadania, direitos humanos, questão ambiental, globalização, ciência e tecnologia, urbanização, juventude, família, trabalho, classes e mobilidade social, questões etnorraciais, gênero, Estado e sociedade civil.

Novas gerações de sociólogos se formam nas universidades em quase todos os estados da federação, e há centros de ensino e pesquisa na maioria das universidades, disseminando-se assim a formação de sociólogos, sob diversas influências teóricas.

A formação em Sociologia, que havia se estabelecido a partir de São Paulo e Rio de Janeiro, na década de 1930, expandiu-se para todo o território nacional em pouco mais de 50 anos.

O retorno da Sociologia ao Ensino Médio

Oficialmente extinta do currículo do Ensino Médio em 1942, a Sociologia voltou a marcar presença em um ou outro estado da Federação, de modo intermitente, a partir da década de 1980, com os primeiros ensaios de democratização da sociedade brasileira, conforme diz o sociólogo brasileiro Amaury C. Moraes, na esteira de mudanças na legislação educacional realizadas pelo governo ditatorial pós-1964. A Lei nº 7044/82 flexibilizou o Ensino Médio (então 2º grau) e o profissionalizante, abrindo espaço para a presença da Sociologia, não em caráter obrigatório, mas por escolha das escolas. Nesse sentido, ela começou a ter uma presença crescente nos currículos escolares.

Aqui cabe citar as *Orientações Curriculares para o Ensino Médio* (p. 104-105):

> Há uma interpretação corrente que [...] deve ser bem avaliada criticamente; ela afirma que a presença ou a ausência da Sociologia no currículo está vinculada a contextos democráticos ou autoritários, respectivamente. No entanto, se se observar bem, pelo menos em dois períodos isso não se confirma, ou se teria de rever o caráter do ensino de Sociologia para entender sua presença ou ausência. Entre 1931 e 1942, especialmente após 1937, a Sociologia está presente e é obrigatória no currículo em um período que abrange um governo que começa com esperanças democratizantes e logo se tinge de autoritarismo, assumindo sua vocação ditatorial mais adiante. Em outro momento, em plena democracia, o sentido do veto do Presidente da República (2001) à inclusão da Sociologia como disciplina obrigatória traz uma certa dificuldade para essa hipótese. O que se entende é que nem sempre a Sociologia teve um caráter crítico e transformador, funcionando muitas vezes como um discurso conservador, integrador e até cívico – como aparece nos primeiros manuais da disciplina. Não se pode esquecer que a Sociologia chegou ao Brasil de mãos dadas com o positivismo. No caso recente, deve-se entender que a ausência da disciplina se prende mais a tensões ou escaramuças pedagógico-administrativas que propriamente a algum conteúdo ideológico mais explícito.

Paralelamente, algumas associações de sociólogos, em diferentes estados brasileiros – mas principalmente em São Paulo –, iniciaram um movimento pela volta da Sociologia ao Ensino Médio, almejando a ampliação do espaço de trabalho para os formandos dos cursos de Ciências Sociais. Apesar de não haver a obrigatoriedade da disciplina, os cursos de Ciências Sociais continuavam a formar professores de Sociologia. Em alguns estados brasileiros, ao longo dos anos, foram abertos concursos para professores de Sociologia.

Com a Constituição de 1988 e a consequente formulação das constituições estaduais, sociólogos em todo o país passaram a reivindicar a presença da Sociologia no Ensino Médio. Assim, leis estaduais de alguns estados e as constituições estaduais do Rio de Janeiro e de Minas Gerais tornaram a Sociologia obrigatória no Ensino Médio.

A partir do ano 2000, organizações representativas de sociólogos (sindicatos e associações de sociólogos e de cientistas sociais) de várias tendências, assim como pequenos grupos nas universidades do país, começaram a desenvolver um movimento em defesa da obrigatoriedade do ensino da Sociologia no nível médio, considerando que os conteúdos dessa disciplina contribuíam para uma melhor formação do jovem estudante.

O movimento estendeu-se ao início do século XXI, conquistando o apoio de instituições de ensino, associações científicas, intelectuais, sindicatos e associações de categorias profissionais. Finalmente, pela Lei nº 11 684, de 2 de junho de 2008, que alterou a Lei de Diretrizes e Bases da Educação Nacional, a Sociologia retornou oficial e obrigatoriamente ao currículo do Ensino Médio brasileiro.

A título de conclusão, e ainda refletindo sobre a Sociologia e sua contribuição para a formação dos estudantes, é importante destacar o que as *Orientações Curriculares para o Ensino Médio* afirmam com muita clareza:

> A presença da Sociologia no currículo do ensino médio tem provocado muita discussão. Além dessa justificativa que se tornou *slogan* ou clichê – "formar o cidadão crítico" –, entende-se que haja outras mais objetivas decorrentes da concretude com que a Sociologia pode contribuir para a formação do jovem brasileiro, quer aproximando esse jovem de uma linguagem especial que a Sociologia oferece, quer sistematizando os debates em torno de temas de importância dados pela tradição ou pela contemporaneidade. A Sociologia, como espaço de realização das Ciências Sociais na escola média, pode oferecer ao aluno,

além de informações próprias do campo dessas ciências, resultados das pesquisas as mais diversas, que acabam modificando as concepções de mundo, a economia, a sociedade e o outro, isto é, o diferente – de outra cultura, "tribo", país etc. Traz também modos de pensar [...] ou a reconstrução e desconstrução de modos de pensar. É possível, observando as teorias sociológicas, compreender os elementos da argumentação – lógicos e empíricos – que justificam um modo de ser de uma sociedade, classe, grupo social e mesmo comunidade. Isso em termos sincrônicos ou diacrônicos, de hoje ou de ontem.

Um papel central que o pensamento sociológico realiza é a desnaturalização das concepções ou explicações dos fenômenos sociais. Há uma tendência sempre recorrente a se explicarem as relações sociais, as instituições, os modos de vida, as ações humanas, coletivas ou individuais, a estrutura social, a organização política, etc. com argumentos naturalizadores. Primeiro, perde-se de vista a historicidade desses fenômenos, isto é, que nem sempre foram assim; segundo, que certas mudanças ou continuidades históricas decorrem de decisões, e essas, de interesses, ou seja, de razões objetivas e humanas, não sendo fruto de tendências naturais.

Livros para ampliar o conhecimento da história da Sociologia

- BASTOS, Elide Rugai et al. *Conversas com sociólogos brasileiros*. São Paulo: Editora 34, 2006.

  Coletânea com 21 entrevistas com sociólogos brasileiros. Temas: as próprias formações acadêmicas e os principais temas de suas pesquisas, bem como o que pensam das Ciências Sociais hoje.

- SCOTT, John (Org.). *50 sociólogos fundamentais*. São Paulo: Contexto, 2007.

  Relação de biografias e análises das principais obras de sociólogos e pensadores fundamentais para a compreensão da vida em sociedade.

- SCOTT, John (Org.). *50 grandes sociólogos contemporâneos*. São Paulo: Contexto, 2009.

  Reunião de biografias e análises críticas das obras de importantes sociólogos e pensadores das sociedades contemporâneas, imprescindíveis para o entendimento do mundo atual.

Bibliografia

ADORNO, Theodor W.; HORKHEIMER, M. A *dialética do esclarecimento:* fragmentos filosóficos. Rio de Janeiro: Jorge Zahar, 1985.

ALMEIDA, Jorge M. B. A atualidade do conceito de indústria cultural. In: GALVÃO, Andréia et al. (Org.). *Marxismo e Ciências Humanas*. São Paulo: Xamã, 2003.

ARBEX JR., José; TOGNOLI, Cláudio Júlio. *O mundo pós-moderno*. São Paulo: Scipione, 1996.

ARIÈS, Phillippe; DUBY, George (Org.). *História da vida privada:* do Império Romano ao ano mil. São Paulo: Companhia das Letras, 1990. v. 1.

BACON, Francis. *Novum organum*. São Paulo: Abril Cultural, 1973. (Os Pensadores).

BAUMAN, Zygmunt. *Amor líquido*. Rio de Janeiro: Zahar, 2004.

_____. *Ensaios sobre o conceito de cultura*. Rio de Janeiro: Zahar, 2012.

_____; MAY, Tim. *Aprendendo a pensar com a Sociologia*. Rio de Janeiro: Zahar, 2010.

BENEDICT, Ruth. *O crisântemo e a espada*. São Paulo: Perspectiva, 2006.

BENJAMIN, Walter. *Magia e técnica, arte e política:* ensaios sobre literatura e história da cultura. São Paulo: Brasiliense, 1985.

BERGER, Peter L. *O dossel sagrado:* elementos para uma teoria sociológica da religião. São Paulo: Paulus, 1985.

_____. *Perspectivas sociológicas:* uma visão humanística. 28. ed. Petrópolis: Vozes, 1986.

_____; LUCKMANN, Thomas. *A construção social da realidade:* tratado de Sociologia do conhecimento. 5. ed. Petrópolis: Vozes, 1983.

_____. *Modernidade, pluralismo e crise de sentido*: a orientação do homem moderno. 3. ed. Petrópolis: Vozes, 2012.

BERNARDO, Gustavo. *A ficção de Deus*. São Paulo: Annablume, 2014.

BOAS, Franz. *Antropologia cultural*. 6. ed. Rio de Janeiro: Zahar, 2004.

BONDER, Nilton. Em nome do pai: diferenças religiosas. *Leituras compartilhadas:* diferenças. Rio de Janeiro: Leya Brasil, fascículo 4, ago. 2002.

BONNEWITZ, Patrice. *Primeiras lições sobre a Sociologia de P. Bourdieu*. Petrópolis: Vozes, 2003.

BOSI, Alfredo. *Dialética da colonização*. São Paulo: Companhia das Letras, 1992.

BOURDIEU, Pierre. *A distinção:* crítica social do julgamento. Porto Alegre: Zouk, 2007.

_____. *A economia das trocas simbólicas*. São Paulo: Perspectiva, 2003.

_____. *Coisas ditas*. São Paulo: Brasiliense, 1990.

_____. *O poder simbólico*. 4. ed. Rio de Janeiro: Bertrand Brasil, 2001.

_____. *Razões práticas*. 4. ed. Campinas: Papirus, 1996.

BURKE, Peter. *Cultura popular na Idade Moderna*. São Paulo: Companhia das Letras, 1989.

CANCLINI, Néstor Garcia. *A globalização imaginada*. São Paulo: Iluminuras, 2003.

CANDIDO, Antonio. *Os parceiros do Rio Bonito:* estudo sobre o caipira paulista e a transformação dos seus meios de vida. 9. ed. São Paulo: Duas Cidades/Editora 34, 2001.

CARRANZA, Brenda. A fraternidade cristã diante do abismo da desigualdade social. 20 jun. 2011. São Leopoldo: *Revista do Instituto Humanitas Unisinos*. Entrevista a Graziela Wolfart. Disponível em: <www.ihuonline.unisinos.br/media/pdf/IHUOnlineEdicao366.pdf>. Acesso em: 3 abr. 2018.

CHAUI, Marilena. *Cidadania cultural:* o direito à cultura. São Paulo: Perseu Abramo, 2006.

CLASTRES, Pierre. *A sociedade contra o Estado*. São Paulo: Cosac Naify, 2003.

COHN, Gabriel (Org.). *Sociologia:* para ler os clássicos. Rio de Janeiro: Azougue, 2005.

_____. *Comunicação e indústria cultural*. São Paulo: Nacional, 1971.

COUTINHO, Carlos Nelson. *Leitor de Gramsci*. Rio de Janeiro: Civilização Brasileira, 2011.

CUCHE, Denys. *A noção de cultura nas Ciências Sociais*. Bauru: Edusc, 1999.

CUNHA, Newton. *A felicidade imaginada:* a negação do trabalho e do lazer. São Paulo: Brasiliense, 1987.

DURKHEIM, Émile. *As formas elementares da vida religiosa*. São Paulo: Martins Fontes, 2000.

_____. *As regras do método sociológico*. São Paulo: Martins Fontes, 2003.

_____. *Educação e Sociologia*. Lisboa: Edições 70, 2001.

_____. *Émile Durkheim*. São Paulo: Abril Cultural, 1978. (Os Pensadores).

EAGLETON, Terry. *Ideologia:* uma introdução. São Paulo: Ed. da Unesp/Boitempo, 1997.

FEITOSA, Charles. A questão da feiura. *Leituras compartilhadas:* diferenças. Rio de Janeiro: Leya Brasil, fascículo 4, ago. 2002, p. 38-39.

FERNANDES, Florestan. *A integração do negro na sociedade de classes*. São Paulo: Globo, 2008.

FORACCHI, Marialice M.; MARTINS, José de Souza. *Sociologia e sociedade:* leituras de introdução à Sociologia. Rio de Janeiro: Livros Técnicos e Científicos, 1977.

FORRESTER, Viviane. *O horror econômico*. São Paulo: Ed. da Unesp, 1997.

FOUCAULT, Michel. *Vigiar e punir.* História da violência nas prisões. 7. ed. Petrópolis: Vozes, 1989.

FREITAS, Marcos Cezar de (Org.). *A reinvenção do futuro:* trabalho, educação e política na globalização do capitalismo. São Paulo: Cortez, 1996.

FREYER, Hans. *Teoria da época atual*. Rio de Janeiro: Zahar, 1965.

GEERTZ, Clifford. *O futuro das religiões*. Disponível em: <www1.folha.uol.com.br/fsp/mais/fs1405200614.htm>. Acesso em: 28 mar. 2018.

GLEISER, Marcelo. *A dança do Universo*: dos mitos de criação ao *big-bang*. São Paulo: Companhia das Letras, 1997.

GRAMSCI, Antonio. *Os intelectuais e a organização da cultura*. Rio de Janeiro: Civilização Brasileira, 1982.

GUATTARI, Félix; ROLNICK, Sueli. *Micropolítica:* cartografias do desejo. Petrópolis: Vozes, 1986.

GUIMARÃES, Antonio Sérgio Alfredo. *Classes, raças e democracia*. São Paulo: Editora 34, 2002.

HARVEY, David. *Condição pós-moderna*. São Paulo: Loyola, 1992.

HERVIEU-LÉGER, Danièle; WILLAIME Jean-Paul. *Sociologia e religião:* abordagens clássicas. Aparecida: Ideias e Letras, 2009.

HORKHEIMER, M.; ADORNO, Theodor W. (Org.). *Temas básicos da Sociologia*. São Paulo: Cultrix, 1978.

IANNI, Octavio. *Pensamento social no Brasil*. Bauru: Edusc, 2004.

_____ (Org.). *Marx:* Sociologia. São Paulo: Ática, 1979.

KONDER, Leandro. *A questão da ideologia*. São Paulo: Companhia das Letras, 2002.

_____. *O marxismo na batalha das ideias*. São Paulo: Expressão Popular, 2009.

KRENAK, Ailton. Antes, o mundo não existia. In: NOVAES, Adauto (Org.). *Tempo e História*. São Paulo: Companhia das Letras, 1992.

LALLEMENT, Michel. *História das ideias sociológicas:* das origens a Max Weber. Petrópolis: Vozes, 2003.

_____. *História das ideias sociológicas:* de Parsons aos contemporâneos. Petrópolis: Vozes, 2004.

LÉVI-STRAUSS, Claude. *O totemismo hoje.* Lisboa: Edições 70, 1986.

LÖWY, Michael. Marx e Engels como sociólogos da religião. *Lua Nova* [on-line]. n. 43, 1998, p.157-170. Disponível em: <www.scielo.br/scielo.php?pid=S0102-64451998000100009&script=sci_abstract&tlng=pt>. Acesso em: 19 jun. 2018.

_____. *Marxismo e Teologia da Libertação.* São Paulo: Cortez, 1991.

MAIA, João Marcelo E.; PEREIRA, Luiz Fernando A. *Pensando com a Sociologia.* Rio de Janeiro: Ed. da FGV, 2009.

MALINOWSKI, Bronislaw K. *Os argonautas do Pacífico Ocidental.* São Paulo: Abril Cultural, 1976. (Os Pensadores).

MANNHEIM, Karl. *Ideologia e utopia.* Rio de Janeiro: Zahar, 1976.

MARCONDES FILHO, Ciro. *Quem manipula quem?* Poder e massas na indústria cultural e da comunicação no Brasil. 2. ed. Petrópolis: Vozes, 1987.

MARIANO, Ricardo. *Laicidade à brasileira:* católicos, pentecostais e laicos em disputa na esfera pública. *Civitas*, v. 11, n. 2, maio-ago, p. 247. 2011. Disponível em: <http://revistaseletronicas.pucrs.br/ojs/index.php/civitas/article/view/9647/6619>. Acesso em: 3 abr. 2018.

MARTINS, Elisa. Quando crescer vou ser sociólogo. *Ciência Hoje das Crianças.* Rio de Janeiro, n. 129, out. 2002.

MARX, Karl. *O capital:* crítica da economia política. São Paulo: Abril Cultural, 1983.

_____; ENGELS, Friedrich. *A ideologia alemã.* São Paulo: Boitempo, 2007.

_____. *Manifesto comunista.* São Paulo: Boitempo, 1998.

MAUSS, Marcel. *Sociologia e Antropologia.* São Paulo: Cosac Naify, 2003.

MEAD, Margaret. *Sexo e temperamento em três sociedades primitivas.* São Paulo: Perspectiva, 1979.

MÉSZAROS, István. *O poder da ideologia.* São Paulo: Boitempo, 2004.

MORIN, Edgar. *Minha esquerda.* Porto Alegre: Sulina, 2011.

MUNDURUKU, Daniel. *O banquete dos deuses:* conversa sobre a origem da cultura brasileira. 2. ed. São Paulo: Angra, 2002.

MURRAY, Roseana. *Manual da delicadeza de A a Z.* São Paulo: FTD, 2001.

NETTO, J. P.; CARVALHO, Brant M. C. *Cotidiano:* conhecimento e crítica. 3. ed. São Paulo: Cortez, 1994.

NOVAES, Adauto (Org.). *Rede imaginária:* televisão e democracia. São Paulo: Secretaria Municipal de Cultura/Companhia das Letras, 1991.

NOVAES, Carlos Eduardo. *O menino sem imaginação.* São Paulo: Ática, 2007.

PIERUCCI, Antônio Flávio. Criacionismo é fundamentalismo: O que é fundamentalismo? *Revista ComCiencia*, n. 56, jul. 2004. Disponível em: <www.comciencia.br/200407/reportagens/12.shtml>. Acesso em: 5 abr. 2018.

RIBEIRO, Berta G. *O índio na cultura brasileira.* Rio de Janeiro: Revan/Unibrade/Unesco, 1987.

RIBEIRO, Darcy. *O povo brasileiro:* a formação e o sentido do Brasil. São Paulo: Companhia das Letras, 1995.

RIBEIRO, Renato Janine. *O afeto autoritário:* televisão, ética e democracia. Cotia: Ateliê Editorial, 2005.

ROCHA, Everardo. *O que é etnocentrismo.* São Paulo: Brasiliense, 2002.

RODRIGUES, José Carlos. *Antropologia e comunicação:* princípios radicais. Rio de Janeiro: Espaço e Tempo, 1989.

ROSA, GUIMARÃES João. *Grande Sertão: Veredas*. 14. ed. Rio de Janeiro: José Olympio, 1967.

SAHLINS, Marshall. *Cultura e razão prática*. Rio de Janeiro: Zahar, 2003.

SANCHIS, Pierre. *Religiões no mundo contemporâneo:* convivência e conflitos. 2002. Disponível em: <https://periodicos.ufsc.br/index.php/ilha/article/view/15114/15568>. Acesso em: 5 abr. 2018.

SARTORI, Giovanni. *Homo videns:* televisão e pós-pensamento. Bauru: Edusc, 2001.

SCHWARCZ, Lilia Moritz. *O espetáculo das raças:* cientistas, instituições e a questão racial no Brasil (1870-1930). São Paulo: Companhia das Letras, 1993.

SENNET, Richard. *A cultura do novo capitalismo*. Rio de Janeiro: Record, 2006.

_____. *O declínio do homem público:* as tiranias da intimidade. São Paulo: Companhia das Letras, 1988.

SPRANDEL, Márcia Anita. *A pobreza no paraíso tropical:* interpretações e discursos sobre o Brasil. Rio de Janeiro: Relume-Dumará, 2004.

THOMPSON, Edward P. *Costumes em comum:* estudos sobre a cultura popular tradicional. São Paulo: Companhia das Letras, 1998.

TYLOR, Edward Burnett. *Cultura primitiva*. Madrid: Ayuso, 1981. 2 v.

VALLE, E.; QUEIROZ, J. J. (Org.). *A cultura do povo*. São Paulo: Cortez, 1979.

VELHO, Gilberto. Observando o familiar. In: NUNES, Edson de Oliveira (Org.). *A aventura sociológica:* objetividade, paixão, improviso e métodos na pesquisa social. Rio de Janeiro: Zahar, 1978.

VERISSIMO, Luis Fernando. Estragou a televisão. In: *Histórias brasileiras de verão:* as melhores crônicas da vida íntima. Rio de Janeiro: Objetiva, 1999.

WALLERSTEIN, Immanuel. *O fim do mundo como o concebemos:* ciência social para o século XXI. Rio de Janeiro: Revan, 2002.

WEBER, Max. *A ética protestante e o espírito do capitalismo*. São Paulo: Companhia das Letras, 2004.

_____. *Ciência e política:* duas vocações. São Paulo: Cultrix, 1970.

_____. *Ensaios de Sociologia*. 5. ed. Rio de Janeiro: Zahar, 1982.

_____. *História geral da economia*. São Paulo: Mestre Jou, 1968.

WILLIANS, Raymond. *Cultura e sociedade:* de Coleridge a Orwell. Petrópolis: Vozes, 2011.

_____. *Marxismo e literatura*. Rio de Janeiro: Zahar, 1979.

APÊNDICE – HISTÓRIA DA SOCIOLOGIA

ARON, Raymond. *As etapas do pensamento sociológico*. 2. ed. São Paulo: Martins Fontes, 1987.

BOTELHO, André. (Org.). *História das ideias sociológicas:* de Parsons aos contemporâneos. Petrópolis: Vozes, 2004.

_____. *Sociologia:* essencial. São Paulo: Penguin Companhia, 2013.

CASTRO, Ana Maria de; DIAS, Edmundo F. *Introdução ao pensamento sociológico:* Durkheim/Weber/Marx/Parsons. 15. ed. Rio de Janeiro: Centauro, 2001.

COHN, Gabriel. *Sociologia:* para ler os clássicos. Rio de Janeiro: Azougue, 2005.

LALLEMENT, Michel. *História das ideias sociológicas:* das origens a Max Weber. Petrópolis: Vozes, 2003.

QUINTANEIRO, Tania; BARBOSA, Maria Ligia de O.; OLIVEIRA, Maria Gardênia M. de. *Um toque de clássicos:* Durkheim, Marx e Weber. Belo Horizonte: Ed. da UFMG, 1995.